KB045743

경쟁의 배신

A BIGGER PRIZE

Copyright ⓒ 2014 by Margaret Heffernan
All rights reserved.

Korean translation copyright ⓒ 2014 by RH Korea Co., Ltd
This Korea translation published by arrangement with Margaret Heffernan
in care of A P Watt at United Agents through Milkwood Agency,

이 책의 한국어판 저작권은 United Agents/A P Watt와 밀크우드 에이전시를 통해
Margaret Heffernan과 계약한 '㈜알에이치코리아'에 있습니다.
저작권법에 의해 한국 내에서 보호를 받는 저작물이므로 무단 전제와 복제를 금합니다.

경쟁의 배신

A BIGGER PRIZE

경쟁은 누구도
승자로 만들지
않는다

마거릿 헤퍼넌 지음 | 김성훈 옮김

RHK
알에이치코리아

A
BIGGER
PRIZE

프롤로그 · 6

1부 — 경쟁은 우리를 행복하게 하는가

01. 생애 첫 라이벌 · 19

02. 경쟁에 내몰린 아이들 · 54

03. 결혼시장 속의 씁쓸함 · 106

04. 승자독식사회의 비애 · 139

2부 — 승부가 망쳐놓은 세상

05. 1퍼센트만을 위한 리그 · 195

06. 과열경쟁으로 무너지는 기업 · 243

07. 사기꾼이 되어가는 과학자들 · 278

3부 — 협력은 어떻게 경쟁을 이기는가

08. 혁신을 파괴하는 경쟁구조 · 343

09. 크기로 측정될 수 없는 가치 · 384

10. 더 싸질수록 무너지는 인간 존엄 · 443

11. 세계가 함께 풀어가야 할 과제 · 489

12. 우리가 누릴 수 있는 더 큰 보상 · 533

역자의 글 · 544

주 석 · 546

참고문헌 · 562

찾아보기 · 592

8월의 어느 아름다운 날, 뉴햄프셔 주 체셔 카운티에서 열린 가축 품평회장에는 주위를 둘러싼 소나무들 사이로 햇살이 새어 들어오고 있었다. 외곽에서는 심사위원들이 짐 마차용 말과 돼지를 감정하고 있었는데 어떤 가축은 좋은 점수를 모으고, 어떤 가축은 주인에게 다시 되돌려 보내졌다. 아이들은 젖소나 염소의 젖을 직접 짜보기도 하고, 난생처음으로 트랙터를 운전해보기도 했다. 점심시간이 지나자 외줄타기 곡예사가 나와 느슨하게 걸쳐진 빨랫줄 위로 외발자전거를 탔다. 그리고 품평회장 한쪽 구석에는 마지막 일정인 줄다리기 대회가 준비되어 있었다.

안쪽에서는 가판대들이 둥글게 자리를 잡고서 튀긴 빵, 양파요리, 핫도그, 솜사탕 같은 먹거리를 팔았다. 우리 네 식구는 나란히 오징어튀김이나 감자튀김이 든 종이봉투와 형형색색의 아이스크림콘을 들고 있었다. 여자아이 셋이 금붕어가 담긴 비닐 봉투를 들고 자기가 받은 상들을 비교하는 동안 두 쌍둥이 오빠는 '수정헌법 제2조: 미국 최초의 국토안보'라고 적힌 티셔츠를 똑같이 입고 보란 듯 걸어갔다. 먼지 가득한 무더위 속에서 먹고, 얘기하고, 그늘을 찾아 거니는 가운데 스피커에선 자동차 박치기 경기demolition derby(폐차 직전의 차들을 끌고 나와 서로 박치기로 부셔서 마지막까지 살아남은 차가 승리하는 경기 – 옮긴이)가 곧 시작될 거라고 알렸다. 사람들의 발길이 서서히 중앙 경기장의 야외 관중석으로 향했다. 무더운 날씨 때문인지 뛰는 사람은 없었다. 그늘진 자리는 순식간에 찼고, 나머지 사람들은 한발 늦었다는 얼굴로 마지못해 햇빛이 드는 자리에 퍼져 앉았다. 자동차 박치기 마니아들은 조심스럽게 무릎 위에 수건을 올려놓았다.

경기장 중앙에서는 폐차 직전의 녹슨 자동차 여덟 대가 부릉거리며 엔진을 공회전시켰다. 49번 차는 해골 장식이 그려진 깃발을 당당하게 걸고 있다. 38번 차는 빨간색, 흰색, 파란색을 이용해 손으로 직접 그린 번개 모양의 로고로 자신의 후원사 'WB Paint Worx'를 자랑스럽게 홍보한다. 72번 차는 지붕을 소뿔로 장식하고, 3번 차는 근처 마을 킨에 있는 맥큐 당구장을 광고한다.

"준비됐습니까?"

스피커 소리가 요란하게 울린다. 관중들도 카운트다운에 동참한다.

"5, 4, 3, 2, 1"

그 순간 차들은 먼지구덩이 속에서 견인력을 얻으려고 애쓰며 후진하여 대형을 빠져나온다. 드디어 경기가 시작된 것이다. 차들이 빙글빙글 돌며 박치기를 시도한다. 이 경기의 목표는 다른 차들을 박살내는 것이다. 마지막까지 굴러가는 차가 우승을 차지한다.

"이봐, 잘들 하라고! 박치기 구경 좀 하게!"

라디에이터에서 김을 뿜으며 차들이 질주하자 차에서 새어나온 기름과 물기로 눅눅하게 젖은 진흙덩어리들이 바퀴에서 튀어 오른다. 날아드는 진흙덩어리에 사람들이 꽥꽥 비명을 질러대고, 내 무릎과 선글라스도 온통 엉망이 된다. 옆에 앉은 여자가 수건을 가져온 이유를 이제야 알겠다. 이것도 재미의 일부인 것이다.

"에일린, 박치기를 하라니까!"

에일린은 23번 차를 몰고 있다. 헬멧을 쓰고 있어서 관중이 하는 말을 알아들을 리는 없지만 그녀도 자기가 해야 할 일은 알고 있다. 그녀가 이리저리 획획 움직이면서 49번 차로 돌진해 들이받는다. 49번 차는 밑바닥을 질질 끌고 있어서 쉬운 공격 목표다. 그러고는 다시 뒤로 물러나더니 한쪽 구석에서 꼼짝 못하고 붙잡힌 카일의 25번 차로 돌진해 들어간다. 후진했다가 가속하면서 들이받는 망신창이 차량 석 대 때문에 카일의 차는 꼼짝 못하고 있다. 라디에이터가 경기장 벽에 눌려 터지면서 차가 종이 구겨지듯 찌그러지고 카일은 경기에서 탈락하고 만다. 일단 차 하나가 움직이지 못하게 되면 나머지 차가 모두 달려들어 완전히 박살을 내버린다.

자동차 문짝, 보닛, 펜더들이 먼지 바닥에 여기저기 흩어진 가운데 이제 차는 네 대가 남았다. 72번차는 이제 후진으로만 움직일 수 있고, 타이어도 하나 펑크가 나서 기우뚱거린다. 모두 기운이 빠지기 시작했지만 차가 한 대 더 박살나지 않으면 경기는 끝나지 않는다. 마치 피 냄새라도 맡은 것처럼 35번, 66번, 72번 차가 에일린을 향해 돌진하지만 에일린은 노련하게 빠져나와 35번 차 뒤로 가서는 앞바퀴 펜더를 차에 갖다 대고 그대로 벽에 밀어붙여 박살을 낸다.

"드디어 결승 진출자 셋이 가려졌습니다!"

관중이 일어서서 박수를 치는 동안 지역 소방대원들이 경기장으로 걸어 들어와 자동차의 잔해들을 청소하며 결승전을 준비한다.

승자 아니면 패자인 세상

관중석에서 나는 일종의 비유를 보고 있다는 생각이 들었다. 박치기 경기처럼 세계 곳곳에서 녹슬고 망가진 제도와 사상들이 경쟁심에 사로잡혀 서로 충돌하고 있는 것만 같았다. 이런 경쟁에는 승자 아니면 패자라는 잔인할 정도로 단순한 구도만 존재한다. 몇 년에 걸쳐 기업이 쓰러지고, 윤리가 떨어지고, 금융이 붕괴되고, 정치는 교착상태에 빠졌다. 과열된 미사여구가 난무했지만 결국 남은 것은 경쟁의 암울한 드라마밖에 없었다.

어디로 시선을 돌려도 동기를 부여해줄 요소로는 하나같이 '경쟁'이 내정되어 있다. 마치 모두 진이 빠지고 사기도 꺾여버린 듯 어떤 문화나 정치 사상도 더 나은 동기와 분명한 대안을 제시해주지 못한다. 사회적, 경제적, 법률적, 환경적으로 복잡한 과제들이 하나 둘 쌓여가면서 일종의 체념의식이 엄습하는 것 같다. '우리도 뭘 어떻게 해야 할지 모르니까 그냥 시장원리에 맡기자. 경쟁을 도입하면 되잖아. 사람들끼리 경쟁을 붙이면 결국 가장 뛰어난 자가 알아서 뜰 거야. 안 그래?'

경쟁을 옹호하는 사람들은 보통 그 지적 근거로 찰스 다윈Charles Darwin의 진화론을 든다. 그런데 '적자생존survival of the fittest'을 들먹이는 사람들도 대부분 그 용어가 다윈이 아니라 허버트 스펜서Herbert Spencer의 것이라는 사실은 정작 모르고 있다. 이것은 허버트 스펜서가 자기 입맛에 맞게 정치적 해석을 곁들여 '자연선택natural selection'이라는 용어를 교묘하게 옮겨놓은 말이다. 사회진화론social Darwinism에서 주장하기를 세상이 승자와 패자로 나뉘는 것은 자연스러운 일이기 때문에 자연의 순리가 무엇인지를 따지기보다는 차라리 경쟁력을 키우는 편이 더 낫다고 한다. 우리 자신도 결국에는 최고의 유전적 유산만이 살아남고 나머지는 죽어 사라지는 진화라는 경쟁이 낳은 산물이 아니던가. 다윈 자신도 사회진화론자였는지에 대해서는 그를 연구하는 학자들 사이에서도 의견이 엇갈리지만, 자연은 그 자체로 사회진화론에게 궁극의 변명거리를 제공해준 듯하다.

리처드 도킨스Richard Dawkins의 《이기적인 유전자The Selfish Gene》라는 책에 대해 들어본 사람들도 이런 목소리에 힘을 보태고 있다(하지만 이들 중에 실제로 이 책을 읽은 사람은 드물다). 출판인 톰 매쉴러Tom Maschler가 이 책의 제목을 차라리 '불멸의 유전자Immortal Gene'로 붙였으면 더 나았을 거라고 한 것도 괜한 소리는 아니다. 출판 30주년 기념판에서 도킨스 자신도 인정했듯이, 많은 사람들이 책을 직접 읽지도 않은 상태에서 책의 제목을 액면 그대로 받아들여 이 책이 민낯의 이기주의를 옹호하는 책이라고 결론 내리고 말았기 때문이다. 즉, 이기적인 유전자는 자기 자신만을 위하며, 그것이 바로 어쩔 수 없는 우리의 모습이라는 것이다. 하지만 이 책의 내용은 이것과 거리가 멀다. 오히려 호소력 있는 목소리로 그런 관점을 강력하게 반박한다. 그러나 사람들은 내용에 신경 쓰지 않는다. 이 책은 제목이 작품의 전부가 되어버렸다.

그렇다고 열렬한 경쟁 옹호자들에게도 그 근거가 되어줄 자료가 없지는 않았다. 19세기 말 미국의 사회 심리학자 노먼 트리플렛Norman Triplett은 사이클 선수가 혼자 사이클을 탈 때보다 경쟁자와 함께 탈 때 더 빠르게 달린다는 사실을 입증해보였다. 후속 연구를 통해 이런 결과가 좀 더 세밀하게 다듬어지고 부수적인 내용도 보강되었지만, 그 결론은 언제나 고정되어 있었다. '모든 사람은 서로 경쟁할 때 더 열심히 일하고, 더 나은 결과를 낸다.' 결국 스포츠는 이런 주장을 옹호하는 비유로 흔히 사용되었지만, 그것이 무엇을 말하려는 것인지는 모호해져 버렸다.

그 결과 공공기관이나 민간단체나 모두 경쟁에 의존하게 되었다. 사람을 뽑고 또 그들에게 동기를 부여할 때, 투자자와 소비자를 고무시킬 때, 그리고 적대적인 기업 합병에서 노동력 착취와 가격 인상에 이르기까지 모든 것을 정당화할 때도 경쟁이 그 근거로 자리 잡았다. '경쟁이라는 시험에서 살아남은 것이라면 분명 더 나을 거야. 경쟁 때문에 무엇을 잃어버리든 신경 쓸 필요 없어. 경쟁으로 소수만 혜택을 입는다 해도 괜찮아. 어차피 우리는 서로가 서로를 잡아먹는 세상에 살고 있잖아? 지금 중요한 것은 일등이 되는 거야.' 학교는 더 이상 배움이 목적이 아니고, 직업 또한 자아실현과는 상관없으며, 사회도 이제 관계를 위한 것이 아니다.

정말 중요한 것은 설명서를 읽고, 기술을 배우고, 장비를 구입하고, 트레이너에게 운동을 배우고, 보충제를 먹고, 점수를 따는 것이다.'

경쟁이 우리에게 빼앗아간 것들

물론 승자들은 이런 주장을 늘 잘 받아들였다. 경쟁은 그들에게 유리하게 작용하기 때문에 그들의 전략에 무슨 문제가 있어도 눈에 들어오지 않는 것이 당연하다. 패자가 역사를 쓰는 경우는 드물다. 그리고 어쨌거나 경쟁은 재미있다. 경쟁은 극적이고 짜릿하다. 승자가 탄생하는 순간 자기의 위치도 늘 분명하게 정해진다. 어디로 가야 할지, 또 무엇을 해야 할지 아무도 모르는 순간에는 이런 명료함만으로도 충분히 매력적이지 않은가?

하지만 개인은 합리적이지 않고, 시장 또한 그저 효율적인 척 작동해왔을 뿐임을 알게 되었듯이, 경쟁 또한 제대로 작동하지 않을 때가 비일비재하다는 것을 우리는 깨닫게 되었다. 경쟁을 붙인다고 해서 가장 뛰어난 주체가 저절로 떠오르지도 않았고, 소위 말하는 경쟁의 '효율성' 또한 막대한 낭비를 낳았다. 예전에는 이런 것들을 비정상적인 일탈에 불과하다며 눈 감아 버리면 편했지만, 일탈이라 여기던 현상이 점점 쌓이다 보니 오히려 그것이 일반적인 현상으로 보이기 시작했다.

바로 여기서 '죄수의 딜레마'가 발했다. 캐나다의 수학자 알버트 터커Albert W. Tucker가 생각하고 이름 붙인 이 게임은, 경쟁 그리고 경쟁이 펼쳐

• 죄수의 딜레마는 아주 간단해 보이는 시나리오가 제시된다. 한 조직의 폭력배 둘이 경찰에 체포되어 서로 연락이 불가능한 독방에 따로따로 감금되었다. 경찰은 중요한 혐의 사항에 대해서는 유죄를 입증할 증거를 충분히 확보하지 못했기 때문에 이 두 폭력배에게 그보다 약한 혐의만을 물어 각각 1년씩의 금고형을 선고할 계획이었다. 하지만 경찰은 한 가지 조건도 함께 내걸었다. 자기의 동료에게 불리한 증언을 하면 동료는 3년 동안 감옥에 들어가 있는 대신 자기는 무죄로 풀려나게 되리라는 조건이었다. 훌륭한 사회과학 시나리오들이 다 그렇듯이 여기에도 함정이 있다. 만약 두 죄수가 모두 서로에게 불리한 증언을 하면 둘 다 감방에서 2년을 보내게 된다.

질 수 있는 다양한 방식에 대한 모델을 만드는 데 사용되어 왔다. 이는 미국과 소련의 냉전에서부터 스포츠계의 약물 복용에 이르기까지 광범위한 문제와 상황에 적용되어 왔다. 이 책에서는 게임이론(경쟁의 주체가 상대방의 대처행동을 고려하면서 이익의 효과적 달성을 위한 합리적인 수단을 선택하는 과정을 수학적으로 분석하는 이론 – 옮긴이)에 대해서는 별로 다루지 않는다. 나는 이론보다는 실제에 훨씬 더 관심이 많기 때문이다. 하지만 이 이론에서 발견한 중요한 한 가지는 짚고 넘어가야겠다. 두 명의 죄수 각각이 나머지 동료와 협력하는 대신 서로 간의 경쟁을 선택한다면, 결국 둘 다 게임에서 진다는 사실이다. 개개인이 사리사욕만을 추구할 경우 결국 집단 전체는 패배로 빠져든다는 사실이 입증된 것이다.

지난 반세기 동안 우리는 이런 상황이 방대한 규모로 펼쳐지는 모습을 지켜보았다. 우리는 경쟁을 마치 종교처럼 맹신해왔고, 경쟁이 놀라운 효율과 기적적인 경제 발전, 그리고 무한한 창조성과 눈부신 혁신을 안겨주리라 기대했다. 하지만 그 대신 우리는 부정부패, 사회적 역기능, 환경파괴, 낭비, 환멸, 불평등의 바다에 빠져 허우적대는 자신의 모습을 발견하게 되었다. 그리고 경쟁이 심해질수록 불평등 또한 점점 심해져갔다. 이것은 우연이 아닌 필연이다. 우리가 직면하는 도전은 날로 늘어나고 복잡해지는데 무슨 만병통치약이라도 되듯 경쟁만을 맹신하고 처방해 왔기 때문이다.

승리에는 언제나 대가가 따른다. 경쟁 관계 속에서 자라는 형제자매들은 신뢰나 관용을 좀처럼 보여주지 못한다. 1등만 선호하는 학교는 나머지 학생들의 사기를 꺾어 버린다. 스포츠가 격렬해지고, 더 많은 돈이 걸릴수록 선수로서의 생명은 더 짧아지고 부상은 더 잦아진다. 보너스와 승진을 위해 회사 간부들을 경쟁하도록 부추기다 보면 결국 그들은 인간관계와 창조성을 잃고 만다. 점수를 따는 일에 집착하다 보면 사고가 경직되고, 혁신을 위해 시작했던 일이 오히려 역으로 혁신을 갉아먹고 만다.

제약회사에서 유사 약물 일체에 대해 특허를 내면 중요한 신약이 영영 개발될 기회조차 잃어버리고 만다. 식품제조업체들이 가격을 낮추어 시장을 독점하려 들면 결국 환경 파괴와 사회적 타락을 야기한다. 그리고 승리에 대한 압박으로 부정과 부패가 심해지면 결국 우리가 오랫동안 이어온 관습과 제도의 정통성이 훼손되고, 신념에 대한 신뢰가 무너지고 만다.

지난 반세기 동안 우리는 경쟁이 우리의 문제를 해결해주고, 아이들에게 동기를 부여해주고, 어른들에게는 영감을 불어넣어 주고, 회사와 기관에도 새로운 활력을 불어넣어 주리라는 바람으로 경쟁에 크게 기대왔다. 하지만 경쟁에 대한 지나친 숭배가 오히려 문제를 야기했고, 우리를 해결 능력조차 갖추지 못한 상태로 만들었다는 불편한 진실을 외면하며 여기까지 왔다. 더불어 살고, 함께 일하는 새로운 방법을 찾아내기 위해서는 높은 수준의 신뢰와 공존공영give and take의 정신이 필요하다. 하지만 정작 이런 요소들이야말로 경쟁이 알게 모르게 좀먹어 온 부분이다.

승리보다 더 나은 성공

이런 부분을 깨닫기라도 한 듯, 새로이 등장하는 세대에서는 공유, 공동 창조, 신뢰를 고유의 특성으로 강화시킨 도구와 환경을 발 벗고 찾아나서고 있다. 그리고 실망스러운 현실에서 점점 더 벗어나고 있다. 인간이 중력을 거슬러 하늘을 날고 영원한 아름다움과 의미를 지닌 금자탑을 쌓아올릴 수 었었던 것은 인간의 협업 능력 때문이었음을 보여준다. 이는 우리가 모두 함께 일하는 법을 알고 있었던 덕분이다. 정보를 공유하고, 공동 자원을 모으고, 복잡한 프로젝트를 조직하여 새로운 제품을 발명하게 해주는 모델들이 풍부하게 나왔다. 이런 모델들은 사람을 지치게 만드는 경쟁이 차지하던 자리를 마르지 않는 우물 같은 무한한 혁신과 열정적인 헌신이 대체할 수 있음을 충분히 입증해 보였다. 여기에서 소개하는 협력적이고 창조적인 개인과 조직들은 인간에게 협동하고, 공유하고, 멀리 내다보고, 함께 더 깊게 파고들 수 있는 능력이 있음을 증명해 보인다. 우리가 가진 연대 능력, 협력, 그리고 협력의 궁극적 도구인 언어 발명까지도 모두 인간의 막강한 결속 능력을 입증하는 것이다.

오늘날 협력, 협조, 이타주의 등의 주제가 등장할 때 사람들의 마음이 불편해지는 이유는 어쩌면 소련이라는 낡은 유산 때문이라고 설명할 수 있을지 모르겠다. 다윈이 행여 진화론이 신을 죽이는 결과를 낳지 않을까 두려워했던 것처럼 우리는 경쟁을 포기하면 마치 자본주의가 멸망하고 소련이라는 실험에서 나타났던 부패와 잔인함으로 되돌아가기라도 할 것처럼 두려워한다. 물론 이러한 묘사는 실제 역사와는 거리가 멀다. 소련은 모든 사회 각계각층을 상대로 늘 사악한 경쟁을 조장했기 때문이다. 하지만 이 같은 논란 속에서 드러나는 극단적인 의견 대립은 '승리 아니면 패배'라는 우리의 빈곤한 사고방식을 반영하며, 빈곤한 사고는 우리의 눈을 멀게 해서 다른 곳에서 손짓하는 더욱 큰 기회와 에너지를 보지 못하게 만든다. 우리는 더 행복하게 일하고 살아가는 방법을 찾아낼 수 있다. 그리고 소수만을 위해 존재하는 지금의 실패한 제도들을 다수를 위한 제도로 새로이 탈바꿈할 수 있다. 우리 주변에는 보고 배울 수 있는, 그리고 꼭 배워야만 할 사례들이 곳곳에 널려 있다.

우리는 모두 경쟁심이 강한 존재들이지만 그렇다고 경쟁심만 있는 것은 아니다. 그 어떤 책이나 설교, 사회운동, 혹은 정당이라 해도 만족을 모르고 사회적 지위와 명성을 추구하는 인간의 욕심을 바꿔놓지는 못할 것이다. 하지만 함께 힘을 모아 일하는 것 또한 인간의 본성이다. 주변을 자세히 들여다보면 우리가 가야 할 길을 보여주는 개인과 조직들을 곳곳에서 찾아볼 수 있다. 이들은 성장, 학습, 창조성이 대가 없이 함께 공유하고 격려하는 사람과 아이디어를 바탕으로 이루어진다는 것을 잘 알고 있다.

또한 공정, 안전, 신뢰야말로 제한받지 않는 자유로운 탐구를 통해 새로운 아이디어를 낳기 위한 필수 요소임을 이해한다. 이들은 뒤로 따돌린 패배자의 숫자가 성공의 유일한 척도라는 주장을 인정하지 않는다. 그리고 성취의 정도는 마음만 먹으면 아무 때나 측정할 수 있다는 주장에는 고개를 절레절레 젓는다. 선구자들은 점수가 아니라 어떤 믿음에서 동기를 얻는다. 위대한 업적은 바로 함께 힘을 모을 때 만들어지며, 효율성은 서로 간의 신뢰에서 나오고, 안전은 우리 마음속에 닫혀 있던 수문을 활짝 열어준다는 믿음에서 비롯된다. 우리는 이들에게 배워야 할 것이 무척이나 많다. 그리고 함께 나누는 것이야말로 그들이 가장 잘하는 것이다.

내가 이 주제를 탐구하기 시작했을 때 나를 반긴 첫 반응은 경악이었다. '어떻게 경쟁의 가치에 의문을 품는단 말입니까? 경쟁을 대신할 게 뭐가 있다고요?' 하지만 시간이 흐르는 동안 반응이 바뀌었다. 지금은 내 연구 주제에 대해 얘기하면 사람들의 표정과 목소리에서 어떤 안도와 희망을 느낄 수 있다. 그렇다. 더 행복하게 살고, 더 즐겁게 일하는 방법이 분명 존재한다. 현실적이고, 의미 있고, 실용적이면서 지속 가능한 대안이 존재한다. 승리보다 더 나은 성공이 있다. 그 속에는 우리 모두를 기다리는 더욱 크나큰 상이 있다.

1부

A BIGGER PRIZE

경쟁은 우리를 행복하게 하는가

생애 첫 라이벌

집안에 감도는 긴장감

"내가 제일 먼저 먹을 거야!"

앨리스가 케이크를 내오자 해리가 재빨리 손을 뻗어 자기 것을 낚아챈다. 해리는 바짝 긴장하고 신경이 날카로워져 있다. 배가 고파서이기도 하지만 그게 전부는 아니다. 자신이 제일 먼저 케이크를 먹어야만 하기 때문이다.

이 집은 가난하지 않다. 물론 먹을 것이 모자라지도 않다. 이 집은 햇살이 잘 드는 유리창과 탁 트인 부엌이 딸린 아늑한 곳이다. 집안은 늘 밝고 따뜻하며, 해리의 부모인 앨리스와 폴은 친절하고 사랑이 넘친다. 이 둘은 모두 변호사였는데, 앨리스는 화려한 경력을 뒤로 하고 일을 그만두었다. 세 아들과 더 많은 시간을 함께 하고 싶었기 때문이다.

케이크를 눈앞에 둔 해리처럼 이 집에 감도는 긴장감, 흥분, 그리고 다소 초조한 분위기는 세 아들 때문에 발생한다. 이들은 모두 자기가 제일 먼저 하려 하고, 가장 많이 가지려 하고, 최고가 되려하기 때문이다.

해리는 열한 살이다. 해리의 경쟁 상대는 여덟 살 톰과 네 살 올리버다. 이들은 사내아이답게 잠시도 가만 앉아 있지를 못한다. 아직 어린 나이임에도 카리스마까지 풍긴다. 아마 누군가가 이 아이들을 곁에서 지켜본다면 응석받이로 자랐다거나 무언가가 결핍되어 있는 아이들이 아님을 느낄 것이다. 사랑, 관심, 적절한 자극, 정서적 뒷받침, 그리고 케이크까지 모든 것이 풍족한 환경에서 자랐다는 것을 한눈에 알 수 있다. 아이들은 잠재력이 넘쳤고 그것이 펼쳐지는 것은 시간문제일 뿐이다. 그렇다면 저 아이들은 왜 서로 경쟁하는 것일까? 무언가 부족해서가 아니다. 아이들은 인간이기 때문에 경쟁하는 것이다. 그들은 정말 끊임없이 경쟁한다.

다음날 아침 햇살이 잔디밭 위 떠도는 안개를 거둬내기 시작할 무렵, 톰은 일찍 일어나 아침식사로 시리얼을 먹고 수영강습을 갈 준비를 시작했다.

"발라먹는 초콜릿 어디 있어요?" 해리가 묻는다.

아빠 폴도 그게 어디 있는지는 알지 못한다. 하지만 해리는 분명히 알고 있다. 엄마가 금요일에 발라먹는 초콜릿을 사왔고 아직 누구도 그 뚜껑을 열지 않았다는 사실을. 해리는 마치 반대 의견 따위는 절대 용납할 수 없다는 듯이 단호하게 의회 연단에 선 장관처럼 사나운 표정으로 이 사실을 폴에게 알린다. 그리고 폴은 발라먹는 초콜릿을 찾아낸다.

"그거 형한테 주면 안 돼요!" 톰이 항의한다.

"안 되긴 왜 안 돼!" 해리도 가만있지 않는다.

"초콜릿 형한테 주면 안 돼요, 아빠. 나 지금 수영하러 가는데, 그럼 내가 오기도 전에 형이 다 먹어버린단 말이에요."

이쯤 되면 톰은 이미 제정신이 아니다. 이 집안에서 일어나는 다툼의 대상은 먹는 것에만 국한되지 않는다. 축구, 텔레비전 시청, 게임기, 할머니와의 외출, 난로 앞자리, 자는 시간 등 다툼은 대상을 가리지 않는다. 다툼이 끊이지 않으니 앨리스는 진이 빠질 수밖에 없다.

"아이들에게 간식을 하나씩 똑같이 줘도 옥신각신 다툼이 끊이질 않아요. 알 초콜릿이 과일맛 사탕보다 더 맛있는데 왜 누구는 알 초콜릿을 주고, 누구는 과일맛 사탕을 주느냐는 거죠. 아이들에게 비스킷을 하나씩 나눠주려고 할 때도 문제예요. 제가 손이 두 개밖에 없잖아요. 그래서 두 아이에게 먼저 가져다주면 세 번째 아이가 어김없이 물어요. '난 왜 안 줘요?' 아니, 누가 안 준대요? 그리고 어떤 이유로든 제가 간식을 주지 않는 날이면 오늘은 또 누가 잘못해서 엄마가 간식을 주지 않는 것이냐고 서로 다투기 시작해요."

앨리스가 나를 초청해 세 아들을 관찰하게 한 것은 아이들의 경쟁이 너무 심하다는 생각이 들었기 때문이다. 상대를 반드시 이기고 말겠다는 원초적인 욕망이 노골적으로 드러나 있었고, 말린다고 말려지지도 않았다. 다른 사람들과 마찬가지로 앨리스도 사람에게는 자기만의 정체성과 영역이 필요하다는 것을 이해한다. 하지만 이를 위해 너무 대놓고 싸움이 일어나니 가족관계가 흔들리고 가정도 불안해졌다.

반복되는 상황은 그녀를 지치게 만들었다. 잠자리에 들 때마다 아이들은 무언가를 두고 싸워댔다. 엄마의 관심과 인정을 받으려고 경쟁을 벌이고 있다는 것은 엄마도 눈치 채고 있었지만 아무리 관심을 쏟은들 결코 아이들을 만족시킬 수는 없었다.

매일의 전쟁

집안을 감도는 긴장감의 중심에는 늘 해리가 있다. 해리는 무척 잘생기고 키도 큰 옅은 갈색 곱슬머리의 소년이다. 존재감도 상당해서 외모만 봐도 '내가 바로 1등이야'라는 분위기를 풍긴다.

앨리스는 말한다. "해리는 학교에서 럭비 경기를 하다가 자기 대신 다른 아이가 점수를 내면 자기가 포지션을 잘못 배정받았다는 둥, 자기한테는 기회가 오지 않았다는 둥 어떻게든 이유를 대요. 다른 아이가 더 잘해서 그렇다는 얘기는 절대로 안 해요. 그 아이가 자기보다 더 잘했다는 사실을 절대로 인정하고 싶지 않은가 봐요."

톰은 형보다 키가 작고 말수도 적다. 전체적으로 보면 본심을 잘 드러내지 않는 듯한 성격이다. 마치 남들에게는 말하지 않고 마음속에 감추어둔 것이 있는 사람 같다.

"톰은 해리가 럭비하는 것을 보면서 이렇게 말해요. '형 진짜 잘 한다.' '이번 킥은 정말 잘 찼다.' 뭐 손해 보는 것은 없나 따지지 않고 그런 말을 곧잘 해요. 너그러움이 자연스럽게 몸에 배어 있어요. 하지만 톰은 자기를 내세우는 일이 없어요. 자기 자랑을 안 해요. 훨씬 더 조용한 성격이고 무언가에 도전하려 들지 않아요."

막내 올리버는 분명 자기가 가족의 막내라는 사실을 좋아하는 것 같다. 올리버의 자리는 안전하다. 아무도 그 자리를 탐내지 않기 때문이다.

"올리버는 그냥 무엇이든 자기도 끼고 싶어해요. 올리버는 겨우 네 살이에요. 자기가 형들을 건드리지 못한다는 것을 잘 알죠. 하지만 올리버는 자기도 게임을 할 줄 안다는 것을 보여주려고 열을 올려요. 자기도 일원으로 인정해 달라, 자기만 빼놓고 놀 이유가 없다, 이거죠. 하지만 가족 서열로 보면 올리버 뒤로는 우리 집 강아지 로켓밖에 없어요."

학교에 가면 해리는 반에서 1등을 해야만 하고, 실제로도 언제나 1등을 했다. 엄마 말로는 해리가 자기 마케팅에 뛰어나다고 한다. 아빠 폴은 해리가 최고경영책임자나 하원의원이 될 만한 자질이 있다고 생각한다. "해리는 1등을 해야 직성이 풀려요. 그리고 모든 사람이 자기를 좋아하게 만들려고 신경을 많이 쓰죠. 선생님이나 아이들은 모두 그 애를 좋아해요. 학교생활만 봐서는 해리가 집에서 동생들을 얼마나 괴롭히는지 전혀 눈치 채지 못하죠. 해리는 톰을 기분 나쁘게 하지 못해 안달이 나 있어요. 좀처럼 너그러운 모습을 보여주지 못해요. 자기가 최고라야 하거든요. 제가 톰을 칭찬하기라도 하면 해리는 당장 들고 일어나서 동생을 깎아내려야 해요. 안 그러고는 못 배겨요."

우리는 짙은 크림색 소파가 있는 앨리스의 거실에 앉아 있다. 지금 당장은 집안이 조용하다. 하지만 앨리스는 좌불안석이다. 고요함이 오래 지속될 수 없음을 알기 때문이다. 아니나 다를까, 몇 분도 안 돼서 위층에서 무언가 깨지는 소리가 들린다. 그리고 울부짖듯 따지는 소리가 들리고 누군가 울음을 터트린다. 앨리스가 땅이 꺼질듯 한숨을 내쉬며 소파에서 일어나 심판을 내리러 간다.

그 후로 2주에 걸쳐 앨리스는 자기 아들들의 상호작용을 일기로 기록했다. 혹독한 내용이 이어졌다.

12일, 수요일.

톰이 혼자 할머니네 집에 놀러가겠다고 고집을 부렸다. 해리도 혼자서 몇 번 할머니네 집에 다녀온 적이 있었기 때문이다. 그래야 공평해진다는 말이었다.

13일, 목요일.

올리버가 학교에서 노래와 춤 공연을 했다. 우리는 올리버에게 아주 잘 했다고 말해주었다. 그랬더니 올리버가 말했다. "형들한테도 얘기해줘요. 공연이 엉망일 거라고 했단 말이에요."

15일, 토요일.

럭비공을 두고 아주 큰 싸움이 있었다.

16일, 일요일. ─────────────────────────

사소한 것들을 두고 다툼이 많았다. 자잘한 것들 때문에 싸웠는데 화해시킬 수가 없었다. 그중 특별히 더 문제가 됐던 부분은 해리가 할아버지와 함께 낚시를 가고 싶어 했던 것이다. 할아버지가 아이를 안전하게 돌봐주려면 낚시터에는 한 번에 한 명밖에 데려가지 못한다. 그래서 톰이 화가 났다.

17일, 월요일. ─────────────────────────

목욕시간을 두고 크게 싸웠다. 톰은 별로 혼나지 않고 넘어갔다고 아주 우쭐한 모습이다.

18일, 화요일. ─────────────────────────

올리버가 생일 파티에서 받은 케이크를 두고 싸움이 벌어졌다. 올리버가 한 입씩 먹을 때마다 두 형도 한 입만 먹어보자고 애원했지만 올리버는 혼자 먹었다. 올리버가 케이크를 거의 다 먹었을 무렵 한 조각이 바닥에 떨어졌고, 개가 달려와서 핥았다. 그런데 해리가 냉큼 그것을 줍더니 먹어버렸다. 으악! 나는 해리를 야단쳤다. 하지만 표정을 보니 비록 개가 핥은 것이지만 케이크를 한 입 먹게 됐으니 혼이 나더라도 괜찮다고 생각하는 것 같았다. 자기 혼자만 먹지 못한 톰은 공황 상태에 빠지고 말았다.

19일, 수요일. ─────────────────────────

톰의 친구가 영화 〈쟈니 잉글리쉬 2〉(미스터빈 역으로 인기를 끈 로완 앳킨슨이 출연하는 코믹 첩보 영화)를 보여준다며 톰을 데리고 나갔다. 해리는 분명 샘이 나 있었고 서재로 사라져서는 몇 시간 동안 나타나지 않았다. 그러더니 어느 순간 영화를 다운로드 하는 법을 알아냈다며 의기양양하게 나타났다. 아니나 다를까, 〈쟈니 잉글리쉬 1〉을 다운로드하고 있었다. 우리 집의 인터넷 속도가 형편없었기 때문에 다운로드를 받는 데도, 컴퓨터로 돌려보는 데도 한참이 걸렸다. 하지만 그 사실은 해리의 즐거움을 깎아내리지 못했다. 영화가 정말 재미있었는지는 알 수 없지만, 영화의 참신한 맛을 깎아내림으로써 톰에게 부분적으로는 앙갚음하는 데 성공했기 때문이다. 톰이 돌아오자 해리는 예상했던 말을 꺼냈다. "나도 〈쟈니 잉글리쉬 1〉 봤어. 사람들이 다들 그러는데 1편이 훨씬 더 재미있대."

앨리스의 일기는 이런 식으로 매일매일 이어지고 있었다. 읽기만 해도 지치는데 직접 부대끼며 살고 있다면 정말 진이 빠질 것이다. 그해 초 해리가 일주일 간 수학여행을 갔다고 한다. 그 기간 동안 집안 분위기에서부터 가족들의 대화 내용에 이르기까지 모든 것이 달라도 너무 달랐다. 앨리스는 아이 하나가 자리를 비웠더니 오히려 집안이 행복해진다는 사실이 슬펐다고 말했다.

형제간 경쟁들

앨리스와 폴의 아이들은 심각한 '형제간 경쟁sibling rivalry'의 사례를 겪고 있다. 이 표현은 심리학자 데이비드 레비David M. Levy가 1941년에 처음 사용했다. 이 흔한 현상에 이름을 붙이는 데 이토록 오랜 시간이 걸렸다는 사실이 놀라울 따름이다. 형제간 경쟁은 성경 앞부분에도 나온다. 가인이 동생 아벨을 죽인 것은 성경에 등장하는 최초의 폭력 행위였다. 고대 신화를 보면 아크리시오스와 프로테우스는 자궁 속에서부터 싸움을 한다. 오이디푸스의 두 아들 폴리니케스와 에테오클레스는 테베 왕국의 왕좌를 두고 싸우다 서로를 죽이고 만다. 그리고 로물루스와 레무스는 로마의 위치를 어디로 할 것인가를 두고 싸우다 형제끼리 죽이게 된다.

셰익스피어의 작품 속에는 형제간 경쟁이 대단히 자주 등장한다. 《리어왕King Lear》에서는 자매와 자매가 싸우고, 형제와 배다른 형제가 싸운다. 《폭풍우The Tempest》에서는 안토니오와 그의 형 프로스페로 사이의 평생에 걸친 경쟁을 잘 압축해서 보여주고 있다. 한편 《말괄량이 길들이기The Taming of the Shrew》에서는 다정다감한 비앙카와 성질이 고약한 캐서린 사이에서 벌어지는 총력전을 코믹하게 담아내고 있다. 브론테 자매(1840년대에서 1850년대까지 작가로 활동한 영국 요크셔 출신의 세 자매로, 《제인 에어》를 쓴 샬럿 브론테, 《폭풍의 언덕》을 쓴 에밀리 브론테, 《애그니스 그레이》를 쓴 앤 브론테를 말한다 – 옮긴이)와 제인 오스틴Jane Austen(《오만과 편견》을 쓴 영국의 여성 소설가)에서 솔 벨로Saul Bellow(노벨 문학상을 수상한 미국의 소설가. 대표작으로는 《허조그》 《새믈러씨의 혹성》)와 조너선 프랜즌Jonathan Franzen(미국의 소설가, 대표작으로는 《자유》 《인생수정》)에 이르기까지 여러 소설가들이 형제자매의 존재로 인해 생겨날 수밖에 없는 에너지와 긴장감을 잘 이해하고 소설에 반영해 왔다.

우리와 동시대 사람들 중에서도 클레멘트 프로이트Clement Freud와 루시안 프로이트Lucian Freud 형제(정신분석의 창시자 지그문트 프로이트의 손자들), 리암 갤러거Liam Gallagher와 노엘 갤러거Noel Gallagher(가수 '오아시스' 멤버들) 형제, 피터 히친스Peter Hitchens(영국의 작가)와 크리스토퍼 히친스Christopher Hitchens(미국의 비평가) 형제, 루퍼스 웨인라이트Rufus Wainwright(캐나다 출신의 작곡가 겸 가수)와 마사 웨인라이트Martha Wainwright(캐나다 출신의 여성 작곡가 겸 가수) 오누이 등의 형제자매 사이에서 있었던 불화는 대중적으로도 잘 알려져 있다. 이런 사례들은 명성이나 성공도 자기가 제일 먼저이고 싶은 원초적이고 다급한 욕구는 달래주지 못한다는 사실을 잘 증명해 보인다. 데이비드 밀리밴드David Miliband(2007년부터 2010년까지 영국의 외교장관을 지낸 인물. 2010년 노동당 당수 선거에 출마하였으나 경선에 나온 동생 에드 밀리밴드에게 패했다—옮긴이)와 에드 밀리밴드Ed Miliband(영국의 정치가이자 경제학자. 데이비드 밀리 밴드의 동생) 사이의 경쟁관계도 품위 있게 표현되기는 했지만 결국 데이비드로 하여금 성공을 하려면 정치와 조국을 떠나는 수밖에 없다는 생각을 들게 만들었다.

동생이 태어난다는 것

형제간 경쟁은 여러 이야기와 가십거리에서 빠지지 않는 기본적인 구성 요소이다. 그 안에서 드러나는 날것 그대로의 감정이 현실적이고도 보편적이라는 것을 우리도 알기 때문이다. 태어나는 순간부터 우리는 부모의 관심, 먹을 것, 사랑, 체온과 보호에 이르기까지 생존에 필요한 모든 것을 확보하기 위해 형제들과 경쟁한다. 신생아의 경우에는 엄마(혹은 다른 보호자)의 관심을 어떻게 독차지하느냐가 생물학적 지상과제다. 전 세계적으로 대략 네 명의 아이 중 한 명은 가난 속에 살고 있다.[1] 고아만 해도 2천4백만 명이나 되고, 매일 1만6천 명이 굶어죽고 있다. 모든 아이들에게 관심, 보금자리, 교육, 의복, 케이크에 이르기까지 온갖 것들을 얼마나 충분히 확보하느냐는 매일매일 벌어지고 있는 실질적인 투쟁이다.

아무리 안락하고 안전한 가정이라고 해도 아기는 자기에게 필요한 사랑, 관심, 먹거리 등을 빼앗아갈 위험이 있는 것이라면 무엇이든 경계한다. 생후 6개월만 되도 위협 중에서 어느 것이 더 큰 위협인지 알아차릴 수 있다. 한 실험에서는 엄마가 책에 관심을 보일 때 아기가 별로 동요하지 않았지만, 엄마가 인형을 가지고 놀자 크게 동요하는 것이 관찰되었다.[2]

하지만 아이의 본능을 가장 크게 자극하는 사건은 바로 동생이 태어나는 것이다. 아이에게 새로 동생이 태어난다는 것은 책이나 인형보다도 훨씬 큰 도전이기 때문이다. 어떤 엄마도 이 점을 부정할 수는 없을 것이다. 형제간 관계를 연구한 여성 원로 학자 주디 던Judy Dunn은 가족 안에서 이루어지는 형제자매들 간의 관계를 장기간에 걸쳐 관찰하고 연구하는 데 거의 반세기를 바쳤다. 그녀는 동생이 태어난 다음 아이가 말을 잘 듣지 않는 경우가 93퍼센트 증가했다고 보고했다. 그리고 이것들은 대부분 관심을 얻기 위해 저지르는 행동들이었다.

던은 이렇게 말한다. "가족 안에서 새로 아기가 태어나면서 찾아오는 변화는 엄청난 것입니다. 형제들을 지켜보는 것이 무척 재미있는 이유는 그들의 관계가 아무런 제약도 없는 관계이기 때문이죠. 부모들은 자기네 가족이 모두 협조적으로 잘 어울리는 것처럼 보이고 싶어 이런 사실을 부정하지만, 사실 형제자매들은 자기의 경쟁심을 솔직하게 드러내거든요. 가족 안에 들어가서 관찰해보면 경쟁은 언제 어디서든 일어나고 있습니다."

서구에서는 80퍼센트 정도의 사람들이 형제자매가 있다. 사람들은 그 안에서 가해자가 되기도 하고 피해자가 되기도 한다. 보통은 가해자 겸 피해자인 경우가 많다. 정서적인 것이든 물리적인 것이든 폭력이 흔히 일어난다. 전체 어린이 중 절반 이상이 일 년 안에 형제로부터 폭력을 경험한다.[3] 미국에서 전국적으로 가정 폭력에 대해 조사한 바에 따르면 74퍼센트의 어린이가 형제자매를 거칠게 밀쳤던 경험이 있으며, 42퍼센트는 발로 차거나, 입으로 물거나, 손으로 때린 경험이 있었다. 영국에서 형제자매를 대상으로 이루어진 한 연구를 보면 54퍼센트 정도가 형제를 괴롭히는 가해자이거나, 형제에게 괴롭힘을 당하는 피해자이거나, 양쪽 모두에 해당하는 것으로 밝혀졌다. 욕을 하고 물건을 훔치는 일이 일상적으로 일어났고, 자기 물건을 지키기 위해 폭력을 사용하는 경우도 마찬가지로 흔했다. 만 두 살에서 네 살 사이의 형제자매들을 연구한 캐나다 과학자들에 의하면 형제들 사이에서는 9.5분마다 어떤 형태로든 싸움이 일어난다고 한다.[4] 앨리스 홉스가 들었다면 당장에 맞장구를 치며 조금은 안심했을 내용이다. 조용할 날이 없는 그녀의 아들들도 그리 특별한 경우만은 아니었던 것이다.

형제자매 사이에서의 물리적, 정서적 학대는 부모에 의해 이루어지는 학대보다 심하며 가족들 사이에서 발견되는 폭력적 관계 중 가장 심한 형태인 것으로 추정된다.[5] 미국 국가범죄예방위원회 NCPC National Crime Prevention Council에서는 형제간 경쟁을 심각한 것으로 받아들여 아이들 간의 갈등을 어떻게 관리해야 하는지에 대한 조언을 부모들에게 제공하고 있다.[6] 우리는 형제자매를 사랑하지만 격렬하게 미워하기도 한다. 형제간 경쟁에 대한 이야기는 흔하디흔하다.

"나는 아기였던 내 남동생을 전자레인지에 집어넣기도 했어요. 아마 전자레인지 문을 닫을 수만 있었다면 그대로 작동했을 겁니다."

"저는 여동생한테 매니큐어 제거제를 먹이려고 했어요. 매니큐어 제거제를 아기 젖병에 담아 우유하고 섞었죠. 그런데 맛이 끔찍했나 봐요. 입에 대려고 하지 않더라고요."

"같이 욕조에서 목욕을 하다가 남동생을 물속으로 내리눌렀어요. 하지만 동생은 악착같이 싸우면서 계속 물 밖으로 머리를 내밀고 숨을 쉬더군요."

"전 여동생을 창밖으로 던져 버린 적이 있어요."

형제들 이야기를 듣다 보니 작가 앨리스 워커 Alice Walker(미국 흑인문학을 대표하는 여성작가, 《컬러퍼플 The Color Purple》로 퓰리처상과 전미도서상 수상─옮긴이)가 오빠가 쏜 비비탄에 맞아 한쪽 눈을 실명했다는 사실이 새삼 떠올랐다. 이들이 별것 아닌 듯 이런 얘기들을 꺼낸다는 것은 자신의 경험을 워커의 경험과 비슷한 것으로 여긴다는 증거다. 하지만 행여 같은 일들이 어른이 되어 일어난 것이었다면 심각한 문제로 여겼을 것이다. 다만 어린 시절에 일어난 일이기에 잠깐 그러다 말겠지 하며 넘겨버릴 수 있는 것이다. 우리는 아이들이 자라면서 사랑과 관용, 자기통제와 공정함이 악한 감정을 압도하거나 완화시켜줄 것이라 믿는다. 우리는 유아기를 사회적 이해가 시작되는 시기라 생각한다. 다른 사람과 관계 맺는 법을 배우고 사회적 존재가 되는 법을 배우기 시작하는 시기라 여기는 것이다. 우리의 생존은 사회적 존재가 될 수 있느냐에 달려 있다.

언니가 남긴 삶의 상처

그런데 형제에 대한 적대적인 감정은 우리가 바라듯 저절로 사라지는 경우가 드물다. 감정들이 사라지지 않고 오랫동안 곪다가 터지면 그로 인해 엄청난 후유증이 남을 수 있다. 어린 시절부터 언니와의 갈등으로 힘든 시기를 보내온 다이앤 윌슨Diane Wilson의 이야기를 들어보자.

"저는 베스Beth 언니의 생일 전날에 태어났어요. 언니 입장에서 보면 자기가 받을 관심을 제가 선수 쳐서 훔쳐간 것이나 마찬가지였죠."

다이앤 윌슨은 시작부터 언니와 관계가 틀어졌고, 나중에 되돌아보니 그 당시 가족 중 어느 누구도 상황을 어떻게 해결해야 하는지 몰랐다고 한다.

다이앤은 다섯 자녀 중 막내였고, 위로 오빠 셋과 언니 베스가 있었다. 아빠가 제2차 세계대전 동안 육군에서 복무했기 때문에 언니 오빠들은 아빠 얼굴을 제대로 보지도 못하고 자랐다. 정서적으로나 경제적으로 결핍된 환경이었고 두 자매 사이의 경쟁심과 적의는 상당히 컸다.

"어머니는 우리 둘 사이에서 늘 갈등을 부추겼어요. 어머니는 나를 말 잘 듣는 착한 아이로, 베스 언니는 대하기 까다로운 아이로 취급하셨죠. 하지만 이런 얘기를 실제로 터놓고 한 적은 없었어요. 그런 분위기가 항상 무의식중에 흐르고 있었죠. 아버지는 아예 관여하지 않으셨고요."

두 자매가 서로에게 물리적인 폭력을 휘두른 것은 아니었지만 정서적 폭력은 존재했고 쉽게 잊힐 것도 아니었다. 자기보다 어리고 예쁜 여동생에 대한 베스의 적개심 때문에 다이앤의 어린 시절은 바람 잘 날이 없었다. 또한 이 적개심은 다이앤을 억눌렀다. 베스는 학구적이었지만, 다이앤은 그렇지 않았다. 때문에 두 자매의 학교생활에는 늘 팽팽한 긴장감이 맴돌았고 상처를 주고받는 일도 자주 생겼다. 베스는 다이앤에게 매일 실망만 시키는 실패작이라며 모욕을 줬다.

"언니는 나를 약 올릴 때가 많았어요. 약 올리는 법을 알고 있었죠. 언니가 여학생 회장을 할 때는 일부러 '너 모자는 어디에 두고 다니냐?'라고 소리를 지르면서 무시했어요. 제가 언니처럼 학구적인 사람이 될 리는 없었죠. 누가 그런 공부벌레가 되고 싶겠어요?"

공부로는 베스 언니를 절대로 따라갈 수 없음을 알았던 다이앤은 대신 춤에 관심을 가졌다. 그리고 춤에 정말로 빠져들었다.

"저는 정말 열심히 춤을 췄는데 한 번은 베스 언니가 이렇게 말했어요. '춤은 삼류 예술이야. 너는 누가 하라고 시킨 일 말고는 할 줄 모르지!' 그럼 엄마는 이렇게 나를 감쌌어요. '동생 좀 그만 괴롭혀. 동생이 그나마 한 가지 잘하는 건데!' 아버지는 내가 열 살 때 이후 뇌졸중을 앓고 계셔서 전혀 개입할 수가 없었어요. 상황이 정말 어려웠죠."

아이를 다섯이나 거느린 집안이다 보니 부모는 아이들이 공개적으로 갈등을 일으키는 것을 허락하지 않았다. 뒤돌아보면 양쪽 모두 두 딸 사이의 격렬한 경쟁을 말릴 힘도, 기술도 없었음이 분명하다. 다이앤의 말로는 경쟁의식으로 인한 긴장감이 집안 구석구석에 만연해 있었지만 공개적으로 표현하는 일은 절대로 허용하지 않았다고 한다. 대신 언니의 멈출 수 없는 경쟁의식에 부딪힌 다이앤은 피할 수만 있다면 무엇이든 가리지 않고 하기 시작했다.

"저는 도스토예프스키의 《백치》, 《죄와 벌》 같은 유럽 문학을 많이 읽었어요. 하지만 영미 작가들의 문학은 절대로 읽지 않았죠. 베스 언니가 케임브리지대학교에서 영문학을 공부하고 있었거든요. 그 분야는 언니의 영역이니까 저는 영문학과는 거리를 뒀어요. 나중에는 사람들이 저더러 학위를 따라고 하더군요. 제가 그 정도로 똑똑하다고 생각하지도 않았지만 언니와 경쟁하는 것을 피하려고 학위를 따지 않았어요. 그냥 언니하고 부딪힐 일은 다 피하고만 싶었어요."

다이앤에게 춤은 언니가 따라올 수도 없고, 또 따라오려 하지도 않을 세계로 달아나는 탈출구가 되었다. 하지만 몸에 문제가 생겨 더 이상 춤을 출 수 없게 되자 다이앤은 자기를 지켜주던 정체성을 잃고 말았다. 대신 자학하는 습관이 자라났고, 언니 생각만 해도 모든 열망이 꺾여버렸다.

"계속 이렇게 생각했죠. '베스 언니와 경쟁할 필요가 없으니까 학위 따위는 필요 없어.' 내가 무슨 생각을 하고 있는지는 나만 빼고 다 알고 있었어요. 돈도 많이 벌지 않고, 자격증도 따지 않고, 집도 없으면 언니와는 모든 면에서 다를 테니까 언니가 나를 질투하거나 공격하지 않을 거라 믿고 있었던 거죠. 언니는 경쟁심이 강했기 때문에 언니한테 공격을 받지 않는 길은 몸을 바짝 낮추고 있는 것밖에 없었어요. 연약하고, 무기력한 실패작으로 남아 있는 것. 그것이 바로 언니와 달라 보일 수 있는 방법이었어요."

오래전 일들을 얘기하며 다이앤의 따뜻한 집안에 앉아 있으니 분노, 혼란, 두려움 등이 손에 잡힐 듯 생생하게 느껴졌다. 다이앤은 할 수 있는 말을 신중하게 가려서 했다. 이 주제가 집안의 다른 부분으로 번지는 것을 원치 않았기 때문이다. 고통스러운 형제 관계를 겪은 수많은 사람들처럼 다이앤도 그 영역에 다시 발을 들이게 될까 봐 경계하고 있었다. 그 영역에는 아직까지도 그녀를 겁주고, 우울하게 만드는 힘이 남아 있었기 때문이다. 육십 대 중반이 되어서도 여전히 날씬하고 매력이 넘치는 다이앤은 문화적으로, 지적으로 대단히 활기찬 삶을 살고 있다. 하지만 불꽃처럼 자기를 실패의 나락으로 집어삼키려 하는 자매 관계로부터 빠져나와 여기까지 오기는 쉽지 않았다.

두 사람은 몇 년씩 말없이 서먹했다가도 화해를 하고 새로 관계를 시작했지만 어김없이 안 좋게 끝나고 말았다. 한 번은 다이앤이 베스 언니네 집에 초대를 받았다. 그런데 다른 손님들을 초대했으니 저녁은 나가서 먹으라는 소리를 들어야만 했다. 손님들은 다이앤이 함께 어울릴 수 있는 사람이 아니라면서 말이다. 마치 두 자매의 관계는 다이앤이 베스의 생일 파티를 망치고 관심을 훔쳐가면서 태어나던 순간에 그대로 굳어져 버린 것 같았다. 어머니가 나이 들어 자식들의 보살핌이 필요해지자 둘 사이의 전쟁은 어린 시절처럼 다시 확 달아올랐고, 다이앤은 점점 더 소외되고 버려진 기분이 들었다.

어머니가 죽었을 때는 서로 휴전할 만도 했지만 그런 일은 일어나지 않았다. 그때는 이미 두 자매가 서로 말을 하지 않는 사이였다. 다이앤은 장례식에 참가할 때 정신적으로 자기를 뒷받침해 줄 친구를 한 명 데리고 갔다. 다이앤이 두려워한 것은 어머니의 죽음에 대한 슬픔이 아니라 베스 언니였다. 장례식 뒤로 이어진 연회에서 두 자매는 같은 시간에 같은 방에 머무는 일이 절대로 없었다. 그 후로 거의 20년간 둘은 서로 얼굴도 보지 않았다.

어머니가 부추겼던 경쟁은 다이앤의 어린 시절, 그리고 어른이 되고 난 후의 삶 중 상당 부분을 규정하는 낙인이 되고 말았다. 상처를 받은 것은 언니와의 관계만이 아니었다. 다이앤은 여자들과 인간관계를 맺는 데 전반적으로 문제가 많았고, 아직도 여자들에 대한 경계심을 버리지 못하고 있다. 다이앤은 누군가와 가까워지면 그 사람이 공격하는 것도 아닌데 왠지 불안해지면서 스스로를 방어하기 시작했다.

다이앤은 내게 이렇게 말했다. "나는 다른 사람한테 양보할 것은 양보하면서 내 관점을 주장하는 법을 모르겠어요. 문제를 일으키지 않으면서 타협하는 방법을 아는 데는 참 오랜 시간이 걸렸어요. 가족 전체의 역학

관계가 그렇다 보니 협력이 필요한 일은 엄두도 못 내는 사람이 되어 버렸어요. 사람들하고 어울리면 꼭 죽을 것 같은 느낌이 들거든요."

하지만 친구와 동료들의 뒷받침 덕분에 다이앤은 마침내 교육과정을 마칠 수 있었고 비로소 자기만의 삶을 온전히 살고 있다는 느낌을 받기 시작했다. 그럼에도 불구하고 그녀와 언니 사이의 갈등은 아직도 생생하게 살아남아 있는 듯하다. 그녀가 자신의 비밀을 어디까지 털어놓았는지 나로서는 알 수 없다. 어쩌면 이런 일들을 내게 얘기하는 것은 그저 언니에게 반격을 가하는 또 하나의 방법에 불과한 것인지도 모를 일이다. 하지만 나는 다이앤에게 고마운 마음이 들었다. 형제간의 경쟁에 대해 앞다투어 얘기하는 사람들은 많았지만 이 주제를 가지고 인터뷰까지 응해준 사람은 적었기 때문이다. 분명 이것은 너무나 위험한 감정이다. 이 감정 속에는 민망하고, 불편하고, 때로는 수치스러운 감정이 뭉뚱그려져 있을 때가 많다. 이런 경쟁관계는 어른이 되어서도 어린 시절 만큼이나 강렬하게 지속되다가 양쪽이 사회적, 직업적 심지어는 지리적으로 서로 멀어지고 나서야 해소되는 경우가 많다. 그럼 당분간은 격한 감정들이 잦아들 듯 보인다. 하지만 부모의 사망으로 다시 불이 붙고 만다. 상속된 재산을 나누는 과정에서 불꽃이 튈 때가 많기 때문이다.

과잉경쟁적인 사람들의 비사회성

다이앤의 언니 베스는 작은 일이든, 큰 일이든 무조건 이겨야 직성이 풀리는 사람이다. 앨리스 가족에서는 해리가 이와 비슷하다. 해리는 1등이 아니고는 견디지 못하는 성격이었다. 해리가 잠시 집을 떠나 있는 동안 가족 전체가 그토록 평화롭게 지낼 수 있었다는 것은 이런 점을 단적으로 보여준다. 서로 방식은 다르지만 해리와 베스는 '과잉경쟁적hypercompetitive'인 성격이라 묘사할 수 있을 것이다. 이런 성격은 '경쟁을 붙인 후 무슨 수를 써서라도 꼭 이겨서 자부심을 유지하거나 높이려는 무차별적 욕구'[7]라고 설명할 수 있다. 과잉경쟁적인 사람들은 부적절한 상황에서도 경쟁을 하려 든다. 이들에게는 모든 사회적 만남이 권력, 통제력, 지배권을 얻거나 잃을 기회로 여겨지기 때문이다. 어떤 연구자들은 극단적인 형태의 개인주의라 보기도 한다. 이 경우 개인의 이득과 자기애적인 사리사욕이 다른 모든 사안을 압도해버리기 때문이다. 과잉경쟁적인 사람들은 다른 누군가가 패배해야만 성취감을 느낄 수 있다.

나는 우리 아버지가 과잉경쟁적인 사람이었다는 것을 요즘에야 깨닫게 되었다. 아버지는 텍사스의 한 가난한 집안에 세 형제 중 막내로 태어났다. 집이 가난하다 보니 무엇 하나 넉넉한 것이 없었다. 아버지는 형들을 미워하여 일찍 집을 나와 연락 없이 지냈고, 형들의 장례식에도 가지 않았다. 이런 성장 배경이 직업적으로는 도움이 되었지만, 아버지는 항상 자신의 우월함을 증명해 보여야 한다는 강박관념을 지니고 살아야 했다. 아버지는 자기만큼 성공하지는 못한 사람들을 만나면 경멸했다. 또한 자기보다 더 크게 성공한 사람을 만나면 그들에게 끌리기는 했지만 상대적으로 실패자라는 느낌이 들어서 좀처럼 우정의 단계로 나가지 못했다. 아버지는 노련한 협상가였지만 언제 멈추어야 하는지에 대한 판단력이 형편없었다. 목표를 달성하는 데는 뛰어났지만 품위 있게 승리하는 법은 몰랐다. 한번은 내게 말하길, 아버지가 정유회사들과 정부 간에 복잡한 합의를 이끌어내기 위해 협상에 들어갔을 때 정말로 하고 싶었던 일은 실행 가능한 계약을 성사시키는 것보다는 상대방의 목을 부러뜨려 놓는 것이었다고 했다. 사장이 기회가 생기자마자 냉큼 아버지를 퇴직시켰을 때 놀란 사람은 아마도 아버지밖에 없었을 것이다.

아버지는 심한 경쟁의식 때문에 약자를 괴롭히는 사람이 되어 버렸다. 이런 아버지를 둔 것이 나중에 직장생활을 하는 데에는 큰 도움이 되었다.

내가 하는 일은 아버지와 다소 비슷한 사람들, 즉 재능 있고 똑똑하면서도 폭력적인 사람들을 다른 곳보다 더 많이 만나기 때문이다. 이것은 특정 산업계에서만 나타나는 현상이 아니다. 방송업계뿐만 아니라 소프트웨어 개발업계나 벤처캐피털업계에서도 흔히 볼 수 있다. 이런 사람들 중 상당수는 막강한 권력을 가지고 있다. 대부분이 그런 사람들 밑에서 일하는 이유도 동일하다. 그렇지 않고서야 사람들이 자발적으로 그 밑에 들어가서 일하지도 않았을 것이다. 하지만 그 밑에서 대부분 기회가 생기면 바로 일터를 떠났다.

이런 성격을 가진 사람들에게 둘러싸여 자라다 보니 나는 상황에 따라 요령 있게 대처하는 방법을 알고 있었다. 그런 사람들을 요리조리 피해 다녔지만 피할 수 없을 때는 약삭빠르게 대처했다. 하지만 큰 낭비라는 느낌이 들었다. 공격성이 재능을 갉아먹는 느낌이 들었고, 인격적인 만남에 대한 욕구가 승리의 욕구 때문에 타락하고 마는 느낌이 들었다.

아버지는 다른 과잉경쟁적인 사람들처럼 매력적이고 카리스마가 넘치기까지 했다. 이런 사람들은 에너지와 투지가 넘치기 때문에 역동적이다. 멋모르는 사람들을 실패할 수밖에 없는 관계의 암초에 부딪혀 좌초하게 만드는 사이렌(그리스 신화에 나오는 마녀로 아름다운 노랫소리로 뱃사람들을 유혹하여 배를 난파시켰다-옮긴이)의 노랫소리인 것이다. 이런 이유로 그들의 성취는 오래가지 못할 때가 많고 상처받은 인간관계, 기회의 상실, 관계의 단절이라는 측면에서 보면 늘 막대한 대가를 치르게 된다. 우리는 이런 인물상과 맞아떨어지면서 높은 성취를 이룬 사람을 쉽게 떠올릴 수 있기 때문에 과잉경쟁적인 사람들은 늘 성공적이며, 그런 투지는 일종의 성공 보증수표나 마찬가지니 값비싼 대가를 치를 가치가 있다고 생각하기 쉽다. 하지만 우리는 확인 편향ascertainment bias(표집 편향sampling bias이라고도 하며, 표본이 무작위로 선택되어야 함에도 불구하고 어느 한쪽에 치우진 표본이 선택됨으로 해서 생기는 편향을 의미한다-옮긴이)을 경계해야 한다. 세상은 투지 때문에 스스로 파멸을 초래한 과잉경쟁적인 사람들에 대해서는 말하지 않기 때문이다.

나는 그런 사람들을 많이 만나보았다. 그중에서도 특히 기억에 남는 사람이 있다. 그를 팀이라 부르겠다. 그는 옥스퍼드대학교를 졸업할 때 두 과목에서 최고점을 받았을 정도로 똑똑한 BBC의 수습사원이었다. 팀은 나에게 자신이 처음 제작하는 방송 프로그램을 감독해달라고 요청했다. 하지만 쉽지 않은 일이었다. 나더러 자기는 아무 도움도 필요하지 않다고 잘라 말했기 때문이다. 그는 자신이 수습사원이라는 사실에 언짢아했다. 그는 빠른 시간 안에 동료 사원으로 인정받기는 했지만 능력을 증명해 보이려는 욕구가 강해서 사람들 사이에서 비타협적인 동료로 인식되었다.

그가 제작할 프로그램은 주제도 쉬운 것이었고 제작진들도 화려했기 때문에 성공하지 못할 이유가 없었다. 하지만 1차 편집본을 받아보았을 때 나는 입이 떡 벌어지고 말았다. 엉망이었기 때문이다. 나중에야 필름 편집자로부터 이 수수께끼에 대한 설명을 들을 수 있었다. 쇼 제작 과정에서 녹음된 사운드트랙을 들어보니 상황이 분명하게 드러났다. 팀은 누구의 제안이나 충고에도 귀를 기울이지 않았고, 대신 정확히 자기 요구대로 따를 것을 고집했다. 결국 경험이 풍부한 제작진들은 마지못해 그의 지시를 따랐다. 협력을 멈추고 그저 명령만 따르기 시작한 것이다.

방송을 다시 촬영하고 새로 편집한 다음에 나는 팀에게 무엇이 잘못인지 설명하려 했다. 그는 정중하게 내 얘기를 다 듣고 나서는 이의를 제기했다. 그가 말하기를 자기는 친절한 사람이 되는 법을 배우려고 방송업계에 들어온 것이 아니라고 했다. 몇 년 후 그와 다시 마주칠 기회가 있었다. 그는 여전히 방송업계에 종사하고 있었지만 이 방송국에서 저 방송국으로 전전하고 있었다. 방송국에서도 처음에는 그의 뛰어난 머리에 매력을 느꼈지만 결국에는 그와 함께 일하는 데 따르는 대가가 너무 크다고 판단을 내린 것이다.

경쟁에 대한 잘못된 착각

경쟁의식의 문제점은 결국 누군가는 실패하는 사람이 나와야 하기 때문에 근본적으로 반사회적이라는 점이다. 하지만 수많은 사회진화론자들은 경쟁의식이 높은 사람들의 가시적 성공에 매료되어 경쟁이 높은 생산성과 성취로 이어진다고 믿고 있다. 그들은 모든 사람이 승리하겠다는 투지만 갖는다면 경제가 급성장하고 인간의 막대한 잠재력이 풀려나오리라 기대한다. 나의 조부모를 비롯하여 일부 부모들은 열성을 다해 자녀들 사이의 경쟁을 부추긴다. 경쟁이 아이를 현실에 맞설 수 있는 강인한 사람으로 키워주리라는 희망 때문이다. 데이비드 아이젠하워David Eisenhower 와 아이다 아이젠하워Ida Eisenhower 부부는 조지프 케네디Joseph Kenndy, Sr.(미국 케네디 대통령의 아버지)처럼 아이들을 키웠다. 조지프 케네디는 자신의 가문에서는 패배자가 나오지 않기를 바란다고 말한 것으로 유명하다. 아이젠하워 부부는 내게 이렇게 설명했다. "인생은 곧 전쟁입니다. 그러니 아이들이 전쟁에서 이기는 법을 빨리 배울수록 좋겠죠."

남들을 이기려는 욕망은 자연스럽게 느껴지는데 남들과 잘 어울려 노는 능력은 그렇게 느껴지지 않는 이유는 참 알다가도 모를 일이다. 친사회적인 행동보다는 과잉경쟁이 불러일으키는 극적인 드라마와 흥분이 민낯 그대로의 모습처럼 느껴지고 좀 더 피부에 와닿아서인지도 모르겠다. 하지만 자연선택을 이렇게 잘못 해석하는 데 따르는 문제점은 그저 과잉경쟁으로 인해 온갖 값비싼 대가가 따르고, 왕따, 자기도취, 마키아벨리식 권모술수 등의 반사회적 경향이 판을 친다는 것에서 그치지 않는다. 진짜 문제는 과잉경쟁이 기대만큼 성공으로 이어지지 못한다는 점이다.[8] 승리하기 위해 악랄해진다고 해서 성공이 보장되지는 않는다.

왜 어떤 사람은 과잉경쟁적이고 어떤 사람은 그렇지 않을까? 생물학자들은 테스토스테론testosterone을 용의자로 주목한다. 자궁 안에서부터 시작해서 청소년을 거쳐 성인이 될 때까지 사람은 남녀 할 것 없이 모두 테스토스테론에 노출되어 있다. 대부분 과학자들은 테스토스테론 수치가 뇌의 발달 과정에서 역할을 담당하고 있다고 믿는다. 성인이 되면 우리 모두는 기저 수준의 테스토스테론을 갖게 되고, 이 수준은 평생 꽤 안정적으로 유지된다. 테스토스테론의 기저 수준이 높은 남성은 결혼하는 비율이 낮고, 이혼 가능성은 더 높으며, 교육과 수입 면에서도 성취 수준이 다소 낮은 것으로 나타난다. 테스토스테론은 공격성과도 관련 있기 때문에 기저 수준이 높을수록 지배에 대한 욕망도 더 커지는 것으로 보여왔다. 하지만 주제에 대해 방대한 연구가 이뤄졌음에도 불구하고 명확한 상관관계를 입증하는 데는 실패했다.

그런데 흥미로운 세부사항이 일부 밝혀졌다. 남자는 도전을 받으면 테스토스테론 수준이 올라가며 만약 도전에서 승리하면 그 수준은 다시 한번 올라간다. 하지만 만약 도전에서 실패하면 수준이 내려간다. 어쩌면 이것은 호르몬의 피드백 회로feedback loop를 만들어내고 있는지도 모르는 것이다. 힘을 필요로 하는 사람이 힘을 얻고, 또 이렇게 힘을 얻은 사람은 더욱 큰 힘을 요구할 능력을 얻고, 실제로 얻게 될 가능성도 커지는 것이다. 하지만 이는 여성에게는 해당하지 않는다. 여성의 경우는 도전에 부딪혀도 테스토스테론 수준이 올라가지 않기 때문이다.[9]

하지만 테스토스테론에서 제일 충격적인 면은 빈약한 판단 능력과 저하된 정서지능emotional intelligence과 연관되어 있다는 점이다. 저명한 자폐증 전문가 사이먼 바론 코헨Simon Baron-Cohen이 이끈 한 실험에서는 여성에게 테스토스테론을 투여한 후에 사람들의 얼굴 표정을 읽는 능력을 측정하는 검사를 받게 했다. 그랬더니 연구팀이 예측한 대로 테스토스테론은 타인의 의도, 감정, 기타 정신적 상태를 추론하는 능력을 저해했다. 테스토스테론 수준이 높아지면 사회지능social intelligence에 부정적인 영향을 미친다는 가설이 입증된 것이다.[10] 우리 몸에서 자연적으로 발생하여 순환하는 테스토스테론을 관찰한 유사한 실험에서도 테스토스테론이 감정이입을 저해할 수 있음이 밝혀졌다.

그중에서도 가장 흥미로운 연구는 테스토스테론과 협력 사이의 관계를 조사한 연구였다. 이번에는 실험참가자 몇 쌍에게 먹는 테스토스테론을 복용시키고, 나머지 대조군에게는 위약을 복용시켰다. 모든 실험참가자는 쌍을 이루어 과제를 하게 했다. 실험과제는 스크린을 보면서 어느 순간에 목표물이 그 위에 나타날지를 예측하는 것이었다. 첫 번째 과제에서는 각각의 참가자가 따로따로 결론에 도달해야 했다. 그리고 그 다음 과제에서는 서로 협력해서 선택을 내려야 했다. 연구자들은 혼자 했을 때보다는 협력하여 판단을 내린 경우가 좀 더 정확한 예측이 나올 것이라고 확신하고 있었고, 실제로도 그런 결과가 나왔다. 하지만 연구자들이 진짜로 궁금해했던 질문은 이것이었다. 과연 테스토스테론은 협력의 질을 향상시킬까? 아니면 저하시킬까?

결국 연구자들은 테스토스테론이 실험에 참여한 쌍들의 협업 능력을 눈에 띄게 감소시킨다는 사실을 밝혀냈다. 연구자들은 이것의 원인을 주로 '자기중심성 편향egocentricity bias' 때문인 것으로 생각했다. 참가자들이 자신의 의견을 더욱 가치 있다 여기고, 상대방의 의견은 가치가 덜 하다고 여기는 경우가 많아졌다는 의미다. 테스토스테론의 수준 상승은 사실상 각각의 사람들을 더욱 자기중심적으로 만들었고, 타인과 함께 일하는 능력을 떨어뜨렸고, 결국 협력의 가치를 포착하지 못하게 만들었다.[11]

테스토스테론과 높은 경쟁심 사이에 관련이 있음은 알게 되었지만, 어떤 사람은 테스토스테론 수준이 높고 어떤 사람은 그렇지 않은지에 대한 이유는 아직 모른다. 이런 연구들이 어떤 실마리를 비춰주는 것은 사실이지만 실험실 밖 현실 세계의 행동과 삶에서 나타나는 복잡성을 완전히 설명해주기에는 부족하다. 따라서 행여 면접이나 신입사원 모집에서 호르몬 검사를 하는 날이 오리라 기대해서는 안 될 것이다.

한 가지 부분에 있어서는 과학계도 입장이 분명하다. 생물학만으로는 우리의 행동을 이끄는 사회적, 심리학적 과정의 복잡한 상호작용을 완전히 설명할 수 없다는 것이다. 출산 이전이든 이후이든 호르몬 수준 자체만으로는 개인의 성격을 설명할 수 없으며, 제아무리 신경화학을 추종하는 연구자들이라도 결국에는 부모의 애정과 환경의 중요성을 강조하지 않는 이가 없다. 한마디로 고려해야 할 다른 요소들이 너무나 많다. 호르몬만 따져도 수백 종이 넘는다.[12] 기질, 기존의 행동방식, 사회적 지지, 문화 등 모든 것들이 풍부하게 뒤섞인 상태에서 각자의 역할을 하고 있지만 우리가 한 번에 확인할 수 있는 요소는 몇 가지밖에 되지 않는다. 같은 가정에서 자란 일란성 쌍둥이조차 면역계가 서로 다르게 발달한다는 사실은 모든 요소들 간의 상호작용이 얼마나 복잡한지 입증해주고 있다. 그리고 이 모든 요소들 중에서도 가장 강력한 것은 바로 경험이다. 즉, 우리에게 어떤 일이 일어나고, 우리가 무엇을 하느냐가 가장 중요하다.

갈등을 풀어가는 연습

뇌의 회로를 결정하는 가장 중요한 요소는 우리가 일생 동안 겪는 경험이지만, 그 기반은 상당 부분 어린 시절에 닦여진다. 이 점을 생생하게 보여주는 일련의 실험이 있다. 실험에서는 어린 고양이의 한쪽 눈을 봉합하여 생후 석달 동안 보지 못하게 만들었다. 시각적 인지를 담당하는 뇌 영역들이 어떻게 발달하는지 확인하기 위함이었다. 결과는 충격적이었다. 뇌 스캔 영상에서 신경 경로가 자라지 못한 부위를 나타내는 검정 얼룩무늬가 나타났다. 봉합한 눈의 시각을 담당하는 뇌 영역이 제대로 발달하지 못한 것이다. 더욱 중요한 점은 어떤 시기를 넘기고 나자 상황을 되돌릴 수 없었다는 사실이다. 어린 시절에 일어난 사건은 그대로 고정되어

버렸다. 이 실험들은 뇌의 가소성plasticity뿐만 아니라 그것이 경험에 의해 어느 정도까지 미세하게 변화할 수 있는지도 최초로 입증해준 극적인 실험이었다.

이 연구 이후로 신경과학자들은 사람의 뇌에서 결정적인 신경경로가 만들어지는 단계가 언제인지 연구해왔다. 한 가지 분명한 점은 이용되지 않는 신경 연결은 하나씩 하나씩 죽어가지만, 풍부하게 자극을 받는 신경 연결은 함께 회로로 연결된다는 점이다. 신경정신병학자 알렌 쇼어Allan Schore는 이것을 다음과 같이 묘사했다. "이용하지 않으면 잃게 되는 상황이다. 함께 흥분하는 세포들은 함께 연결된다. 하지만 함께 흥분하지 않는 세포는 함께 죽어간다."

연구로부터 그가 이끌어낸 결론은 이렇다. 지나친 스트레스는 세포의 발달을 막아버리기도 하지만, 해소가 가능하고 실제로 해소가 되는 갈등을 경험하는 것이야말로 우리가 협력에 필요한 신경망을 발달시키는 방법일지 모른다는 것이다.

가족은 하나의 학습 환경이며 그 안에서 우리는 타인의 마음을 접하고, 또 헤아리는 법을 배운다.[13] 가족은 아이의 경쟁심이 발현되고 아이가 그것을 표현할 수 있는 안전한 환경을 제공할 수 있고, 제공해야만 한다. 아이가 갈등에 대해 학습할 수 있는 기회가 되기 때문이다. 정말 중요한 것은 갈등과 감정을 제거하는 것이 아니라 갈등과 감정에 맞닥뜨려 그것을 이해하고, 자기를 단념하지 않는 가족들을 통해 사랑으로 갈등을 해소할 수 있는 안전한 공간을 확보해주는 것이다. 이것이 바로 가족들이 한자리에 모여 식사를 해야 하는 이유이기도 하다. 가족의 식사자리는 그저 맛있는 음식을 두고 싸우기 위한 자리가 아니라 뜨거운 토론 속에서 서로 양보하는 법을 배우는 자리이다.

현재 펜실베이니아대학교의 의학윤리보건정책학과 교수인 에스겔 임마누엘Ezekiel Emanuel은 자기의 형제 람Rahm, 그리고 아리Ari와 함께 자랐던 과정에 대해 인상적인 글을 남겼다(람 임마누엘은 자라서 오바마 행정부의 수석 보좌관이 되었고, 아리 임마누엘은 할리우드의 대형 에이전트로 미국 드라마 〈안투라지Entourage〉의 등장인물 아리 골드Ari Gold의 모델이다). 이들 형제의 가족 식사 시간에는 열정, 알찬 정보, 솔직함, 토론 등을 기대할 수 있었고, 또 서로를 존중했다. 다만 여기에는 규칙이 있었다. 잔인하거나 어리석은 행동과 말, 편견은 허용되지 않는다. 하지만 욕은 허용된다. 어린 시절 형제들 사이의 경쟁관계가 자신의 사회적 경쟁력 향상과 정서적 발달, 궁극적으로는 양육기술을 향상시키는 데 크게 기여했다고 형제들은 입을 모아 이야기한다. 가족은 그들이 처음으로 미움을 경험한 곳이지만, 그런 감정을 어떻게 다루어야 하는지 배운 곳이기도 했다.

갈등은 뇌의 발달, 정서 학습emotional learning, 사회적 학습social learning에서 빠져서는 안 될 핵심적인 요소다. 아이들은 갈등을 경험할 필요가 있다. 하지만 해법을 찾아내는 긍정적 경험 또한 필요하다. 때로는 지기도 하고, 때로는 이기기도 하지만 어느 쪽이든 상관없이 그러고도 괜찮다라는 것을 깨닫게 해주어야 한다. 어린 시절에 형제들과 경쟁을 벌인 것이 어른이 되어서는 오히려 형제 사이를 가깝게 만들어주었다고 믿는 사람들이 많다. 하지만 과잉경쟁적인 사람들은 너무 빨리 우위를 점해버리기 때문에 그런 경험을 아예 접하지 못한다. 앞에 나왔던 다이앤 윌슨처럼 순종적인 형제 또한 싸움을 피우는 데는 달인이 되어버리기 때문에 마찬가지로 그런 경험을 접하지 못한다.

부모가 싸움을 중재하는 기술을 훈련받은 가족들을 대상으로 한 실험에서는 어린아이라 해도 건설적이고 창조적인 갈등 해소법에 대한 학습 능력이 크다는 점이 입증되었다. 중재 훈련을 받지 못한 부모는 갈등에 개입해서 아이들 대신 판단을 내리려는 경향이 더 많이 나타났다. 이런 부모의 아이들은 싸우기 좋아하고, 쉽게 만족할 줄 모르며, 자기합리화를 잘했다. 하지만 부모가 중재 기술을 훈련받은 가족의 경우, 갈등은 더 심하게 일어나는 편이었지만 아이들의 문제 해결 능력이 뛰어나고, 좀 더 창조적인 해결방법을 스스로 만들어낼 줄 알았다. 이런 가족에서는 부모가 돕기만 할 뿐 최종적인 해답을 재단해서 내놓지는 않았다. 아이들 스스로 방법을 터득했기 때문이다. 그리고 아이들은 부모들보다 더 나은 해답을 찾아냈다. 서로 다른 이해관계, 욕구, 관점을 통합하고 협력하는 데는 친사회적 기술이 필요한데 아이들은 서로에게서, 그리고 부모들에게서 친사회적 기술을 배울 능력을 지니고 있음을 실험들은 보여주고 있다.

나에게 맞는 역할 창조하기

형제간의 경쟁에 대한 가장 창조적인 반응은 바로 '탈정체화deidentification' 이다. 이 용어는 심리학자 프란시스 샤흐터Frances Schachter가 붙인 것으로, 그는 50퍼센트의 DNA를 공유하고, 한 가정에서 자란 아이들이 왜 그토록 성격에 차이가 나는지 궁금했다. 예를 들면 해리는 경기에서 지면 외부적인 요인에서 변명거리를 찾으려 하는데, 동생 톰은 동일한 상황에서도 어쩜 그렇게 너그러울 수 있는 것일까?

수백 쌍의 형제자매들을 연구한 끝에 샤흐터는 형제자매들은 자기들이 느끼는 경쟁의식을 완화하는 한 방편으로써 서로 간의 성격 차이를 만들어낸다고 주장했다. 샤흐터는 이것을 '카인 콤플렉스Cain Complex'라고 이름 붙였고, 특히나 성이 같은 형제, 그중에서도 다른 형제의 바로 뒤에 태어난 아이는 싸움을 피하기 위해 성격이 달라지는 것이라고 주장했다. 샤흐터에 따르면 탈정체화는 가족의 조화를 유지하려는 창조적인 시도인 것이다.

심리학자이자 과학사학자인 프랭크 설로웨이Frank Sulloway는 형제를 진화론의 발달에서 중요한 역할을 담당했던 다윈의 갈라파고스 군도 핀치

새들에 비유했다. 다윈의 14종의 핀치 종은 약 2백만 년 전에 군도에 정착하게 된 한 선조로부터 유래한 종들이다. 이들은 아직까지도 신속하고 뛰어난 적응력을 보여주는 사례로 인정받고 있다. 설로웨이는 인간의 형제들도 유사하게 가족이라는 환경 안에서 어떻게 해야 관심, 자원, 존중을 확보할 수 있는지 배우는 과정에서 서로 점점 달라진다고 주장했다. 그는 이렇게 적었다. "어떻게 하면 형제간의 경쟁에 대처하고 형제들 간의 협조를 유도할 것인가 하는 전략은 가족생활 속에서의 성공적인 적응을 좌우하는 주된 기능적 메커니즘 중 하나다."[14] 따라서 생물학적으로 시작된 차이가 경험과 출생 순서에 의해 좀 더 극단적으로 변하기도 하고, 온건해지기도 하는 것이다. 이것은 뇌의 회로 구조에 영향을 미치는 생물학적 과정인 동시에 가족 안에 있는 모든 구성원을 보호하기 위한 전략이기도 하다.

설로웨이는 이렇게 주장한다. "'적소適所, niche('ecological niches'는 우리말로 '생태적 지위'라고 번역되는데 '지위'라는 용어 자체가 위치의 높낮음을 의미하는 것으로 오해하기 쉬워 여기서는 '적소'라는 용어를 선택했다. 이 용어는 지위의 고하를 따지는 개념이 아니라 한 생물학적 공동체 안에서 각각의 종이 먹이, 머무는 장소, 활동 시간 등을 서로 다르게 선택하여 경쟁을 피한다는 개념이다─옮긴이)'라는 개념은 생태학 분야에서 유래한 것으로, 제한된 환경 안에서 서로 다른 종들이 가용한 자원들을 어떻게 활용하는지를 잘 보여주고 있다. 가족의 적소family niches도 비슷하게 개념 잡을 수 있을 것이다. 형제들은 부모로부터 물리적, 정서적, 지적 자원을 확보하기 위해 서로 경쟁한다. 그리고 출생순서, 성별, 신체적 특성, 기질적 특성 등에 따라 가족이라는 체계 안에서 자기가 맡을 역할을 창조해낸다."

우리는 영역싸움을 원하지는 않기 때문에 누군가가 아직 차지하지 않은 것이 있을 때 그것을 자기 것이라 주장한다. 설로웨이의 말에 따르면 자원을 추구함에 있어서는 첫째가 제일 유리하다. 한동안은 부모를 독차지할 수 있고, 나중에도 부모가 아이들을 아무리 공평하게 대하려 해도 결국 맏이는 그 아래로 태어난 동생들보다 10퍼센트 정도의 보살핌을 더 받게 되는 것으로 보인다. 첫째는 보통 동생들보다 평균 3포인트 정도 높은 아이큐를 갖게 된다.[15] 설로웨이가 말하기를 첫째는 부모로부터 더 많은 관심을 받고, 경쟁해야 할 형제도 없기 때문에 부모의 관심사나 태도와 더욱 밀접하게 관련되는 경향이 있다. 이런 이유로 첫째들은 기득권자의 위치에 서 있기 때문에 더욱 보수적이 되고 자기에게 유리하게 돌아가는 현재의 상태를 유지하려드는 경향을 보인다.[16]

중간에 낀 아이는 첫째나 막내보다 항상 관심이 부족할 수밖에 없다.[17] 나중에 태어난 아이들일수록 먼저 태어난 다른 형제들보다 예방접종을 받는 비율이 줄어든다. 아이가 태어날 때마다 예방접종 비율은 20퍼센트에서 30퍼센트가량 줄어든다. 이는 아무리 훌륭한 부모라 해도 아이들을 모두 공평하게 대한다는 것이 얼마나 어려운 일인지 말해주는 지표가 될 수 있다.[18] 어쩌면 완전한 공평함은 불가능한 것일지도 모른다. 따라서 나중에 태어난 형제들은 도전적인 상황에 직면하게 된다. 보수적인 지위는 이미 앞에서 차지해 버렸고, 자기에게 돌아오는 관심과 보살핌은 적기 때문에 동생들은 그것을 쟁취하기 위해 더 열심히 싸워야 한다. 이들은 부모의 관심을 독차지해보지도 못했고, 일부 적소는 이미 누군가가 차지해 버렸고, 몸집도 작고 발육도 덜 된 상태이기 때문에 능력도 부족하다. 이런 상대적 무기력 때문에 이들은 관심을 끌 수 있는 좀 더 독특한 역할로 내몰리게 된다. 전략을 다각화할 수밖에 없는 것이다. 이들은 새로운 급진적, 혁명적인 아이디어도 선뜻 잘 받아들여 지지하는 성향이 생긴다. 혼자 고립되는 것보다는 동맹을 맺을 때 더 강해질 수 있음을 어린 시절부터 깨우치는 것이다.

설로웨이는 코페르니쿠스에서 뉴턴, 다윈에 이르는 과학 혁명을 조사하고 방대한 양의 역사자료와 자신의 이론을 비교해가며 시험했다. 설로웨이의 말에 따르면 각각의 경우에서 새로운 급진적 입장을 받아들여 지지한 쪽은 막내들이었고, 보수적인 입장(심지어는 극단적으로 보수적인 입장)을 받아들이는 쪽은 첫째였다고 한다. 그는 프랑스 혁명의 정치적 단층선political fault line도 이 논리를 적용해 설명한다. 첫째들은 좀 더 보수적이고 온건한 정치를 추구하고, 어린 형제들은 급진적인 행동을 선동하는 경우가 많다.

자신의 연구를 최신으로 개정하는 과정에서 설로웨이는 좀 더 평범한 사례인 야구선수 형제들에 대해서도 살펴보았는데, 여기서도 같은 경향이 발견되었다. 조 디매지오Joe DiMaggio, 돔 디매지오Dom DiMaggio 형제, 칼 립켄Cal Ripken, 빌리 립켄Billy Ripken 형제 등 야구 역사를 통틀어 메이저리그에서 함께 뛴 형제 선수들을 비교해보니 도루 시도가 어린 형제 출신 선수에서 더 많이 나타난 것이다.[19]

함께 이루어가는 형제자매들

랠프 네이더Ralph Nader의 가족 이야기는 특별하다. 이 가족의 네 형제는 각각 연구하기로 마음먹은 세계의 지역이 다 달랐다. 샤픽Shafeek은 북미, 클레어Claire는 중동, 로라Laura는 멕시코와 남미를 각각 공부했고, 막내인 랠프에게는 중국과 극동 지역이 남아 있었다. 이리하여 이들은 전 세계를 포괄하여 연구할 수 있었다(아마도 이 형제들은 자기들이 유럽까지 연구할 필요는 없다고 느꼈던 듯하다. 유럽에 대해서는 학교에서 잘 교육되고 있었기 때문이다).[20] 이와 유사하게 음악 밴드 '킹스 오브 리온Kings of Leon'도 세 형제가 활동하고 있다. 케일럽 팔로윌Caleb Followill은 리드 보컬을 맡고, 네이슨Nathan은 드럼과 퍼커션을 맡고, 제러드Jared는 베이스 기타를 연주한다. 그리고 사촌 매튜Matthew는 보컬과 기타를 채우고 있다. 이 밴드의 이름은 할아버지 이름을 따서 만든 것이고, 개인보다 더 큰 무언가를 섬기고 존경한다는 것이 핵심이다.

형제간 경쟁은 잘 알려진 현상이고 지칭하는 용어까지 있는 반면, 형제자매들 간에 이루어지는 풍부한 협력은 심오한 생산성과 창조성을 입증할 수 있음에도 불구하고 그다지 연구가 이루어지지 않았다는 점이 무척 놀랍다. 재능이 있는 개인들을 배출하고 협력을 발전시킨 가족들이 많다. 〈매트릭스〉와 〈클라우드 아틀라스〉를 만든 워쇼스키 남매(원래는 형제였으나 형제 중 한 사람이 성전환 수술을 함으로써 남매가 되었다 - 옮긴이), 메리어트 호텔 체인을 창립한 메리어트 형제, 퍼스트 에이드 키트First Aid Kit라는 그룹을 만든 쇠데르베르 자매Klara Söderberg, Johanna Söderberg, 락밴드 '하임Haim'을 결성한 하임 자매Danielle Haim, Alana Haim, Este Haim, 브론테 자매, 딤블비 형제Dimblebys, 아텐보로 형제Attenboroughs, 그 외에 알려지지 않은 수많은 유능한 형제자매들은 가족에게 활기차게 협력할 수 있는 능력이 있음을 입증해 보이고 있다. 이들은 꼭 남들보다 우위에 서거나 배타적으로 행동하지 않아도 성공할 수 있음을 말해준다.

영화제작가 겸 극작가인 토니 비켓Tony Bicât은 내게 말했다. "어린 시절부터 저는 우리가 함께 공유하는 이야기가 있다는 느낌을 받아왔습니다."

토니는 세 형제자매 중 맏이였다. 세 사람을 보면 형제자매라는 것을 한눈에 알아볼 수 있다. 이목구비만 비슷한 것이 아니다. 곱슬머리에서 그윽하고 따듯한 눈빛까지 모두 닮았다. 세 사람 모두 말투에서 차분함과 배려가 느껴졌고, 서로에 대해서, 그리고 세상에 대해서 호기심이 가득하다는 것이 분명하게 느껴졌다. 세 형제자매 모두 자라서 협력적인 형태의 예술 분야인 연극, 영화, 음악 분야에서 일하게 되었다는 것이 조금도 놀랍게 느껴지지 않았다. 세 사람이 각자 어린 시절에 대해 얘기하는 것을 들어보면 이들은 우위에 서기 위해 싸웠던 적이 없었고, 이기고 지는 것이 전혀 문제가 되지 않았다. 토니는 어머니가 자기를 제일 좋아했다는 것을 알고 있었고, 나머지 형제자매들도 여기에 모두 동의했다. 하지만 그 사실을 신경 쓰는 사람은 없는 것 같았다. 아마도 각자가 자기만의 적소를 확보하고 있었기 때문일 것이다.

토니는 이렇게 회상한다. "티나와 저는 피아노와 바이올린을 연주했습니다. 하지만 닉이 태어나고 보니 닉이 천재는 아닐지 몰라도 뛰어난 재능을 타고났다는 것이 어린 시절부터 분명하게 드러나더군요. 만약 우리 사이에서 경쟁이 일어났다면 우리는 비교도 되지 않을 것이 뻔했죠. 그래서 경쟁은 일어나지 않았어요."

닉 비캣Nick Bicât은 이렇게 회상한다. "나는 우리 가족 중 막내였고, 말재주도 뛰어난 편이 아니었어요. 하지만 곡예를 부리는 재주 덕분에 언제나 형에게 존경을 받을 수 있었죠. 2층 창문에서 뛰어내리는 짓을 잘했거든요. 물론 나중에는 음악도 도움이 됐습니다."

오늘날 닉 비캣은 수상경력도 있는 작곡가로 활동하고 있다. 그는 할리우드 영화, 런던 실내관현악단London Chamber Orchestra, 로열셰익스피어극단Royal Shakespeare Company, 필립 리들리Philip Ridley(영화감독), 데이비드 헤어David Hare(영화감독, 시나리오 작가), 하워드 브렌톤Howard Brenton(극작가)을 위해 곡을 써왔으며 '크리스마스 캐롤' 텔레비전 버전에서 선정적인 멜로드라마 〈레이스〉에 사용되는 곡도 작곡했다. 그의 작품은 협력 없이는 존재할 수 없었을 것이다. 그는 집에서 어린 시절부터 협력을 교육받아왔다.

"토니 형은 장남이었고, 모든 분야에서 나보다 아는 것이 훨씬 많았습니다. 형은 예리하고, 재치가 넘치고, 통찰력이 있었죠. 나는 형한테 인정받고 싶었고, 내가 하는 일을 형이 좋아해주길 바랐고, 형을 웃기고 싶었어요. 또 형이 내 음악을 좋아해주기를 바랐죠."

두 형제 사이에는 그들의 누이 티나가 있었다.

티나는 이렇게 기억한다. "토니 오빠한테는 늘 이야기가 따라다녔어요. 그리고 오빠는 적절한 곳에 우리를 이용했죠. 닉은 음악적 재능이 아주 뛰어났고, 나는 소품이나 의상 같은 물건을 잘 만들었어요. 내가 있으면 그림이 더 생생해졌죠. 우리는 어렸을 때부터 같이 노는 습관이 되어 있었어요. 우리 집에 공간이 넉넉한 큰 정원이 있었다는 사실도 도움이 되었을 겁니다. 주변 어른들이 우리와 함께 놀았던 기억은 없어요. 어른들은 우리가 필요로 하면 언제든 달려와 도울 준비가 되어 있었지만 대부분 그냥 우리끼리 잘 놀았어요."

티나는 세계에서 가장 즉흥적이고 협력적인 연극 단체인 펀치드렁크Punchdrunk, 오컴의 면도날Ockham's Razor, 스파이럴Spiral 등에서 디자이너로서 계속 일을 해왔다. 비킷 형제자매들은 어린 시절부터 탈정체화를 통해 풍부한 기반을 제공받았다. 각각의 형제자매가 자기가 속한 집단에 무언가 중요하고도 독특한 부분들을 기여할 수 있었기 때문이다. 각자는 자기만의 적소를 가지고 있고, 또한 그 누구도 빼앗아갈 수 없는 독특한 능력을 소유하고 있었다. 그래서 모두 집단에 안전하게 참여할 수 있었다. 이들도 어린 시절에 서로 갈등이 없었던 것은 아니다. 돈이 넉넉한 집안이 아니었기 때문에 그로 인한 긴장이 늘 존재했다. 하지만 토니의 말에 따르면 이들은 어렸을 적부터 서로의 영역을 존중하는 법을 배웠고, 서로 협상하는 일에도 점점 능숙해졌다고 한다.

이런 능력은 평생 이어졌다. 아버지가 사망하자 형제자매는 아버지가 남긴 미술 작품의 관리 방법을 논의하기 위해 회의를 했고, 오늘날까지도 공동으로 관리 책임을 맡고 있다. 전문직업인으로서 생활을 들여다보면 비킷 형제자매는 가끔씩 협력 작업을 하기도 하지만 다른 사람들과 일할 때가 많다. 모두 성공의 경험도 있고, 실패의 경험도 있지만 그들의 경력을 특징짓는 것 중 하나는 자유롭고 공정하다는 느낌이다. 이들을 보면 서로의 지지를 받으면서도 각자의 독립성을 유지한다는 느낌이 든다.

경쟁자에서 협력자로

이는 흔히들 얘기하는 행복한 가족에 대한 이야기가 아니다. 신경학자 로버트 버턴Robert Burton은 형제 관계가 어린 시절에 가장 중요하게 기여하는 부분은 '한 가지 근본적인 삶의 교훈을 가르쳐주는 것'이라고 말한다. 이 교훈은 가족에서 처음 시작되지만 결국은 모든 인간관계로 넓혀진다.

버턴은 내게 이렇게 말했다.

"우리는 혼자가 아닙니다. 형제가 있다면 혼자가 아니에요. 버림받고 고립되지 않는다는 의미에서 말이죠. 하지만 자기도취라는 측면에서도 혼자가 아닙니다. 세상에는 자기 말고도 또 다른 누군가가 있다는 얘기니까요. 끔찍하게 느껴질 수도 있지만 동지애라는 중요한 느낌도 부여해주죠. 즉, 희생의 가치를 배우고, 말싸움에 지고도 살아남을 수 있음을 배우고, 자기 자신을 표현하면서 독창적일 수 있음을 배운다는 의미입니다. 사회적 이해social understanding에서 없어서는 안 될 중요한 측면들이죠."

인생을 요람에서 무덤까지 이어지는 하나의 긴 경쟁으로 바라보고 다른 것으로 설명하려 들면 감상적이고 무의미한 의견이라 무시해버리는 관점이 오랫동안 유행이었다. 영장류 동물학자 프란스 드 발Frans de Waal은 여기에 무척 큰 당혹과 짜증을 느꼈다. 그리하여 경쟁이 우리 친척인 영장류, 특히 그중에서도 침팬지와 보노보의 삶과 행동을 어디까지 지배하고 있는지 연구하는 데 40년을 바쳤다. 그는 침팬지가 특히 흥미로웠다고 한다. 침팬지는 권력에 관심이 대단히 많기 때문이다. 하지만 침팬지들이 신경 쓰는 것은 권력만이 아니다. 침팬지들은 싸움이 있고 난 후면 정교한 화해의 의식을 벌인다. 관계가 중요하고 유지하는 것이 중요하다는 것을 이해하고 있기 때문이다. 침팬지, 보노보, 늑대, 새, 하이에나, 돌고래 등은 모두 갈등을 치유하고 서로간의 차이를 화해시키는 법을 배운다. 드 발은 만약 사회생활이 전적으로 지배와 경쟁을 통해서만 이루어진다면 이런 행동들은 애초에 불필요했을 것이라고 적었다.

영장류들을 관찰해보면 그들이 자신의 목적을 이루려면 도움이 필요하며 혼자서는 많은 것을 이룰 수 없음을 분명하게 인식한다는 것을 알 수 있다. 그들은 연합을 결성하고 갈등을 중재하는 데 능숙하며 친사회적 행동을 더욱 선호한다는 것을 분명히 보여준다. 유명한 실험에서 드 발은 침팬지가 불공평한 것을 싫어하며 일부 상황에서는 나눔이 공평하지 않을 경우 자기 몫을 아예 거부하는 것을 보여주었다. 게임 이론 실험 같은 있음직하지 않은 상황에서도 아이들과 유인원들은 서로를 필요로 할 때는 협력하는 모습을 보여주었다. 드 발이 행했던 실험은 경제학자들의 분노를 샀다. 경제학자들은 경쟁, 사리사욕의 추구야말로 사회발전의 원동력이라 여기고 그 외의 설명은 도저히 받아들이지 못하기 때문이다. 하지만 드 발의 연구를 통해 우리가 극단적 경쟁에 따르는 해로운 영향을 피하기 위한 행동을 진화시켜왔음을 보여주는 증거들이 축적되었다.

다이앤 윌슨과 그 언니, 내 아버지와 그 형제들, 팀과 텔레비전 프로듀서, 그리고 형제간 경쟁의 고통을 고백하면서도 고통에서 벗어나기를 외면했던 나와 대화를 나눈 수많은 형제들은 모두 경쟁에 의해 지배되는 삶이 인생을 얼마나 피폐하게 만드는지 보여주는 증거들이다. 상대방을 믿지 못하고, 언제든 꼭 이겨야 하고, 다른 누군가의 실패 속에서만 성공을 찾듯이 말이다. 이런 것들은 모두 어린 시절에 배운 습관들이기 때문에 마치 한쪽 눈을 가려버린 새끼 고양이처럼 회복이 불가능한 존재 방식과 행동 패턴이 뒤로 남게 된다. 하지만 네이더 형제, 비켓 형제자매, 워쇼스키 남매, 그리고 경쟁을 뛰어넘은 수많은 형제들은 서로에게 결속과 연대의 원천이 되어주고 있다.

협력하는 능력과 경쟁하는 능력을 동등하게 갖출 수 있느냐는 우리 자신, 우리 가족, 그리고 우리가 사는 사회에 달려 있다. 최근 들어 이런 점이 주목을 받고 있다. 지난 50년 동안 서구 문화에서는 경쟁이 우리 사회를 나타내는 지배적인 비유로 고집스럽게 자리잡았고, 책, 도구, 앱, 수업, 개인 코치, 수많은 득점표들이 우리를 더 크고, 거칠고, 악랄하고 성공적인 경쟁자로 만들기 위해 확장을 거듭해왔다. 마치 문화 전체가 테스토스테론으로 가동되는 피드백 회로에 붙잡혀 있는 것처럼 1등이 되지 못하면 잡아먹힐 수밖에 없고, 승자가 아니면 곧 패배자라고 설득당해왔다. 반면 우리의 협력 능력을 갈고닦으려는 노력이 함께 이루어지지 않았다는 점은 무척이나 놀랍다. 우리는 자신에게 협업 능력이 있다는 것을 안다. 다만 더욱 갈고닦기 위한 노력을 하지 않고 있을 뿐이다. 협력이 아닌 경쟁을 선택하는 것은 진화적인 필연이 아니라 선택일 뿐이다. 그리고 가족 내부의 관계뿐만 아니라 우정, 조직, 기관, 그리고 우리가 창조하는 세계 모두에 값비싼 대가를 치르게 하는 선택이다.

이것이 해리에게는 어떤 의미일까? 해리의 과잉경쟁심은 시간이 흐르면서 함께 약해질까? 해리가 갈등을 통해 자기 자신보다 더 크고 의미 있는 무언가의 일부가 되는 법을 비록 느리더라도 확실하게 배울 수 있을까? 뭐라 단정하기는 어렵다.

작년에 해리는 명문사립중등학교인 이튼 스쿨에 지원해보라는 권유를 받고 지원하여 결국 합격했다.

앨리스는 이렇게 말했다. "우리 가족 중에서 이튼 스쿨에 들어간 사람은 없었어요. 연줄도 없었죠. 그냥 한번 시도나 해보자 싶었던 거예요. 하지만 합격했다는, 그러니까 말하자면 경쟁에서 이겼다는 얘기를 듣고 나니까 해리의 표정이 이상해지더라고요. 내가 대체 무슨 짓을 한 걸까요?"

02

경쟁에 내몰린 아이들

인재를 찾는 비법

미국 매사추세츠 케임브리지의 켄달 스퀘어Kendall Square 바로 옆에는 사무실 건물 세 개가 서 있다. 새로 단장한 건물이라 창문으로 들여다보면 빈 사무실이 많다. 번쩍이는 금속 구조물과 대리석으로 단장한 이 건물들은 MIT 공대 캠퍼스의 일부를 구성하는 거대한 3D 조각퍼즐일 뿐이다. 프랭크 게리Frank Gehry, 스티븐 홀Steven Holl, 후미히코 마키Fumihiko Maki가 설계한 이 번드르한 건물들과는 대조적으로 700 테크놀로지 스퀘어700 Technology Square는 그저 묵묵히 일만 하는 말처럼 우뚝 서 있다. 어려운 문제들이 호들갑 떠는 일 없이 조용히 해결되는 곳이 바로 이곳이다.

4층에서는 찰스 슈버트Charles Shubert가 '교육혁신 및 기술 연구소Office of Educational Innovation and Technology'에서 프로젝트를 이끌고 있다. 여기까지만 들으면 공부밖에 모르는 따분한 사람인가보다 싶겠지만 슈버트는 마치 산타클로스처럼 생겼다. 둥글둥글 살이 오른 몸집에 너그러운 눈길을 한 그는 여유로운 중서부 스타일의 천연덕스러운 유머 감각을 지녔다. 그를 절제된 표현의 대가라고 말한다면, 이 역시 그가 얼마나 재치 넘치고 익살맞은 사람인지를 지나치게 절제해서 표현한 말이 될 듯싶다.

슈버트와 그의 팀은 대규모 컴퓨터 시스템을 어떻게 이용할 것인가부터 미생물 생태계에 대한 이해를 어떻게 증진시킬 것인가까지 어려운 도전적 과제들과 씨름하고 있다. 과학만 어려운 것이 아니다. 슈버트와 그의 팀이 구축하는 시뮬레이션은 거대한 처리 능력, 다중의 컴퓨터 시스템, 다양한 컴퓨터 언어를 이용한다. 소프트웨어는 최첨단 과학자들이 쉽게 접근하고 이용할 수 있도록 만들어야 한다. 반면에 과학자들이 연구하는 것들은 결코 간단하게 이해할 수 있는 내용이 아니다. 작업에 필요한 기술적 협력의 단계는 상당히 복잡하다. 언어, 분야, 시스템, 기반시설, 지식 수준, 개인적 성격 등이 다양한 조합을 이루며 결합되기 때문에 슈버트의 프로젝트도 날로 복잡해질 수밖에 없다.

하지만 정작 놀라운 것은 프로젝트의 난이도가 아니라 프로젝트를 맡은 사람들의 독특한 구성이다. 최첨단 생물학 중에서도 최첨단의 기술을 이리저리 수월하게 넘나들 수 있는 사람을 찾아내는 일은 결코 쉽지 않다. 프로젝트를 이끌고 있는 이반 체라이Ivan Ceraj는 크로아티아 출신의 경제학자다. 그의 말로는 대부분 과학자들은 이 정도 수준의 컴퓨터 프로그래밍을 할 수 없고, 대부분 컴퓨터 프로그래머들은 이 정도 수준의 생물학을 할 수 없다고 한다. 만약 양쪽을 둘 다 할 수 있는 사람이 여기가 아닌 다른 곳에 가면 엄청난 돈을 벌어들일 것이라고 한다.

슈버트가 이런 사람을 어떻게 찾아내느냐가 팀에서 가장 핵심 사안이다. 그는 예상치 못한 장소에서 재능 있는 인물들을 발굴해내고는 그들에 대해 터무니없을 정도로 자랑스러워한다.

그들은 어떻게 MIT에 오게 되었는가

슈버트와 함께 미주리 출신인 저스틴 라일리Justin Riley는 키가 큰 20대 중반의 주근깨투성이 남성으로 갈색 머리에 오똑한 콧날을 지녔다. 그의 여유 있는 발걸음을 보면 격식에 얽매이지 않는 농부다운 편안함을 알 수 있다. 그는 미주리를 떠나 MIT까지 오게 된 것이 기뻤다. 자신이 여기까지 오게 되리라곤 생각하지 못했다는 그는 내게 이렇게 말했다. "열세 살 때는 수학이 정말 어려웠어요. 보통은 C학점이었고, 운이 좋을 때나 B를 받았죠. 저는 좀 꺼벙한 아이였고, 물건을 이리저리 만지작거리는 것을 좋아했어요. 하지만 과학에 대해서는 전혀 관심이 없었고, 과학을 하고 싶다는 생각도 해본 적이 없었죠."

컴퓨터가 처음 나오고 인터넷이 등장하면서 라일리는 컴퓨터를 망가트리고 고치는 일에 재미를 느꼈다. 그는 웹사이트를 구축하는 법을 독학으로 공부해서 돈도 조금 벌었다. 고등학교를 졸업한 후에는 무엇을 하고 싶다는 뚜렷한 생각도 없이 미주리 주립대학교에 진학했다. 그의 말로는 마지못해 그냥 대학에 다니는 시늉만 했었다고 한다.

"컴퓨터를 서로 연결해서 멋진 일을 하는 사람들의 이야기를 읽은 적이 있었어요. 아주 재미있을 것 같더라고요." 그가 웃으며 말했다. "시간 남을 때 한번 알아봐야겠다 마음먹었죠. 그리고 결국 대학생 연구 프로젝트 '호토토HoToTo'를 구축하게 되었습니다. 이름이 웃기죠. 절반은 곰, 절반은 사람이라는 의미예요. 친구들과 나는 낡은 장비들을 파는 창고형 경매장에 갔어요. 사실 그냥 실험만 해보자는 생각이었어요. 친구 네다섯 명이 바닥에 앉아서 컴퓨터를 분해한 다음에 다시 조립하고, 회로 몇 개를 날렸지만 어떻게든 돌아가게 만든 다음 리눅스를 설치했죠. 그러고 나니까 꼭 나무 널빤지 위에 괴물을 올려놓은 것처럼 보이더라고요."

어느 날 미주리에 있는 가족들을 방문한 슈퍼트는 친분이 있는 미주리

주립대학교 과학부 학과장을 만나기 위해 잠시 학교를 들렀다. 그리고 컴퓨터 실험실 한구석에서 라일리를 발견하고는 무슨 일을 하는지 물었다. 두 사람은 잠시 대화를 나누다 슈버트는 자기 갈 길을 갔고, 라일리도 하던 일을 했다. 그런데 다음 날 학과장이 라일리에게 슈버트가 그 대화를 무척 재미있어하더라는 얘기를 하며 슈버트에게 연락처를 전해줘도 괜찮겠느냐고 물었다.

라일리는 그때를 이렇게 회상했다. "슈버트 씨가 MIT에서 왔다는 걸 알고 있었기 때문에 당연히 관심이 갈 수밖에요! 그해에 슈버트 씨는 저를 여기에 데려오려고 애를 많이 썼어요. 그래서 대학 학위를 마치기도 전에 MIT로 와서 작업을 시작했죠. 다행히도 막상 해보니까 프로그래밍이 재미있더라고요. 하지만 여기 오기 전까지만 해도 저는 프로그래밍을 거의 하지 않았어요. 과연 내가 그 일을 할 자격이 있나 걱정이 많았죠. 아는 것이라고는 반복루틴 몇 개가 고작이었고, C언어로 프로그램을 짜보기는 했지만 책을 보면서 해본 것이 전부였거든요. 척Chuck과 이반Ivan이 준비도 안 된 저를 자바 언어라는 어려운 과제로 내몬 것이죠. 지금 뒤돌아보면 사실 내가 애초에 이곳으로 왔다는 것 자체가 행운이에요. 제가 그때 화장실이라도 갔다고 생각해보세요. 그럼 슈버트 씨를 못 만났을 것이고, 그럼 여기까지 왔을 리도 없죠."

슈버트는 라일리의 작업을 보며 흥분을 느꼈다. 그저 작업 내용이 훌륭해서만은 아니었다. 자신이 믿어왔던 무언가가 옳았음을 입증하고 있었기 때문이었다. 그는 사람들의 생각보다 평범한 곳에서도 더 많은 재능을 찾아낼 수 있다고 믿어왔다. 그리고 재능을 찾아나서자, 실제로 발견해냈다.

라일리의 동료는 사라 보너Sara Bonner다. 슈버트가 찾아냈을 당시 그녀는 사무보조로 일하면서 대학을 마치려고 애쓰고 있었다. 그녀에게 좋은 시절은 아니었다. 무엇이든 잘 따지는 사람으로 소문이 나 있어서 동료들로부터 평판이 안 좋았기 때문이다.

"그런데 슈버트 씨가 점심이나 같이 먹자고 저를 불러내더니 소프트웨어 개발자가 되어볼 생각이 없느냐고 묻더군요. 저는 이렇게 말했죠. '저는 프로그래밍을 못 해요. 펄PERL 언어 프로그램 몇 줄 작성해본 게 전부라고요.' 그런데 슈버트 씨는 나를 가르치고 싶다고 하더군요. 그는 보수가 적다는 것이 문제가 되지 않는다면 필요한 지원금도 확보되어 있다고 말했죠. 그래서 저는 그렇게만 된다면 돈은 얼마를 받아도 상관없다고 했죠."

그녀는 슈버트 씨가 일 년 동안 자신을 지켜보고 있었다는 것을 나중에야 알았다. 그는 그녀가 일도 열심히 하고 자립할 준비도 철저히 하는 모습을 보면서 감명을 받았다. 그가 찾고 있던 성격이었기 때문이다. 보너는 맥가이버 같은 일을 좋아한다고 했다. 맥가이버는 일상의 재료를 이용해 복잡한 문제를 척척 풀어내는 미국 텔레비전 드라마 영웅이다. 그가 주로 사용하는 재료는 강력 접착테이프와 스위스 군용 칼이다. 스마트 싱킹smart thinking(현재 가지고 있는 지식을 활용해 새로운 문제를 해결하는 능력 – 옮긴이)과 실용주의pragmatism의 결합, 이것이 슈버트가 필요로 하는 것이었고, 결국 사라 보너에게서 찾아냈다.

"저는 제가 담당하는 부분에 대해 구색을 갖춰 말하기가 참 어려워요. 그래서 결국은 회의에 나가서 고위급 개발자들과 얘기를 해보죠. 그럼 그들이 모르고 있는 것에 그저 경악할 따름이죠. 슈버트 씨가 저에게는 사용자이면서 동시에 프로그래머가 될 수 있는 특별한 능력이 있으니 의견이 다르다고 해서 불편하게 생각하지 말라고 했어요. 저는 질문을 하기 전에 나올 수 있는 답변들을 미리 생각해두죠. 그래야 대화를 준비할 수 있으니까요. 우리 사이에는 사려 깊은 대화가 오고갑니다. 서로를 여기저기 찔러보는 행동은 하지 않아요. 이건 경쟁이 아니니까요."

저스틴과 사라는 현재의 교육 제도 안에서 보면 그다지 우수한 경쟁자가 아니었다. 둘은 정답을 맞히는 데 특별한 재주가 있지도 않았고, 심지어는 별 관심도 없었다. 하지만 학습과 탐험에 대한 사랑만큼은 늘 가지고 있었고, 이것이 슈버트가 높이 산 대목이기도 하다. 학교 교육 안에서만 보면 그들이 언젠가는 세계 최고의 명문 대학에서 연구를 하게 될 것이고, 저스틴이 〈네이처Nature〉 지에 소프트웨어와 관련된 논문을 내게 될 것이라고는 누구도 생각하지 못했을 것이다. 그들은 교육 제도를 통한 경쟁으로 MIT로 온 것이 아니었다. 잠재력을 가지고 있었다는 것이 지금은 분명해졌지만, 결국 그들을 구원해준 것은 행운이었다. 하필 그 순간에 라일리가 화장실에 갔다거나, 보너가 따지기를 좋아하는 성격이 아니었다고 상상해보라. 슈버트는 동화 속 요정처럼 짠하고 나타나서 우연히도 그들의 잠재력을 알아보았고, 그들을 돕게 되었으며, 그들의 인생을 바꾸어 놓을 수 있는 위치에 있었다.

경쟁을 부추기는 부모들

하지만 대부분 아이들에게 성공이란 교육 과정의 매 단계에서 얼마나 경쟁을 잘하느냐에 달려 있다. 그들의 부모에게는 실패라는 무시무시한 위협이 계속해 눈앞에 얼쩡거린다. 두 아이를 뉴욕 주의 교육 제도 안에서 공부시켰고 지금은 대학 입학 과정의 아이들을 과외 지도하는 베스티 라파포트Besty Rapaport는 내게 이렇게 말했다. "만약 아이들이 교육 제도에 적응하지 못하면 무슨 일이 일어날까요? 제대로 된 학교에 들어가지 못한다면 그 아이는 어딘가에서 석탄이나 나르고 있을 겁니다. 아이들에게는 인생의 시간표가 이미 주어져 있어요. '제대로 된 학교에 들어가면, 제대로 된 직업을 얻을 것이고, 그럼 돈도 제대로 벌 수 있을 것이고, 행복해질 것이고, 승진을 해서 1등자리까지 쭉 올라가게 될 거다!'"

그녀가 가르치는 아이나 그 부모들을 보면 어떤 다급함이 느껴진다. 교육을 끝없는 위기의 연속으로 바라보는 것이 그들의 특징이다.

"이 아이들은 두 살 때부터 경쟁을 해온 아이들이에요! 아이들은 세 살이 되면 유치원에 들어가기 위해 과외를 받고 가정교사를 둬요. 대학이 아니라 유치원에 들어가려고요! 부모들은 코앞에서 아이를 감시하면서 이렇게 말하죠. '이 유치원에 못 들어가면 제대로 된 초등학교, 중학교에도 못 들어가. 그럼 고등학교 생활도 엉망이 되고, 인생 자체가 망가지는 거야.' 경쟁은 아주 어릴 때부터 시작되어 시간이 갈수록 점점 격렬해지죠."

영국 학교에서는 경쟁이 뉴욕만큼 일찍 시작되지는 않지만 부모들의 불안과 압박은 마찬가지로 극심하다. 만약 교육이 경쟁이고 거기에 달린 것이 너무나 크다면, 어쩔 수 없이 경쟁해야 하고, 이유를 불문하고 반드시 승리해야 한다.

"런던에서는 아이를 공립학교에 보내느냐 사립학교에 보내느냐를 두고 무시무시한 경주가 벌어집니다. 정말 믿기 어려운 일이죠." 수 앤스트루더Sue Anstruther의 말이다.

"한 아이가 '웨스트민스터 언더Westminster Under' 초등학교에 들어가는 시험을 보러 시험장에 들어갔다가 구토를 했어요. 학교에서는 아이의 성적을 보고 학교가 아이에게 맞지 않는다고 말했죠. 하지만 아이의 엄마는 고집스럽게 아이를 다시 시험 보는 자리에 앉혔죠. 입학시험을 볼 때 구토를 하거나 울음을 터트리는 애가 하나씩은 꼭 있어요. 압박감이 너무 큰 거죠."

미국이나 영국 아이들의 교육은 점점 더 빨라지고 있고, 교육 역시 점점 더 많은 것이 걸린 게임으로 변하고 있다. '성공하라, 그럼 너의 인생이 보장될 것이다. 하지만 실패한다면 너는 결코 다시는 일어서지 못할 것이다.' 여기서 승리란 제대로 된 학교에 들어가서, 제대로 된 시험을 보고, 제대로 된 점수를 받고, 제대로 된 친구를 사귀는 것을 의미한다. 아이들은 어려서부터 부모에게 이런 얘기를 들으며 자란다.

앤스트루더는 성공적이었던 BBC 직장생활을 접고(한때 그녀는 영국의

SF드라마 〈닥터 후-Doctor Who〉에서 작업하기도 했다) 수학 선생이 되기 위해 떠났다. 그녀는 국립학교와 사립학교에서 교편을 잡으면서 부모들이 아이에게 얼마나 큰 압박을 가하는지 목격하고 나니 달렉Dalek(드라마 닥터 후에 등장하는 기계화된 외계 종족)이 오히려 고상해보였다.

수 앤스트루더가 한편으로는 끔찍하다는 듯, 그리고 한편으로는 우습다는 듯 이렇게 말한다. "자기 아이들에 대해 엄청나게 경쟁적인 부모들이 많아요. 이 사람들한테는 친구 사귀는 것도 경쟁이에요. 자기 아이가 유명한 아이와 친한지, 아니면 유명한 부모의 아이와 친한지까지 신경 쓰죠. 점수나 시험에 대해서도 경쟁의식이 강해요. 부모와 개인면담을 하다가 아이들 성적일람표가 열려 있는 것을 보면 부모들은 어떻게 해서든 다른 아이들의 성적을 보려고 해요. 다른 아이들의 성적을 통해 자기 아이의 성적이 어느 정도인지 확인하려는 거죠. 부모들은 말썽꾸러기 학생들하고 다를 게 없어요. 남의 점수를 훔쳐보면 안 된다는 것을 알면서도 꼭 훔쳐보려 들거든요."

우열반과 성취도의 관계

성공해야 한다는 불안감은 수십 년에 걸쳐 계속 높아져 왔지만 세계적인 경제위기에 청년 실업까지 겹치고 나니 영속적인 히스테리로 바뀌고 말았다. 보수 좋은 직장이 별로 없다 보니 휘황찬란한 학교 성적은 필수가 되었고 실패 위험은 높아진 반면, 저성취under-achievement에 따르는 대가는 치명적으로 변했다. 인터넷, 로봇공학, 세계화의 영향으로 비숙련직 일자리는 자취를 감추고 말았고, 열심히 일해서 정상에 오를 기회도 함께 사라져버렸기 때문에 일류 교육 말고는 남들보다 앞서갈 수 있는 방법이 남아 있지 않은 듯하다. 말단에서 시작해서 정상에 오른다는 낭만적인 스토리는 더 이상 존재하지 않는다. 이제 교육이 승리와 패배를 가르는 기준점으로 자리잡고 말았다.

시험, 특히 그중에서도 표준 시험standardized exam이 그 핵심이다. 아이들은 만 5세에 1단계에서 3단계까지의 영유아 기초단계 교육과정EYFS, Early Years Foundation Stage으로 시작해서 그 다음으로는 GCSE General Certificate of Secondary Education(영국의 중등교육자격 시험), AS Advanced Subsidiary, A-level Advanced level 등을 거친다. 물론 이외에도 공통 입학 시험Common Entrance, BTECs Business Technology Education Council, HNCs Higher National Certificate, NVQs National Vocational Qualification, 음악, 드라마, 연설, 춤 등을 위한 시험들이 따로 존재한다. 선생, 부모, 아이들 모두 경쟁과 비교에 필요한 객관적 도구와 자료를 갖추고 있다. 그것이 표준 시험이 가져온 결과 중 하나다. 누가 1등이고 아닌지를 누구든지 확인할 수 있다. 아이들은 발달 속도가 각자 다른데도 학구적인 아이인지 아닌지, 똑똑한 아이인지 아닌지, 잠재력이 있는 아이인지 아닌지 어린 시절에 낙인이 찍혀진다. 부모들이 아이들을 그렇게 심하게 몰아붙이는 이유는 바로 점수를 알고 있기 때문이다. 부모들은 이것이 눈덩이 효과를 불러일으킨다는 사실을 알고 있다. 점수가 좋은 학생들은 재능이 있다는 평가와 함께 점점 더 좋은 대우를 받고, 잘나가는 학생들을 위한 심화학습 프로그램과 특별 수업을 받는다. 반면에 나머지 학생들은 계속해서 혜택에서 소외되고 만다. 아이들은 정정당당하게 행동하는 것이 과연 그만한 가치가 있는 일인지를 어릴 때부터 배운다.

우열반 편성streaming은 아이들이 자기가 승자가 아님을 깨닫게 되는 첫 번째 신호다. 우열반 편성의 원래 의도는 학생들의 학업의욕을 고취시키는 것이지만, 열반에 편성되면 학생 자신이나 친구, 그리고 선생님들까지도 학생을 '공부 못하는 아이'라 낙인찍게 만드는 효과를 가져온다. 열반은 '패배자'를 다른 말로 표현한 것이나 다름없다. 여기에는 아이가 그 과목에 별로 소질이 없고, 따라서 앞으로도 그러할 것이라는 암묵적 가정이 녹아 있다. 놀라운 것은 이런 점이 신속히 받아들여진다는 사실이다.

모든 사람에게 뛰어난 교육이 필요한 것은 분명 아니다. 아이를 '학구적인 아이'와 '기타'로 나누는 11-플러스 시험11-plus exam(영국에서 중등학교 진학을 위해 11~12세에 초등교육 마지막 학년도에 보는 시험. 한때는 영국 전역에서 치러졌으나 현재는 일부 지역에서만 치러지고 있다)의 망령이 여전히 영국 교육에 그림자를 드리우고 있다. 과거에 그래머스쿨(grammar school, 영국에서 과거에 운영되었던 중등학교. 공부를 잘하는 11~18세의 학생들이 다니던 학교)의 덕을 봤던 사람들은 자신의 개인적 경험을 일반화해서 그래머스쿨 제도가 다시 시행되기를 갈망하고 있다. 그래머스쿨에 떨어져 모던스쿨secondary modern school(영국에서 1970년대까지 있었던 학교로 그래머스쿨에 가지 못한 11~16세 아동들을 위한 학교)로 갔던 사람들은 아직도 학생 편 가르기가 일어나고 있는지 궁금해한다.

교사들 중에서는 미용사가 되겠다는 아이들에게 굳이 셰익스피어 문학을 공부시킬 필요가 있겠느냐고 주장하는 사람이 많다. 나는 이런 교사들을 셀 수 없이 만나보았다. 이들은 버스 운전사가 되겠다는 학생에게는 미적분을 공부시킬 필요가 없다고 생각한다. 내가 런던에서 자랄 때 이웃집 사람들이 생각난다. 그들은 결혼하면 집안에 눌러 앉게 될 텐데, 굳이 여자인 나를 아버지가 대학에 보내려는 이유를 모르겠다고 했다.

영화 〈해리포터〉에서 호그와트 마법학교 학생들을 모자로 구분했던 것처럼 영국의 아이들 또한 공공연하게, 혹은 암암리에 분류되고 있다. 이렇게 학생들을 분류해야 한다는 아이디어 속에는 한 아이의 타고난 재능은 반드시 겉으로 드러나며, 어떻게든 재능을 확인할 수 있을 것이라는 개념이 녹아들어 있다. 해리포터에서 그 재능이 마법이었다면, 현실세계에서는 바로 시험이라는 경쟁이 그 역할을 한다.

이런 시험들 중 일부는 지위가 높은 시험도 있어서 대학 진학이나 전문 자격증으로 이어지기도 한다. 그리고 일부 시험은 학구적이지 못한 아이를 걸러내는 지위가 낮은 시험이다. 표면적으로 보면 그래머스쿨, 모던 스쿨에서 발전된 형태이기는 하지만 그리 크게 달라진 것은 없다. 영국은 10대 청소년들의 학교 중퇴 비율이 선진국에서 제일 높은 축에 속한다. 영국 학생 중 20퍼센트는 다음과 같은 메시지를 받아들인 것이다. '너는 실패할 게 분명하기 때문에 경쟁해봐야 소용없는 일이야.' 영국의 16세 청소년 중 40퍼센트는 GCSE에서 '우수good' 평가 다섯 개를 받는 데 실패하고, 여섯 명 중 한 명은 읽기와 쓰기에 어려움을 겪는다. 이런 저성취는 평생 지속될 수 있다. 2013년 OECD 자료를 보면 성인들 중 4분의 1만이 10세 수준 이상의 수학 실력을 갖추고 있고, 성인 여섯 명 중 한 명은 간신히 문장을 해독하고 구문을 읽을 수 있는 수준이다. 매년 16세 청소년들 중 30퍼센트는 교육 제도를 통해 실패를 맛보는 것으로 여겨지고 있다.[1]

창조성을 죽이는 외적 보상

저성취가 만연해 있는 상태에서 왜 사람들은 경쟁적인 교육이 정답이라 생각하고 있을까? 경쟁만을 추구하다 보니 학교는 학교 성적 일람표를 두고 씨름하고, 교사들은 수행성과에 따라 보수를 지급받고, 학생들은 시험 성적에 따라 보상을 받는다. 조건만 명확하게 정의되어 있다면 경쟁이 동기를 키워줄 수 있다고 생각하기 때문이다. 경쟁은 저성취에 대비하기 위한 동기 부여 인자로 이용되었다. 그래서 교육계 전반에서 경쟁이 만연하게 된 것이다. 아이들은 등수와 시험 성적을 위해 경쟁하고, 교사들도 시험 성적을 위해 경쟁하고(시험 성적이 보수에 영향을 줄 수 있기 때문이다), 학교는 학교별 성적표에서 높은 등수를 차지하려고 경쟁한다. 그 논리는 이렇다. '경주에서 빨리 달리려면 모든 아이들이 서로 경쟁해야 하지 않겠는가? 교육을 하나의 거대한 경기장으로 바꾸는 것이야말로 젊은 이들의 마음에 당당한 성취 욕망을 불어넣는 핵심이 아니겠는가?'

여기서 문제는 메달을 약속해도 달리기 선수들에게 동기를 부여할 수 없다는 것이 아니다. 약속은 분명 동기를 부여해준다. 하지만 수학적으로 생각하는 법, 글을 사랑하는 법, 지도를 해독하는 법, 좋은 실험을 설계하는 법 등을 배우는 것은 다른 차원의 사고방식과 다른 차원의 장기적인 동기 부여가 필요한 기술들이다. 적어도 반세기에 걸쳐 인간의 동기에 대해 연구해서 알게 된 내용에 따르면 등수, 상, 성적 등의 외적 보상extrinsic reward이 이루어지면 고유의 내적 욕구intrinsic drive는 자리를 잃어버린다고 한다. 우리는 동시에 여러 가지로부터 깊은 동기를 부여받을 수는 없으며 한 가지에 의해서만 동기를 부여받는 것 같다. 그래서 돈, 메달, 보상 등의 단기적 보상이 주어지면 자연적으로 생겨난 장기적 욕구는 밀려나 버리는 경향이 있다.

우리는 그동안 동기를 부여할 수 있는 방법은 포상을 제공하는 것이라고 고집스럽게 믿어왔다. 하지만 그것이 사실이 아님을 보여주는 획기적인 실험이 40년 전 에드워드 데시Edward Deci와 리처드 라이언Richard Ryan에 의해 이루어졌다. 이들의 독창적인 연구 이후로 실험을 여러 다른 방식으로 검사했지만 도출되는 결론은 별 차이가 없었다.

원래의 실험에서는 한 무리의 유치원 아동들을 세 집단으로 나누어 그림을 그릴 기회를 제공해주었다. 첫 번째 집단은 보상을 약속받았다. 그림을 그리면 수료증을 주기로 한 것이다. 두 번째 집단에게는 아무 말도 하지 않았다. 하지만 그림을 마무리한 후에 수료증을 주어 깜짝 놀라게 해주었다. 세 번째 집단은 그냥 그림만 그리고 노동에 대한 대가는 아무것도 받지 못했다.

2주 후에 아이들에게 다시 종이와 펜을 주었다. 여기서 질문은 다음과 같다. 세 집단 중 어느 집단이 그림을 그리고 싶어 할까? 처음에 보상을 약속받았던 집단은 가장 낮은 의욕을 보였다. 아무런 증명서도 주지 않는데 왜 그림을 그린단 말인가?

나이, 과제, 보상 등을 달리하며 유사한 시험이 다른 산업계와 전 세계 여러 나라에 걸쳐서 진행되었지만, 결과는 한결같았다. 과제 수행성과에 따라 주어지는 성적, 점수, 수료증, 돈, 트로피 등 거의 모든 유형의 구체적 보상이 실제로는 내재적 동기를 갉아먹는 결과를 보였던 것이다.[2]

일찍이 1950년에 미국의 저명한 심리학자 조이 폴 길포드Joy Paul Guilford는 자기 동료들에게 한 가지 질문을 던진 적이 있다. 왜 교육과 창의적 생산성creative productiveness 사이의 상관관계가 그리도 적은 것인가?[3] 길포드는 지능의 정신측정법적 연구로 유명해졌고, 수렴적 생산convergent production과 발산적 생산divergent production을 분명하게 구분했다. 그는 수렴적 생산은 한 가지 문제에 대해 한 가지 해결책을 찾아내는 것이라고 주장했다. 대조적으로 발산적 사고방식은 가능한 한 많은 해결책을 표면화할 것을 요구한다. 전자는 근본적으로 규칙을 따르는 것과 관련이 있는 반면, 후자는 본질적으로 창조적, 창의적, 탐험적이다. MIT에서 만났던 사라 보너는 전형적인 발산적 사고방식을 가진 사람이었다. 그녀는 언제나 여러 해결책을 추구했고, 늘 대안을 찾아나섰다. 그녀가 따지기 좋아하는 사람이 된 것도 이 때문이었을 것이다. 동료들이 보지 못하는 해결책들이 눈에 보였던 것이다. 찰스 슈버트가 그녀를 끌어들인 것도 바로 이런 측면 때문이었다. 하지만 우리의 교육 제도는 수렴적 사고방식만을 권장하고 발산적, 비판적, 창조적 사고방식은 오히려 막아버린다.

두 심리학자 테레사 아마빌Teresa Amabile과 베스 헤네시Beth Hennessey는 길포드가 제기한 문제에 답하기 위해 수십 년에 걸쳐 창조성과 교육 사이의 상관관계를 탐구하는 실험을 진행했다. 그리고 교육은 다섯 가지 방법으로 창조성을 죽일 수 있다고 결론 내렸다. 그 다섯 가지는 '아이들이 보상을 바라고 공부하게 만들기', '학생들이 예상되는 평가에 초점을 맞추게 만들기', '아이들을 감시하기', '선택의 여지를 제한하기', '경쟁적인 상황을 만들기'다. 우리가 현재 채택하고 있는 교육 제도에서 뚜렷이 나타나는 특징인 셈이다.[4] 우리는 동기가 부여된 창의적인 학생을 원한다고 말한다. 하지만 동기와 창의성을 모두 갉아먹어 버리는 방식과 체계를 선택하고 있다. 예일대학교 졸업생 알렉산드라 로빈스Alexandra Robbins가 고등학교를 게임 쇼에 비유한 것도 무리가 아니다. '교육은 이제 더 이상 학습 경험을 위한 것이 아니다. 교육은 아이들이 서로 상대방을 물리치고 교육제도를 이리저리 빠져나갈 전략을 짜는 생존 게임이 되고 말았다.'

시험 보는 능력만 키우는 학교

영국 교육부 장관 마이클 고브Michael Gove는 시험에서 성공하는 것이 아이들을 행복하게 만든다고 주장했다. "만약 우리가 시험의 엄격함을 알고, 시험에 지원해야만 시험에 통과할 수 있다는 것을 알면, 한때는 너무 높아 보였던 장애물을 극복하는 경험으로 하여금 더욱 많은 노력을 기울이고 깊숙이 학문에 매진할 수 있을 것이다."[5] 그는 주장의 근거로 미국의 인지과학자 다니엘 윌링엄Daniel T. Willingham을 들었다. 다니엘 윌링엄은 아이들이 성공적인 사고 과정에서 찾아오는 기분 좋은 쾌감을 경험하고 나면 학습을 즐기게 된다고 관찰했다. 하지만 사고 과정에서 찾아오는 쾌감은 시험 통과와 같은 것이 전혀 아니다. 이 둘은 지적으로나, 정서적으로나, 사회적으로나 완전히 다른 경험이다. 둘 중 어느 한 가지를 다른 것에 억지로 끼워 맞추려고 하면 그 과정에서 모든 의미가 사라지고 만다. 시험 통과가 어떤 유용한 것이 되어서 실패에 대한 두려움과 결합되면 본래 가지고 있던 영감 부여 능력은 심각하게 제한되고 만다.

더군다나 수많은 정치인들처럼 고브도 자신의 개인적 교육 경험으로부터 성급하게 일반화를 시도했다. 그는 시험을 잘 보았기 때문에 시험을 좋아했고, 시험의 가치를 믿었다. 하지만 학생들이 시험의 압박에 반응하는 방식은 개인별로 큰 차이가 있고 해당 학생의 능력과는 아무런 상관도 없다. 대신 어떤 사람이 시험을 좋아하고, 시험을 잘 보느냐는 유전자에 의해 결정되는 부분이 상당한 것으로 보인다.

COMT catechol-O-methyl transferase(카테콜오메틸전이효소) 유전자는 뇌의 전전두엽피질pre-frontal cortex의 도파민 양을 조절한다. 전전두엽피질은 우리가 결정을 내리고, 계획을 짜고, 갈등을 해결하는 뇌 영역이다. COMT의 한 변이는 도파민을 천천히 제거하고, 또 다른 한 변이는 신속하게 제거한다.

도파민 수치는 스트레스에 따라 증가한다. 적절한 양의 도파민은 난국에 대처할 수 있게 도와주지만, 너무 많아지면 오히려 더 힘들게 만든다. 따라서 COMT의 느린 변이를 가지고 있는 학생들은 일반적으로 스트레스 상황이 아닐 때는 머리가 잘 돌아간다. 반면 COMT의 빠른 변이를 가지고 있는 학생들은 평소에는 너무 태평해 보이지만 스트레스 상황에서는 적응을 더 잘한다. 일부 과학자는 유전에 따른 이 두 가지 스트레스 반응을 '걱정쟁이형worrier'과 '전사형warrier'으로 구분 짓기도 한다. 하지만 여기서 핵심은 양쪽 다 서로 환경은 다르지만 각자 뛰어난 부분이 있다는 점이다. 이런 차이 때문에 공부를 열심히 하는 학생이 시험은 엉망으로 보고, 과제를 한 번도 제때 내 본적이 없는 학생이 시험은 오히려 잘 보는 역설적인 상황이 발생한다. 따라서 시험을 통해 분명하게 드러나는 것은 '지능'이나 '창조적 능력'이 아니라 '시험 보는 능력'일 뿐이다.[6]

COMT에 대한 연구는 주로 대만에서 이루어졌다. 대만은 전통적으로 14살에 치르는 '기초 수학능력 평가Basic Competency Test'라는 한 가지 시험에 막대한 비중을 두어왔다. 본질적으로 이 시험은 영국의 '11-플러스' 시험과 동일한 것이라 볼 수 있다. 유전적 통찰을 실제 세계의 시험에 적용해 본 결과 중대한 이해관계가 걸린 시험을 통해 시험 잘 보는 사람을 가려낼 수는 있지만 지적 능력을 구축하거나 확인하는 데는 그다지 도움이 되지 않는다는 가설이 확인되었다. 2014년부터 대만은 더 이상 이 시험을 치르지 않기로 했다. 교육 방침이 학생들을 성적으로 분류하는 대신 모든 사람의 성취 수준을 함께 끌어올리는 쪽으로 정해졌기 때문이다.

물론 시험을 통해 학생들이 진도를 제대로 따라가고 있는지, 학습 내용을 얼마나 기억하고 있는지, 이해하지 못한 것이 무엇인지 확인할 수 있는 것은 사실이다. 하지만 표준 시험이 점수, 성적, 메달, 대학 진학 등의 외적보상과 연계되면 학생에게 내적 만족을 안겨주어야 할 학습이 일종의 거래로 변질되고 만다. '공부를 해라. 그럼 좋은 성적을 받을 것이다.' 결국 과정보다는 결과가 더 중시되고 만다. 외적 보상에서 초점이 맞추어지기 때문에 공부 자체의 의미와 즐거움을 잃고 마는 것이다. 진정으로 발전시켜야 할 것은 그보다 더 큰 보상, 즉 배움에 대한 사랑인데도 우리는 시험 전문가를 양산하는 데 그친다.

이게 무슨 순진하고 감상적인 소리인가 싶을지도 모르지만 사실 이것은 감상적인 얘기가 아니다. 그럴듯하게 들리기는 하지만 배움에 대한 사랑이 대체 무슨 가치가 있을까? 아이들에게 직업을 얻는 데 필요하고, 생계를 꾸리는 데 필요한 것들을 가르치는 것이 뭐가 잘못되었단 말인가? 문제는 아이가 자랐을 때 어떤 것이 필요해질지 아무도 알 수 없다는 사실이다. 세계는 너무나 빠른 속도로 변하고 있다. 산업들이 엄청난 속도로 흥망성쇠를 겪고 있기 때문에 미래에는 어떤 것이 쓸모 있는 기술이 될지 예측하기가 불가능해졌다. 20년 전만 해도 속기술, 인쇄기술, 전기기술, 법무 보조직, 시제품 제작 기술 등이 모두 배워두면 도움이 되는 기술들이었다. 하지만 이제는 이 기술들이 거의 쓸모없어지고 있다. 이제는 사장들도 타이핑을 아랫사람들에게 맡기지 않고 직접 한다. 종이신문이 빠른 속도로 사라지고 있기 때문에 인쇄기술도 사양길에 접어들었다. 이제는 타자기를 사용하는 사람이 없고, 가전용품들도 수리하기보다는 아예 새로 사는 것이 더 싸다. 법무 보조직 업무도 소프트웨어로 대체되고, 시제품 제작도 3D 프린터가 맡게 될 것이다. 심지어는 의사와 변호사들조차 자신들의 업무가 기계에 의해 대체되는 현실을 마주하고 있다. 발명과 제작에 필요한 기계류들이 저렴해지고, 기계를 가동하는 소프트웨어가 사용하기 쉬워질수록 구식 전문가들의 입지도 점점 줄어들고, 고용 불안도 심해진다.

찰스 디킨스Charles Dickens의 소설 《어려운 시절Hard Times》에서 교장 토마스 그래드그라인드Thomas Gradgrind가 주장하기를 교육과 수익성 있는 경제의 본질적인 구성요소는 '사실fact', 오로지 사실밖에 없다고 했다. 하지만 휴대전화로 무엇이든 검색해볼 수 있는 요즘에는 사실이 예전처럼 귀하게 통용되지 않는다. 더군다나 오늘날의 연구자들이 취급하는 사실 중 상당수는 그들이 학교에 다니는 동안에는 존재하지도 않았던 것들이다. 인간 게놈 프로젝트와 CERN(유럽원자핵공동연구소)의 강입자 충돌기는 십 년 전만 해도 없어서는 안 될 것으로 보였던 지식을 혁명적으로 바꿔 한물간 지식으로 만들어버렸다. 아이에게 필요할 모든 기술과 지식을 학교에서 배운다는 것은 얼토당토않은 일이다. 따라서 우리는 아이들이 학습 능력과 학습 욕구, 평생 도움이 되어줄 발산적 사고방식을 가지고 학교를 나설 수 있게 하는 것을 목표로 삼아야 한다.

이것이 바로 저스틴 라일리와 사라 보너가 가지고 있는 부분이다. 하지만 경쟁적인 시험이 안겨주는 것은 없다. 시험은 아이들에게 보상이 따르는 정답이 존재한다고 암암리에 가르치고 있고, 모두가 이 메시지를 받아들인다. 시험제도와 그로 인해 학생들이 받는 압박감에 대해 비판하면서도 교사들은 시험에 대비해 가르치는 일에 초점을 맞추고, 암묵적으로든 공개적으로든 학생들에게 시험에 맞추어 학습할 것을 조장한다. 학생들에게 시험과 직접 관련이 없는 보조 학습 자료를 제공해주면 이런 반응이 나온다. "그건 시험에 안 나오니까 몰라도 돼요."

학생들을 비난할 수는 없다. 이들의 반응은 보상이 동기를 갉아먹는 구조에 대해 지능적이고 합리적인 반응으로 나온 것에 불과하다. 시험 결과에 따라서 부분적으로라도 급여가 영향을 받는다면, 교사들 역시 똑같은 덫에 빠지고 만다. 새로운 아이디어를 생산할 수 있는 상상력, 창의성, 혁신성이 어느 때보다도 절실한 시기임에도 불구하고, 경쟁적 시험은 정확히 그 반대로 작용하도록 설계되어 있다. 위험을 회피하면서 눈치만 보는 재능을 키우고 세상에 정답이 존재한다는 생각에 젖어들게 만드는 것이다.

시험은 명확하고 객관적인 결과를 내놓아 학교 당국으로 하여금 반에서 누가 1등이고, 누가 꼴등인지 가려내는 역할만큼은 딱 부러지게 잘하고 있다. 아이들을 내몰고 있는 엄청난 양의 시험들은 아이들에게 내적 동기를 부여해주기보다 학교로 하여금 승자를 가려내고 등수를 매길 수 있게 해줄 뿐이다.

등수 매기기의 문제점

콜렛 코트 스쿨Colet Court School의 교장인 팀 뫼니에Tim Meunier는 이렇게 말했다. "우리는 뒤에서 몰래 아이들에게 등수를 매기고 있습니다."

콜렛 코트 스쿨은 런던 최고의 사립학교 중 하나인 세인트폴 스쿨St Paul's school에 입학하려는 남학생들의 입시를 도와주는 곳이다. 이 학교는 템스 강 강둑에 자리 잡고 있다. 매년 옥스퍼드대학교와 케임브리지대학교의 보트 경주가 열리는 장소에서 가까운 곳이다. 나는 학교로 걸어가는 동안 눈길을 두는 곳마다 배타적인 흔적이 많아 깜짝 놀랐다. 지역보건의의 진료실 앞에 있는 주차 공간도 잠겨 있고, 론스데일 로드Lonsdale Road의 진입로에도 외부인 출입을 제한하는 문이 달렸고, 정원과 교회 묘지 주변에도 스피커폰과 담장이 쳐져 있었다. 어디를 보아도 장벽이 가로막고 있었다.

이튼 스쿨과 함께 세인트폴 스쿨은 몇 년 전 학교별 성적 일람표 명단에서 빠졌다. 뫼니에는 이것이 부당하며, 많은 훌륭한 학교가 보여주고 있는 다양한 특성들을 반영하지 못하고 있는 것이라고 말했다. 그의 말이 옳다. 하지만 그는 자기 학생들에 대해서는 생각이 달랐다.

"누군가는 꼴등이 될 수밖에 없습니다. 등수가 반드시 정확하다고 할 수는 없죠. 통계적으로 완벽하지 못하니까요. 하지만 우리는 누가 1등이고 누가 꼴등인지 알기를 원합니다. 다른 제도를 통해서는 알아낼 길이 없죠."

뫼니에는 등수를 매기는 것이 주로 관리 담당부서를 위한 것이라고 주장한다. 등수가 나와야 아무도 뒤처지지 않도록 관리하는 일이 가능하다는 것이다. 하지만 그는 승리와 보상의 효과 또한 굳게 믿고 있다.

"승자가 존재하지 않으면 보상도 없습니다. 보상을 주는 것도 마찬가지입니다. 향상이 있으면 그에 대한 대가로 상을 주는 것이죠. 노력한 사람을 인정해주자는 겁니다. 하지만 그런 학생이 많지는 않으니까 모든 과목을 전체적으로 잘하는 학생을 위한 상도 존재하죠. 요점은 이렇습니다. 만약 누군가가 화학 과목에서 상을 받으면, 그것은 다른 이유가 아니라 그 학생이 1등을 했기 때문입니다. 나는 이렇게 공부 잘하는 학생에게 상을 주고 싶습니다. 교사들에게 가장 친절한 학생이나 남을 제일 잘 돕는 학생을 뽑으라고 하고 싶진 않아요."

뫼니에도 꼴등하는 아이가 나오는 것을 좋아하지는 않지만 자기가 매기는 등수의 비밀 유지에 대해서는 조금 순진한 생각을 하는 것이 아닌가 싶다. 학교에서 엄마들을 만나보면 자기네 아이가 한 과목에서 1등을 하면 바로 안다고 했다. 다른 아이들도 알고 있을 가능성이 높다. 불행한 일이다. 연구에 의하면 등수를 매기는 것이 최상위 두세 명에게는 동기를 부여해주지만 나머지 사람들의 의욕은 꺾어버리는 역할을 하는 결과가 나왔기 때문이다. 높은 성취를 이룬 소수에게 동기를 부여하는 대가로 대다수의 학생들이 희생되고 만다. 하지만 등수 매기기가 아이들에게는 별 의미가 없다 해도, 학부모들에게는 큰 의미가 있다.

2013년 여름, 영국의 부총리 닉 클레그Nick Clegg가 11세 아동들에게 등수를 매기자는 새로운 혁신안을 공표하면서, 이것은 옛날의 11-플러스 시험 시절로 회귀하는 것이 아니라는 허울 좋은 립 서비스가 쏟아졌다. 단지 성과가 뒤처지는 학교를 가려내는 벤치마킹에 불과하다는 것이다. 순진한 것인지, 솔직하지 못한 것인지는 몰라도 악마는 세부사항 속에 깃들어 있다는 말이 있다. 혁신안은 백분위점수는 공표되지 않을 것이라고 한다. 꼴등을 밝혀 망신을 주려는 것이 아니기 때문이다. 다만 학부모들에게는 내용을 공유할 것이라 했다. 이렇게 해서 등수의 비밀이 지켜질 거라는 생각은 정책입안자들이 현실세계와 얼마나 동떨어져 있는지 말해줄 뿐이다.

수 앤스트루더가 웃으며 말한다. "저와 함께 일하는 부모들은 자기 아이가 1등인 한은 등수 매기기를 좋아했을 거예요! 하지만 우리는 그렇게 하지 않았어요. 별로 중요하지도 않은 걸 가지고 부모들과 이러쿵저러쿵 싸워야 할까 봐서요. 제가 채점했던 시험을 보면 모두 채점 방식에 무언가 문제가 있는 것이 틀림없다며 꼭 소동이 일어났거든요. 제가 학생이었던 때를 생각해보면 등수를 매기는 것이 저에게는 아무런 도움이 안 됐어요. 성적이 나쁘지 않았지만 다른 애들한테는 정말 재앙이나 다름없었거든요. 대부분 아이들의 의욕을 꺾어버리니까요. 아이들은 경쟁심을 타고났어요. 그런데 굳이 경쟁심을 더 부추길 이유가 없죠! 아이들은 잘하고 싶어 해요. 우리가 겁주는 일 없이 흥미를 북돋우고 잘 이끌어준다면 아이들은 잘할 거예요."

세인트폴 스쿨만 학생들에게 등수를 매기는 것은 아니다. 논의하기를 꺼리고 있지만 영국의 일부 학교들은 여전히 등수 매기기를 하고 있다. 그런데 미국에서는 학급 내 등수 매기기가 공식적으로 흔히 이루어지고 있다. 미국의 모든 학생들은 학생들을 간단하게 등수 매기게 하는 간단평점GPA, Grade Point Average을 점수로 가지고 있다. 일부 학교에서는 등수를 복도 벽에 게시하기도 한다. 공부 잘하는 학생에게도 이것은 끔찍한 사회적 부작용으로 다가온다. 상위권의 경쟁이 치열하다는 것을 모두 알게 되기 때문이다.

뉴욕에서 알게 된 한 학부모 엄마는 이렇게 말했다. 이 엄마는 자기 이름이나 딸의 이름이 밝혀지는 것은 원하지 않았지만 자신의 경험은 알리고 싶어 했다. "제 딸은 반에서 4등을 했어요. 고등학교에 다니는 동안 딸은 대부분 상위 5등 안에 들었죠. 2학년 때 딸아이가 수학 프로젝트 때문에 애를 먹은 적이 있어요. 그래서 자기 반 친구를 찾아가서 좀 도와달라고 했죠. 그 친구 역시 5등 안에 드는 친구였어요."

여기서부터는 딸이 이야기를 이어갔다. "5등 안에 드는 아이들은 특히나 서로를 많이 의식해요. 참 이상한 일이었어요. 저보다 등수가 높은 세 명은 수학과 과학을 아주 잘했는데 나는 그렇지 못했거든요. 그 애들은 가끔씩 내가 그렇게 똑똑할 리가 없다고 생각하는 것 같았어요. 어쨌거나 그중 한 애한테 좀 도와달라고 했더니 싫다는 거예요!"

여기까지 말하고 딸은 잠시 말을 멈추었다. "그 애 말이 엄마가 그러지 말라고 했대요. 그러다가 등수가 뒤바뀔 수 있다면서요."

미국 학교 도서관에는 핵심 교과서가 없어졌다는 둥, 중요한 학습 자료가 사라져 버렸다는 둥의 이야기들이 가득하다. 등수 매기기는 자연스럽게 학생들이 서로를 적대시하게 만든다. 어떻게 그렇지 않을 수가 있겠는가? 백분위점수로 따져도 상위권에 들어가는 길은 험난하기만 하다. 그래서 학생들은 네가 져야만 내가 이길 수 있다는 잘못된 인생 교훈을 배우게 된다. 사회적 이해능력이 발달하는 민감한 시기에 아이들은 서로가 서로를 경쟁자로 인식하는 법을 배우고 만다. 혼자만의 활동으로 등수를 차지하는 것은 직장 생활을 준비하는 데도 거의 도움이 되지 않는다. 지금은 거의 모든 작업이 집단적으로 이루어지기 때문이다. 효과적인 팀워크를 위해 요구되는 기술은 무엇일까? 바로 협력 기술이다. 서로의 장점을 찾아내고 구축해주는 능력이 가장 중요하다. 하지만 등수 매기기 교육은 이런 부분을 가르쳐주지 못한다.

의도한 것이든 우연에 의한 것이든, 표준 시험이 가져온 결과는 학생들을 쉽게 비교할 수 있게 만들고, 경쟁을 부추기고, 수렴적이며 획일적인 사고를 강화하게 만들었다. 덕분에 정책입안자들은 벤치마킹을 쉽게 할 수 있겠지만 상상력, 창의력, 협동 정신의 발달에는 악영향을 미친다. 하지만 어른이 되었을 때 열렬히 환영받고, 인정받는 재능은 바로 전에 열거된 것들이다.

드물기는 하지만 영감을 불어넣을 줄 알고, 여러 해결책을 추구하는 발산적 사고방식을 모범으로 보일 줄 아는 교사들이 있어 창의성을 자극해주지만, 성적과 경쟁은 그렇지 못하다. 어디서든지 간에 창의성을 키우기 위해서는 안전한 분위기가 무척이나 중요하다. 지적으로 탐험을 나서도 위험하지 않고 불이익을 당하지 않을 것이라는 느낌, 실수를 해도 곤란을 겪지 않을 것이라는 확신이 있어야만 우리는 무엇인가를 배울 수 있다. 하지만 성적과 등수 등 시험에만 극단적으로 초점이 맞춰진다면 안전의 느낌이 훼손되고 만다.

동기의 연구에 전념했던 심리학자 데시와 라이언은 내적 동기를 증진시키는 방법을 밝혔다. 바로 긍정적인 피드백을 통해 능력 향상의 욕망을 북돋아주기, 최적의(하지만 불가능하지는 않은) 도전적 과제 제시하기, 모욕을 안겨주는 평가로부터 자유롭게 해주기, 그리고 자율성sense of autonomy 길러주기다. 젊은 사람이나 나이 든 사람이나 할 것 없이 모든 사람은 언제 어떻게 일을 할지의 선택권이 어느 정도 자기에게 있다고 느껴지면 큰 동기를 부여받는다. 그럼 그 일은 자기의 일이 된다.

이런 점은 산업계에서 이루어진 작은 실험을 통해서도 입증되었다. 노동자들에게 전등을 언제 켜고 끌 것인지 결정할 수 있는 간단한 권한만 쥐어주어도 노동 생산성이 증가한 것이다. 하지만 좀 더 높은 수준에서도 이들의 연구는 학생들이 부모를 위한 것도, 교사를 위한 것도, 나라를 위한 것도 아니라 자기 자신을 위해, 그리고 자기의 목표를 향해 공부하고 있다는 느낌을 갖는 것이 얼마나 중요한지 보여주고 있다. 그렇다고 부모, 교사, 학교가 학생을 도울 수 없다는 의미는 아니다. 이들에게 긍정적으로 기운을 북돋아주고, 인도해주고, 예상치 못했던 보상을 안겨주는 것 또한 헤아릴 수 없이 중요한 부분이다.

등수 매기기가 효과를 보지 못하는 이유는 여기서 비롯된다. 등수 매기기는 평가를 통해 학생들에게 모욕을 줄 때가 많고, 불가능한 과제를 제시하는 경우도 많다. 등수에만 집착하는 경쟁적인 부모는 아이의 자율성을 근본적으로 갉아먹고 만다.

경쟁을 통한 압박과 위협으로는 문제들을 해결할 수 없다. 성공보다는 실패가 필연적으로 많을 수밖에 없기 때문이다. 긍정적인 피드백보다는 부정적인 피드백이 언제나 더 클 수밖에 없다. 모든 사람이 승리할 수도 없고, 모든 사람이 상위 1퍼센트나 하다못해 5퍼센트 안에 들 수 있는 것도 아니다. 그저 패배할 수밖에 없다는 교훈만을 모두에게 안겨줄 수 있을 뿐이다. 그러면 대다수 학생들의 의지가 더욱 꺾이고 만다. 데시와 라이언은 다소 침울한 어투로 이렇게 적었다. "학교에서 성적이 올라갈 때마다 내적 동기는 점점 더 약해진다."

상위 1퍼센트에게 보상을 해줌으로써 나머지 99퍼센트의 동기를 깎아내리는 대가를 치러야 하는 것이다.

잘못된 길을 걷는 아이들

학교, 부모, 친구들로부터 받는 경쟁의 압박이 견디기 힘들 정도로 커진 아이들이 많다. 결국 아이들은 무언가 도움이 될 만한 것을 찾다가 위험한 것에 손을 대게 된다. 24세의 똑똑하고 상냥한 학생인 스티븐 로드릭Steven Roderick은 보스턴의 매사추세츠대학교를 다니기 시작했지만 몇몇 과목에서 D학점을 받고 경악한 나머지 무언가 해야 한다는 생각이 들었다. 그는 주의력결핍 과잉행동장애ADHD에 처방되는 암페타민인 '애더럴Adderall'에 대해 들어본 적이 있었고, 쉽게 구할 수 있다는 것도 알고 있었다. 스티븐은 더 좋은 성적을 받기 위해서는 아무래도 그 약을 먹어야겠다는 생각을 했다. "약을 처음 먹었을 때 천문학에 관한 리포트를 썼어요. 그 리포트는 정말 이 세상 것이 아닌 듯 너무 훌륭했죠. 믿을 수가 없었어요. 영감이 흘러넘쳐서 의사가 되고 싶다는 생각까지 했다니까요!"

애더럴은 2급 규제 약물이다. 이 약물은 중독성이 있어서 복용하다 보면 점점 필요한 용량이 늘어난다. 대학 내 애더럴의 사용은 스포츠계 약물 사용에 비교되기도 한다. "야구에 스테로이드가 있다면 대학에는 애더럴이 있습니다. 치열한 경쟁이 이루어지는 환경에서 성적을 올려주는 불법 약물로 사용되고 있죠."[7] "D학점, F학점 나오던 것이 전 과목 A로 바뀌었어요. 하지만 뇌가 거기에 적응해버리면 용량을 늘여야 해요. 2011년이 되니 45mg까지 용량이 늘어났어요. 그쯤 되니까 애더럴이 내 최고의 친구이자 동시에 최악의 적이 되어 버렸다는 느낌이 들기 시작하더군요."

로드릭은 약 기운 때문에 도저히 잠을 잘 수가 없어서 강력한 수면제인 아티반Ativan을 처방받았다. 하지만 그는 두 약 중 하나는 정신을 집중시켜주는 약이고, 다른 하나는 정신을 이완시켜주는 약물이라는 모순에 붙잡히고 말았다. 그럴수록 애더럴이 점점 더 많이 필요해졌고, 결국 120mg까지 복용하게 되었다. 다음에는 애더럴을 끊고 아티반을 복용한 후 며칠씩 쓰러져 잠을 잤다. 불안 수준이 도를 넘어섰다. 그의 말로는 아주 작은 소리 하나만 들려도 깜짝깜짝 놀랐다고 한다. 그는 대학 과정을 거의 마무리한 상황이었지만 도무지 강의를 들을 수가 없어서 휴학할 수밖에 없었다. 로드릭은 이렇게 회상한다.

"나는 목적을 위해서라면 어떤 수단도 끊임없이 정당화되는 문화 속에서 살고 있습니다. 그런데 어떻게 사람들에게 그 약을 먹지 말라고 설득할 수 있겠어요? 주변에서 듣는 얘기라고는 졸업하고 나가도 일자리 구하기가 하늘의 별 따기라는 둥, 빚만 점점 더 늘어날 거라는 둥의 얘기밖에 없어요. 그러니 상위권에 올라가려면 약을 먹어야겠다는 생각이 들 수밖에요."

커다란 외적 보상이 마치 다모클레스의 칼sword of Damocles(다모클레스의 칼은 전설에서 비롯된 말로 신변에 늘 따라다니는 위협을 뜻한다-옮긴이)처럼 머리 위에 매달려 있다 보니 로드릭 같은 학생들은 과목에 대한 본질적인 관심을 모두 잃고 만다. 이들이 부모나 정책입안자들로부터 듣는 소리라고는 성적, 대학 진학, 보상, 상장 같은 것밖에 없다. 따라서 학생들은 자연히 이런 것들에 초점을 맞추게 된다. 경쟁의 다음 단계로 나아가는 데 교육적 필수품이 된 것이다. '중요한 것은 과정이 아니라 결과다. 게임에서 이길 수 없다면, 차라리 제도의 허점을 교묘하게 이용해 먹는 것이 낫다.'

뉴욕의 스타이브센트 고등학교Stuyvesant High School에서는 학업 성취가 곧 소셜화폐social currency(소셜네트워크서비스와 위치기반서비스를 결합한 마케팅이 증가함에 따라 스마트폰상에서 유통되는 가상화폐를 일컫는 용어-옮긴이)로 통한다. 네 명의 노벨상 수상자를 동문으로 둔 이 학교는 과학 분야에서 명성이 대단하다. 그만큼 입학도 어렵다. 하지만 일단 입학하고 나면 학생들은 자기만 똑똑한 것이 아니라 주변 학생들 역시 똑똑하다는 사실을 깨닫기 시작한다. 어떻게 경쟁해야 할까? 자기가 좋아하지 않거나 학교를 마치고 나서도 관심을 가질 과목이 아니면 공부에 시간을 낭비하느니 차라리 부정행위를 하는 것이 더 쉽고, 더 전략적인 방법일지 모른다. 학생들은 공식을 몰래 숨기면서 숙제의 답을 페이스북에 올리기도 하고, 시험지를 사진으로 찍어 친구에게 이메일로 보내기도 한다. 이 학교 학생들은 하버드대학교, 예일대학교, MIT에 진학하는 것을 목표로 하기 때문에 경쟁이 상상을 초월한다. 실패를 도저히 받아들일 수 없기 때문에 무슨 수를 써서라도 반드시 이기려 한다. 학교신문에서 조사한 바에 따르면 학생 중 80퍼센트가 부정행위를 한 적이 있다고 고백했다.

18세의 나이로 지금은 세인트루이스의 워싱턴대학교에 다니고 있는 엘리아스 웨인랍Elias Weinraub은 이렇게 말했다. "숫자 놀이가 되어가고 있어요. 일종의 중독이 되어가고 있죠. 악질적이고 역겨운 방식으로 말입니다."[8]

한 교사는 학생들이 제출한 과제물이 똑같은 경우가 많아지자 학생들에게 과제를 손으로 써서 해오라고 했다. 손으로 직접 쓰게 하면 인터넷에서 복사해올 생각을 하지 않을 거라 예상했기 때문이다. 학교 당국에서는 학생들이 펜에 테이프를 감아 커닝페이퍼를 만들고, 휴대전화로 정답을 보내는 사례도 적발한 바 있다. 4만 명의 미국 고등학생들을 상대로 이루어진 한 조사에 따르면 59퍼센트의 학생이 시험을 볼 때 부정행위를 한 적이 있다고 한다. 세계윤리연구소Institute for Global Ethics의 러쉬 키더Rush Kidder는 대학에 진학할 즈음이면 약 95퍼센트의 학생들이 한 가지나 그 이상의 형태로 부정행위를 하게 된다고 추정했다. 때로는 더 나은 점수를 받기 위해 부정행위를 하기도 하고, 때로는 도서관에서 중요한 책을 숨기거나 게시판에 올라온 공지사항을 지워버리는 등 다른 학생들을 실패하게 만들기 위한 전략을 구사하기도 한다. 성적을 잘 받는 것이 목표가 되어버리면 성적을 받기까지의 과정은 중요하지 않게 된다.

부정행위로 목표를 달성한 후에도 학생들이 습관을 버린다는 보장은 없다. 2013년 초에 하버드대학교에서는 대규모 부정행위 스캔들 이후에 일부 학생들을 퇴학시켰다. 집에 가져가서 푼 후에 제출하는 시험take-home exam에서 똑같은 답이 여러 답안지에서 나타나자(인쇄상의 오류까지도 모두 똑같았다) 279명의 학급 인원 중 절반 이상의 학생에게 자퇴 권고가 내려진 것이다. 엘리트 학교에서도 부정행위가 만연해 있다는 점에 대해 많은 해설자들이 놀라움을 나타냈지만, 사실 이것은 전혀 놀라운 일이 아니었다. 학교에 들어온 이후로 엄청난 노력을 들여 차지한 등수인 만큼, 그것을 지키려는 욕구 또한 높을 수밖에 없기 때문이다. 엘리트 학교일수록 학생들도 교육을 그 자체로 즐기려는 욕구가 줄어든다니 참으로 통탄할 일이 아닐 수 없다. 예측 가능하고 잘 정의된 생각에서 벗어나 생각하는 일이 이곳의 학생들에게는 너무나 위험하게 느껴질 수 있다. 경쟁이 치열할수록 남들이 자기에게 원하는 정확한 답을 내놓으려는 욕구도 그만큼 강해진다. 설사 그렇게 하는 것이 학습에 오히려 반하는 것일지라도 말이다.

이런 현상은 스타이브센트고등학교나 하버드대학교, 혹은 미국에만 국한된 것이 아니다. 영국 학생들의 경우 2010년에는 이베이eBay나 다른 리포트 자료실을 뒤져 보면 전 과목 A학점 리포트를 1.5파운드 정도의 적은 돈으로 쉽게 구할 수 있었다. 시스템을 점점 믿을 수 없게 되자 심지어는 교사들도 때로는 제도의 허점을 교묘하게 이용하는 경우가 생긴다. 학교에 감사가 나오는 동안에는 소위 말썽꾸러기 학생들을 눈에 보이지 않는 곳으로 빼돌리거나, 일부러 시험 점수를 후하게 매기기도 한다.[9] 2009학년도에서 2010학년도 사이 영국 대학교에서 발각된 부정행위 사례는 1만 7천 건이 넘는다. 하지만 모두 밝혀지지 않았을 뿐 실제로는 그 이상일 것이라 믿는 사람이 많다.[10] 이제는 부정행위가 너무나 만연해서 학교 당국에서는 문제를 해결하기 위해 전문 소프트웨어에 의존해야만 하는 지경에까지 이르렀다.

잃어버린 배움의 목적

표절을 감식하는 소프트웨어로 126개국에서 사용되고 있는 턴잇인Turnitin에서 일하는 제이슨 추Jason Chu가 말했다. "첨단 기술 덕분에 부정행위가 더 쉬워졌는데, 첨단 기술이 부정행위를 근절할 수 있는 최고의 방법이라는 점이 참 아이러니합니다. 하지만 이 문제는 규모가 엄청나고 전 세계적입니다."

소프트웨어는 회사의 데이터베이스에 저장되어 있는 240억 장의 웹페이지, 3억 건의 학생 리포트, 11만 개의 잡지, 정기 간행물, 서적에서 추출한 1억 2천만 개의 논문과 학생들이 제출한 과제물을 비교하여 통째로든 부분적으로든 복사되었는지 여부를 확인한다. 학생들이 과제를 직접 하지 않으려고 늘 새로운 계략을 꾸미기 때문에 소프트웨어는 지속적으로 개량되고 업데이트된다. 좋은 소식은 학생들이 과제물을 훔쳐낼 품질 높은 정보원을 알아보는 안목이 높아졌다는 것이고, 나쁜 소식은 중등학교 학생들을 겨냥하여 나온 '커닝 사이트'가 그 어느 때보다도 많아졌다는 것이다. 그리고 사이트들은 자취를 감추는 데 더욱 능숙해지고 있다.

제이슨 추가 내게 말했다. "학생들이 우리 시스템의 감시망을 피하려고 애쓰고 있다는 사실을 알게 되었습니다. 영어로 쓰인 논문을 가져다가 글꼴을 바꾸고, 또 어떤 글자는 키릴 알파벳(러시아어, 불가리아어 및 일부 중부 유럽 국가들의 언어에서 사용하는 알파벳)으로 바꾸어놓죠. 우리가 가진 알고리즘은 키릴 알파벳을 못 알아보거든요. 그래서 우리도 발 빠르게 움직여야 합니다. 학생들의 속임수는 결국 들통이 나죠. 그럼 학생들은 일부 단어를 이미지로 바꿔서 제출하기도 합니다. 정성도 참 대단하죠. 그 정성이면 차라리 과제를 직접 할 것이지!"

추는 처음에는 교수로 시작했다. 그는 비판적 사고critical thinking를 열정적으로 믿는다. 일단 턴잇인을 통해 과제를 제출해야 하는 상황이 되자, 학생들은 자기 스스로 생각해야 한다는 것을 빨리 받아들였다고 한다. 학생들은 원문에 대해 어떻게 생각해야 하고, 또 어떻게 이용해야 하는지, 그리고 어떻게 해야 내용을 정당하게 평가할 수 있는지 더 잘 알게 되었다. 이윤 추구를 위한 사업이라는 측면이 없지는 않지만, 그는 교육을 원래 목적으로 되돌리는 데 이상한 방식으로나마 도움이 되고 있다는 사실에 희열을 느끼고 있다.

"학생들도 표절이 도덕적으로 잘못된 것이라는 사실을 모르지는 않습니다. 비록 희생자를 만들지 않는 범죄행위라고 생각하긴 하지만 비도덕적 행위라는 것을 잘 알고 있죠. 여기서 문제는 학생들이 과정에 대해 생각하지 않는다는 점입니다. 학생들은 늘 결과에 대해서만 생각해요. 우리가 평가에만 방점을 뒀기 때문에 생긴 현상입니다. 학생들에게 '성적'을 잘 받아야 한다는 말만 했으니까요. '이걸 해라. 그럼 저것을 얻을 것이다.' 아이들이 받는 보상은 과제를 하는 것도, 생각을 하는 것도, 생각하는 법을 배우는 것도 아닙니다. 그저 성적밖에 없죠. 모든 것이 성적을 중심으로 돌아갑니다."

아무래도 먹고 사는 일이다 보니 추가 소프트웨어 마케팅을 위해 하는 말일 수도 있다. 하지만 그가 자신의 일에 내적 동기를 부여하고 있음을 모르고 지나치기는 힘들다.

"일반교양 교육liberal education의 목표는 도덕성을 키워주기 위함이었습니다. 하지만 다 옛날 얘기죠. 그 이후로 엄청난 변화가 찾아왔고 이제는 결과만을 강조하고 있습니다. 다른 것이 다 옆으로 밀려나고 말았죠."

이 말은 오래도록 새겨야 할 교훈이다.

몇 년 동안 나는 보스턴에서 경영학 석사MBA 졸업자들을 위해 창업 교육을 진행했다. 학생들은 아주 기나긴 교육의 먹이사슬 끝에 온 사람들이었다. 고등학교, 대학교, 경영대학원을 성공적으로 졸업했고, 그때마다 시험도 무사히 통과하고 자기에게 요구되는 모든 것을 잘해낸 사람들이다.

교육 과정에 들어올 때 이들은 자기의 시간과 돈을 투자해서 완전히 자발적으로 한 프로그램을 선택한 것이었다. 하지만 교육이 시작되자마자 모두 하나같이 교육 과정에서 어떻게 점수를 매기는지부터 알고 싶어 했다.

나는 학생들에게 자기 사업을 시작하는 법을 가르치고 있었다. 성적과는 아무런 상관이 없는 일이었다. 사실 이 학생들 중 상당수는 직접 회사를 창립하기보다는 신규 업체에 취직해서 일을 할 사람이기는 했다. 그렇지만 교육과정에서 어떤 성적을 받았는지 물어볼 투자자나 고용주는 없다. 혁신을 사랑하고, 위험을 감수해야 할 어른들이 어쩌다 성적에 목을 매달게 되었을까? 평생 성적만 신경 쓰도록 교육받으며 살았기 때문이다. 이들은 착한 학생들이었다. 순종적이고, 말 잘 듣고, 품행이 바르고, 성공적이었다. 이들은 수백, 수천 가지 시험을 무사히 통과했다. 또다시 넘어야 할 장애물을 마주하고 나니 떠오르는 질문은 이것밖에 없다. '성적은 어떻게 내는 거지?' 20년 동안 성적으로 평가받고, 성적을 받기 위해 공부하고, 동료들보다 성적이 좋은가 나쁜가로 자신을 판단하며 살다 보니 이제 이들에게 필요한 것은 성적밖에 없었다. 내가 자동적으로 모두 A학점을 줄 거라고 해도, 그들은 기뻐하지 않았다. 이들은 그저 배움만을 원하는 것이 아니었다. 다른 사람들의 패배를 통해 자신의 성공을 확인하고 싶었던 것이다.

영국에서 국제 경영학석사MBA 학생이나 석사MS 학생들을 가르칠 때도 별로 다르지 않다. 이들의 공부 중 상당 부분은 과제에 달려 있다. 과제는 이들이 특히나 어려워하는 부분이다. 한 석사과정은 전적으로 팀의 협력이 얼마나 잘되느냐에 달려 있는데 완전히 실패해서 와해되는 팀이 적어도 한 팀 정도는 꼭 생긴다. 팀원들이 함께 무언가를 하지 못하기 때문이다. 학생들에게 베스트셀러 비즈니스 서적인 《기브앤테이크Give and Take》에서는 가장 관대한 사람이 제일 크게 성공한다는 설득력 있는 사례들을 보여준다고 설명하자, 그들은 내 말을 믿지 않았다. 그리고 그 책이 세상에서 가장 야비하고 험한 경영대학원으로 유명한 와튼비즈니스스쿨Wharton Business School의 교수 애덤 그랜트Adam Grant가 쓴 책이라고 설명해주자 그들은 믿을 수 없다는 표정이 되었다. 미국 학생들과 마찬가지로 이들 역시 성공이란 타협 따위는 존재하지 않는 혼자만의 성취라는 개념을 뼛속 깊숙이 새기고 있는 것이다.

애초에 표준 시험이 도입되었던 것은 공정한 경쟁의 장을 만들어줌으로써 공평한 비교를 가능하게 하고, 반항적인 학생들에게 동기를 부여하기 위한 것이었다. 하지만 오히려 부정행위와 부자연스럽고 체제 순응적인 사고방식만 만연하게 되었다.

싱가포르 성 요셉 학원의 변화

경쟁적 교육이 성공을 거둔 귀감으로 자주 거론되던 싱가포르에서는 최근 보상을 위해 공부하는 것이 해결책이 아니라 오히려 커다란 교육적 문제점으로 부각되고 있다.

싱가포르에서 가장 오래된 학교 중 하나인 성 요셉 학원St Joseph's Institution을 운영하고 있는 고 티암 셍Koh Thiam Seng 박사는 내게 이렇게 털어놓은 적이 있다. "이런 교육이 미래를 대비하는 데 도움이 될 것 같지 않습니다."

성 요셉 학원은 1852년에 한 가톨릭 사제에 의해 시작된 전통적인 학교다. 내가 그곳을 방문했을 때 학생들은 모두 밝은 하얀색 교복을 입고 있었고, 학원은 군대처럼 효율적으로 운영되고 있었다. 많은 평론가들이 싱가포르의 교육이 극단적으로 보수적이고, 심지어는 구식 방식으로 이루어지고 있다고 생각하지만, 고정관념에 사로잡힌 채 겉만 봐서는 속기 쉽다. 전통적인 겉모습이 안팎의 급진적 사고방식을 가리고 있기 때문이다.

"낡은 교육방식은 그저 아이들이 공식대로 움직이게 도울 뿐입니다.

하지만 문제는 공식이 없는 곳에서는 우리 학생들이 매우 취약해진다는 점입니다. 그래서 우리는 언제 변화하고, 적응하고, 언제 공식이 작동하지 않는지를 알아야 할 필요가 있습니다. 현재 우리 시스템으로는 문제 해결이 불가능합니다. 최상위권 학생들은 가능하지만 일반 학생들에게도 그런 능력을 갖추어줄 필요가 있습니다. 만약 일반 학생들이 그저 공식대로만 움직인다면 우리는 곧 쇠락하고 말 것입니다. 세상의 변화 속도가 너무 빠르니까요. 아이들을 시험만 잘 보게 해서는 실패할 수밖에 없지요. 몇 년 전에 우리는 시험을 성공의 유일한 기준으로 삼는 현실에서 벗어나려고 노력하고 있었습니다. 우리는 영감을 얻기 위해 뉴욕으로 갔지요. 그런데 끔찍하게도 뉴욕은 반대 방향으로 움직이고 있더군요. 우리는 그쪽으로 따라가려고 하는데, 그쪽은 우리를 따라가려 하고 있었습니다. 표준 시험으로는 이 문제를 해결하지 못합니다.”

내가 성 요셉 학원을 방문한 첫날은 학교를 공개하는 날이었다. 그래서 학교 구석구석을 안내받아 구경할 수 있었다. 바깥 기온은 섭씨 32도였는데 누군가 백파이프를 연주하고 있었다. 하지만 나를 놀라게 한 것은 그게 다가 아니었다. 학교 중앙에서 나는 하버드대학교의 아트사이언스 팀과 공동으로 개발한 과학 프로젝트와 마주쳤다. 이 프로젝트는 돌파구가 되었던 혁신적인 아이디어를 예술, 과학 그리고 공학이 만나는 공간에서 실현해보자는 것이었다. 학생들은 소집단을 이루어 ‘씨앗 아이디어seed idea’에 대해 협력 작업을 하고 있었다. 아이디어들은 모두 문화, 산업, 혹은 인도주의적 참여humanitarian engagement에서 나타나는 주요 요구나 기회를 겨냥했다. 프로젝트에서 가장 핵심적인 부분은 작업이 교사가 아니라 학생들 스스로에 의해 자율적으로 이루어진다는 점이다.

“아트사이언스는 다른 맥락을 제공해줍니다. 교사들도 학생들이 생각하는 능력이 있다는 것을 알고 있죠. 주체적으로 생각할 수 있게 놔두면 학생들은 창조적으로 생각하는 법을 배웁니다. 실수를 이것저것 많이 하겠죠. 그게 바로 좋은 학습입니다."

이 프로젝트들이 제시하는 도전은 정답을 찾아내는 것이 목표가 아니다. 프로젝트의 목표는 발산적 사고방식을 심어주는 것이다. 제안을 하면서도 효과가 있을지 없을지 아무도 모르기 때문에 프로젝트를 하는 학생들은 고도의 불확실성을 인내하는 법을 배우게 된다.

고 박사는 이렇게 말한다. "이 일을 하는 동안에는 수많은 논란, 반박, 의견 불일치가 따르죠. 이런 일이 이어지면 우리 모두 불편할 수밖에 없습니다. 하지만 중요한 부분이기도 합니다. 학생과 교사 모두에게 안전하다는 느낌을 주니까요. 실수를 해도 벌을 받지 않는다는 재량을 부여해주기 때문입니다. 혁신과 창의성을 얻으려면 도전하는 학생들이 필요합니다. 여기서는 어떻게 해야 도전하는 학생을 만들 수 있을까요? 학생들이 함께 일하는 법을 배울 수 있는 유일한 방법은 직접 해보는 것입니다. 과정을 통해서 어떻게 논쟁하고, 어떻게 질문을 확대해서 해답을 얻게 될 것인지를 배우는 것이죠. 아트사이언스 프로젝트는 어렵기도 하고, 전통적이지도 않습니다."

고 박사가 웃기 시작했다. "그러니 분명 도전적인 과제일 수밖에요."

어느 해에는 학생들이 미얀마를 위해 기금을 모금하고 싶어 했다. 하지만 뜻밖의 문제에 부딪히고 말았다. 교육부가 학교에서 외국 국가를 위해 기금을 모으는 것을 허용하지 않았던 것이다. 고 박사는 학생들에게 이 문제를 해결할 수 있는 방법을 연구해보라고 말했고, 학생들은 미얀마를 돕는 지역의 전도 단체를 찾아내 문제를 해결했다. 그는 학생들이 자신의 문제를 직접 해결하게 하지 않고서는 21세기가 요구하는 사고방식을 얻을 수 없다고 주장했다.

적게 가르칠수록 많이 배운다

고 박사는 스스로를 이단아라고 설명하며 자기가 성 요셉 학원에서 하고 있는 일은 신중하게 관리되고 있는 실험이라고 말한다. 그는 협력과 창의력을 가로막는다고 믿고 구조와 요구 중 일부를 천천히, 그리고 조심스럽게 해체해왔다. 이 중에서 가장 큰 논란을 불러일으킨 것은 우열반 편성 제도를 근절하겠다는 그의 다짐이다.

"우리는 학생을 우반과 열반으로 나눴었습니다. 모두 성적을 바탕으로 나눈 것이죠. 그래서 한번 두 반을 섞어 보았는데 학업 성취 정도가 떨어지지 않았습니다. 교사들도 다양하게 섞인 학생들을 가르치는 일에 과도한 스트레스를 받지 않았고요. 대신 우리는 자부심, 포기하지 않고 노력하려는 의지를 얻을 수 있었죠."

싱가포르에서 대부분의 명문 학교들은 상위층 학생들을 붙잡기 위해서 경쟁해왔다. 이런 학생들은 국자장학금을 받기 위해 경쟁하다 최종적으로 사무차관 자리에 올라가기를 꿈꾸는 학생들이다. 하지만 고 박사가 학생들을 위해 꿈꾸는 세상은 이런 것이 아니다.

"전통적으로 최상위 3퍼센트의 학생들은 래플스 중고등학교Raffles Institute 로 진학합니다. 우리도 한때는 그쪽에 있었지만 지금은 그렇게 좁은 범위의 학생들을 원치 않습니다. 그래서 경쟁에 끼지도 않지요. 우리는 좀 더 다양한 학생들에게 학교를 개방하길 원합니다. 이곳에 온 학생들 중 일부는 정부로 들어가거나 큰 조직을 운영하게 되겠지요. 하지만 모든 사람이 자기와 똑같은 속도로 움직이는 것은 아니라는 걸 이해하는 사람이 나중에 정책을 입안하고 결정하는 사람이 된다면 거기에는 분명 차이가 있을 것입니다. 최상위 학교에 들어가서 최상위 사람들에게만 둘러싸이게 된다면 자기와 수준이 다른 사람들과 함께 일하는 법을 배울 수 없죠."

이런 실험을 한다고 해서 성 요셉 학원의 남학생들이 배움을 진지하게 받아들이지 않는다는 의미는 아니다. 학생들은 배움에 대단히 진지하다. 하지만 지식과 함께 심오한 삶의 기술도 함께 배우고 있다.

"학생들 중 상당수는 아직 자기가 삶에서 원하는 것이 무엇인지 모릅니다. 괜찮습니다. 나는 학생들에게 점수는 어느 한 시점에 대한 평가일 뿐이라고 말해줍니다. 점수만으로는 자기가 누구이며 얼마나 뛰어난 사람인지 말해줄 수 없다고 말이죠."

고 박사에게 이 실험은 추상적인 실험이 아니다. 그의 아들도 곧 학교에 다닌다. 그도 아빠가 된 입장에서 자기가 내뱉은 말들을 실천에 옮겨야 할 처지다.

"아들이 생물학을 감당하지 못해 낙제했습니다. 반에서 난리가 났었죠. 네가 전하려는 메시지가 뭐냐고 물어오더군요. 하지만 그게 바로 제가 전하려는 메시지입니다! 이제 아들은 자기의 시간을 즐기고 있습니다. 시간적 여유가 많아져서 기타를 치죠. 아들은 스스로 선택을 내릴 수 있어요."

고 박사는 이단아이고 그가 바꾸고 있는 성 요셉 학원의 모습은 하나의 실험에 불과할지도 모른다. 하지만 그는 싱가포르 정부가 해결을 위해 애쓰고 있는 질문의 해답을 찾기 위해 고심하고 있다. 내가 교육부 장관 로렌스 왕Lawrence Wong을 만났을 때 그는 성적과 목표만을 추구하는 교육으로는 나라에서 필요로 하는 수준의 창의력과 협력 정신을 이끌어낼 수 없다고 기꺼이 인정했다. 고 박사의 '실험'이 중요한 이유는 정부에서도 암기에 의한 학습, 더 많은 시험, 순종적인 전통적 교육방법으로는 역동적이고 적응력 뛰어난 인력을 양성하지 못한다는 사실을 잘 이해하고 있기 때문이다. 지금은 '가르치는 것이 적을수록 배우는 것은 많아진다Teach less, Learn More'라는 새로운 접근을 통해 학교 시간표에 여백을 더 많이 집어넣어 미술과 음악 활동을 늘리고, 호기심을 자극하고, 학생들이 놀이를 좋아할 수 있게 하려고 노력하고 있다.[11] 싱가포르의 지도자들은 스스로도 자기네 나라가 격식을 좋아하고 의견 차이를 용납하지 않는 나라라고 묘사한다. 하지만 이런 나라에서도 현대 사회가 탐험을 두려워하지 않고, 불확실성에도 편안함을 느끼고, 과감히 위험을 감수할 줄 아는 어른이 필요하다는 부분을 학교에서 배우지 못하면 어른이 되어서도 하지 못할 것이라는 신선한 자각이 일어나고 있다.

하지만 다른 나라의 높은 교육적 성취를 보며 공포에 휩싸인 영국 정부는 정작 무엇을 하고 있나? 더 많은 시험과 더 어려운 시험을 치르게 하고, 철자가 완벽하지 못하거나 구두법이 틀린 학생들에게 벌점이나 주고 있다. 말로는 학교가 아이들을 현실에 적응할 수 있게 준비시키기를 바란다고 하지만, 정작 아이들에게는 컴퓨터나 맞춤법 검사 프로그램을 쓰지 못하게 하고, 학업을 지켜봐주지도 않는다. 2년 동안의 공부가 불과 몇 시간 동안의 시험으로 평가되어버리는 상황이 과연 현실을 제대로 반영할 수 있을까? 구식의 '오레벨'식 시험에만 집착하는 것을 보면 영국 정부는 실패율을 높이는 것을 주된 목표로 하는 시스템을 개발하는 데 자부심을 느끼는 듯하다.

생각의 즐거움, 꿀벌 프로젝트

최근 몇 년 동안 가장 큰 영감을 불어넣어 준 위대한 배움의 사례는 경쟁이나 상, 혹은 시험에서 나온 것이 아니라 런던 과학박물관London's Science Museum과 함께 일하는 신경과학자 뷰 로토Beau Lotto가 고문을 맡고, 영국 데번Devon(잉글랜드 남서부의 주)의 학교 교사 데이브 스트루드위크Dave Sturdwick와 티나 로드웰린Tina Rodwellyn이 개척한 협력 프로젝트에서 나왔다. 이들은 아이들이 곧 과학자나 다름없다고 확신했다. 아이들은 호기심 많고, 탐구를 좋아하고 스스로 답변을 내놓을 수 있는 좋은 질문거리로 가득하다고 믿었다. 8세에서 10세 사이 25명의 학생들과 함께 이들은 꿀벌에 대한 질문을 브레인스토밍brainstorming(창조적 집단사고)했다. 아이들이 처음 내놓은 질문 중 상당수는 이미 최근의 과학 학술지에 발표된 연구를 통해 답을 얻을 수 있었다. 이것은 아이들의 질문이 얼마나 훌륭하고 의미 깊은 것인지 보여준다. 그 후로 아이들은 아직 해답이 나오지 않은 질문과 마주하게 되었다. 꿀벌들은 어느 꽃에서 꿀을 따올지를 어떻게 결정할까? 제일 중요한 것은 꽃의 색깔일까, 위치일까?

"다른 동물들도 우리만큼 똑똑하다는 사실을 알면 그들을 더 잘 이해할 수 있고, 그들을 돕는 데도 도움이 될 거야." 아이들은 이렇게 추론했다.[12]

교사와 로토가 함께 연구하는 동안 아이들에게 실험을 일종의 게임이나 퍼즐로 생각하도록 독려했다. 그래서 결국 아이들은 색을 입힌 동그란 방풍 유리와 설탕물로 게임을 설계해냈다. 그리고 많은 꿀벌과 함께 학교 근처 교회에 가져다 놓았다. 꿀벌이 설탕물의 색과 위치 중 어느 쪽에 더 끌리는지 알아보기 위해 설계된 실험이었다.

아이들은 꿀벌을 다양한 조건에서 관찰한 후 기록하고 결과를 분석해보았다. 그리고 꿀벌들이 퍼즐 푸는 데 아주 뛰어나며 협력과 실수를 통해 배울 수 있다는 결론을 내렸다. 아이들은 실험 내용과 결과를 하나로 엮어서 학술 용어가 아닌 자기들만의 언어로 표현해 과학 학술지 〈생물학 통신Biology Letters〉에 발표하는 데 성공했다. 이런 종류로는 전문가의 검증을 거쳐 발표된 최초의 논문이었다. 이 논문의 스물다섯 명의 저자는 모두 초등학생이었고, 이 논문은 그들만의 언어로 기록되었다(이 논문은 '옛날 옛적에'Once upon a time로 시작한다).

하지만 아마도 가장 중요한 부분은 아이들이 과학자처럼 생각하는 법을 배우고, 그것을 즐기는 법을 배웠다는 점이다. 여기에는 아무런 상도 걸려 있지 않았지만 위대한 배움과 즐거움, 그리고 성취감이 있었다. 학생들은 이렇게 적었다. "실험을 해보기 전에는 우리도 꿀벌에 대해 별로 생각해보지 않았어요. 그들이 우리만큼이나 똑똑하다는 생각도 못 해봤고요. 꿀벌이 없이는 인간도 살아남을 수 없다는 사실에 대해서도 생각해보지 않았어요. 벌 때문에 꽃이 있는 거잖아요. 그래서 꿀벌에 대해서 아는 것이 중요해요. 우리는 꿀벌을 훈련시키는 것이 정말 재미있었어요. 꿀벌을 매일 훈련시킬 필요가 없다는 것도 좋아요. 우린 꿀벌이 좋아요. 과학이 멋지고 즐거운 이유는 전에는 아무도 해보지 않은 일들을 할 수 있다는 것이에요."

이 블랙오톤 꿀벌 프로젝트가 도발적이면서도 고무적이었던 이유는 어린 학생들이 스트레스도 받지 않고, 시험도 없이 그저 생각의 즐거움만으로 수준 높은 추론을 통해 문제를 해결할 수 있음을 보여주었기 때문이다. 프로젝트는 아이들이 학습에 대한 능력과 열정을 가지고 있다고 가정했으며, 이를 바탕으로 거기에 필요한 조건을 만들어주었다. 그리고 결과를 통해 아이들은 커다란 내적 보상을 얻을 수 있었다. 나는 어린 학생들 중 한 명이 프로젝트에 대해 프레젠테이션을 하는 것을 보고서야 그것에 대해 처음 알게 되었다. 그 학생은 자신감과 자부심이 넘쳤다. 이 경험은 그 어떤 수료증보다도 훨씬 의미가 컸다. 모든 학생들이 그 안에 참여했지만 어떤 패배자도 나올 필요가 없었기 때문이다.

PISA 검사가 의미하는 것

이것이 바로 PISA 검사Programme for International Student Assessment(학업성취도 국제비교연구)가 담아내려 하는 비판적 사고이다. PISA 검사는 3년마다 무작위로 추출한 5,000명의 만 15세 청소년들을 모아 시험을 치르게 한다. 이것 역시 시험이기는 하지만 시험과는 분명 다르다. 여기에는 통과나 낙제도 없고, 학생들은 자기가 개인적으로 어떤 성적을 냈는지도 알지 못하며, 상도 없다. PISA 검사는 전 세계에서 경제 주체로 활동하고 있는 국가들 중 87퍼센트에 해당하는 국가들의 교육적 성취를 벤치마킹하려는 것이다.

PISA 검사는 쾌활한 OECD 교육국장 안드레아 슐라이허_{Andreas Schleicher}의 발명품이다. 그는 독일의 통계학자라고 생각하면 흔히들 떠올리는 것보다 훨씬 더 유쾌한 사람이다. 그가 PISA 검사를 설계하기 시작한 것은 1997년이었다. 당시 OECD 국가들은 각 국가의 교육제도가 얼마나 잘 이루어지고 있는지 알려줄 신뢰할 만한 통찰을 요구하고 있었다. 이 검사는 지식을 평가하기보다는 학생들이 자기가 배운 것을 적용하는 능력을 얼마나 갖추고 있는지에 대한 자료를 모으기 위해 설계되었다. 쉬운 목표를 설정하는 것으로 만족할 사람이 아닌 슐라이허는 학생들에게 그들의 동기, 자기 자신에 대한 믿음, 학습 전략 등에 대해서도 물어보고 싶었고, 교육에서 제일 다루기 힘든 일부 질문에 대한 대답도 구체적 수치로 정량화하고 싶었다. 즉, 교육에 투자된 비용과 결과 사이에 상관관계가 존재하는가? 학급의 크기는 얼마나 중요한가? 학교가 젊은이들을 성인이 된 후에 마주하게 될 도전에 적절하게 대비시키고 있는가? 다른 것들보다 더 효과적인 교육 방법과 학교 제도가 존재하는가? 학생들을 분류하는 것이 효과적인가? 성공적인 교육 제도의 특징은 무엇인가?[13] 이 같은 질문들에 대답을 정량화하기 원했다.

첫 시험이 2000년에 열렸다. 그리고 일 년 후에 결과가 발표되었을 때 독일정부는 슐라이허의 피를 보고야 말겠다는 듯 으르렁거렸다. 그가 모은 자료는 독일의 국가적 자존심에 심각한 타격을 입혔기 때문이다. 읽기와 쓰기 평가에서 독일은 OECD 국가의 평균을 밑돌았다. 평등에 대한 자부심이 있었던 나라임에도 불구하고 PISA 검사 결과는 독일 학생들의 학업 성취도가 사회경제적 지위와 그 어떤 OECD 국가보다도 긴밀하게 연결되어 있음이 드러났다. 독일의 3부 교육제도는 아이들에게 등수를 매긴 다음 만 10세가 되면 3가지 유형의 중등교육 중 하나에 배정하는데, 이 제도가 학업 성취를 크게 제약하는 것으로 나타났다. 학생들을 분류하는 것이 효과를 보지 못한 것이다.

"학생들을 분류하는 것은 효과가 없었어요."

우리가 처음 에든버러에서 만났을 때 슐라이허가 미소를 지으며 이렇게 말했다. 통계를 기반으로 얻은 결론이지만 그는 개인적으로도 이것을 경험한 바 있었다. 어렸을 때 그는 자기더러 김나지움gymnasium(독일의 인문계 중등교육기관으로 영국의 그래머스쿨과 유사하다.–옮긴이)에 들어갈 재목은 아니라고 못 박아 얘기하는 소리를 들었다.

"선생님들은 사회적 배경의 영향력을 과대평가하는 경향이 있습니다. 때문에 너무 많은 아이들에 대한 기대를 쉽게 포기해버리죠. 평등함과 우수함은 서로 상충하는 개념이 아닙니다. 전혀요. 학업성취도가 높은 학교를 보면 모든 학생을 잘 가르치는 학교입니다. 잘하는 몇 명만 골라서 가르치는 학교가 아니에요. 사회적 약점과 낮은 교육적 성취 사이에 강력한 상관관계가 밝혀져 있기는 하지만 필연적인 것은 아닙니다."

슐라이허는 윗사람들이 잘 보호해준 덕에 직장을 잃지는 않았다. 하지만 그가 내놓은 결과에 충격을 받은 국가는 독일만이 아니었다. 세계에서 제일 부자 국가인 미국은 읽고 쓰기 능력에서 평균에 불과했고, 수학과 과학에서는 평균 이하였다. 영국은 그보다는 조금 사정이 나아서 읽고 쓰기 능력에서는 7등, 수학에서는 8등, 과학 능력에서는 4등을 했다. 교육제도에 가장 큰 돈을 들였던 룩셈부르크는 꼴등을 간신히 면했다.

하지만 나쁜 소식들 중에는 깜짝 놀랄 만한 부분도 있었다. 그중에서도 제일 놀라운 것은 핀란드였다. 핀란드는 읽기 능력에서는 1등, 과학에서는 3등, 수학에서는 4등을 했다. 그 이후로 이루어진 PISA 검사에서도 핀란드는 유럽 국가들 중에서 제일 성과가 좋은 자리를 유지했다. 첫 번째 검사 결과는 세계 사람들과 마찬가지로 핀란드 사람에게도 깜짝 놀랄 일이었다.

파시 살베리Pasi Sahlberg는 내게 이렇게 말했다. "우리가 이렇게 좋은 성적이 나올 줄은 정말 몰랐습니다. 예상하고 있던 일이라고 말할 수 있으면 좋겠습니다만, 전혀 그렇지가 못했거든요."

1960년대에는 핀란드 사람들 중 90퍼센트 정도가 7~9년의 학교 교육을 마무리하는 데 그쳤고 대학을 졸업하는 사람은 드물었다. 하지만 이런 상황이 국가 전체를 커다란 위기로 내몰고 있다는 인식이 확산되면서 놀랄 만한 일련의 개혁이 일어났다. 모든 개혁의 중심에는 교육이 나라 전체를 위해 봉사해야 한다는 사상에 대한 흔들림 없는 헌신이 있었다. 이는 당연한 이야기 같지만 현실은 그렇지 못하다. 예를 들면 마가렛 대처Margaret Thatcher 총리의 경우 다음과 같은 믿음을 가졌던 것으로 유명하다. "국가의 건강은 경제적으로나, 문화적으로나, 심리적으로나 비교적 소수의 재능 있고 결단력 있는 사람들의 성취에 달려 있다."[14]

이 말을 믿는 사람이라면 하루라도 빨리 재능 있는 사람을 찾아내어 재능을 키워주고 싶을 것이다. 경쟁을 좀 더 일찍, 더 자주 붙이는 것이 승자를 만들어내고 고취시키는 데 훨씬 유리할 것이다. 하지만 핀란드 사람들은 이런 의견에 분명하게 고개를 저었다. 자기네 나라는 한 사람의 재주라도 헛되이 낭비할 여력이 없다고 생각했기 때문이다. 작은 국가를 농업사회에서 산업경제로 신속하게 발전시키는 일은 큰 도전이었다. 그래서 개혁가들은 교육 문제에 있어서만큼은 모든 정당이 초당적이고 능동적으로 협력할 것을 요구했다. 정치적 논쟁거리로 삼기에는 교육이 너무나도 중요했던 것이다.

핀란드의 교육법

오늘날 핀란드 학생들은 만 18세가 될 때까지 어떤 표준 시험도 치르지 않는다. 시험지로 평가는 하지만 성적을 내지는 않는다. 교사가 학생들을 비교하거나 등수를 매길 수 없다는 의미다. 학생이나 부모도 마찬가지다. 핀란드 학교들은 장학관의 시찰을 받지 않는다. 학교 성적 일람표도 없고, 우열반 편성도 없으니 경쟁을 좋아하는 사람들이 학교나 아이들을 비교하는 데 필요한 자료나 도구가 아예 존재하지 않았다. 살베리는 정치인들이 장학관 제도를 없애기로 결정한 1990년대 초까지 핀란드의 마지막 장학관이었다.

"앵그리 버드를 개발한 사람이 바로 우리입니다. 그것만 봐도 핀란드 사람들이 경쟁적이지 않다고는 말 못하죠."

살베리가 웃으며 말했다. "핀란드의 텔레비전을 보면 영국만큼이나 경쟁적인 게임이 가득해요. 아니, 더 많을 걸요! 하지만 교육과 문화 분야로 오면 아무리 교육을 경쟁으로 보려고 해도 그럴 수 있는 여지가 없습니다. 핀란드 학부모들은 학습이란 개인을 발전시키는 것이라고 정의합니다. 함께 공유하고, 돕고, 일하고, 공동체의 일부가 되는 것을 배우는 것이지요. 이웃보다 내가 더 잘하려고 애쓰는 것은 배움이 아닙니다. 우리가 학교에 등수를 매기지 않는 이유도 그것입니다."

살베리는 핀란드 학교에서 교사 생활을 시작했다. 지금은 전 세계의 교육을 연구하고 핀란드의 실험이 효과적일 수 있었던 이유를 이해하는 일을 업으로 삼고 있다. 하지만 그도 핀란드 사람들이 경쟁의 유혹에 더 강하다고는 생각지 않을 것이다.

"우리는 무엇을 두고도 경쟁할 수 있습니다. 그냥 재미로요. 하지만 경쟁이 배움에 대한 사랑을 불어넣어줄 수 있는 방법이라고는 생각하지 않아요. 우리는 선택과 경쟁 대신 평등과 협력에 초점을 맞추었습니다. 아이들에게 인생이 걸린 시험을 치르게 해서 얻는 것이 무엇입니까? 그것은 아이들의 사고방식을 협소하게 만들고, 위험을 감수하지 않게 만들지요. 그리고 아이들에게 겁을 줍니다. 좋은 생각이 아니죠. 지루한 생각이기도 하고요."

살베리는 이 생각이 핀란드만의 독특한 생각이라고는 단 한순간도 믿지 않았다. 핀란드의 사례는 그저 이례적인 것에 불과하다는 주장에 대해서는 격하게 고개를 젓는다.

"사람들은 제게 이렇게 말합니다. '작은 나라에서나 가능한 일 아닌가요?' 하지만 핀란드는 스코틀랜드, 코네티컷, 매사추세츠의 크기와 맞먹습니다(핀란드의 면적은 약 33만8천 제곱킬로미터로 한반도의 1.5배, 남한의 3배가 넘는다-옮긴이). 그럼 핀란드는 단일 민족이라 가능한 것이 아니냐고 묻죠. 하지만 핀란드에는 모국어만 해도 3가지나 되고, 전체인구의 5퍼센트는 외국에서 태어났고, 10퍼센트는 핀란드어로 말하지 않습니다. 1990년대 중반 이후로 핀란드 사회의 다양화는 유럽 국가들 중에서 가장 빠른 속도로 이루어졌어요! 핀란드가 좋은 결과를 내놓을 수 있었던 이유가 아이들을 학교에 더 오래 붙잡아 두었거나, 과제를 많이 내주었기 때문일 거라고 가정하는 사람이 많습니다. 제가 핀란드의 수업일수는 대다수 다른 나라보다 적고, 아이들에게 과제도 많이 내주지 않고, 경쟁도 거의 없다고 하면 대부분은 이해를 못 합니다."

화창하고 쌀쌀한 아침 에스푸Espoo의 오로라 초등학교를 방문하면서 나는 번쩍번쩍 빛나는 새 건물에 새 장비와 시끄러운 소음으로 가득한 학교를 마주하리라 기대했다. 하지만 아니었다. 내 눈에 들어온 학교의 모습은 옹기종기 모여 있는 콘크리트 건물들과 작은 운동장이었다. 겉에서 보면 조금 음산한 모습이었지만 안으로 들어가 보니 학교는 따뜻하고, 조용하고, 차분했다. 학생들은 양말을 신고 복도를 조용히 걷고 있었고, 교사들은 교무실에서 커피를 마시거나, 신문을 읽거나, 조각 그림 맞추기를 하고 있었다. 마리메꼬 머그잔, 컴퓨터 몇 대, 앵그리 버드 풍선, 뒤죽박죽 높여 있는 안락의자, 그리고 조용한 웃음소리가 공간을 채우고 있었다. 월요일 아침인데도 교무실 안에는 에너지가 넘쳤다.

자리에 모인 교사들 중에 교장인 마르티 헬스트롬Martti Helstrom이 있었다.

은발 머리에 두꺼운 안경을 끼고 있는 그는 얼마 전에 그레이스랜드(엘비스 프레슬리가 생전에 살았던 집. 미국인이 가장 좋아하는 관광지 중 하나다－옮긴이)로 여행을 갔다가 돌아왔다. 그곳에서 그는 아이폰으로 엘비스 프레슬리에 대한 영상을 찍어 왔다. 내 생각에 큰 검정 기타가 그려진 그의 초록색 셔츠는 그레이스랜드에서 구입한 기념품이 아닌가 싶었다. 앉아서 커피를 마시고 있으니 모두가 나를 보며 미소를 지었다. 마리트가 서류 결재를 마친 후에 우리는 23년에 걸친 그의 학교 운영에 대해 함께 이야기를 나누었다.

"핀란드는 아주 작은 나라입니다. 그래서 우리는 어느 아이 하나도 잃을 수가 없어요. 아이를 이해하고, 어떻게 배우고, 어떤 부분에서 어려움을 겪는지 알아내는 것이 우리의 할 일이죠. 모두가 함께 배우고 있지만 각자 자기만의 속도로 배우고 있죠. 아이들은 필요한 만큼 머물러 있을 수도 있고, 자기가 원하는 만큼 빨리 움직일 수도 있습니다. 학부모들은 여러 이유로 우리를 믿습니다. 어느 학생이 여기로 올지를 우리가 선택하지 않기 때문에 학교를 적대시하지 않지요. 권력을 가진다는 것은 윤리적으로 부담이 큰 일입니다. 그래서 제 생각으로는 아예 권력을 갖지 않는 것이 좋다고 봐요. 부모들은 자기 아이를 어디로 보낼지 선택할 수 있지만, 대부분은 그냥 제일 가까운 학교로 보냅니다. 우리가 아이들을 잘 돌볼 것을 아니까요. 우리는 아이가 실패하게 놔두지 않습니다. 학교가 자율성을 가지고 있다는 점도 물론 도움이 됩니다. 아이들에게 제일 도움이 된다고 생각하는 방식으로 학사일정도 짤 수 있고, 수업일수도 조정할 수 있습니다."

핀란드의 교사들은 엄청난 존경을 받는다. 교사직은 핀란드에서 선망의 대상이 되는 직업이다. 여론조사를 보면 교사가 되는 것이 의사, 건축가, 변호사가 되는 것보다 더 높은 선호도를 보인다. 교사는 석사학위가 있어야 하는데, 급여 조건이 좋아서 교사의 길을 택했다는 사람은 거의 없다. 이들은 표준 시험에 대해서는 회의적이며, 교육 방법을 결정할 자유를 잃거나, 외부의 감사를 받거나, 실적에 따라 급여를 받아야 하는 상황이 된다면 직업을 바꿀 것이라 말한다.

교사 연수 때 제일 먼저 눈 여겨 보는 부분은 공감 능력이다. 연수생이 연수 과정을 모두 마무리할 수 있을지 결정하는 부분은 학생들에 대한 따듯한 태도와 이해 능력이다. 연수가 마무리된 이후에는 학위를 더 따기도 하고, 동료나 다른 학교의 선생님들과 합동으로 연구를 진행하기도 하는 등 스스로 교육을 계속 이어간다. 이런 직업능력 개발에 필요한 지원금을 2016년까지 현재의 두 배로 늘리기로 한 계획도 잡혀 있다.

살베리는 표준화를 '창의성을 죽이는 적'이라 부르지만, 표준 시험이 없으면 당연히 학교 자체도 등수를 매길 수 없다. 그래서 대신 학교들은 학교 발전 네트워크를 통해 아이디어를 공유하고 문제를 해결하면서 함께 일하도록 권장 받는다. 이렇게 하면 새로운 프로젝트가 만들어지는 데서 그치지 않고 모든 교사들의 직업교육을 지속시키고 확장하는 효과도 있다. 교장들도 모두 교육에 참여한다.

헬스트롬은 이렇게 말했다. "실적에 따라 급여를 지급하는 부분에 대해서는 교사들 자체가 대단히 반감을 가지고 있습니다. 그것은 협력정신을 파괴하기 때문이지요. 우리는 그런 종류의 동기 부여는 필요하지 않습니다. 물론 모든 사람에게 동기는 필요하지요. 하지만 동기는 자신의 내면에서 나와야 합니다. 우리는 학교가 해야 할 가장 중요한 일은 모든 아이들이 오늘 성공을 경험할 수 있도록 최대한 많은 가능성을 창조해내는 것이라 생각합니다. 성공을 했다는 느낌이 오면 자기가 더 자랐다는 느낌을 받을 수 있죠."

등수로부터의 자유

핀란드에서도 학생들의 학업성취를 평가한다. 학생들은 성적표를 받지만 학교마다 각자 디자인을 달리하기 때문에 학교별 비교가 불가능하다. 정기적으로 전국적인 교육평가도 이루어지기는 하지만, 학령기 아동의 10퍼센트만을 표본 추출하여 실시한다. 똑같은 시험을 치러서 성적을 전국 기준과 비교해볼 것인지는 학교가 개별적으로 선택할 수 있다. 하지만 어디까지나 자발적인 선택이고 결과는 발표하지 않는다. 핀란드에서 치러지는 시험은 큰 이해관계가 달린 것이 없고, 중앙 정부로부터의 입김도 거의 없으며, 장학 시찰도 나오지 않기 때문에 교사와 학교는 자신의 자율성을 유지할 수 있다.

그날 늦게 8~10세 아동으로 구성된 한 학급에 앉아 학생들이 무지개가 만들어지는 원리에 대해 발표하는 것을 보았다. 교실에는 피아노, 어항, 아이들이 학교 동영상을 위해 만든 마을 모형이 있었다. 학급의 정상적인 인원은 17명이지만 독감 때문에 몇 명은 결석했다. 발표 내용이 조금 복잡해지자 몇몇 아이들이 더 잘 보려고 의자에서 일어섰다. 그 모습을 보며 교사는 가끔은 개입하지 않고 놔두는 것이 정말 어려울 때도 있다고 말했다.

"시험보다는 훨씬 나아요. 아이가 무언가를 설명할 수 있다면 이해하고 있다는 말이니까요. 우리는 이것을 시도해본 적이 있어요. 아이들에게 분수를 십진법 소수로 어떻게 변환하는지 설명해보게 한 것이죠. 그런데 어찌나 기운이 빠지던지! 하지만 우리는 포기하지 않았고 20분 정도 후에는 드디어 성공했지요!"

한낮에 75분 동안은 낮잠 시간이 있다. 원하는 학생은 이 시간에 특별 활동을 선택할 수 있다. 한 연극반에서는 '파크 벤치Park Bench' 게임을 연극으로 공연했다. 나를 배려해서 공연은 영어로 진행되었다. 아이들은 선생님이 어쩔 수 없이 교실을 비워야 할 때가 되면 자기들이 알아서 춤 연습을 했다. 바깥에는 싸늘한 아침 공기 속에서 아이들이 햇볕을 받으며 축구 경기를 하고 있었다. 나는 책을 읽고 있던 젊은 여교사에게 말을 걸어보았다. 그 여교사가 말했다. "아이들은 배우고 있어요. 하지만 우리도 항상 배우고 있어요. 아이들은 과학, 수학, 언어를 배워야 하지만 우리는 저 아이들에 대해 배워야 하죠. 어떤 아이인지, 어떻게 해야 저 애들이 최선을 다할 수 있는지에 대해서요."

내가 물었다. "실망하거나, 화가 나거나, 마음이 상할 때는 없나요?"

여교사가 웃으며 말했다. "글쎄요, 늘 좋기만 한 사람이 어디 있겠어요. 하지만 꼭 그렇지만도 않아요. 학생들을 사랑하게 되면 인내할 수 있어요. 아이들이 해낼 수 있다는 걸 알고 있으니까요. 그저 어떻게 해야 하는지만 알아내면 되는 일이죠."

학교에서 '사랑'이란 말이 사용되는 것을 별로 들어보지 못했는데 여기 에스푸에서는 누구나 한 번씩은 그 말을 입에 올렸다. 한 고등학교를 방문했을 때 그곳 교장인 리타 얼킨윤티Riitta Erkinjuntti에게 그 부분에 대해 물어보았다.

그녀가 말했다. "그래서 안 될 이유가 있나요? 사랑이라는 말은 여기서도 듣게 될 겁니다. 교사들은 학생들을 잘 알고 신뢰합니다. 나는 아이들과 얘기할 때면 옳지 못한 행동을 하는 학생이라 해도 이렇게 생각해요. '너는 내게 무척 중요하단다. 나는 네가 걱정이 돼.' 교사는 학생을 사랑해야 합니다."

헬싱키 메일라티Meilahti에 있는 그녀의 학교는 미술과 디자인에 특화되어 있는 학교다. 고등학교들은 대부분 전공영역으로 특화되어 있으며 학생들은 등수가 아니라 전공영역을 기준으로 학교를 선택한다. 디자인은 핀란드 경제에서 상당히 중요한 역할을 한다. 비단 마리메꼬Marimekko와 이딸라Iittala가 아니어도 수많은 핀란드 디자이너들이 우리가 지금 '모던'이라고 부르는 디자인 체계를 정의했다. 메일라티의 학생들은 대학이나 직업학교로 진학한다. 두 학교 사이에는 장벽이 없기 때문에 학생들은 원하면 얼마든지 양쪽을 옮겨 다닐 수 있다. 고등학교 시기의 모든 학생은 일주일에 두 시간씩 상담사로부터 진로지도를 받는다. 상담사는 학생들에게 자기가 선택할 수 있는 영역이 무엇이고, 가고 싶은 곳은 어딘지 생각할 수 있도록 도움을 준다.

"우리는 모든 아이를 믿습니다." 라일라 피리넨Raila Pirinen은 이렇게 말한다. 그녀는 진로지도 상담사 겸 교사 연수 담당자이다. 따뜻하고 정열이 넘치는 여성으로, 학교가 쉬는 날 나와 함께 있었는데도 여전히 즐겁게 일하고 있었다.

"정말 잘하는 애들은 결국 잘해내겠지만, 우리는 그 누구도 잃고 싶지 않아요. 도움이 필요한 학생은 언제든 도움을 받을 수 있어요. 우리는 아이들을 불안하게 만들지 않겠다는 열망이 상당히 강합니다. 좋은 판단을 내리지 못하면 두려워지는 법이죠. 우리는 아이들이 좋은 판단을 내릴 수 있도록 도와주고 싶습니다."

초기 개혁가들이 목표로 삼았던 내적 동기 강화는 분명 뿌리를 내린 것 같았다. 핀란드 사람들은 교육을 아주 오래 지속하기 때문이다. 만 16세 이후의 교육은 의무교육이 아니지만 전체 국민 중 무려 93퍼센트가 상급교육기관에 입학할 수 있는 수준의 교육을 마무리하고, 50퍼센트 이상이 성인이 된 후에도 어떤 형태로든 교육을 이어간다.

"저는 제 학생들을 늘 봐요. 아이들과 정말로 떨어지는 때가 없어요!" 리타 얼킨윤티가 웃으며 말했다. "방과 후에도 아이들을 시내에서 자주 만나요. 아니면 아이들이 나를 보러 학교로 돌아오기도 하고요. 아이들이 지금 하고 있는 일이 뭔지 알 수 있다는 것은 정말 놀라운 일이예요. 신기술에 대해서 배우고 사물을 새롭게 바라보는 방식을 배우는 것을 알 수 있거든요. 아이들은 계속해서 배우고, 다시 저는 그 애들한테 배우죠!"

핀란드의 여론도 등수 매기기와 학교 성적 일람표에 대해서는 반대하는 입장이다. 핀란드는 학업성취가 높은 학생과 낮은 학생들 사이의 격차가 전 세계에서 제일 적게 나온다. 학부모들은 아이들을 가장 가까운 학교에 보내면 된다는 사실에 상당히 만족스러운 듯했다. 학교가 오후 일찍 파한다는 것은 아이가 집까지 걸어와 놀 수 있다는 의미이기 때문이다.

카리타 올란도Carita Orlando는 내게 이렇게 말했다. "우리는 우리의 교육제도를 신뢰합니다. 선생님들이 뛰어나고 아주 잘 교육되어 있으니까요. 지금은 더 좋아진 것 같아요. 제가 학교 다닐 때만 해도 덜 자유로웠고, 선생님이라면 조금 무서워했거든요. 하지만 지금은 분위기에 여유가 생겼고, 아이들도 공부를 즐거워해요."

올란도에게는 14살 에릭Eric과 12살 에리카Erica, 두 자녀가 있다. 둘은 그 지역 학교에 다닌다. 우리는 어느 날 오후 그의 집에서 만남을 가졌다. 에릭은 자기가 만든 서버를 가지고 작업을 하느라 위층에 있었고, 에리카는 한 친구와 놀고 있었다. 봄날이었지만 조금 쌀쌀했다. 그렇지 않았으면 둘은 밖에서 놀고 있었을 것이다. 에리카의 부모가 말하길 학교 시간표에서 제일 좋은 점 중 하나는 시간표가 계절에 따라 조정되기 때문에 아이들이 방과 후 집에 돌아오면 항상 밖에서 놀 시간적 여유가 있다는 점이라고 했다.

학교 제도에 대해 얘기를 시작하면서 나는 먼저 등수를 매기는 것이 무엇인지 설명부터 해야 했다. 등수를 매긴다는 개념이 두 부모 모두에게 낯설게 느껴지는 듯했고, 등수를 매겨서 뭐 하자는 것인지 이해하지 못하는 듯 보였다. 전 세계 어느 곳의 부모들과 마찬가지로 이들도 아이가 학교에서 잘하기를 바라지만 한 아이가 잘하기 위해서는 다른 아이가 뒤처져야 한다는 개념에는 당혹스러운 눈치였다. 그렇다고 두 학부모가 자식이나 자기 자신들에 대해 아무런 야심도 없는 사람은 절대 아니다. 올란도는 헬싱키 시내에서 제일 큰 호텔을 운영하고 있고, 그의 아내 카리타는 회계 회사를 직접 운영하면서 시간을 내어 학교운영회 이사 일도 열심히 하고 있다.

미래를 위한 올바른 선택

핀란드 사람들이 모두 천사인 것은 아니며 학교도 완벽한 것은 아니다. 다른 나라처럼 이곳에서도 학교 총기난사 사건이 일어난 적이 있고, 많지는 않지만 학교생활에 적응 못하는 학생들도 나온다. 여기서도 사회·경제적 배경에 따른 영향을 완전히 무시할 수는 없다. 하지만 교육적 성공이 수업일이나 학년을 더 늘린다거나, 과제를 늘린다거나, 시험 보는 횟수를 늘려서 이룬 것이 아니라는 점이 놀랍다. 이곳에서는 학교, 교사, 학생들을 경쟁적인 시장원리로 내몰지도 않았었다. 하지만 PISA를 처음 실시한 안드레아 슐라이허의 말에 따르면 핀란드가 한국과 마찬가지로(한국은 PISA 검사에서 최상위권으로 나온다―옮긴이) 교육이 잘 이루어지는 근본적인 이유는 학교에서 모두를 교육시키기 때문이라고 한다. 이들은 승자가 존재하기 위해서는 패자가 존재해야 한다는 것을 인정하지 않는다.

슐라이허는 말한다. "PISA의 목표는 국가들 사이에 경쟁을 붙이자는 것이 아닙니다. 국가의 교육을 향상시키는 데 필요한 통찰을 얻으려는 것이지요. 그리고 한국, 상하이, 폴란드, 싱가포르 등 많은 국가가 그 일을 해내고 있습니다. 그리고 심지어는 독일도요."

그가 유감스러운 듯 덧붙여 말했다. "우리는 아주 기본적인 교훈을 배웠습니다. 돈만으로는 훌륭한 교육을 살 수 없다는 것을 이제 알게 된 거죠. 학업 결과 중 돈으로 설명할 수 있는 부분은 20퍼센트에 불과했습니다. 그리고 조기 우열반 편성이 그 어디서도 전반적인 학업성취 향상으로 연결되지 않았다는 점, 가장 성공적인 교육제도는 소수의 엘리트가 아니라 모든 학생의 학업성취 향상을 목표로 해서 성공한 제도라는 점도 알게 되었습니다. 교사들의 급료가 적정선을 유지하는 한 학업성취에 따른 급료 지급과 국가 전체의 교육적 성취 간에는 아무런 상관관계가 존재하지 않는다는 것도 알게 되었죠. 교사의 질을 확보하지 않고는 그 어떤 교육제도도 성공할 수 없다는 점도요."

핀란드의 고용주들은 분명 만족하고 있었다. 나는 회계 회사, 호텔, 최첨단기술 회사의 신입사원 모집담당자와 경영자들을 만나 얘기해 보았다. 교육을 인력 창출이라는 면에서 따진다면 그들은 불만사항이 없었다. 굳이 들자면, 자기들이 제공하는 자리에 비해 일부에서는 해당 인력의 학업 수준이 너무 높다는 것이 걱정이라면 걱정이었다. 하지만 점점 육체적 특성보다는 지적 특성을 중시 여기는 세상에서 핀란드는 규모가 작은 나라치고는 놀라울 만한 생산성을 보여주고 있다. 2005년 핀란드는 OECD 국가들 중에서 1인당 과학 출판물 수에서 4위를 차지했다. 미국, 영국, 독일보다도 앞서는 것이다. 1인당 특허 수도 평균 이상을 기록했다. 2011년에 리처드 플로리다Richard Florida는 전 세계 선도 국가들의 기술 능력 및 혁신 능력 평가에서 핀란드에 최고 점수를 주었다.[15] 파시 살베리는 나날이 경쟁이 심해지는 경제에 대비해 학생들을 준비시키는 가장 좋은 방법은 학교에서의 경쟁을 줄이는 것이라고 주장한다.

이것이야말로 내가 방문했던 핀란드 학교에서 작용하고 있던 또 하나의 중요한 역학이 아닐까 생각했다. 나는 에스푸의 교실, 교사와 학생들과 함께 식사했던 메일라티의 밝고 하얀 구내식당에서 그것을 보았다. 식사는 학교 급식에 딱 기대할 만한 수준이었다. 건강에는 좋은 음식들이었지만 그리 대단한 식사는 아니었다. 내가 거기서 본 것은 식사가 아니라 역학 관계였다.

핀란드 교사들은 스스로를 학생이라 여겼다. 대화를 나눌 때마다 그들은 자기가 배우고 있는 내용과 아직 알아내지 못한 것에 대한 연구 이야기로 꽃피웠다. 블랙오톤 꿀벌 프로젝트의 교사들과 마찬가지로 그들도 호기심으로 넘쳤고, 또 함께 공유했다. 학업을 계속 이어가고, 합동으로 연구하고, 향상된 교수법을 발명해보라는 장려의 분위기가 있기 때문에 교사들은 자기도 가르치는 아이들과 똑같은 학생이라 생각한다. 자연스러운 결과로 교사 자신과 가르침을 받는 학생들의 마음속에서 교사들은 권위적인 위치를 차지하지 않는다. 교사들은 자격이 있는 일부 학생만 선별해서 정보를 찔끔찔끔 나눠 주는 사부님 행세를 하지 않는다. 이들은 스스로를 심판이나 점수기록원이라 생각하지 않는 것이다. 대신 모두 함께 탐구하고, 실수도 하면서 배워 나가는 평생의 여정을 학생들과 함께 걷고 있다고 생각한다.

이것이 바로 우리 모두가 아이들에게 바라는 것이다. 창의적이고 용감한 마음가짐 말이다. 짧은 시험 기간만 반짝하고 마는 능력이 아니라 오래도록 유지하는 능력, 실수를 하고 나서도 훌훌 털고 빨리 일어날 수 있는 능력, 세상의 변화에 반응할 때는 독창적이고, 동료들과 함께 일할 때는 관대해질 줄 아는 능력 말이다. 부디 이러한 것들이 잘 나가는 학교에 들어가야 하고, 친구들을 이겨야 하고, 부정행위를 해야 하고, 약물을 사용해야 하고, 때마침 그 시간에 화장실을 가지 않았다는 행운이 따라 주어야만 하는 일이 아니길 바란다. 우리가 바라는 것은 배움에 대한 꺼지지 않는 사랑이다.

03

결혼시장 속의 씁쓸함

여성은 경쟁을 싫어할까?

경쟁을 즐기는 사람이라면 런던 올림픽 동안 경쟁을 실컷 맛보았을 것이다. 이 기간에는 비교, 통계, 승리 등을 있는 대로 끌어모아다가 영국, 세계화, 운동경기, 국적, 민족성, 역사, 지리, 색, 디자인, 날씨, 의상 등 온갖 것에 대해 의미 있는 결론을 이끌어내는 데 사용했다. 끔찍하게 무더운 여름과 암담한 경제상황 속에서도 좋은 뉴스가 넘쳐흘렀고, 모두 무언가 의미를 지녔다. 들뜬 뉴스 헤드라인에 자주 등장하는 내용이 있었는데 그것은 여자 선수들의 활약상에 관한 것이었다. 2012년 런던 올림픽에는 4,847명의 여성이 참가해서 121명이 메달을 획득했고, 그중 무려 77개가 금메달이었다.

분명 상전벽해와도 같은 변화였다. 영국만이 아니라 전 세계적인 변화였다. 1908년만 해도 남성 참가자와 여성 참가자의 비율은 53대 1이었다. 40년 후에는 비율이 10 대 1로 줄었고, 이제 와서는 여성 참가자의 수가 거의 동등해진 것이다.

참가자 수보다 더욱 놀라웠던 것은 여성 참가자들이 거둔 승리였다. 미국이 메달 종합순위에서 1등을 달린다고 해서 놀랄 사람은 없을 것이다. 하지만 미국 여성 선수들이 메달 집계에서 상위를 차지했다는 사실은 우리를 놀라게 했다. 미국 남성 참가자들이 45개의 메달을 획득한 반면, 미국 여성 참가자들은 58개의 메달을 획득하고, 46개의 금메달 중 29개의 금메달을 거머쥐면서 역사상 가장 뛰어난 성적을 올렸고, 미국 남성들의 성적 또한 넘어섰다.

당시나 지금이나 놀라운 일이다. 지금까지 실험 결과들은 여성이 경쟁을 좋아하지 않고, 경쟁적인 조건 아래서 성취가 떨어지며, 시합에 자발적으로 나가려 하지도 않는 존재라고 말해왔기 때문이다. 오랫동안 굳어진 이 고정 관념은 여성은 더 친절하고, 부드럽고, 온화하고, 사교적이고, 협력적이라는 인식을 낳았다. 공격적인 남성이 사냥을 나가 있는 동안 여성은 자식을 돌보며 동굴 안에 들어가 있었다. 여성에게는 테스토스테론도, 승리의 역사도, 폭력적인 충동도, 살인 본능도 없다. 자식에 대한 모성애 등 여성을 그토록 사랑스럽게 만드는 특성들이 여성을 또한 패배자로 만드는 특성이기도 하다.

회사 사장들은 올림픽에서 여성 참가자들이 거둔 성적을 보며 분명 당혹과 혼란을 느꼈을 것이다. 그들의 세계에서는 경쟁심을 타고나지 않았다는 평계를 들며 여성에게 고위직, 고액임금, 이사회 자리를 내어주지 않았기 때문이다. 여자가 능력이 떨어져서 그런 것이 아니라(전직 하버드대학교 총장 래리 서머스Larry Summers[1]의 경우는 그렇게 생각하겠지만), 최고의 자리까지 올라가기 위해 필요한 경쟁적 열성이 부족하다는 것이다.

여성이 태생적으로 경쟁적이지 않다는 믿음은 이상한 생각을 불러일으켰다. 지난 5년 동안 위험 감수와 생리주기 사이의 상관관계를 밝히려는 실험이 일진광풍처럼 몰아쳤다. 여성이 정말 경쟁적으로 변할 때는 한 달에 딱 한 번, 임신 가능 시기밖에 없음을 증명하려는 실험들이었다. 진화론적 관점에서 보면 설득력이 있다. 경쟁 의지가 높아지면 수정 가능성과 우수한 자손을 낳을 가능성이 증가될 것이기 때문이다.[2] 하지만 이중맹검법 무작위 실험을 진행한 결과 생각은 뒤집어지고 말았다.[3]

케임브리지 성학 연구소Cambridge Centre for Gender Studies에서는 성차에 대한 논의의 장을 마련하면서 이 문제에 대해 세계적으로 권위 있는 석학들을 한자리에 불러 모았다. 언어와 소통 전문가인 데보라 카메론Deborah Cameron, 래리 서머스의 추측에 대한 과학적 검증을 위해 하버드대학교에서 임명한 엘리자베스 스펠크Elizabeth Spelke, 자폐증을 '남자의 뇌'로 정의하여 유명해진 사이먼 바론-코헨Simon Baron-Cohen, 그리고 진화생물학자 로빈 던바Robin Dunbar 등이 모였다. 진지하고 정통한 논란이 많이 오고 갔지만 그중에서도 시사하는 바가 컸던 부분은 도출된 결론이었다. 남성 과학자들은 여성이 실제로 다르다는 결론을 내린 반면, 여성 과학자들은 인지와 발달 면에서 어떠한 근본적인 성차도 확인할 수 없었다.

이것은 놀라워 보일 수도 있지만, 한편으로 보면 꼭 그렇지도 않았다. 경쟁에 대해 조사할 때도 똑같은 양분 현상이 나타났기 때문이다. 여성 사회과학자들은 경쟁의식에서 별 중요한 차이를 발견하지 못한 반면, 남성 과학자들은 차이가 있다고 보았다. 이런 현상의 상당 부분은 그 차이가 극미할 경우가 많다는 점, 실험 설계가 대단히 복잡하다는 점, 측정 대상에서도 미묘한 차이가 있다는 점 등으로 설명할 수 있다. 하지만 소란 속에서도 한 가지 분명한 개념이 자리 잡기 시작했다. 여성은 경쟁적인 보상 구조를 선택하는 경우가 적다. 일을 얼마나 마무리했느냐에 따라 보상을 받을 것인지, 아니면 다른 동료들보다 얼마나 더 나은 성과를 올렸느냐에 따라 보상을 받을 것인지 선택하게 하면 여성들은 자기가 마무리한 일에 대해 보상을 받는 쪽을 택하는 경우가 많았다. 경쟁을 선택한 여성들도 남자들만큼의 수행성과를 보였으며, 특히 시간이 흐를수록 그런 결과가 나왔다.[4] 따라서 여자라고 경쟁을 하지 못하는 것은 아니다. 다만 경쟁을 좋아하지 않을 뿐이다.[5]

그렇다고 이것을 두고 여자들이 사랑과 배려가 넘치는 존재라 그렇다고 설명할 수는 없다. 여성이 급료를 적게 받는 이유는 더 많은 돈을 달라고 요구하지 않기 때문임을 증명해 유명해진 학자 린다 밥콕Linda Babcock은 여성이 협상을 단념하는 이유는 경쟁심이 없어서라기보다는 협상에서 질 것이라고 믿기 때문이라 추측했다. 실험을 통해 그녀는 자기의 가설이 옳음을 확인했다. 여성은 급료를 두고 협상을 개시할 때 남자보다 사회적으로 더 큰 대가를 치러야 했다. 하지만 이는 남성의 시각에서 볼 때 일어나는 일이다. 남성은 여성을 더 매몰차게 평가하기 때문이다. 남자들은 남자가 더 높은 보상을 위해 협상을 하려 들어도 그와는 함께 못하겠다는 생각을 하지 않는 반면, 여자가 그러는 경우 저런 여자와는 함께 못하겠다는 생각을 한다. 따라서 여성이 급료 협상의 경쟁을 시도하지 않으려는 것은 그저 현실에 대한 염증 때문일지도 모른다. 밥콕의 연구는 여성이 경쟁을 피하는 이유는 선천적으로 경쟁을 싫어해서가 아니라 그저 경쟁에 질 것이라 예측하기 때문이라는 과감한 주장을 펼쳤고, 그것은 옳은 것으로 밝혀졌다.

성과 경쟁에 관한 진실

상상력이 넘치고 다재다능한 행동 경제학자behavioural economist 유리 그니지Uri Gneezy는 이스라엘 태생의 학자로 어려운 문제와 커다란 질문을 해결하는 데 열정을 가진 사람이다. 화창한 아침 우리가 캘리포니아에서 만났을 때 그는 배도 고팠지만, 분명 새로운 아이디어와 산업에 대한 배움에도 목말라 있었다. 그의 연구가 그토록 매력적인 이유는 그가 실제 세계에서 실험을 진행하고 지켜보는 것을 좋아하기 때문이다. 예를 들면, 와인의 가격이 어떻게 정해지는지 알아보는 일은 그가 시도했던 즐거운 연구 중 하나였다. 그도 동료들만큼이나 게임이론의 유혹에 쉽게 빠져들었지만, 탁상공론을 좋아하는 수많은 경제학자들과 달리 자기가 발견한 내용을 실제 세상에서 철저하게 검토하는 것을 좋아했다. 이는 보기 드물고 신선한 부분이었다. 가장 널리 인용된 것 중 하나인 '벌금도 일종의 가격이다A Fine is a Price'라고 언급된 그의 논문은 인간의 동기에서 돈의 역할에 대해 과감하게 의문을 제기했다. 든든한 연구자금을 손에 쥔 그는 성별 대결의 문제를 해결하는 데 있어서도 머뭇거림이 없었다. 그는 현실에 기반을 둔 그만의 호기심 어린 사고방식으로 이 도전에 나섰다.

위험과 경쟁에 대한 남성과 여성의 태도를 둘러싼 모든 문헌을 검토한 후 그는 많은 사람들의 생각처럼 그 차이가 크고 분명한 것은 아니지만 실제로 차이가 존재하며, 그중 상당수는 사회적으로 결정된 것이라는 결론을 내렸다. 여성이 남성보다 위험을 싫어한다는 사실이 경쟁의 욕구가 결여되어 있다는 것으로 해석한 연구가 많았지만, 그니지는 과연 그게 맞는 말인지 확신이 서지 않았다. 그는 어쩌면 여성들은 그저 이길 능력에 대한 확신이 없는 것일 뿐인지도 모른다고 추측했다. 경쟁심은 선천적으로 타고난 비논리적인 욕구가 아니라 환경과 문화에 의해 결정되는 계산적 사고방식인지도 모른다는 생각이 들었다.

그는 자신의 이론을 시험해볼 과감하고 놀라운 방법을 생각해냈다. 만약 경쟁심이 사회적으로 결정되는 것이라면 여자가 권력을 쥐고 있는 모계사회의 여성은 여성의 힘이 축소되어 있는 부계사회의 여성보다 자신감이 더 강할까? 물론 모계사회를 찾는 일이 쉽지는 않았다. 전 세계적으로 얼마 되지 않기 때문이다. 하지만 그니지는 모계사회를 한곳 찾아냈다. 인도 북동부의 카시족Khasi이었다.[6] 여기서는 가족의 삶이 할머니를 중심으로 짜인다. 딸들은 근처에 가정을 꾸리는 데 가장 어린 딸은 절대로 집을 떠나지 않고 가족의 우두머리가 된다. 남편들은 아내의 가족과 합류하며 재산도, 권위도, 실질적 중요성을 띠는 사회적 역할도 없다. 그니지는 이와는 대조적 사회인 탄자니아의 마사이족Masai도 함께 관찰했다. 여기서는 남자들이 아내를 가축인 소보다도 중요하게 여기지 않고, 아이가 몇이냐고 물어보면 딸은 아예 세지도 않는다.

양쪽 부족 모두 그니지가 찾아가기에는 먼 거리에 있었다. 하지만 어려운 상황에서도 그는 침착하게 모계사회인 카시족과 부계사회인 마사이족 모두가 쉽게 이해하고 수행할 수 있는 실험을 설계했다. 실험에서 수행되는 과제는 특별한 재능이나 신체적 능력이 필요한 것이 아니라야 한다는 점이 중요했다. 그는 양동이에 테니스공을 집어넣는 간단한 과제를 설정했다. 짝을 지어 경쟁에 나설 팀을 꾸린 다음 각각의 팀에게 양동이에 성공적으로 집어넣은 공의 개수로 보상을 받을지, 아니면 상대방보다 많이 넣은 공의 개수로 보상을 받을지 물어보았다.

네 번 던져서 한 번 꼴로 성공한 것을 보면 양쪽 부족 모두 공 던지기에는 특별히 재능이 없는 것 같았다. 하지만 실험의 핵심은 바로 다음이었다. 탄자니아 마사이족의 경우에는 여성보다 남성이 더 경쟁을 선호한 반면, 인도 카시족에서는 남성보다 여성이 더욱 경쟁을 선호한 것이다. 더군다나 인도 여성들은 아프리카 남성들보다 경쟁에 더 열심인 것으로 밝혀져 그니지는 조금 놀라웠다. 요약하면, 성공과 권력에 익숙한 문화에서 자란 여성들은 경쟁하려는 의지가 더욱 강하다는 것이다.

실험은 오지의 부족과 사람들을 대상으로 이루어졌지만 발견한 내용은 대단히 현실적이다. 남성과 여성 모두 경쟁심이 강하지만 자기가 이길 수 있다고 믿는 환경이라야 경쟁을 그만큼 더 많이 바라게 된다는 주장과 완벽하게 맞아떨어지기 때문이다. 여러 기업 및 정치적 환경에서 여성들이 자기를 내세우지 않는 것은 그들이 생물학적으로 나약하게 프로그램되어서가 아니라, 성공 가능성이 낮다는 사실을 영리하게 판단했기 때문이다. 그니지는 이렇게 말했다. "많은 여성들이 뛰어난 수행 능력에도 불구하고 경쟁을 회피함으로써 경제적으로 손해를 보는 반면, 수행 능력이 떨어지는 남성들 역시 반대로 경쟁을 받아들임으로써 스스로 손해를 보는 것이 분명합니다."

더 나은 파트너를 얻기 위해

일에 있어서는 승리의 가능성을 평가하기가 비교적 간단하다. 하지만 성, 사랑, 결혼 등을 추구할 때는 평가가 훨씬 미묘해질 수밖에 없다. 한 엔지니어링 회사의 촉망받는 간부인 클레어Clare는 내게 말했다. "항상 이런 생각을 해요. 남자의 마음을 얻으려면 내가 그들의 넋을 쏙 빼놓을 정도로 예쁘고, 깍쟁이 기질도 살짝 있고, 똑똑하지만 그렇다고 너무 똑똑해서도 안 된다고 말이죠."

그녀는 똑똑하고, 재주도 많고, 하루 종일 남자들과 일하면서도 힘들어하지 않는다. 하지만 남자와 데이트하러 나갈 때는 자기의 이런 능력이 어떤 인상을 주게 될까 신경을 쓴다.

"저는 자신감을 갖고 싶어요. 실제로도 자신감이 있어요. 하지만 너무 강해 보이지 않게 주의해야 해요. 처음 데이트 하는 날에는 남자가 보내는 신호를 지켜보며 조심스러워하는 것을 누가 봐도 느낄 수 있을 거예요. 과연 저 남자가 첫날밤에 나를 어디까지 이끌고 갈 수 있을까?"

그녀가 피식 웃으며 말을 이었다. "정말 어려운 일이에요. 남자에게 강한 인상을 남기고 싶지만, 남자가 움츠러들지 않게 조심해야 하니까요."

독신 남성에게 여성의 마음을 얻기 위해 어떤 일을 하느냐고 물어봤을 때도 게임을 자기에게 유리하게 이끌어가는 능력이 표면으로 떠올랐다. 롭Rob은 30대 초반으로 언론에서 일한다. 그에게는 형제가 둘 있는데, 둘

다 결혼해서 아이를 두고 있다. 롭은 가족들이 자신도 그 뒤를 따르기를 기다리는 것이 느껴져 신경이 쓰인다고 했다.

"집에서 저에게 멋진 여자 하나를 데려왔으면 하고 기대한다는 것을 압니다. 우리 형들도 그랬으니까요. 그래서 한편으로는 이런 생각이 들어요. 내 장래 신붓감은 형수들보다 훨씬 더 나은 사람이어야 한다고 말이죠. 그런데 한편으로는 이런 생각도 들어요. 내가 정말 그렇게 멋진 여자를 차지할 만한 능력이 있는 사람일까? 요즘은 따지는 것이 한두 가지가 아니잖아요. 몸과 마음이 모두 건강해야 하고, 번듯하고 전망 좋은 직장도 있어야 하고 … 하나라도 부족하면 안 돼요."

롭은 자신감 없는 자기 모습이 그저 괜한 내숭은 아니라고 했다. 그는 너무 약삭빠르고 계획적인 사람으로 비춰지고 싶지 않았다. 하지만 자기가 연애생활을 경쟁처럼 생각한다는 사실을 고백했다. 자기의 형들뿐만 아니라 나머지 모든 남자들이 그에겐 경쟁자였던 것이다. 작가 겸 치료사인 스탠리 시겔Stanley Siegel은 남자들 사이의 이런 경쟁심을 가감 없이 표현한다.

"탈의실이나 화장실에서 자기 성기의 크기를 다른 남자와 비교해보지 않은 남자는 없을 것이다. 크기 비교는 결국 뿌듯한 미소 아니면 열등감으로 이어진다. 이런 말까지 생겨났다. '내 물건은 과시형이 아니라 성장형이라고(이 문장의 원문은 'I'm a grower, not a shower'이다)!"

젊고 잘생긴 이성애자 한 명이 내게 이렇게 말했다. "남자들은 하루에 적어도 열 번 정도는 자기 성기에 대해 생각합니다."

새로 만난 여자친구 앞에서 옷을 벗을 때, 그녀가 예전 남자친구와 자기 성기 크기를 비교하면 어쩌나 얼마나 걱정이 많았을까? 자기 물건을 보고 여자 친구가 활짝 웃을지, 아니면 능글맞은 웃음을 지을지 또 얼마나 걱정했을까? 만약 두 동성애 남성이 함께 섹스를 한다면 두 남자 사이에서는 누구의 성기가 더 큰가를 두고 긴장감이 도는 순간이 있지 않을까?[7]

마찬가지로 치료사인 시겔의 딸 앨리사Alyssa도 남성 고객들 중에 성기 크기 문제로 고민하는 사람이 많다는 데 동의한다. "이 문제로 저와 상담해본 남성 고객들 중에 자기 성기 크기를 측정해서 인터넷으로 다른 사람들과 비교해보지 않은 사람이 한 사람도 없었어요. 제 생각으로는 이런 불안감이 우리 문화 속에서 자라난 남성 간의 뿌리 깊은 경쟁심에서 오는 것이 아닌가 싶어요. 대부분 남성은 자기가 여자의 마음을 얻고, 또 지키지 못할까 봐 두려워해요. 여자친구가 다른 남자에 대한 환상을 품고 더 나은 조건을 타고난 사람을 찾아 떠날까 봐 겁을 먹죠."[8]

미국의 비아그라와 시알리스 시장은 한 해에만 거의 40억 달러 규모에 이른다. 비아그라의 특허가 만료되자 제약회사들은 테스토스테론 치료제 개발에 달려든다. 호르몬을 잘못 사용하면 혈전, 암, 불임, 간 손상 등을 야기할 수 있는데도 병원에서는 테스토스테론 치료를 성관계에서 남성의 기분을 좋게 하고 매력을 증진시켜주는 선택사항인 듯 제공하고 있다. 이런 치료는 남성에 초점이 맞춰진 것이지만(그리고 이 치료법을 개발한 사람들도 대체적으로 남성들이다), 여성에게도 성욕이 남성 못지않게 중요하다는 것이 분명해졌다. 이는 최근 들어 생긴 현상이 아니다. 재봉틀, 선풍기, 주정자, 토스터 이후 1901년에 다섯 번째 전기기구가 가정용 사용을 승인받았다. 바로 바이브레이터다. 15년 후에는 토스터보다 바이브레이터가 더 많이 팔리게 되었다.[9] 진화 생물학과 현대 성생활에 대한 일련의 연구를 통해 여성의 성욕이 남성만큼이나 강렬하며, 여성도 남성 파트너를 유혹하기 위해 막대한 돈을 지불할 준비가 됐음이 확인되었다. 요즘 들어 끔찍한 이야기들이 들려오기는 하지만 영국의 가슴확대수술 산업의 규모는 연간 1억 파운드(약 1천7백억 원)에 이른다. 모델이나 연예인들 중에서도 가슴, 엉덩이의 크기를 키우거나, 입술, 얼굴 등을 성형하지 않은 사람을 찾아보기 힘들다. 모두 거부할 수 없는 치명적인 육체적 매력을 얻기 위해 이루어지는 것들이다.

하지만 신체적 매력만으로 늘 충분한 것은 아니며, 부족한 부분은 다른 자산으로 대체된다. 배우자를 찾는 문제로 면담을 한 남성과 여성들은 모두 하나같이 경제적으로 기여하지 못하는 사람은 배우자감으로 고려할 수 없다고 했다. 얘기를 꺼내면서 일부 사람들은 미안한 듯한 기색을 비치기도 했다. 직장이 없는 배우, 음악가, 미술가 등은 자주 거론되는 부적격 배우자감이다. 중국에서는 이런 경향이 더욱 노골적으로 드러난다. 집을 살 능력이 안 되는 남성은 배우자를 찾기가 힘들다. 여성보다 남성의 숫자가 훨씬 많은 사회에서는 남성들이 좀 더 유망한 사람으로 보이려고 집을 사는 데 지출을 아끼지 않는다. 하지만 이것은 부동산 가격을 올릴 뿐이며, 사랑과 내 집 마련은 더 큰 이해관계가 걸린 게임으로 이어진다. 일부 사람들은 중국의 부동산 쫓기를 공작새의 깃털에 비유하기도 했다. 사람들의 시선을 단번에 끌 수는 있지만 실리는 없다는 것이다.[10]

섹스가 일종의 경쟁이라는 생각은 그리스신화에서 제인 오스틴Jane Austen을 거쳐 브리짓 존스(영화 '브리짓 존스 이야기'의 주인공)에 이르기까지 인간의 역사와 신화를 통해 이어져 왔다. 남성들은 신체적, 직업적, 경제적 능력이 자기보다 뛰어난 다른 남성들과 경쟁한다. 여성들은 자기보다 똑똑하고, 매력 있고, 교활한 다른 여성들과 경쟁한다.

클레어가 말했다. "얼마 전에 친구들과 사이가 틀어진 적이 있어요. 그런데 이 남자가 나타났죠. 잘생긴 솔로 남자였어요. 제게 어느 정도 관심을 보이더군요. 저녁 시간을 함께 보내면서 또 다른 술집과 클럽을 갔죠. 다른 여자 둘이 치근대며 달라붙는 것이 보이더군요. 저는 이렇게 생각했어요. '저 짓을 더는 못하게 해야지. 그냥 두고 보고 있지는 않을 거야.' 상황이 조금 재미있기도 했지만 저는 단호했어요. 상황이 내게 유리하다는 생각은 들었지만 두 여자 때문에 씁쓸한 기분도 들더라고요. 그건 분명 경쟁이었어요. 아무것도 모르는 척했지만 이기는 데 필요한 일들을 했죠."

그녀는 잠시 말을 멈추고 침울한 미소를 지었다. "이기지 못하면 실망스럽죠. 저는 달릴 땐 늘 앞줄에서 달려요. 이기는 게 좋거든요. 만약 이기지 못할 것 같은 생각이 들면 차라리 기권해버려요. 지고 싶지 않으니까요."

심리학자 데이비드 버스David Buss와 신디 메스턴Cindy Meston에 따르면 여성은 237가지 다른 이유로 섹스를 한다고 한다. 이 둘은 아직 남성에 대해서는 연구하지 못했지만 남성들 역시 여성들이 말하는 이유와 그리 다르지 않을지도 모른다. 여성이 섹스를 하는 이유는 심심해서, 신에게 가까이 다가가고 싶어서, 파트너의 기분을 좋게 해주려고, 자기에게 상처를 준 파트너를 벌주기 위해, 친구들에게 깊은 인상을 주려고, 적에게 상처를 주기 위해, 선물을 준 것에 대한 일종의 물물교환으로, 자신감을 드높이기 위해서, 두통을 고치기 위해서 등 무척 다양했다.[11] 섹스 파트너를 일종의 트로피, 상, 혹은 지금까지 자기와 잠자리를 가졌던 사람들 중 한 사람에 불과한 존재로 보거나 또 자기 입으로도 그렇게 표현하는 경우가 많다. 많은 사람이 매력적인 파트너를 얻는 일을 승자의 반열에 오르기 위한 반드시 이겨야 할 경주로 본다.

두려움이 되어버린 데이트

오늘날 젊은 성인들이 연애생활에 대해 얘기하는 것을 들어보면 재미있으면서도 슬프다. 30대 초반인 클레어와 롭은 일에도 열심이고 사회생활에도 적극적이다. 두 사람 모두 일에서의 성공은 관리가 쉽고 스트레스가 덜하다고 인정했다. 반면 외출이나 데이트를 할 때 어떤 옷을 입고, 어떤 행동을 하고, 뭔가 있어 보이도록 하는 것은 회사 일보다 어렵게 느껴진다고 했다. 무언가 새로운 기회가 엿보일 때 그것을 판단하는 데도 일종의 기술이 필요했다.

톰은 내게 이렇게 말했다. "저에게는 데이트의 성공 가능성을 높이는 일이 가장 어려운 부분이에요. 매력이 넘치는 사람을 보면 한 가지 의문이 떠오르죠. 저 사람도 과연 내게 흥미를 느낄까? 가끔씩 여자한테 접근하면서 여자 입에서 남자친구, 약혼자, 남편이 있다는 얘기가 얼마 만에 나오는지 측정해보는 게임을 해봐요. 25초가 나온 적도 있어요! 어떤 면에서는 제가 아직 학교 무도회에 처음 들어가 보는 14살 아이 같다는 기분도 들어요. 어서 빨리 저 재미있는 무도회에 끼고는 싶은데 혹시나 바보처럼 보이지는 않을까 무서운 거죠."

톰의 웃음은 호탕한 웃음이 아니라 쓸쓸한 웃음이었다. 언론 쪽에서 좋은 직장에 다니는 데다 잘생긴 그에게도 남들만큼이나 실망스러운 경험들이 있었다. 그리고 성적 경쟁의 즐거움과 고통에 대해 얘기하는 모든 사람과 마찬가지로 그도 결국에는 시장market의 비유를 들먹였다.

"단서에 귀를 기울여야 합니다. 이런 단서들이죠. '난 시장market에서 팔렸어요. 이미 품절남(품절녀)이에요', '임자 있어요', '예약되어 있는 몸이에요' 등이요. 신호에 귀를 기울이지 않았다가는 바보가 되기 십상이니까요. 자기 남자가 문을 열고 나타나는 순간 뒤도 돌아보지 않고 떠나 버릴 여자를 앉혀 놓고 시간 낭비하며 길게 얘기하고 싶지도 않으니까요."

"나는 여기서 '시장'이란 말이 나오는 게 싫어요. '가축시장cattle market'에서 나온 비유잖아요. 제가 하는 말이 무슨 뜻인지는 대학에 가보면 당장 볼 수 있어요." 메리Mary가 말했다. 그녀는 긴 금발머리에 흔들림 없고 따듯한 눈빛을 지닌 아름다운 젊은 여성이다. 그녀는 엑세터대학교University of Exeter에서 있었던 경험을 상처와 경멸이 뒤섞인 감정으로 이야기했다. 주택가 방들은 제각각 다른 가격이 매겨져 있었다. 욕실과 더블침대가 딸려 있고 세 끼 식사가 제공되는 방은 그녀가 고른 값싼 숙소보다 훨씬 비쌌다.

"사람들은 서로를 잠재적 파트너로 여기며 눈여겨보고 있었어요. 그리고 첫날밤에 한 남자를 만났어요. 남자가 제가 가본 적이 있는 한 스키리

조트를 광고하는 후드티를 입고 있더군요. 우리는 자연스럽게 스키 얘기를 하게 됐죠. 한 10분이나 15분쯤 지났나? 남자가 내게 어디 사느냐고 묻더군요. 사는 곳을 말해줬더니 그 사람이 '만나서 반가웠습니다'라고 말하더니 바로 사라져버리는 거예요! 정말 충격이었어요. 사람들이 파트너를 찾으면서 그렇게 인정사정없이 굴 줄은 몰랐거든요."

10대에서 은퇴자, 동성애자에서 이성애자, 기혼자에서 독신자에 이르기까지, 내가 얘기해본 모든 사람들은 파트너를 차지하기 위한 경쟁에 따르는 끔찍한 어려움을 두려움과 혐오감, 그리고 유머감각을 뒤섞어 가며 묘사했다. 사적으로든 공개적으로든 망신을 당하지 않을까 하는 두려움이 강했다. 성공에 대한 꿈은 터무니없었고, 절망적일 정도로 비현실적인 경우도 많았다. 모두가 자기가 실제 느끼는 것보다 더 큰 재미를 느끼고 있는 척할 때가 많았다.

페니Penny가 신음을 토하듯 말했다. "토요일 밤마다 그 끔찍한 기분이라니. 토요일 밤에 어디 갈 곳이 있으면 외출 준비를 하느라 거의 하루를 다 써야 해요. 만약 토요일 밤인데 아무데도 갈 데가 없다면, 맙소사, 패배자도 그런 패배자가 없죠. 어쩌면 일주일을 힘들게 보낸 후라서 집안에 웅크리고 앉아 DVD나 보고 싶었던 것인지도 모르죠. 하지만 솔직히 자기 자신이 얼마나 딱해 보이겠어요? 토요일을 하루라도 이렇게 보내게 되면 마치 미친 할머니가 되어 어느 날 고양이들에 둘러싸인 침대 위에서 죽은 채 발견될 때까지 평생을 보낼 것 같은 기분이 들어요. 그래서 벌떡 일어나서 화장을 찍어 바르고는 그냥 서 있기도 힘든 높은 하이힐을 신고 휘청거리며 계단을 내려가죠. 왜냐하면…."

여기서 갑자기 그녀가 말을 멈추었다. 그녀의 설명에서 활력이 다하더니 긴 침묵이 이어졌다. "이유는 모르겠어요. 가끔은 나도 왜 그러는지 이해할 수가 없어요. 그냥 그렇게 돼요."

페니는 런던의 대형 회계 사무소에서 일한다. 보수도 많이 받는데다 언젠가는 자기 회사의 동업자로 자리 잡게 될 거라는 기대도 있다. 그녀는 직업적 성공이라는 측면에서는 부모를 이미 능가한 상태였다. 그녀의 아버지는 학교 교사였고 어머니는 가족을 돌보면서 가끔씩만 임시 교사로 일했다. 페니는 자기가 이룬 성취가 자랑스러웠고, 부모님이 그녀를 자랑스러워하는 것을 보며 뿌듯한 마음이 들었다. 하지만 그녀는 어쩐 일인지 그것만으로는 충분하지 못하다는 느낌에 점점 사로잡히고 있었다.

"회계 일을 하는 것이 세계에서 제일 섹시하고 낭만적인 일 같지는 않거든요." 그녀가 큰 소리로 웃음을 터트렸다. "그러니까 제 말은 처음 만나자마자 '저는 회계 일을 해요'라는 말을 꺼내서는 섹시하다는 느낌을 줄 것 같지 않다는 소리예요. 그럼 그것을 보상하려고 다른 쪽을 더 열심히 해야 할 것 같은 기분이 들죠. '봐요! 나 유머감각 좋아요', '봐요, 나 섹시한 신발도 신을 줄 알고, 꽉 끼는 치마도 입을 줄 안다고요', '나도 안경 벗으면 제법 봐줄만 해요!' 등등 말이죠."

별 소득 없이 토요일 밤을 보내는 날이 많아지자 실망도 쌓이고 지치기도 한 페니는 결국 인터넷 만남Internet dating으로 고개를 돌렸다. 여기서는 자료를 통해 완벽한 짝을 고르면 바로 본론으로 들어갈 수 있을 것이라는 희망이 들었다고 한다. 그녀의 친구들도 시도한 적이 있었기 때문에 페니는 좋은 짝을 더 빨리 만날 수 있기를 바랐다.

"어땠을 거 같아요? 온라인에서도 경쟁이 심하기는 마찬가지더라고요! 사진만으로 다른 여성들과 비교되는 것은 정말이지 무서운 경험이었어요. 내가 사람들이 일반적으로 생각하는 아주 매력적인 여자는 아니지만 다른 여자들은 완전 전문 모델 뺨치는 포즈를 하고 있더라고요. 인터넷 만남 사이트에 올라와 있는 남자들을 보면 어떤 사람은 정장으로 빼 입은 사진, 어떤 사람은 멋진 산 정상에서 찍은 사진, 어떤 사람은 철인 삼종 경기가 끝난 다음에 사이클 헬멧을 쓰고 찍은 사진을 올렸더군요. 모두 정형화되고 상당히 위압적인 모습이에요."

결혼이 상?

클레어, 롭, 페니 모두 각자 다른 파트너와 좋은 관계를 유지하고 있었다. 또한 아직도 사람을 찾고 있다고 했다. 다그쳐 물어보니 자신이 정말로 찾고 있는 사람은 결혼을 하고 싶은 사람이라고 인정했다. 피임법의 발전과 여권 신장, 성해방을 통해 섹스와 결혼이 별개의 것으로 분리되기는 했지만 대중의 머릿속에서는 둘이 여전히 강력하게 묶여 있다. 1962년에 헬렌 걸리 브라운Helen Gurley Brown의 충격적인 영화 〈사랑 그리고 독신녀Sex and the Single Girl〉는 만족스러운 섹스를 위한 설명이 가득했지만 그럼에도 불구하고 혼전성관계는 결국 완벽한 배우자를 고르는 법과 완벽한 배우자가 되는 법을 배우기 위한 것이라 주장했다. 2004년에 재개봉된 영화에서도 여전히 혼전성관계는 연습이라는 주장을 이어갔다. 혼전성관계를 통해 여성은 훌륭한 연인이 되는 법과 성적 만족을 찾는 법, 자기가 남자에게서 좋아하는 부분과 필요로 하는 부분이 무엇인지 찾는 법을 배울 수 있다는 것이다. 하지만 모든 것의 종착역은 언제나 결혼이었다.

결국 결혼이 상으로 주어진다는 주제는 대중매체에서 날이 갈수록 대대적으로 광고하는 주제로 자리 잡았다. 연예인 잡지를 보면 유명 인사들의 결혼 기사가 양면 기사를 가득 채우고 있다. 한편으로는 〈섹스 앤 더 시티Sex and the City〉처럼 세련되고 통찰이 넘치는 드라마도 주인공이 돈 많고 잘생긴 남자와 안전하게 결혼한다는 것으로 막을 내려야 한다는 강박관념에 사로잡혀 있다. 이 드라마 시리즈가 섹스와 여성의 우정에 대해 큰 위험을 감수하며 과감하게 묘사하기는 했지만, 아무래도 캐리 브래드쇼Carrie Bradshaw('섹스 앤 더 시티'의 주인공)를 그냥 독신으로 놔두면 너무 급진적이어서 시청자들이 받아들이기 힘들 거라는 생각을 한 것 같다.

〈테이크 미 아웃Take Me Out〉, 〈디너 데이트Dinner Date〉, 〈걸프렌드Girlfriends〉', 〈밀리오네어 매치메이커The Millionaire Matchmaker〉' 등의 리얼리티 텔레비전 쇼

프로그램도 최후의 상으로 섹스나 결혼을 통상적으로 내건다. 〈더 배철러The Bachelor〉에서는 근육질 남성이 등장해서 비행기를 몰고, 전동공구를 다루고, 오토바이를 몰고, 철인 3종 경기에서 승리하고, 집을 수리하고, 강아지들을 아낀다. 모두가 자신이 훌륭한 부양자이자 아버지가 되는 데 필요한 육체적, 경제적, 정서적인 자원을 모두 갖추고 있음을 증명하기 위한 방법이다. 이런 개인적, 신체적, 경제적 자산을 갖춘 남성들에게는 스물다섯 명의 멋지고 매력적인 여성들 중에서 한 명을 골라 '완벽한 동화 속 해피엔딩'을 차지할 권리가 주어진다. 이 방송 포맷을 반대로 뒤집은 프로그램인 〈더 배철러레트The Bachelorette〉에서는 완벽하게 꾸미고, 탄탄한 몸매에, 발레리나처럼 우아하고, 쇼핑 중독에 빠진 아름다운 여성들이 등장해 끝없는 이해심과 세심함, 그리고 교활함을 보이며 스물다섯 명의 신체건강하고 열정적인 남자들 중 자신의 이상형을 고른다. 리얼리티 쇼에서 성공이란 아주 간단하다. 결혼 프로포즈를 받는 것이 성공을 의미한다. 일단 카메라가 치워지고 나면 이런 관계들은 대부분 깨져버리지만 실제 결혼으로 이어진 한 사례(더 배철러 13회)는 마치 국가적으로 중요한 사건이라도 되는 것처럼 방송을 통해 중계되었다.

영국에서는 그런 인위적인 텔레비전 쇼가 필요 없다. 성대하고 화려한 결혼이야말로 궁극적인 승리의 축하연이라는 생각은 왕실의 이성교제가 있을 때마다 따라다니는 과열된 흥분 속에서 적나라하게 드러난다. 동화 속 이야기가 결국 충격적인 사고로 막을 내리게 된 다이애나 황세자비의 사례는 일단 접어두자. '인내의 케이티Waity Katie(윌리엄 왕자의 왕세손비 케이트 미들턴에게 언론에서 붙여준 별명. 그녀는 10년 넘게 윌리엄 왕자와 연애한 끝에 결혼하게 되었다-옮긴이)가 윌리엄 왕자와의 관계를 성공적으로 이어가서 마침내 그를 붙잡자 그녀의 전략적 인내심에 대중은 갈채를 보냈고, 결국 마땅한 보상으로 그녀는 결혼에 골인하게 되었다. 대중이 이 성대한 결혼이 보내는 메시지를 묵살하기는 쉽지 않다.

에일린은 내게 이렇게 말했다. "스물여덟 살이었을 때 한 남자와 사귀었어요. 정말 그를 사랑했고 그도 나를 사랑해서 우리는 결혼하기로 결심했지요. 이 결혼은 내가 바라던 것을 이룬 것이었어요. 하지만 결혼식이 문제였죠. 약혼하는 순간 부모님은 흥분했고, 우리 모두는 결혼식에 열을 올리기 시작했죠. 그 남자는 여기에 완전 질려 버리더군요! 그리고 난 보기 좋게 차이고 말았어요. 정말 끔찍한 경험이었어요. 동네방네 다 소문이 났으니까요. 결혼한다고 사방팔방 떠들고 다녔는데 이제 정작 사람들한테 결혼 안 한다고 말해야 할 처지가 되었으니까요. 이 일로 어린 소녀의 낭만적인 꿈이 사라지고 말았죠. 정말 크나큰 실패로 느껴졌어요."

진화생물학자들은 모든 종이 번식의 욕구를 가지고 있고, 섹스 파트너를 찾을 때 우리는 그저 살아 있는 다른 존재들과 똑같은 일을 하는 것뿐이라고 주장한다. 일부는 여기서 한 발 더 나아가 일부다처제 시절에는 성적 경쟁이 전쟁을 일으키는 원인이었다고 주장한다. 따라서 일부일처제는 안정적인 문명 사회를 가능하게 한 기반이었다는 것이다(일부 정치인들이 결혼한 부부에 대한 감세 조치와 포상조치가 일종의 사회적 이득을 가져다줄 거라고 믿는 이유도 이것이다). 하지만 성적 파트너를 찾는 일을 일종의 경쟁으로 틀에 가둬버리면 포상을 지나치게 강조하는 결과를 낳는다. 꼭 멋진 파트너를 구하고, 성대한 결혼식을 치러야 한다는 의식이 생겨나는 것이다.

이렇게 말하기에는 아직 성급하다는 면이 있지만, 동성결혼도 역시 똑같은 경쟁의 틀로 설명할 수 있다는 주장이 상당히 설득력 있어 보인다. 내가 얘기를 나눠본 동성애 남성과 여성들은 모두 한결같이 그들의 연애생활도 별로 다를 것이 없다고 주장했다. 여러 사람과 성관계를 맺는 사람도 있었고, 한 사람에게 정착하는 사람도 있었다. 지금은 자신의 성적 취향을 솔직하게 공개하기가 예전보다 더 안전해졌기 때문에 그들도 연애생활에 따르는 위험도 비밀도 줄어들었다. 동성결혼 허용에 대한 요구는 일차적으로 평등권에 대한 요구로 나타났다. 이성결혼을 한 부부들이 수십 년에 걸쳐 누리는 법적 권리와 세제 혜택을 누리게 해달라는 것이다. 하지만 그렇게 되면 동성결혼식 또한 이성결혼식처럼 평생에 한 번 있는 중요한 날이라는 절정의 과잉 흥분 상태를 끌어들이게 될 것이다.

결혼이라는 거래식, 그 다음 날

신디Cindy는 내게 이렇게 말했다. "제 생각에는 성적소수자 집단에서도 관계의 최종 목적은 바로 결혼이라고 보는 경우가 많은 것 같아요. 혼인 증명서 한 장이 목표인 것이죠. 자신의 상태를 말해주는 상징이자, 시장에서 빠져나가도 좋다는 허가서나 마찬가지니까요. 물론 아직은 그 안에서의 이혼율이 얼마나 되는지 몰라요. 하지만 결혼을 해서 혼인증명서를 받는 것을 하나의 성취로 본다는 것만큼은 분명한 사실이에요."

결혼식이 커다란 거래로 남아 있다는 사실은 따라붙는 가격표만 봐도 분명하다. 영국에서의 평균 결혼식 비용은 1만8천 파운드에서 2만2천 파운드 사이다(약 3천만 원에서 3천8백만 원 사이). 이 정도면 평균 연소득에 살짝 못 미치는 정도다. 그 결과 신혼부부 중 4분의 1은 결혼식 축하 비용을 마련하느라 진 빚을 떠안고 결혼생활을 시작한다. 하지만 그들은 미래를 생각하지 않는다. 그저 승리의 흔적을 남기고 싶을 뿐이다.

데이비드David는 내게 말했다. "제가 결혼을 결승선 통과로 봤다는 것은 의심의 여지가 없어요. 저는 마흔두 살에 결혼했습니다. 한편으로 이제 제가 경주에서 은퇴한다는 의미이기도 했지요. 거기서 찾아오는 안도감이 있었습니다! 하지만 이제 모든 가능성의 문이 닫히는 소리가 들리는 것 같기도 했어요 반면 이제 드디어 이겼다는 느낌이 있었던 것 같습니다. 트로피 와이프trophy wife(물질적으로 성공한 남성과 결혼한 신체적으로 매력적인 젊은 여성을 말한다-옮긴이)를 얻었으니까요. 너무 까다롭게 고르느라 긴 시간을 허비했다고 말했던 것이 기억나네요. 친구들 사이에서는 제가 그동안 좋은 호시절을 보내면서 이 여자 저 여자 많이 만난다더니 아직도 힘이 남아서 멋진 여자를 낚아챘느냐는 소리도 나왔어요. 맞아요, 제겐 일종의 큰 승리였죠."

사라sarah는 이렇게 회상했다. "제 생각에는 데이비드가 저를 무척 자랑스러워하는 것 같았어요. 저는 그이보다 열 살 연하였고, 그때만 해도 아주 날씬하고 예뻤으니까요. 저도 제 자신이 자랑스러웠어요. 그이야말로 제가 찾던 사람이라는 생각이 들었거든요. 전략과 계획을 세웠고 이번에는 그것들이 먹혀들길 원했죠. 그전에도 남자친구들이 있었지만 그때는 전략들이 효과가 없었어요. 그래서 이번에는 꼭 효과를 봐야겠다고 결심하고 있었죠. 결혼식 전 처녀파티에서 제 친구들하고 앉아 있었던 것이 기억나네요. 전부는 아니었지만 대부분 결혼한 애들이었어요. 말하다보니 남편이나 남자친구가 얼마나 버는지에 대한 얘기가 나왔죠. 봉급이나 장래성에 대해서도 비교하면서요. 저는 우쭐한 기분으로 앉아 있었어요. 그동안 마라톤을 뛰듯이 신중하고 전략적으로 그 부분을 좇아 왔었거든요. 그래서 교회에서 멋진 웨딩드레스를 입고 성대한 결혼식으로 골인하게 되었고요. 결국 승리한 거죠!"

사라와 데이비드의 결혼식 사진 역시 같은 얘기를 들려주고 있었다. 딱 봐도 의기양양해 보이는 신랑과 신부 곁에서 부모들도 자랑스러운 모습으로 활짝 웃고 있었다. 사진만 봐도 즐거워하는 소리가 귀에 들리는 것만 같다. 하지만 지금은 두 사람 모두 그것이 문제였다고 생각하고 있다.

데이비드는 이렇게 회상했다. "결혼식 다음 날에는 아주 이상한 기분이 들었어요. 큰 파티를 치른 다음 날 아침처럼 느껴지더군요. 그와는 다른 기분을 느끼리라 생각했거든요. 그런데 그렇지 않았어요. 약간의 숙취. 그게 전부였어요."

사라는 이렇게 말했다. "솔직히 그 전까지 결혼식 뒤의 일에 대해서는 한 번도 생각해본 적이 없었어요. 남자를 찾아라. 그리고 아이를 낳아라. 그게 전부였어요. 그리고 그렇게 했고요. 그런데 막상 그러고 나서는 집에 앉아 이런 생각을 했어요. 이제 뭘 해야 하지? 나는 젊고, 똑똑하고, 아직 예쁜데 이제 난 뭘 해야 하지?"

성대한 결혼식을 중요시하는 것을 순전히 중산층에서만 보이는 현상이라고 간과하기 쉽다. 하지만 이것은 계층, 문화, 국가를 막론하고 일어나는 현상이다. 짝을 찾기 위한 경쟁에서 포상으로 작용하는 것이 성대한 결혼식만은 아니다. 결혼식에 대해서는 별 생각이 없는 공동체에서는 아기가 커다란 포상이 된다. 이런 현상을 노팅엄Nottingham(영국 잉글랜드 중부 노팅엄셔카운티의 주州의 수도 – 옮긴이)에서 직접 체험했다. 이곳에서 내가 만나 본 젊은 여성들 중 상당수는 학교를 마치면 곧 아기를 낳고 싶다고 했다. 14살밖에 안 된 소녀들조차 아이를 몇 명 낳고 싶고, 첫째 아이는 딸, 혹은 아들이었으면 좋겠다는 얘기가 쉽게 입에서 나왔다.

젊고 예쁜 아가씨인 베스는 내게 이렇게 말했다. "모두들 애 아빠가 잘생기기를 바라잖아요. 예쁜 아이를 원하니까요. 그래서 못생긴 사람하고는 절대로 섹스하지 않으려고 조심하죠. 세상에 못생긴 아이를 낳고 싶은 사람이 어디 있겠어요? 그래서 남자를 볼 때 꼭 외모를 봐요. 남자답고 강해 보이는 남자를 찾죠.."

그녀의 말로는 자기 아버지도 잘 생겼다고 한다. 베스는 에너지와 재치가 넘치며 항상 명랑하고 초롱초롱하다. 나는 궁금했다. 베스가 혹시 아기를 낳지 않겠다는 생각을 해본 적은 없을까?

"그렇다고도 할 수 있고, 그렇지 않다고도 할 수 있어요. 하지만 그러려면 무언가 계획을 세워야 해요. 다른 할 일을 만들어봐야죠. 여기는 일자리가 없어요. 달리 뭘 할 수 있겠어요? 직장도 없고, 돈도 없는데 아기까지 없으면 그야말로 패배자죠!"

성적 정복sexual conquest을 경쟁으로 규정하는 데 따르는 문제점은 비인간적인 처사일 뿐만 아니라 관심이 온통 결과에만 쏠리게 해서 이후에 일어날 일들에 대해서는 거의 생각하지 못하게 만든다는 점이다. 학습과 시험에서와 같이 여기서도 장기적 과정보다는 즉각적인 보상이 더 가치 있는 것으로 여겨진다. 모든 사람이 뉴스에 등장하는 표제나 흥분과 극적 요소들만을 상상할 뿐 이후의 일에 대해서는 생각이 없다. 품에 안고 싶은 귀여운 아기도 영원히 그 상태에 머물지는 않는다. 예쁜 아기를 얻어서 생긴 흥분은 잠깐이고 그 후로는 고된 육아가 기다린다. 그와 비슷하게 성대한 결혼식 날 이후에는 기나긴 한 평생이 기다린다.

경쟁이 낳은 불륜

결혼식 이후로 데이비드와 사라는 두 아이를 두었고, 강아지도 한 마리 키우게 되었다. 데이비드는 경영자문가로 일했고, 사라는 의료분야에서 시간제로 일했다. 많은 부부들처럼 두 사람도 직장생활과 가족생활 사이에서 균형을 찾기 위해 애를 많이 썼다. 하지만 둘 사이의 진짜 문제는 권력, 즉 힘 겨루기였다.

"데이비드는 저보다 적어도 두 배는 벌어요. 우리 휴가 비용을 대는 것도 그고, 집을 산 것도 그죠. 그래서 나는 어떻게든 만회해야겠다는 생각이 들었어요. 다림질도 하고, 요리도 하고요. 그런데 시간이 좀 지나고 나니까 분한 마음이 들었어요. 이렇게 생각했죠. '난 여기서 일해. 내 집이고, 내 아이들이야.' 나는 내 영역을 선언하고 생각했죠. '당신한테는 돈이 있다 이거지? 글쎄, 그래도 집에서는 내가 왕이야.' 데이비드가 집안일을 돕지 않을 생각이라면 아예 앞으로는 손을 댈 수 없게 만들어야겠다 생각했어요. 그이는 아이들을 어떻게 돌봐야 하는지 모르고, 집안에 물건이 어디 있는지도 전혀 몰랐죠. 그는 돈으로 경쟁했고, 나는 능력으로 경쟁했어요. 우리는 서로 분명하게 점수를 매겼죠."

둘 다 인정하듯 집에서의 생활은 하나의 기나긴 전투가 되고 말았다. 두 사람은 사소한 일에서도 꼭 상대방보다 잘하려고 해서 싸움이 끊이지 않았다. 데이비드가 직장에서 성공을 거두면 사라는 그가 집에서는 쓸모없는 사람이게끔 느껴지게 만들었다. 반대로 사라가 아이를 위해 성대한 생일파티를 준비하면 데이비드는 그 비용은 자기가 다 감당해야 한다며 불평을 늘어놓았다. 사라는 되돌아보니 자기가 데이비드로 하여금 바람을 필 수밖에 없게 만들었다는 것을 깨달았다고 한다.

"나는 그이가 집에서는 절대로 승리를 맛보지 못하게 만들었어요. 그이로서는 승리를 다른 데서 찾을 수밖에 없었겠죠. 그래서 직장에서 바람을 피운 거예요. 당연히 그런 일이 생길 수밖에 없는데 왜 미리 내다보지 못했는지. 그가 성공을 맛볼 수 있는 곳이 바로 직장인데 말이에요. 물론 그의 선택이었어요. 꼭 그럴 필요가 있었던 것도 아니고, 그것이 핑계가 될 수는 없죠. 하지만 일을 저지른 이유는 이해할 수 있어요."

사라와 데이비드는 지금 별거 중이다. 내가 데이비드에게 결혼이 파경에 이르는 과정에서 경쟁이 어떤 역할을 했던 것 같으냐고 물어보자 그는 생각에 잠겼다. 처음에는 그가 이 질문을 무시하고 지나려 했지만 대화를 하다 보니 나중에 다시 주제로 되돌아왔다.

"제 생각에 우리는 둘 다 아주 경쟁적인 사람인 것 같습니다. 저는 늘 이겨왔지요. 제가 저지른 불륜은 어찌 보면 그저 제 총각 시절의 버릇이 그대로 이어진 것에 불과하죠. 하지만 이런 생각도 합니다. 집에서 이길 수 없다면, 그리고 사라도 이길 수 없다면…. 먼저 이 점은 분명히 짚고 넘어가죠. 사라는 절대로 내가 이기는 꼴을 두고 보지 않았어요. 어쨌거나 집에서는 사라를 이길 방법이 없으니 저는 이기고 싶으면 다른 곳에서라도 게임을 벌일 수밖에요."

간통은 드문 일이 아니다. 얼마나 자주 일어나는 일인지 측정하기는 어렵지만, 학술연구에 따르면 배우자들은 자기의 짝을 지키느라 상당한 노력을 기울인다고 한다. 대부분이 소위 '짝 가로채기mate poaching'라는 것을 경험해봤기 때문이다. 짝 가로채기에서 얻는 가장 중요한 이득 두 가지는 복수와 정복이다.[12]

에밀리 브라운Emily Brown은 결혼치료사marriage therapist로 불륜을 연구하는 심리학자들이 실험실에서 연구하는 내용을 자기 상담실에서 직접 목격한다. 그녀가 목격한 바에 따르면 짝 가로채기는 거의 항상 권력과 관련되어 있다.

그녀는 내게 이렇게 말했다. "간통은 경쟁의 한 형태입니다. 자기가 섹스든, 관심이든, 사랑이든, 성공이든 무언가를 충분히 받지 못하고 있으니까 불륜을 정당화할 수 있다고 말하는 한 가지 방법이죠. 만약 인간관계에도 승리 아니면 패배라는 마음가짐을 적용시키려 들면 파괴적으로 작용합니다. 자기의 실수를 인정하지 못하는 것도 역시 문제가 될 수 있죠. 이런 작은 경쟁의 요소들이 쐐기처럼 작용하여 사람들 사이를 천천히 갈라놓습니다. 아내가 큰 성공을 거두면 힘들어하는 남자들이 아직 많습니다. 전부는 아니라도 상당히 많아요."

성적인 경쟁이 권력 싸움이기도 하다는 사실이 작가 아인 랜드Ayn Rand와 그녀의 조수 나다니엘 브랜든Nathaniel Branden 사이의 관계만큼 충격적으로 나타난 경우도 없었다. 랜드보다 스물다섯 살 연하였던 브랜든은 랜드의 추종자와 전도사 모임에 들어갈 수 있게 되자 그녀에게 완전히 빠져들고 말았다. (심지어 그녀를 만나고 난 후에 그의 성이 블루멘탈Blumenthal에서 브랜든으로 바뀐 것이 자신의 소속감을 증폭시키기 위한 시도였다는 주장도 있다) 열렬한 추종자였던 브랜든은 처음에는 랜드와 정사를 벌일 수 있으리라는 생각에 흥분하고 우쭐한 기분이 들었다. 두 사람 각각의 배우자가 두 사람 사이의 관계를 알고 있고, 적어도 암묵적으로 동의하고 있는 한, 이 관계는 도덕적 삶이란 자신의 이해관계를 합리적으로 추구하는 삶이라는 그들의 믿음과도 완전히 부합하는 것으로 보였기 때문이다. 불륜 때문에 두 사람 각자의 결혼생활에 생겨난 의식되지 못한 성적 긴장감조차 어쩐 일인지 두 사람의 관계를 더 돋우는 역할을 하는 것 같았다.

하지만 정신과 육체의 만남(브랜든은 두 사람의 관계를 만남이라 표현했다)으로 시작했던 것이 실제로는 그녀의 젊은 추종자의 삶을 모든 측면에서 지배하려는 랜드의 몸부림이었다는 것이 머지않아 서서히 분명해졌다. 브랜든은 랜드를 향한 자기의 충성심을 유지하기 위해서 자기 아내와 랜드의 남편에게 불충할 수밖에 없었고, 모든 시간, 에너지, 생각을 그녀의 일에 쏟고, 랜드가 비밀로 유지해야 한다고 고집을 부린 관계에 대해서는 자기 친구와 동료들에게 거짓말을 해야 했다. 다른 말로 하면 그는 아인 랜드의 정신과 육체에 자기 자신을 완전히 예속시켜야만 했다. 처음에는 짜릿했다. 랜드는 유명했고, 브랜든은 그녀의 이념에 심취해 정신을 못 차렸기 때문이다. 하지만 두 사람의 관계는 존재론적 경쟁으로 변해갔다. 누가 더 중요한 사람인가? 누구의 생각이 가장 중요한가? 이 얽히고설킨 사랑, 섹스, 비즈니스, 돈의 거미줄 속에서 과연 주인공은 누구인가?

브랜든이 점점 나이가 들어 자신감이 커지자 그녀의 지배도, 그녀에게 얽매인 예속도, 자신이 '거짓말과 기만으로 가득 찬 삶'이라 부른 생활도 점점 참을 수 없게 되었다. 그가 얻은 모든 것, 즉 랜드가 《아틀라스Atlas Shrugged》를 그에게 헌정한 것도, 그녀가 그에게 브랜든의 이름을 딴 기관에서 그녀의 작품을 전도할 수 있도록 허가를 내준 것도 모두 그녀에게 하사받은 선물들이었다. 관계의 경쟁적인 긴장감이 결국 두 사람 사이를 파탄내자 두 사람은 저작권을 얻기 위해 경쟁했다. 랜드는 모든 사람을 적, 아니면 동맹으로 보았다. 관계가 경쟁심 때문에 파국으로 치달을 수밖에 없는 운명이었음을 브랜든은 훨씬 나중에야 분명히 깨달았다.

"경쟁은 우리가 하는 일에 자연스럽게 따라오는 기쁨과 즐거움을 타락시키고 맙니다. 우리가 경쟁에 굴복하면 일과 생활에서 즐거움을 앗아가죠. 경쟁은 인생의 적입니다."

이제는 80대에 접어들어 백발의 클린트 이스트우드Clint Eastwood처럼 보이는 브랜든은 아직도 랜드와 함께 했던 시간을 떠올릴 때면 약간의 흥분을 느낀다. 로스앤젤레스에 있는 그의 서재 벽에는 그녀의 사진이 걸려 있다. 그는 자신의 회고록《아인 랜드와의 나날들My Years with Ayn Rand》을 자기가 가장 좋아하는 책 중 하나로 꼽는다. 하지만 그는 자유 시장free market에 대한 그녀의 열렬한 믿음이 개인적, 성적 관계와 관련이 있다고는 믿지 않는다.

"저는 아인, 그리고 인간 심리학에 대해 그녀가 이해하고 있는 부분과 경쟁했죠. 실수였습니다. 제가 다르게 접근했으면 어땠을까 아쉬워요. 그녀는 너무 경쟁적이고, 자기도취에 빠져 있었어요. 그때는 저도 몰랐죠. 누군가를 사랑하면서 동시에 그 사람과 경쟁하는 것은 불가능해요."

그가 하던 말을 멈추고 사람을 꿰뚫어 보는 듯한 파란 눈동자로 내 반응을 기다리며 한동안 나를 물끄러미 쳐다보았다.

"그것은 아주 거대한 모험이었어요. 그녀는 이성의 마법사였죠. 하지만 이성은 사랑이 아니거든요. 사랑은 논쟁에서 이기려 들지 않아요."[13]

서로 이기려 하지 않을 때

치료사 에밀리 브라운은 내게 이렇게 말했다. "제 생각에는 그것이 관계 속에 공정성의 요소가 어느 정도 존재하느냐에 크게 달려 있는 것 같습니다. 제가 상담했던 한 부부가 있는데, 여자는 돈을 아주 잘 벌었고, 남자는 교회의 회계 담당자라 버는 돈이 얼마 없었죠. 하지만 두 사람 모두 자기 일을 무척 사랑했습니다. 여자 쪽이 생계비를 주로 버는 가장인 경우에 이런 현상이 훨씬 더 많이 보입니다. 이것을 보면 이런 관계가 불가능한 것은 아니에요. 하지만 그런 부부들을 보면 정말 열심히 노력하는 사람들입니다."

이제 미국의 가정 중 40퍼센트는 생계비를 주로 책임지는 쪽이 여성이다.[14] 영국에서는 25퍼센트 정도를 차지한다. 이런 결혼을 가능하게 해주는 것은 두 사람이 공동의 프로젝트를 위해 함께 일하고 있다는 느낌이다. 글렌다Glenda는 이것을 '우리the us'라고 부른다.

글렌다는 내게 이렇게 말했다. "제 남편과 저는 둘 다 '우리'를 위해 일합니다. 그가 잠자리를 정돈해도 굳이 고맙다는 말을 하지 않는 이유도 그 때문이죠. 그이가 저를 위해 그 일을 한 것은 아니니까요. 어쩌면 제가 이런 사고방식을 갖게 된 것은 한때 프로젝트 매니저를 했었기 때문인지도 모르겠네요. '정말 잘했어!' 라고 말할 수는 있겠죠. 그이가 그 일을 한 것은 우리를 위한 것이고, 우리 가족을 위한 것이니까요. 우리는 각자가 한 일에서 모두가 함께 혜택을 받고 있어요."

글렌다와 그녀의 남편은 공동기업을 함께 운영한다는 느낌을 공유하고 있다. 이 공동기업에 두 사람 모두 자기가 가지고 있는 기술과 수입을 기여하고 있는 것이다. 그녀의 말로는 양쪽 모두 최선을 다한다는 점이 제일 중요하다고 한다. 집에서 대등한 사람이 아니면 직장에서도 대등한 사람으로 대우받기는 불가능하다. 대등함의 여부를 결정하는 것은 '수입'이 아니라 바로 '헌신'이다.

내 결혼을 보면 남편이 혼자 생계를 책임질 때도 있고, 어떤 때는 내가 남편보다 훨씬 많이 벌 때도 있었다. 우리는 자기가 좋아하는 일을 하고, 얼마가 되었든 거기서 생기는 수입으로 살아가자고 합의를 보았다. 집에서 우리는 육아, 집안일, 자기가 하고 싶은 일을 하는 시간을 공정하게 나누려고 열심히 노력한다. 가끔은 너무 지나치게 열심일 때도 있다. 수입이 더 많다고 해서 특혜가 더 따라오지는 않는다.

신디Cindy가 내게 말하기를 동성애 커플의 한 가지 장점은 누가 생계비를 주로 책임지는지 구분할 수 없기 때문에 전통적인 추측에 얽매일 필요가 없다는 점이라고 한다. 신디와 그녀의 배우자 베스Beth가 처음 만났을 때는 신디가 자기 사업을 시작하는 동안 베스가 생계를 책임졌다. 그리고 사업이 번창하기 시작한 후로는 신디가 생계비를 주로 책임지게 되었다. 그녀의 말로는 누가 생계를 책임지는 가장인지 사람들은 아무도 모르고, 아무도 쓸데없이 추측하지 않는다는 사실이 상당한 자유를 준다고 한다.

"아무도 몰라요. 우리도 신경 쓰지 않고요. 우리는 교대로 가장을 맡아요. 그렇다고 가장을 맡는 일에 불안한 마음이 따르지 않는다는 의미는 아니에요. 하지만 두 사람 사이의 관계가 타인에게 어떻게 보여야 한다는 사회적 압박은 훨씬 줄어들죠. 사회적으로 크게 애를 먹는 일이 없이 서로의 역할을 바꿀 수 있어요. 그런 점에서 보면 결혼이 협력적인 속성을 상당히 많이 공유하는 셈이죠. 날개를 공유한다고 할까요?"

결혼에 실패한 후 에일린은 독신으로 10년을 보내는 동안 다시 결혼하여 아이를 낳고 싶어했다. 그러다 그녀가 빌Bill을 만나 빠른 시일 안에 교회에서 아름다운 결혼식을 올렸다. 그녀의 말로는 소박하고 기분 좋게 식을 치르고 나니 결혼식이 제자리를 잡은 느낌이 들었다고 한다. 이 결혼식은 경주의 하이라이트가 아니라 평생 이어질 프로젝트의 시작이었다.

에일린은 이렇게 말했다. "우리 문화에서는 결혼식에 굉장히 큰 비중을 둬요. 저에게 아직도 그 흔적이 남아 있기는 하지만 결혼식은 기나긴 인생에서 딱 하루에 불과하고, 끝이 아니라 시작이죠! 결혼하는 날이 완벽한 날이 되어야 한다는 생각은 너무나 위험해요. 저는 이제 결혼식에서 하얀 화장을 덕지덕지 바르고 완전히 다른 사람으로 변신해서 나타나야 한다는 의무감 같은 것이 들지 않아요. 그저 내 자신의 모습 그대로 나타나고 싶을 뿐이죠. 결혼식에서 신부가 생전 보지도 못했던 창백한 유령 같은 얼굴로 나타나면 신랑들도 분명 크게 놀랐을 거예요!"

사십 대였던 빌과 에일린은 결혼하고 1년 후에 첫 아이를 낳았고, 2년 후에 두 번째 아이를 낳았다. 두 사람은 서서히 가족이란 궁극의 협력체임을 이해하게 되었다. 일을 함께 나눠서 한다는 것은 결국 함께 살아가는 법을 찾아야 한다는 의미였다.

빌은 이렇게 말했다. "우리 두 사람은 살아온 배경이 무척 달라요. 저는 샐퍼드Salford(영국 잉글랜드 북서부에 있는 도시) 출신입니다. 자기 몸은 자기가 지켜야 하는 상당히 거친 곳이죠. 반면 에일린은 녹음이 우거지고 사람들도 친절한 버킹엄셔Buckinghamshire(영국 잉글랜드 중남부에 있는 카운티) 출신입니다. 우리 가족은 늘 갈등이 많고 서로 소리를 질러대죠. 그런데 에일린의 집안에서는 그런 일이 일어나지 않아요. 자기 감정에 대해 많은 대화를 나누고, 고함을 치는 일도 없죠."

에일린은 빌이 자라온 환경에 대해, 그리고 그가 익숙해져 있는 감정적인 언어를 더 잘 이해해야겠다는 느낌을 받았다. 반면 빌은 갈등을 해소하는 방법이 버럭 고함을 지르거나 말도 없이 집을 나가 버리는 것만 있는 것이 아님을 배워야 했다. 두 사람은 모두 스스로 많이 바뀌어야겠다는 생각을 했다.

빌은 내게 이렇게 말했다. "저는 변화된 모습을 보이는 것이 중요하다고 생각해요. 나는 여전히 나로 남아 있지만 그 안에서 성장하고 변화된 모습을 보이는 것이죠. 이제 더 이상 10대와 20대의 저가 아닙니다. 하지만 그게 중요할까요? 사람은 고정되어 있고 변하지 않는다는 생각이 이상해요. 저만 봐도 이렇게 변해 왔거든요. 그것이 바로 에일린이 하는 일이고요. 저는 그저 나이만 먹는 것이 아니라 성장하고 있어요."

에일린이 말했다. "저도 동감이에요. 어린 아이를 둘이나 두고 나니 내 삶이 가장자리까지 내몰린 느낌이 드는 것은 사실이에요. 하지만 그럴 때는 지나왔던 길을 다시 되돌아 봐요. 이제는 나 자신보다 가족이 더 나 같은 기분이 들거든요. 가족은 더욱 풍요로워진 자신 같아요."

에일린은 계속 기자로 일했지만 빌은 점점 지역 법무사무소를 운영하는 일에 불만족스러워졌다. 그가 점점 더 자기 일에 실망하자, 두 사람은 함께 사업을 시작하기로 결심했다. 이 회사는 달콤한 크럼블을 제조해서 판매한다. 요리는 빌이 담당하고 에일린은 기자 일을 하는 틈틈이 판매와 마케팅을 담당한다. 두 사람은 서로의 능력을 진심으로 존중한다고 입을 모은다.

에일린은 말한다. "남편이 하는 일을 저는 못해요. 그이는 믿기 어려울 정도로 짜임새 있게 일을 하고, 세세한 부분까지 다 신경 써요. 요리방법도 대단히 체계적이죠. 그래서 두 사람 몫의 일을 할 수 있는 거예요. 저는 죽었다 깨도 못할 일이에요!"

빌도 지지 않고 이렇게 말한다. "사람들은 아내와 얘기하고, 아내한테 사고 싶어 해요. 기자로 일한 경험 덕분에 전화를 통한 마케팅도 아주 즐겁게 잘하죠. 물건을 파는 일은 타인을 이해하는 것이 제일 중요한데 에일린은 그 부분이 장점이에요. 저는 그렇지 못하죠."

그렇다고 두 사람이 늘 모든 부분에서 의견이 일치하는 것은 아니다. 모두 자기 방식에 대한 고집이 있고 대부분의 부부가 겪는 불편한 일들을 경험한다. 빌은 작업용 재료들을 집안 여기저기 잔뜩 펼쳐놓는 습관이 있고 에일린은 설거지물을 빌이 만족할 만큼 충분히 받아두지 않는 습관이 있다. 두 사람의 말로는 신경을 더 쓰는 사람이 결국 이긴다고 한다.

에일린은 말한다. "요리의 장식은 전부 제가 해요. 제가 신경을 쓰는 부분이니까요. 남편은 제 판단을 믿어서 그 부분에는 별로 신경 쓰지 않아요."

빌도 고개를 끄덕인다. "저도 맘만 먹으면 우두머리 행세를 할 수 있지만 많은 부분에서 에일린에게 권한을 넘겨요. 아내를 믿고, 또 아내가 잘하는 것을 아니까요. 아내가 자기의 권한을 현명하게 휘두른다는 것을 아니까 걱정할 일도 별로 없죠."

두 사람의 대화는 충격적일 정도로 실용적이었다. 빌과 에일린 모두 서로에 대한 기준을 가지고 있고, 서로에게 대단히 헌신적이다. 둘 다 서로를 이기려 들지 않는다.

유대관계의 중요성

이들의 결혼 생활이 참으로 이상적이기는 하지만 이런 생활방식을 찾아보기가 점점 힘들어지고 있다. 오늘날 20세와 59세 사이의 런던 전체 인구의 절반이 독신이고 영국 가정 중 무려 3분의 1이 일인 가구다. 전 세계적으로는 47퍼센트의 가정이 일인 가구인 스웨덴이 선두에 이름을 올리고 있다.

새로운 경향은 정치인과 심리학자들을 심각한 절망으로 이끌었다. 점점 더 많은 사람들이 자기만의 공간을 원하게 되면서 주택 공급에 위기가 찾아온 것만큼은 분명했기 때문이다. 하지만 유례없는 현상의 원인과 결과를 조사하러 나선 저자 에릭 클리넨버그Eric Klinenberg가 마주친 존재는 외로운 노처녀와 염세적인 노총각 집단이 아니었다. 많은 경우 혼자 사는 것은 주기적으로 찾아오는 상태일 뿐 영구적인 상태가 아니었다. 더군다나 혼자 사는 사람은 둘이 함께 사는 사람보다 사회적으로도 더 활발했다. 이들은 활발하게 대중문화를 창조하고, 또 즐기며 살고 있었다.[15]

캐롤Carol은 내게 이렇게 말했다. "학교에 다닐 때 저는 청소년 합창단National Youth Choir에 가입했어요. 거기서 만난 친구들을 아직까지도 만나고 있어요. 그 애들 중 상당수가 결혼해서 아이를 두었죠. 저는 아직 결혼을 안 했어요. 남자친구를 여러 명 사귀었고 지금도 사귀고 있어요. 하지만 저는 제 친구들을 가족처럼 생각해요. 내가 무언가 필요할 때 기댈 수 있는 사람들이고, 시간이 지나도 저를 기억해줄 사람들이니까요."

캐롤은 토요일 밤 집에 있고 싶을 땐 집에 있고, 나가고 싶을 땐 친구와 놀기도 한다. 기분이 내킬 때는 인터넷 데이트도 즐긴다.

"제일 친한 친구인 레베카Rebecca와 저는 남자 취향이 아주 비슷해서 둘이 한 남자를 시기를 달리해서 사귄 적도 있어요! 니겔Nigel이라는 남자였는데 그 사람은 우리 둘이 평생 보았던 그 누구보다도 큰 성기를 가지고 있었죠. 남자는 고향 맨체스터에 따로 여자친구를 두고 우리와 바람을 피우고 있었어요. 정말 다행스러운 것은 남자는 이미 오래전에 사라지고 없지만 우리들의 우정은 건재하다는 거예요. 우리는 절대로 서로에게 경쟁의식을 느낀 적이 없어요."

또 다른 독신인 벤Ben은 가끔씩 둘이 함께 해서 생기는 힘이 부러워질 때가 있다고 한다. 공동융자가 가능한 것이 부럽고, 수입이 두 배니 더 좋은 동네에서 더 좋은 집에 살 수 있는 능력이 생기는 것이 부럽다고 한다. 하지만 그는 독립적인 생활을 사랑하고 친구들과 또 그 친구들에게 헌신하는 시간을 사랑한다.

"나는 사람들끼리 친한 동네에 살아서 모두를 잘 알아요. 그 사람들에 대한 일도 세세한 부분까지 다 알고 있죠. 아주 신나는 일입니다. 길 건너편 이웃에는 사라Sara라는 할머니가 사시는데 연세가 좀 있으셔서 병원에 가실 일이 있으면 제가 병원에 모셔다 드려요. 그리고 오랫동안 안 보이는 사람이 있으면 가끔씩 전화도 해보죠. 저는 우리 동네에 있는 사람들을 돌봐줍니다. 그리고 그 사람들은 저를 돌봐주지요. 제가 어디 나가 있는 동안에는 우리 집 고양이 먹이도 챙겨주고, 정원에 물도 뿌려줍니다. 이곳에 사는 그 어느 가족보다도 더 풍부한 사회생활을 누리고 있습니다. 사람들과 함께 나눌 시간적 여유가 있기 때문이죠. 제가 이곳 사람들을 잇는 가교 역할을 한다고 생각하면 뿌듯해요. 동네를 하나의 공동체로 엮어주는 일이니까요."

클리넨버그의 책에 등장하는 독신자들은 내가 알고 있고 또 면접했던 많은 독신자들과 마찬가지로 성을 상으로 생각하지도, 사회생활을 경쟁으로 보지도 않는다. 그 대신 이들은 친구, 동료, 대부모, 삼촌, 이모, 조카, 이웃 등의 역할 사이를 오가는 것을 즐긴다. 사회적 관습의 변화와 생식기술reproductive technology의 발전으로 말미암아 이제 사람들은 더 이상 이분법적인 선택의 기로에 설 필요가 없어졌다. 결혼하지 않고도, 심지어는 파트너 없이도 아이를 가질 수 있다. 함께 살든, 따로 살든, 자식을 보든 보지 않든, 어떻게 살 것인가 하는 문제가 사회적으로 결정되는 경쟁일 필요가 없다. 하지만 그러기 위해서는 아주 높은 수준의 사회적 유대관계가 필요할 것이다. 서로를 도울 줄 알고, 필요와 부담을 나눌 줄 알고, 도움을 요청할 줄 알고, 실수를 인정할 줄 아는 사람들이 필요한 것이다.

남자든 여자든, 혼자 살든 같이 살든 요즘에는 누구나 법적으로 기술적으로 아이를 갖는 것이 가능해졌다. 결혼이나 동거를 하지 않든 간에 말이다. 이런 사정 덕분에 사회적 경쟁의 열기를 조금은 덜어낼 수 있을지도 모르겠다. 하지만 그렇게 얻은 아이가 안전을 느끼고 주변 사람들과 인간관계를 형성할 수 있는 능력을 가질 수 있도록 키워내는 일은 본질적으로 사회적 행위이자 공동의 행위일 수밖에 없다.

한 싱글맘은 내게 이렇게 말했다. "저는 혼자 힘으로 아이를 키우지만 그렇다고 혼자인 것은 아닙니다. 저는 수많은 인간관계로 얽혀 있어요. 제 아들, 아들의 친구, 그 친구의 부모, 선생님, 그리고 아들의 조부모까지 모두와 연결되어 있죠. 어찌 보면 서로 차이가 많이 날수록 서로를 비교하고 경쟁하기도 더 어려워져요. 사람들이 모두 도와주지 않으면 애를 키우기가 힘들죠."

제인 오스틴의 소설들은 무거운 주제를 가볍고 코믹하게 그려내고는 있지만 실패는 생각하기조차 끔찍할 만큼 큰 이해관계가 걸린 것으로 경쟁에 대해 이야기하고 있다. 소설 속에서 가진 것이 없는 등장인물들은 가난, 집 없는 서러움, 버려짐의 공포로 위협을 받으며 재앙에 가까운 미래를 맞이하게 된다. 이들은 결혼과 자식이 자기의 전부인 것처럼 느낀다. 실제로 그것이 그들에게는 전부이기 때문이다. 하지만 현대의 생식기술과 그에 동반된 사회적 관습의 변화 덕분에 변화가 찾아왔다. 이제 사람들은 자신의 삶의 방식을 선택할 수 있다. 결혼을 할지, 아이를 낳을지, 동성의 파트너든, 이성의 파트너든 누군가와 함께 살지도 모두 선택할 수 있다. 변화 덕분에 한때는 실로 막대한 이해관계가 걸려 있던 게임이 어느 정도는 강도가 누그러졌다. 또 다른 선택이 있을지 실험해보고 판단할 수 있는 시간도 아직 남아 있다.

하지만 인간관계를 설정하고 유지하는 일, 더 넓고 풍부한 사회의 일부가 되는 데 필요한 사회적 기술을 다듬고, 가르치고, 심어주는 일은 그 어느 때보다도 큰 도전적인 과제로 자리 잡게 되었다. 사회생활과 성생활을 시작하는 젊은이들에게 언제 어디서나 경쟁하도록 가르치는 현실은 참으로 안타까운 일이 아닐 수 없다. 지금은 성적, 가족적, 사회적 구조가 해체되고 있어서 개인들로 하여금 자기만의 구조를 구축하고 유지하라는 압력이 더욱 거세지고 있기 때문이다. 젊은 성인과 나이 든 성인들에게 어떤 의미를 지니는 것인지에 대해서는 이제야 막 고민이 시작된 상태다. 지금 우리가 알고 있는 것이라곤 이 문제가 세계 곳곳의 남성과 여성들에게 큰 도전이 되고 있다는 것이다. 이 도전은 직장과 가정을 가릴 것 없이 어디서나 마찬가지다.

04

승자독식사회의 비애

셸데루프 에베의 우열순서

토를레이프 셸데루프 에베Thorleif Schjelderup-Ebbe는 오슬로(당시에는 크리스티아니아로 알려져 있었다)에서 성공적이고 부유한 두 조각가, 악셀 에밀 에베Axel Emil Ebbe와 멩가 셸데루프Menga Schjelderup 사이에서 태어났다. 어린 시절 재능이 많았던 그는 귀여움을 받으며 응석받이로 자랐다. 교육은 개인교사를 두고 집에서 이루어졌고 매해 여름이면 그와 그의 부모는 무더운 도시를 피해 25킬로미터 정도 떨어진 시골집으로 내려갔다. 여섯 살부터 이 소년은 농장 안마당 닭과 친구가 되는 일에 몰두하기 시작했다. 몇 시간이고 그들을 관찰하면서 각각의 닭에게 이름을 지어주고, 닭들이 서로 어떻게 관계를 맺는지도 열심히 관찰했다. 가족이 다음 해에 다시 시골집으로 돌아왔을 때 그는 나이 든 닭들을 한눈에 알아보았고, 새로 태어난 닭이 어느 닭인지도 정확히 알아맞혔다.

이 일에 깊이 빠져든 소년은 결국 엄마에게 닭 12마리를 사달라고 조른다. 겨울이면 그는 닭을 보기 위해 시골집을 찾았고, 여름에는 하루 종일 닭들을 관찰하며 보냈다. 토를레이프는 닭이 낳는 계란에는 전혀 관심이 없었다. 소년을 사로잡은 것은 닭들이 서로 소통하는 방식이었다. 열 살이 되자 그는 닭들 사이에서 서열 경쟁이 일어나고 있음을 포착하기 시작하고, 관계를 정확한 도표로 그리기 시작했다.

그의 아들 대그Dag는 훗날 이렇게 회상했다. "아버지는 닭들 사이에서 나타나는 계층구조에 대해 발견한 것들을 글로 적기 시작했습니다. 아버지의 법칙 중 하나 이상한 것이 있는데 바로 삼각형 관계, 사각형 관계 계층구조입니다. 몇 각형이든 가능합니다. A닭이 B닭의 대장이고, B닭이 C닭의 대장이면 A닭이 당연히 C닭에게도 대장일 것이라는 생각이 들죠. 하지만 무슨 영문인지 C닭이 A닭에게는 대장이 되는 것이 가능합니다. 닭들이 처음 만났을 때 무슨 일이 일어나느냐에 따라서 이것은 온갖 종류의 순환 관계에 모두 적용됩니다. 그리고 만약 닭 한 마리가 아프게 되면 관계가 역전되죠. 아버지는 그런 것들을 적기 시작했습니다."[1]

이것은 그저 어린 시절의 공상에 불과한 것이 아니었고 셸데루프 에베는 어른이 되어서도 일을 멈추지 않았다. 그는 닭들을 계속해서 관찰했고, 동물학을 공부하기 위해 오슬로 대학교에 들어가 1921년에는 닭 무리에서 나타나는 계층구조에 대한 논문을 발표했다. 계층구조를 의미하는 관용구 'pecking order(우열순서, 독일어로는 'hackordnung'이며 원뜻은 '쪼기 순서'라는 의미다)'도 셸데루프 에베가 만든 것이다.

셸데루프 에베가 기록한 바에 의하면 모든 닭은 먹이를 제일 먼저 먹고 싶어 했지만 결국 성공하는 닭은 언제나 한 마리밖에 없었다. 그는 그 암탉을 '폭군despot'이라고 불렀다. 무리 중에는 언제나 딱 한 마리의 폭군이 존재했고 그 암탉은 나머지 모든 닭들을 쪼아댔다. 일곱 마리 암탉이 있는 무리에서 세 마리는 나머지 네 마리를 쪼았고, 한 마리는 두 마리를 쪼았고, 한 마리는 한 마리를 쪼았고, 혼자 남은 한 마리는 쪼을 암탉이 없었다. 다른 닭을 쪼거나 먹이를 먹을 수 있는 특권은 이런 식으로 계속 아래로 이어지고, 꼴등 암탉은 결국 먹을 것이 별로 남지 않는다. 그는 이렇게 적었다. "꼴등 암탉은 쪼임을 너무 많이 받아서 불안해 보였다. 내 생각에는 쪼임을 피하면서 먹이를 먹으려고 계속 애쓰다 보니 지친 것 같았다. 반면 폭군은 다른 암탉들이 먹이에 접근하지 못하게 쫓아내거나 우리에서 내몰아 버렸고, 자기를 괴롭히는 닭이 없었기 때문에 상태가 아주 좋아보였다."[2]

셸레루프 에베가 지도로 그린 우열순서는 언제나 수직적이었다. 여기서 꼭대기를 차지한 닭에게는 먹이와 안전 등 막대한 특혜가 돌아왔고 밑바닥으로 내몰린 닭에게는 심각한 위험이 찾아왔다.

그는 관찰한 내용을 이렇게 옮겼다. "닭장 안에서 진지한 분위기가 흐른다. 닭들이 분노와 두려움을 나타내고 있다."

우열순서가 안정되어 있지 않기 때문에 평화로운 순간은 아예 존재하지도 않는다. 반란이 일어나면 나이 든 닭이 특히나 취약하다. 마당에 보이지 않던 새로운 닭이 들어오면 기존의 닭들은 예외 없이 자기 지위를 지키기 위해 싸운다. 이들은 필요 이상으로 많은 먹이를 먹는다. 힘을 과시하는 상징이기 때문이다. 모든 닭은 사회구조를 항상 잘 이해하고 있다.

"한 무리 안에서 두 마리 닭 중 누가 '위'고 누가 '아래'인지 모르는 경우는 있을 수 없다. … 이들의 사회구조는 그들의 뼛속 깊이 새겨져 있다. 나이 든 닭과 따로 분리해서 기른 어린 닭에서도 특징은 그대로 드러난다. 다른 말로 하면 이런 사회구조의 경향성은 학습된 것이 아니라 유전되었다는 의미다."[3]

셸데루프 에베가 닭들 사이에 존재하는 사회적 관계를 분석하는 데는 뛰어났지만 인간의 행동을 이해하는 능력은 안타깝게도 그리 성공적이지 못했던 것으로 드러났다. 처음에 그는 노르웨이 최초의 여성 교수이자 자신의 스승인 크리스티네 보네비 Kristine Bonnevie 의 밑으로 들어갔다. 셸데루프 에베 아들의 말에 따르면 스승은 대단히 지배적인 인물이고, 계층에서의 서열도 높았다고 한다. 하지만 보네비를 조롱하는 기사가 나오자 보네비는 셸데루프 에베가 쓴 글이라 결론 내리게 되고, 결국 두 과학자는 파국을 맞게 된다. 셸데루프 에베는 자신의 결백을 주장했지만(이 기사는 결국 노르웨이의 선구적인 한 소설가에 의해 쓰인 것으로 훗날 밝혀졌다) 보네비는 귀를 막아 버렸고, 결국 모든 지원을 끊고 제자를 학문적 보금자리 밖으로 내쫓아버렸다.

그는 보네비에게 다음과 같은 소리를 들었다. "넌 일자리가 필요 없어. 돈이 있잖아."

하지만 대부분의 과학자들처럼 셸데루프 에베가 원한 것은 돈이 아니었다. 그는 동료들의 존경을 받고 싶었고 과학 분야 계층 안에서 자리를 차지하고 싶었다. 그런데 노르웨이 동료들에게 거부당하고 만 것이다. 아무것도 하지 않고 가만히 앉아 있을 수만은 없었던 그는 유럽 전역을 떠돌아다니며 자신을 받아주는 곳에서 논문을 발표하고 교편을 잡았다. 〈일상생활을 하는 계내금에 대한 생물학적 관찰Fortgesetzte biologische Beobachtungen des Gallus domesticus - Biological observations of Gallus domesticus in its daily life〉이라는 논문이 1924년에 독일에서 발표되었고, 이것은 동물의 사회적 행동 연구의 초석이 됐다. 하지만 노르웨이 동료들에게는 아무런 소용이 없었다.

그의 아들은 이렇게 회상했다. "그들은 이렇게 말했습니다. 아버지는 독일에서 유명해진 것이고 이곳에 있는 자기들이 좋아하는 유형의 사람도 아니라고 말이죠. 그래서 아버지가 박사학위를 받지 못하게 막을 방법을 찾아냈지요. 어쩌면 그렇게까지 부당할 수 있었을까 싶습니다."

셸데루프 에베는 아이들을 위한 이야기도 쓰고, 시도 쓰고, 수학, 화학, 꽃향기의 강도, 오래된 씨앗이 발아하기 어려운 이유 등을 연구하기도 하면서 넓게 그물을 쳤다. 100편이 넘는 과학 연구를 통해 학술 계층 속에서 자기 자리를 찾아보려 애썼지만 모두 부질없는 일이 되고 말았다.

그의 아들은 이렇게 회상한다. "1955년쯤 아버지는 콘라드 로렌 츠Konrad Lorenz로부터 편지를 한 통 받았습니다. 편지에는 이렇게 적혀 있었 죠. '당신의 연구가 제 연구에 큰 영향을 주었습니다.' 그러니까 아버지의 연구가 그 사람의 연구보다 앞서 있었다는 말이죠. 그러고 나서 1973년 에 동물행동학으로 세 과학자(콘라드 로렌츠, 카를 폰 프리슈Karl von Frisch, 니콜 라스 틴베르헌Nikolaas Tinbergen)에게 노벨상이 주어졌을 때 나는 아버지에게 말했어요. 아버지가 이 상을 받았어야 한다고 말이죠! 결국 '우열순서(쪼 기 순서)'라는 용어를 처음 발명한 사람도 아버지였으니까요. 그 현상을 발 견한 사람은 바로 아버지였습니다."

대그는 어린 시절 내내 아버지가 자기 연구에 대한 기사가 나올 때마 다 오려 붙여 스크랩북을 만들었던 것을 기억한다. 학술적으로 인정받고 싶어할 때마다 너무 여러 번 퇴짜 맞으며 살아왔기 때문에 셸데루프 에베 는 자기 연구에 대한 언급이 나오거나 학술 단체에 회원으로만 인정받아 도 소중하게 생각했다. 그가 죽자 열 권에 달하는 그의 책을 대학에 기증 하려 했으나 대학에선 그를 명예롭게 하기를 거부했다. 참으로 불쌍한 셸 데루프 에베다. 그는 계층구조와 권력 투쟁의 존재를 예리하게 알아채고 지도로 그리기까지 했었지만 이런 통찰을 자기에게 유리하게 써먹을 줄 은 몰랐다.

하지만 그가 남긴 유산은 엄청난 것으로 '우열순위(쪼는 순위)'라는 개념 에서 그치지 않는다. 그런 구조를 분명하게 밝힐 수 있고, 사회적 행동에 미치는 영향을 연구할 수 있다는 생각 자체도 그가 남긴 유산이었다. 셸 데루프 에베의 닭들처럼 우리도 거의 항상 상대적인 지위를 암묵적으로 만들어내고, 알아차린다. 그리고 깜짝 놀랄 만큼 빠른 속도로 서열을 매 긴다. 만 2세만 되도 어린 아이들 사이에서는 사회적 계층구조가 자발적 으로 등장하며 이때 사회적 서열에 대한 정보를 처리하는 생물학적 시스 템도 함께 생겨난다.[4]

사회적 지위에 따른 자세와 목소리

사람에게서 나타나는 행동을 셸데루프 에베가 닭에게서 한 것만큼이나 엄격하게 그려낸 사람은 하버드대학교의 로버트 프리드 베일스Robert Freed Bales이다. 그는 한쪽에서만 볼 수 있는 반투명 유리 뒤에 숨어서 사람들의 집단을 관찰하며 지배적 위치가 어떻게 결정되는지 평가하려 했다. 그는 닭들과 마찬가지로 사람의 집단도 처음에 한자리에 모였을 때는 동등한 위치에서 시작하지만 거의 즉각적으로 불평등한 관계로 흘러들어가는 흐름drift 현상이 일어난다고 했다. 이러한 흐름은 사람들을 각자 다른 역할 및 서열로 나누기 시작하고 집단 내부의 서로 다른 사회적 관계를 정의하기 시작한다. 기존의 닭은 새로 들어온 닭보다 지배적인 위치에 설 가능성이 더 높았던 것과 마찬가지로 집단 토론에서는 제일 먼저 발언하는 사람이 명성을 구축하고 지배적인 위치를 차지할 가능성이 높았다. 집단 내부의 다른 사람들은 신속하게 서로 구별되는 역할과 적소適所, niche를 취하기 시작한다. 어떤 사람은 생각을 제기하는 데 전문가가 되고, 어떤 사람은 사사건건 반대를 하는 사람이 된다. 어떤 사람은 평화를 유지하거나 긴장감을 해소하는 데 능력을 발휘하기도 한다. 어떤 사람은 존경을 얻는 반면, 어떤 사람은 그냥 인기만 좋다. 하지만 거의 즉각적으로 모든 사람은 역할과 지위를 얻게 된다. 베일스의 결론에 따르면 보통 가장 인기 많은 기여자는 계층에서 두 번째나 세 번째 위치를 차지한다. 그는 이렇게 적었다. "아이디어 분야에서 최고 자리를 차지하면서 인기도 제일 많이 얻는 것이 불가능한 것은 아니지만 아무래도 어려워 보인다."[5]

베일스는 대화가 계층을 만들어내는 방식에 주의를 기울였지만 최근에는 말이 나오기 전부터도 사회적 서열 매기기가 상당 부분 이루어진다는 사실이 분명해졌다. 눈빛이나 시선만으로도 지배력을 발휘할 수 있다. 말하기 전에도 상대의 눈을 똑바로 쳐다보고 말을 마친 후에도 상태를 유지하는 사람은 말의 내용과 상관없이 시선을 빨리빨리 옮기는 사람보다 좀 더 지배적인 위치를 차지하게 된다. 사회적 지위를 알려주는 징표들을 꼼꼼하게 제거한 후에 이루어진 실험에서 학자들은 실험 참가자들 모두가 미처 어떤 대화가 시작하기도 전에 상대적인 지위에 대한 결론에 도달한다는 사실을 알아냈다.[6]

보디랭귀지는 거의 즉각적으로 소통이 이루어지며, 우리의 인지능력에도 불구하고 몸보다는 생각을 더 중요하게 여겨야 하는 상황에서도 상당한 영향력을 유지한다. 과잉경쟁적인 환경인 하버드대학교 경영대학원에서 에이미 커디Amy Cuddy는 학교 내 강의실에서의 우열순서를 잘 알고 있었다. '폭군'들은 그녀가 소위 상위 권력층의 자세라 부르는 자세로 넓은 공간을 차지하며 퍼질러 앉아 있었다. 반면 하위 권력층의 자세를 한 다른 사람들은 몸을 웅크리거나 거의 보이지 않는 사람처럼 있었다. 에이미 커디는 서로 다른 자세들이 지능과는 상관없다고 확신하고 있었지만 혹시나 성적과 연관되기 시작하는 것이 아닐까 걱정했다. 그래서 그녀는 보디랭귀지를 바꾸는 것만으로도 자신감에 변화를 주고, 그녀가 느끼기에 유능하면서도 조용한 학생들이 더욱 큰 기여를 할 수 있게 만들 수 있을까 궁금해졌다. 그녀는 스스로에게 물어보았다. 혹시 '가짜로 하다 보면 진짜가 된다Fake it til you make it' 작전이 가능하지 않을까?[7]

사람들의 자세를 바꾸려고 하다 보니 커디는 이런 튀는 자세가 불편하거나 부적절한 상황이 너무 많다는 것을 깨달았다. 그래서 좀 더 미묘한 부분을 시도했다. 중요한 사회적 평가에 앞서서 상위 권력층의 보디랭귀지를 취해보면 평가가 진행될 때도 좀 더 강력한 존재라는 인상을 줄 수 있지 않을까? 커디는 실험을 디자인해서 가상의 구직 면접을 보기 바로 전에 학생들에게 혼자서 딱 2분씩 상위 권력층 자세를 취해 보도록 했다.

커디가 발견한 내용은 꽤나 놀라운 것이었다. 신체적으로 상위 권력층의 보디랭귀지를 딱 2분간 취했던 학생들은 테스토스테론(지배 호르몬)의 수준이 20퍼센트 정도 올라가 스스로를 더욱 강력한 존재로 느꼈다. 더군다나 코르티손cortisone(스트레스 호르몬)의 수준은 25퍼센트가량 떨어졌다. 따라서 스트레스가 줄어들었다. 자기가 바라보고 있는 것이 무엇인지 알지 못한 채 가상의 구직 면접을 진행하는 객관적 관찰자들은 이 '상위 권력층' 학생들을 존재감이 더 크고, 더 강렬하고 매력적인 인물로 평가했다.[8] 혼자서 상위 권력층 흉내를 내는 것만으로도 낯선 이방인들에게 지위를 내세울 수 있었던 것이다.

권력과 서열에 대한 우리의 민감성은 즉각적이며, 무의식적이며, 집요하다. 그리고 시각적 단서만큼이나 영향력이 큰 것이 바로 목소리다. 켄트주립대학교에서 사회학자 스탠퍼드 그레고리Stanford Gregory는 인간의 목소리에는 가청주파수보다 낮은 저음(대략 0.5킬로헤르츠)이 담겨 있고, 우리는 무의식적으로 그 소리를 포착할 수 있음을 발견했다. 이 저음은 상대적인 사회적 지위에 대한 무언가를 전달한다. 래리 킹Larry King(미국 CNN 라이브 토크 쇼 〈래리 킹 라이브〉의 진행자)이 하는 말을 듣고, 또 그 음파를 지켜보는 과정에서 그레고리는 권력이 막강한 초대 손님(조지 부시, 엘리자베스 테일러, 빌 클린턴, 노먼 슈워츠코프)과 인터뷰를 할 때는 래리 킹이 자기 목소리에 담긴 저음을 상대방의 저음에 맞추는 것을 발견했다. 하지만 권력이 약한 초대손님(개리슨 케일러Garrison Keillor(미국의 풍자작가 겸 방송인), 스파이크 리Spike Lee(미국의 흑인 영화감독), 댄 퀘일Dan Quayle(미국의 정치가))과 대화할 때는 이들의 사회적 지위가 낮기 때문에 오히려 그들이 래리 킹의 저음에 자기의 저음을 맞추었다. 그레고리는 사람 목소리의 저음에 들어 있는 낮은 주파수 신호가 음높이보다 훨씬 많은 의미를 전달한다고 결론 내렸다. 즉, 권력을 소통하는 것이다.[9]

그는 계속해서 열아홉 편의 미국 대통령 텔레비전 대선토론회를 대상으로 자신의 연구 결과를 시험해보았다. 각각의 경우에서 목소리만으로도 누가 우세한지 알려주는 지표이자, 투표 결과를 정확하게 말해주는 예측 변수가 될 수 있음이 밝혀졌다.[10] 물론 영국의 마가렛 대처는 총리가 되었을 때 자기 목소리 톤을 극적으로 낮추었던 것으로 유명하다. 이것은 자신의 여성성을 낮추려는 의식적인 노력이었다. 하지만 그레고리가 확인한 것은 우리 모두가 받아들이고 해석하게 될 무의식적이고 거의 들리지도 않는, 지위 신호였다.

젊은 층의 우열순서

우리가 사는 사회는 서열과 지위가 유동적이고, 나타내는 상징 또한 평생 동안 변한다. 인정, 관심, 존경을 위한 경쟁이 청소년기처럼 극심할 때는 없다. 자신에 대한 정체성이 취약하게 느껴지는 시기이기 때문이다. 고등학생들을 대상으로 했던 한 흥미로운 관찰 연구에서는 사회적 경쟁이 10대 흡연과 연루되어 있는지 확인하기 위해 그들의 우열순서를 확인해보았다. 연구자들이 학생들과 면담했을 때 학생들은 모두 묻지도 않았는데 자기 친구들 중에서 누가 대장이고, 누가 중간에 있고, 누가 밀려났는지를 설명하기 바빴다. 이들은 대단히 자발적으로 자신의 사회적 세계를 수직적이라 묘사했고, 지위, 명성, 인기 등을 기준으로 자기 동료들을 인식하고, 구분하고 딱지 붙일 수 있었다. 여기서 얻은 정보를 바탕으로 연구자들은 셸데루프 에베가 닭에게 사용했던 것과 똑같은 도표로 10대들 사이의 관계를 정확하게 나타낼 수 있었다.[11]

우열순서와 흡연은 밀접한 관련이 있었다. 흡연하는 10대 중 가장 규모가 큰 집단은 우두머리 여학생들이었다. 연구 결과에 따르면 이들은 흡연이 자신을 자신감 넘치고 독립적인 존재로 만들어준다고 여겼다. 하지만 연구에서 가장 흥미로웠던 부분은 스트레스 수준이 어디서 가장 높게 올라가는지 확인한 것이었다. 서열에서 중간에 있으면 안전하다는 느낌을 주었다. 여기에 속한 여학생들은 흡연과 관련해서는 사회적 압력social pressure에 대한 감수성이 가장 낮았다. 우열순서에서 극단적인 스트레스를 경험하는 위치는 우두머리 쪽(제일 높은 위치를 잃을지 모른다는 두려움)과 밑바닥 쪽(아예 무리에서 쫓겨날지도 모른다는 두려움)이었다.[12]

경쟁의 압박은 흡연, 난잡한 성관계, 지능, 에너지, 폭력, 무기력 등 시대에 따라 다른 방식으로 나타났다. 모든 행동들은 지위와 정체성을 얻기 위해 노력하는 젊은이들에게 한때 매력적으로 느껴졌다. 경쟁은 지속적으로 널리 퍼져 있으며 중독이 될 수도 있다. 회고록《쇠약Wasted》에서 마리아 호른바허Marya Hornbacher는 사회적 경쟁을 천박한thin 것이라 묘사했다.

"요즘에는 굶는 일이 여성적인 일이 되었다. 빅토리아 여왕 시대에 줄도하는 것이 그랬던 것처럼 말이다. 우리 세대와 지난 세대 사람들은 음식에 관심이 없는 척한다. 너무 '바빠서' 못 먹고, 너무 '스트레스'를 받아서 못 먹는다. 어떤 면에서 먹지 않는다는 것은 자신이 충만한 삶을 살고 있음을 나타내는 것이기도 하다. 바쁘게 사는 것이 중요한 나머지 먹는 행위는 소중한 시간을 잡아먹는 부담스러운 일이 되고 말았다. 우리는 식욕 상실을 가장 신성한 탈물질적인 속성이라 주장한다. 물질적인 여성적 영역을 정복하고 드디어 정신적인 남성 영역으로 들어간 슈퍼우먼이 되었다는 징표라 주장하는 것이다."

다이어트와 경쟁적 허영심

호른바허가 예술적 감각이 뛰어난 10대로 인정받아 기숙학교에 들어가자마자 그의 재능은 분명해졌다. 하지만 재능이 있다고 해서 치열한 학교 공동체 안에서 지위를 위한 경쟁의 필요성이 사라지는 것은 아니었다.

그녀는 내게 이렇게 말했다. "학교에 들어가 보면 모두 재능이 있어요.

그 안에서는 자기도 수많은 물고기들 중 한 마리의 물고기에 불과하죠. 재능 전선에서는 제한된 자리를 놓고 경쟁을 벌여요. 청소년기에 우리는 그것을 곧이곧대로 너무 진지하게 받아들여요. 해내지 못하면 자기는 아무것도 아닌 존재가 될 것처럼 여기죠. 저도 그 경쟁에 뛰어들 수밖에 없었죠. 외모와 체중이라는 면에서는 인터라켄, 초우트 로즈마리 홀, 크랜브룩, 그리고 그 외 수많은 영국 기숙학교의 여학생들이 누가 완벽한 몸매를 가지고 있느냐를 두고 심각한 경쟁에 뛰어들어요."[13]

호른바허에 있어서는 우열순서에서 올라갈 수 있는 방법은 바로 굶는 것이었다. 먹고 싶은 유혹에 굴복하는 것은 창피스러운 일이었다. 그 때문에 결국에는 병원 신세까지 지게 되었지만 그녀가 말하는 '경쟁적 허영심competitive vanity'은 멈추지 않았다. 오히려 더 커졌다. 그녀는 섭식 장애는 가장 성공적인 사람이 죽게 되는 일종의 최종 단계라고 했다.

"그게 바로 승리하는 방법이에요. 이렇게 말할 자격이 생기는 거죠. '난 열네 살 때 심장마비에 걸렸어.' '그래? 난 열두 살 때 걸렸는데.' '난 그러다 죽는 애도 봤어.' '그래? 난 심장마비 걸려도 안 죽던데.' '난 간부전이 생겼는데 괜찮았어.'"

호른바허는 단호했고, 운이 좋았다. 그녀에게는 진정한 통찰력이 있었고 어느 순간 살아야겠다고 마음먹게 되었다. 굶어죽는 것은 멍청하고 얼빠진 일임을 깨달은 것이다.

호른바허가 놀라운 이유는 거식증이 아니라 그녀의 통찰 때문이었다. 섭식 장애는 어떤 정신질환보다도 사망률이 높다. 이 질환에 걸린 사람들 중 5~10퍼센트는 10년 안에 사망한다. 18~20퍼센트는 20년 후에 사망하고, 완전히 회복하는 사람은 30~40퍼센트에 불과하다. 이는 단지 여학생만의 문제가 아니다. 섭식 장애로 고통받는 남성들이 늘어나고 있다. 현재 남성이 차지하는 비율은 15퍼센트 정도다. 더군다나 부와 지위를 차지한 다른 민족 집단에서 나타난 예기치 못했던 결과가 한 가지 더 있다. 이제 민족을 불문하고 남녀 모두가 체중 감량 경쟁에 나섰다는 것이다. 섭식 장애는 한때 중국과는 거리가 먼 질환이었으나 이제는 미국과 동일한 수준에 이르렀다.[14]

호른바허에게 이러한 사회적 경쟁의 대가는 두 가지로 찾아왔다. 첫째, 영구적인 신체적 손상이었다. 그것은 심장 손상과 불임이었다. 하지만 그녀는 눈에 보이지 않는 손상이 있다고 말했다. 극단적인 사회적 경쟁이 엄청난 에너지와 관심을 개인에게 집중시키는 바람에 협력 능력이 죽어 버리는 것이다. 자기 자신을 지나치게 강조하다 보니 다른 사람에 대해 생각하고, 그 사람을 이해하고, 관계를 맺는 것이 불가능해져 버린다. 경쟁은 일종의 터널시tunnel vision(앞만 보이고 옆과 뒤는 보이지 않는 좁은 시야를 의미한다-옮긴이)를 가져와 그녀의 관점을 편협하게 만들고 육체적 성장뿐만 아니라 상상력의 성장 또한 저해하고 말았다.

"인터라켄 기숙학교에서는 경쟁 때문에 창의력에 근본적인 장애가 생겨요. 학교의 성격 자체가 경쟁적이다 보니 협력정신이 죽어 버리죠. 사람들이 지속적인 경쟁 상태에 있다는 것은 곧 어떻게 승리하고, 어떻게 꼭대기에 오를 수 있는지 알게 된다는 의미라 생각해요. 하지만 다른 것은 아무것도 하지 못해요. 거기에는 다른 무엇, 다른 누군가를 받아들일 수 있는 공간이 존재하지 않으니까요."

호른바허가 경험하고 묘사했던 것과 같은 극단적인 경쟁은 근본적으로 반사회적이다. 이기고 말겠다는 욕망은 다른 사람들을 업신여기고 함부로 대하게 만든다. 호른바허는 지위를 얻기 위한 경쟁은 필연적으로 중독될 수밖에 없는 문제점이 따른다고 말한다. 이런 경쟁은 사람을 더욱더 극단으로 치닫게 하고 더 큰 위험을 감수하도록 내몬다. 이것이 바로 권력을 얻는 데 따르는 어두운 면이다. 자신이 무엇이나 될 수 있고 또 무엇이든 할 수 있다면, 인생이 자기가 이기고 지는 데 달린 게임이라면, 그 게임에서 지는 것이야말로 모두 자신의 잘못이 되기 때문이다.

월드 오브 워크래프트 속 사람들

현재 재능 있는 작가이자 생각 깊은 교사인 리안 반 클리브Ryan Van Cleave는 이렇게 적었다. "현실 세계는 내게 무력감을 준다. 작동하지 않는 컴퓨터, 징징대며 우는 아이, 갑자기 죽어버린 휴대전화 배터리. 일상생활에서 사소한 장애만 생겨도 내 모든 힘이 사라져버린 것 같은 느낌이 든다. 하지만 '월드 오브 워크래프트World of Warcraft(온라인 게임)'를 하면 마치 신이 된 듯한 기분이 든다."[15]

반 클리브는 컴퓨터광이 아니었는데도 컴퓨터 게임에 중독되어 일주일에 60시간까지 게임을 했을 때가 있었다. 꿈에 그리던 직업도 생겼고, 사랑하는 임신한 아내도 있었다. 하지만 컴퓨터 게임이 주는 순수한 성취감이 현실 세계에는 존재하지 않았다.

반 클리브는 내게 이렇게 말했다. "승자가 되려면 믿기 어려울 정도의 자부심을 가지고 있어야 합니다. 저는 그것을 게임을 통해 얻고 있다고 생각했어요. 과제를 완수했다는 만족도 있었고요. 만족의 추구는 우리 모두가 가지고 있는 강박증이죠. 거기에는 무언가를 마무리했다는 느낌과 즐거움이 있었어요. 게임은 사람에게 점점 더 좋은 당근을 제공하도록 설계되어 있기 때문에 승리하고 있다는 느낌을 주죠. 게임에는 성적표가 나와요. 자신의 성취를 전 세계적으로 알릴 수 있는 경연장이 열리는 거죠. 사람들은 최고 그룹에서 뛰는 사람이 누군지, 그리고 그룹 안에서 누가 최고인지 알고 있어요. 아주 잘 알고 있죠. 현실 세계의 그 무엇보다도 훨씬 더 명확해요. 절대적이죠."

그는 게임에서 이기고 지위를 획득하는 데서 큰 보상을 느꼈기 때문에 아내와 새로 태어난 아기, 직장에서의 인간관계 모두를 방치하기에 이르렀다. 그는 실제 생활의 난장판보다 가상 세계에서 얻은 지위가 훨씬 큰 권력을 주는 듯한 기분이 들었다. 게임은 그에게 현실 세계는 결코 줄 수 없는 내재적인 보상('오늘은 어제보다 더 잘했어')과 외부적 보상('모두들 내가 얼마나 위대한지 볼 수 있겠지')을 가져다준다.

반 클리브의 중독은 우연이 아니었다. 그것은 다분히 의도적으로 조장된 것이다. 사실 모든 컴퓨터 게임은 보상과 지위에 대한 우리의 갈망을 이용하도록 특별히 설계되어 있다.

"게임 기획자에게 경쟁의식은 핵심적인 요소입니다. 싱글 플레이어 게임을 하면 친구들한테 자랑하고 싶어지죠. 멀티 플레이어 게임에서는 자기 점수가 모두 볼 수 있는 곳에 올라가 있습니다."

노아 팔스테인Noah Falstein은 매력이 넘치고 열정적인 사람으로 게임 산업계의 베테랑이다. 큰 키에 벗겨지기 시작한 머리, 작은 은발의 염소 수염과 강렬한 갈색 눈동자를 가진 그는 비판적 사고를 하는 지적인 사람 같은 인상을 풍긴다. 아마도 그에게서 가장 놀라운 점은 침착함일 것이다. 아드레날린을 솟구치게 만드는 소프트웨어를 제작하고 있지만 그는 오히려 조용히 사색하는 유형의 사람이다. 팔스테인은 루카스필름 게임즈Lucasfilm Games 초창기에 고용된 사람이다. 이곳에서 그는 현재 온라인 게임과 컴퓨터 게임의 표준으로 자리 잡은 많은 규칙과 언어를 만들어내는 데 중요한 역할을 했다.

그도 솔직하게 인정했다. "중독 사이클addictive cycle은 아무래도 조금 당황스러운 것이 사실입니다. 즐거움과 중독 사이가 종이 한 장 차이인 것들이 꽤 있죠. 솔직히 말해서 우리 게임 설계자들은 게임을 좀 더 중독성 있게 만드는 방법을 찾으려고 애씁니다. 우리 사이에서도 큰 논란이 되고 있는 윤리적 딜레마 중 하나죠.

게임들은 모두 '충동 회로compulsion loop'를 갖고 있습니다. 정말 불온한 용어이기는 합니다만 우리는 게임 속에 그런 요소를 구축해 넣죠. 좋은 게임을 만들어내는 것이 바로 이런 요소입니다. 우리는 언덕 오르기 알고리즘hill-climbing algorithm을 이용합니다. 낮은 기술 수준에서 도전을 시작해서 차츰 그 수준을 올려가는 것이죠. 속도가 너무 느리면 지겨워집니다. 반대로 기술 수준을 너무 빨리 높이면 게임 이용자는 포기해 버리죠. 뇌 연구에 따르면 이것은 체력훈련과 비슷한 방식으로 작동한다고 합니다. 포도당의 고갈과 회복이죠. 충동 회로를 10초마다 주어서는 안 됩니다. 시간을 다양하게 섞어야 해요. 어떨 때는 세 시간 만에 큰 보상이 떨어지기도 합니다. 남자들이 게임에 빠져들면 여자들은 졸지에 과부나 다름없는 신세가 되어 버리죠. 사람들이 게임에 매달리는 이유는 언제 큰 보상이 떨어질지 모르기 때문입니다. 보상을 꼭 받아야 하거든요."

호른바허가 굶는 것에 중독되었던 것처럼 지위를 차지하려 애쓰는 과정에서 반 클리브도 승리에 중독되어 있었다. 7년을 게임에만 몰두한 결과 아내는 떠나버리겠다고 협박했고, 아이들은 아빠를 미워했고, 그의 경력 또한 위태로운 경지에 내몰리게 되었다. 그는 자신의 아바타에게 칼과 갑옷을 사주느라 진짜 돈을 썼고, 게임 속에서 다른 사람들로부터 존경을 받고 성공을 거두기 위해 애쓰느라 그 무엇도 대신할 수 없는 소중한 시간들을 날리고 말았다. 큰 어려움이 있었지만 그는 엄격한 절제력으로 결국 다시 현실 세계로 돌아왔고 그 후로는 줄곧 현실 세계에 머물고 있다. 자기가 현실 세계와 그리도 동떨어져 있었다는 것이 그는 아직도 조금은 놀랍다.

"게임 중독에서 빠져 나와 정말 다행이라는 생각을 하고 있습니다. 중독이 끝날 이유가 없었거든요. 월드 오브 워크래프트는 평생을 해도 지겹지 않습니다. 제 생각에 저도 한때는 평생 그 게임만 하고 싶어 했던 것 같아요. 그렇게 했을지도 모르고요! 제 아내는 내가 정말 그 게임을 끊을 수 있을지 믿지 못했었죠."

지위 경쟁에 대한 탐욕

반 클리브와 호른바허 두 사람 모두가 찾아냈던 것, 인생을 거기에 희생당할 뻔 했던 것은 지위 경쟁에 대한 탐욕이었다. 보상은 모두 상대적인 것이었고, 항상 누군가는 자기보다 더 잘하고, 더 많이 성취하기 때문에 진정한 만족은 결코 찾아올 수 없었다. 사회심리학자들은 이것을 쾌락의 쳇바퀴hedonic treadmill라고 부르며 이것으로는 사람이 결코 행복해질 수 없다고 지적한다.

나는 인터넷 붐이 일던 시절에 소프트웨어 회사를 운영하면서 이런 현상이 대규모로 펼쳐지는 것을 목격했다. 내 주변의 많은 사람들이 갑자기 부자가 되는 모습을 흥미롭게 지켜보았다. 그들은 처음에는 비싸고 큰 차를 사들였다. 다음에는 어김없이 새 집으로 이사를 갔고, 더 젊은 부인을 맞아들였다. 그 다음은 요트였다. 일부 소수의 사람들은 비행기를 사기도 했다. 그리고 다음에는 더 좋은 비행기를 구입했다. 내 자신의 생활수준도 빠른 속도로 좋아지고 있었지만 여기에는 끝이 없다는 사실을 이해하게 되었다. 지위란 언제나 상대적인 것이지 절대적인 것이 아니기 때문이다. 그전에는 깨닫지 못한 부분이었다.

"50대가 되어서도 뒤처지고 싶지 않다는 이유로 여전히 트레이딩을 하고 있는 백만장자들이 있습니다. 이런 사람들은 행여 지면 어떡하나 매일매일 두려움을 안고 사는 사람들이에요. 아침에 눈을 뜰 때마다 오늘은 이길 수 있을 것 같다는 기분을 느끼고 싶어 하죠. 마치 운동선수들처럼 말이죠."

마이클 카프Michael Karp는 주식회사 옵션스Options Inc.의 강박적인 매니징 파트너managing partner다. 주로 헤드헌팅 업무를 하는 이곳에서 카프는 은행과 헤지펀드에게 고용인들의 급료를 얼마나 지불할 것인지에 대해 조언을 해주며 유명해졌다. 회사들은 보너스 풀bonus pool을 어떻게 할당할지 결정할 때면 카프에게 연락하여 다른 경쟁 회사들이 보너스를 얼마나 지불하고 있는지 물어본다.

카프는 만족을 모르는 사람이다. 맹렬한 속도로 말하는 중간에도 자기의 스마트폰을 수시로 들여다보며, 바깥 복도의 사람들이 대화하는 내용에도 귀를 기울인다. 우리는 번쩍거리는 유리벽으로 둘러싸이고 초록색 대리석 탁자, 검정 가죽 의자, 유리 문 등으로 가득 찬 회의실에 앉아 있었고, 그는 자신의 사업이 운영되는 바탕인 원초적 에너지에 대해 열심히 묘사하고 있었다.

"상대성이요? 엄청나죠. 서로간의 비교요? 엄청납니다! 우리가 사업을 하는 이유죠. 우리는 누가 더 많이 벌고 있는지 아니까요. 우리는 늘 사람들하고 얘기합니다. '지금은 어디서 일합니까?' '무슨 일 하는데요?' 우린 정보를 모두 가지고 있어요. 따라서 고객이 찾아와 급료를 얼마나 지불해야 하는지 알고 싶어 하면 우리는 그들이 얼마를 더 제시해야 하는지 알려줄 수 있죠."

우리가 만났던 날(2012년 10월 24일), 월스트리트 저널에서는 2012년 최고의 헤지펀드 매니저 5인에 대한 기사가 막 나왔다. 카프는 흥분했다. 그는 이 사람들을 모두 알고 있었고, 그들이 어떻게 반응할지도 잘 알고 있었다.

"이 사람들은 당연히 흥분할 겁니다. 물론 거기에 끼지 못한 사람들은 사정이 다르겠죠. 단단히 뿔이 날 겁니다. 하지만 저는 이 다섯 사람을 압니다. 그 사람들이 돈을 어떻게 버는지도 알죠. 모두 서브–서브프라임sub-sub-prime입니다! 저들은 모두 서로를 지켜보고 있죠. 모두들 알고 싶어 해요. 다른 사람들은 뭘 하고 있을까? 저 사람은 어떻게 돈을 벌고 있을까?"

카프는 두 손을 서로 맞부딪히며 맹렬하게 얘기를 이어갔다. 그의 옆에는 제시카 리Jessica Lee가 앉아 있다. 그녀는 키가 크고 우아한 아시아계 미국인으로 급료와 보너스에 관해 전 세계에서 모은 자료들을 분석하는 일을 담당하고 있다.

제시카는 말한다. "사람에 관련된 것은 모두 상대적입니다. 급료의 경우에는 곡선의 기울기가 아주 가파르죠. 트레이더를 위한 보상금을 봐도 2008년 이전에는 중간점mid point과 평균average이 같은 범위 안에 있었어요. 이제는 범위를 전체적으로 보는 것이 도움이 안 돼요. 금융 위기 이후로는 패배자가 더 많아지고, 승자가 줄어들었어요.

"4,000명의 사람이 벌어들인 돈을 일일이 다 살펴본 다음에 분석하고 비교할 수 있도록 특정 카테고리에 따라 분류하는 일은 정말 고통스러운 작업입니다. 한 은행에서는 상무이고, 다른 은행에서는 이사이면 직함은 다르지만, 그래도 여전히 직접적인 경쟁자거든요. 아주 노동집약적인 작업이에요."

제시카가 이 힘든 작업을 인내심 있게 밀고 나가는 이유는 두 가지다. 작업을 통해 나온 자료는 그 자체로 하나의 생산물이다. 옵션스의 연례보고서는 한 부당 1만1천 달러에 팔린다. 방대한 자료지만 제시카가 자료를 꼼꼼하게 살펴서 선별한 덕분에 개인 및 조직 간에 담당업무와 생산성별로 비교하는 것이 가능하다. 새로운 사람을 뽑으려 할 때 옵션스는 다른 사람들이 얼마나 받고 일하는지 정확히 알고 있기 때문에 급료 협상에서 더욱 막강한 힘을 발휘할 수 있다.

보상금에 대한 자료를 수집하는 조직이 옵션스만은 아니다. 보상 컨설턴트compensation consultant는 하나의 온전한 산업으로 자리 잡고 있다. 하지만 옵션스는 대부분의 경쟁자들에 비해 더욱 포괄적인 작업을 해낸다. 카프는 일을 강박적으로 해내고 있다.

"저에겐 경쟁자가 아주 많습니다. 이곤젠더Egon Zehnder, 스펜서 스튜어트Spencer Stuart 등 쟁쟁한 업체들이죠. 이런 회사들은 저희보다 오래된 곳이고 규모도 크죠. 하지만 저는 절대로 일을 멈추지 않았습니다. 오늘은 수요일이로군요. 저는 벌써 이번 주에만 공식 연회 자리에 두 번이나 참석했습니다. 아직도 네 건이나 남았어요. 겨우 10월밖에 안 됐는데 말이죠. 공식 연회가 많은 달은 11월, 12월이죠. 저는 만나는 모든 사람에게 제 명함을 돌립니다. 우리는 절대로 일을 멈추는 법이 없어요. 일주일에 7일, 하루 24시간 근무합니다. 이렇게 해서 자료들을 모으죠. 그것이 우리가 승리할 수 있는 비결입니다."

돈에서 제일 중요한 것, 그리고 카프의 지나치게 활동적인 사업의 기반이 되는 것은 바로 상대성relativities이다. 절대적인 액수가 지위를 부여해주는 것은 아니다. 그 점에 있어서는 자기가 옆 사람보다 더 많은 급료를 받고 있다는 자신이 있어야 한다. 급료가 만족을 모르는 이슈로 떠오를 수밖에 없는 이유도 바로 이것이다. 충분히 받고 있느냐가 아니라 더 많이 받고 있느냐가 중요한 문제가 되었기 때문이다.

변질된 자선 기부의 목적

"투명성이 경쟁에 불을 붙이고 말았습니다." 스코틀랜드 로이드 TSB Lloyds TSB 은행의 상무이사인 수잔 라이스Susan Rice는 내게 이렇게 말했다. 그녀는 본래 의도와 달리 정보가 공개된 지금은 경쟁을 억누르기가 힘들어졌다고 주장했다.

"자기가 잘하고 있다는 것을 어떻게 알 수 있을까요? 다른 사람보다 더 잘한 것으로 알 수 있죠. 비즈니스 자체가 대단히 정량적이기 때문에 수치를 보면 얼마나 잘했는지가 바로 나옵니다. 물론 정보를 비밀로 할 수는 없기 때문에 까다로운 일이죠. 하지만 일단 정보가 대중에 공개되면 경주가 시작되고 맙니다."

투명성으로 인해 발생한 인플레이션 효과를 보지 못하는 듯, 2011년에 고임금 위원회 High Pay Commission는 투명성을 더욱 올릴 것을 권고했다.[16]

하지만 고액연봉자들의 탐욕을 부채질하는 효과만 가져왔다. 그들에게 중요한 것은 절대적인 수치가 아니라 상대성이었다. 옆 사람보다 더 많이 받느냐 못 받느냐가 중요한 것이다. 투명성은 그저 전 세계적으로 고액임금 제시 전쟁을 가속화시켰을 뿐 이 전쟁에서 마이클 카프 및 같은 업계에 종사하는 다른 사람들은 무기상의 역할을 한다. 그 누구도 이 전쟁에서 먼저 후퇴하려 하지 않는다.

승리는 신호를 읽을 줄 아는 사람들의 눈에 띄어야만 사회적 지위를 가져다 줄 수 있다. 자선 기부의 상당수는 이타적인 행동이지만 단지 이타적인 것만은 아니다. 어느 부자 순위Rich List나 마찬가지로 이것 또한 자신의 사회적 지위를 공개적으로 선포하는 행위이다. 기부자들은 그저 기부하기만을 원하지 않는다. 그들 대부분은 자기 이름이 건물 벽 같은 곳에 새겨지는 것을 보고 싶어 한다. 이름을 붙이는 권리에 그렇게 비싼 가격이 매겨지는 이유가 있다.

"이런 맥락에서 명예 작위제도honours system를 무시하면 안 된다고 생각해요. 일부 사람들에게 강력한 동기 부여 요인으로 작용해왔거든요. 그들이 큰돈을 벌어 기부하는 궁극적인 목표는 사회적 지위, 인정, 귀족 작위 등입니다. 아주 강력한 동기 부여 요인이죠."

이 얘기를 꺼낸 사람을 '러셀 스티븐스'라고 부르겠다. 자신의 신분을 밝히길 원치 않았기 때문이다. 꼼꼼하고 온화한 성격의 그는 금융서비스 분야에서 성공적인 직업 생활을 했다. 하지만 30년이 지난 후에 그는 필요하지도 않고, 감당하지도 못할 사람들에게까지 모기지 대출과 보험을 판매하는 관행이 널리 퍼진 것에 염증을 느끼고 직장 생활을 청산했다. 그의 말로는 공격적인 판매를 이끌어낸 것은 탐욕도 아니고, 주주들도 아니었다고 한다. 그의 관점에서 보면 더욱더 많은 이윤을 남기려는 욕망을 부추기는 것은 전적으로 고위 간부들의 개인적 영달과 사회적 지위에 대한 욕망 때문이라고 한다. 돈을 많이 벌어서 남들 보라는 듯 자선 단체에 많이 기부하면 틀림없이 귀족 작위가 내려오기 때문이다.

스티븐스는 전직 상사들에 대해 이렇게 얘기했다. "그들은 모두 명예 작위를 받았어요. 사회적 지위는 강력한 동기 부여 요인이죠. 훈장, 작위는 그들에게 커다란 의미가 있었습니다. 그것이 제 상사들과 동료들이 일하는 방식에 큰 영향을 미쳤음을 저는 잘 알고 있지요. 우리가 후원한 특정 자선단체나 모임, 기관들이 있었는데 거기에는 상당한 액수의 돈이 관여되어 있습니다. 그리고 효과가 있었어요! 그 사람들이 대의명분에는 관심이 없었다는 말을 하려는 것이 아닙니다. 대의명분에 관심이 있는 사람도 있었고, 그렇지 않은 사람도 있었어요. 어쨌거나 그들이 저축성 보험 담보 대출이나 서브프라임 등의 수많은 무리수를 두었던 배경은 다음과 같습니다. 훈장을 받을 수 있는 가시적인 성과를 내고 사회적 지위를 얻으려면 수익을 내야하거든요. 이런 일들은 대중에게 공개될 때만 그 효과가 있습니다. 절대 익명으로 기부하지 않는 이유이기도 하죠."

스티븐스는 한때 자기의 자랑이었던 금융 산업에 지금은 화가 나 있다. 회사를 전적으로 자신의 목적을 위해 이용하는 사람들에게 금융산업을 빼앗겼다고 느끼기 때문이다. 스티븐스는 그들을 이끄는 것은 야망이 아니라고 주장한다. 그들에게는 더 높은 숭고한 목적이나 영감 넘치는 목표 따위가 없다. 그들은 그저 자기 자신을 위한 사회적 지배력을 구할 뿐이다. 스티븐슨은 개인적 원한이나 불만 따위는 없는 온건한 반체제 인사다. 하지만 그는 남들에게 우월함을 자랑하고 싶은 갈망이 모든 회사와 기관을 본질적으로 장악해버렸다고 느꼈다.

지난 십 년간 있었던 중요한 사업 실패들이 제임스 크로스비James Crosby 경, 프레드 굿윈Fred Goodwin 경, 스티븐슨Stevenson 경, 브라운Browne 경 등 작위를 받은 수장이나 명목상의 수장이 있는 회사에서 일어났다는 점은 충격적이다.

스티븐스는 말했다. "그저 돈 때문이 아닙니다. 사람들은 중요한 클럽의 일원이 되고 싶어 해요. 어떤 의미로든 외부인이 되어 그 클럽의 활동에 의문을 제기하기 시작하면 클럽에서 빠른 속도로 배제되고 맙니다. 경쟁에서 가장 강력한 부분이죠. 뒤처지고 싶지 않다는 것이에요."

권력거리지수의 의미

조직이든, 산업이든, 국가든 모든 사회 체계에는 공식적이든 비공식적이든, 암묵적이든, 명시적이든 계층이 존재한다. 계층구조는 가팔라서 수직적일 수도 있고, 상대적으로 수평적일 수도 있다. 조직 내 계층의 가파른 정도는 권력거리지수Power-Distance Index로 알려져 있다.

권력거리지수 용어를 이름 지은 사람은 마치 인류학자처럼 조직체들을 연구한 네덜란드 학자였다. 게흐트 호프스테드Geert Hofstede와 그의 아들은 다국적 기업 IBM을 연구하여 조직 문화가 나라에 따라서 어떻게 달라지는지 확인할 수 있는 독특한 기회를 얻을 수 있었다. 사람들의 행동과 가치관은 정말 장소에 따라 달라질까? 만약 그렇다면 차이를 특징짓는 것은 무엇일까? 과제에 대해 생각하기 위해 호프스테드는 한 문화의 작동방식을 나타내주는 두드러진 특징을 정의했다. 특징 중 하나가 바로 '권력−거리power-distance'였다. 그는 이것을 계층구조의 가파른 정도, 권력을 가진 자와 권력을 갖지 못한 자 사이의 정서적 거리emotional distance를 묘사하는 데 사용했다. 호프스테드가 파악한 것은 셸데루프 에베와 로버트 프리드 베일스가 앞서 연구했던 권력 관계 속에서 나타나는 불균형이었다. 하지만 호프스테드는 도표로 나타내는 데 만족하지 않고 수치로 측정하려 했다.

요즘에는 간편한 문화 GPS 아이폰 어플Cultural GPS iPhone app을 이용하면 이들이 알아낸 결과를 어디서든지 쉽게 볼 수 있다. 점수가 높을수록 피라미드 경사 또한 가파르다.[17] 미국의 권력거리지수는 40, 영국은 35, 캐나다는 39다. 프랑스(68), 러시아(93), 중국(80), 말레이시아(104) 같은 나라를 분석하면서 호프스테드는 이런 사회에서는 부, 권력, 기술, 사회적 지위가 예외 없이 함께 묶여서 움직인다는 사실을 알아냈다. 권력이 있는 사람은 어마어마한 특혜를 누렸으며 권력자는 같은 가족 안에서 나오는 경우가 많았다. 이런 사회는 경제적 불평등이 특징이며(불평등은 세금 제도를 통해 더욱 강화된다), 권력의 행사는 사회적, 경제적 지배력에 달려 있다. 의사들이 보통 환자들에게 선생님 대접을 받고, 교사들이 지식을 전수하는 권위자로 대접 받는다고 예상하면 거의 틀리지 않는다. 권력거리지수는 대부분 직장 내 인간관계, 개인적 인간관계를 특징적으로 나타냈으며, 기업의 우열순서는 일반적으로 기업이 기반을 둔 국가의 사회적 계층구조를 그대로 반영하고 있었다.

호프스테드는 이렇게 적었다. "권력거리지수가 높은 환경에서는 윗사람과 아랫사람들이 서로를 '실존적으로 불평등한existentially unequal' 존재라 여겼다. 계층구조는 이런 실존적 불평등을 기반으로 한다."

이런 유형의 조직에서는 리더가 보통 독재적이다. 이들이 잘할 때는 좋은 아버지상 같은 모습으로 보인다. 리더가 자신의 권력을 가시화하는 것은 그들 자신이나 고용인들에게나 모두 중요하다. 그래서 비싼 차는 리더의 지위를 간접적으로 부여해주는 역할을 한다. 권력을 가진 자와 그렇지 못한 자 사이의 거리를 관찰하면 한 문화나 기업, 혹은 국가에 대해 상당히 많은 부분을 설명할 수 있다. 이 거리에는 언제나 비용이 따르고, 그 거리가 넓을수록 그에 따르는 사회적 비용도 높아진다.

마이클 마못Michael Marmot은 1970년대에 1만 명이 넘는 화이트홀Whitehall (영국 런던의 관공서 거리)의 공무원들을 대상으로 진행한 유명한 연구에서 우열순서에서 밑바닥에 있는 사람들은 스트레스를 가장 많이 받고 그로 인해 건강도 나빠진다는 것을 입증했다. 배달부나 문지기 등 가장 말단에서 일하는 사람들은 가장 높은 자리에서 일하는 사람들보다 사망률이 세 배나 높았다. 이러한 원인은 식생활, 흡연 등의 생활방식에 따른 것으로 일부 설명되기도 했지만, 이것만으로는 그들의 심장질환이 늘어난 이유를 제대로 설명할 수 없었다. 권력거리는 그들의 생리학적, 심리적 안녕에 직접 영향을 미친다. 권력은 권력자들을 실질적, 신체적인 방식으로 보호해주었다. 반면 권력이 없는 사람들은 신체적 위험에 취약하게 노출될 수밖에 없었다.

요근래 기능성자기공명영상(fMRI) 연구를 통해 연구 내용을 더 다듬을 수 있었고, 권력의 가장 밑바닥에 있는 사람들이 스트레스를 제일 많이 받는다는 결론을 다시 한 번 확인했다. 하지만 이것은 안정된 계층구조에만 해당하는 이야기다. 1970년대의 화이트홀이 그런 경우였다. 요즘 같은 경우에는 사회 구조가 더 변덕스럽고 구조 자체가 재조직되는 경우가 훨씬 더 많다. 앞서 보았던 10대 여학생들처럼 스트레스는 최고위층과 최하위층에 집중된다. 권력을 잡고 있는 사람은 권력을 잃을까 봐 두려워하고, 밑바닥에 있는 사람은 아예 구조 밖으로 밀려날까 봐 두려워하는 것이다.[18]

더군다나 우리는 자기 위치가 어디인지를 놀라울 정도로 정확하게 알아낸다. 사회경제적 지위와 스트레스, 그리고 건강 사이의 관계를 검사한 연구에서 참가자들은 열 개의 칸이 있는 사다리 중 자기가 사회에서 차지하고 있는 위치를 그 위에 표시해보았다. 그 결과 그들이 주관적으로 내린 자신의 위치에 대한 판단이 그들에 대한 그 어떤 객관적 자료보다 스트레스와 관련된 건강상의 결과를 잘 예측할 수 있게 해준다는 것이 밝혀졌다.[19]

보건의료에 관한 한 이것은 분명한 비용이 뒤따르지만, 개인적으로나 집단적으로 우리 각자가 가지고 있는 생산적 창의력을 포착해서 사용할 수 있는 능력에 대해서도 함축적인 의미를 내포하고 있다. 계층구조가 대단히 가파를 경우에는 가혹하고, 암묵적이고, 지속적인 사회적 위협으로 작용한다. 계층구조에서 미끄러져 떨어지거나 아예 탈락해버리는 창피를 당할지 모른다는 위협이다. 이런 문화가 개인에 가하는 압박은 개인으로 하여금 생각 자체를 무척 어렵게 만든다. 이런 부분은 백 년 넘게 우리가 잘 알고 있었던, 혹은 잘 알고 있어야 했던 것이다.

심리학에서는 법칙이라고 자신 있게 부를 만한 것이 잘 나오지 않는다. 하지만 1905년에 두 과학자 로버트 여키스Robert Yerkes와 존 도슨John Dodson 은 함께 모여 스트레스를 연구했다. 이들은 '춤추는 생쥐dancing mice'라는 것을 이용해 실험했다. 두 사람은 실험용 생쥐를 전기가 연결된 상자에 집어넣었다. 이 상자에는 문이 두 개 있다. 하나는 흰색, 다른 하나는 검정색이다. 약한 전기 충격을 이용하면 이 생쥐들에게 두 문을 구분하는 법을 가르칠 수 있을까? 가능했다. 사실 생쥐들의 학습능력은 충격의 강도에 비례해서 증가했다.

그 후에 좀 더 복잡한 두 번째 실험이 나왔다. 생쥐에게 좀 더 구분이 어려운 검정 문과 회색 문을 구분해야 하는 과제를 주어도 같은 결과가 나올까? 여기서는 벨 곡선bell curve(종형 곡선)과 유사한 결과가 나왔다. 생쥐들은 약한 충격에는 학습을 잘했지만 충격의 강도를 올리면 학습 효율이 떨어졌다. 여키스-도슨 법칙Yerkes-Dodson Law으로 알려진 이 발견 내용은 쉬운 과제를 배울 때는 스트레스가 학습 능력을 올려주지만 좀 더 어려운 과제를 배울 때는 오히려 학습 능력을 저해한다고 얘기한다.

우리는 최근에 들어서야 여키스-도슨 법칙이 어째서 법칙이라는 지위를 얻게 되었는지를 이해하게 되었다. 복잡한 과제는 어떤 것이든 작업 기억working memory, 실행 처리executive processing, 의사결정decision making, 분할 주의력divided attention 등 우리 뇌에게 요구하는 것이 많다. 하지만 스트레스는 특히나 우리가 생각하는 영역인 전전두엽pre-frontal cortex과 문제를 해결하는 데 필요한 서로 다른 정신 활동을 조정하는 해마hippocampus의 기능을 저해

한다. 따라서 심각한 위협을 받고 있다고 느끼면 우리는 필요한 정신적 능력들을 모두 갖추고 있다 해도 조화롭게 어울려 작동하도록 만들지 못한다.

가파른 계층구조에 따르는 비용

가파른 계층구조에서 나오는 높은 스트레스는 생각하기도 어렵게 만들지만 반대 의견을 제시하는 데도 더 큰 위험이 따르게 만든다. 막대한 비용을 들여 똑똑한 사람들을 뽑아 훈련시켜 놓은 대부분 조직에서 가장 큰 문제는 그들이 가지고 있는 지식을 어떻게 하면 수면 위로 끌어올릴 것인가 하는 부분이다. 조직 침묵organizational silence 현상에 대한 연구를 보면 대부분 간부들은 절대로 입 밖으로 내지 않는 정보, 이슈, 걱정거리를 가지고 있다고 한다. 침묵하는 이유는 응징을 받지 않을까 하는 두려움이나 자기가 아무리 떠들어봤자 아무런 변화도 없을 것이라는 절망감 때문이다. 우리는 이런 현상을 영국의 국민건강서비스National Health Service, BBC, 가톨릭교회, 의회, 은행, 보험회사 등에서 발생한 스캔들을 통해 여러 번 반복 목격해왔다. 풍부한 지식을 가지고 있음에도 그 누구도 감히 입 밖에 내려 하지 않는 것이다. 계층구조가 가파를수록 이런 목소리를 듣기도, 지식이 수면 위로 떠오르기도, 논의가 이루어지기도 어렵다. 대신 거리감, 공포, 무기력에 의해 악화되는 수렴적 사고convergent thinking가 만연하게 된다.

따라서 가파른 계층구조에 따르는 비용은 극단적으로 높다고 할 수 있다. 개인의 건강 상태에만 악영향을 미치는 것이 아니라 조직 전체의 창의성, 혁신성, 생산성, 심지어는 신뢰성까지도 좀 먹는 결과를 낳는 것이다. 하지만 여기에는 또 다른 비용이 더 들어간다. 잘 보이지는 않지만 대단히 중요한 부분이다. 바로 올바른 윤리적 판단이다. 물론 도덕적, 윤리적 질문은 특히나 복잡하기 그지없다. 우리는 올바른 윤리적 판단이 인지적으로 대단히 큰 비용이 들어가는 행위라는 것을 알고 있다. 따라서 피곤해지거나 정신이 산만해졌을 때 제일 먼저 실패하는 부분이 바로 윤리적인 부분이다. 권력거리가 높아서 스트레스가 크고 위협적인 환경에서는 부패가 더 심하게 나타나는 사실이 놀랄 일은 아니다.

호프스테드가 자신의 자료를 국제투명성기구Transparency International의 부패 인식 지수Corruption Perception Index와 비교해보니 권력거리지수가 높은 국가에서 온 수출업자들이 뇌물을 더 많이 바치는 것을 발견할 수 있었다. 그들은 그렇게 할 수 있는 권력을 가지고 있었을 뿐 아니라, 주위 사람들 중에서 항의하거나 막을 사람이 없었기 때문이다. 우리는 학교에서 고위 금융 기관에 이르기까지 사회 각계각층에서 비슷한 풍경을 목격한다. 바로 경쟁적인 사회적 스트레스 아래 놓였을 때나 더 이상 뒤로 물러날 수 없는 곤경에 빠졌을 때 사람들은 부정행위를 할 가능성이 높아진다는 점이다. 과잉경쟁적인 사람들은 특히나 윤리적 의식이 빈약하다. 그들에게는 이기는 것이 너무나 중요하기 때문이다.[20] 꼭대기에 있는 사람은 맘껏 권력을 누리고 밑바닥 사람은 아무런 권력도 없는 가파른 계층구조 안에서는 게임에 정정당당하게 참여하기보다는 게임을 조작하는 것이 더 안전해 보일 수도 있다. 그리고 게임을 바꿔보려 하는 사람조차도 자기 목소리를 내기가 불가능하다고 느끼게 된다. 내부고발자는 침묵이 만연하고 목소리를 높이는 것이 위험한 계층구조에서 등장한다.

학교에서 교회, 스포츠 조직에서 금융 기관에 이르기까지 온갖 곳에서 부패가 폭로되고 있는 현실에서 우리는 스스로 이런 일들이 일어날 수밖에 없는 조건을 만들어낸 것은 아닐까 자문해볼 필요가 있다. 경쟁적인 사회체제는 승리를 더욱 중요한 것으로 만드는 동시에 그 어느 때보다도 더 위험한 것으로 만들어 버린다. 경쟁적인 사회체계에서 비롯된 이해관계는 높아져 가는 반면 안전은 점점 사라진다. 스트레스는 증가하고 우리의 사고 능력은 떨어져간다. 우리는 스스로 만들어낸 강박적 순환고리compulsion loop의 덫에 빠져 버렸음을 뒤늦게 알게 된다. 즉, 경쟁이 심해지고, 계층구조가 가팔라지고, 불평등이 커질수록 경쟁이 더욱 치열해지는 악순환이 반복되고 마는 것이다.

도미니크 스트로스칸Dominique Strauss Kahn(프랑스의 경제학자 겸 정치인. 전 국제통화기금 총재)의 성폭행, 선서를 하고도 거짓말을 했던 존 브라운John Browne, 교통위반 처벌을 피해가려고 했던 크리스 후너Chris Huhne(영국의 정치인) 등 권력이 막강한 사람들에게서 보이는 일부 일탈행위는 이런 권력의 문제로 어느 정도 설명할 수 있다. 권력은 사람들에게 더 큰 자신감을 심어주고, 다른 사람들을 자신의 목적을 위한 수단으로 바라보게 만들고, 자기가 더 큰 권리를 갖고 있는 것처럼 느끼게 만든다. 결국 자기는 승자니까 그만한 보상 자격이 있다고 믿게 되는 것이다. 학술 연구를 통해 이런 권력자들은 관습, 도덕, 타인에게 미칠 영향 등을 무시하는 방식으로 행동할 가능성이 크며 이것은 성희롱의 예측 변수가 될 수 있음이 밝혀졌다. 권력은 공격성이 더욱 담대하게 드러나게 만들기 때문이다.[21]

마찬가지 이유로 형제 중 맏이는 사회적 이해력이 덜 다듬어진 모습을 보인다. 그렇게 하지 않아도 관심을 얻을 수 있기 때문이다. 따라서 권력이 막강한 사람들일수록 사회적 수완이 떨어지는 모습을 보이는 경우가 많다. 자기에겐 그런 것이 필요 없다고 생각하기 때문이다. 사회적 지위, 급료, 권력은 자기가 침투 당하지 않을 것이라는 느낌sense of imperviousness을 만들어낸다. 바클레이스은행Barclays Bank을 조사해서 알아낸 결과가 바로 이것이었다.

"경쟁이 심한 국제 시장에서(그리고 거품이 일던 시기 동안에) 최고의 재능을 가진 자들을 고용했는데 … 이때 급료는 일부 사람들에게 자기가 통상적인 규칙에 좌지우지될 필요가 없다는 느낌을 만들어내는 데 크게 기여했다. 일부 투자은행가는 균형감각과 겸손을 아예 잃어버린 것처럼 보였다."

40년에 걸친 연구 끝에 호프스테드는 자신의 권력거리지수가 더 양극화되고 있다고 결론 내렸다. 경제적 불평등이 확연해짐에 따라 계층구조도 아찔하게 가팔라지고 있다는 것이다.[22]

호프스테드는 2010년에 이렇게 적었다. "부의 증가는 권력거리를 낮춰줄 수도 있지만 그렇게 되려면 부의 증가에 따른 혜택이 전체 인구에 골고루 돌아가야 한다. 하지만 20세기 마지막 십 년 이후로 미국이 주도하는 일부 부자 나라의 수입 분포는 점점 더 불평등해져 왔다. 부의 증가에 따른 혜택이 불균형하게도 이미 상당히 부자인 사람들에게 돌아간 것이다. 이것은 정반대의 효과를 가져온다. 부의 증가는 경제적인 면만이 아니라 법률적인 면에서도 사회의 불평등을 키운다. 따라서 부의 증가는 권력거리도 함께 증가시킨다."[23]

영국과 미국의 정부 정책이 부를 우열순서의 꼭대기에 집중시키고 있음은 오래전부터 인식되었던 부분이지만, 이런 정책은 집중된 부가 부유층에서 서민층으로 흘러 들어가리라는 이론trickle down으로 정당화되었다. 결국 이것은 아담 스미스Adam Smith가 했던 주장의 요점이다. 즉, 부자들이 자기의 사리사욕을 동기로 움직이더라도 보이지 않는 손이 이들을 함께 이끌기 때문에 생활에 필요한 필수품들이 거의 똑같이 배분될 것이며, 세상을 인구에 따라 똑같은 크기로 나누었다 해도 그렇게 되었을 것이다. 따라서 의도하지도 않고, 알지도 못하는 사이에 사회의 이익을 증진시키게 된다는 것이다.[24]

이것을 바탕으로 주장이 다시 제기되었다. 부자들의 세금을 감면해주면 그들은 남은 돈을 지출하게 될 것이고 이것이 낙수처럼 사회로 흘러들어가 일자리를 창출할 것이고, 더욱 많은 지출을 야기하고, 성장을 촉진하여 모든 이를 풍요롭게 만들 것이다. 이렇듯 오랜 전통을 가진 낙수효과trickle down라는 용어는 윌 로저스Will Rogers라는 코미디언이 붙인 것이지만 직관적으로 의미가 통한다. 하지만 낙수효과 경제학의 딱 한 가지 문제점은 실제로는 효과가 나타나지 않는다는 점이다.

경제학자 토마스 피케티Thomas Piketty, 임마누엘 사에즈Emmanuel Saez, 스테파니 스탄체바Stefanie Stantcheva는 18개 OECD 국가에서 15년에 걸쳐 실제 수치를 연구해보았는데 세금을 낮춰도 성장을 촉진하지 못하며 불평등만 더 키운다는 사실을 알게 되었다. 부자들을 더 부자가 되도록 한 것이 빠른 성장을 촉진하기는커녕 수입의 불평등만 키운 것이다. '상류층의 세율을 낮춰준 것은 최상위 소득자들이 더 높은 급료를 위해 더 공격적으로 흥정하게 만들 뿐이다.' 그들이 얻는 이득은 모두의 이득이 아니라 다른 누군가의 상실을 의미했다. 결국 성장을 촉진한 것이 아니라 불평등을 가속화했을 뿐이다.[25]

리처드 윌킨스Richard Wilkinson와 케이트 피킷Kate Pickett이 《평등이 답이다The Spirit Level》에서 보여주었듯이 불평등에 따르는 대가는 심오하게 구석구석 만연해 있다. 정신건강과 신체건강의 약화, 소통의 약화, 범죄율 증가, 비만의 증가, 학업 성취 저하, 우정의 약화, 폭력의 증가 등이 대표적이다. 가파른 계층구조와 불평등은 사회계약social contract을 파괴하고, 권리를 가진 자와 권력이 없는 자를 갈라놓는다. 국가에 해당되는 내용들은 회사, 자선단체, 클럽, 범죄 조직 등 불평등이 존재하는 모든 사회집단에 해당된다. 가진 자와 못 가진 자, 권력이 있는 자와 없는 자로 나뉘는 극단적 계층구조는 지키겠다던 사회적 안정성을 헤치고 만다. 경쟁이 승자와 패자 사이의 간극을 넓히는 동안에는 사회적 일탈이 만연하게 된다. 흡연, 거식증, 성형수술, 거짓말, 부정행위, 불완전판매, 내부자거래, 부패 등은 가혹한 사회적 경쟁의 부산물이 되고 말았다.

권력거리지수가 낮은 사회의 모습

경쟁은 불가피한 것이 아니다. 높은 권력거리지수가 모든 사회의 공통적인 특징은 아니다. 호프스테드는 권력거리지수가 낮은 핀란드(33), 뉴질랜드(22), 오스트리아(11) 등의 국가들도 분석해 보았다. 이런 사회에서는 기술, 부, 권력, 사회적 지위가 반드시 함께 움직이지는 않는다. 권력은 전문기술을 바탕으로 배분되고, 조세제도는 소득격차를 줄일 수 있도록 설계되었다. 정체적 권력과 사회적 권력은 지배하는 자에게 돌아가는 것이 아니라 타인의 참가와 협력을 확보하는 능력이 있는 자에게 돌아간다.

이런 사회에서는 환자와 의사, 학생과 교사가 모두 동등하게 대우 받는다. 교육은 양방향 소통에 달려 있는 것으로 여겨지며, 교사들은 학생들로부터 동기를 부여받는다. 핀란드의 학교에서 이런 부분이 극명하게 드러난다. 핀란드의 학교에서는 교사나 학생 모두 학습하는 존재다. 마찬가지로 권력거리지수가 낮은 회사에서는 고용인들이 자기 상사를 두려워하지 않는다. 그들은 언제라도 거리낌 없이 자기 의견을 제시하고, 논쟁하고, 실수를 인정할 준비가 되어 있으며, 협의를 통해 결정을 내리는 쪽을 더 좋아한다. 경영자와 노동자 사이의 정서적 거리도 훨씬 가깝다. 이런 조직체에서는 현명한 지도자들이 고급 자동차를 끌고 나타나지 않는다.

권력거리지수가 높은 문화권은 극단적인 사회가 되어가는 반면, 권력거리지수가 낮은 문화권은 더욱 온화한 사회가 되었다. 호프스테드는 스웨덴 국왕이 한 가게에서 겪은 일화를 들려주었다. 계산을 하려던 국왕은 자신이 돈을 가져오지 않음을 알게 되었다. 그는 수표 보증 카드cheque card (수표 사용자의 은행 계좌를 증명하는 카드 – 옮긴이)와 신분증도 없이 달랑 수표책밖에 없었다. 가게 종업원은 국왕이라는 호칭을 들었을 때는 수표를 받아주지 않다가 시민들이 동전으로 그의 신분을 확인해주고 난 다음에야 수표를 받아주었다. 우리는 부와 사회적 지위가 함께 엮이는 것이 불가피하다고 생각하기 쉽지만 꼭 그렇지만은 않다.

호프스테드가 권력거리 스펙트럼을 치밀하게 분석한 결과 인간 사회의 우열순서는 고정되지 않았음이 밝혀졌다. 이것은 특정 시기의 특정 가치관을 반영하고 규정한다. 경쟁이야말로 최고를 가려내어 합당한 자리로 올려줄 것이라는 믿음은 번영을 가져다주기보다 오히려 반대인 변덕, 스트레스, 부패를 불러오는 사회구조를 만들어내고 말았다.

우리는 위계질서가 잡혀 있는 닭장 안에서 살 필요가 없다. '권력 구조가 없음에도 불구하고'가 아니라 '권력 구조가 없기 때문에' 효과를 본 위대한 프로젝트가 많다. 여기서는 큰 기여를 하고 싶다는 열망이 프로젝트를 앞으로 전진시키는 추진력이다.

협력이 가져온 미라클피트

마이크 노스Mike North는 슈퍼협력자다. 그는 낮에는 누코토이즈Nukotoys에서 기술 담당 최고 책임자로 일한다. 누코토이즈는 카드놀이 같은 실제 세계의 장난감들을 몬스터랜드Monsterland, 애니멀 플래닛Animal Planet 같은 컴퓨터게임과 결합시키는 일을 한다. 대다수의 사람들은 그 정도의 일이라면 만족하지만 마이크는 의욕이 넘치는 사람이라 항상 지식을 활용하고 확장할 방법을 찾아내는 일에 바쁘다. 그래서 그는 '리얼로케이트Reallocate'에 자원했다. 리얼로케이트는 기술자들의 힘을 모아 인도주의적 문제들을 해결하는 비영리단체다.

노스는 말했다. "기술자들은 세계를 설계하고 구축하는 사람들입니다. 그들은 무언가를 창조해서 좋은 일을 하고 싶어 합니다. 하지만 지난 10년을 뒤돌아보면 뛰어난 기술자들이 곧바로 경영진으로 승진되는 바람에 두 번 다시 실무를 맡을 기회가 없어져 버렸습니다. 기술자들은 실무를 정말 좋아하거든요. 그래서 그들은 리얼로케이트를 통해 다시금 실무로 돌아가 짧은 시간 안에 손에 잡히는 결과물을 만들어내죠. 이것은 기업체의 계층구조 안에 있는 것과는 다른 의미를 부여해줍니다."

리얼로케이트에서 노스는 미라클피트MiracleFeet(기적의 발)라는 한 자선단체와 연결되었다. 이 단체는 내반족(발바닥이 안쪽을 향한 위치에서 굳어 버린 상태 - 옮긴이)을 가지고 태어난 아이를 돕는 곳이다. 과연 리얼로케이트의 기술자들은 이들의 문제점을 해결할 수 있었을까?

노스는 내게 이렇게 말했다. "니카라과의 아이가 의사를 보러 옵니다. 그 아이는 열한 살인데 아빠와 함께 이곳까지 찾아왔습니다. 그러려면 말을 타고 세 시간, 버스를 타고 여섯 시간을 이동해야 합니다. 고생해서 의사를 보러 왔는데 의사 말이 6주 동안 매주 통원치료를 해야 한다고 합니다. 불가능한 얘기죠! 아이에게는 사용법을 이해하고 집에 가져가서 혼자 사용할 수 있는 무언가가 필요합니다. 우리가 직접 찾아가서 기술을 발휘할 수도 없습니다."

이 문제를 해결하기 위해 노스는 리얼로케이트의 기술자들로 팀을 꾸려 테크샵TechShop에서 작업에 착수했다. 테크샵은 무언가를 만들고 싶어하는 사람 누구에게나 열려 있는 공공 작업장이다. 테크샵에 가면 뛰어난 도구를 사용할 수 있을 뿐 아니라 거기서 함께 일하는 풍부한 인력도 활용할 수 있다. 테크샵 창립자들은 발명가들이 공개적으로 함께 일해야만 서로 배우며 성장할 수 있다고 열렬히 믿고 있다. 노스의 프로젝트를 위해 테크샵에서는 오토데스크Autodesk(프로젝트 팀에 원형제작용 소프트웨어를 제공해 주었다)와 오브제Objet(제품모형 제작에 사용되는 3D 프린터를 갖추고 있다)를 제공해주었다. 팀 구성원들은 아이들이 쉽게 사용할 수 있고, 의사를 여러 번 찾아올 필요도 없는 발 보조기를 제작하기 위해 어떤 계층구조나 조직체계도 없이 작업에 매달렸다. 도구와 아이디어를 서로 공유하자 프로젝트 팀은 문제를 빠른 시간 안에 해결할 수 있었다.

마이클은 이렇게 말했다. "최종적으로 작동 가능하게 만들어진 미라클 브레이스Miracle Brace는 20세대 만에 완성된 제품입니다. 미라클 브레이스가 바로 우리가 도움이 필요했던 이유이자 테크샵 같은 시설이 필요했던 이유죠. 기존 기업의 낡고 거대한 계층적 공학 모델은 너무 느리고, 비용이 많이 듭니다. 최종 제품과 함께 살아가게 될 사람들이 갖추고 있는 전문 지식을 활용하지도 못하죠. 사람들과 대화하고, 그들이 원하는 것이 무엇인지 이해하고, 최대한 빨리 원형을 만들어내고, 모든 사람에게 도움과 조언을 구하는 것! 그것이 바로 길을 찾아내는 방법입니다."

제품 제작이 마무리되었다는 생각이 들자 노스는 미라클 브레이스를 실제 아이에게 직접 시험해보기 위해 니카라과로 갔다. 그곳에서 그는 협력의 진정한 힘을 깨닫게 되었다.

노스는 말했다. "가기 전까지는 미처 깨닫지 못하고 있었습니다. 그런데 그곳에서 마법과도 같은 순간을 마주하게 된 거죠. 모든 도구와 사람들이 아이를 돕기 위해 한자리에 모였던 것입니다. 존재하는지도 모르고 있던 아이를요. 이 경험은 제 인생을 바꾸어 놓았습니다. 자기 자신만의 삶 이상의 것이 있음을 깨닫게 된 것이죠."

테크샵의 대부분 프로젝트는 자신의 아이디어로 수익성 있는 사업을 시작하려는 사업가들이 이용한다. 하지만 테크샵에서 일하기를 바라는 사람은 모두 테크샵 정신의 핵심인 개방형 혁신open innovation에 기여해야 한다. 기계도 훌륭하지만 세세한 차이를 만들어내는 것은 결국 경험 많은 설계자와 기술자, 그리고 장인들의 기여다.

어떤 면에서 보면 미라클 브레이스를 물리적인 구조로 만들어내는 것은 쉬운 부분이었다. 리얼로케이트의 재능 있는 사람들, 테크샵의 훌륭한 시설, 오토데스크가 갖춘 자원, 그리고 여기에 오브제까지 더해지면 현실성이 그만큼 커지기 때문이다. 협력 작업에서 정말로 어려운 부분은 모든 사람이 사심을 버리고 관대한 태도로 함께 일하게 만드는 것이다. 사람들에게 이래라 저래라 명령할 수 있는 권력구조가 존재하지 않는데 노스는 이질적인 사람들로 구성된 팀을 어떻게 그토록 효과적으로 협력하게 만들었을까? 자발적으로 함께 일하는 사람들이 어떻게 효과적으로 소통하며 자기가 만나본 적도 없는 사람에게 도움이 될 제품을 만들어낼 수 있었을까?

노스는 이렇게 주장한다. "사실 그 어떤 공식적 권위도 갖고 있지 않다는 것이 도움이 된다고 생각합니다. 어떤 직책도 지위도 없는 것이요. 인간으로서 소통의 일부가 된다는 것, 이것이 바로 우리가 추구하는 것이고 그러기 위해서는 한 사람의 인간으로서 자신을 개방할 수 있어야만 합니다."

노스는 개발도상국을 위한 설계법을 배울 수 있도록 돕는 프로그램을 운영하고 있다. 그의 말로는 워크숍에서는 참가자들에게 어릿광대 같은 사람이 되는 법을 가르친다고 한다. 이상하게 들릴지도 모르지만 이곳에서 필요로 하는 소통 형식은 궁극적으로 권력이 아니라 인간성이기 때문이다.

"어릿광대 워크숍이 하는 일이 바로 그것입니다. 마음을 열고, 자기의 약점을 노출시키고, 사람들의 귀를 열어 감정적인 수준에서 소통하라는 것이죠. 파워포인트는 내려놓고 모두가 동등한 사람이 됩니다. 모두가 함께 소통하는 공동체, 그것이 전부죠."

노스는 독창적인 사람이다. 그는 리얼로케이트를 만들었고, 미라클 브레이스의 발명가 중 한 사람이고, 여전히 정규직으로 장난감 만드는 일을 하고 있다. 하지만 그를 보며 가장 놀랐던 부분은 그가 협력에 대해 생각할 때도 독창적이라는 점이었다. 사용하는 용어나 위험이 공유되지 못한 상태에서는 협력 프로젝트가 갈등과 혼란으로 빠져들기 십상이다. 그 대신 취약성을 함께 공유하는 것이 강력한 출발점이 될 수 있다. 어릿광대 되기에는 사회적 지위나 권위 없이 소통하는 법에 대한 학습이 들어 있다. 이렇게 함으로써 거리감이 줄어들어 공유가 쉬워지고 전공분야와 노하우에서 나타나는 서로 간의 차이점은 자산이 된다.

협력의 힘에 대한 믿음은 오늘날 전 세계적으로 가장 성공적인 일부 조직체를 뒷받침하는 것이기도 하다. 이런 조직체는 함께 모여 창조하는 인간의 능력에 의지하고, 능력을 키워나가는 회사들이다. 호프스테드가 말하길 권한을 위임받은 인력은 감독의 필요성이 줄어든다고 늘 주장해 왔지만, 그조차도 이것을 과소평가한 것인지도 모른다.

크라우드 소싱crowdsourcing(문제 해결을 위한 그 어떤 아이디어라도 공개적으로 요청하는 방식)이 당뇨병, 소프트웨어 설계, 시장 조사 등 다방면에서 문제를 해결하는 데 점점 더 많이 사용되고 있다. 쿼터Quota와 미디어Media 같은 콘텐트 플랫폼content platform은 사람들이 대략적인 아이디어만이라도 공개해서 아이디어에 관심이 있는 사람이 있는지, 혹은 아이디어가 다른 누군가에게 가치 있는 것인지 시험해볼 수 있는 공간을 마련해준다. 공유에 따른 대가는 제한 없는 피드백이다. 크라우드 소싱의 형식은 테크샵과 비슷하지만 보통 직접 얼굴을 마주보고 하는 소통은 이루어지지 않는다. 여기서 가장 중요한 부분은 기업의 피라미드식 조직체계 안에 파묻혀 있을 때가 많은 전 세계의 전문기술을 활용하고, 뛰어난 아이디어들이 직책이나 권한에 상관없이 수면으로 떠오를 수 있는 기회를 제공하는 것이다. 크라우드 소싱이 성장하고 성공할 수 있었던 이유는 새로운 아이디어를 개발하는 최고의 방법이 그것을 혼자 꽉 움켜쥐고 있는 것이 아니라 사람들과 함께 공유하는 것이라는 근본적인 깨달음이 있었기 때문이다. 크라우드 소싱의 기술은 언제 새로 등장한 것일지 모르나 타인을 돕고 싶어하는 인간 내면의 깊숙한 욕망에 해답을 제시해주고 있다.

"여기서는 성공하려면 서로를 도와야 합니다. 그것이야말로 진정 핵심적인 가치죠. 기여하는 것 말입니다."

고어&어소시에이츠의 기업 문화

셔나 바로우-Sheona Barlow는 17세에 학교를 마친 후 던디의 고어&어소시에이츠W. L. Gore and Associates(이 이름을 번역하면 '고어와 동료들'이라는 의미로 이름에서 회사의 경영 철학을 엿볼 수 있다-옮긴이)에서 27년간 근무했다. 그녀는 여름 아르바이트로 접수 담당자 일을 했는데 하도 질문을 많이 해대는 통에 공장 리더가 그녀에게 전기공학을 공부해보는 것이 어떻겠느냐고 제안을 했다. 결국 회사에서는 그녀에게 4년간 연수 휴가를 주어 지방 대학을 다닐 수 있게 해주었고, 다음에는 개방 대학에서 제조 및 기술 교과목에서 학위를 받을 수 있게 해주었다. 그 과정에서 그녀는 두 아이를 두게 되었고, 서로 다른 온갖 종류의 프로젝트를 담당했다. 하지만 그럴 동안 그녀가 얻은 직책은 없었다.

그녀는 내게 이렇게 설명했다. "고어는 정말 피라미드식 구조가 아니에요. 여기서는 동료들과 함께 일하고 직접 소통하죠. 모두 서로를 위해 최선을 다해요. 그럼 다른 사람들도 자기를 위해 최선을 다하죠. 모두가 열심히 일해요. 여기서는 직책을 중요하게 생각하지 않아요. 동료들로부터 인정과 존경을 받는 것을 제일로 치죠."

이곳에서는 바로우 같은 신참자에게 후원자를 붙여주어 조직을 둘러보게 해주고 자기가 일하고 싶은 프로젝트와 함께 일하고 싶은 사람을 찾을 때까지 여러 프로젝트 팀을 겪어볼 수 있게 해준다. 이곳에서 강조하는 것은 서열이 아니라 협조와 자율성이다. 바로우처럼 배우기를 좋아하는 사람들은 내적인 동기를 통해 움직이고 동료를 잘 돕기 때문에 성공적으로 적응한다. 고어는 수익이 30억 달러에 이르는 세계적 기업이지만 각각의 사업단위는 규모가 몇 백 명 정도로 제한되어 있기 때문에 사람들끼리 서로 친해지기가 그리 어렵지 않다. 이는 권력거리지수를 최대한 낮추기 위해 의도적으로 설계된 조직체계다.

빌 고어Bill Gore는 1958년에 사업체를 창립했다. 그는 듀폰DuPont에서 일했던 경험 때문에 무언가 다른 방식으로 일을 하고 싶다는 생각이 들었다. 그는 계층구조를 원하지 않았고, 관료주의를 혐오했고, 신뢰와 협력을 기반으로 구축된 조직체를 만들고 싶었다. 그는 사람들이 매일 직장으로 오는 이유는 좋은 일을 하기 위해서이고, 스스로 그리고 동료들과 함께 올바른 일을 하고 싶어서라고 믿었다. 다른 말로 신뢰를 받고 싶어서라고 믿었다.

던디에서 하는 일은 최첨단 의료장비를 설계하고 제조하는 것이다. 고어는 혁신에 뛰어난 실적을 가지고 있어서 의료장비, 고분자 가공, 전자공학에 2,000건이 넘는 특허를 가지고 있다. 이 회사는 방수 신발과 의류를 만드는 데 쓰는 고어텍스 직물로 가장 유명하지만, 수익의 대부분은 다른 장치에 들어가는 복잡한 소수의 주문 제작 제품을 발명하고 제조하는 데서 나온다. 화성에 착륙한 탐사로봇 '로버Rover'에는 고어에서 만든 케이블 어셈블리cable assembly와 재료가 들어가 있다. 그리고 휴대전화, 비행기의 블랙박스 등에도 고어에서 발명하고 제조한 최첨단 기술이 녹아 들어 있다.

고어가 놀라울 정도로 혁신적일 수 있는 것은 기업 문화 때문이다. 이곳에서는 누구나 자기만의 프로젝트와 아이디어를 개발할 수 있는 시간을 낼 수 있고 다른 이에게 도움을 요청할 수도 있다. 이런 자유는 정말 매혹적이다. 젊은 동료들에게는 일을 너무 많이 벌이지는 말라는 경고가 따른다. 고어에서 가장 값지게 생각하는 것은 자신의 약속을 지키는 능력이기 때문이다.

고어에서는 자신의 아이디어를 되도록 일찍, 폭넓게 공유해야 한다. 마이크 노스가 리얼로케이트에서 그랬던 것처럼, 고어에서는 자신의 업적을 방어하고 권리를 지키기 위해 프로젝트를 혼자 움켜쥐고 있기보다는 동료들이 보고, 거기에 한마디 거들 수도 있고, 더 정교하게 아이디어를 발전시키거나 문제를 제기할 수 있도록 아이디어를 공개할 것을 권장한다. 만약 아이디어에 흥미를 보이는 사람이 없다면 그것 또한 많은 것을 시사해준다고 말할 수 있다. 만약 아이디어가 논란과 논의를 불러일으킨다면 그것은 훨씬 많은 것을 시사해주는 셈이다. 사람들이 자기의 아이디어에 기여하기를 원하는지 여부는 사람들이 자기와 함께 일하기를 좋아하느냐, 그리고 자기가 타인에게 얼마나 관대했고 또 도움이 되었느냐에 상당부분 달려 있다. 공식적인 계층구조 내에서의 권력과는 아무런 상관이 없다. 새로운 아이디어가 떠오른 기술자에게 드는 질문 중 하나는 다음과 같다. 누가 나와 함께 축하해줄까?

엘릭서 기타줄Elixir guitar strings은 고어에서 일이 진행되는 방식을 보여주는 전형적인 사례다. 심장 임플란트cardiac implant 분야에서 일하는 고어의 직원 데이브 마이어스Dave Myers는 PTFE를 가지고 놀며 시간을 보냈다. PTFE는 고어텍스의 방수제로 사용되는 긴 분자다. 사이클 타기를 무척 좋아하던 그는 자전거 바큇살을 PTFE로 코팅하면 자전거의 속도를 늦추는 수분과 모래들을 물리칠 수 있지 않을까 궁금해졌다. 그리고 실제로 그런 효과가 있음이 밝혀졌다. 하지만 기록을 몇 분의 일 초라도 단축시키기를 열망하는 사이클 선수들을 위한 시장이 작았기 때문에 주력 생산품으로 자리 잡기에는 역부족이었다. 그래서 마이어스는 똑같은 생각을 자신의 다른 취미활동에 접목해보았다. 바로 기타 연주였다. 기타줄이 음조가 변하는 이유는 손에서 나온 땀과 기름을 흡수하기 때문이다. 혹시 PTFE가 그런 것들을 막아줄 수는 없을까? 효과가 있음을 확인한 후 마이어스는 회의를 소집했고, 동료들은 그가 새로운 생산 아이디어를 발전시키는 것을 돕기 위해 모였다. 거대한 시장이 혁신을 뒷받침하고 있었고, 이는 기존의 기타줄보다 엄청 진보한 것이었기 때문에 결국 산업규격으로 자리 잡게 되었다.

바로우가 내게 던비 공학을 견학시켜 주었을 때 그곳은 여유 있고 신중한 분위였다. 공장은 어두운 '사탄의 맷돌satanic mill (전통적인 빈민구제장치들이 파괴되고 사람들이 절대 빈곤과 저임금, 그리고 열악한 환경으로 내몰리는 시장경제의 문제점을 일컫는 용어-옮긴이)'과는 한참 거리가 멀다. 이곳의 환경은 더할 나위 없이 청결하고 사람들의 집중력 또한 높다. 공동의 일감은 선반 위에 올려져 있고 자기가 마무리 지을지, 전체 시스템으로 넘길지는 개인의 판단에 달려 있다. 조정자coordinator는 일감이 사람들에게로 흘러들어가도록 조정하고, 어느 누구도 일과 힘들게 씨름하지 않도록 확인한다. 누구든 쉽게 도움을 요청할 수 있다. 벽에는 빌 고어의 말이 적혀 있다. "우리가 성공하고 생존할 수 있었던 것은 사회를 만들어내고, 팀으로 구성된 가족을 만들어냈기 때문이다."

고어에도 분명 리더는 존재하지만 이들은 임명되는 것이 아니다. 이들은 자연스럽게 등장한다. 리더는 회의를 소집한 사람으로 정의된다. 그리고 사람들은 자기의 선택에 의해 리더로 나선다. 바로우가 리더로서 이름을 얻게 된 것은 그녀가 함께 일하기도 편하고 팀 구성에도 일가견이 있기 때문이었다. 능력은 자연스럽게 드러났다. 고어에서는 사람을 경영대학원에 보내지 않는다.

바로우는 이렇게 설명한다. "솔선수범하는 것이 핵심입니다. 다른 회사에서 계층구조 안에 몸담고 있다가 이곳으로 온 리더들의 사례가 있어요. 그런 사람들은 자기가 사람들을 지휘하고 다룰 수 있다고 생각하죠. 그럼 동료들은 이렇게 말합니다. '난 그렇게 생각 안 하는데요?' 리더가 자기의 지위만 보고 사람들이 따를 것이라고 생각한다면 그것은 큰 오산이죠. 동료들의 신뢰와 존경을 얻지 않고서는 사람들을 이끌 수 없어요."

회사에서 몇 안 되는 직책 중 하나가 최고책임자chief executive다. 하지만 임명직조차도 똑같은 논리가 적용된다. 사업을 운영하려면 주변 사람들의 존경과 지지를 얻을 수 있어야 한다는 것이다. 따라서 전직 최고경영책임자가 은퇴하면 동료들이 한데 모여 자기가 따르고자 하는 누군가를 지명한다.

나중에 테리 켈리Terri Kelly가 이렇게 설명해주었다. "명단을 주고 거기서 뽑으라고 하는 방식이 아닙니다. 회사에 있는 그 누구라도 자유롭게 선택할 수 있어요. 그런데 놀랍게도 사람들은 저를 선택했죠."

켈리는 직장생활을 모두 이 회사에서 했다. 기계공학자인 그녀는 군용 직물에 대한 작업으로 일을 시작했다. 다른 모든 동료들처럼 그녀가 제기한 프로젝트 중에서는 추진력을 얻은 것도 있고 그렇지 못한 것도 있다. 하지만 그가 최고경영책임자 역할을 맡을 수 있었던 것은 오랜 시간에 걸쳐 고어의 동료들로부터 신뢰와 존경을 얻었기 때문이다. 그녀가 리더가 될 수 있었던 것은 단지 사람들이 그녀를 따르기로 선택했기 때문이다.

관계를 가능하게 하는 핵심은 조직의 규모다. 어떤 사업단위도 규모가 200명을 넘기지 않는 것을 원칙으로 한 덕분에 동료들 사이의 관계와 헌신이 돈독하고 친밀해질 수 있다. 회계사라면 비효율적이라고 주장할 수도 있겠지만 켈리는 원활한 소통, 신뢰, 상호관계, 혁신 등에 따라오는 이득이 비용을 쉽게 만회하고도 남는다고 주장한다. 그리고 고어는 단 1년도 손실을 본 적이 없었다. 회사는 보유 자금이 대단히 풍부한 회사이고 입사 후 3년이면 주주가 될 수 있다. 15년 후에는 주식을 매매할 수도 있고 계속 유지할 수도 있다. 은퇴할 때는 주식을 현금으로 환산한 돈을 받지만 주식은 그대로 회사에 남아 있다.

회사를 설계하면서 빌 고어는 사람은 선천적으로 협력적이라 믿었고, 그는 자기가 한 말을 실천에 옮길 준비가 되어 있었다. 55년이 지난 지금도 이 회사는 여전히 혁신 발전소 역할을 하고 있다. 이 성공을 경쟁과 우열순서로 설명할 수는 없다. 오히려 경쟁과 우열순서가 없었다는 것이 성공의 원인일 것이다.

수평적 계층구조의 모닝스타

전 세계적으로 성공을 거둔 회사들 중에서는 일부러 최대한 수평적인 계층구조를 조장하는 곳이 있다. 일부 경우에서는 이렇게 해야만 높은 수준의 창의력과 협력을 이끌어낼 수 있다는 창립자들의 믿음이 있었다. 그리고 조직의 꼭대기에 섰을 때보다는 그 안에 있을 때 더 많은 지식과 통찰이 따라온다는 사실을 깨달았기 때문에 권력을 거부하는 경우도 있었다.

"어느 날 저는 수표에 사인을 하다가 이런 생각이 들었죠. 내가 왜 이 일을 하고 있지? 내가 이 물건들을 산 것도 아닌데. 왜 우리에게 이런 것이 필요한지도 알지 못하잖아. 내가 왜 이런 일을 할 권한을 갖고 있는 거야? 이건 정말 어리석은 일이야."

크리스 루퍼Chris Rufer는 세계에서 가장 큰 토마토 기반 제품 생산업체인 모닝스타Morning Star의 창립자 겸 최고경영책임자다. 만약 미국에서 토마토케첩이나 파스타 소스를 먹고 있다면 매년 루퍼의 회사에서 생산되어 나오는 수십 억 톤의 토마토 제품을 먹고 있을 가능성이 크다. 하지만 아마도 이를 눈치 채지 못할 것이다. 거기에는 모닝스타의 상표가 붙어 있지 않기 때문이다.

루퍼는 잘생겼으며 카리스마까지 넘친다. 하지만 정작 그를 괴롭힌 것은 자기의 리더십이었다. 그는 결국 자기 앞에 수표가 올라오는 것으로 끝날 수밖에 없는 업무 과정에 대해 오랜 시간에 걸쳐 숙고를 거듭했다. 무언가가 필요해져서 그것을 구입하고, 또 그 값을 지불하는 과정 사이에는 수많은 사람과 규칙, 그리고 권한이 개입한다. 사업의 핵심 교리 중 일부(예를 들면 '모든 책임은 내가 진다' 같은)에 대해 숙고한 끝에 루퍼는 그것들이 모두 틀렸다는 판단을 내린다. 회사가 계층구조와 지배구조 대신 두 가지 근본적 아이디어에 집중하지 않는 이유가 무엇인가? 자유와 책임 말이다. 루퍼는 자기와 함께 일하는 사람이라면 자기가 맡은 일을 어떻게 해낼지 생각할 자유와 방법을 동료들과 함께 생각할 책임을 가져야 한다고 생각했다.

더그 커크패트릭Doug Kirkpatrick은 이렇게 회상했다. "하루는 크리스가 원고 초안을 하나 가져와서 사람들한테 돌렸습니다. '동료 원칙colleague principles'이라고 부르더군요. 스물네 명 정도가 트레일러 안에 둘러앉아서 이야기를 나누었지요. 그것이 의미하는 바가 무엇인지 정확히 알 수는 없었지만 제 눈에는 나쁠 것이 전혀 없어 보이더군요. 사람은 자기가 내리는 결정에 대해 더 잘 알아야 마땅하니까요. 그래서 우리는 어디 한번 해보자는 생각을 했지요."

가격이 내리막길을 걷고 있는 십년 동안 토마토 관련 제품을 십억 파운드나 생산하는 것은 힘들고 위험이 따르는 일이었다. 하지만 그럼에도 루퍼는 자기경영self-management이라 부르는 과정을 도입했고 회사 전체가 과정을 발전시켰다. 여기에는 계층구조도, 고용인도 없다. 대신 동료와 동료 원칙이 존재한다. 동료 원칙 중에서도 가장 중요한 것을 들면 일이 돌아가도록 만들어야 할 책임감, 서로 다른 가치관, 취향, 기분, 방식을 용인하겠다는 합의, 직접적인 소통과 협의에 대한 헌신 등이다. 하지만 가장 근본적인 두 가지 원칙은 다음과 같다. 바로 모든 사람은 헌신을 유지해야 하며, 그 누구도 강제력을 동원할 수는 없다는 것이다. 누구도 다른 사람 위에 군림하지 않는다. 이곳에서는 누군가가 더 높은 자리에 있다는 것을 인정하지 않는다.

모닝스타 공장은 미로처럼 얽힌 파이프, 터빈, 펌프, 밸브 등이 캘리포니아의 햇살 아래서 달구어지고 있어서 식품제조 공장이라기보다는 오히려 정유 공장처럼 보인다. 그리고 실제로 정유 공장만큼이나 위험하다. 머리에 망을 쓴 선별자들이 매일 대형 트럭에 실려 공장으로 운반되어 오는 신선한 농산물에서 나뭇가지, 벌레, 방울뱀을 골라내는 동안 이곳은 소음과 냄새가 가득하다. 토마토는 95퍼센트가 물이다. 따라서 한 번에 입고되는 토마토들을 섭씨 100도에서 조리하고, 증발하고, 여과처리해서 몇 년 동안 실온에서 저장 가능한 고형물로 만들어야 한다. 샘플을 채취해서 색상, PH, 보스트윅 점도bostwick(반죽이 얼마나 되고 끈적거리는지를 측정) 등을 검사하는 실험실은 마치 제약공장처럼 조인다. 컨베이어 벨트 위에 올라가 있는 토마토 말고는 무엇 하나 빨리 움직이는 것이 없다. 사람들은 상사 없이 모두 체계적으로 묵묵히 자기 할 일을 한다.

에어컨이 돌아가는 제어실에서는 뜨거운 태양 아래 놓여 있는 증발기를 감시한다. 화면이 여러 개 배치되어 있는 덕에 세 명의 기술자만으로도 처리 과정의 모든 단계를 관리할 수 있다. 한스Hans는 2002년부터 모닝스타와 함께 했다. 그는 몸집이 크고 다부진 사내다. 그와 악수를 하면 마치 벽돌을 쥔 것 같은 기분이 든다. 그의 동료가 말하길 그는 최고의 기계공이라고 한다. 그는 여가 시간에는 박제사도 하고, 어린이들을 위한 광대도 한다.

그는 내게 이렇게 말한다. "여기서는 무척 자유롭습니다. 우리는 의료를 실천하는 의사들처럼 자기경영을 실천에 옮기죠. 우리가 모든 것을 100퍼센트 완벽하게 한다는 소리는 아닙니다. 더 나아지려고 노력한다는 얘기죠."

한스는 그전에는 해군에서 일했다. 해군에서 일할 때는 계층구조에서 생겨나는 명료함을 좋아했다. 하지만 모닝스타에서는 모든 것이 분명하지 않다는 점이 오히려 즐겁다고 한다.

"여기서는 지식이 왕이에요. 그래서 즐겁죠. 무언가 결정을 내릴 때는 제일 많이 아는 사람을 찾아서 함께 결정을 내립니다. 그래서 항상 무언가 배울 수 있죠. 해군에 있을 때는 모두가 자기 자리만 신경 씁니다. 하지만 여기서는 제가 공장을 담당할 때도 있고, 내 동료들이 담당할 때도 있어요. 문제가 생기면 모두가 문제 해결에 뛰어듭니다. 모두가 항상 무언가를 배우며 지식을 키워가고 있죠. 우리 모두는 그저 일을 더 잘하는 데 필요한 것이 있으면 하고 싶을 뿐입니다."

베이지색 작업복을 입은 한스는 한쪽 눈은 자기 뒤쪽의 컴퓨터 스크린에 집중한 상태에서 막대한 양의 토마토 페이스트의 제조 과정 대한 세세한 내용과 효율을 높이기 위한 끝없는 노력에 대해 들려주었다.

"겨울마다 우리는 새로운 프로젝트를 내놓습니다. 좀 더 효율을 높이거나 기계를 향상시킬 방법을 찾기 위한 것이죠. 돈이 들어가는 장기 투자 프로젝트에 대해서는 예산을 요청할 수 있습니다. 그럼 그 부분에 대해서 가장 잘 아는 사람이나 가장 큰 영향을 받는 사람들이 과연 좋은 생각인지 판단을 내리죠. 일단 예산이 확보되면 과연 그만한 가치가 있는 일인지 투표를 거치게 됩니다. 요즘에는 들어오는 토마토 양이 줄었어요. 운반되어 오는 양이 많지 않으니 우리도 속도를 늦춰야 했죠. 그래서 이 과정을 매끄럽게 만들 방법을 알아내고 싶어요. 우리는 빨리 가고 싶어요. 그렇지 않으면 낭비가 생기고 우리는 따라잡을('catch up(따라잡다)'을 발음이 비슷한 'ketchup(토마토케첩)'으로 빗댄 농담 – 옮긴이) 수 없으니까요!" 그는 이 농담을 여러 번 했다. 그가 자기의 일에 대해 얘기하는 것을 즐거워한다는 것이 생생하게 느껴졌다.

"우리는 심리 검사도 많이 합니다. 마이어스-브리그스Myers-Briggs, MBTI 검사 같은 거요. 서로 함께 일을 잘할 수 있는 방법을 알고 싶어 하니까요. 주위 사람들을 이해해야만 그들과 잘 어울릴 수 있죠. 제가 ESTJ형이라는 것은 모두들 알고 있죠. 모든 사람이 서로를 어떻게 대해야 하는지 이해하고 있다는 것은 정말 좋은 일입니다."

모닝스타 초창기에 루퍼와 함께 일했던 더그 커크패트릭은 이제 모닝스타에서 배운 내용을 설명하고 전파하기 위해 자기경영 연구소Self-Management Institute를 운영하고 있다. 더그도 외부인의 입장에서 이 회사에 오면 누구를 상대해야 하는지 이해하기 어렵다는 점을 기꺼이 인정한다. 공식적인 계층구조에 따르는 직책이 없기 때문에 구매자들과 판매회사 입장에서는 누가 무슨 일을 하는지 알기가 어렵다.

"하지만 그들도 우리와 함께 일하는 것이 동업자와 함께 일하는 것과 비슷하다는 점을 이해하게 됩니다. 우리는 사람들한테 돈이나 뜯어내려고 하는 존재가 아니거든요. 우리는 고객이나 판매회사들을 대할 때도 우리가 서로를 대할 때와 똑같은 방식으로 대합니다. 모든 사람이 책임감을 갖고, 자신의 헌신을 유지하고, 서로의 필요를 이해하기 바라니까요."

커크패트릭은 이런 권력거리지수가 낮은 문화가 모두에게 효과가 있는 것은 아니라는 점도 인정한다.

"우리가 하는 일을 이해하며 본인도 그것을 따르겠다는 사람들을 고용해왔습니다. 하지만 어느 순간 사람들 중 일부는 이런 생각을 하죠. '이 안에 작은 섬처럼 나만의 계층구조를 만들 수 있겠다. 그럼 내가 왕 노릇을 하면서 이 자기경영이란 것을 피해가야지.' 하지만 결국 문화가 이런 사람을 압도하고 맙니다. 이곳에 있는 사람들은 모두 자기가 누구한테 이래라저래라 명령을 받을 필요가 없다는 것을 이해하고 있으니까요! 권력 게임이 실패로 끝나면 거기서 지혜가 시작됩니다. 그 사람은 문화를 그대로 받아들이거나 이곳을 떠나게 되죠. 이곳에서는 누구도 다른 사람을 해고할 수 없습니다. 하지만 누군가가 떠나야 한다는 요구는 누구라도 할 수 있죠."

급료에 관한 한 이 회사는 벤치마킹을 하지 않는다. 400명 정도의 사람을 고용하는 이곳의 평균 임금은 9만 달러 이상이고 다양한 혜택을 제공하고 있다. 하지만 가장 큰 매력은 동료들로부터 받는 존경, 그리고 학습 기회다.

커크패트릭은 이렇게 말한다. "자신이 동료들의 헌신에 부응하는 생활을 하고 있다면 생활비가 인상될 겁니다. 만약 자신이 무언가 혁신을 이루거나 새로운 사업을 따서 돈을 더 벌었다고 생각하면 그 점을 고려해줄 팀이 있을 겁니다. 어떤 프로젝트가 생각나면 찾아와서 얘기할 수도 있습니다. 여기서는 누구나 자기경영하는 독립적인 사업가이기 때문에 무언가를 더 원한다면 실행에 옮길 수 있습니다."

커크패트릭은 높은 기온과 상당한 위험이 따르는 곳에서 400명의 인력이 딸린 복잡한 대형 공장을 하루 24시간 운영하는 일이 쉽지 않다는 점을 인정한다. 하지만 운영은 잘 이루어지고 있다. 지금 공장을 운영하고 있는 팀이 공장을 지었다. 이들은 공장을 운영하고 향상시키는 일에 자부심을 느낀다. 그리고 여기에는 상사가 없다.

커크패트릭은 이렇게 말한다. "제 생각에 아마도 여기서 일하는 사람 중 자기가 크리스를 위해 일한다고 생각하는 사람은 없을 겁니다. 이들은 서로를 위해, 과정을 위해, 지식을 얻기 위해 일하죠. 이것은 패러다임의 거대한 변화입니다. 명령과 통제의 계층구조에 익숙해진 사람들에게는 특히 그럴 것입니다. 여기서는 그런 권력을 일부러 포기해야 합니다."

회사의 진정한 주인

자신의 전파 노력에도 불구하고 모닝스타의 뒤를 따르는 회사의 숫자가 그토록 적은 이유는 권력을 내려놓기를 망설이기 때문이라고 커크패트릭은 설명한다. 모두들 배우기는 열심히 배우지만 대부분 자신의 지위와 권력을 포기할 용기가 없다. 하지만 에일린 피셔Eileen Fisher는 달랐다. 그는 지난 5년 동안 느리지만 꾸준하게 자기 의류업체의 리더십과 소유권을 고용인들에게 넘겨왔다. 그 이유는 리더십과 소유권을 고용인들에게 넘김으로써 회사의 가치가 올라가 오래 살아남을 수 있으리라는 점을 이해했기 때문이다. 특히 가장 큰 이유는 사업체의 모든 부분 간의 협력에 대한 심오한 헌신이 있기 때문이었다. 이런 변화 과정에도 물론 어려움이 없지 않았다. 직물 디자이너들은 재정담당자들과 대화하는 데 익숙하지 않았고, 의사결정도 느려질 수 있었다. 하지만 이제 자신의 놀라운 성공에 대해 설명할 때면 서로를 위한 여지를 만들고, 서로를 존경하고, 서로에게 귀 기울인 덕분이었다는 말을 빼놓지 않는다. 자존심이 유독 높고 권력 다툼도 흔한 패션산업계에서 이는 대단히 놀라운 일이었다. 이제 피셔는 자기 이름을 따서 회사 이름을 정한 것을 후회할 정도다. 그녀는 결국 회사란 회사를 돌아가게 만드는 사람들 그 자체라고 말한다.

밸브 게임즈Valve games(게임 제작 업체)에서는 신입사원에게 핸드북을 한 권 나눠준다. 핸드북에는 자기 책상을 사무실 한 쪽에서 다른 쪽으로 이동하는 방법에 대해서도 나와 있다. 또한 '평지에 오신 것을 환영합니다Welcome to Flatland'라는 말로써 일이 100퍼센트 자기주도적으로 이루어진다는 사실을 소개하고 있다. 이곳에는 상사도, 직무해설서도, 계층구조도 없다. 대신 모든 사람들에게 가장 가치 있는 일을 찾아나설 것을 촉구한다. 프로젝트가 끝날 즈음이면 사람들은 자기의 핵심 전문분야라고 생각했던 것과는 동떨어진 영역에서 일을 하게 될 때도 있다. 하프라이프Half-Life, 포탈Portal, 도타Dota 등 최고의 판매고를 올린 게임의 소유주로서 제작과 유통까지도 함께 담당하는 이 회사는 직원들에게 자기가 하는 모든 일에 대해 책임을 부여함으로써 그들의 생산성과 창의력을 유지하는 것을 목표로 하고 있다. 자기 근무 시간을 자기가 선택하는 것도 이런 일환으로 이루어진 것이다. 여기에는 하루 종일 일에 매달리기보다는 일과 생활의 균형을 합리적으로 유지하고, 사무실에서의 시간을 효율적으로 사용하도록 노력하라는 특별한 충고가 함께 했다.[26]

남아프리카 공화국에서 폴 해리스Paul Harris는 그 나라에서 가장 존경받는 금융기관 중 하나인 퍼스트랜드 뱅크FirstRand Bank에 지독할 정도로 평등주의적인 접근 방식을 도입했다. 그가 이렇게 한 것 역시 고어나 루퍼와 마찬가지로 사람들에게서 최선을 이끌어내는 방법은 실제로 어떤 일이 일어나는지 아는 것밖에 없다고 확신했기 때문이다. 가파른 계층구조에서는 사실상 불가능한 일이다. 그는 이런 원칙에 너무나도 열성적이었던 나머지 그것을 자신의 경영 신조에도 적어 넣었다고 한다.

"저는 사람들과 함께 일합니다. 그들이 나를 위해 일하는 것이 아니죠. 저는 시장의 경향과 사업, 그리고 향상시킬 수 있는 방법을 이해하는 일에 무척 강박적으로 매달립니다. 그래서 사람을 가리지 않고 모두와 이야기하려 하죠. 기회만 주어지면 모두들 무언가 할 말이 있는 법이거든요. 제 태도는 이렇습니다. '나와 생각이 같은 사람한테서는 아무것도 배울 것이 없다.' 그래서 나는 다른 관점, 새로운 관점을 언제든 환영합니다. 미친 소리로 들릴지 모르지만 나쁜 아이디어를 수없이 버리고 난 후에야 좋은 아이디어 하나를 건지는 것이거든요. 나는 이런 식으로 조직의 집단적 지혜를 활용합니다.

권력이란 더 많이 양보할수록 더 많이 갖게 되는 것이라 믿습니다. 사람들은 신뢰를 받고 권한을 갖게 되면 주인의식을 가져 사람을 실망시키지 않기 때문이죠. 사람을 판단할 때에는 새로운 아이디어를 떠올릴 수 있는 능력과 자신감을 봅니다. 상식에 따르는 것이든, 그렇지 않은 것이든 자신의 관점을 표현할 수 있는 능력을 보는 것이죠. 진보란 새로운 아이디어, 현 상황에 대한 도전에 달려 있습니다. 나는 경영진을 판단할 때 아랫사람들의 지혜를 활용할 줄 알고, 그들에게 권한을 부여하는 능력이 있느냐로 판단합니다. 얼마나 많은 사람을 통제하느냐가 아니라, 얼마나 많은 사람을 자유롭게 하느냐로 판단하는 것이죠."

퍼스트랜드 뱅크는 남아프리카 공화국에서 혁신자이자 신뢰받는 기관으로 알려져 있다. 해리스는 퍼스트랜드 뱅크의 혁신이 그 안에 있는 사람, 그리고 모든 개인을 깊이 존경하는 문화에서 직접 기원한다고 믿는다. 일찍이 2000년부터 퍼스트랜드 뱅크는 'eBuck'이라는 것을 도입했다. eBuck은 구매자들을 하나로 묶은 전자결제시스템electronic payment system으로 아프리카에서 전자금융시스템의 도입을 이끌었고, 휴대전화를 이용한 금융이체financial transfer 방식을 개척했다. 하지만 해리스와 얘기해보면 그는 모든 공을 회사 사람들의 에너지와 열정으로 돌린다. 무엇이 그들을 움직였고, 무엇이 해리스를 움직이게 하고 있을까? 바로 더 잘하고자 하는 욕망이다.

기업이 나아가야 할 방향

이런 기업들은 모두 규모가 크고, 복잡하고, 창의적이고, 성공적인 기업들로 인간의 창의력과 혁신 능력을 해방시키기 위해 우열순서를 없애거나 줄인 기업들이다. 이들이 번영할 수 있는 것은 사람들 사이의 사회적 유대감을 강화하고, 창의력을 죽이는 경쟁을 피하고, 공정성, 자율성, 자유, 토론 등 창의력을 강화해주는 것들을 받아들였기 때문이다. 이들이 보여준 사례는 불평등과 계층구조에 따르는 극단적인 비용을 거부하라고, 이것들이 필요악이 아니라 이기려는 집착으로 인해 지속 불가능한 높은 수준의 손실을 요구하는 사람들에 의해 짐 지워진 비용으로 생각해야 한다고 재촉하고 있다.

스트레스를 주는 우열순서 경쟁이라는 중독에서 벗어나는 일이 단순하지만은 않다. 테크샵, 고어, 모닝스타, 에일린 피셔, 뉴코Nucor 같은 회사에서 일하고 싶어 하는 사람은 많지만 이런 회사는 많지 않다. 경제위기 이후로는 살아남기 위해서는 경쟁할 수밖에 없다는 느낌을 주는 조직에 발이 묶인 사람들이 많다. 일종의 스톡홀름 증후군을 보이는 사람들도 많다. 너무 오랫동안 몸담고 있었기 때문에 그런 환경이 훌륭한 환경이라고 스스로를 설득하고 마는 것이다. 어쨌거나 경쟁적인 시스템을 통해 꼭대기에 오른 사람이라면 시스템에 잘못이 있다고 생각하기가 쉽지 않다. 하지만 쉽지 않다는 것이지 불가능하다는 소리는 아니다.

칼 라베더Karl Rabeder는 내게 이렇게 말했다. "제 머릿속에는 항상 경쟁에 대한 생각이 들어 있었습니다. 나는 늘 열심히 노력했기 때문에 내 고용인들도 모두 마찬가지로 더 열심히 노력해야 했지요."

라베더는 키가 크고 날씬한 오스트리아인으로 아름다운 봄날 마요르카 섬에서 그를 만났다. 우리는 햇살이 내리쬐는 곳에 자리를 잡고 앉았고 그는 자기 어린 시절의 이야기를 들려주었다. 그는 할머니 밑에서 자랐다고 한다. 할머니는 늘 돈이 더 많았더라면, 땅만 더 있었더라면, 무엇이든 더 많이 가지고 있었더라면 자유로울 수 있을 것이라 생각하며 살았다고 한다. 그는 할머니로부터 교훈을 무의식중에 받아들였고, 20대에 구축하기 시작한 선물 사업에도 이러한 생각이 스며들어 있었다고 한다.

"나는 늘 내 자신을 내가 이룰 수 있는 최대 한계와 비교하며 살았습니다. 가능하다고 생각하는 모든 것을 얻고 싶었지요. 이를테면 오스트리아에서 얻은 성과를 독일에서도 이루자는 목표 같은 거죠. 그곳은 열 배나 큰 시장이었거든요. 하지만 거기에 성공하고 나면 유럽 전체로 목표가 커지겠지요. 그리고 그 다음엔 미국까지. 그러다 보면 전용 비행기까지 살 수도 있겠죠! 저는 항상 스스로에게 가장 잘못된 질문을 던지고 있었어요. '내가 진정 원하는 것이 무엇이냐'가 아니라 '가능한 일이 무엇일까'를 묻고 있었으니까요. 질문에는 수천 가지 대답이 나올 수 있죠. 그것들을 다 따르다 보면 정작 자기 자신을 잃고 맙니다."

라베더의 사업은 날로 번창했다. 내가 그에게 물어보았다. "그것이 혹시 당신이 뛰어난 상사이기 때문에 가능했던 것이었나요?"

"그렇지는 않습니다. 나는 내 고용인들과 실제로 만나지는 않았으니까요. 나는 그 사람들이 가진 개성에 관심을 두지 않았습니다. 좋은 상사가 되려면 일이 모두에게 어떤 의미가 있는 것인지 깨달아야 합니다. 나는 때로는 고용인들을 가혹하게 대하기도 하고, 때로는 너그럽게 대하기도 했죠. 하지만 그들을 나와 똑같은 복제인간으로 만들려고 했지 그들이 어떤 사람인지는 결코 알지 못했어요."

라베더를 처음 만났을 때 나는 그가 혹시 자기의 과거, 즉 그를 부자로 만들어준 사업에 대해서는 말하기를 주저하지 않을까 궁금했다. 하지만 그는 전혀 거리낌 없이 얘기를 꺼냈고, 마치 관심이 있어서 방문했지만 떠나오기를 훨씬 잘했다 싶은 외국에 대해 설명하듯 이야기해주었다. 그는 내게 말하기를 자기는 인생의 전반전에서는 자기 자신, 자기 회사, 자기 수치를 주변의 것들과 비교하고 자기가 우열순서에서 어디에 서 있는지 확인하는 것밖에 한 일이 없다고 했다. 하지만 그 과정에서 자기 자신에 대해 생각하는 법은 한 번도 배우지 못했다.

불행해진 라베더는 결국 회사를 팔아버리고 2009년에는 중앙아메리카와 남아메리카의 가난을 줄이는 것을 목표로 하는 비영리기관 마이마이크로크레딧MyMicroCredit을 창립했다. 2010년 2월에 그는 모든 자산에서 발생되는 이윤을 비롯해서 자동차, 사업체, 자선단체에 이르기까지 자신의 전 재산을 기부하겠다고 발표했다.

이제 라베더는 어느 곳에도 자기 집이 없다. 그는 마요르카 섬의 작은 아파트를 하나 임대해놓고 캠핑카를 임대해서 곳곳을 누빈다. 그리고 그처럼 사회적 지위와 특혜에 대한 탐욕스러운 추구에서 벗어나기를 꿈꾸는 사람들을 위한 세미나도 운영한다. 그는 똑같은 딜레마로 고통받는 사람이 많은 것을 보고 깜짝 놀랐다고 한다. 경쟁의 중독에서 탈출하기 원하고, 한때는 승리가 가져다주리라 생각했던 자유를 찾고 싶어 필사적인 사람들이 많았다.

"이제 내가 찾을 수 있는 최대한의 자유를 누리며 삽니다. 전 세계에 친구들이 있어요. 그리고 여자친구도 있고, 자유도 있죠. 저는 스스로를 인간의 삶을 살기로 결심한 새라고 늘 생각했어요. 그리고 이제 저는 자유롭습니다. 새처럼 자유로워요!"

테크샵, 고어, 모닝스타, 에일린 피셔 등의 회사를 방문할 때마다 귀에

못이 박히도록 들은 단어 두 개가 있다. 바로 신뢰trust와 자유freedom이다. 신뢰를 받으면 사람들은 자기 자신에 대해 생각할 기회, 실수를 하고, 거기서 배울 기회, 도움을 요청할 기회를 얻는다. 신뢰는 그들이 받기도 하고 주기도 하는 것이었다. 그리고 자유는 그 보상이었다. 한가롭게 해변에서 보내는 삶도 아니고 일주일 내내 파티가 가득한 삶은 아니지만 사람들로 인해 일 속에서 풍요로움을 느끼고, 두려움이나 위협, 거리감 없이 관계를 맺을 수 있는 사회적 능력이 생기는 것이다. 이들은 결국 닭장을 탈출했다.

2부

A BIGGER PRIZE

승부가 망쳐놓은 세상

1퍼센트만을 위한 리그

콜로세움의 무자비함

국가들도 개인들 못지않게 우열순서에 예민하다. 2000년 시드니 올림픽이 열렸을 때 호주인들은 영국인들의 놀림감이 되었는데, 그 이유는 올림픽 메달 디자인에 로마의 콜로세움이 들어가 있었기 때문이다. '무식한 호주인들은 올림픽의 발원지인 고대 그리스와 콜로세움이 있는 고대 로마도 구분 못한단 말인가?' 고압적인 기자들은 올림픽 개최국인 호주의 전통 교육이 잘못되었음을 조롱했지만, 메달을 디자인한 사람이 호주인이 아니라는 것과 그것이 1928년 이후로 계속 사용되어온 디자인이라는 사실은 언급하지 않았다.

물론 이것이 이례적인 디자인임에 틀림없다. 하지만 이 디자인이 그토록 오랫동안 살아남은 이유가 단지 현학적인 간과 때문은 아니었다. 1894년에 올림픽경기가 다시 부활한 이후로 이 위대한 경기장은 오랫동안 모든 올림픽 경기장의 모델이 되었다. 콜로세움의 상징적인 형태에는 전통이 깃들어 있다. 서구 역사 전반에서 목숨을 걸고 싸우는 경쟁자들을 보며 관람객들이 즐거워했던 장소가 바로 이곳이었다.

콜로세움에서 정확히 어떤 형태로 오락이 이루어졌는지에 대해서는 오늘날까지도 역사학자들 사이에서 의견이 일치되지 않고 있다. 심지어는 엄지손가락을 세우는 것이 살리라는 의미였는지, 죽이라는 의미였는지도 알지 못한다. 지금까지 남아 있는 역사기록의 파편들은 수세기 거리만큼 떨어져 있기 때문에 그 건물이 어떻게, 왜 사용되었는지에 대해 논리적인 설명을 전혀 보태지 못하고 있다. 그저 검투사들의 싸움에 대한 한 설명이 마르쿠스 마르티알리스Marcus Valerius Martialis(영문명 Martial)의 시에 살아남아 있을 뿐이다. 그 시를 보면 두 검투사가 너무나도 팽팽하게 결투를 벌인 나머지, 군중들이 둘 모두를 명예롭게 석방시킬 것을 요구했다고 한다.

우리가 알고 있는 바는 로마의 게임에 막대한 경제적 비용과 생명의 희생이 뒤따랐다는 사실이다. 로마 황제 트라이아누스는 현재 루마니아로 알려진 영역을 정복하고 축하하기 위해 123일간 쇼를 열었다. 그 안에서 1만1천 마리의 동물이 죽임을 당하고, 1만 명의 검투사들이 싸움을 벌였다. 관람객의 자리 배치는 엄격한 사회적 우열순서에 따라 이루어졌다. 가장 돈이 많고 권력이 막강한 자들은 정면에 자리를 받았고, 돈도 없고 권리도 없는 자들은 뒷좌석 제일 높은 곳이 돌아갔다. 대부분의 쇼에는 정치적 의도가 숨어 있었다. 예를 들면 악어의 도살은 이집트에 대한 지배를 상징하는 것이었다. 귀족들에 의해 상연되는 쇼들은 인기를 얻으려는 노골적인 시도였다. 오늘날의 정치인이나 후원 기업의 목표와 크게 다를 것이 없다. 콜로세움은 사람들의 의견을 갈라놓았다. 참석하는 사람들은 보통 지위가 높은 사람들이었지만 모두가 그 구경거리를 달가워한 것은 아니었다. 특히 세네카Seneca는 그것이 무의미하고 타락한 살육에 불과하다고 생각했다.[1]

건축물에 대해 이렇다 할 뚜렷한 결론이 나지 않자 세대를 불문하고 작가들은 각자 나름의 해석을 부여했다. 바이런Byron(영국의 낭만파 시인)은 '검투사들의 피투성이 서커스'를 숭고한 잔해noble wreck라 생각했고, 디킨스Dickens(《두 도시 이야기》를 쓴 영국 소설가)는 콜로세움이 폐허가 되었음에 기뻐했고, 마크 트웨인Mark Twain(《톰소여의 모험》을 쓴 미국 소설가)은 저속한 유흥의 발생지라며 조롱했다. 콜로세움을 솟구치는 용기와 영웅적 행위의 장소로 본 사람은 리들리 스콧Ridley Scott(영화 〈글레디에이터〉의 감독)밖에 없었던 듯하다. 대부분의 사람들에게 콜로세움은 승자는 살아남고 패자는 죽음을 맞이하는 무자비한 거래 속에서 경쟁과 오락이 접목되었던 무시무시한 장소로 여겨진다.

어쩌면 역사적으로 이례적인 올림픽 메달 디자인이 그토록 오래 간과되었던 이유는 크나큰 이해관계를 두고 벌이는 격렬한 육체적 경쟁에 대한 우리의 양가적 심리를 콜로세움이 반영하고 있기 때문이 아닌가 싶다. 열광적인 팬과 낭만주의자들에게 엘리트 스포츠는 인간이 이룰 수 있는 성취의 절정이며 육체에 대한 찬양이자 정신력에 대한 시험의 장이다. 그리고 구경꾼에게는 오락사업이다. 반면에 어떤 사람들에게는 잔인성, 착취, 고통을 상징한다.

이제 올림픽 메달의 뒷면에는 여신 니케Nike가 1894년 최초의 현대 올림픽 경기가 개최되었던 파나티나이코 스타디움 Panathinaiko Stadium과 함께 그려져 있다. 메달의 앞면 도안은 개최국의 재량이다. 하지만 디자인이 바뀌어도 사라지지 않는 존재가 있다. 올림픽은 대중에게 즐거움을 선사하기 위해 뛰어난 운동선수들이 치러야만 하는 막대한 대가다. 겉보기에는 쉽게 하는 것처럼 보이는 행동들이 그저 노력만으로 이루어진 것은 아니다. 로마의 검투사들과 마찬가지로 엘리트 스포츠의 참가선수들도 거기에 목숨을 건다.

다이 그린은 무엇을 위해 뛰는가

바스대학교University of Bath의 선수촌에는 잔인한 분위기도, 암울한 분위기도, 낭만적인 분위기도 없었다. 2012년 올림픽이 개최되기 전 봄에 방문했을 때 이곳의 유리창과 철골 구조물은 검투사들의 경기장보다는 차라리 공항 같은 분위기가 감돌았다. 높게 솟은 천장들이 햇볕에 달구어져 있고, 젊고 건강하고 자유로운 시민들이 북적대고 있어서 활력이 넘쳤다. 운동에 직접 참여하지 않는 관중들은 올림픽의 꿈을 키우는 사람들이 훈련하는 모습을 지켜보았고, 사람들과 어울리는 쪽을 더 좋아하는 대학생들은 카페에 모여 있었다. 여기서 제공되는 음식은 딱히 건강에 좋아보이지는 않았지만 그래도 선수들에게는 연료였다.

학생과 코치들 사이로 한 젊은 남성이 샌드위치를 먹으며 책을 읽고 있었다. 그가 고개를 드는 순간 내 눈을 사로잡은 것은 그의 눈동자였다. 그의 눈동자는 너무나 짙어서 아예 흰자위가 없는 것처럼 보였다. 그는 사람들의 관심 대상이 아니었고, 또 그러고 싶은 마음도 없어 보였다. 그는 사람들을 피해 혼자 있었다. 이 사람은 다이 그린Dai Greene으로 허들 경기 세계 챔피언이고 올림픽 400미터 허들 경기 메달 유망주였다. 그린은 웨일즈 출신으로 바스대학교에 온 이유는 건축학을 배우기 위해서도, 이 학교의 평판이 좋아서도 아니었다. 그는 훈련을 받기 위해 이곳에 온 것이었다.

그는 내게 이렇게 말했다. "이곳의 트랙은 영국에서 제일 고지가 높습니다. 바람과 비가 끊이질 않죠. 이곳에서 통과할 수 있다면 다른 어딜 가서도 모두 통과할 수 있어요. 저는 스스로를 한계에 밀어붙이는 것을 좋아합니다. 엄마는 인격 수양이라고 말했어요. 혹독한 날씨에서 연습하면 어느 곳에서나 달릴 수 있죠."

그는 불필요한 말을 길게 하는 사람이 아니었다. 그는 185센티미터의 키에 군살 하나 없이 날씬한 몸을 가진 과묵한 사람이었다. 스완지 근처의 펠린포엘Felinfoel에서 태어난 그는 바스대학교에 아는 사람이 많지 않다. 그의 가족과 여자친구는 모두 고향으로 돌아갔다. 그의 말로는 모두가 친구처럼 다정하다고 하지만 사실 친구를 만들 시간이 별로 없다. 그가 이곳에 온 이유는 일주일에 육 일, 하루에 여섯 시간씩 훈련을 하기 위해서다. 다른 것은 중요하지 않았다.

"힘든 훈련을 견딜 수 있게 해주는 것은 메달을 따겠다는 목표예요."

그린은 어렸을 때는 축구선수가 되고 싶었다. 그의 영웅은 라이언 긱스Ryan Giggs(영국 프리미어리그 축구클럽 맨체스터 유나이티드의 전설적 선수)였다. 13살에는 스완지 시티Swansea City(영국 프리미어 리그의 축구클럽)에서 경기를 뛰기도 했다. 하지만 10대 때 그는 오스굿슐라터병osgood-schlatter disease에 걸리고 만다. 이 병은 넓적다리의 대퇴사두근을 정강뼈 앞쪽에 이어주는 힘줄에 스트레스가 가해져서 야기되는 질병이다. 보통 청소년기의 급성 장기에 생기지만 일부 연구에서는 질병의 발병 사례 중 절반이 체육 활동 때문에 야기되는 것이라고 주장한다.

하지만 그린은 운동을 사랑했고, 자기가 허들에 재능이 있음을 발견한 후에는 대학에 진학하고 싶어졌다. 그의 말로는 '고통을 연장시켜 동정심을 끌기 위해서'였다고 한다. 그의 첫 번째 성공은 2005년에 그가 유럽 육상 주니어 선수권 대회에서 51.14초의 개인 최고 기록을 세우며 은메달을 땄을 때 찾아왔다. 다음 해에 그는 성인 토너먼트 대회 참가 자격을 얻었지만 일이 틀어지기 시작한다. 부상과 간질에 발목을 붙잡힌 것이다.

이미 그린은 운동에 전념하고 있었다. 질병이 자기의 앞길을 막도록 방치해두기보다는 간질약 복용을 끊고 고된 훈련과 투지, 엄격하게 규율 잡힌 생활방식을 통해 질병을 극복하려 하고 있었다. 20대의 젊은 남자가 내리기에는 당연히 쉬운 결정이 아니었지만 그린은 강철 같은 투지를 키우기 시작했다. 그리고 2007년 유럽 육상 U23 선수권대회에서 발목 부상에도 불구하고 49.58초의 신기록을 세우며 금메달을 획득한다.

그는 이렇게 회상했다. "코치를 바꿔야 했습니다. 훈련이 너무 일차원적으로 진행되다보니 몸이 계속 망가지고 있었거든요. 그래서 바스대학교로 옮겨 왔는데 여전히 나아지는 것이 없었어요. 힘든 시기였죠. 나는 내가 하고 있는 일에 대해서 질문을 던지기 시작했죠. 부상을 당하는 것이 정상인가? 나뿐만 아니라 모두들 부상을 입고 있나? 부상은 모두 향상 속도가 너무 빨라서 생긴 것들이었습니다. 일부 신체적 요소가 함께 향상되지 못하고 뒤처져 있었던 것이죠."

하지만 1년 후인 2009년에 그는 대회 신기록이자 자신의 최고 기록인 48.62초를 기록하며 처음으로 유럽 랭킹 선두에 올라섰다.

"400미터 허들 경기를 보고 있으면 아주 쉬워 보이죠. 그냥 수월하게 뛰어넘는 것처럼 보이니까요. 실제로 최고의 선수들은 그렇게 합니다. 하지만 경기에 들어가는 150걸음이 모두 사전에 계획을 세워 놓은 것이라서 한 걸음 들어갈 때 느려지면 들어갈 때 0.2초에서 0.3초, 나올 때 0.2에서 0.3초 정도가 느려집니다. 모든 것이 정확히 맞아 떨어지게 해야 해요. 그래야 100퍼센트 완벽하다는 느낌이 들죠.[2] 육상은 매일 훈련을 해야 해요. 일이 잘 풀릴 때는 별로 힘들다는 생각이 안 들죠. 저는 자신을 한계에 밀어붙이는 것을 좋아해요. 오후 훈련을 뛰고 나면 완전히 녹초가 되고 말죠. 하지만 별의별 것을 다 겪어봤어요. 어떤 난관이 다가온다 해도 제가 감당하지 못할 것은 없습니다."

그린의 어머니는 초등학교에서 간호조무사로 일하며, 아버지는 벽돌공이다. 그는 조용하고 헌신적인 분위기 속에서 자랐다. 부모님이나 아직 고향에 있는 남동생들에 대해 얘기할 때면 가족이 까마득히 멀리 떨어져 있다는 느낌이 든다. 그린이 정신력에 대해 얘기할 때 보면 부상만 염두에 두고 하는 말은 아닌 듯하다.

다른 모든 운동선수와 마찬가지로 그린도 명성을 가져다주는 유럽 선수권 대회 같은 행사와 수입이 되는 행사 사이의 균형을 맞추어야 한다. 사람의 육체는 한계가 있기 때문에 달력에 나와 있는 모든 행사에 빠짐없이 참여할 수 있는 선수는 없다. 따라서 선수들은 더 중요한 것이 무엇인지 결정해야 한다. 포상금이냐 메달이냐, 이 부분에서 그린은 전혀 고민을 하지 않는다.

"돈벌이는 내게 아무런 동기도 제공해주지 못합니다. 2009년에 제가 이곳에 오기로 결심했을 당시에 나는 일 년에 1만 파운드로 생활하고 있었어요. 돈 벌면 좋죠. 생활이 더 편해지니까요. 하지만 훈련이 우선입니다. 제게는 명예와 메달이 제일 중요해요. 그것이야말로 운동에서는 최고의 포상이니까요."

그린에게 있어서 경쟁은 개인적인 것이 아니다. 그는 누가 자기의 경쟁자인지 알고 있지만 별로 신경 쓰지 않는다. 그는 다른 사람에게 신경 쓰면 정신만 산만해질 뿐이라고 생각한다. 그리고 그렇게 신경 쓰다 보면 오히려 그들이 으쓱한 기분을 느끼고, 정신적으로 힘을 낼 수도 있기 때문이다.

"1등과 2등 사이는 몇 초 차이에 불과합니다. 어쩌면 1초 차이밖에 나지 않을 수도 있고요. 그러니 나약한 기색을 보일 수가 없습니다. 선수대기실은 사적인 공간이죠. 한 번은 경주 전에 누군가가 비행기 때문에 늦었다는 얘기를 하던 것이 기억납니다. 나는 이렇게 생각했죠. '스스로에게 변명거리를 만들어 기분을 풀려고 하는군.' 20분 후에 나는 그 사람을 이겼습니다. 아무도 자기를 꺾을 수 없다는 듯이 행동해야 해요."

수많은 어려움을 겪으면서도 스스로를 그토록 엄격하게 단련시킨 그린을 보며 도무지 감동받지 않을 수가 없었다. 그의 차분하고 절제된 언어 안에서는 수많은 일들이 일어나고 있었다. 부상을 극복하고, 간질을 이겨내고, 외롭고 고립된 훈련 방식을 고수하고, 반드시 올림픽에서 승리하겠다는 투지가 불타올랐다. 투지가 그의 삶을 채우고 있었다. 그는 승리와 패배를 결정하는 백분의 몇 초에 집중하고 있기 때문에 그의 삶에는 그것 말고 다른 것은 아무것도 없는 듯 보였다. 그가 내리는 선택은 모두 그 선택이 자신의 목표 달성에 도움이 되느냐, 방해가 되느냐의 여부에 달려 있다. 우리들은 그저 하루하루 삶이 펼쳐지는 것을 지켜보며 살지만, 그린에게 삶이란 자신이 뒤돌아볼 수 있기 전까지는 존재하지 않는 무엇이었다.

"올림픽이야말로 궁극의 경기죠. 4년에 한 번씩 열리기 때문에 평생 참가할 수 있는 대회가 그렇게 많지 않거든요. 기회가 몇 번 없는 셈이죠. 경기에 승리해서 시상대에 올라가 국가가 연주되는 것을 듣는다고 상상해보세요. 세상에 그렇게 기분 좋은 일은 없을 겁니다!"

분명 그럴 것이다. 오랜 세월 부상에 시달리고, 외로움을 이겨내고, 추위와 비바람 속에서 달려야 했으니 그것을 위해 치른 대가가 이미 너무 컸다. 그는 밤마다 집에 혼자 들어가 텔레비전을 보다가 잠자리에 들고, 아침에 눈을 뜨면 똑같은 일상을 다시 반복해왔다. 그 세월 동안 그는 성공과 실패를 가르는 백분의 몇 초라는 시간 말고 다른 것은 생각도 해보지 않았다.

2012년 1월, 그린은 또 다른 부상을 당하고 말았다. 훈련 일정에 차질이 생겼지만 그는 굴하지 않았다. 7월에 파리에서 열린 다이아몬드 리그Diamond League에서 47.84초의 개인 최고기록을 올린 후에 영국 올림픽 선수단의 주장으로 임명되었다. 7년에 걸친 훈련 끝에 그는 자신의 기록을 3.3초 단축시켰다.

2012년 런던 올림픽에서는 모두 쉽게 그의 승리를 점쳤지만 400미터 허들 경기를 지켜보는 것은 고통스러웠다. 그린은 자리에 오르기 위해 너무도 많은 것을 희생해왔고, 사람들은 1928년 영국에 금메달을 안겨주었던 버레이 경Lord Burleigh을 계속 언급하면서 기대를 높여만 갔다. 출발선에서 웅크린 채 서 있는 그린의 모습을 보니 팽팽한 긴장감이 느껴졌지만 갑자기 그가 무척 작게 느껴졌다.

0.14초. 말하려는 순간에 끝나버릴 지극히 짧은 시간이다. 이 시간이 바로 다이 그린과 그의 올림픽 메달 사이의 거리였다. 경주가 끝나자 그는 운동장 위에서 헐떡이며 전광판 기록을 쳐다보았다. 그리고 얼굴을 찡그리고 말았다. 4등에게는 메달도, 시상대도, 국가도 없다. 아무것도 없다. 많은 인터뷰에서는 승자에 대한 칭찬과 2016년 리오 올림픽에 대한 계획이 흘러나왔다.

"기록은 매년 점점 더 빨라지고 있습니다. 훈련 방법이나 기술, 시설 등이 개선되고 있으니까요. 사람들은 20년 안으로 기록 갱신이 정체기를 맞이하게 될 거라 생각합니다. 무엇이든 끝나는 지점이 있기 마련이니까요. 하지만 기록은 점점 더 단축될 겁니다. 점점 더 빨라지겠죠. 매년 수많은 경쟁자들이 쏟아져 나오니까요."

소수만을 위한 리그

올림픽 경기의 흥분과 희열에 휩싸이다 보면 대부분 참가자들이 패배할 수밖에 없다는 단순한 사실을 잊기 쉽다. 2012년 런던 올림픽에 참가한 1만8백2십 명의 선수 중에서 8.8퍼센트에 해당하는 962명의 선수만이 메달을 딴다. 9,858명의 선수들은 추억, 기념품, 부상, 빚 말고는 아무것도 손에 쥐지 못한 채 그냥 집으로 돌아간다. 그린은 그래도 운이 좋은 사람이었다. 훈련비용은 웰스 스포츠 재단Wells Sports Foundation에서 후원을 받고 있었고, 허들 경기는 상대적으로 사람들의 이목이 쏠리는 종목이라 상당한 관심과 대중적 지지를 받았기 때문이다. 하지만 대부분 종목, 대부분 선수들에게는 그림의 떡이다.

세계 최고의 선수들을 연구한 미국 육상 선수 협회US Track and Field Athletes

Association에서는 협회 안에서 10등 안에 드는 선수들 중 50퍼센트가 일 년 수입이 1만5천 달러 미만이라고 결론 내렸다. 이런 수입은 상금, 정부에서 나오는 보조금, 후원 등을 통해 들어온 돈이다. 수치에는 시간제 직업을 통해 번 수입이 포함되지 않았지만, 에이전트 비용이나 건강보험으로 나가는 지출 역시 포함되지 않았다. 이 중 단거리 선수와 마라톤 선수가 제일 많이 버는 것으로 추정된다. 이름이 알려진 선수들은 신발 제작 업체와 후원 계약을 맺기도 하고, 출전 사례금, 상금, 건강보험 지원 등을 얻기도 한다. 모두 합하면 일 년에 최고 40만 달러까지 벌기도 한다. 하지만 국제적으로 이름을 얻은 선수들 축에 끼지 못하고 세계 15위권 안에 드는 선수라면 액수는 절반으로 줄어든다. 상위 20위에서 50위권의 미국 마라톤 선수는 일 년에 집으로 가져가는 수입이 2만5천 달러 정도다.

국제적으로 명성이 있는 최상위권 허들 선수의 경우에는 15만 달러 정도까지 벌 수 있다. 반면 전 세계 10위 안에서 꾸준히 자리를 지키는 선수들 중 50퍼센트는 세금과 에이전트 비용을 제하기 전 수입으로 3만 달러에서 10만 달러 사이의 액수를 번다. 멀리뛰기, 높이뛰기, 창던지기, 투포환 던지기, 7종 경기 등으로 오면 이 액수는 훨씬 줄어든다. 경보의 경우에는 사실상 수입이 전혀 없다고 해도 과언이 아니다.[3]

루지, 카약 활강 같은 비인기 종목의 경우 후원이 아예 없는 것이나 마찬가지여서 그린처럼 대부분의 시간과 헌신을 요구하는 훈련 방식 말고는 다른 선택의 여지가 없다. 세계적으로 인기 있는 종목에서 엄청난 성공을 거둔 마이클 펠프스Michael Phelps 같은 선수가 한 명 배출될 때마다 거의 무시해도 좋을 수입밖에 없는 종목에 그와 똑같이 자신의 삶을 헌신하고 있는 선수들이 수십 명씩 함께 배출되고 있다.

물론 올림픽 경기는 영광을 위한 것이지 돈을 위한 것이 아니다. 하지만 야구나 미식축구 같은 미국의 프로 종목 자료만 살펴봐도 종목에 종사하는 대다수 선수들에게는 거의 돌아가는 것이 없음을 알 수 있다. 남성과 여성 농구 선수들 중 프로선수가 될 수 있는 확률은 0.03퍼센트에 불과하다. 남성 축구 선수 중에서는 0.04퍼센트만이 프로선수가 될 수 있다. 미식축구의 경우에는 비율이 0.08퍼센트이고, 프로가 될 수 있는 기회가 그나마 높은 야구의 경우에도 고등학교 야구선수 중 0.6퍼센트만이 프로팀에 들어갈 수 있다. 그 어떤 종목도 비율이 1퍼센트에 도달하지 못한다.[4]

대런 하이트너Darren Heitner는 스포츠 에이전트로 활동했지만 소수의 사람을 제외하고는 운동으로 생계를 유지한다는 것이 힘들다는 사실에 환멸을 느낀 후 사업을 접었다.

"전망이 좋아 보이지만 그건 환상일 뿐입니다. 대부분의 선수들은 메이저리그에 발을 담그지도 못해요. 40인의 선수 명단에 들어간 마이너리그 선수들은 한 달에 1,000~2,000달러 정도를 받습니다. 식당에서 웨이터를 해서 버는 돈보다도 적은 액수죠. 그런데도 그들이 생활을 계속하는 이유는 언젠가는 메이저리그로 승격되리라는 희망 때문입니다. 하지만 그들 중 90퍼센트는 단 하루도 메이저리그에서 뛰어보지 못하고 선수 생활을 마감합니다. 그래서 선수 계약을 할 때 선지급 받는 사이닝 보너스signing bonus로 먹고 살죠.

"미식축구에서의 선수 평균 수명은 아마 3.5년 정도일 겁니다. 다른 말로 하면 대부분의 선수가 두 번째 계약까지 가지 못하고 프로선수 생활을 마감한다는 이야기죠. 농구에서는 대략 4년입니다. 2년 계약 연장 옵션으로 2년 계약을 합니다. 그러니까 농구에서도 대부분 두 번째 계약까지 가지 못한다는 소리죠. 그리고 첫 번째 계약에서는 사실 돈을 별로 못 벌어요. 특히나 세금과 수수료, 이런저런 부대비용까지 제하고 나면 더욱 그렇죠.

야구에서는 선수를 고등학교에서 선발해올 수 있습니다. 고등학생 선수는 더 가치가 있죠. 나이도 어리고 팀 입장에서는 자기가 선수들을 키울 수 있기를 바라니까요. 그래서 어린 선수들이 6년에서 7년 계약으로 사이닝 보너스를 받고 입단합니다. 그렇게 해서 5년, 6년, 7년이 지났는데 싹수가 보이지 않으면 구단에서는 선수가 별로 가치가 없다고 판단하죠. 그럼 선수는 아무런 자격증도 없고 실질적인 교육도 받지 못한 채 빈털터리로 야구계를 떠나 현실세계로 들어오게 됩니다."

2011년과 2012년 나이트위원회Knight Commission에서는 봉급을 지급하거나(이 방안은 대부분의 학교에서 거부했다), 팀의 수익배분revenue sharing을 교육성취도educational performance로 연관시키는 방식으로 선수들의 교육을 보호하는 개혁을 제안했다. 좋은 의도로 제시된 방안이었지만 2년제 대학에서 단돈 400달러로 2주 만에 3학기 분량의 학점을 딸 수 있는 교육과정을 선수들을 위해 개설하는 바람에 무산되고 말았다.[5] 하이트너는 훌륭한 에이전트라면 계약할 때 대학 등록금이나 교육을 위한 보너스 지급을 보장하는 조항을 넣어 선수들이 오프시즌에 대학 학점을 딸 수 있는 기회를 마련해줘야 할 것이라고 주장했다. 하지만 많은 선수들은 굳이 그런 조항을 넣으려 하지도 않고, 학교생활에 시간을 할애하려 하지도 않을 것이다. 자기가 최고라서 만약을 대비한 계획 따위는 필요 없다고 생각하기 때문이다. 승리에만 완전히 초점이 맞춰져 있을 때는 만약을 위한 계획 따위는 안중에 없다.

하이트너는 이렇게 말한다. "이런 선수들은 허파에 바람 집어 넣어주는 사람들 틈에서 자랍니다. 자기 자식들에게 열과 성을 다하는 부모로부터 시작되죠. 부모들은 자기 자식이 얼마나 뛰어난지 입에 침이 마르도록 칭찬합니다. 그런 아이들은 아주 어린 나이부터 경쟁에 뛰어들죠. 아이들이 그 지역에서는 실제로 최고일 수도 있습니다. 그럼 감독이 또 이렇게 말하죠. '넌 내가 지금까지 본 아이들 중에서 최고다.' 그 말도 맞는 말일지 모릅니다! 하지만 스포츠란 것이 동네 사업이 아니잖아요. 세계를 무대로 하는 사업입니다. 뛰어난 미식축구 선수 중에는 사모아에서 온 선수도 있어요! 메이저리그만 봐도 베네수엘라, 일본, 도미니카공화국에서 온 선수들도 무척 많죠. 매일 최고라는 말만 들으며 살았는데 무대를 세계로 넓히는 순간 자기 재능이 부모나 감독이 생각했던 수준이 아니라는 것을 깨닫게 되는 것이죠."

선수들은 하나같이 자기는 돈을 벌겠다는 욕망이 아니라 스포츠에 대한 사랑을 좇아 여기까지 왔다고 말한다. 하지만 열정에는 실질적인 대가가 따른다. 배우고, 공부하고, 친구를 사귀고, 인생을 즐길 수 있었던 시간을 운동을 위해 희생했으니 말이다.

수영을 그만두기까지

에린 제프리스Erin Jeffries는 스포츠 집안 출신은 아니지만 그녀의 부모님은 딸이 놀랍게도 잉글랜드에서 제일 빠른 수영선수 중 한 사람이라는 사실을 알고 나서는 그녀를 지지해주었다. 매일 아침이면 엄마 티시Tish도 5시에 함께 일어나서 15킬로미터 떨어진 대학교 수영장까지 그녀를 차로 데리고 갔다. 딸이 훈련에 참가하는 동안에는 자리를 잡고 앉아 딸의 평일 계획을 짰고, 훈련이 끝나면 다시 딸을 집에 데려다 준 후에 출근했다. 훈련은 딸과 엄마 모두에게 혹독했다. 단순히 수영장이 멀어서만은 아니었다.

티시는 이렇게 회상했다. "친구들과 경쟁하는 걸 애가 힘들어했어요. 딸에게 친구가 하나 있었는데 그 아이를 차마 이길 수 없었어요. 수영은 에린이 더 잘했지만 그러면 우정이 위태로워질 것 같았지요. 그 친구가 아파서 훈련에 빠진 날이면 경주에서 이기는 것은 식은 죽 먹기였죠. 하지만 친구가 돌아오면 다시 상황이 애매해지는 거예요."

에린은 이렇게 기억한다. "바스대학교에서 훈련받을 때는 사회생활을 할 시간이 없었어요. 우정이라고 할 만한 관계를 만들 수 없었죠. 매일 수영하고, 훈련만 받았거든요. 몇 안 되는 친구들도 그 점 때문에 분명 짜증이 났을 거예요. 친구라는 애가 얼굴 한 번 보기도 힘들었으니까요."

에린은 딱 봐도 수영선수처럼 보인다. 키가 크고, 호리호리하고, 눈빛도 초롱초롱하다. 그녀는 800미터, 1500미터를 뛰는 장거리 수영 선수다. 그녀의 장점은 속도보다 지구력이다. 그녀가 꼭 러프버러대학교에 가야만 했던 것은 아니다. 거기에 입학할 만큼 A학점을 충분히 받지도 못했었다. 하지만 코치의 도움으로 에린은 영국 선도적 스포츠 대학에서 모두가 탐내는 자리를 얻을 수 있었다. 이제 통학 거리는 더 짧아졌지만 하루 일정은 여전히 빡빡했다.

"월, 수, 금에는 새벽 5시에 일어나 5시 반에서 7시 반까지 훈련을 받고 8시에 돌아와서 아침을 먹어요. 9시부터는 강의를 듣죠. 보통 하루에 세 과목 정도예요. 그리고는 점심을 먹어요. 내 하루는 식사와 수영을 중심으로 돌아갔어요. 오후에는 숙제를 해요. 오후 5시부터는 육상 훈련을 하고, 2시간 다시 수영을 해요. 화, 목에는 저녁에만 훈련이 있어요. 토요일 훈련은 경주 훈련이에요. 함께 하는 선수들 사이에 경쟁이 치열했죠. 일요일은 쉬어요. 외출은 2주마다 한 번 정도 했어요. 남들만큼 자주 하지는 못했죠.

경주에서 이기면 기분이 최고였어요. 전에는 내지 못한 기록이 나와도 최고였죠. 하지만 지면 정말 끔찍했어요. 가슴이 무너지는 것 같았죠. 최선을 다하지 못하거나 친구 같은 애들한테 지고 나면 사람들을 보기가 어려워요. 누구한테도 말을 걸고 싶지 않았죠. 저는 아주 감정적이라서 결국 눈물을 흘릴 때가 많았어요."

400미터 혼영에서 전국 5위를 하자 에린은 자신감을 잃기 시작했다. 낙담하고 지쳐버린 에린은 자기가 놓치고 사는 것이 얼마나 많은지 깨닫기 시작했다. 친구와 함께 보낼 시간, 공부할 시간, 생각할 시간 등. 그녀는 혹시 자기가 단거리 수영 선수였다면 항상 피곤에 쩔어 있지는 않았을 거라는 생각이 들었다. 하지만 그녀의 몸은 단거리 수영에 적합한 몸이 아니었다. 그 시절 얘기를 하는 동안 에린은 그때의 희망과 낙담, 지쳤던 순간들과 기대에 차 있던 순간들을 떠올리며 눈물을 흘릴 뻔했다.

"만약 올림픽에 나가겠다는 생각을 했다면 수영을 계속 했을 거예요. 하지만 분명 얼마 가지 못했을 테죠. 중요한 부분은 이거예요. 제대로 된 학위를 따고 싶어졌다는 것이죠. 제가 이후로도 다른 일을 할 수 있다는 느낌을 받고 싶었어요. 너무 늦기 전에 제대로 된 삶을 살고 싶었죠."

3학년 때 에린은 수영을 그만두었다. 괴로운 결정이었다. 결정을 내리는 동안 그녀는 친구, 코치 등 자기를 설득하려 들지 모르는 사람은 모두 피했다. 하지만 이제 그녀는 자기가 아슬아슬한 순간, 때맞춰 올바른 판단을 내렸다고 생각한다.

"자기 인생이 온통 수영에만 집중되어 있는데 삶에서 수영이 사라져 버렸다고 생각해보세요. 그럼 난 대체 뭐가 되죠? 수영을 그만두고 몇 달 동안은 힘들었어요. 그러다가 중간 학점을 받았어요. 이러다가는 대학에서 아무것도 얻지 못할 것을 깨달았죠. 저는 수영을 그만두고 공부할 기회를 잡게 되어 무척 기뻐요. 지금도 그 결정에 대해서는 조금도 후회가 없어요."

그녀의 친구 둘은 수영을 계속 했다. 케이트Kate는 올림픽에 나가지 못했고, 어린 시절부터 친구였든 리치Rich도 예선 통과 기록에 0.004초 뒤져서 역시 올림픽에 나가지 못했다.

"그 짧디 짧은 시간을 단축시키지 못한 것이 리치에게는 막대한 타격이 되고 말았어요. 어쩌면 간밤에 잠을 제대로 못 잤거나 일주일 전에 몸이 아팠던 바람에 그렇게 되었을지도 모를 일이죠. 지난 4년을 훈련만 하고 살았는데 기회를 놓쳐버리면 결국 그 시간이 다 허송세월이 되고 말아요."

에린은 이제 아예 수영을 하지 않는다. 수영을 즐길 수가 없다고 한다. 굴곡 많던 수영선수 시절을 다시 살기는 힘들겠지만 그녀는 수영을 그만 두었다는 사실에 분명한 안도감을 느끼고 있다. 졸업한 후에 그녀는 프랑스, 스위스, 호주 등 전 세계를 돌아다녔다. 어디를 가든 그곳에서 일을 찾아서 했지만 그녀의 진짜 목적은 자기가 잃어버린 성장기를 다시 되찾기 위함이었다. 친구들이 친구를 사귀고, 경력을 쌓고, 파티를 즐기고, 이런 저런 실험을 하며 정체성을 찾던 그 시절들을 자기도 되찾고 싶었다고 한다. 그녀는 너무 늦기 전에 이 경험들을 붙잡고 싶었다.

빼앗긴 정체성

에린은 잘 파악되어 있는 심리학적 현상에 반응하고, 그를 바탕으로 행동하고 있는 것이다. 인간의 인지 능력은 상당히 제약되어 있기 때문에 주어진 순간에 처리할 수 있는 정보의 양이 제한되어 있다. 그와 유사하게 우리는 한 번에 한 가지 동기만을 부여받을 수 있을 뿐, 여러 목적에서 다발적으로 동기를 부여받을 수는 없다. 너무 많은 정보나 동기가 폭주해 들어오면 우리의 뇌는 편집자처럼 행동하면서 무엇을 받아들이고 무엇을 버릴 것인지 선택한다. 한 가지 목표에 극단적으로 집중하면 시야가 좁아지면서tunnel vision 목표와 관련 없는 것은 모두 배제해버린다. 사느냐 죽느냐가 달린 긴박한 상황에서 이런 반응은 가치가 있다. 하지만 단기적으로 효과가 좋은 극단적인 집중 현상이 일상생활의 습관이 되어버리면 삶이 황폐해져 버린다.

엘리트 스포츠를 하려면 물적, 지적으로 투자해야 하는 것들이 너무 많기 때문에 다른 부분들이 설 자리를 잃어버린다. 때문에 경제적 위험 말고도 대단히 많은 대가를 치르게 된다. 젊은 시절에는 자신이 누구인지,

삶에서 바라는 것이 무엇인지 탐험하는 데 투자해야 하는 시기이다. 그런데 스포츠의 경쟁은 그 모든 것을 독점해버린다. 시간, 관심, 에너지, 집중력, 열정을 마지막 한 방울까지 모두 빨아들이고 마는 것이다. 그리고 마지막에는 진공 같은 공허함만 남는다.

7종 경기 선수 데니스 루이스Denise Lewis는 이렇게 회상한다. "올림픽 챔피언이 되겠다는 특정 목적을 향해 나가느라 너무나 긴 세월을 보냅니다."

그녀는 시드니 올림픽에서 금메달을 땄지만 막상 승리를 경험하고 보니 그녀가 상상했던 것과는 달랐다.

"목표를 달성하고 나면 일종의 공허감 같은 것이 밀려와요. 너무도 허무하죠. 그 다음에는 대체 뭘 해야 하는지 알 수가 없어요. 그냥 이런 질문만 나오죠. '이젠 뭘 하지?' 선수촌으로 돌아가는 버스에 혼자 몸을 싣습니다. 새벽 1시 반, 이 커다란 세상에 마치 나 혼자밖에 없는 것 같은 느낌이 몰려와요."

서른세 살에 은퇴할 때까지 루이스는 자신의 목표에만 초점을 맞추고 살았기 때문에 이제는 자기가 누구인지도 알 수 없었다.

"이런 기분이 들더군요. 난 누구지? 난 뭘하고 있는 거지? 앞으로는 나를 뭐라고 불러야 할까? 내게 가장 끔찍했던 순간은 서류 양식을 채우는 일이었어요. 거기 보면 직업란이 있잖아요. 그럼 저는 그저 손가락만 두드리면서 이런 생각을 했어요. 내가 뭐하는 사람이지?"[6]

안드레 애거시Andre Agassi는 스포츠가 '자기 자신이 되는 것'을 멈추게 만든다고 말한다. 그는 엘리트 운동선수 중에서는 보기 드문 사람이다. 단지 테니스를 잘해서가 아니라 훌륭한 자서전을 썼기 때문이다. 그의 자서전은 상이나 점수 기록만 나열하기 십상인 일반적인 자서전을 훨씬 뛰어넘는다. 그의 놀라운 책《오픈Open》에는 온전한 자기 자신이 될 수 있기까지의 고통스러운 여정이 녹아 있다. 이것은 그가 마침내 테니스를 멈추고 나서야 가능해졌다. 애거시의 책이 그토록 특별한 이유는 자신의 정체성에 눈을 뜨기 시작한 과정, 그리고 어떤 사람 또는 어떤 기득권이 그로 하여금 자신의 정체성을 주장하지 못하게 막았는지 차츰 깨달아가는 과정을 그려내고 있기 때문이다. 그는 테니스를 싫어하게 됐다. 그가 자기 자신이 되는 것을 가로막고 있었기 때문이다.

"테니스는 신체 접촉이 없는 권투나 마찬가지다. 그것은 폭력으로 가득한 일대일 대결이며, 그 선택 또한 잔인할 정도로 간단하다. 죽거나 죽이거나. 때리거나 두들겨 맞거나. 테니스는 피부보다 더욱 깊숙한 곳을 때린다. 라스베가스의 늙은 고리대금업자가 누군가를 팰 때 쓴다는 방법이 떠오른다. 그들은 사람을 오렌지 주머니로 때린다. 겉으로 멍이 남지 않기 때문이다."[7]

2012년 런던 올림픽이 끝나고 세바스찬 코Sebastian Coe(영국의 육상 선수)가 회고록《내 삶을 달린다Running My Life》를 세상에 내놓았을 때 비평가들은 그의 책에서 인간적인 매력이 느껴지지 않는다는 지적을 내놓았다. 그저 이야기가 따분하다는 의미만은 아니었다. 그 안에는 다른 사람들이 거의 등장하지 않았기 때문이었다. 그의 어머니, 어머니의 죽음, 그의 아내, 아내와의 이혼, 그리고 그의 간통. 이런 얘기들은 별다른 관심을 끌지도 못하고, 어떤 통찰도 전해주지 못한다.

나는 어느 해 여름을 올림픽 메달을 염원하는 선수들을 인터뷰하며 보낸 적이 있다. 그 과정에서 한 가지 분명하게 다가온 것이 있었다. 이들은 자신의 목표에만 절대적으로 집중한 나머지 모든 것을 삶에서 몰아내고 말았다. 그저 친구를 사귀고, 사색에 잠기고, 사회생활을 즐기는 등의 일을 할 시간이 없었다는 것만은 아니다. 그들에게는 상상력도 남아 있지 않았다. 점수, 시간, 기록, 측정치 등에 극단적으로 집중하다보니 다른 것에 대해서는 생각을 하는 것조차 불가능해진 것이다. 이것이 바로 눈에 보이지 않는 멍이다.

목숨을 위협하는 심각한 부상들

물론 눈에 띄는 흉터 또한 사소한 것은 아니다. 다이 그린이 겪었던 수많은 부상 역시 그만의 특별한 일은 아니었다. 우리는 보통 스포츠 하면 자연스럽게 건강과 체력 등을 떠올리지만 엘리트 운동선수나 프로선수 수준에서는 그보다 오히려 부상이나 장기적 건강 문제로 연결되는 경우가 더 흔하다. 노스캐롤라이나대학교University of North Caroline의 프레더릭 뮬러Frederick Mueller는 열정적인 스포츠 코치로 일했었지만 지금은 미국 국립 파국적 스포츠 부상 연구소National Center for Catastrophic Sport Injury Research의 책임자로 일하고 있다.

뮬러는 모든 스포츠에서 발생하는 사망자와 심각한 부상에 대한 자료를 수집하고 분석한다. 그의 연구는 미식축구에서 머리 부상과 열사병으로 인한 사망 발생 건수를 줄이는 데 중요한 역할을 했다. 연례 보고를 보면 축구에서도 머리 부상에 대한 염려가 높아지고 있음을 알 수 있다. 하지만 크로스컨트리, 축구, 필드하키, 수구, 농구, 수영, 레슬링, 배구, 체조, 스키, 아이스하키, 장대높이뛰기, 야구, 소프트볼, 라크로스, 육상, 테니스, 조정, 승마 등 그가 연구하는 모든 스포츠 중에서 사망 및 심각한 부상과 관련되지 않은 것은 없다. 이들 대부분은 스포츠 활동 자체에서 생겨나는 것이지만 열사병이나 레슬링에서 체중을 늘리려다 사망하는 경우 등은 분명 팀에서 자리를 차지하려는 욕망 때문에 생기는 것이다. 보고서를 읽다보면 정신이 번쩍 든다. 선수 지도가 형편없어서, 혹은 무자격자가 코치를 맡는 바람에, 혹은 꼭 승리하겠다는 젊은 치기 때문에 사망이나 심각한 죽음이 야기되는 경우들이 나열되어 있기 때문이다.[8]

"부모들이 서로 싸우는 모습도 보이고, 교육을 전혀 받지 않은 코치들도 보입니다. 모두들 이기기만을 바라죠! 아이들은 쉬는 시간도 없이 항상 운동을 하고 있어서 이런저런 경상과 과사용 부상overuse injury을 늘 달고 다닙니다. 이게 다 부모들이 밀어붙인 탓에 일어나는 일이죠. 제가 보았던 부상들 중에서는 아이들이 일부러 코치에게 얘기하지 않은 경우도 있었어요. 운동을 못 할까 봐, 장학금을 받지 못할까 봐 겁나는 거죠. 심지어는 부모가 그렇게 시킬 때도 있어요. 뇌진탕의 경우 그 후로 몇 년 동안이나 문제에 시달리기도 합니다."

뇌진탕 부상은 오늘날 스포츠에서는 피할 수 없는 현실 문제가 되고 말았고, 권투, 축구, 미식축구처럼 접촉이 많은 스포츠에서 가장 위험이 큰 것으로 나타나고 있다. 미식축구가 열리는 한 시즌 동안 미국의 한 미식축구 프로선수는 머리에 약 천 번가량의 충격을 받는다. 남자 선수들의 경우 뇌진탕에 걸릴 확률이 75퍼센트나 된다. 그저 종목의 특성 때문에 생기는 현상이 아니다. 이기고자 하는 욕망 때문에 직접적으로 생기는 결과이다. 뇌진탕의 78퍼센트는 훈련이 아니라 경기에서 발생하기 때문이다. 뮐러는 이제 미식축구 부상에 대한 연례 조사 자료들을 엮고 있다. 그가 조사한 바에 따르면 2011년에 미식축구에 의해 직접 야기된 사망 사례가 4건이었고, 열사병, 혈전, 심장마비 등에 의한 간접적인 사망이 12건이었다. 미국 미식축구리그NFL를 보면 공격 라인맨offensive lineman과 수비 라인맨defensive lineman은 심장마비로 사망할 위험이 일반인보다 52퍼센트 더 크다. 여기에는 라인맨의 몸집이 더 커지고 있다는 사실도 부분적으로 일조하고 있다. 1920년대에는 라인맨의 평균 신장은 183센티미터, 평균 체중은 96킬로그램이었다. 하지만 2011년 기준으로는 평균 신장이 204센티미터, 평균 체중은 140킬로그램이다.

뮐러가 반복적으로 접하는 문제는 선수들이 부상을 당하고 곧바로 경기로 돌아가려 한다는 점이다. 현재 경기 규칙을 바꿔 이런 부분을 해결하려는 시도가 이루어지고 있다. 뇌진탕을 당한 선수는 독립적인 신경과 전문의로부터 확인을 받아야 다시 경기를 뛸 수 있게 하려는 것이다. 하지만 많은 선수들은 코치에게 의식 상실, 시력 이상, 두통, 기억 상실 등의 머리 부상 징후에 대해 일부러 얘기하지 않는다. 그가 경기와 연습 기간에 의사가 참관하도록 권고하는 이유도 이 때문이다.

그런데 의사 참관을 할 여력이 있음에도 불구하고 상당수는 이 권고를 따르지 않고 있다.[9] 연구자들은 이렇게 적었다. "뇌진탕 관리에 성인이 개입하지 않는다면 청소년 스포츠는 모두가 망가질 때까지 죽기 살기로 벌이는 전쟁터가 될 수 있다."

이것이 미국의 과잉경쟁적 분위기 탓이라고 돌려세우고 싶을지 모르겠으나 같은 학술지에 따르면 영국 대부분의 럭비팀에서도 뇌진탕 관리를 위한 국제 지침을 따르지 않고 있다. 지침의 존재 사실을 알고 있는 경우도 절반에 지나지 않는다고 한다.[10]

2011년과 2012년 사이에 미국 미식축구리그에서 은퇴한 선수 중 여섯 명이 자살했다. 사망 이후에 보니 이들은 만성 외상성 뇌병증chronic traumatic encephalopathy, CTE이라는 일종의 치매로 고통받아 왔음이 밝혀졌다. 현재 이 질병은 다발성 뇌진탕multiple concussion으로 인해 야기된다고 보고 있다. 데이브 더슨Dave Duerson이 자살한 후 만성 외상성 뇌병증 가능성이 제기됐다. 그는 자신의 몸을 보스턴대학교 의대에 기증했다. 이후 보스턴의대에서는 미식축구 선수 35명의 뇌를 연구하여 그중 34명이 만성 외상성 뇌병증이 있음을 알아냈다. 좀 더 최근에는 살아 있는 선수의 뇌를 연구하는 것도 가능해졌다. UCLA의 연구자들이 실제로 이 일을 해보았더니 다섯 명 모두 만성 외상성 뇌병증을 안고 있는 것으로 밝혀졌다. 이 질병은 기억상실, 우울증 등의 증상이 따라온다. 이 질병이 특별히 뇌진탕과 관련이 있는 것인지, 아니면 미식축구의 여러 측면이 전체적으로 작용해서 미식축구를 위험한 스포츠로 만들고 있는 것인지는 알려져 있지 않다. 미시간주립대학교의 미식축구 코치 더피 도허티Duffy Daugherty의 말처럼 미식축구는 그냥 접촉성 스포츠contact sports가 아니다. 충돌성 스포츠collision sport라고 해야 한다. 이 때문에 일부 사람들은 경기에서 이기려는 선수들의 욕망이 문제의 핵심이 아니라는 생각을 하게 되었다.

스포츠 담당기자 조나단 말러Jonathan Mahler는 이렇게 말했다. "머리 부상에 의한 위기를 뇌진탕에 의한 위기라고 부르다 보니 마치 문제가 경기 자체가 아니라 경기를 하는 방식 때문에 생기는 것처럼 들립니다. 꼭 뇌진탕이 일어나야 뇌가 손상을 받는 것은 아니거든요. 일상적으로 이루어지는 미식축구 경기도 모두 뇌 손상을 야기하고 있을지 모릅니다. 그 누구도 인정하고 싶어 하지 않는 현실이죠. 만약 미식축구가 어떤 외적인 위험요소를 가지고 있는 것이 아니라, 그 자체로 위험요소라면 미식축구의 미래는 중대한 위험에 봉착해 있는 셈입니다."[11]

3,800명에 이르는 선수와 그들의 가족은 현재 미국 미식축구리그를 상대로 머리 부상, 게임의 잔인성을 특별히 부각하는 홍보 활동을 했던 것에 대해 소송을 제기하고 있다. 하지만 심각한 부상이나 사망 사건의 위험이 있는 스포츠가 미식축구만은 아니다. 야구에서도 매년 3~4명 정도 부상자가 발생한다. 축구는 여성 선수가 뇌진탕을 당하는 가장 흔한 종목이다. 이 경우 뇌진탕을 당하는 확률이 50퍼센트 정도다. 하지만 뮬러의 말에 따르면 미국에서 미식축구 다음으로 가장 위험한 스포츠는 다름 아닌 치어리딩이라고 한다.[12]

뮬러는 이렇게 말한다. "치어리딩으로 인한 부상은 다른 모든 여성 스포츠의 부상을 합친 것보다도 많습니다. 경쟁이 치열하거든요. 치어리더들은 아주 어린 시절부터 응원을 시작합니다. 이들은 전국을 돌아다니며 전문 자격증도 없는 코치 밑에서, 안전하지도 않은 장소에서 몇 시간이나 응원을 하죠. 공중으로 7미터나 뛰어올라 공중제비를 하는 등 스턴트가 장관을 이룰수록 당연히 위험도 높아집니다."

로라 잭슨Laura Jackson이 치어리더 테스트를 받으러 갔을 때는 겨우 14살이었다. 고등학교 팀에서 자리를 꼭 차지하고 싶었던 그녀는 체육관 마루를 달려나가 공중제비 동작에 들어갔다. 그녀는 자기가 무엇을 잘못한 것인지 기억이 나지 않는다. 다만 목부터 바닥에 떨어졌고, 숨을 쉴 수 없었다는 것만 기억난다. 사고로 그녀는 목의 척추 두 개가 부러졌고, 뇌간brain stem이 뼈 사이에서 짓눌려 버렸다. 현재 사지마비quadraplegic 상태인 로라는 치어리더 활동의 안정성 확보 운동에 적극적으로 나서고 있다.

뮬러는 내게 이렇게 말했다. "치어리딩은 당신이 기억하던 것과는 완전히 다르게 바뀌었습니다. 이제 치어리딩은 대단히 경쟁적인 조직을 갖춘 고위험 스포츠로 자리 잡았습니다. 하지만 치어리딩을 스포츠로 생각하지 않는 학교가 많기 때문에 연습 시간에 대한 규칙이나 규정도 전혀 없어요. 전문 교육을 받지 못했거나 위험을 제대로 인식 못하는 코치 밑에서 아이들이 훈련받는 경우가 허다합니다. 피라미드 쌓기, 환상적인 공중제비 등이 모두 딱딱한 바닥 위에서 이루어집니다. 이러다가 무언가 하나 삐끗하기라도 하면 결과는 재앙 그 자체죠."

매년 3만 명이 넘는 미국 여학생들이 치어리더를 하다가 생긴 부상으로 응급실을 찾아간다. 스포츠가 그 자체로 위험한 것은 아니다. 스포츠가 이토록 위험해진 이유는 참가자들이 승리를 위해 극한으로 내몰리고 있고, 자기 스스로도 그렇게 밀어붙이고 있기 때문이다. 심지어는 경쟁의 욕구에 힘을 받아 움직이는 운동선수들도 몸에 위험요소를 지니고 있다. 루벤대학교 연구자들은 경주가 끝난 후 철인삼종 경기 선수와 마라톤 선수들의 심장근육을 조사해보았다. 이들의 심장 상태는 우수할 것이라는 예상과 달리 심장의 형태가 변형된 것이 발견되었다. 심장을 폐로 펌프질하는 우심실이 심각한 기능 이상 상태에 있었던 것이다. 일부 선수는 상태를 회복했지만 일부는 그렇지 못했다. MRI로 검사해보니 심장에서 반흔 조직이 형성된 징후가 나타난 것이다. 연구에서 사용된 표본의 크기는 작았지만 런던마라톤의 산자이 샤르마Sanjay Sharma는 결과를 심각하게 받아들여야 한다고 경고했다.

"제 개인적인 느낌으로는 극단적인 지구력 운동이 일부 선수들에게서 심장 손상을 야기하는 것 같습니다. 저는 인간의 몸이 하루에 11시간을 전력으로 일할 수 있게 설계되어 있다고는 생각하지 않거든요. 따라서 심장에 손상이 간다는 말이 허황된 것은 아니지요. 마라톤 같은 지구력 운동 행사에 참가하는 사람의 숫자가 엄청나게 늘어난 만큼 연구 프로젝트가 갖는 잠재적 의미는 엄청납니다. 연구자들이 내린 장기적 결론이 일부 사람들에게는 터무니없이 들릴 수도 있지만 나중에 돌아보면 눈에 뻔히 보이면서도 방치되어온 문제임이 드러날 수도 있습니다."[13]

은퇴 이후의 환멸

돈과 명예를 얻을지 모른다는 달콤한 미래가 선수들을 닦달한다. 언제나 그래왔다. 경쟁은 점점 더 치열해지며 경쟁자들은 승리할 수 있는 시간이 얼마 없다는 것을 잘 알고 있다. 두 번째 기회는 잘 찾아오지 않기 때문이다.

체조선수들은 보통 만 20세 정도가 되면 은퇴한다. 육상 경기 선수들은 일반적으로 30대에 은퇴한다. 일부 선수는 40대까지 선수생활을 이어가기도 하지만 대부분의 경우 스포츠는 젊은이들의 게임이다. 이것 또한 선수들을 그토록 집중하게 만드는 이유 중 하나다. 이기려고 하는 자는 시간이 많지 않다. 다이 그린은 자기 기록에서 3초를 단축하는 데 7년이 걸렸다. 만약 세상의 모든 시간이 그의 것이었다면 의미가 있었을 것이다. 하지만 그렇지 않다는 것을 그도 알고 있다. 그의 인생 전체가 시계와 달력에 가로막혀 버린 것이다.

그래서 선수들에게는 은퇴 시기가 빨라 찾아올 수밖에 없고, 충격으로 다가올 수밖에 없다. 스포츠가 인생의 훌륭한 비유인 것은 사실이지만 실제 인생을 대비해서 훈련하는 데는 그다지 도움이 되지 못하기 때문이다.

수많은 선수들은 은퇴와 함께 공허와 마주친다. 데니스 루이스가 이것을 무척 잘 표현했다. 이들은 어떤 정체성도, 계획도, 체계도 없이 길을 잃어버린 것 같은 느낌을 받는다. 이들은 자기 동년배들보다 훨씬 이른 시기에 은퇴하기 때문에 우울이나 환멸, 혼란을 느끼는 경우가 많다.

올림픽 선수들에 대한 2011년의 한 연구에서 스웨덴과 호주의 연구자들로 구성된 연구팀은 메달리스트들에게 운동에서 은퇴한 후 다른 일로 어떻게 전환하고 있는지 물어보았다. 투기 종목에서 메달을 땄던 토마스(이 연구에 참가한 사람들은 누구도 신원을 밝히지 않았다)는 코치가 되어 보려고 했으나 쉬운 일이 아니었다. 타인의 이해관계를 위해 자기를 너무나 많이 희생하는 일이었기 때문이었다. 그는 늘 자기 생각만 하며 살았었다. 그는 이제 운동선수가 되는 것과 한 사람의 인격체가 되는 것은 전혀 별개의 문제라는 것을 알게 되었다고 한다.

"운동을 그만두고 은퇴하게 되면 자기 혼자만 생각할 수는 없어요. 더이상은 혼자가 아니니까요. 성공과 승리를 위해 앞만 보고 달리기만 하면 끝나는 문제가 아니거든요. 다른 사람들과 함께 살아가야 하기 때문에 어떻게든 사람들과 어울려야 합니다. 운동만 생각할 때보다 인생이 좀 더 복잡해지는 것이죠."

토마스는 정체성을 찾고 타인에 대해 생각하는 법을 배우는 일이 자기가 했던 어떤 일보다도 어려웠다고 한다. 심지어는 올림픽 메달을 따는 것보다도 더 어려웠다.

"한 번, 두 번은 이길 수 있습니다. 하지만 언젠가는 따라잡히고 말아요. 두 번째 올림픽 대회에서 내게 일어났던 일이 바로 그것이었죠. 정말 죽을 힘을 다해 싸웠는데 져서 인정받지 못하면 무슨 일이 일어날까요? 자살이라도 해야 하나요? 무언가 다른 것을 찾아야 합니다."

단체 운동에서 메달을 땄던 미셸Michelle은 운동계를 떠나 교사가 되고 나서는 우울과 불안으로 고통받았다.

"운동을 하는 동안에는 자기가 향상시키고 싶거나 완벽하게 다듬고 싶은 기술들을 훈련하기 때문에 지속적인 목표를 가지고 있죠. 올바른 일을 하고 있다는 확신도 있고요."

미셸은 측정 가능한 단기적 목표를 겨냥하며 평생을 완벽주의자로 살아왔다. 하지만 가르치는 일에서 완벽이란 달성 불가능한 목표였다. 여기서는 목표가 애매모호했고, 완벽한 승리라는 것은 존재할 수 없었다. 터널시tunnel vision는 복잡한 인생에 대비하기는 부족한 것이었음이 드러났다.

프로 운동선수를 은퇴한다는 것은 승리 혹은 패배라는 극단적인 명료함을 놓치게 됨을 의미한다. 세계 최고의 철인삼종경기 선수인 스캇 틴리Scott Tinley는 자기가 너무 오랫동안 경쟁을 계속해왔다고 말한다. 은퇴하고서 그는 길을 잃어버린 것 같은 기분과 우울, 혼란을 느꼈다. 그는 200명이 넘는 동료 선수들과 은퇴 후의 과도기에 대해 인터뷰하면서 혼란을 극복했다. 그의 책은 일종의 치유 과정으로 적어나간 것이라 한다. 투수 샌디 코팩스Sandy Koufax를 언급하며 틴리는 '선수의 삶이란 자기 자신을 내다파는 삶'이라고 느꼈다고 말했다.

모두들 점수 기록판과 박수 소리를 그리워했다. 그는 통계치를 언급하고 있다. 전직 미국 미식축구리그 선수들의 자살률은 전국 평균의 여섯배다. 프로선수들의 은퇴 후 이혼율은 60~70퍼센트에 이른다. 은퇴해도 걱정 없을 만큼 충분히 벌어들인 사람은 운이 좋은 소수에 불과하다. 대부분의 전직 선수들은 자기가 제대로 알지도 못하고, 제대로 준비도 못한 세계에 맞추어 스스로를 재탄생시켜야 한다.[14]

전직 스포츠 에이전트 대런 하이트너는 말한다. "선수 생명이 정말 짧습니다. 대부분의 선수들은 파산하고 맙니다. 단지 그들의 배경이 안 좋거나, 지출을 현명하게 하지 못해서만은 아닙니다. 사이닝 보너스만 가지고 평생을 먹고살 수는 없거든요. 돈 관리를 잘한다고 해도 그럴 수는 없어요. 교육을 제대로 받지 못했으니 다른 기회를 찾는 일도 정말 힘듭니다. 〈댄싱 위드 더 스타스〉에 출현하고 싶으면 일단 유명해야 되고, 접촉이 제대로 되어야 하고, 에이전트도 제대로 만나야 하고, 인간관계도 좋아야 합니다. 여기에 선택되는 선수는 정말 소수예요. 여생을 스포츠에만 의지해서 살 수 있는 방법은 없습니다. 우사인 볼트Usain Bolt나 페이튼 매닝Peyton Manning(미국 미식축구리그 선수) 정도 되면 가능하겠죠. 예외적으로 그런 사람들도 있기는 합니다. 하지만 선수시절에 이룬 일에 대한 자부심만 가지고 여생을 살 수 있는 사람은 정말 극소수예요."

골드만 딜레마

프로선수들과 엘리트 선수들에게 시간은 대단히 농축되어 있다. 몇 주, 며칠, 몇 분이라는 짧은 시간에 너무나 많은 것이 달려 있기 때문이다. 사정이 이렇다 보니 앞을 내다볼 수 있는 여지도, 시간도 너무 부족하다. 그들 터널시의 터널은 충격적일 정도로 짧다. 역설적이게도 꼭 이겨야겠고, 또 지금 당장 이겨야겠다는 단호한 결심이 선수 수명을 극단적으로 짧게 한다는 사실이다. 1984년에 로버트 골드만Robert Goldman이라는 의사 겸 생화학자는 198명의 엘리트 선수들에게 한 가지 질문을 던졌다. "약물 검사에서 발각되지 않고 금메달을 보장해주는 약물이 있다. 그런데 이 약을 먹을 경우 5년 후 부작용으로 사망한다. 당신은 이 약을 먹겠는가?" 이 질문에 52퍼센트가 먹겠다고 대답했다. 그는 그 후로 10년 동안 2년마다 이 설문을 반복해보았는데 결과는 조금도 달라지지 않았다. 이것이 '골드만 딜레마Goldman dilemma'이다.

2010년에 48명의 미식축구 프로선수들에게 비슷한 질문을 던져 보았다. "미국 미식축구리그에서 뛸 수 있는 좋은 기회가 생긴다면 영구적인 뇌 손상을 입을 가능성이 크다 해도 그만한 가치가 있겠는가?" 53.6퍼센트가 위험을 감수할 가치가 있다고 대답했다. 만약 스타 선수 한 명이 뇌진탕을 입었다면 그럼에도 불구하고 그의 동료들은 그가 다시 운동장에 서기를 바랄까? 절반 정도가 그럴 것이라고 대답했다.

"아드레날린이 솟구치고, 또 금요일 밤이라면 이기심이 발동하여 나는 그가 부상을 당했어도 다시 운동장으로 돌아오기를 바라게 될 것입니다."[15]

2009년에 일부 호주의 연구자들은 이 딜레마가 얼마나 괴상한 것인지 스스로에게 물어 보았다. 그리고 어쩌면 우리 모두가 기꺼이 이런 종류의 거래를 하고 있을지도 모른다고 생각했다. 이들은 엘리트 선수가 아닌 250명의 사람에게 설문 조사를 해보았다. 이들 중에서는 단 2명만이 그런 파우스트식 거래를 하겠다는 의지를 보였다. 연구의 저자들은 선수들이 엘리트 수준에 도달하기 위해서는 삶의 다른 모든 긍정적인 활동을 배제할 수 있을 정도의 집중력과 욕망을 나타내야 한다는 결론을 내렸다.[16]

선수들의 과잉경쟁과 극단적인 집중력을 일종의 자기학대로 보는 심리학자가 많다. 운동에서 발생하는 육체적 고통이 어린 시절의 정신적 외상에서 오는 심리적 고통을 지워준다는 것이다. 일부 심리학자들은 이것을 일종의 자기도취라고 본다. 관심과 박수를 받고 싶은 충족되지 않는 갈망이라는 것이다. 승리가 중요하지 않은 선수는 드물다. 이런 선수들은 순수한 승리의 기쁨을 위해 경기를 하고 있는 것이다. 이제 게임의 핵심은 승리하는 것이다.

약물 검사의 권위자 돈 캐틀린Don Catlin은 말한다. "선수들은 경기에서 이기라고 돈을 받는 것이고 자기 자신도 이기기를 좋아하죠. 그들도 약물을 하고 싶어 하지는 않지만 약물은 효과가 크거든요. 그래서 결정을 내려야 하죠. 약물을 쓸 것인가, 말 것인가?"

캐틀린은 1982년에 미국에서 약물 검사 산업을 사실상 창안하다시피 했다. 월터리드 미육군 의료센터Walter Reed army medical center에서 일하면서 그는 코카인과 불법 마약을 검사하는 방법을 개발했다. 그가 UCLA로 적을 옮길 무렵 미국은 1984년 로스앤젤레스 올림픽에 대비해 세계적 수준의 약물 검사 기관이 필요함을 깨달았고, 결국 캐틀린에게 그 일을 시작해 달라고 요청했다.

그는 이렇게 회상했다. "당시에 미국에는 도핑 방지 산업이 아예 존재하지 않았습니다. 넉넉한 자금 지원이 가능했기 때문에 부서장의 눈이 휘둥그레지더군요! 저도 절대로 되돌아가지 않았습니다. 정말 재미있었거든요."

그가 하는 일이 선수들의 부정행위를 잡아내는 방법을 연구하는 것이기는 했지만, 캐틀린은 그들이 겪어야 하는 압박에 대해 큰 동정심을 느끼고 있다. 이런 압박은 그들 스스로 만들어내는 것이기도 하다.

"선수들에게 삶은 가혹합니다. 성공하는 경우는 드물고 대부분은 대비책도 마련해놓지 않죠. 올림픽 선수들도 그리 잘 살지 못합니다. 마크 스피츠Mark Spitz 같은 선수라면 괜찮습니다. 올림픽 경기에서 금메달을 일곱 개나 땄으니까요! 금메달을 땄거나 인기 종목이 아니고는 돈을 벌기 어렵죠. 은메달이나 동메달은 아무런 의미도 없어요. 그들은 교육도 제대로 받지 않습니다. 학교, 우정, 이런 것들 모두 운동을 위해 희생해버리죠. 그들은 자기가 할 수 있는 최선을 다하지만 그들에게 달린 것이 너무나 많습니다.

저는 약물에 대해서 깨끗한 선수들을 존경합니다만 약을 하는 사람들을 비난하기도 참 어려워요. 한 발만 더 가면 승리할 수 있을 것 같은데 그 한 발의 차이로 삶이 너무나 달라지니까요."

캐틀린은 끊임없이 이어지는 군비 경쟁의 한가운데서 살고 있다. 새로운 약물에 대해 그가 믿을 만한 검사 방법을 만들어낼 때마다 사악한 화학자, 트레이너, 에이전트들은 그 검사 방법을 벗어날 방법을 찾아내거나 새로운 약물을 만들어낸다. 이런 약물 중 상당수가 목숨을 위협할 수 있다는 사실도 이들에겐 문제가 되지 않는다. 골드만 딜레마는 대부분의 선수들이 거기에 신경 쓰지 않는다는 것을 보여주고 있다. 잠재적 이득이 커지고 경쟁자의 숫자가 늘어남에 따라 약물 사용의 문제는 점점 커진다. 세계반도핑기구World Anti-Doping Agency, 거기에 대응하는 미국기관인 미국반도핑기구USADA, 그리고 호주범죄위원회Australian Crime Commission와 영국반도핑기구UK anti-doping agency에서는 모두 사람성장호르몬human growth hormone과 펩티드peptide의 이용이 늘어나고 있으며 검사방법이 그것을 쫓아가지 못하는 것을 인정하고 있다. 반도핑기구에서는 선수들 중 적어도 14퍼센트가 금지 약물을 사용하는 것으로 추정하고 있지만 그중 발각되는 선수는 겨우 2퍼센트에 불과하다.[17] 이런 문제점이 프로만의 문제는 아니다. 약물을 구하는 것이 쉬워졌기 때문에 아마추어와 준엘리트 선수들도 약물을 하고 있다.

에포EPO라는 이름으로 더 잘 알려져 있는 에리트로포이에틴erythropoietin은 이런 부분을 잘 보여주는 사례다. 지금은 선수 경력을 망쳐버린 사이클 선수 랜스 암스트롱Lance Armstrong의 사례에 연루된 것으로 나타난 에리트로포이에틴은 위험한 약물이다. 2008년에 주요 리뷰 학술지에서는 이약물을 항암 화학요법 치료 후 빈혈을 완화하기 위해 사용하면 사망 위험이 높아진다고 보고했다. 다른 연구에서는 이 약물이 암 발생과 관련이 있음을 보여주었으며 2010년의 한 연구에서는 뇌졸중 및 심장마비와 연관 짓기도 했다.[18] 어느 정의를 사용하든 에리트로포이에틴은 위험한 약물이며, 특히 장기적 효과에 관심이 없는 사람이 복용할 경우에는 더욱 위험하다. 하지만 캐틀린의 말로는 이것이 선수들이 가장 먼저 선택하는 약물이라고 한다. 효과가 있기 때문이다. 이 약은 인터넷으로 쉽게 구입할 수 있다.

목표에 초점을 맞춘 선수에게 약물을 복용할 것이냐 말 것이냐 하는 것은 끔찍한 선택이다. 이것은 게임 이론의 전형적인 실제 사례로 제시되는 경우가 많지만 선수 입장에서는 결코 게임이 아니다. 모두가 약물을 복용하고 있다면 자기도 약물을 복용하지 않고는 이길 수 없다. 만약 아무도 약물을 복용하지 않고 있다면 내가 복용할 경우 승리의 가능성은 그만큼 높아진다. 이 분야의 수많은 연구자들은 골드만 딜레마에서 밝혀진 수치를 보며 약물 복용이 이제 고질적인 문제로 자리 잡아 모든 스포츠 종목과 대회에 스며들고 있다고 결론을 내렸다.

전직 잉글랜드 럭비팀 주장 윌 칼링Will Carling은 이렇게 적었다. "내가 스포츠에서 부정행위를 한 적이 있느냐고? 물론이다. 사실 아이들이 이기기 위해 여전히 그런 일을 하고 있다는 것이 슬프다. 하지만 우리 마음속에 깊이 뿌리내린 것은 부정행위가 아니라 이겨야 한다는 갈망이다! 나는 폭로된 이들을 보면서 내가 그 처지였다면 나라고 달랐을까 궁금해진다."[19]

올림픽 뒤에 숨은 약물 전쟁

스포츠는 전 세계 GDP의 2퍼센트 정도를 차지하는 아주 거대한 사업이다.[20] 스포츠는 일종의 연예사업으로 수많은 관중을 끌어들이고 더 크고, 빠르고, 길고, 극적인 매력으로 뉴스 표제를 장식한다. 라인 배커linebacker(미식축구에서 상대팀 선수들에게 태클을 걸며 방어하는 수비수)는 몸집이 더 커지고, 테니스 서브는 스피드 기록을 새로 갈아치운다. 우리는 테니스 선수들이 우리의 유흥을 위해 스테로이드를 맞고 코트에 서 있을 거라고 생각하고 싶지는 않다. 라인 배커들의 몸집이 커지면서 그들이 심장질환에 걸릴 가능성도 높아진다는 사실을 생각하고 싶지 않다. 우리는 인간 정신의 승리를 목격한다고 상상하고 싶지만, 사실 대단히 기발한 범죄 심리를 목격하고 있는 것일 가능성이 크다.

빅터 콘티Victor Conte는 이렇게 설명했다. "너도 나도 다 하고 있는 일이라면 그것은 부정행위가 아닙니다."[21]

2004년에 콘티는 발코BALCO, Bay Area Laboratory Co-Operative라는 회사를 운영하며 일류 올림픽 선수, 권투 선수, 사이클 선수, 미식축구 선수, 야구 선수 등에게 경기력 향상 약물을 공급한 혐의로 체포되었다. 그의 고객에는 메이저리그 야구선수 배리 본즈Barry Bonds와 제이슨 지암비Jason Giambi, 올림픽 메달리스트 매리언 존스Marion Jones 등 미국에서 이름만 대면 누구나 알 유명한 선수들도 포함되어 있었다. 이 스캔들은 스포츠 경쟁은 공정한 것이며, 사람들로 하여금 최선을 다하게 만들며, 성실한 자를 가려 보상해 준다고 생각하던 사람들의 심장에 대못을 박고 말았다.

콘티는 이렇게 주장했다. "올림픽은 사기입니다. 산타클로스가 가짜인 것처럼 스포츠의 세계에서도 부활절 토끼나 이빨요정 따위는 존재하지 않는다는 거죠. 그러니까 제 말은 올림픽 대회는 부패, 은폐, 약물로 온통 얼룩져 있다는 겁니다. 세상 사람들이 생각하는 것하고는 완전히 달라요."

콘티는 주장하기를 자기가 매리언 존스를 위한 약물 프로그램을 개발했고, 결국 그녀는 시드니올림픽에서 다섯 개의 매달을 딸 수 있었다고 한다. 당시 그녀의 남편이었던 팀 몽고메리Tim Montgomery에게도 새로운 약물을 투여해 그가 100미터 세계기록을 깰 수 있게 해줬다고 한다. 발코 스캔들은 스테로이드, 에포, 보충제 등이 미국과 올림픽 스포츠에 얼마나 깊숙이 침투해 있는지를 폭로하는 계기가 되었다. 콘티는 '자신의' 선수들에게는 선택의 여지가 없었다고 생각한다. 약물 검사자는 약물 복용자보다 언제나 뒤처질 수밖에 없고, 선수들은 이기고자 하는 욕망이 강하기 때문에 위험 따위는 안중에도 없다는 것이다.

콘티는 유죄 판결을 받고 2006년에 감옥에서 4개월, 가택 연금 4개월을 받았다. 그의 범죄는 대중의 격분을 일으켰고, 결국 모든 스포츠 종목에서 새로운 약물 검사 제도가 시행되기에 이르렀다. 덕분에 돈 캐틀린만 눈코 뜰 사이 없이 계속 바빠졌다.

캐틀린은 웃으며 말했다. "아주 간단한 일이라고 생각했죠. 약물을 찾아내면 그냥 약물의 체류시간retention time을 알고 표본만 체취하면 끝난 다고 생각했으니까요. 한 5년 정도면 약물 복용 문제는 다 소탕할 수 있을 줄 알았어요! 문제가 커지리라고는 전혀 생각을 못 했죠."

약물 검사는 캐틀린 평생의 숙원 사업이 되었다. 그는 2012년 런던올림픽에서도 약물 검사실을 감독했다. 베이징 올림픽에서와 마찬가지로 4퍼센트의 선수들이 약물을 복용한 것으로 발각됐지만, 4,686건의 약물 검사만 시행했기 때문에 불법 약물 사용의 전체 규모가 얼마나 되는지는 아무도 알 수 없다. 과연 사람들이 진실을 어디까지 알고 싶어 할지도 분명하지 않다.

올림픽 조직위원회 입장에서 약물 복용은 하나의 딜레마다. 모든 선수를 대상으로 약물 검사를 하면 비용과 시간이 많이 들 뿐더러, 약물 검사를 철저히 할수록 선수들이 많이 발각될 위험이 커져 올림픽게임의 낭만을 잃을지도 모르기 때문이다.

캐틀린은 이렇게 말한다. "도전은 끝이 없습니다. 약물 속에 약물을 감추기도 하고, 약물에 탈을 씌우기도 하지요. 성장호르몬은 감지가 어렵습니다. 유전자 조작은 결국 감지가 불가능한 것으로 밝혀질지도 모르죠. 저들은 언제나 우리의 지식과 이해 수준보다 앞서나가고 있으니까요."

발코 스캔들은 미국에 엄청난 충격으로 다가왔다. 부시 대통령은 연두교서 연설을 통해 법률제정 의원들에게 스포츠계에서 약물 복용을 몰아낼 것을 촉구했다.[22] 하지만 범법자들을 재판에 회부하는 일에 직접 관여했던 사람들은 정치적 수사 이상의 더 심오한 조치가 필요하다고 인식했다. 발코 스캔들이 펼쳐지던 당시 트래비스 타이거트Travis Tygart는 미국반도핑기구의 법무과 과장이었다. 그는 스캔들 규모에 충격을 받았다. 그는 이것이 단순히 몇몇 선수의 탈선행위가 아니라 스포츠 정신 자체가 부패한 것이라는 느낌을 받았다. 타이거트가 느끼기에 약물 복용이라는 부정행위는 무슨 수를 써서라도 이기고 말겠다는 욕망이 최악의 형태로 발현되어 나온 것일 뿐이었다.

"우리에게 발각당한 선수들 중에서 부정행위를 하고 기분이 좋다는 사람은 없었습니다. 올바른 행위가 아니라는 것을 모두 알고 있었고, 그것을 합리화할 수도, 행위를 한 자신을 용납하지도 못했죠."

왜곡된 스포츠 정신

타이거트는 운동을 하며 자랐다. 성인이 되어서는 학교 선수들을 코치하기도 했다. 하지만 그가 좋아했던 운동은 자라면서 심오한 변화를 거쳤고, 그는 스포츠계에 도대체 무슨 일이 일어난 것인지 이해하고 싶어졌다. 이런 점을 염두에 두고 그는 '미국에서 스포츠의 의미는 무엇인가'라는 조사를 의뢰했다. 이 조사 결과를 통해 경쟁적인 스포츠가 어떻게 변질되었는지에 대한 정신이 번쩍 드는 성찰을 얻었다.

보고서에 따르면 스포츠가 사회에 남긴 발자취는 무척 컸다. 성인 다섯명 중 세 명이 어떤 형태로든 스포츠에 관여하고 있었고, 4분의 1 정도는 적극적으로 활동하고 있었다. 하지만 부정행위 또한 만연해 있었다. 다섯명 중 한 명은 규칙을 왜곡하거나 어겨본 경험이 있다고 고백했다. 절반정도의 사람은 규칙을 어긴 사람을 알고 있다고 했으며, 부정행위를 해본사람들은 대부분(96퍼센트) 부정행위를 한 다른 사람을 알고 있다고 했다.

가장 충격적인 것은 여기서 드러난 모순이었다. 미국인들은 자신이 스포츠에서 가장 중요하게 여기는 것은 즐거움, 공정성, 도덕성, 자제력, 인내심, 공동체 정신이라고 말했다. 그럼 제일 중요하지 않게 여기는 것은 무엇이라고 했을까? 바로 승리와 경쟁이었다.

하지만 스포츠가 실제로 주는 보상이 무엇이냐고 묻자 돌아오는 대답은 승리와 경쟁이었다. 다르게 접근했을 때 스포츠의 신념은 위대했다.

스포츠 경기가 중요한 삶의 교훈을 가르쳐줄 수 있기 때문이다. 하지만 현실은 정반대였다. 교훈을 가르쳐준다는 말이 사실이어도 온통 그릇된 교훈만 가르쳐준다는 것이 문제였다.

타이거트는 이렇게 회상했다. "아이들이 보충제에 대해 얘기하는 것을 들은 적이 있습니다. 일주일에 이틀 운동하고 연중 시즌을 가동하는 경우가 흔해지고 있었죠. 인라인스케이트는 돈이 되는 종목도 아니고 올림픽 종목도 아닙니다. 그런데도 한 인라인스케이트 선수의 아버지는 14살 된 아이를 우리가 본 것 중 가장 복잡한 인간성장 스테로이드호르몬 프로그램에 밀어붙였어요. 아이와 얘기해보니 그저 아버지가 하라는 대로 따라 하고 있었더군요. 정말이지 정신이 확 깼습니다. 부모들이 얼마나 극단적인 행동을 할 수 있는지 처음으로 목격한 것이죠. 이 부모는 그저 승리, 승리밖에 몰랐던 겁니다. 이것은 자기 아이에게 약물을 시킨 것이나 다름없는 행동입니다!

"스포츠 문화가 더 경쟁적이고 극단적으로 흐르고 있습니다. 무슨 수를 써서라도 이기고 보자는 것이죠! 장학금만 받을 수 있다면 무슨 짓이든 할 수 있다는 겁니다. 아이를 차에 태워 운동 보내고, 대회에 데려가느라 가족 식사나 휴가도 함께 할 수 없다는 것은 끔찍한 일이죠. 정말 이런 생각이 들지 않을 수 없었습니다. 우리가 스포츠에서 원하는 것이 무엇일까요? 경쟁자들을 짓밟고 규칙을 어겨서라도 어떻게든 이기고 보자는 정신을 배우고 싶은 것일까요? 아니면 좀 더 의미 있는 무언가를 원하는 것일까요?"

스포츠가 정도를 벗어났다는 느낌이 들자 타이거트는 스포츠계를 정화해야겠다는 사명감에 불이 붙었다. 그는 2년이 넘는 시간 동안 세 번이나 살해 위협을 받으면서 랜스 암스트롱에 대한 조사에 집중했다. 악착같이 증거를 축적한 끝에 결국 그에게서 '뚜르 드 프랑스Tour de France(매년 7월 프랑스에서 개최되는 세계 최고 권위의 일주 사이클 대회-옮긴이) 메달과 명예를 박탈했다.

약물 복용은 스포츠가 잘못된 길로 빠져들었음을 알려주는 두드러진 징조다. 중요한 것이 승리밖에 없다면 엘리트 스포츠와 프로 스포츠의 거대한 희생, 즉 목숨을 잃고, 꿈이 산산조각 나고, 심각한 부상을 입는 것쯤은 받아들일 수 있는 것으로 보일지도 모른다. 상품화된 교육처럼 과정이 아니라 결과만이 중요하다면, 약물을 사용하든 부정행위를 하든 상관없는 일이다. 타이거트가 보기에 문제는 스포츠 자체에 있기보다는 승리한 선수, 선수들의 경쟁을 우상화하는 사회적 분위기에 있다.

타이거트는 이렇게 결론 내렸다. "우리는 승리의 가치를 과대평가해왔습니다. 우리는 소수의 집단에게 너무 많은 것을 집중해왔어요. 몇 안 되는 승자에게 모든 관심이 집중되는 것이 과연 옳은 일일까요? 이는 상식 바깥의 일입니다. 우리의 연구 결과도 그렇고요. 승리에만 너무 집착하다 보면 참가하는 데 따르는 다른 모든 이점이 무색해져 버립니다."

우리는 타이거트도 열성적인 스포츠맨이라는 사실을 기억할 필요가 있다. 그는 스포츠를 사랑한다. 다만 지금의 변질된 모습의 스포츠를 사랑하지 않을 뿐이다. 부정행위가 그저 미국만의 문제라고 생각해버리면 편할지도 모른다. 하지만 영국에서도 똑같은 패턴이 나타나고 있다. 아이들 중 3분의 2는 무슨 수를 써서라도 승리해야 한다는 문화 때문에 운동할 때 부정행위를 해야 할 것 같은 압박감을 느낀다고 했다. 그리고 3분의 1 이상이 부정행위를 할 때 어떤 후회도 느끼지 않는다고 얘기했다.[23]

엘리트 스포츠의 문제점

바스대학교(다이 그린과 다른 많은 올림픽 선수들이 훈련받은 곳이다)의 체육 감독인 스티븐 배들리Stephen Baddeley는 엘리트 선수로 배드민턴을 했다. 하지만 올림픽이 끝난 겨울 '당신이라면 아이가 엘리트 운동선수가 되는 것을 허락하겠는가?'를 주제로 한 공청회에 참가해 달라는 요청을 받았을 때 그는 반대하는 입장으로 참가했다.

배들리는 내게 이렇게 말했다. "저는 스포츠 정신을 열렬히 믿는 사람입니다. 그렇지 않았다면 지금 이 자리에 있지도 않았겠죠. 하지만 엘리트 스포츠는 일반 스포츠와는 다릅니다. 그것은 아이들에게 육체적으로 해롭습니다. 자기 몸을 극한으로 밀어붙이기 때문에 고장이 날 수밖에 없어요. 몸이 고장 나지 않는다면 운동을 열심히 하지 않는다는 의미이고요. 배드민턴 선수들을 대상으로 조사한 바에 따르면 만 16세 이하의 선수들 중 70퍼센트가 척추에 피로 골절이 발생한다고 합니다. 무척 안 좋죠. 스포츠를 하면 패배를 경험할 수밖에 없습니다. 그래서 좋은 점은 실패에 대처하는 법을 배울 수 있다는 것이죠. 하지만 10대의 경우에는 실패에 대처할 수 있는 정서적 회복탄력성emotional resilience을 가진 선수가 극소수입니다. 운동하는 10대들이 나쁜 행동에 빠져드는 이유가 많은 것도 다 그 때문이죠."

바스대학교 선수촌에서 아이들부터 프로선수에 이르기까지 다양한 사람들을 지켜본 배들리는 스포츠가 우리 삶에 미치는 영향에 대해 날카로운 시각을 얻었다. 그는 문제의 상당 부분은 재능이 있는 선수를 점점 더 어린 나이에서부터 발굴하려고 경쟁하는 클럽들 때문에 시작된다고 말한다.

"클럽들은 서로 경쟁하고 있습니다. 다른 클럽에서 못 데려가게 하려고 선수들을 아주 어린 나이에서부터 점찍어 버리는 것이죠. 다섯 살, 여섯 살, 일곱 살짜리 아이들을 무슨 수로 점찍을 수 있겠습니까? 그 아이들이 재능이 있는지 정말 알아낼 수 있을까요? 말도 안 되는 소리죠. 그런데도 클럽에서는 어린 아이들을 너무 일찍 전공분야에 특화시켜버립니다. 그래서 부상을 피할 수가 없죠. 이 운동은 아이들에게는 무리거든요. 테니스 클럽에서는 아이가 축구 클럽에 가지 못하게 하려고 아이들을 어린 나이에 데려가 버립니다."

그는 스포츠에 대해서 얘기하고 있지만 관점은 아동기가 아이들을 분류하는 시기가 아니라 에너지와 열정이 펼쳐질 기회를 찾는 시기가 되어야 한다고 믿는 교사들과 일치한다.

그는 내게 이렇게 말한다. "저는 '재능talent'이라는 말은 피하고 싶습니다. 어린 아이에게는 재능이 아니라 '잠재력potential'이 있는 것이죠. 여덟 살쯤 되는 아이가 다른 아이들보다 재능이 뛰어나다는 생각을 저는 받아들일 수가 없습니다. 물론 모두의 잠재력이 다 똑같은 것은 아닙니다. 어떤 아이는 키가 커서 농구를 하는 데 도움이 되니까요. 하지만 기회만 주어진다면 같은 잠재력을 가진 아이들이 더 많죠."

엘리트 스포츠에 더 많은 관심(그리고 더 많은 돈)을 투자해야 한다고 주장하는 사람들은 그것이 우리에게 영감을 불어넣어 줄 거라 말한다. 다이 그린, 데니스 루이스, 마이클 펠프스 같은 선수들을 보고 있으면 모두 운동장과 수영장으로 달려 나가리라는 것이다. 이런 주장은 올림픽 경기에 그토록 많은 돈을 투자하는 데 대한 정당화의 근거이기도 했다. 올림픽 경기가 그 표어처럼 한 세대에게 영감을 불어넣으리라는 것이다. 하지만 배들리는 3년 동안 레거시Legacy(유산이라는 의미로 영국에는 유산의 10퍼센트를 자선, 문화사업 단체에 기부하도록 유도하는 캠페인이 있다. 이 캠페인의 이름이 '레거시 10'이다─옮긴이) 참여를 독려하며 스포트 잉글랜드Sport England에서 일한 결과 레거시란 것이 허깨비에 불과하다고 믿게 되었다.

"레거시에서는 수요에 대비하기 위해 올림픽경기 이전에 투자할 것을 요구했습니다. 하지만 그런 일은 결코 일어나지 못했죠. 저는 그곳을 2008년도에 떠났습니다. 스포트 잉글랜드의 자금을 전용해서 수영장이나 경륜장 같은 올림픽용 건물을 짓는 데 쓰는 것이 보였거든요."

레거시를 확실히 보장하는 데 필요한 자금을 올림픽이 흡수해 버렸고,

스포츠 참가 독려 활동이 크게 의존하고 있는 복권기금도 그와 유사하게 올림픽 개최에 유용되어 버렸다.

배들리는 이렇게 말을 이어갔다. "올림픽을 위한 특별 복권이 새로 만들어졌습니다. 일반적인 복권에서 올리는 수익은 떨어졌고, 지역 체육 시설 등에 투자되는 돈이 불경기 시절과 긴축 시절보다도 더 줄어들었죠. 이래서야 레거시가 제대로 이루어질 수가 없었습니다. 올림픽이 시작하기도 전에 결과가 뻔히 보이더군요."

〈영국의학저널British Medical Journal〉의 체계적인 리뷰 저널에 의하면 올림픽을 개최하고 일반인의 스포츠 활동 참가가 늘었다는 증거를 찾아볼 수 없었다고 한다. 심지어는 정부에서 수영을 무료로 개방한 후였는데도 마찬가지였다. 올림픽이 끝나고 1년 후에 이들 레거시에 대한 한 보고서는 대중의 비웃음을 받게 되었다. 한편 영국 하원의 교육 특별위원회에서는 학교에 시설과 자격을 갖춘 교사가 심각하게 부족하며 경쟁에 대한 지나친 강조가 스포츠 참가를 오히려 가로막고 있다고 경고했다. 미국에서라도 올림픽 덕분에 온 나라 사람들이 트랙으로 달려 나갔다면 타이거트가 무척 좋아했겠지만 미국의 사정 역시 그렇지 못했다. 사실 미국반도평기구의 연구 결과에서 암시하는 바에 따르면 승리와 승자만을 강조하다 보니 오히려 사람들을 스포츠에서 내모는 결과를 가져왔다고 한다. 아이들은 이겨야 한다는 압박감이 너무 큰 나머지 이길 수 없을 것 같으면 아예 참가를 포기해 버린다.

그는 내게 이렇게 말했다. "수입이라는 측면에서 보면 엘리트 경기를 위한 텔레비전 공간을 확보하는 것은 분명 시청자를 끌어들이고 수입을 발생시키죠. 하지만 일반인들 사이에서 스포츠 참가를 자극해서 평생의 스포츠 활동으로 이어진다는 증거는 어디에도 없습니다."

경제분야에서와 마찬가지로 스포츠에서도 낙수효과는 일어나지 않는다. 자원, 보상, 그리고 명성을 최상위 층의 소수에게 집중시키는 것은 누구에게도 도움이 되지 않는다. 어쩌면 선수들 자신에게도 마찬가지일 것이다. 경쟁을 통해 최고를 가려내고, 최고를 이용해 나머지 사람들에게 영감을 불어넣는다는 것은 참 멋진 이론이다. 다만 실제에서는 그렇게 되지 않는다는 것이 문제일 뿐이다. 2000년 시드니 올림픽에 대한 한 연구에서는 슬프게도 올림픽 경기가 열리기 전보다 열리고 난 후에 인기가 많아진 취미활동으로는 텔레비전 시청밖에 없다는 결론을 내렸다.[24]

승리가 부차적인 것이 될 때

열렬한 지지자들은 여전히 스포츠가 공정함, 공동체를 이루어 협력하는 데서 오는 기쁨과 즐거움을 배울 수 있는 경험을 제공해준다고 믿고 있다. 하지만 사람들의 취미활동은 경쟁, 승리, 승자에 대한 집착에 장악당하고 말았다. 경기가 싸움이 아니라 놀이가 되는 애초의 꿈으로 다시 돌아갈 수는 없는 것일까? 미국반도핑기구에서 트래비스 타이거트는 주변에 온통 널려 있는 만신창이 스포츠의 잔해들을 다시 회복시킬 방법을 찾아내는 두 번째 연구를 의뢰했다. 만약 지금까지 변해온 스포츠의 모습이 문제라면 스포츠가 다시 원래의 즐거운 놀이로 되돌아갈 수 있는 가능성은 없을까?

타이거트의 보고서 '진정한 스포츠True Sport'는 스포츠가 마땅히 갖추어야 하고, 또 갖출 수 있는 모습에 대해 많은 얘기를 하고 있다. 나쁜 스포츠는 거짓말, 부정행위, 폭력, 범죄, 알코올, 약물 남용 등을 불러일으키지만, 진정한 스포츠는 건강 증진, 자부심 고취, 창조성, 문제 해결 능력의 원천이 될 수 있다. 진정한 스포츠는 섭식장애, 비만, 우울증, 자살 등의 발병률을 줄일 수 있다. 경기에 놀이의 요소를 회복시킬 것을 유창하게 호소하고 있는 이 보고서는 건강한 스포츠 참여가 학업 성적도 향상시킬 수 있다고 주장한다. 하지만 많은 변화가 필요하다.

　우선 부모와 코치가 맡아야 할 역할이 대단히 크다. 핀란드의 학교들이 모든 아이의 성공을 위해 노력하여 좋은 성과를 얻었던 것처럼 배들리와 타이거트 두 사람도 스포츠에서 집중해야 할 부분은 승자만이 아니라 모든 아이들의 참여를 북돋아주는 것이라 믿는다. 이런 변화에서 가장 중요한 부분은 가던 걸음을 멈추고 스스로에게 삶의 다른 영역과 마찬가지로 스포츠에서도 경험이 결과만큼이나 중요하다는 사실을 상기시키는 것이다. 다시 말해서 점수가 핵심이 아니라는 것이다. 아이들이 스포츠를 그만두는 이유는 경쟁이 너무 치열해서 재미가 없기 때문이다. 게임은 놀이여야 하는데 그렇지 못하기 때문이다. 승리는 부차적인 것이 되어야 하고, 또 그렇게 남아 있어야 한다.

　아이의 재능을 일찍 알아보는 것보다 더 중요한 것은 모든 스포츠에 대해 내면에서 우러나는 사랑을 키워주는 것이다. 조기 개발과 훗날의 성공 사이에는 아무런 상관관계도 없다. 대부분의 운동 코치들은 운동 분야의 특화가 점점 늘어나는 상황을 목격하고 있지만 보고서에서는 이것이 위험하다고 주장한다. 전공분야가 너무 일찍 특화되는 아동은 아동기를 제대로 경험하지 못해 사회적으로 무기력해질 위험이 있다. 전공분야가 특화된 선수는 성공해야 한다는 압박을 더 많이 경험하게 되고, 의미 있는 사회적 상호작용도 제대로 해보지 못하고, 과사용 부상이 더 많아진다. 어린 나이에 전공분야를 특화하는 선수 중 98퍼센트는 결코 높은 수준의 운동 능력에 도달하지 못한다. 그대로 소진되어 버릴 가능성이 크다. 교사와 부모는 아이들에게 여러 다른 스포츠를 즐겨볼 기회를 마련해주고 승리에 대한 욕망이 아니라 게임에 대한 사랑을 키워주어야 한다.

　코치는 아이들에게 결정적인 역할 모델이다. 미국반도핑기구에서는 대부분의 학교에서 훈련도 받지 않은 무자격 코치들이 활동하고 있다는 사실에 대해 비판적으로 바라보고 있다. 이들은 어린 학생들에게 영감을 불어넣어 재능을 발달시킬 잠재력은 가지고 있지만 정서적, 신체적인 전문 지식은 갖추지 못하고 있다. 78퍼센트 정도의 코치들은 코치들의 부적절한 행동이 오늘날 스포츠계가 직면한 가장 심각한 문제라고 스스로 인식하고 있다. 안전과 신체 발달 훈련 혹은 조건화에 대해 충분한 지식을 갖춘 코치는 거의 없는 반면 모두들 승리에 대한 압박은 크게 느끼고 있다. 이 보고서는 코치들도 전문적인 교육과 자격심사가 필요하다고 강력히 주장한다.

부모들도 마찬가지로 바뀌어야 한다. "아동 선수가 느끼기에 부모가 자기를 도와주고 긍정적이며 운동에 숙달되는 것과 운동을 즐기는 것을 강조한다고 생각되면, 상대방에 대해서도 염려할 줄 알고 경기에 질 때도 우아하게 질 줄 알게 된다. 또한 상대방을 기죽이려 드는 거친 말도 하지 않고 코치나 경기 시간에 대해서도 불평하는 일이 줄어든다. 반면 실패에 대해 걱정하게 만들고 승리를 강조하는 부모를 둔 아동은 운동에 숙달하는 것과 운동을 즐기는 것을 강조하는 부모를 둔 아동에 비해 스포츠와 관련된 행동의 질이 떨어지는 경우가 많다." 이는 일부 스포츠 기관에서 부모들을 위해 제시한 행동 방침이다.

'진정한 스포츠' 보고서에는 미묘하지만 숨은 의미가 담겨 있다. 스포츠는 고대 로마에서 그랬던 것만큼이나 런던과 뉴욕에서도 사회적, 정치적 가치관을 정확히 나타내고 있다는 점이다. 이것은 우리의 정체성에 영향을 미침과 동시에 우리의 정체성을 반영하고 있다.

"기업 간부가 재무기록을 조작하고, 시민들은 탈세를 하고, 프로선수는 범죄나 비윤리적인 행동을 저지르고, 대학 축구 코치는 선수선발 스캔들에 휘말리고, 대학은 학업 성취가 뛰어난 학생보다 운동 실력이 좋은 학생을 선호하고, 대학 코치들이 기관의 장보다 더 많은 봉급을 받는 사회적 풍조 속에서는 부정행위나 비윤리적 행동들이 오히려 성공에 도움이 되고, 적어도 벌은 받지 않고 넘어갈 수 있는 것처럼 보인다. 원칙을 지키면 바보가 된다는 사회적 분위기가 조장된다.

만약 승리에 대한 욕망이 걷잡을 수 없이 만연해 스포츠 전반으로 퍼져나가도록 방치해둔다면 선수, 코치, 팬들 사이에서 범법행위가 쌓이는 것을 목격하게 될 것이다. 우리가 외적 보상에 대한 집착으로부터 스포츠를 구원하지 못한다면 우리 아이들은 진정한 스포츠가 제공해주는 교훈을 어디 가서 배울 수 있다는 말인가? 무슨 수를 써서라도 승리하고 외적 보상을 쟁취하는 것을 가장 소중한 가치관으로 배우는 시민들이 과연 이 나라를 제대로 이끌어나갈 수 있을까?

스포츠와 삶의 올바른 관계

영국의 가장 위대한 크리켓 주장 중 한 사람으로 인정받는 마이크 브리어리Mike Brearley는 크리켓에서 은퇴한 후로 정신분석학 교육을 받아 정신분석가로 활동했다. 많은 사람들이 깜짝 놀랄 변화라 여겼지만 정작 브리어리 자신에게는 딱 맞는 일이었다. 단순히 크리켓이 가장 지적인 경기로 여겨져왔기 때문만은 아니었다.

그는 내게 이렇게 말했다. "스포츠는 경쟁할 수 있는 허가를 줍니다. 정신분석이 자기가 생각하는 것을 말하는 허가를 내주는 것처럼 말이죠. 우리에게는 일상에서 벗어날 수 있는 안전한 장소가 필요하죠."

우리는 따뜻하고 안락한 그의 집 거실에서 스포츠 관련 수집품이 아닌 흑백의 미로(스페인의 초연실파 화가) 그림에 둘러싸여 대화를 나누었다. 브리어리는 스포츠는 삶과 똑같은 것이 아니며, 또 그래서도 안 된다는 것을 열정적으로 설명했다. 스포츠의 핵심가치는 삶으로부터 안전거리와 차이를 확보하는 것이어야 한다는 사실이다.

"스포츠가 자신의 삶에 있어 중요한 의미를 갖는 남자 환자들이 있습니다. 스포츠는 내성적인 사람이 자신을 드러나게 해줍니다. 소심함을 덜어내어 대담해지게 하고 진정한 참여의 기회를 만들어주죠. 사람들은 진정으로 서로를 생각하고 이는 활기를 불어넣어 주죠. 좋은 방향으로 펼쳐지면 사람들은 그 속에서 몸과 몸을 부딪히고 시선과 시선이 만나면서 서로에 대해 많은 것을 알게 되고, 또 그 안에서는 많은 것들이 허용되지요. 하지만 그렇다고 스포츠가 인생 그 자체는 아닙니다. 인생의 부수적인 면일 뿐이죠. 이것 때문에 정신분석과 스포츠가 같다고 하는 것입니다. 양쪽 모두 대단히 현실적이지만 그 안에는 '마치 무엇인 척하는' 가정이 담겨 있죠. 당신이 환자의 아버지나 어머니는 아니지만 '마치' 아버지나 어머니인 척하는 것처럼요. 이것은 우리에게 허락된 환상입니다. 인위성을 통해서 우리는 삶의 이런 측면에 접근할 수는 있지만, 그것이 삶과 똑같은 것은 아니죠."

스포츠는 어디서나 흔히 접하는 비유이기도 하다. 모든 사회 계층에서 성공에 대한 정신적 모델로 자리 잡게 되었다. 그리고 스포츠에 대한 온화한 환상이 경쟁의식과 승리에 대한 집착 때문에 부패하고 왜곡된 것처럼, 현대 스포츠를 자신의 정신적 모델로 삼은 비즈니스 영역에서도 터널시, 무절제, 부정행위 등 그와 똑같은 대가를 치르고 있는 것을 볼 수 있다.

"저는 그저 이기고만 싶었습니다. 나와 내 목표만 중요했지 다른 것은 어떻게 되든 상관없었어요. 제 관심은 오직 내가 얼마나 강한가밖에 없었습니다. 내가 여기에 온 것은 승리하기 위해서였고, 그것이 바로 제 관심사였죠."

멜로디 후사이니Melody Hussaini의 말을 들으면 꼭 운동선수 같지만 사실 그녀는 운동선수가 아니다. 그녀는 미국 NBC 방송의 리얼리티 쇼 〈어프렌티스The Apprentice〉 시즌 7의 도전자였다. 이 프로그램은 비즈니스를 스포츠에 비유한다. 그래서 도전자들이 장애물을 뛰어넘는 경주를 벌이는 구조로 방송이 구성되는 경우가 많다. 처음에는 도전이 단체스포츠로 시작하지만 결국 이 게임은 단독 행동가soloist를 위한 게임이다. 소위 동료들을 모두 이기는 견습생apprentice에게 상이 돌아간다. 쇼에서 가장 중요한 메시지는 비즈니스가 쇼와 똑같다는 것이다. 잔인하고, 반사회적이며 단 한 명의 승자만이 존재한다. 성공은 다른 모든 경쟁자들을 물리쳐야만 가능하다.

후사이니는 경쟁적인 선수들의 특성을 다수 보여주었다. 터널시, 융통성을 찾아보기 힘든 투지, 타인을 배제하고 오직 자기 자신에만 집중하기 등. 프로그램 편집자는 첫 회 끝에서 후사이니가 혼자만 불을 쬐었다는 사실을 부각해서 편집했다. 이것은 그녀가 등장할 때마다 반복적으로 나타나는 주제가 되었다. 그녀는 추진력으로 칭찬을 받긴했지만 타인의 말을 듣고, 타인의 재능을 이용하고, 타인의 경험을 인정할 줄 모르는 무능력 때문에 조롱받았다. 후사이니는 결국 쫓겨났다. 이기겠다는 투지가 너무 강해서 도무지 협력을 할 줄 몰랐기 때문이다.

"내가 승리할 자격이 있는 사람이라는 것을 모든 사람이 알아주길 계속 바랐어요. 사실 승리에 대한 나의 욕망을 부각하려고 그런 부분들이 많이 편집됐죠. 하지만 실제로 그런 얘기를 했어요. 하지도 않은 말을 편집해서 만들어낸 것은 아니니까요. 나는 투쟁심이 강해요. 어렸을 때 이렇게 말하면서 돌아다녔어요. '난 꼭 승리할 거예요. 인생은 60억 인구와의 경쟁이에요. 그 모든 사람을 일일이 다 걱정해줄 수는 없죠.'"

후사이니는 성공이란 자기 자신에게만 완전히 집중해야 하는 혼자만의 행동이라는 메시지를 곧이곧대로 받아들였다. 그녀는 올림픽 메달을 꿈꾸는 선수들처럼 결연하게 훈련에 나선 것은 아니었지만, 그들의 내적 초점internal focus을 받아들였다. 차를 몰고 럭비Rugby 외곽에 후사이니를 만나러 갔을 때 나는 그녀의 집을 찾을 수 없었다. 방향을 물어보려고 그녀에게 전화를 했지만 그녀 역시 방향을 제대로 설명하지 못했다. 그녀가 말하길 자기는 늘 내비게이터를 이용해서 집에 온다고 했다. 그녀는 내

위치를 설명해도 전혀 이해하지 못했고, 내가 어떤 지형지물을 이용해서 길을 찾아야 하는지도 몰랐다.

지도를 보고, 통화를 해보고, 인터넷을 검색하면서 그녀의 남편이 결국 나를 후사이니의 집 정문까지 데려다 주었다. 거실 한쪽 벽면을 덮고 있는 텔레비전에서 소리가 꺼진 채 화면이 나오고 있었다. 대화를 나눌 때 그녀는 텔레비전 스크린 옆에 걸터앉아 있었는데 화면에서 흘러나오는 저속한 장면들 때문에 방안이 온통 번쩍이고 있어서 대화를 나누기가 어려웠다. 그녀는 좀처럼 텔레비전을 꺼야 한다는 생각을 하지 않는 것 같았다. 그녀와 나눈 대화 속에서는 일관성 없이 뒤죽박죽된 야망들이 모순으로 가득 찬 괴상한 콜라주 그림처럼 등장했다.

"저는 최고의 부자가 되고 싶어요. 정말 그러고 싶어요. 하지만 최고 부자를 목표로 하다보면 사람들은 자기가 진정 성취하려 하는 것이 무엇인지 잊어버리는 지경까지 갈 수 있죠. 경쟁만을 위한 경쟁은 시간을 낭비하게 만드는 위험한 것이니까요. 그것은 순수한 탐욕을 키울 수 있거든요. 그게 바로 제가 목적지에만 집중하는 이유예요."

후사이니는 젊은이들이 범죄를 끊고 직장을 얻는 데 필요한 기술을 전수하는 것을 목표로 하는 사회적 기업을 운영하고 있다. 이것이 과연 부자로 가는 길인지는 의심스럽다. 후사이니의 욕망 속에는 일관된 프로젝트도 없는 것 같고, 어떻게 하면 세상과 의미 있게 이어질 수 있는지에 대한 감각도 결여되어 있는 것 같다. 그녀가 원하는 것이라고는 다른 모두를 배제하고 승리하는 것밖에 없었다. 과연 그것이 무엇을 의미하는지는 판단할 수 없지만 말이다.

후사이니는 에너지가 넘치고 똑똑한 사람이다. 하지만 그녀는 다른 사람들이 눈에 들어오지 않아서 그들과 관계를 맺지 못하는 것 같다. 과잉 경쟁적인 다른 수많은 사람들과 마찬가지로 그녀도 자신의 목표에 너무 집착한 나머지 타인의 가치, 그들과 함께 어울리는 데 따르는 복잡성을 제대로 인지하지 못하고 그들과 이어지지 못한다. 내가 보기에 그녀의 회사에 고용인은 없고 그저 여기저기 흩어져 있는 준회원만 있는 것이 우연은 아닌 것 같았다.

하지만 리더십에 대한 후사이니의 생각은 별나지도 않고, 색다를 것도 없다. 리얼리티 쇼 〈어프렌티스〉는 한 사람이 성공하기 위해서는 다른 모든 사람을 패배시켜야 하고, 비즈니스란 그저 점수 매기기의 문제일 뿐이라는 믿음에 근거하고 있다. 어쨌거나 이 게임 쇼에서는 단 한 사람만 승리할 수 있다. 그리고 다른 모든 사람들을 패배시켜야만 가능하다. 쇼의 진행자들도 이런 성공의 이미지와 완전히 맞아 떨어지는 사람이다. 이들은 스스로를 사람을 조종하는 대가master manipulator이자 심판이라 자리매김한다. 〈어프렌티스〉는 과장된 오락 프로그램을 지향하며 비즈니스를 단기적인 미봉책에 불과한 행동으로 보는 빈약하고 낡은 이미지를 제공한다. 이 프로그램만 그런 것은 아니다. 이제 비즈니스에 초점을 맞추는 텔레비전 쇼와 채널에서는 지나치게 오버액션하는 해설자가 등장하고, 화면 아래로는 주식 가격이 스크롤된다. 이런 쇼를 보면 스포츠 프로그램과 닮아도 이렇게 닮을 수가 없다.

스포츠의 진정한 가치가 부패하고 왜곡된 것처럼 경쟁적 스포츠의 비유를 비즈니스와 리더십에 적용하면서 개인과 조직들이 삐뚤어지고 어긋나버렸다. 재능과 장래성으로 가득했을 개인과 조직들을 말이다. 운동선수들이 자신의 목표를 성취하기 위해 필요로 했던 터널시나 다이 그린이 보여주었던 극단적인 집중력 등은 한 개인이 잘 정의된 당면 목표를 달성하려 할 때는 효과가 있을지도 모른다. 하지만 우리가 하는 대부분의 일들은 단일 기준을 가지고 순간적으로 정의하기가 불가능하다. 또한 상상력, 유연성, 일종의 지속적 창의력이 필요한데, 터널시는 그 경직성으로 말미암아 특히 이런 것들을 가로막아 버린다.

다시 바스대학교로 돌아온 다이 그린에게 2013년은 출발이 좋았다.

연초에 있었던 경주에서도 성적이 좋았고, 부상 없이 달릴 수 있었다. 그는 여전히 집중력도 좋고 동기부여도 잘되어 있다. 그의 말로는 크리스 아카부시Kriss Akabusi의 400미터 허들 영국 기록을 뛰어넘는 것에 집중하고 있다고 한다. 그에게는 든든한 지지자가 있다. 바로 아카부시다. 그는 그린이 성공하는 모습을 보고 싶어 한다. 그는 그린을 좋아하고, 그의 자제력을 존경한다. 명예가 그만한 자격이 있는 선수에게 돌아가기를 바란다. 아카부시 자신도 보기 드문 사람이다. 그는 체육인으로서 보람 차고 행복하게 은퇴해 자기 사업체를 운영하며 경영진들을 코치하고 있다. 내가 승리에 대해 물어본 모든 선수 중에서 가장 기억에 남는 대답을 한 사람이 바로 아카부시였다.

"승리하면 두 가지 감정이 떠오릅니다. 일단 처음에는 희열이 찾아오죠. 결국 여기까지 와서 내가 지금까지 해온 노력이 입증되는 순간이니까요. 하지만 서너 시간 정도가 지나고 나면 실망감이 밀려듭니다. 겨우 이거였나? 이제 다 끝난 건가? 꼬박 몇 년 동안 이 경주만을 준비했는데 경주가 끝나버린 거죠. 희열은 약물 검사 시간보다도 오래가지 않아요. 약물 검사를 위해 병에 소변을 보면서 다시 현실로 돌아오죠. 왜 그런 고생을 하면서 자신을 실패의 위험에 노출시켰나 의문이 들기 시작합니다. 그때는 몰랐죠. 하지만 지금은 알고 있습니다. 목적지가 아니라 목적지로 가는 여정에서 얻는 것이 훨씬 더 많다는 것을요. 지금처럼 말입니다. 인생에서 얻는 즐거움이 더욱 큰 보상입니다."

06

과열경쟁으로 무너지는 기업

비즈니스 리더에게 바라는 기적

경쟁적인 마음가짐은 당장 내일의 판매 목표를 달성하거나, 일주일치 콜 시트를 해치울 때는 도움이 될지도 모른다. 하지만 기나긴 비즈니스 인생에서 복잡한 프로젝트를 처리하기에는 끔찍한 방법이다. 거대한 비즈니스 기업이 성공하기 위해서는 협력적이고 창조적인 수천 명의 사람들로 연결된 네트워크와 체계가 필요하다는 것을 우리는 잘 알고 있다. 이성적으로 생각해봐도 한 사람만으로 성공과 실패가 결정되지 않는다는 것을 안다. 하지만 운동 기술을 익히는 데 필요한 절대적인 집중은(이것은 전직 올림픽 선수들이 좀처럼 떨쳐내기 어려웠던 부분이다) 집단적 속성을 띠는 비즈니스 성취와는 전혀 맞지 않는다. 그럼에도 불구하고 리더십을 고독한 영웅의 이미지로 생각하는 방식은 끈질기게 이어져 왔다. 비즈니스 리더의 강인해 보이는 옆모습을 표지로 내세우며 최고경영책임자들이 전하는 교훈(이상하게도 이런 것들을 보면 운동선수들이 쓴 회고록과 비슷하다)을 통해

243

동기를 부여하려는 잡지들을 보면 똑같은 비유를 영속화하고 있다. 영웅한 사람의 힘으로 모든 것을 해결하리라는 것이다.

학술연구자들은 최고경영책임자를 고독한 영웅으로 보는 신화에 대해 오랫동안 숙고했다. 111명의 최고경영책임자에 대해 진행된 한 연구에서는 연례보고서에 나오는 최고경영책임자의 사진, 회사의 보도자료에서 나타나는 최고경영책임자의 중요도prominence, 인터뷰에서의 일인칭 사용 여부, 전반적인 보상 등에 대해 분석해보았다. 연구자들은 모든 기준에서 최고경영책임자의 중요도가 현저해질수록 회사의 전략이 더 정력적이고 거창하며, 기업 인수의 숫자와 규모가 더 크며, 주가성과stock performance가 더 극단적이고 불안정하다는 결론을 내렸다.[1] 받는 기대가 크다 보니 리더는 극적인 결정을 내리고, 과장된 모습을 보여야 한다는 압박을 받는 것이다.

야심찬 기업합병은 언론의 관심과 박수(적어도 그로부터 수혜를 입는 사람들로부터는)를 폭넓게 이끌어낼 수 있는 지름길이다. 비즈니스 세계에서 기업합병은 스포츠 세계에서 이루어지는 비현실적인 노력과 비슷하다. 운동선수들은 큰 이해관계를 걸고 이런 수를 써보지만 결국 부상이나 실패로 끝나는 경우가 많다. 인수합병의 실패율은 연구자에 따라 50퍼센트에서 80퍼센트 정도로 나타난다. 꽤 높은 비율임에도 불구하고 움직임이 계속 되는 이유는 이것을 통해 개개의 리더들은 역동적이고, 결단력 넘치고, 강인해 보일 수 있고, 잘 마무리되기만 하면 승자로 보일 수 있기 때문이다. 이들은 두 과잉경쟁적인 최고경영책임자 간에 일대일 경쟁을 벌이는 것으로 묘사되기 일쑤인데 이는 극적인 면모를 부각시키고 승자의 카리스마를 돋보이게 만들 뿐이다.

한때 타이코Tyco는 확실한 투자대상이었다. 미국에서 가장 공격적인 최고경영책임자가 운영하는 회사였기 때문이다. 거대한 다국적 대기업 제너럴일렉트릭 사General Electric Company는 겉보기에는 《위대한 승리Winning》의 저자 잭 웰치Jack Welch라는 단 한 사람에 의해 운영되는 것처럼 보였다. 그와 비슷하게 영국의 세계적인 석유업체인 BP사도 존 브라운John Browne의 천재성과 선견지명에 전적으로 의존했었다. 그는 자신의 책《비전 있는 리더의 영감 넘치는 회고록inspirational memoir from a visionary leader》에서 세계적 사건, BP사의 사건, 브라운 자신의 사건을 마치 모두 비슷한 중요성을 가지고 있는 것처럼 차트로 그려놓았다. 한편 파리에 기반을 둔 꼼빠니 제네랄 데조Compagnie Générale des Eaux가 성공적인 수도사업체에서 글로벌 미디어 및 엔터테인먼트 기업으로 전환할 것을 약속했던 것은 순전히 장 마리 메시에Jean-Marie Messier라는 단 한 사람의 드높은 의욕 때문이었다. 회사에 그와 관련된 자산이나 능력이 없다는 것과 최고경영책임자가 미디어 사업에 경험이 없다는 사실 따위는 문제가 되지 않았다. 영웅적인 리더십만으로도 전환이 실현되리라 믿었다. 메시에는 가끔 자신을 J6M이라 불렀다. 이 'M'들 중 네 개는 Moi-Même, Maître du Monde, 즉 나 자신Me Myself, 세상의 주인Master of the Universe을 뜻한다. 그는 리더십을 둘러싼 미사여구를 통해 슈퍼영웅은 무엇이든 할 수 있고, 어떤 경주에서도 이길 수 있고, 어떤 장애물도 극복할 수 있음을 공공연히 말하고 다녔다.

슈퍼스타 선수들처럼 그들도 터무니없는 급료와 호화로운 환경을 정당화했다. 메릴린치Merill Lynch의 최고경영책임자 존 테인John Thain이 악명 높은 3만5천 달러짜리 서랍장으로 자기 사무실을 꾸미고, 타이코의 최고경영책임자 데니스 코즐로스키Dennis Kozlowski가 1만5천 달러짜리 강아지 우산을 자랑했을 때 이런 소도구들은 그저 우열순서의 상징물만은 아니었다. 혼자만의 힘으로 회사의 운명을 이끈 영웅이 누려야 할 후식에 불과한 것이었다. 사업들이 실패하기 전까지는 이런 것들이 터무니없게 느껴지지 않았다. 그 전까지만 해도 소도구들은 그저 다른 사람들이 자신의 리더들에게 바치는 신뢰를 상징하고 있었을 뿐이다.

영웅적인 리더십에 대한 믿음은 회사가 위기에 부딪힐 때마다 어김없이 등장한다. 체질적인 문제들을 살펴보는 대신 사람들은 혼자만의 힘으로 탈바꿈할 수 있는 메시아가 등장해주기를 기대한다. 2009년에 미국의 자동차 회사들이 난관에 봉착했을 때는 자동차 업계를 구원할 구세주가 호출되었다. 바로 스티브 래트너Steve Rattner였다. 그는 자동차 산업에 대해서는 아무런 배경도 없는 사람이었다. 래트너는 무엇을 해야 하는지 바로 알아차렸다. 그는 잭 웰치와 헤드헌트들과 상담한 후에 제너럴모터스General Motors 최고경영책임자를 새로 고용했다. 거대하고 복잡한 기업을 한 사람이 호전시킬 수 있으리라 분명하게 믿었다. 영웅은 영웅을 알아보는 법이다. 그 자신도 고독한 영웅이었던 래트너는 또 다른 영웅을 알아보았다. 바로 AT&T의 전직 최고경영책임자 에드워드 휘태커Ed Whitacre다.

래트너는 휘태커에 대해 이렇게 적었다. "그는 강인함으로 명성이 자자한 사람이었다. 언젠가 〈비즈니스위크Business Week〉 지에서 그의 이야기를 읽었다. 이야기 속에서 그는 자기의 텍사스 목장에서 방울뱀을 잡던 일을 묘사했다(그는 막대기로 뱀을 누른 다음에 돌로 머리를 찍어 죽였다고 한다). 그의 완고한 이미지는 193센티미터의 키, 은발의 머리카락, 할 말만 딱딱 골라 하는 화법 때문에 더욱 확실하게 굳어졌다."**2**

평생 제조업에서는 일해본 적이 없었지만 휘태커는 그 자리를 받아들였다. 그는 분명 모든 고독한 영웅이 필요로 하는 것을 가지고 있었다. 래트너는 휘태거가 자신의 새로운 팀과 가진 첫 회의를 감탄하며 적어 내려갔다. "휘태커는 이렇게 말했다. '나는 승리에 익숙한 사람이고 제너럴모터스에서 달라질 것은 전혀 없습니다.' 직설적 표현에 익숙하지 않았던 제너럴모터스의 간부들은 감명을 받았고, 나 또한 마찬가지였다. 내가 늘 상상해왔던 최상의 리더십이었다."

휘태커는 계속해서 제너럴모터스의 텔레비전 광고에서도 주인공으로 나선다. 힘이 약해진 기업체가 필요로 하는 것은 역동적인 리더가 들어왔음을 고객들에게 알리는 일이었다. 하지만 휘태커는 열 달 정도 이 일을 맡다가 흥미를 잃고 그만두었다. 그는 하루도 더 머물고 싶어 하지 않았던 것 같다. 복잡한 회사 회생에 필요한 것은 방울뱀을 죽이고 텔레비전에 출현하는 것이 전부였다. 포드, 크라이슬러, 제너럴모터스를 두루 거친 자동차 산업계의 유명한 베테랑 밥 루츠Bob Lutz는 휘태커의 성공담을 하나의 '우화'라 말한다. 제너럴모터스의 회생이 휘태커 덕분이었다고 하는 것은 해가 뜨는 것이 수탉의 울음소리 덕분이라고 말하는 것이나 다름없다는 것이다.[3]

고독한 영웅이라는 낭만적 영웅담이 스티브 잡스Steve Jobs를 둘러싼 칭송 일색의 일대기에서만큼 생생하게 드러나는 곳은 없다. 그에 대해 나온 글을 대부분 믿는 사람이라면 애플사는 그렇게 많은 인력이 필요하지 않았으리라고 상상할지도 모르겠다. 겉으로 보기에는 스티브 잡스가 모든 일을 해낸 것 같으니 말이다. 보통 그렇듯이 그 안에는 좀 더 미묘한 진실이 들어 있다. 잡스가 애플사에서 스티브 워즈니악Steve Wozniak, 픽사에서 존 라세터John Lasseter, 그리고 다시 애플사로 돌아와 조나단 아이브Jonathan Ive 등 뛰어난 조력자를 두었을 때는 사업이 번창했다. 하지만 그가 똑똑한 동료들이 제공해주던 창조적 갈등이 없이 넥스트NeXT를 혼자 이끌었을 때 그의 모험은 실패로 끝나고 말았다.

그렇다고 리더가 영향력이 없다는 뜻은 아니다. 그들은 큰 영향을 미친다. 문제는 어떤 조직에서든 리더십이 경주나 축구 경기보다 훨씬 더 복잡하고 미묘하다는 것이다. 회사는 그저 한 골 더 넣는다거나 기록을 몇 초 단축시킨다고 해서 구할 수 있는 것이 아니다. 수행성과가 뛰어난 사람을 숭배하는 것은 뛰어난 능력 앞에서 모든 사람이 수동적으로 변할 수 있고, 그래야만 한다는 메시지를 전달하며 모든 사람을 아이 취급하고 마는 것이다. 비즈니스 리더들을 승자로 추앙하며 그들에게만 집중하는 것은 다른 사람들은 중요하지 않다는 실망스러운 메시지를 전달하는 것이나 다름없다. 조직체 안에 늘 존재하기 마련인 풍부한 재능을 표면으로 떠오르게 하지 못하고, 슈퍼영웅이 혼자서 기적을 행하기를 기대하게 만드는 것이다. 물론 이것이 그들이 실패하는 이유다.

인간의 한계를 뛰어넘는 존재가 되어야 한다는 기대로 어깨가 무거워지면 최고경영책임자들은 자기만의 터널시를 발전시킨다. 다른 모든 것을 제쳐두고 지나치게 많은 시간을 일에 매달리는 것이다. 제너럴일렉트릭 사를 운영하는 잭 웰치는 자신이 오랜 시간 일하고, 주말에도 회사에 나가 팀원들과 일하는 것에 대해 낭만적인 글을 썼다. 존 브라운은 자기가 왜 BP사에서 더 일찍 은퇴하지 않았는지 스스로에게 물어보고는(그의 명성이 위증으로 인해 빛을 바라기 전에) BP사 바깥에서는 그 무엇도 그만큼 짜릿하고 가치 있는 일을 발견할 수 없기 때문이라고 결론 내렸다. 장시간의 근무는 피로를 유발하며 생각하는 능력을 떨어뜨린다는 증거가 명확하게 나와 있음에도 불구하고 고독한 영웅들은 큰 기대에 부흥하려면 깨어 있는 동안에는 일을 멈추지 않는 수밖에 없다고 생각한다. 부상을 무시하고 계속 운동하는 선수들처럼 그들은 피로가 판단력의 편향과 경직된 사고방식으로 이어진다는 과학적 증거를 외면해버린다.[4]

회사에서 하는 일에도 부상이라고 할 만한 것이 따른다. 화이트홀의 공무원들을 대상으로 진행됐던 마못의 연구를 이어 핀란드의 연구자 마리아나 비르타넨Marianna Virtanen은 장시간의 근무가 미치는 영향에 대해 조사했고, 두 가지 깜짝 놀랄 만한 결론에 도달했다. 하루에 11시간 이상을 일하면 우울증의 위험이 최소 두 배로 증가했다. 일주일에 55시간 이상 일하는 사람은 중년부터 인지 능력 저하cognitive loss를 겪기 시작했다. 즉, 어휘, 추리 능력, 정보 처리, 문제 해결, 창의력, 반응 시간 등에 대해 검사한 결과 수행 성과 점수가 낮게 나왔다. 중년에 약한 수준의 인지 장애가 생긴다는 것은 치매나 사망이 그만큼 빨리 찾아올 수 있음을 예고하는 것이기도 하다.[5]

잘못된 주주 가치의 신화

엘리트 스포츠와 마찬가지로 최고위층에서의 경력 기간도 대단히 짧다. 최고경영책임자의 평균 재임기간에 대해서는 연구마다 결론이 제각각이지만 현재로서는 5년 정도에 머물고, 그 기간이 계속해서 짧아지고 있다. 최고경영책임자들이 제일 높은 자리에 오래 머물지 못하는 이유가 단지 기대가 너무 크거나 비즈니스 환경이 대단히 복잡해서만은 아니다. 스포츠의 성공에서 차용한 정신적 리더십 모델에는 진정한 성취를 위해서 필요한 미묘함, 복잡성, 협력정신, 시간 등이 결여되어 있기 때문이다.

그런데도 최고경영책임자들은 일단 최고의 자리에 오르면 엘리트 선수들을 그대로 따라하는 경우가 많다. 오로지 점수에만 집착하는 것이다. 주식가격은 승리냐 패배냐를 가르는 단순하고도 유일한 기준이 된다. 주식가격에 대한 집착이 만연해서 그것에만 전념하는 바람에 대부분 사람들은 모든 회사가 주가를 다른 무엇보다도 최우선해야 할 법적 책임을 가지고 있다고 믿게 되었다. 하지만 이것은 사실이 아니다.

코넬대학교에서 기업법과 상법을 가르치고 있는 린 스타우트Lynn Stout 교수는 대단히 활기가 넘치는 여성이다. 그녀는 기업의 이사회와 간부들이 법률을 고의적으로 잘못 해석하는 바람에 소위 '주주 가치의 신화myth of shareholder value'에 굴복하고 말았다며 맹렬하게 비난한다. 그녀의 말에 따르면 기업의 행동과 관련된 법률은 세 가지에서 나온다. 회사정관, 국법, 판례법이다. 그녀는 이 중 그 무엇도 한 회사나 그 회사의 간부들이 주가의 극대화를 최우선해야 한다고 요구하는 법은 없다고 주장한다. 그녀의 말에 따르면 기업의 문제를 역추적해보면 대부분 이런 잘못된 생각에서 시작한 것이 많다고 한다.

주주 가치의 신화는 변호사나 기업인이 아니라 밀턴 프리드먼Milton Friedman에서 시작하여 윌리엄 맥클링William Meckling과 마이클 젠센Michael Jensen

으로 이어지는 경제학자들로부터 주로 유래했다. 프리드먼은 주장하기를 기업은 주주의 소유이기 때문에 기업의 사회적 책임은 그 수익을 증가시키는 것밖에 없다고 했다. 스타우트는 이것이 불합리한 추론일 뿐만 아니라 대단히 부정확한 것이라고 주장한다. 법률적으로 볼 때 주주는 기업을 소유하는 것이 아니다. 기업은 스스로를 소유하는 독립적인 법적 실체다. 이사들은 단기적으로 주주 가치를 극대화해야 할 그 어떤 책임도 없다. 심지어는 기업 인수라는 맥락 안에서도 말이다. 판례에 따르면(이 경우는 미국 APC사Air Products and Chemicals Inc. 대 에어가스사Airgas, Inc.의 소송) 객관적이며 상황을 제대로 파악하고 있는 이사는 기업의 장기적 이득을 위해 현재의 주가를 무시할 수 있다는 판결이 나온 바 있다.

마이클 젠센과 윌리엄 맥클링이 비즈니스 학술지에서 기업의 간부는 주주의 대리인에 불과하다고 제안했을 때 스타우트는 법률적 해석은 그들의 의견과 다르다는 것을 발견했다. 그들은 공개기업public company의 목적 및 주주의 진정한 경제적 구조를 포착하는 데 실패한 것이다.

문제는 그들이 법률을 잘못 해석하고, 비즈니스를 잘못 해석했다는 점이다. 게다가 주주 우선 정책이 실제로 더 좋은 효과를 발휘한다는 것을 증명해줄 만한 연구결과도 부족하다. 오히려 기업의 운영에 주주의 참여가 늘어나면 실적이 더 악화된다는 반대 증거가 풍부하게 존재한다. 기업은 주주 가치를 극대화하도록 운영되어야 한다는 아이디어는 지난 20년에 걸쳐 이사회에 대한 주주의 영향력을 늘리고, 경영자들로 하여금 주가에 더 신경 쓰게 만드는 개혁으로 이어져왔다. 그 결과는 실망스럽다. 주주들은 대공황 이후 최악의 투자 성적으로 고통받고 있다.[6] 공개 기업의 숫자는 40퍼센트 정도 감소했다.[7] 포춘지 선정 500대 기업의 기대수명은 20세기 초에 75년이었다가 지금은 겨우 15년 정도로 짧아졌다.[8]

스타우트는 자신의 책 《주주 가치의 신화The Shareholder Value Myth》에서 이 신화가 너무나 만연한 나머지 그것이 진리가 아님에도 최고경영책임자와 기업 이사들은 그것을 진리라 믿고 있다고 주장한다(이상하게도 기업을 비평하는 사람들도 상당수 그렇게 믿고 있다). 다그쳐보면 대부분은 법률에서 요구하는 것이 무엇인지 잘 몰라서 자신이 주가를 통해 평가받는 것이라고 추측하게 된다고 고백한다.[9]

스타우트는 주주 가치가 법률적 요구사항이라는 믿음이 두 번째 일탈로 이어졌다고 말한다. 바로 간부들의 급료를 주가와 연결시키는 것이다. 수행성과에 따른 급료 지급이 더 나은 성과로 이어진다는 증거가 없음에도 불구하고(사실 그 반대의 증거가 오히려 많다) 상당수의 공개기업에서는 간부들의 보수를 회사의 주식시장 가치와 함께 묶음으로써 간부들에게 책임을 물으려 애써왔다. 간부들이 받는 높은 보수와 보너스에 대한 대중의 늘어만 가는 혐오를 무마할 수 있기를 바랐는지도 모른다. 하지만 수행성과에 따른 급료 지급의 효과는 선수들이 보여주었던 것과 똑같은 터널시를 만들어냈을 뿐이다. 단기적인 주가 목표에 대한 절대적 집착은 조직의 장기적인 지속 능력과 완전히 대치되는 경우가 많았다.

회사의 주가는 그 회사의 강인함과 가치를 말해주기에는 너무나 약한 지표다. 회사 운영이 달라진 것이 전혀 없는데 하루나 일주일 만에 회사의 실제 가치가 1, 3, 5퍼센트씩이나 높아졌다고 진지하게 믿을 사람이 어디 있겠는가? 미국의 선도적 경제학자 중 한 사람인 피셔 블랙Fischer Black조차 이렇게 인정했다. '주가는 실제 가치의 절반보다는 크고, 실제 가치의 두 배보다는 적다.' 그러니까 100파운드의 가치가 매겨진 회사의 실제 가치는 50파운드와 200파운드 사이의 어느 값이든 될 수 있다는 의미다. 그리고 이 가치는 붕괴 직전이거나 폭발적 성장 직전인지도 모른다. 그 무엇도 주가만 봐서는 알 수 없다.

다이너마이트로 물고기 잡기

주주 가치 신화가 만들어낸 가장 큰 문제는 린 스타우트가 말하는 소위 '다이너마이트로 물고기 잡기fishing with dynamite'를 부추긴다는 점이다. 이것은 미래의 기회를 망가뜨릴지라도 지금 당장은 큰 가치를 만들어내는 효과 빠르고 악랄한 전략을 일컫는 말이다. 그녀는 BP사에서도 이런 일이 일어났다고 주장한다. 비용을 절감해야 한다는 압박이 결국 고용인과 도급업자들로 하여금 표준안정규정을 무시하게 만들어버린 것이다. 수많은 기업들은 직원 수를 줄이고, 직원들의 교육, 연구, 자기 개발에 들어가는 예산을 삭감함으로써 다이너마이트로 물고기 잡기를 하고 있다. 기업의 장기적 건강이나 운영 환경에 대한 고려를 집어던진 채 그저 실적 수치를 좋아 보이게 하기 위해서만 노력하고 있는 것이다. 그와 마찬가지로 세금을 피하기 위한 여러 화려한 전략들은 최고경영책임자의 짧은 재임 기간에는 돈을 절약해줄지 모르나 장기적으로는 회사의 명성에 먹칠을 하고 있는 것이다.

그럼에도 주가의 유혹은 최고경영책임자와 회사 이사진들이 자신의 성취를 측정해볼 수 있는 간단한 점수라는 점에 있다. 콜로세움에서 관람석이 관람객의 위치를 말해주었듯이 주가는 그들이 시장에서 어느 위치에 있는지를 그만큼 분명하고 공개적으로 결정해준다. 주주들과 연금기금에서는 기업체의 장기적 건강을 고려할 경영진을 원하겠지만 최고경영책임자들의 평가는 그것을 기준으로 이루어지지 않는다. 따라서 최고경영책임자들도 거기에 관심을 집중할 이유가 없다. 지위나 성공을 판단하는 데 있어서 주가라는 단일 기준이 지나치게 중요해지면 주가 관리가 회사의 핵심 능력이자 최고경영책임자의 최대 관심사가 될 수 있다.

1981년부터 2001년까지 제너럴모터스의 최고경영책임자를 맡았고, 오랫동안 주주 가치를 옹호해온 잭 월치는 자신의 수치를 관리하는 데 꿍장한 전문가이다. 그는 수익을 예측하면서 46번의 사분기 중 41번까지 정확히 예견했고, 틀린 것 중 다섯 번은 2퍼센트 차이로, 두 번은 1퍼센트 차이였다. 이 수입이 관리되지 않을 확률은 통계적으로 받아들이기 힘든 것이었다. 그와 유사하게 마이크로소프트Microsoft도 첫 42번의 사분기 중 41번을 시장의 예측에 부합하거나 예측을 뛰어넘었다. 딱 한 번 1퍼센트 차이로 예측을 빗나갔을 뿐이다. 이것이 바로 토론토 로트만경영대학원의 학장 로저 마틴Roger Martin이 '게임을 게임하기gaming the game'라고 부르는 것이다.[10] 우리가 비즈니스를 마치 스포츠처럼 여기는 한, 비즈니스 역시 스포츠와 똑같은 일탈행위라고 생각할 수밖에 없다.

제너럴모터스에서 은퇴하고 몇 년 후 잭 웰치는 마음을 바꾸어 이렇게 단언한다. "엄밀히 말해서 주주 가치라는 것은 세상에서 가장 멍청이 같은 생각이다."[11] 하지만 수많은 나쁜 아이디어들처럼 주주 가치가 사람들의 마음을 사로잡았던 것 역시 아이디어 자체가 무척 단순하다는 사실과 무관하지 않다. 점수를 매기는 데는 시간과 관심이 들어간다. 마이크로소프트가 이 게임에서 전문가가 되기 위해 무척 바쁘게 지내는 동안 월드와이드 웹World Wide Web의 등장을 알아차리거나, 데이터베이스, 컴퓨터게임, 모바일 컴퓨팅을 위한 진지한 기술을 발전시키는 데 실패했다는 사실에 대해 곰곰이 생각해보지 않을 수 없다. 이런 것들은 모두 새로운 혁신의 영역이었다. 만약 점수만이 중요하다고 한다면 학교에서 주는 학점처럼 결과를 얻는 데 필요한 과정보다는 결과만 중요하게 여기게 된다. 중요한 것은 오로지 점수밖에 없다.

이것은 매일매일 눈앞에서 펼쳐지고 있는 현실이다. CMGI(미국의 인터넷업체)의 주가가 꾸준히 오르던 기간에 나는 CMGI를 위해 회사들을 운영한 적이 있었다. 그 당시는 굳이 컴퓨터 모니터를 들여다보지 않아도 주식시장이 어떻게 돌아가고 있는지 알 수 있었다. 공기 중에서 아드레날린의 기운이 느껴졌고, 고용인들의 목소리에서 흥분을 느낄 수 있었다.

분명 이들은 마음을 다른 데 두고 있었으리라. 하지만 미식축구 선수의 장기적인 건강을 그가 올린 득점 수치만 가지고 판단할 수는 없듯이 한 회사의 장기적인 건강 또한 회사의 주가만으로 판단할 수는 없다. CMGI 는 일어선 속도만큼이나 빠른 속도로 급속히 무너져 내렸다. 그것은 CMGI만의 일이 아니었다. 짐 콜린스Jim Collins가 그의 책《좋은 기업을 넘어 위대한 기업으로Good to Great》에서 칭송했던 60개의 기업은 누적 주식 수익률로 찾아낸 기업들이었는데 그중 적어도 11개의 기업이 그 이후로 나쁜 기업에서 최악의 기업으로 바뀌었다. 점수만으로는 모든 것을 알 수 없다. 하지만 플라톤의 동굴 벽에 비친 그림자처럼 주가 또한 마치 실체 인양 착각하기 쉽다. 실제 세계는 좀 더 복잡하고, 그래서 이해하려면 더 많은 노력을 기울여야 한다. 하지만 주식이 가지고 있는 단순함의 매력 때문에 우리는 그쪽으로 관심을 빼앗기고 만다.

게임장이 되어버린 기업

뉴욕 최대의 광고대행사에서 프리랜서로 일하는 조Joe는 이렇게 말했다. "우리도 한때는 내부에 '경쟁의 장'이 있었어요. 그 안에서 우리는 팀을 나누어 경쟁을 벌였죠. 경쟁을 통해 최고의 개념이나 슬로건을 만들어 내자는 의도였어요. 하지만 전쟁판이 따로 없더군요. 이렇게 역기능이 심한 경우는 처음 봤어요. 서로 다른 팀의 브리핑 자료를 훔치기도 하고, 데이터베이스에서 정보를 빼돌리고는 복구하지도 않았죠. '이건 게임이구나!' 하고 생각했죠. 게임인데도 전혀 재미있지 않은 게임이요."

조는 한 회사에 오랫동안 다닐 수 없었다고 한다. 서로 잡아먹고 먹히는 문화가 너무나도 악랄했기 때문이다. 마지막으로 몸담았던 대행사에서 조는 다른 사업 단위와 마찬가지로 독립채산제로 운영되는 사업 단위의 장을 맡게 되었다. 사업 단위의 수익에 따라 그의 보너스와 우열순서 내 그의 위치가 결정되었다. 그의 말로는 그것이 온갖 삐뚤어진 결과를 불러왔다고 한다.

그는 이렇게 회상했다. "우리 팀에 재능이 뛰어난 여성 디자이너가 있었습니다. 그녀의 강점은 애니메이션이었는데 우리 팀에는 그와 관련된 일이 없었지요. 그래서 저는 애니메이션 일을 맡고 있는 다른 팀에 그녀를 참가시키려고 애썼어요. 그런데 그 팀의 팀장은 그녀에게 일을 맡기면 그녀의 수입이 내 회계장부에 올라갈 것을 염려하여 그녀를 받아주지 않았어요. 결국 그녀는 회사를 떠났죠. 이후에 우리는 규모가 큰 애니메이션 캠페인을 계획했는데, 정작 그때는 필요한 재능이 있는 사람이 우리를 떠나고 없더군요."

내부 경쟁은 어느 분야에서나 똑같은 효과를 나타낸다. 신뢰와 공유가 사라지고 고의적 방해 활동만 늘어나는 것이다.

조는 고개를 설레설레 흔들며 이렇게 말했다. "몇 년 전 나는 새로운 사업을 홍보하는 대행사에 있었죠. 그 안에는 네 개의 팀이 있었어요. 그런데 모두 한 회사인데도 불구하고 서로 헐뜯기 바쁘더군요. 경쟁이 너무 심해서 퇴근할 때는 자료들을 모두 집으로 가져가야 했습니다. 안 그러면 사라져 버리거나, 누군가가 그 위에 커피를 엎질러 놓을 테니까요. 정말 터무니없는 일이었죠. 심지어는 해킹을 당하지 않으려고 개인 이메일 계정으로 메일을 주고받아야 했습니다! 요금이 청구된 것이 있으면 실제로 내 비즈니스와 관련이 있는 것인지도 일일이 확인해야 했습니다. 다른 사업 단위에서 자기네 비용을 저한테 뒤집어씌우는 경우가 있었거든요. 정말 미친 짓이죠! 이게 모두 한 회사에서 일어나는 일이라니."

조에게 있어서 손익회계와 회사 내의 우열 순위는 점수를 매기고 내부 경쟁을 부추기는 수단이었다. 경쟁심이 심한 사람의 경우에는 일이 그만큼 흥미진진해진다.

브래드 루더만Brad Ruderman은 리먼 브라더스Lehman Brothers(미국의 글로벌 투자은행으로 2007년에 불거진 서브프라임 사태로 인해 결국 파산하고 말았다-옮긴이)의 거래소에 발을 처음 내딛는 순간 그대로 거기에 혹하고 말았다.

그는 이렇게 말했다. "믿지 못할 상황이 눈에 들어왔습니다. 정신이 아찔할 정도로 경쟁적인 분위기였죠! 에너지 넘치는 사람들이 치열하게 싸우고 있더군요. 정말이지 놀라운 광경이었습니다."

루더만은 한 친구가 그를 상무이사에게 소개시켜준 이후로 출세가도를 달리기 시작했다. 그를 비롯한 모든 사람들은 게임이 어떻게 돌아가는지 빠른 시간 안에 파악했다.

그는 이렇게 설명했다. "우리는 모두 수수료를 받습니다. 그리고 일주일 동안 매일매일 그전 날의 수수료 수익이 상무이사 사무실 창문에 게시되죠. 자신이 올린 순수익이 모두가 볼 수 있는 곳에 게시되는 겁니다. 이러니 경쟁심이 더 과열되지 않겠습니까? 물론 게시물의 목표가 바로 그것이었죠. 나 같은 사람에게 최고 상위권에 들어가지 못하는 것은 재앙이나 마찬가지입니다. 당장 무언가를 하지 않고는 못 배겨요. 그렇지 않으면 내가 아무것도 아닌 존재가 되어버리니까요."

루더만의 설명으로는 한 달에 10만 달러를 벌지 못하면 패배자가 되었다고 한다. 또한 7월에 14만 달러를 벌었다면 8월에는 적어도 12만 달러는 벌어야 패배자 신세를 면할 수 있었다. 그래서 이 게임에서 살아남기 위해서는 매달 더 많은 돈을 벌어들여야 했다. 그가 덧붙여 말하기를 이는 돈이 목적이 아니라 승자와 패자를 공개적으로 나누는 기준이 돈이었기 때문이라고 했다.

그는 내게 말했다. "물질적 탐욕 때문에 생긴 일이 아니었습니다. 다른 모든 사람들과 겨루는 개인적 점수판 때문이었어요. 때로는 월말 결산이 3일밖에 남지 않았는데 아직 지난 달 목표량도 채우지 못할 때가 있었습니다. 그럼 저는 무언가 무리수를 두었습니다. 그것이 고객의 이해관계에

역행할 때도 없지 않았죠. 저는 모든 도덕정신과 윤리의식을 상실하고 말 았습니다."[12]

여기에는 비즈니스를 스포츠에 비유하는 것도 한몫했다. 많은 판매조 직에서 이런 점수판을 이용해 팀원들에게 동기를 부여하고 있으니 말이 다. 토요일 아침이면 HBOS(스코틀랜드 은행을 산하에 두고 있는, 로이즈 뱅킹 그룹 산하의 영국 금융 보험 그룹-옮긴이)에서는 판매사원들이 목표치를 달성 한 경우에는 포상으로 현금을 주고, 목표 달성에 실패한 경우에는 양배추 를 준다. 공개적으로 망신을 주어 승자와 패자를 확실하게 차별하는 이 의식은 사원들에게 동기를 부여할 목적으로 이루어진 것이다. 하지만 이 것은 모기지 대출과 보험 상품의 불완전판매를 부추기고 말았다. 이와 비 슷하게 안토니 잘츠Anthony Salz가 불완전판매와 금리 조작이 성행했던 바클 레이 은행Barclay's Bank의 문제점을 조사해보았더니 그 핵심에는 고용인들이 '수단과 방법을 가리지 않는 승리'라 부른 문화가 자리 잡고 있었음을 알 게 되었다. 승자가 차지하는 영광이나 패자가 겪는 수모가 모두 극단적이 었기 때문에 어느 누구도 감히 그 체제를 거부하지 못했던 것이다. 이 은 행의 문화를 기술할 때 가장 찾아보기 힘든 단어가 바로 '용기'였다.

미국 의류업체 '더 리미티드The Limited'는 영업회의를 할 때면 로마의 콜 로세움 좌석 배치처럼 실적이 좋은 사람은 앞에 앉히고, 실적이 나쁜 사 람은 뒤에 앉히기도 했다. 그들은 이 전략을 '소매에서의 승리Winning at Retail', 또는 약자로 'WAR(전쟁)'라고 불렀다. 더 리미티드, 리먼 브라더스 등 이렇게 직원을 망신 주는 방법을 사용하는 회사들은 소위 이 '전쟁'이 피해자를 양산한다는 사실을 인정하지 않는 것 같다. 루더만의 사례에서 는 그의 고객들과 옳고 그름을 판단하는 양심이 그 피해자였다. 그도 나 중에야 깨달은 사실이지만, 경쟁에 대한 광적인 욕구는 그로 하여금 윤리 적 기준을 저버리고 수단과 방법을 가리지 않고 성공을 좇게 만들었다. 좀 더 규모를 넓혀 바클레이 은행이나 HBOS, 그리고 불완전판매를 보상하느라 수십억 달러를 날리고 있는 다른 수많은 금융기관 등에도 똑같은 얘기를 할 수 있을 것이다.

인간은 경쟁적인 존재이기 때문에 이런 토너먼트 상황에 처하면 가장 먼저 이기려고 애쓰는 반응이 나온다. 사람들이 승리를 위해 기울이는 노력 중에서 제일 눈에 띄는 부분은 아무래도 더 열심히 일한다는 것이다. 물론 토너먼트 형식이 애초에 만들어진 이유가 이것이다. 회사들은 직원들이 더 생산적으로 바뀔 수 있도록 동기를 부여하고자 한다. 근무 시간 연장도 일종의 군비경쟁의 일환으로 이루어진다. 상사의 이목도 끌고, 근무 시간 연장에 따른 생산성 향상도 노릴 수 있는 일석이조의 방법인 것이다. 문제는 이것이 역효과를 낳는다는 점이다. 생산성에 대한 연구는 100년 넘게 이루어졌는데, 그 연구들에 따르면 근무 시간이 주당 약 40시간을 넘어서면 일을 오래 해도 실수만 늘어나며, 오히려 연장된 근무시간은 그 실수 때문에 엉망이 된 부분을 처리하는 데 들어간다고 한다.

짐 브래디는 내게 이렇게 말했다. "이런 모습은 영국이나 미국에서도 볼 수 있습니다만 진짜 장기근무를 보려면 홍콩으로 가보세요."

브래디는 아시아 지역(홍콩과 싱가포르)에서 오랫동안 금융 서비스업에 종사했다. 그는 그곳의 사람들과 일을 좋아하지만 일이 이루어지는 방식은 맘에 들지 않는다고 했다.

"우리는 정말 터무니없는 시간을 일하고 있었어요. 새벽 2시나 아침 7시에도 상사의 호출만 있으면 달려가야 했죠. 한밤중에 이메일이 날아와서는 왜 아직까지 답변이 없냐는 등 더 많은 이메일이 꼬리를 물어요. 영국에서 그렇게 일했다가는 당장 뉴스 머리기사로 나올 걸요? 꽤 나이가 있는 사람들도 그런 취급을 받아요. 그들은 때론 문제 제기를 하기도 하지만 분명 아무 변화도 없을 거라는 사실을 알고 있죠. 근무 시간이 문제고, 언어가 문제고, 거대한 목표가 문제예요. 사람을 그렇게 혹독하게 오래도록 몰아붙이다 보면 결국 어느 순간 무너지고 맙니다. 큰 실수를 저지르기도 하고 심지어는 몸에 이상이 오기도 하죠. 하지만 사람들 사이에서는 이런 분위기가 있어요. 매일 하루 종일 달리지 않는다면 어느 경쟁자에게 꼬리를 밟히고 말 것이라는 분위기가요."

줄리엣 쇼어 Juliet Schor는 《과로하는 미국인들 The Overworked American》이란 책에서 미국인들은 근무 시간이 길어짐에 따라 매일 밤 수면 시간이 60~90분 정도 부족해졌다고 추산했다. 수면 부족이 축적되면 그저 기분이 안 좋은 것에서 그치지 않는다. 업무 수행에도 차질이 생긴다. 점차적으로 피로가 쌓임에 따라 뇌는 두정엽과 후두엽의 에너지(포도당의 형태)를 시상 thalamus으로 빼돌리기 시작한다. 이렇게 하는 이유는 효율성 때문이다. 시상은 우리를 깨어 있게 해주는 영역이다. 하지만 두정엽과 후두엽은 우리에게 생각하는 능력을 부여해주는 영역이다. 따라서 잠들지 않으려고 애쓸수록 우리는 창조적이고 상상력 넘치는 생각을 하기가 더욱 어려워진다. 그런데 현대에 들어 무언가 일을 할 때 가장 필요한 부분이 바로 창조적이고 상상력 넘치는 생각이다. 따라서 우리는 게임에서 살아남기 위해 열심히 경쟁할수록 게임을 더 못하게 된다.[13]

강제해고순위 제도

조직 내에서 진정한 창의력과 협력 관계가 번창하기 위해서는 그곳에서 일하는 사람들이 피로를 풀어 머리가 잘 돌아가야 하고, 서로를 믿을 수 있어야만 한다. 하지만 직원들을 서로 경쟁시키는 데 따르는 신체적, 윤리적 비용이 상당함에도 불구하고 많은 대형 회사들이 내부 경쟁을 한 단계 더 진전시켜서 강제해고순위 forced ranking 제도를 공식화하고 있다. 이 과정을 통해 모든 직원들에게 엄격한 우열순서를 부여한 후 바닥에 있는 10퍼센트에서 15퍼센트는 해고해버리는 것이다. 이런 시스템은 잭 월치가 제너럴모터스에 있었을 때 유명해졌다. 제너럴모터스에서는 매년 직원들을 상위 20퍼센트, 중간 70퍼센트, 그리고 하위 10퍼센트로 순위를 매겼다. 이 하위 10퍼센트는 해고될 수도 있었다. 월치는 이것이 인도적인 시스템이라고 주장했다. 하위 집단에 속한 사람들에게 성과가 좋지 않다고 충분히 경고해주기 때문이라는 것이다.

이와 동일한 개념이 다양하게 모습만 바꾸어 여전히 적용되고 있다. 일부 추산에 따르면 포춘지 선정 500대 기업 중 절반이 이런 개념을 적용하고 있다고 한다. AIG에서는 사람들을 다섯 등급으로 나누고, 글락소스미스클라인GlaxoSmithKline은 네 등급, 렌딩트리Lending Tree는 세 등급으로 나눈다. 강제해고순위를 옹호하는 사람들은 이 시스템에서는 실적이 우수한 사람에게 보상이 돌아간다고 주장한다. 하지만 이들 회사 중 그 어느 곳도 이런 강제해고순위가 사람들 사이에 경쟁심과 불신을 초래해서 시스템 자체의 창의력을 떨어뜨린다는 사실을 이해하지 못하는 것 같다. 연구실에서와 마찬가지로 사무실에서도 사자, 부엉이, 세인트버나드는 험악한 교착상태에 빠져들 수 있다.

마이크로소프트사가 십 년 동안 진정 혁신적이라 할 만한 기술을 개발하는 데 실패한 것에는 이유가 있다. 작가 커트 아이켄월드Kurt Eichenwald가 마이크로소프트사 직원들을 대상으로 인터뷰한 결과 그들은 회사 내부에서 이루어지는 가장 파괴적인 과정으로 하나같이 임직원 평가제도인 '스택랭킹Stack ranking(이 회사에서 사용하는 강제해고순위제도)'을 지목했다. 이것이 똑똑한 사람들을 수도 없이 몰아냈다는 것이다.

전직 소프트웨어 개발자는 아이켄월드에게 이렇게 말했다. "그것 때문에 직원들은 다른 회사들과 경쟁하기보다는 오히려 자기들끼리 경쟁하는 데 더 초점을 맞추게 되었습니다."

최상위 개발자들은 성과가 좋은 다른 개발자들과 함께 일하고 싶어 하지 않았다. 그랬다가는 자기의 등급이 위태로워질 수 있기 때문이다. 그 결과 절대로 의문을 제기하거나 위협을 가하지 않고 비위 맞추기에 급급한 사람들을 주변에 둘수록 자기 자리는 그만큼 안전해졌다. 직원 모두를 지속적인 위협 상태로 몰아넣음으로써 마이크로소프트사는 뛰어난 사람이 되겠다는 야심이 아니라 안전해지려는 욕망만을 불어넣었던 것이다.

마이크로소프트사의 한 기술자는 이렇게 말했다. "사람들은 최하 등급을 받지 않으려고 수단과 방법을 가리지 않았습니다. 직원들은 다른 직원들의 노력을 공공연히 방해했지요. 내가 거기서 배운 가장 쓸모 있는 교훈은 겉으로는 공손한 척하면서 동료들에게는 정보를 숨겨서 그들이 나보다 앞서지 못하게 하라는 것이었습니다."

마이크로소프트사에서 이루어지는 등급평가의 특징은 흥정이다. 아이켄월드가 이것을 묘사해놓은 것을 보면 섬뜩하게도 엔론사Enron에서 이루어졌던 것과 똑같은 과정이 연상된다. 엔론사에서는 이것을 '등급평가와 해고rank and yank'라고 불렀다. 이사들은 회의실로 들어가 문을 걸어 잠그고 블라인드를 내린 다음, 화이트보드나 포스트잇에 직원들의 이름을 적었다. 그 다음에는 흥정이 시작된다. '내가 케빈을 남길 수 있게 해주면, 나도 자네가 제인을 남길 수 있게 해주지.' 정해진 퍼센트는 반드시 해고되어야 했기 때문에 많은 부분이 사무실 정치에 달려 있었고, 튀는 것보다는 둥글게 잘 어울리는 것이 더 중요했다. 일종의 인기투표와도 같은 이것은 사람들을 복종하고 순응하게 만드는 처방이나 다름없었다. 이것은 혁신과는 정반대다.

2013년에 마이크로소프트사는 마침내 직원들을 상대로 한 등급평가 제도를 폐지하겠다는 계획을 공표하며 '하나 된 마이크로소프트One Microsoft'를 이루는 것을 목표로 내세웠다. 이 제도 때문에 회사 내부에서 분열이 초래됨을 암묵적으로 인정한 것이다. 강제해고순위는 특히나 나쁜 동기부여 방법이다. 일을 하는 데 있어서 가장 심오한 동기를 파괴해버리기 때문이다. 그 동기는 바로 집단에 소속되고 싶은 욕망이다. 인간은 본질적으로 사회적인 동물이다. 인간은 혼자서 할 수 있는 것이 거의 없으며 사회적 관계가 제공해주는 안전과 유대감을 갈망한다. 매슬로Maslow는 '사랑과 소속감'에 대한 욕망을 그의 5단계 욕구 중 가운데에 둠으로써 인간이 본질적으로 사회적 속성을 가지고 있음을 증언했다. 하지만 공식화된 토너먼트식 평가는 동료들과의 인간관계를 위협하고, 직장이라는 사회를 뿔뿔이 흩어놓아 결국 모든 사람이 자기만 생각하게 만든다.

회사에 가장 늦게까지 남아 일하려는 경쟁만 해도 위험한데, 강제해고 순위를 다양한 방식으로 적용하다보면 사람들은 지속적으로 위협당하는 느낌을 받는다. 늘 평가를 받고 있다 보면 사람들은 자기가 타인에게 외면 당할까 봐 두려워하게 된다. 뇌는 사람을 인지적인 측면에서 엄청 고단하게 하는 기능을 한다. 뇌 용량은 분명한 한계가 있고, 한 가지 활동에 사용되는 에너지를 다른 활동에는 사용할 수가 없다. 위협을 받으면 우리 뇌의 편도체amygdala는 위험을 찾아 끊임없이 주변을 살피고, 두려움과 불안의 감정을 만들어내며, 전두엽 피질로부터 에너지를 고갈시켜 버린다. 전엽염은 우리가 무언가를 계획하고 결정을 내릴 때 제일 필요로 하는 뇌 영역이다. 따라서 끊임없이 위협을 받고 있다는 느낌으로 일을 하면 인지적인 측면에서 대가가 따를 수밖에 없다. 두려움은 우리의 사고 능력과 학습 능력을 말라붙게 만들기 때문이다.

하지만 회사들은 저마다 창의성과 혁신을 원하고, 또 필요로 한다고 말한다. 이것은 종종 위험 감수와 관련된다. 누구도 시도해보지 않았거나, 본 적이 없는 아이디어를 현실화하려면 상당한 양의 모호함과 위험성을 견딜 의지가 있어야 하기 때문이다. 그래서 일부 기업체는 위험에 대한 내성이 높은 사람들을 특별히 뽑는 일에 착수한다. 인텔도 오랫동안 이런 일을 해왔다. 하지만 일단 기업 안으로 들어오면 무언가 이상한 일이 일어난다. 위험에 대한 내성이 줄어들거나 심지어 사라져버리는 것이다.

인텔은 이 문제로 오랫동안 고민해왔지만, 그것이 인텔의 등급평가 제도인 포칼Focal과 크게 관련 있다고는 생각하지 못했다. 하지만 인텔에서 일하는 많은 사람들은 이런 현상이 전혀 놀랍지 않다고 했다. 그들은 아무도 자신의 등급을 걸고 모험에 나서려고 하지 않는다는 것이다.

재키 위트Jackie Witt는 내게 이렇게 말했다. "내가 동료들에게 독단적으로 순위 매김을 당하고 있다면 당연히 위험을 감수하는 일은 하지 않을 겁니다! 이런 시스템에서는 순위가 성과나 지식, 기술 등에 달린 것이 아니라 사람들이 나를 좋아하느냐 좋아하지 않느냐에 달려 있습니다. 사람들이 좋아하는 사람이라고 해서 가장 생산적이고 창조적인 사람은 아니죠. 인텔의 구호가 뭔지 아시죠? 앤디 그로브Andy Grove의 슬로건 말이에요. 바로 '편집증 환자만이 살아남는다'예요. 맞는 말이죠. 그들은 살아남아요. 하지만 편집증은 창조적으로 생각하기에 그리 좋은 상태가 아니거든요. 그래서 결국 인텔에서는 만만하고 순응적인 사람들만 승진했어요. 사람들은 모든 사람을 자기 친구로 만드는 데 편집증적으로 매달렸어요. 거기에 모든 에너지를 쏟아버린 거죠! 내가 거기서 함께 일한 사람 중에는 모험을 좋아하는 사람이 있었는데, 결국 그 사람은 승진하지 못했어요. 생산적인 사람이었거든요. 모든 사람에게 호감을 받지는 못했지만 정말 엄청나게 효율적으로 일하는 사람이었습니다. 하지만 등급평가에서는 중간 등급에 붙들려서 꼼짝도 못하더라고요. 당연히 그 사람은 지금 회사를 그만두었죠."

월가의 거대한 비밀

위트는 경력이 풍부한 프로젝트 매니저로 여러 분야의 사람이 모인 경쟁적인 팀에 대단히 익숙하다. 그녀는 복잡한 프로젝트에 침착하고 심도 있게 접근할 수 있기 때문에 인텔, 도요타, 제넨테크Genentech(암, 면역계 등의약품 생산 업체−옮긴이), 애플, 후지, 제너럴모터스의 자회사들까지 두루 거치며 일했다. 그녀는 자기가 하는 일의 상당 부분은 중재mediation 활동과 닮았다고 말한다. 서로 적대적인 팀들을 불러 모아 서로에게 귀를 기울이고, 진지하게 받아들이도록 하는 일을 맡기 때문이다. 그녀의 말로는 여기에는 형제간 경쟁이라 할 수 있는 것이 많이 일어나고, 최고경영책임자가 카리스마가 넘치는 사람이면 상황이 더 악화된다고 한다. 모든 사람이 최고경영책임자에게 인정받고 싶어하기 때문이다.

그녀는 이렇게 말했다. "영역 다툼이 일어나고 사람들은 독해지죠. 이런 역기능이 생기면 정말 마음이 아파요. 그 대가로 사람들은 일자리와 보너스를 잃게 되고, 정신적인 건강도 해치게 되거든요. 홀홀 털고 잊어버리지 못하는 사람이 많아요. 그래서 혼란과 분노, 실망을 느끼며 그 자리에 남아 있죠. 강제해고순위와 관련해서 또 한 가지 중요한 것은 그것을 얼마나 자주 하는지에 상관없이(일부 회사에서는 6개월마다 한 번씩 진행한다) 지금 당장의 일처럼 느껴진다는 것입니다. 사람들은 '바로 여기, 지금 당장'에만 온통 관심이 쏠려버려요. 당장 오늘 하루는 잘했나, 하는 생각만 들죠. 장기적인 일은 생각하지도, 생각할 수도 없어요. 당연한 일이죠. 오늘 잘하지 못하면 내일이 없는데. 그래서 진정 창의적으로 되는 데 필요한 지속적인 사고, 폭넓은 시선, 상상력 넘치는 추측 같은 것은 아예 생각도 안 나요. 항상 지금 당장의 위협에만 온통 관심이 쏠려 있으니까요."

위트는 이런 것에 이미 익숙해진 탓에 능숙하게 접근할 줄 안다. 하지만 수학천재로 알려진 하버드대학교의 젊은 여성 데이터 과학자 캐시 오닐Cathy O'Neil에게는 이런 것들이 충격으로 다가왔다. 2007년에 오닐은 학문으로서의 수학을 떠나 월스트리트의 가장 비밀스러운 헤지펀드 중 하나인 D. E. 쇼D. E. Shaw에서 일하게 되었다.

그녀가 웃으며 말했다. "신입사원 면접 때였어요. 나는 그들이 경쟁심이 강한 사람을 찾고 있다는 사실을 몰랐죠. 여러 사람이 계속해서 수학

퍼즐을 묻더군요. 나는 퍼즐을 좋아하고 잘한다고 대답했죠. 저는 수학자이고 수학을 좋아하니까요! 그들은 내가 잘난 척한다고 생각했나 봐요. 그리고 그것 때문에 나를 맘에 들어 했죠. 하지만 나는 거기에 별로 신경 쓰지 않았어요."

하지만 막상 일을 시작하고 보니 그녀는 회사 문화에 깜짝 놀라고 말았다.

"사람들이 서로 얘기를 안 하는 거예요! 사람들한테 도움을 요청할 수도 없어요. 도움을 요청하지 말라고 대놓고 내게 얘기하더군요. 왜냐구요? 모두들 다른 누구를 돕는 모습을 보이고 싶어 하지 않았거든요. 사실 거기에도 친절한 사람들은 있어요. 하지만 정말 누군가에게 도움을 요청하려면 온라인으로 물어보는 수밖에 없어요. 그렇게 하면 다른 사람에게 들키지 않고도 도울 수 있으니까요!"

"D. E. 쇼에는 테이블 축구 게임판이 하나 있었어요. 보통은 게임판을 보면 재미있겠다 생각하잖아요. 그런데 거기서는 서로 경쟁하고 으스대기 위한 것이었어요. 이들은 자신의 가치를 투자 성적으로 입증해보였죠. 모두 보너스에는 입을 다물었죠."

D. E. 쇼는 똑똑한 사람들을 끌어들이는 것으로 유명했다. 전직 하버드 대학교 학장 래리 서머스Larry Summers는 그곳에서 일주일에 10만 달러를 받으며 일했다. 오닐은 자신의 동료들이 똑똑하다는 것을 알았다. 그것은 의심의 여지가 없었다. 하지만 그들은 그 무엇도 함께 공유하려 하지 않았다. 이 때문에 회의를 하면 우스꽝스러운 상황이 벌어졌다.

"그룹 회의에서는 자기가 생각하는 내용을 입 밖에 낼 수가 없어요. 물론 사람들은 아이디어를 갖고 있죠. 하지만 절대로 말하진 않아요. 자신이 직접 펀드를 차리고자 하는 사람도 있으니까요. 자신의 아이디어를 상세히 말하는 순간, 그 아이디어는 D. E. 쇼의 소유가 되요. 그럼 결국 자기가 내놓은 아이디어와 경쟁해야 하는 꼴이 되고 말죠! 그래서 정말 괜찮은 아이디어를 가지고 있다면 해야 할 일은 딱 한 가지밖에 없어요. 완전히 입을 다무는 것이죠. 그래서 회의실에는 똑똑한 사람들이 가득 채워져 있는데 아무도 얘기를 꺼내는 사람이 없어요."

금융업자들은 자신의 공을 인정받고 거기에 따라오는 돈을 얻기 위해서 공유하지 않는다. 오래된 펀드에 새로 들어와 일하는 사람은 자기의 신선한 아이디어를 감히 내놓으려 하지 않는다. 그래봐야 아무런 공도 인정 못 받고, 보너스도 못 받는다. 그 펀드는 이미 수익을 내고 있기 때문이다. 그래서 좋은 아이디어가 있으면 아껴두었다가 새로운 펀드를 만드는 데 쓰려고 한다. 혹시나 회사를 나와 독립적으로 펀드 회사를 만들게 된다면 금상첨화다. 그전에는 그 아이디어를 자기 혼자만 간직하고 있는 편이 낫다.

"어떻게 하면 독점한 아이디어를 돈으로 바꿀 수 있을지를 두고 책략과 전략이 난무했어요. 무언가 협력을 할 수 있으려면 특정 사람에 대한 특별한 신뢰가 있어야만 해요. 하지만 사실상 모든 사람이 경쟁 상대였어요. 다른 사람들이 모두 자기에게는 위협이 되었죠. 아주 기분이 안 좋았죠. 나는 스스로를 능력 있는 여성이라 생각하고, 나 하나 돌볼 능력은 충분히 된다고 생각하지만 이것은 정말 너무 치열했어요. 나는 아주 억눌려 있었죠. 조금이라도 가치가 있는 아이디어는 숨겨야 했기 때문에 모두 비밀을 지키려고 쉬쉬하는 분위기였어요. 그런 분위기가 사람을 너무 억누르더군요."

결국 오닐은 D. E. 쇼를 그만두고 학계로 되돌아왔다. 그리고 자신의 주변에서 무너져 내리고 있는 경제 모델보다 더 나은 경제모델을 만들어 내기 위해 '월가를 점령하라Occupy Wall Street(2011년 빈부격차 심화와 금융기관의 부도덕성에 반발하면서 미국 월가에서 일어난 시위-옮긴이)'에서 고문 역할을 맡았다. 하지만 그녀는 자신이 목격해왔던 비즈니스 모델들이 대중적 비판과는 달리 효과적이었다고 주장했다. 다만 금융위기가 찾아왔던 이유는 그런 비즈니스 모델이 그 모델을 만들어낸 사람에게만 유리하게 작용했을 뿐 다른 누구에게도 혜택이 돌아가지 않았기 때문이었다. 경제 위기의 원인은 그녀가 헤지펀드에서 목격했던 바로 그것이었다. 소수에게만 유리한 토너먼트 말이다.

그녀가 자신의 경험에서 내린 결론은 이렇다. 경쟁은 늘 제도를 악용하려는 동기를 부여할 수밖에 없다. 경쟁은 사람을 뛰어나게 만들지 않는다. 경쟁은 위대한 생각을 만들어내지 못한다. 위대한 아이디어가 나와도 확산되지 못하기 때문이다. 그리고 시스템이 붕괴했을 때 경쟁은 누군가 나서서 책임지는 것을 막아 버린다.

"모두가 자기 생각만 하고 있으면 누가 전체를 걱정하겠어요? 아무도 없어요. 다들 이렇게 생각해요. '나만 괜찮으면 괜찮아. 나는 승자니까. 넌 아니라고? 그거 안 됐구나.'"

경쟁은 비밀 유지를 유도하고, 투명성을 저해하고, 정보의 흐름을 막고, 공유하고 협력하려는 욕구를 꺾어 놓는다. 그래서 결국에는 범죄를 야기할 수밖에 없다. 범죄 행위를 부추기고 심지어는 그것을 당연한 것으로 여기는 환경을 조성하는 것이다. 학술 연구에서 경쟁심이 강한 사람은 비밀 정보를 이용해 돈을 버는 내부자거래insider trading의 유혹에 더 잘 넘어간다는 것이 밝혀진 것도 그리 놀랄 일은 아니다.[14]

비밀 유지는 두 가지 심오한 결과를 낳는다. 이것은 마태효과를 일으킨다. 정보를 가진 사람은 더욱 부자가 되고, 정보가 없는 사람은 더 가난해지는 것이다. 이것은 내부자거래 범죄에서 분명하게 드러난다. 여기서는 정보를 가진 사람은 더 많은 돈을 벌고, 더 많은 권력을 차지하며, 따라서 정보에 접근하기가 점점 더 수월해진다. 그리고 결국 이것은 승자로 하여금 자신이 시스템 전체와는 상관없는 사람이고, 거기에 대한 책임도 없는 사람이라는 느낌을 갖게 만든다.

이것은 금융위기 이후로 저질러진 수많은 내부자거래에서 볼 수 있다.

하지만 단독의 승자들이 얼마나 서로 단절되어 있는지가 가장 명확하게 드러난 사례는 금융 중개인들이 내린 선택일 것이다. 이들은 일찍이 2005년부터 서브프라임 모기지와 파생시장의 폭발적 성장이 불러올 결과를 예상하고 있었다. 그들에게 이것은 궁극의 거대한 비밀이었다. 그래서 그들은 집에 불이 날지도 모른다고 경고를 하는 대신, 집이 불타서 사라진다는 쪽에 큰돈을 걸었다. 존 폴슨John Paulson, 마이클 버리Michael Burry, 유진 슈Eugene Xu 등의 헤지펀드 중개인들은 그것을 이용해서 승자가 되는 법만 알아낼 수 있다면 전체 시스템이야 어찌 되건 아무런 책임감도 느끼지 않았다. 자신의 간계에 대한 지적 선취권을 확립하려는 경주에서 이것은 놓치기 아까운 너무나 좋은 기회였던 것이다. 토너먼트에서 가장 많은 것을 얻는 사람은 그것을 고치는 일에는 가장 관심이 없기 마련이다.

모두를 위한, 모두에 의한

모든 회사가 경쟁적으로 움직이고 있는 것은 아니다. 승리가 곧 성공이라 생각하지 않는 회사들도 많다. 성공이란 한 번 점수를 잘 받는다고 붙잡을 수 있는 것도 아니고, 한 개인이 이룰 수 있는 것도 아니기 때문이다. 이들은 모든 사람이 소유할 수 있는 창의적 활동이야말로 더욱 큰 보상이라 생각한다.

"이익이 가장 중요한 동기가 될 수는 없습니다. 이익은 자기가 한 일에 따라오는 결과에 불과하죠. 돈을 따지는 사람은 이런 비즈니스를 운영하지 않을 겁니다. 비즈니스에 도움이 되기보다는 오히려 더 망칠 테니까요. 크리켓 팀을 운영하는데 누군가를 경기에 내보내야 할 상황에서 투수나 타자 대신 점수 기록원을 보낼 리는 없잖아요."

휴 페이시Hugh Facey는 전 세계 어디서나 찾아볼 수 있는 정신력이 강한 기업가다. 그의 제조업체 그리플Gripple은 셰필드, 상파울루, 뉴델리, 시카고, 스트라스부르에 적을 두고 있다. 이 회사는 걸이등, 난방부품, 울타리, 파이프 등에 사용되는 다양한 현가장치suspension device를 만든다. 분할 회사인 로드호그Loadhog는 신기하고 멋진 포장 제품들을 생산한다. 두 회사 모두 혁신, 디자인, 기술 부분에서 전 세계적으로 많은 상을 받았다. 길고 풍성한 눈썹에 가려 날카로운 눈빛만 보이는 페이시는 은발 머리에 살짝 뚱뚱한 몸집을 하고 있다. 페이시는 자기를 그저 소박한 요크셔사람이라고 했다. 하지만 그가 생각하는 비즈니스와 리더십에 대해 들어보면 전혀 소박하지가 않다.

"나는 1989년에 처음 회사를 시작해서 1992년에 회사를 팔았죠. 그때 이렇게 생각했습니다. 회사를 판매해서 얻는 이익을 직원들이 아닌 내가 모두 독차지하는 것은 잘못된 일이라고 말이죠. 그들이 저와 함께 회사를 키워놓은 것이니까요. 분명 더 나은 방법이 있을 것이라 생각했죠."

페이시는 자기만의 회사를 소유하고 거기서 나오는 모든 수익과 영광을 독차지한다는 생각에 즐거워하기보다는 다음 회사인 그리플에서 일하는 사람들이 모두 회사의 일부를 소유하게 만들겠다고 결심한다. 몇 년에 걸쳐 그는 회사 구조를 조정했고 지금은 그곳에서 일하는 사람 모두가 회사 주식을 소유하고 있다. 페이시에게는 사무실이 따로 없다. 그의 책상은 빨간 벽돌로 만들어진 공장 안쪽의 트인 공간에 다른 직원들의 책상과 나란히 자리 잡고 있다. 나를 데리고 공장을 둘러보던 그가 벽에 칠해진 슬로건을 자랑스러운 듯 가리켰다. '사람들에게 창의력, 즐거움, 에너지를 부여하자.'

그는 이렇게 주장했다. "저 사람들이 한 거지, 제가 한 일이 아닙니다. 이 모든 것을 직원들이 일궈냈어요. 아이디어를 내놓은 것도 다 직원들입니다. 비즈니스는 결국 아이디어의 문제지, 순익의 문제가 아니거든요. 아이디어에 대한 생각을 많이 할수록 회사도 더 좋아지더군요. 아이디어는 회계원에게서 나오는 것이 아닙니다. 회계원은 곧 점수를 매기는 사람이 잖아요. 아이디어들은 제품을 만들어내는 사람이나 고객들과 대화하는 사람들에게서 나옵니다. 아이디어는 결국 사람에게서 나올 수밖에 없어요."

그리플에서는 모든 매출의 25퍼센트가 4년 전에는 존재하지도 않았던 제품에서 나온다. 이들의 생산량 중 92퍼센트는 수출된다. 회사에서 제일 강조하는 부분은 혁신, 창의성, 문제해결이다. 컨테이너 사업체인 로드호그는 그리플 내부에서 만들어진 새로운 아이디어를 통해 분할되어 나온 회사다. 회사에서는 작은 혁신 실험실도 운영하고 있다. 이곳에서 페이시와 다른 회사 사람들이 지방 대학교 출신의 젊은 발명가들을 지도육성하고 있다. 한 기업체의 수명을 주가가 보장해줄 수는 결코 없다. 기업의 수명은 오직 사람들이 원하고 또 필요로 하는 새로운 제품을 발명할 수 있는 직원들의 능력만이 보장해줄 수 있다.

"우리는 몇 년 전에 자체적으로 와이어로프wire rope를 만들기 시작했습니다. 그리플의 모든 제품은 배관이나 전등 같은 물체를 매달 때 로드로프rode rope를 사용했죠. 하지만 로드로프는 뻣뻣해요. 와이어로프는 그렇지 않죠. 우리는 와이어로 만들면 더 유연해지니까 물체를 사선으로 매달 수 있을 거라 생각했습니다. 게다가 탄소발자국carbon footprint(사람의 활동이나 상품을 생산, 소비하는 전 과정을 통해 직간접적으로 배출되는 온실가스 배출량을 이산화탄소로 환산한 총량을 말한다-옮긴이)도 로드로프의 6분의 1에 불과한 것으로 나타났어요. 이제 우리는 중국산 제품에 의존할 필요가 없어졌습니다.

모든 것에 도전하기. 우리가 이곳에서 하고 있는 것입니다. 우리는 인력개발부나 구매부 따위가 없습니다. 다 쓸데없는 것들이에요. 사업에 방해만 되죠. 회사가 직원들의 것이라면 그들이 왜 사업에 도움이 되지도 않는 것을 구입하겠습니까? 우리 사람들이 스스로 꾸려가게 하는 것이 옳다고 믿습니다. 우리한테는 직무 설명이 하나 있습니다. '공이 떨어지고 있으면 받아라.' 나를 비롯해서 모든 사람에게 똑같이 적용하는 것입니다."

사람을 해고해야 했던 적은 없었느냐고 묻자 페이시가 웃었다.

"사람을 뽑으면서 골치가 아팠던 적은 한 번도 없습니다. 사람들은 우리에 대해 들어서 알고 있죠. 만약 누군가가 우리와 합류했는데 잘 맞지 않으면 보통 자기가 알아서 떠납니다. 이곳에서 일하는 것이 행복하지 않으니까요. 그런 조짐을 어떻게 알 수 있을까요? 직장에 늦게 나타나는 겁니다. 우린 출근시간이 따로 없지만 모두 자기가 뭘 해야 하는지 알고 있죠. 자기 역할도 제대로 못하고, 열심히 일하지도 않는다면 자기가 여기에 맞지 않다는 조짐입니다. 그렇지 않겠어요?"

페이시는 기업체의 장기적 번영이 자신의 천재성이 아니라 회사의 주인인 직원 한 명, 한 명의 헌신과 창의력에 달려 있다고 분명하게 말한다. 그는 매년 자기 지분의 5퍼센트를 내놓고 있다. 궁극적으로는 회사가 그곳에서 일하는 사람들의 소유가 되게 하는 것이 목적이다. 그는 고독한 영웅이 되려는 야심 따위가 없다. 페이시는 모든 사람이 갖고 있는 힘과 잠재력에 대해 크나큰 열정과 헌신을 보인다.

"이곳의 모든 사람은 늘 다음 아이디어, 우리가 해결할 수 있는 문제를 찾아나섭니다. 우리는 사람들에게 아이디어를 제시할 것을 독려합니다. 그중 하나가 테라락terralock이라는 것이었습니다. 미국 사람 하나가 뉴올리언스와 플로리다에서 선착장에 한 가지 문제가 있다고 말했죠. 우리는 그 사람들에게 무언가를 설계해주었고, 덕분에 지금은 백만 달러 규모의 주문을 받고 있습니다. 이 제품은 작년까지만 해도 없었던 제품이에요. 지금은 앞으로 2년간 이 제품이 우리의 주요 생산품이 될 거라는 얘기까지 나오고 있어요. 올해에는 18가지 제품을 내놓을 예정입니다. 사람들이 일하러 와서 재미를 느낄 수 있어야 해요. 그렇게 해야 아이디어가 생기죠. 상사 눈치나 보면서 할 일을 줄 때까지 기다리고만 있어서는 아이디어가 생기지 않습니다."

은퇴를 고려하는 과정에서 페이시는 회사를 구조조정해서 팔지 못하게 만들어놓았다. 페이시에게 성공이란 자신만의 성공을 의미하지 않는다. 성공은 대차대조표에 나오는 것이 아니다. 경쟁자를 물리치는 것도, 화려한 기업 인수 합병도, 극적인 퇴장도 아니다. 그리플의 존재 이유는 다만 위대한 제품을 발명하는 것, 그리하여 오래도록 지속되는 일자리를 만들어내는 것이다.

"나는 두둑한 보너스나 계산하고 있을 시간이 없습니다. 우리에겐 보너스라는 문화가 없어요. 여기서 우리가 일을 잘하면 이 회사에 투자한 것들이 그만큼 더욱 가치 있어지죠. 그게 바로 보너스입니다. 잘할수록 우리는 더 많은 것을 할 수 있어요. 아주 커다란 보상이죠."

회사의 구조가 새로 바뀐 이후로는 그리플의 모든 소유주가 투표권을 행사할 수 있게 되었다. 페이시의 말에 따르면 자신과 청소부가 모두 함께 조직의 운용 방식을 결정한다고 한다.

"그 사람들이 회사를 말아먹는다 해도 결국 그들이 알아서 할 일입니다. 이 회사에서 자본이 맡는 역할은 회사의 구성원들을 위해 하인 노릇을 하는 것입니다. 주인이 아니라 하인이요. 마땅히 그래야 하는 일이죠."

그리플은 모닝스타나 고어처럼 수평적이고 민주적인 조직체다. 하지만 페이시는 여기서 한 발 더 나가서 회사의 미래를 일하는 사람들의 손에 완전히 맡겼다. 그는 고용인 소유제employee ownership만으로 비즈니스의 모든 병폐를 해결하는 만병통치약이 될 수는 없음을 잘 알고 있다. 그는 조직 구조의 복잡한 세수 사항에 대해서도 명확한 관점을 지니고 있다. 하지만 페이시, 그리고 그와 함께 일하는 사람들에게 영감을 불어넣는 것은 경쟁자들과 벌이는 죽기 살기 식 싸움이 아니다. 바로 일을 통해 삶을 향상시키는 동료 공동체에 평생토록 기여하는 인간의 독창성이다. 이것은 안드레 애거시가 마지막 테니스 경기에서 코르티손에 의해 강화된 단말마death agony의 고통을 느꼈던 것과도, 장 마리 메시에가 자신의 이득을 위해 화려한 기업 인수에 나섰던 것과도 아주 다른 모델이다.

고용인이 소유하는 다른 많은 기업들과 마찬가지로 그리플에서는 상환능력solvency과 성장이 목표이지, 수익이나 분기순이익 따위가 성장 목표가 아니다. 이런 기업체들을 지지하는 사람들은 이것이 바로 그들을 성공으로 이끈 원동력이라고 주장한다. 즉, 지나치게 단순화되거나 임의적으로 설정된 목표가 아닌 의미 있는 발전에 초점을 맞추는 것이 성공의 원동력이라는 것이다.

사장의 회사 vs 사원의 회사

미국에서는 전체 고용인의 절반 정도가 일종의 고용인 소유제에 관여되어 있다. 영국에서는 많은 회사가 일종의 고용인 분배 제도를 시행하고 있다. 데이비드 에르달David Erdal은 그의 책 《사장의 회사 vs 사원의 회사Beyond the Corporation》에서 이런 회사들이 전통적인 회사들보다 더욱 창의적이고 생산적이며, 변화하는 비즈니스 환경에 대해서도 더 잘 반응한다는 것을 보여주는 매력적인 사례들을 제시한다.[15] 이것은 그가 책상머리에 앉아서 끌어낸 결론이 아니다. 그가 직접 겪은 경험으로부터 이끌어낸 결론이다.

가족 소유의 인쇄 회사 툴리스러쎌Tullis Russell을 상속받은 에르달은 회사를 고용인 소유제로 전환할 것을 선택한다. 그렇게 해야 기업이 더 강해지고, 지속가능하고, 잘 운영될 것이라 믿었기 때문이다. 실제로 회사에 속한 젊은이들은 회사 일에 더욱 헌신적으로 변했다. 일반적인 상식과는 반대로 직원들은 인쇄산업에서 일어나고 있는 충격적인 변화에 적응하기 위해 크고 어려운 변화를 이끌어낼 능력과 의지가 있었다. 차이스Zeiss(독일의 광학 정밀 기계 제조 회사), 화웨이Huawei(중국 통신장비 전문업체), 퍼블릭스 슈퍼마켓Publix Super Makets(미국의 슈퍼마켓 체인), 아럽Arup(건축엔지니어링 컨설팅 업체) 등 사실 세계적으로 가장 성공적이고 국제적인 기업체들 중에서는 고용인 소유제로 운영되고 있는 기업이 생각보다 많다.

테리 힐Terry Hill은 아럽에서 일한다. 아럽은 세계에서 가장 복잡한 최첨단 건물의 설계를 담당했던 건축엔지니어링 컨설팅 업체로 라스베가스의 하이 롤러High Roller 롤러코스터, 베이징 올림픽의 수영 경기장과 버드네스트 빌딩, 싱가포르의 마리나 베이 샌즈 리조트, 런던의 밀레니엄 브리지 등을 설계했다. 그는 내게 이렇게 말했다. "우리가 거두어들인 수익 중 40퍼센트는 직원 한 사람, 한 사람에게 모두 돌아갑니다. 나머지는 직원 교육, 연구 개발 등의 내부 투자에 이용하죠. 우리는 지평선 너머로 밀려오는 새로운 기술, 건축 등에 어떤 것들이 있는지 보고 싶습니다. 그래서 우리는 이 분야의 그 어느 곳보다도 연구 개발에 많은 투자를 하죠."

회사가 이런 일을 맡을 수 있었던 것은 언제나 건축엔지니어링의 최첨단에 서 있기 때문이다. 2013년에 이들은 베를린에서 미세조류를 이용해 건물의 정면을 만들기도 했다. 미세조류가 건물에 그늘을 드리우는 동시에 전력도 함께 공급할 수 있을지 알아보는 것을 목표로 한 설계였다. 이들은 생물학적 다리biological bridges, 이동할 때 가지고 다닐 수 있는 착탈식 집, 전 세계 인구의 75퍼센트가 도시에 살게 될 2050년에 필요하게 될 집 등을 탐구하고 있다. 힐은 이런 연구가 가능한 것은 회사에 주주가 없고, 어떤 경주도 벌이지 않으면서 오로지 세 가지에만 헌신하고 있기 때문이라 한다. '탁월함', 사람들이 서로를 대하는 방식에서 우러나는 '존경', 그리고 그가 말하는 '적당한 번영'이다. 그가 말하는 적당한 번영이란 더 많은 봉급을 받기 원하는 사람은 누구든 다른 데로 갈 수 있다는 의미다. 그들이 맡은 프로젝트는 엄청나게 복잡하기 때문에(게다가 동시에 진행하는 프로젝트의 수가 1만 건이나 된다) 높은 수준의 협력이 요구된다. 협력이 가능하려면 마찬가지로 높은 수준의 신뢰가 있어야만 한다. 이런 신뢰는 회사의 소유 구조를 통해 회사에 녹아들어 있다.

1970년에 오브 아럽Ove Arup이 회사를 직원들에게 넘겨줄 때 그는 사실상 자기 아이들의 상속권을 박탈한 것이나 다름없었다. 그가 이렇게 한 이유는 탁월함을 추구하며 사회적으로 유용한 일을 하는 것이 옳다고 믿었기 때문이며, 사람들이 비슷한 생각을 하는 다른 사람들과 손을 맞잡기를 원했기 때문이다. 그는 돈은 힘을 하나로 모으기보다는 분열을 초래하는 존재이지만, 모든 사람이 소유자가 되면 사명감이 실질적이고 구체적인 방식으로 공유될 것이라 주장했다.

힐은 자랑스러운 듯 이야기했다. "우리는 분석가들의 기대에 맞추느라 시간을 낭비하지 않습니다. 그런 것에 전혀 얽매일 이유가 없어요. 그저 건물을 지을 뿐이죠. 여기서 일하는 누군가가 어떤 문제에 부딪혀서 해결 방법을 모를 땐 인트라넷에 질문을 올립니다. 그럼 24시간 안으로 회사에서 문제를 푼 누군가로부터 답변을 받게 될 것입니다. 우리는 지식을 공유하고 신뢰를 구축합니다. 서로를 돕는 과정에서 개인적으로나 직업적으로나 함께 성장하죠. 회사 사람들 대부분은(75퍼센트) 우리의 성장이 자신의 성장이라 생각합니다. 불황기에도 우리는 빠짐없이 해마다 성장을 거듭했어요."

42개 국가에 1만1천 명의 고용인을 둔 아럽은 축적된 지식이 어마어마하다. 베이징 올림픽의 승용마 마구간을 지어달라는 요청을 받은 한 직원은 지구를 반 바퀴 날아와 긴장해 있을 2,500마리의 말을 관리할 방법을 고안하는 데 다른 이의 도움이 필요했다.

"그렇게 많은 말이 모이면 거기서 나오는 폐수가 얼마나 될지 상상이 가시나요?" 힐이 웃으며 말했다. 하지만 결국 아럽의 또 다른 직원이 뉴욕의 경마 클럽에서 일했던 경험이 있어 이 일을 도울 수 있었다. 힐은 이렇게 묻는다. "회사가 성공하면 직원들 모두가 혜택을 보는데 대체 어느 누가 돕지 않겠습니까?"

아럽은 슈퍼스타를 만들거나 숭배하지 않도록 설계된 수평적인 조직이다. 아럽은 스타란 인간이 만들어낸 착각에 불과하며 생각을 어지럽게 할 뿐이라고 생각했다. 아럽은 함께 일하는 사람 하나하나가 모두 소중하고, 시작하는 날부터 회사의 주인이 되게끔 설계된 회사를 만들어냈다. 우열순서는 끊임없이 변한다. 힐은 첫해에 나이지리아의 한 프로젝트에서 자신이 일해주었던 사람이 자기에게 일을 하나 다시 맡아달라는 제안을 해서 깜짝 놀랐었다. 하지만 이런 수평적 구조는 직원과 고객 사이에 신뢰를 구축해준다. 아럽은 뇌물을 절대 받지 않는 것으로 유명하다. 힐은 이 덕분에 전 세계적인 비즈니스 거래가 굉장히 간단해졌다고 한다.

아럽에서는 모든 사람이 주인이기 때문에 사람들이 의견을 말하지 않고 침묵을 지킬 가능성은 사실상 제로에 가깝다. 오히려 모든 사람이 자기 목소리를 내기 때문에 가끔은 결정이 느려질 때도 있다. 하지만 따라오는 이점도 있다. 오랜 시간이 걸리는 선택은(이를 테면 일본에 들어갈 것인가의 여부 등) 작업할 시간 또한 넉넉히 주어지기 때문이다. 대부분의 건축회사는 기껏해야 한두 세대 정도밖에 유지되지 못한다. 하지만 아럽은 지금 네 세대째다. 회사의 목표는 결승선 통과가 아니라 계속해서 성장하고 학습하면서 건물을 짓는 것이다.

미국에서는 전체 고용인의 절반 정도가 일종의 고용인 소유제에 관여되어 있다. 처음에는 온전히 창업자의 소유로 시작했던 개인 회사들도 변할 수 있다. 에일린 피셔는 자신이 창립한 의류업체의 지분 32.5퍼센트를 고용인들에게 배분했다. 회사가 더욱 지속가능해지고, 협력적이고, 창의적으로 되리라는 믿음 때문이었다. 그녀가 말하길 지금까지 자기의 결정이 잘못되었다고 느낀 적은 없다고 한다.

나 또한 고용인 소유제 회사에서 일하면서 회사가 사람들이 자기 동료나 자기 자신에 대해 생각하는 방식을 근본적으로 바꾼 것을 경험한 바 있다. 이런 곳에서는 규칙이 별로 필요 없다. 결국 자기 자신이 회사의 주인이기 때문에 누가 돈 낭비하지 마라, 시간 낭비하지 마라 등 굳이 잔소리를 할 필요가 없는 것이다. 보상이 따르지 않아도 누가 힘들어 하는 일이 있으면 공동 소유자를 지원하게 되고, 상을 주지 않아도 고객이 중요하다는 사실을 잊지 않는다. 어느 한 사람의 승리는 모든 사람의 승리로 이어지기 때문이다. 대부분의 고용인들이 회사 지분을 소유하고 있다는 사실만으로 실리콘밸리의 창의성을 설명할 수는 없다. 보통 의사결정권은 대부분 벤처캐피탈이나 창립자가 장악하고 있기 때문이다. 하지만 내 경험으로 보면, 고용인 소유제는 사회적 계약에 변화를 가져온다. 사람들이 함께 일하는 방식에 대한 생각과 시각이 달라지기 때문이다.

모든 사람이 소유자일 때 우열순서는 피라미드 구조가 아니라 네트워크 구조가 된다. 사람들이 서로를 똑같은 열정과 헌신으로 대하기 때문에 서로 간의 차이가 오히려 그들이 마주해야 하는 문제와 도전에 맞서는 풍부한 도구로 작용한다. 그리고 설령 이것이 수많은 갈등을 유발한다고 해도 형제들이 결국 서로의 필요를 중재하는 법을 배워야 하듯이 조직 또한 그 과정에서 활기 넘치게 협력하는 법을 배우게 된다.

그리플이나 아럽의 사무실들 사이를 걷는 것은 많은 관중을 동원하는 스포츠나 게임을 하는 것하고는 달랐다. 대신 이 사무실들은 점수로는 매길 수 없는 인간적인 창의성과 에너지가 넘쳐흘렀다. 사업이나 인생에서의 승리는 몇 초나 몇 분, 혹은 사분기 등에 결정되는 것이 아니다. 발전을 점수나 표, 통계로 측정할 수는 없다. 인생은 다채로운 동시에 혼란스럽다. 애매모호함, 변화, 불확정성, 모순 등으로 가득하기 때문이다. 인생을 하나의 게임이라고 하면 뭔가 그럴듯해 보이지만 우리 마음 깊숙한 곳에서는 인생이 그보다 훨씬 복잡하다는 것을 잘 알고 있다. 인생은 흥미진진하면서도 지겹고, 덧없고, 변덕이 끊이지 않고, 잘못도 많이 저지르게 되지만 그 모든 것을 용서한다. 그리고 길다.

07

사기꾼이 되어가는 과학자들

코르티손 경주의 결말

1951년 여름, 〈하퍼즈 매거진Harper's Magazine〉(미국의 대표적인 문예 평론지)에서는 제한 없이 펼쳐지는 극적인 경주에 대해 신나게 얘기했다. 미국 최대의 제약회사 12곳, 몇몇 선도적인 외국 제약회사, 세 곳의 정부 등 페니실린 이후 그 어떤 연구 인력보다도 더 많은 인력이 끼어든 경주였다.[1] 대체 무엇이 이런 흥분을 불러일으켰을까? 바로 코르티손 생산의 가능성 때문이었다.

코르티손은 근육, 관절, 부상에서 생기는 통증과 염증을 줄여주는 스테로이드 호르몬이다. 오늘날 코르티손은 눈병에서 관절염에 이르기까지 온갖 질병을 치료하는 데 사용되고 있다. 안드레 애거시가 테니스 코트에서 보내던 마지막 시절에 맞았던 주사 성분도 바로 코르티손이다. 하지만 1951년도에는 코르티손을 구하기가 쉽지 않았다. 당시에는 코르티손을 소의 담즙에서 추출해야 했고, 가격도 그램당 200달러나 했다(오늘날의

2,000달러). 코르티손이 관절염과 염증성 질환에서 기적의 약이 될 거라고 사람들은 생각했다. 영화에서는 몸을 제대로 못 쓰던 관절염 환자가 주사한 방에 뛰며 춤을 추고 젊음을 회복하는 모습을 보였다. 하지만 가격뿐 아니라 다른 문제가 있었다. 소의 담즙을 충분히 확보하기 위해서는 상상할 수조차 없을 정도로 많이 도살해야만 했다. 그리하여 코르티손을 저렴한 가격에 대량으로 생산할 방법을 찾아내어 막대한 치료적, 상업적 가능성을 실현시키기 위한 경주가 시작되었다.

신텍스Syntex는 이 경주에서 약자에 속했다. 신텍스는 멕시코의 소형 화학 회사였고 멕시칸 얌Mexican yam(참마의 일종)에서 코르티손을 만들어낼 가능성에 희망을 걸고 있었다. 이 노력을 주도한 인물은 칼 제라시Carl Djerassi였다. 제라시는 빈 출생의 선구적인 미국 과학자로 세계 최초로 항히스타민제의 특허를 냈던 인물이다. 제라시는 그때도 과잉경쟁적이었고, 지금도 마찬가지다.

제라시는 이렇게 회상한다. "우리 회사는 규모도 작고 멕시코에 자리 잡고 있었기 때문에 약자일 수밖에 없었습니다. 규모가 큰 회사들과 대치하고 있었죠. 모두 코르티손을 합성하길 원했으니까요. 맞습니다. 그건 일종의 경주였죠. 경주라는 것을 모르는 사람은 없었어요." 이제 89세가 된 제라시는 지금까지도 과학의 경쟁에 참여하며 즐거움을 느끼고 있다. 백발머리와 수염이 더부룩한 그는 마치 건장한 산타클로스처럼 보이지만, 짓궂고 도전적인 대화 상대다. 순수하게 사고를 추구하는 과학의 낭만은 그에게 해당하지 않는다. 그에게 과학은 언제나 험악한 경쟁이었다.

코르티손을 합성하기 위한 경쟁이 그토록 치열했던 것이 그저 돈을 벌겠다는 생각 때문만은 아니었다. 도전에는 복잡한 화학적 문제가 몇 가지 들어 있었다. 이 문제들을 해결하는 사람은 과학자들이 돈보다 더 중요하게 생각하는 것, 즉 동료들의 칭찬을 얻게 될 것이었다. 이것을 달성하려면 문제의 해법을 〈미국화학학회지Journal of the American Chemical Society〉에 가장 먼저 논문으로 발표하는 과학자가 되는 수밖에 없었다. 논문 발표를 통해 선취권을 확보하는 것이 경주에서 승리하는 방법이었던 것이다.

제라시는 이렇게 말했다. "과학은 올림픽과 비슷합니다. 다만 은메달과 동메달이 없을 뿐이죠. 1등이 아니면 아무것도 아닙니다. 자기가 가장 먼저 밝혀냈다는 선취권을 문서화해야 해요. 물론 발견의 기쁨도 있죠. 하지만 그것 때문에 과학을 하는 것은 아닙니다. 힐러리Hillary를 예로 들어볼까요? 그는 에베레스트 산을 최초로 등반한 사람이 되고 싶었습니다. 만약 그가 그저 산에 오르는 것만을 원했다면 함께 간 셰파에게 비밀을 당부하고, 산 정상에서 사진도 찍지 않았겠죠. 그것이야말로 순수한 등반일 테니까요. 하지만 그는 그렇게 하지 않았습니다. 우리가 과학을 하는 것도 이와 비슷하죠."[2]

제라시의 가장 큰 경쟁자 그룹을 이끌었던 사람은 로버트 번스 우드워드Robert Burns Woodward다. 그는 하버드대학교 유기화학과 교수로, 큰 규모의 연구팀과 풍부한 자원, 우월한 기반 시설이라는 혜택을 받았다. 당일 배송도 안 되고 인터넷도 없던 시절, 멕시코라는 지리적 위치 때문에 제라시는 심각한 불이익을 감수해야만 했다. 과학 학술지가 도착하는 데 몇 주나 걸렸기 때문이다. 그는 자신의 연구를 진척시켜줄 새로운 연구나 발견 내용을 다른 사람들과 나란히 따라잡을 수 없었다. 그래서 막 하버드대학교로 적을 옮긴 친구를 설득해서 자신의 연구와 관련 있는 연구가 있으면 전화로 알려달라고 부탁했다. 거기서 한 발 더 나가서 플래시Flash라는 별명으로 불렀던 스파이를 한 사람 고용해서 우드워드의 연구 진척 상황을 염탐했다.

1951년 6월에 제라시의 연구팀은 드디어 성공한다. 얌으로부터 합성 코르티손을 만들어내 테스트까지 마무리한 것이다. 연구팀은 흥분 속에서 자신의 연구 결과를 논문으로 작성해서 선취권을 확보하는 일에 뛰어들었다. 당일 배송이 불가능한 시절이었기 때문에 이들은 프로펠러 비행기 항공배달을 믿고 자신의 소중한 원고를 보낼 수밖에 없었다. 일단 원고를 발송하고 난 다음에는 기다리는 것 말고는 할 게 없었다. 이런 상황에서도 제라시는 놀라울 정도로 침착했다. 고대 마야족의 도시 유적이 있는 팔렝케Palenque로 가서 콜럼버스가 미대륙을 발견하기 이전 시절의 폐허를 탐험한 것이다.

그가 돌아왔을 때는 스파이 플래시로부터 깜짝 놀랄 전보가 도착해 있었다. "우드워드가 목요일에 코르티손 합성을 마무리. '코르티손의 완전합성'이라는 제목으로 논문 작성 중. 독자가 무언가를 상상해야 할 필요가 없도록 모든 것을 다 밝히고 있음. 그의 책상 위 노트에 이렇게 적혀 있는 것을 보았음. '블리스Bliss에게 말할 것. 게이츠Gates가 학술지를 하루나 이틀 정도 붙들고 있으라고 말함' 이것이 중요한 얘기인지는 모르겠음. 피에저Fieser와 같은 시간에 발표하도록 예정됨. 당신의 제목을 바꿀 것을 제안함."[3]

제라시가 성공하고 불과 몇 주 만에 하버드대학교 연구팀에서도 마찬가지로 같은 목표에 도달했던 것이다. 학술지를 붙잡고 있으라는 문장은 그 뉴스가 발표될 날짜를 언급하는 것이었다. 그렇다면 누구의 설명이 먼저 등장할 것인가? 정상적으로 모든 과학 논문은 기나긴 검토 과정을 거친다. 하지만 전보의 내용이 암시하듯 이 경우에는 하버드 연구팀을 위해 검토 과정이 생략될 수도 있었다. 제라시는 자신의 보고서가 논문으로 받아들여졌는지, 검토 과정에 들어가 있는지, 자기가 어느 위치에 서 있는지조차 알 수 없었다. 과거에는 자신이 약자라는 사실이 동기부여가 됐지만 어느 순간 격렬한 분노로 바뀌었다. 논문 발표와 관련된 중요한 결정을 내리는 사람들은 거의 다 하버드대학교 출신이었던 것이다.

그는 나중에 이렇게 적었다. "화학계에서 하버드대학교의 기득권층이 갖는 압도적이고 배타적인 영향력에 대해 곰곰이 생각해보지 않을 수 없었다. 우리는 며칠에 걸쳐 피해망상증에 완전히 압도되고 말았다. 나는 미국 화학자였음에도 불구하고 갑자기 멕시코 원주민이 되어버린 듯한 느낌이 들었다. 북쪽의 양키들에게 악용당하고 차별당한 기분이 들었던 것이다. 그 일이 있고 40년이나 지났건만 나는 아직도 내 부신adrenal(흥분할 때 아드레날린을 분비하는 기관)이 반응하는 것이 느껴진다."[4]

결국 코르티손의 합성에 관한 네 개의 논문이 〈미국화학학회지〉 1951년 8월호에 동시에 실리게 된다. 하지만 제라시의 보고서는 편집자의 사무실에 6월 22일에 도착한 반면, 우드워드의 보고서는 7월 9일까지도 도착하지 않았었다. 격노한 제라시는 자기의 경쟁자가 흉악한 범죄를 저지르고도 아무런 벌도 받지 않고 넘어갔다고 느꼈다. 그가 받은 보상은 〈라이프Life〉에 큰 사진이 실린 것밖에 없었다. 제라시는 그 사진을 흡족한 듯 바라보았다. 사진에는 그와 그의 연구팀이 거대한 멕시칸 얌 주위로 서 있는 모습이 담겨 있었다.

제라시는 오늘날까지도 이렇게 주장한다. "우리가 2주 더 빨랐어요! 하긴 세상, 과학계, 환자들에게 무슨 의미가 있겠습니까? 하지만 우리가 제일 먼저 했다고요!"

경주에서의 승리는 결국 제라시나 나머지 세상 사람들의 기대와는 다르게 펼쳐졌다. 신텍스와 하버드대학교 연구팀에서 성공한 코르티손 합성은 단 한 명의 환자에게도 사용되지 않았다. 이들은 모두 미친 듯이 경쟁했지만 결국 업존Upjohn이라는 제약회사에서 일하는 두 명의 과학자가 더 저렴하고 간단한 해결방법을 고안해냈기 때문이다.

과학계에 부는 과열경쟁

하지만 경주를 통해 신텍스는 결국 호르몬을 합성할 줄 아는 회사의 목록에 이름을 올려놓게 되었다. 제라시의 다음 프로젝트는 세상을 바꾸어 놓는다. 노르에치스테론norethisterone을 합성해낸 것이다. 그는 세계 최초의 여성 피임약을 만들어냈고, 오늘날까지도 '피임약의 아버지'로 알려져 있다.

제라시는 섹스 혁명을 촉발하고 사랑과 섹스를 분리시킨 사람이라는 비난을 자주 듣는다. 하지만 과학계에서는 그가 과학계 내부의 경쟁을 너무 솔직하게 까발린 것을 둔 논란이 더 많이 인다. 90대에 접어든 그는 그가 아직도 경쟁적이라는 것을 공공연히 인정한다. 그리고 다른 동료들도 자신과 다르지 않다고 주장한다.

제라시는 즐거워하며 이렇게 이야기한다. "일부 과학자는 맹렬하게 거부하지만 그건 위선에 지나지 않습니다. 이것은 독약과 영양분이 섞인 것과 같아요. 과학은 더할 나위 없이 협력적이면서 동시에 정말 잔혹할 정도로 경쟁적일 수 있습니다. 그 잔혹한 경쟁자는 바로 자기의 동료들이죠. 그들에게 의지하면서도 동시에 그들과 경쟁하는 거죠. 그것도 아주 잔혹하게."

제라시는 과학계의 치부를 드러낸 것 때문에 동료 과학자들로부터 비판을 받아왔다. 몇몇 소설(제라시는 이 소설을 science-in-fiction, 즉, '허구 속의 과학'이라 부른다.)에서 그는 인정을 받고, 선취권을 확보하고, 상을 받는 일에 너무 열중한 나머지 온갖 종류의 속임수를 저지르는 과학자들의 필사적이며 때로는 우스꽝스럽기까지 한 괴벽에 대해 묘사하고 있다(칼 제라시는 과학자이면서 소설 및 연극 작가이기도 하다-옮긴이). 제라시의 소설 속에는 성적 불륜, 도둑질, 자료 조작, 거짓말, 심지어 알파벳 순서로 나열되는 저자 목록에서 앞에 나오기 위해 자기 성을 'Yardley'에서 'Ardley'로 바꾸는 등장인물까지 나온다. 《부르바키 갬빗The Bourbaki Gambit》에서는 복수를 하기 위해서 과학적 사기를 저지르는 장면이 나온다. 더욱 기억에 남는 소설 《칸토어의 딜레마Cantor's Dilemma》는 대단히 기발하고 코믹한 책이지만 그 안에서 제라시는 과학의 문화가 나타내는 직업적 일탈을 거침없이 표현하고 있다.

그는 또한 이 부분에 대해 다른 과학자들보다 훨씬 여유가 있다. 그는 피임약의 아버지로 명성을 얻었고, 호르몬 합성에서 선취권을 확보했고, 스탠포드대학교에서 은퇴했다. 하지만 아직도 경쟁을 벌이는 과학자들에게 있어서 과학계에서의 경쟁은 점점 더 불안을 야기하는 원인으로 작용하고 있다.

경제적 관점에서 보면 과학계는 토너먼트 구조다. 생산성에서의 작은 차이(앞에서 나온 2주 차이처럼)를 인정과 보상에서의 큰 차이로 부풀림으로써 치열한 경쟁을 유도하는 것이다. 토너먼트는 결국 모든 사람을 경쟁자로 만들어 놓는다. 경제이론에 따르면 경쟁이 최고의 사람들을 가려내어주고, 최고의 연구가 부상하게 만들어줄 것이라고 한다. 하지만 이제는 경제학자들조차 토너먼트에 의도하지 않았던 부작용이 따른다는 점을 인정한다. 과학처럼 협력이 중요한 활동에서는 특히 더 큰 대가를 치르게 된다.

"지금 류마티스성 관절염과 관련된 특정 유전자를 찾는 과학자 집단이 둘 있습니다. 한 집단은 미국에 있고, 또 다른 집단은 스웨덴에 있죠. 이 두 집단은 경주를 벌이고 있었어요! 이들은 이 유전자를 가지고 있는 모든 집안과 세대들을 찾아냈죠. 그런데 문제가 한 가지 있었습니다. 양쪽 연구팀이 확보한 표본의 규모가 너무 작아서 통계학적으로 의미를 가지지 못한다는 것입니다. 그래서 양쪽 연구팀 모두 충분히 의미 있는 자료를 만들어내지 못했죠. 경쟁 때문에 연구 표본이 양쪽으로 갈려버렸고, 그 양쪽 표본집단 모두 의미 있는 큰 규모를 이루지 못한 것이죠. 연구팀은 모두 충분한 숫자를 확보해야 할 처지였는데 말입니다!"

비제이 쿠크루Vijay Kuchroo는 이 웃지도 울지도 못할 난처한 상황을 설명하며 낄낄 거리며 웃다시피 했다. 하버드대학교 의대 신경학과의 사무엘 워서스트롬Samuel L. Wasserstrom 교수인 그는 이런 경우를 기억하고 싶지도 않을 만큼 여러 번 보아왔다. 위대한 과학, 똑똑한 과학자들이 직업적 경쟁 때문에 오도 가도 못하고 좌절하는 경우를 말이다.

쿠크루는 이 교착상태가 여전히 놀랍다는 듯이 내게 말했다. "두 연구팀은 자료를 서로 공유해야만 했어요. 그렇지 않고는 양쪽 모두 유효한 결과를 얻을 수 없을 테니까요. 결국 제 동료인 데이비드 하플러David Hafler 가 중간에서 다리를 놔주었어요. 그가 말하길 이 공로를 인정해서 자기한테 노벨상을 주어야 한다고 하더군요. 노벨 생리의학상이 아니라, 노벨 평화상으로요. 서로 경쟁적인 두 연구팀을 함께 일하게 만들기가 그렇게 어렵습니다!"

우리가 사방으로 뻗어나간 호화로운 하버드 의대 건물들 사이에 앉아 있는 동안 쿠크루는 경쟁이 과학에서 맡은 역할에 대해 골똘히 생각했다. 50대로 접어들어 머리가 희끗희끗해진 그는 20년 전에 처음 보았을 때와 똑같은 젊은 시절의 열정으로 연구를 이어가고 있었다. 그는 문제에 대해서 생각하고 또 생각하며 손에서 일을 놓지 않는 것으로 유명하다. 이런 얘기를 들으면 그가 약자나 괴롭히는 지겨운 사람인 것처럼 들리겠지만, 전혀 그렇지 않다. 사람들은 그를 무척 좋아하고 존경한다.

"아시다시피 과학이라고 하면 무척 추상적으로 들리죠. 우리가 하는 일 중 상당 부분은 정말 추상적입니다. 하지만 과학은 또한 끔찍할 정도로 개인적인 영역이기도 합니다. 과학에서 중요한 것은 생산물이나 기관이 아니에요. 자기 자신이 중요합니다. 논문에는 자기 이름이 올라갑니다. 그럼 자기의 연구가 되요. 수많은 과학자들이 이것을 대단히 개인적인 문제로 받아들이기 때문에 극단적인 경우에는 일이 틀어지면 자살을 하기도 합니다. 과학은 지독할 정도로 개인적인 문제예요."

연구를 자기 자신과 극단적으로 동일시하는 데 따르는 이점이 있다는 것을 쿠크루도 인정한다. 하지만 요즘 그로 인해 야기되는 문제들에 대해 신경이 쓰이기 시작했다.

"과학적 성과의 공을 누구에게로 돌릴 것인가 하는 부분은 무척 어려운 문제입니다. 모두 자신의 공을 인정받고 싶어 하기 때문에 혼자 연구하려 하고, 또 대단히 경쟁적으로 변하죠."

쿠크루가 에고ego에 대해서만 얘기하고 있는 것은 아니다. 학교에 적을 둔 과학자에게 과학적 성과의 공을 인정받는다는 것은 진척이 있다는 뜻으로 통용된다. 인정을 받기 위해서는 연구 내용이 반드시 발표가 되어야만 한다. 논문이 발표될 때마다 과학자의 이력서는 한 줄씩 늘어나고, 그 논문이 다른 과학자에 의해 인용된 횟수는 논문의 저자가 과학계에 얼마나 중요한 기여를 했는지 말해주는 징표가 된다. 전문 학술지들 사이의 가파른 우열순서가 명성을 결정한다. 〈네이처Nature〉나 〈사이언스Science〉처럼 영향력 있는 학술지에 논문이 발표되면 과학자는 크게 이름을 날리게 되며 심지어 중국에서는 집도 한 채 얻을 수 있다.

대부분의 과학 논문에서는 여러 저자의 이름이 올라간다. 가장 먼저 이름이 올라가는 저자는 연구를 대부분 진행한 사람이고, 마지막에 이름이 올라가는 저자는 후원과 감독을 맡은 경우가 많다. 하지만 너무 많은 저자의 이름이 올라가면 특별함이 사라지기 때문에 저자로 이름을 올리기 위한 경쟁도 치열하다. 자신의 경력이 달려 있는 문제이기 때문이다.

"박사후 연구원이 열 명 있으면 그중에서 연구실의 중추가 되는 사람이 있습니다. 보통 그런 사람이 아이디어를 제공하고, 논의를 개시하죠. 그럼 그 사람에게 공이 돌아가는 것이 당연합니다. 하지만 그렇지 못한 경우가 많아요. 정말 중요한 사람은 아이디어를 내고 결실로 이끌어낸 사람인데 정작 그런 사람들의 이름은 앞쪽이 아니라 중간에 올라가는 경우가 많죠."

쿠크루는 이 부분에 걱정이 많다. 연구실이 경쟁심 많은 과학자들로 가득 차 있으면 생산성이 떨어지기 때문이다. 그는 이런 것을 자신의 연구실에서도 목격한 바 있다.

"5,6년 전이었습니다. 당시 제 연구실은 제가 함께 일해본 사람들 중에서도 최고의 사람들로 구성되어 있었죠. 하지만 그들에겐 공통의 목표가 없었어요. 결국 조직 배양실은 쓰레기통이 되고 말았습니다. 아무도 신경 쓰지 않았으니까요. 서로 대화도 없었어요. 모두 열심히 일하고는 있었지만 아무런 성과도 없었습니다. 경쟁에 따른 피해가 정말 심각했죠."

소통이 사라진 연구소

이 문제는 모두가 마치 자신이 이 세상의 주인인 것처럼 행동해야 한다고 생각하기 때문이다. 심지어는 솔직히 자기 자신에 대해 그렇게 느끼지 않는 사람들도 그런 척 행동한다. 쿠크루는 동기를 부여하는 말 몇 마디로는 아무것도 변하지 않으며 경쟁을 조금씩 증가시켜봤자 상황만 더 악화될 가능성이 많다는 것을 깨닫게 되었다. 그래서 그는 잃어가는 창의력을 다시 끌어올리기 위해 흔치 않은 단계를 밟았다. 카롤린스카연구소Karolinska Institute의 심리학자 셰르스틴 라게르스트룀Kerstin Lagerström을 고용한 것이다.

라게르스트룀은 이렇게 회상한다. "쿠르쿠가 자기네 연구팀에게 제가 오고 있고, 우리가 함께 작업집단 발전team development에 착수할 거라고 말했어요. 60퍼센트 정도는 저와 함께 일하고 싶어 했고, 20퍼센트 정도는 대체 이게 무슨 일인가 생각하는 듯했고, 20퍼센트 정도는 아예 나타나지도 않았어요. 나타나지 않은 사람이 있다는 것은 제가 이미 익숙해진 상황이었죠. 하지만 그 자리를 무시했다는 사실은 그 자체로 일종의 힌트였죠. 그들 중 한 사람은 팀에 대해 얘기를 나누는 것이 쓸데없는 일이라 생각했죠. '나는 내 과학을 할 거예요. 나한테는 팀이 필요 없어요.' 그들 중 일부는 다른 것을 우선시했고, 이렇게 생각했죠. '내가 왜 이런 일에 시간

을 낭비해야 해? 난 너무 바빠. 내 시간은 아주 소중하다고.' 그리고 일부
는 호기심을 느끼면서도 겁을 먹고 있었어요. '대체 무슨 일이 일어날까?'"

라게르스트룀은 카롤린스카연구소와 제휴되어 있는 것이 과학자의 관
심을 얻는 데 도움이 되었다고 한다. 이 연구소의 위원회가 노벨의학상
수상자를 판정하기 때문이다. 이 때문에 하버드대학교의 연구자들조차
그녀를 함부로 대하지 못했다. 하지만 라게르스트룀에게 가장 충격으로
다가온 것은 그 자리에 나타난 사람들의 개별적으로 일하는 모습이었다.
그들은 각자 자기만의 시간표와 우선순위를 정했다. 그녀는 방 안에 에고
가 너무 많다고 느꼈다.

라게르스트룀은 사람들에게 사자, 부엉이, 개의 한 품종인 세인트버나
드, 이렇게 세 가지 동물에 대해 생각해보라고 했다. 그녀가 연구팀원들
에게 어떤 동물이 자기와 닮은 것 같은지 물었다. 그녀는 세 구석을 각각
의 동물에 배정한 후 과학자들에게 자기가 생각한 동물 자리에 가서 서라
고 했다. 사람들이 서로를 지켜보고 있는 가운데 그녀도 이 구석에는 몇
명이나 가고, 저 구석에는 몇 명이나 가는지 지켜보았다.

"자기가 사자라고 생각하는 사람들이 있어요. 실제로는 그렇지 않은데
도 말이죠. 사람들을 세 구석에 세워보면 서로 마주 보게 되죠. '맙소사!
이 연구팀에는 사자가 너무 많아. 개와 부엉이는 겨우 둘밖에 없어.' 그럼
모두들 잠시 멈춰 서서 생각에 잠깁니다."

라게르스트룀은 각각의 집단에게 자기가 선택한 동물의 특징과 긍정
적, 부정적 자질을 탐색하게 한 후 타인에게 발표하도록 했다. 과학자들
이 이 과제를 두고 협력하고, 논의하고, 생각에 잠겨 있는 동안 그녀는 계
속 그들을 지켜보았다.

"사람들은 계속 동물에 대해서 얘기했어요. 90분이 지난 후에도 동물
얘기에 빠져 있었죠. 하지만 사람들은 정작 본인들의 이야기를 하고 있다
고는 생각하지 않아요. 이 방 안에는 이 동물들이 모두 들어 있고, 연구팀

안에는 그 동물들이 모두 필요한데 말이죠."

과학자들에게 동물들 간의 관계에 대해 나누도록 하자 개인적인 긴장감이 진정되었고, 협력이 어떻게 이루어지는지에 대해 더 심도 깊은 대화가 이루어질 수 있었다. 다음에 라게르스트룀은 그들 각자에게 자신의 연구 습관에 대한 설문지를 돌렸다. 심각한 모순이 등장했다. 사람들이 자기 자신에 대해 상상했던 모습이 그들이 실제로 연구하는 방식과 상충했던 것이다. 그들은 자기가 리더 혹은 협력자라고 생각했지만, 대부분 단독 행동가로 연구하는 사람들이었다.

저녁 시간이 되어 사람들이 흩어지자 라게르스트룀은 일부 사람들이 자리에 참석하지 않았던 동료들에게 전화를 해서 중요한 일이 일어나고 있으니 다음 날에는 꼭 참석하라고 전화하는 모습을 보았다.

이틀에 걸쳐 과학자들과 시간을 보내면서 라게르스트룀은 그들이 두 가지 중요한 사실을 이해할 수 있게 도왔다. 첫째, 그들이 연구실에서 보이는 행동이 정작 그들이 추구하는 성과를 이루지 못하게 방해하고 있다는 점이다. 이들은 스스로 협력적인 사람이라 생각할지 모르지만 사실 대부분은 소통 없이 단독으로 행동하고 있었다. 둘째, 생산적인 연구 환경을 만들기 위해서는 세 가지 종류의 동물이 모두 필요하다는 점이다.

그녀는 이렇게 설명했다. 사자는 집단을 방어하고 사람들로부터 최고의 장점을 이끌어낸다. 부엉이는 생각과 연구를 진행한다. 그리고 세인트버나드는 자기 자신보다는 사람들에게 관심이 더 많다. 이들은 집단을 하나로 묶는 접착제 같은 역할을 하지만 충분한 활동이 없으면 의존적이고 수동적으로 변한다. 세 동물들이 전적으로 집단에 기여할 수 있을 때라야 비로소 집단이 제대로 돌아가게 된다.

라게르스트룀은 이렇게 말을 이어갔다. "제가 전하는 메시지는 이것이었어요. 어떻게 하면 다른 사람들과의 소통을 증진시킬 수 있을 것인지 모두가 고민해야 한다는 것이죠. 모두가 서로에게 피드백을 받아야 연구팀이 더 나아질 수 있어요. 그리고 리더만이 아니라 모든 사람이 그 책임을 느껴야 하고요."

협력은 말 그대로 서로 힘을 합하여 일하는 것이다. 쿠크루는 이 경험을 통해 협력이 당연히 이루어지는 것이라 생각할 게 아니라 협력이 가능한 환경을 능동적으로 설계해야 한다는 것을 깨달았다. 그는 너무 많은 부엉이를 사자로 착각하고 뽑았다고 말했다. 슈퍼스타가 되기 위해서는 마치 프리마돈나처럼 행동해야 한다고 생각하는 젊은 과학자를 많이 뽑았다는 말이다. 이것은 헛된 일이었다. 함께 공유할 의지도, 능력도 없는 사람은 아무것도 이루지 못하기 때문이다.

라게르스트룀은 이렇게 말한다. "과학 분야는 협력을 요구합니다. 하지만 과학계 자체는 단독 행동가들을 상대로 포상이 이루어져요. 사람들은 단독 행동이 생산적이라고 생각하지만, 과학계 전체로 보면 오히려 정반대입니다."

모두가 부엉이일 때

단독 행동이 미국에서 큰 문제가 되고 있다고 말해준 과학자들이 많았다. 하지만 이는 하버드대학교나 미국의 과학자들에게만 해당되는 얘기가 아니다. 린다 패트리지Linda Partridge는 자신의 직업 인생을 유니버시티 칼리지 런던University College London과 독일의 막스 플랑크 연구소Max Planck Institute에서 노화의 과학을 연구하는 데 바쳐왔다. 두 군데 모두 단독 행동가의 문제점이 만연해 있다.

그녀를 런던 연구실에서 만났을 때 그녀는 내게 이렇게 말했다. "여기서 일하던 젊은 러시아 과학자가 있었죠. 아주 뛰어나고 똑똑한 여성이긴 했지만 '형제간 경쟁' 문제를 안고 있었어요. 그녀는 좀처럼 타협이나 협상을 할 줄 몰랐어요. 무조건 이겨야 하는 성격이었죠. 다른 사람하고 같이 연구하는 것은 생각도 못해요. 하루는 자리에 앉혀 놓고 이렇게 얘기했죠. '이 봐요. 이렇게 하면 결국 실패해요. 동료들이 절대로 돕지 않을 거라고요.' 그래도 좀처럼 받아들이지를 못하더군요. 소련 연방 시절에 소련 정부 당국에서는 과학계 안에서 높은 수준의 경쟁을 일부러 조장했어요. 그것이 그대로 문화로 굳어진 거죠."

내가 라게르스트룀의 사자, 부엉이, 세인트버나드 얘기를 들려주자 파트리지의 눈이 반짝였다.

그녀는 내게 이렇게 말했다. "쾰른에 있을 때 결국 우리 연구실은 부엉이들로만 가득 찼어요. 아주 미치는 줄 알았죠. 제가 웬만해서는 화를 내지 않는 사람인데 거의 폭발할 지경까지 갔었다니까요. 좀처럼 어울릴 수가 없었어요. 사람들은 정말 따분하고, 내성적이고, 지루하기 그지없었어요. 공공의 이익을 위해 기여하는 것이 아무것도 없었죠. 그들 중 일부는 자신을 독일인답다고 생각했어요. 독일인의 표현형이라나요! 그들은 아무런 질문도 하지 않으면서 자기가 훌륭한 표준에 따라 연구하고 있다고 생각했어요. 그래도 신중하고 꼼꼼하게 일하고 있었으니까요. 하지만 문제점은 이렇게 해서는 제대로 된 연구원이 나오지 않는다는 거예요. 제대로 기능하는 과학자가 되려면 좀 더 즐거운 측면의 일도 할 수 있어야 하는데 그걸 못하거든요. 우리에겐 세인트버나드가 없었어요. 아무도 이런 얘기를 꺼내지 않아요. 어쩌다 연구원들이 함께 외출할 일이 생겨도 일의 연장이라고 생각하지 놀러간다는 생각을 못해요. 연구실 전체가 온통 부엉이들밖에 없었죠."

패트리지는 부엉이 같은 구석이라고는 조금도 찾아볼 수 없는 사람이다. 쾌활하고, 매력적이고, 에너지가 넘치는 그녀는 자기 일과 동료 과학자들에 대한 열정을 물씬 풍긴다. 하지만 산더미처럼 쌓인 부엉이들은 그녀를 미치게 만들었다. 나는 그녀에게 개인적인 실망은 차치하고, 그 외

다른 문제는 없었는지 물어보았다.

"생산성이 떨어지죠. 프로젝트 하나를 마무리하려면 다른 사람들과 교류가 있어야 해요. 그런데 그들은 서로에게서 최고의 장점을 이끌어내는 데 실패했어요. 먼저 나서서 문헌자료를 읽거나 공유하지도, 지식을 하나로 모으지도 않았어요. 프로젝트에 대해서는 그 사람들이 저보다 잘 알겠죠. 어쨌거나 나는 이제 부엉이들은 끌어들이지 않아요. 차라리 잠재력 있는 사자를 하나 끌어들이죠. 사자는 다른 사람들을 약 올리거든요. 그것도 중요한 부분이에요. 그렇게 하면 가장 서열이 높은 다른 수컷과 충돌하겠지만 다칠 일은 없어요. 운이 따르면 나머지 사람들의 협력을 이끌어낼 수 있죠."

과연 패트리지만큼 협력에 열정과 재능이 있는 사람이 있을까 하는 생각이 든다. 그녀가 이런 식으로 연구하는 것은 어떤 면에서는 개인적으로 그런 면을 선호하기 때문이다. 하지만 그녀의 접근방식은 리더 역할을 공유해야만 과학적 성과가 세대를 뛰어넘어 유지되는 데 필요한 지적 활기를 만들어낼 수 있다는 신념에 의해 강화된 것이기도 하다.

"나는 나와 함께 연구하는 사람들이 유명해지도록 밀어주고 싶어요. 내가 곧 그들이에요. 그들이 없으면 나는 내가 아니에요. 프로그램에서 다른 사람들에게 리더를 맡기는 일은 정말 어려워요. 사람들에게 성장의 기회가 될 일거리를 만들어주지 않으면 사람들은 성장하지 못해요. 실망스러운 일이 될 수도 있죠. 자금 지원을 담당하는 당국에서는 연구 성과를 내는 데 얼마나 많은 사람이 필요한지 제대로 알아차리지 못하는 경우가 많거든요. 그래서 우리가 연구팀을 꾸려서 제의하면 그쪽에서는 저더러 프로젝트의 리더를 맡으라고 해요. 그러고 싶지 않아요. 다른 사람들이 그런 기회를 잡았으면 좋겠어요. 그래야 그 사람들도 자기 능력을 발휘하고 성장할 수 있으니까요. 하지만 자금을 대는 쪽에서는 무언가 보험이 필요해요. 그래서 저를 원하죠. 사람들은 진정한 보험은 재능밖에 없다는 것을 모르나 봐요. 아주 많은 재능이요. 그럴려면 위험을 분산시켜야 해요. 과학계가 가지고 있는 진짜 맹점은 바로 단독의 리더십이에요.”

토너먼트의 한계와 부작용

경쟁이 최고의 재능을 가진 사람을 부각시키고 그 사람들을 한데 모아 뛰어난 성과를 보일 최강의 팀, 부서, 조직체를 만들어낼 수 있다는 믿음에 근거해 꾸려진 기관이 무척 많다. 이들은 그 근거로 자연선택을 자주 들먹인다. 자연은 번식을 위해 항상 최고의 개체를 선택하여 강인하고 생산성 높은 생물종을 만들어왔으니, 뛰어난 팀을 꾸리고 싶다면 분명 경쟁을 통해 선별된 재능 있는 사람들을 한데 모아야 한다는 것이다. 이는 다윈의 진화론을 지나치게 단순하게 해석한 것으로 상당한 문제를 야기하고 만다.

윌리엄 뮤어William Muir는 집단유전학을 가르치고 연구한다. 그는 자연선택이 집단에서 실제로 어떻게 펼쳐지는지를 이해하고 싶어 한다. 이것을 탐구하기 위해 가장 생산성이 높은 닭을 사육하는 방법을 조사하기로 한 것은 그가 퍼듀대학교(이곳에서는 농업협회와 함께 연구한다)에서 일하기 때문인지도 모르겠다.

닭들은 항상 무리를 지어 살아왔다. 계란 산업계에서는 보통 닭을 아홉 마리에서 열두 마리 정도로 무리를 지어 키운다. 계란 생산량을 늘릴 방법을 찾으며(계란 생산량이 성공적인 닭 무리를 나타내는 표지다) 뮤러는 실험을 하나 고안한다. 처음에는 생산성이 제일 높은 암탉 집단을 찾아내어 자유롭게 번식하게 놓아두고서 관찰했다. 다음에는 대조적으로 가장 생산성이 높은 개별 암탉을 선별한 후에 그 암탉들을 이용해 다음 세대의 암탉을 사육했다. 그가 알고 싶었던 질문은 이것이었다. 과연 어떤 것이 가장 생산적인 방법일까? 자유롭게 놓아 기른 무리일까? 아니면 슈퍼 암탉일까?

여섯 세대 이후에 뮤러는 결과를 서로 비교해보았다. 자유로운 무리는 여전히 포동포동하고 닭털이 제대로 자리 잡힌 암탉들로 붐볐다. 실험 과정 동안 계란의 생산량도 극적으로 증가했다. 하지만 소위 슈퍼 암탉으로 구성된 두 번째 집단은 말 그대로 충격적이었다. 여섯 세대를 거친 후에는 암탉이 겨우 세 마리만 남았고, 나머지 여섯 마리는 죽임을 당했다. 살아남은 암탉 세 마리도 서로 무자비하게 깃털을 쪼아대서 깃털이 거의 남지 않은 상태였다.

진화생물학자 데이비드 슬론 윌슨David Sloan Wilson이 이 실험 내용을 몇몇 동료들에게 보고하며 누더기가 된 슈퍼 암탉의 슬라이드를 보여주자 한 교수가 소리쳤다. "저 슬라이드는 꼭 우리 부서 얘기 같군요. 저한테 저 암탉 세 마리의 이름을 대라면 댈 수 있어요!" 알고 보니 그녀의 부서는 개인적인 성취만을 평가해서 승진시키는 정책을 고수했다. 그리고 그 결과는 뮤어의 실험만큼이나 심각한 재앙으로 끝났다.[5] 쿠크루가 자기 연구실에서 깨달았던 것처럼, 뛰어난 단독 행동가들만 모아서는 생산성 높은 시스템이 만들어지지 않았던 것이다. 따라서 단독 행동가들을 찾아내어 보상하기 위해 내적 경쟁을 부추기는 토너먼트는 재능을 가진 자를 찾아낼 수는 있을지언정, 창의적이고 상상력 넘치는 연구를 가능하게 해줄 환경을 조성해주지는 못한다.

언제나 과학적 성취의 모델로 자리 잡던 토너먼트 모델은 십 년의 시간에 걸쳐 충격적일 정도로 치열한 경쟁으로 변질되었다. 어느 때보다 과학자가 많아졌다는 것도 부분적인 이유다. 정부들은 어느 때보다 많은 과학 분야의 졸업생들을 요구하고 있지만 실상 과학자들은 생계를 꾸리기 위해서 몸부림치고 있는 형편이다. 자원을 확보하기 위한 경쟁은 과학이 필요로 하는 협력적 관계에 악영향을 미친다.

캘리포니아 공과대학의 부학장 데이비드 굿스타인David Goodstein은 이렇게 적었다. "과학의 역사를 보면, 과학을 구속한 대부분의 경우는 과학에 참가하는 사람들의 상상력과 창의력의 한계밖에 없었다. 하지만 지난 수십 년을 돌아보면 사정이 극적으로 달라졌다. 한때는 순수하게 지적 경쟁이었던 것이 어느새 부족한 자원을 확보하기 위한 치열한 싸움으로 변질되고 만 것이다."[6]

연구실을 운영하는 연구 책임자는 적어도 평균 열 명 정도의 박사 학위자를 배출한다. 박사 학위자들이 자기의 연구실을 운영할 자격을 얻으려면 그 전에 박사후 연구원 자리를 찾아야 한다. 하지만 과학 예산이 그 정도 규모로 증가하고 있는 곳은 아무 데도 없다. 따라서 신규 연구원 모집이 늘어나는 상황에서도 자리와 연구 자금을 얻을 가능성은 점점 줄어들고 있는 것이 현실이다. 이런 왜곡된 시스템을 두고 한 생의학 교수는 이렇게 표현하기도 했다. "우리는 들어오는 대학원생들에게 사기를 치고 있다."[7]

연구 책임자들은 이런 변화에 관심이 없다. 박사후 연구원들을 더 많이 (그리고 더 저렴하게) 얻을수록 더 많은 연구를 할 수 있기 때문이다. 박사후 연구원이 과잉 공급되는 바람에 이들의 임금은 저렴해졌고 박사 학위를 따는 것이 평생의 수입 능력을 늘려준다는 증거도 없어졌다. 이렇게 많은 돈과 시간을 투자해야 한다는 것은 젊은 과학자들이 과학 외의 분야에서 활동하는 동료들을 경제적으로 결코 따라잡을 수 없다는 소리다.

한 과학자는 이렇게 인정했다.[8] "이 연구실에서 나가면 할 일 없는 사람들이 많다. 성공 못할 사람들이 많다. 알면서도 나는 거짓말을 해야 한다. '음, 박사 학위를 따보면 어떨까?' 하지만 나는 알고 있다. 그들이 성공할 가능성은 세 명 중 한 명꼴밖에 되지 않는다는 것을."

정상적인 부정행위?

과학은 본질적으로 협력적이며 부가적附加的인 행위이며, 또 그래야만 한다. 모든 새로운 발견은 기존의 연구 내용을 바탕으로 커가는 것이다. 뉴턴도 이런 유명한 말을 했다. "내가 더 멀리 내다볼 수 있었던 것은 거인의 어깨 위에 서 있었기 때문이다."

작든 크든, 긍정적이든 부정적이든, 각각의 발견은 추가적인 탐사를 위한 길을 열어주거나 막다른 길을 차단하는 역할을 한다. 공식적인 수준에서는 이것이 바로 제라시를 그토록 괴롭혔던 과학 학술지들이 해야 할 일이다. 학술지의 목적은 그저 선취권이 누구에게 돌아갔는지를 가려주는 역할이 아니라 다른 과학자들이 다음 단계로 나아가는 데 필요한 정보를 전파하는 데 있다. 그리고 비공식적인 수준에서는 토론, 논쟁, 지식의 교환, 실수 등을 통해 모든 사람이 연구 내용을 좀 더 생각하여 같은 실수를 반복하지 않게 만들어주는 역할을 한다. 모름지기 하나의 시스템으로서 과학이 마땅히 해야 할 일들이다. 하지만 공유가 더 이상 이루어지지 않는 순간, 이 모든 것은 무너지고 만다. 쿠크루가 연구실 팀원들의 행동을 보며 크게 염려했던 이유도 이것이었다. 토론이 없으면 발전도 없다.

과학자들은 다른 사람이 자기 아이디어를 훔쳐갈지 모른다는 두려움, 자기가 오랜 세월 투자해온 연구가 다른 곳에서 똑같이 이루어져 이미 발표됐을지도 모른다는 두려움에 시달린다. 이런 두려움 때문에 그들은 과학을 생산적으로 만들어주는 가장 중요한 일을 멈추어버린다. 바로 서로 간의 대화다. 두려움은 침묵을 만들어내고, 침묵은 창조적 연구를 멈추게 한다. 1966년에는 1,042명의 과학자 중 50퍼센트가 자기 연구에 대해 사람들과 대화를 해도 안심할 수 있다고 말했다. 하지만 1998년에는 그 비율이 겨우 14퍼센트밖에 되지 않았다. 연구자들은 이렇게 적었다. "과학적 경쟁이 있는 곳에서는 비밀 유지 현상이 일어나리라고 예측할 수밖에 없다(과학적 경쟁의 수준은 자신의 연구 결과를 다른 사람들이 예상할지 모른다는 우려가 얼마나 되느냐로 측정한다)."[9]

어느 과학자는 이렇게 말했다. "나는 연구 부분에서 보조금 신청서를 제출할 때마다 늘 조심스럽습니다. 그 사람들이 내 아이디어를 본 다음 보조금 지급을 중단시키고 그 아이디어를 가로챌지도 모를 일이니까요. 아마 우리 모두가 그런 일을 한 번쯤은 직접 당해봤거나 누군가가 당했다는 얘기를 들어서 알고 있을 겁니다."[10]

협력적이고 공개적으로 이루어져야 할 노력이 경쟁 구도 앞에서는 위축되어 과학자와 그들의 연구를 고립시키고 있다. 이런 것들이 동료와 함께 공유되어 서로 간에 문제 제기로 이루어진다면 훨씬 더 발전할 수 있었을 것이다. 마땅히 협력의 장이 되어야 할 과학 학술대회는 오히려 아이디어를 뺏길까 봐 두려워하는 방어적인 라이벌 연구자들로 교착상태에 빠지고 말았다.

한 과학자는 이렇게 회상했다. "나는 학위 논문을 국제 학술대회에서 발표했습니다. 논문의 주제는 간호사의 윤리적 의사결정에 관한 것이었죠. 유명한 간호 윤리학자 몇 명이 제게 와서는 논문 복사본을 얻을 수 있겠느냐고 묻더군요. 논문은 아직 정식 발표가 안 된 상태였고요. 난 내 박사후 연구원들과 지도 교수님하고 얘기를 해봤죠. 이러더군요. '자네 그거 보내줄 생각은 아니겠지? 그런 짓을 하면 자네는 정말 바보야.'"

또 다른 과학자 한 사람은 이렇게 털어놓았다. "저는 학술 모임에서 포스터를 발표했습니다. 그런데 몇 달 후 그것과 거의 똑같은 논문이 나온 것을 봤죠. 저는 이렇게 말했습니다. '이게 대체 무슨 일이지?' 그 논문이 제출된 시기를 알아보았습니다. 거의 같은 시기더군요. 무슨 말인지 아시겠어요? 더 이상은 얘기하고 싶지 않습니다만 제 포스터 발표 내용과 거의 똑같은 논문이었어요."

그의 동료가 이렇게 덧붙였다. "너 그때 그 사람들이 그냥 사진만 찍어가는 건 줄 알았잖아."[11]

과학 분야에서 야심 찬 졸업생들이 과잉 공급되다 보니 '기대의 위기crisis of expectation'가 만들어지고 말았다. 야심 있는 젊은 과학자들이 모든 동료와 잠재적 협력자들을 라이벌로 생각하게 된 것이다. 비제이 쿠크루가 확인했듯이 이것은 이제 비밀 유지, 고의적 방해 행위, 자료 조작, 짜깁기 등 과학자들이 '정상적인 부정행위normal misbehaviour'라고 부르는 결과를 낳게 되었다.

과학자들은 자신의 연구 내용을 보호하려면 내용을 완전히 공유하지 않는 수밖에 없다고 느끼게 된다. 따라서 비밀 유지는 쉽게 허위 발표로 이어진다. 서둘러 논문을 발표해서 선취권을 확보해야 하는 상황에서는 결정적인 세부사항을 일부러 누락시켜 동료 과학자들이 자기가 무엇을 해냈는지는 이해할 수 있지만, 따라하거나 의문을 제기하지 못하게 만들어버린다. 최악의 경우에는 자료를 편집해서 전체적인 그림을 완전히 바꾸어 버릴 수도 있다. 한 과학자는 보고하기를 자기 연구 결과에서 마지막 두 데이터 포인트를 잘라내라는 요청을 받았었다고 한다. 그 부분이 결론의 영향력을 갉아먹는 것으로 보였기 때문이었다. 하지만 온전한 자료 없이는 과학자들이 그녀의 연구를 이해할 수도, 그것을 바탕으로 발전시켜나갈 수도 없다.

연구의 선취권을 주장하고, 연구 보조금을 따고, 재임 기간을 확보해야 한다는 엄청난 압박 아래서 과학자들이 제도를 악용하는 것은 일상화되었다. 자기가 할 수 있는 것보다 더 많은 것을 약속하기도 하고, 논문을 어떻게든 빨리 발표하기 위해 하나의 논문으로 발표해야 일관성이 있을 것을 절차를 무시한 채 세 논문으로 나눠 발표하기도 한다. 같은 분야의 전문가들이 연구보고서를 심사하는 논문심사 과정도 정밀한 검토와 비판이 더 많이 필요하게 됐다. 논문 발표가 과학자의 경력과 명성에 너무나 중요한 것이 되어버렸기 때문이다. 제라시가 자기와 경쟁하는 하버드 출신의 과학자들이 편파적인 특혜를 받을까 봐 두려워했던 것과 마찬가지로 오늘날의 과학자들은 자기가 제출한 논문이 자기와 경쟁 관계에 있는 심사의원들에 의해 거부되거나 고의적으로 심사가 지연될지도 모른다고 걱정해야 하는 판국이다. 보조금을 신청할 때도 이와 똑같은 두려움이 생긴다. 보조금 심사위원들이 결실을 맺기 어려운 연구 분야라며 연구 보조금 지금을 거절해 놓고는 자기가 그 분야의 연구를 직접 진행하려 하는 경우도 그리 드물지 않다.

마태효과가 낳은 비극

'정상적인 부정행위'는 새로 생긴 것이 아니다. 과학이 경제적, 제도적 보상을 가져다주기 전에도 선취권을 확보하기 위해 특별히 만들어진 학술지들이 있었다. 그때는 선취권 확보가 과학이 제공해주는 유일한 명성이었다. 하지만 과학을 통한 지위 상승의 가능성이 열리자 게임을 조작하려는 동기가 생겨났다. 1830년에 《영국에서의 과학의 몰락Decline of Science in England》이라는 책을 쓰면서 찰스 배비지Charles Babbage는 과학 분야에서 이루어지는 불법 행위의 형태를 확인하고, 그것을 '자료 손질하기trimming, 자료 요리하기cooking'라고 불렀다. 그는 또한 아부하는 자들이 성행하는 것을 한탄했다. 영국 왕립과학학회에 선출되려는 야망을 가진 과학자들은 시대를 풍미하는 관점에 순응할 뿐 결코 거기에 의문을 제기해서 논란을 일으키는 위험을 지려하지 않았다. 배비지 이후로 과학자들을 짓누르는 압박은 더욱 늘어났다. 그저 과학자의 수가 많아져서 그런 것만은 아니다. 소위 '마태효과Matthew effect'라는 것도 여기에 한몫했다.

사회학자 키스 스타노비치Keith Stanovich가 붙인 이 이름은 성서의 마태복음에서 가져온 것이다. "무릇 있는 자는 받아 풍족하게 되고, 없는 자는 그 있는 것까지 빼앗기리라."**12** 이 말을 실제 생활에 적용해보면 승자는 더욱 많은 이득을 끌어모아 더 높은 위치에 오르고, 결국 더욱 많은 승리를 거두게 된다는 의미다. 소수의 금메달리스트들만이 광고를 따내고, 후원을 받고, 최고의 코치와 최고의 시설에서 운동을 할 수 있다. 나머지는 부스러기를 두고 싸워야 하는 스포츠세계와 마찬가지로 과학에서도 마태효과 때문에 최고의 과학자들에게만 좋은 일자리, 뛰어난 연구시설, 그리고 감당할 수 없을 정도로 많은 박사후 연구원들이 돌아가는 것을 알 수 있다. 이들은 연구비 지원도 쉽게 받을 수 있고, 논문 발표도 쉬워진다. 또한 전 세계를 돌아다니며 학술대회에 참가하면 자신의 연구에 대해 얘기를 나누고 싶어 하는 학자들에게 둘러싸인다. 반면, 나머지는 어떻게 해서든 다른 사람들의 눈에 들기 위해, 쥐꼬리만한 연구비라도 얻어내기 위해 맹렬하게 경쟁을 벌여야 한다. 심지어 일부 국가에서는 아예 정부의 정책 자체가 소위 뛰어난 일부 과학자에게만 집중하자는 것이어서 나머지는 길가에 쓰러져 죽든 말든 신경 쓰지 않는다.

과학에서 일어나는 마태효과의 문제점은 공평하지 못하다는 것이 아니다. 심지어는 과학자 자신들도 공정성에 대해서는 그리 문제 삼지 않는 듯하다. 그들이 걱정하는 부분은 이렇게 해서는 위대한 과학이 탄생할 수 없다는 점이다.

과학은 부가적이며 점증적이고, 어느 정도는 무작위적이기도 하다. 그러니까 세상을 바꿔놓을 만한 사건이 일어나려면 아주 작은 통찰들이 수없이 많이 쌓여야만 한다는 얘기다. 아주 작은 통찰이라도 그 크기에 비해 중요성이 엄청나게 커질 수 있다. 하지만 그 작은 통찰이 대체 어느 것인지 알아낼 수가 없고, 어디서 찾아올지는 더더욱 알 수 없다. 이것을 잘 보여주는 고전적인 사례가 바로 캐리 멀리스Kary Mullis가 발명한 중합 효소 연쇄반응PCR, polymerase chain reaction이다. 멀리스는 '서핑을 좋아하는 술고래', '전투적이지만 유능한 화학자,' 등 다양한 수식어가 따라붙는 과학자다.

그는 스스로를 '화학적 편견을 가진 만물박사'라고 불렀다.

1983년에 멀리스는 캘리포니아 에머리빌에 있는 신생 생물공학회사였던 시터스 사Cetus Corporation에서 일하고 있었다. 그는 자기가 하는 DNA 복제 업무가 반복적이고, 느리고, 지겨운 일이라고 했다. DNA는 너무 길고 가늘어서 조금만 힘을 줘도 예측할 수 없는 지점에서 부서져 버리기 때문에 연구하기가 무척 까다롭다. 1,000개의 동일한 세포에서 DNA를 추출하면 주어진 어떤 유전자든 1,000개의 복사본을 얻게 되지만, 각각의 복사본은 서로 다른 길이의 DNA 조각 속에 들어가 있게 될 것이다. 이렇게 균일한 시료를 얻을 수 없었기 때문에 의미 있는 규모로 연구를 진행하기가 쉽지 않았다.

토요일 밤, 주말을 보낼 별장으로 차를 몰고 가면서 그는 제대로 작동하지 않으리라는 것을 알고 있는 한 실험에 대해 곰곰이 생각하고 있었다. 그때 멀리스의 머리에서 DNA 복제를 급진적으로 향상시킬 수 있는 방법이 떠올랐다.

그는 나중에 이렇게 적었다. "그 후로 1,2주 동안 나는 귀를 기울이는 사람이 있으면 누구에게나 그 아이디어에 대해 얘기했다. 그런 것을 시도해봤다는 소리를 들어본 사람도 없었고, 그것이 작동하지 않을 뾰족한 이유가 있다고 생각하는 사람도 없었다. 그런데 이상하게도 특별히 열정을 보이는 사람도 없었다. 예전에도 사람들은 내가 DNA에 대한 아이디어를 말하면 살짝 미친 소리라 생각하는 경우가 많았고, 며칠이 지난 다음에는 나도 그런 점을 인정하기도 했었다. 하지만 이번에는 달랐다. 무언가 제대로 걸려들었다는 느낌이 들었다."[13]

사실이었다. 멀리스가 발명한 중합 효소 연쇄반응은 그 이후에 이루어진 유전학의 혁명을 가능하게 해준 것으로 널리 인정받게 되었다. 결국 그는 1993년에 노벨상을 수상한다. 하지만 멀리스가 무언가 큰 업적을 남길 과학자라 생각했던 사람은 아무도 없었다. 그는 자기 이름으로 발표한 논문의 숫자도 변변치 않았고, 유명한 후원자도 없었고, 엘리트 과학 기관에서 일하는 사람도 아니었다. 그리고 PCR에 필요한 과학적 지식 중 상당 부분은 이미 오래전부터 흔하게 알려져 있던 내용들이었다.

과학계에서는 이런 얘기가 나오면(사실 이런 이야기들이 많다) 거의 신화 대접을 받는다. 승자를 가려내는 것과 계획에 따라 승자가 되는 것이 얼마나 어려운 일인지를 잘 보여주기 때문이다. 한 학술지에서 이런 글이 실렸었다. "최고의 10퍼센트를 가려내는 일은 수정구슬이나 타임머신이 없는 한은 불가능하다."[14]

마태효과가 위험한 이유가 바로 이것이다. 만약 승자를 가려내는 것이 가능하다면 그들에게 자원을 집중적으로 투자하는 것은 말이 된다. 하지만 불가능하기 때문에 자원을 소수에게 집중하는 것은 결국 다양성과 생산성을 저하하고 위험을 키우는 결과를 가져온다. 과학은 여러 개의 바구니에 달걀을 나누어 담는 분산투자가 필요하다. 하지만 과학에서의 마태효과는 바구니와 달걀의 숫자를 줄여버리기 때문에 결국 살아남는 닭의 숫자까지도 줄어들게 만드는 효과를 가져온다. 그리고 아주 가파른 우열 순서를 만들어낸다.

개인에게 적용되는 불균형은 기관에도 그대로 영향을 미친다. 하버드대학교에 대한 제라시의 피해망상은 부당한 것이 아니었다. 몇 안 되는 기관에서 수상자들과 알짜배기 자금을 모두 끌어들이고, 따라서 유능한 젊은 과학자들도 하버드대학교로 몰리기 때문에 학술지 편집자들과 동료 심사위원이 아는 사람일 가능성도 그만큼 커진다. 이것이 문제가 된다. 예를 들자면 과학계에서는 제출되는 논문 중 5분의 1만이 초기 평가를 통과하고, 그중에서도 결국 4분의 1만이 발표되기 때문이다.[15] 이런 학술지의 편집자들은 문지기로서 막대한 권력을 휘두르기 때문에 과학자들은 자기에게 유리한 부분이 있다면 무엇이든 지푸라기라도 붙잡으려 한다.

제라시는 운이 좋았다고 할 수 있다. 논문을 발표했을 뿐만 아니라 그 논문이 읽혀지기도 했기 때문이다. 1968년에 연구자들의 추산에 따르면 화학 학술지에 발표되는 논문 중 단 한 사람의 화학자에게라도 읽혀진 논문은 0.5퍼센트 정도에 불과했다. 물론 〈사이언스〉, 〈네이처〉, 〈셀〉, 〈화학 리뷰Chemistry Review〉 등 일류 학술지들의 영향력이 불균형적으로 크다는 의미이기도 하다. 이런 학술지는 누구든 읽어야만 하는 학술지가 되었다. 그래서 중요한 연구들은 대부분 소수의 학술지를 향하게 되었고, 결국 지식 영역에서의 권력이 이들 학술지와 그 편집자들에게로 집중되는 결과를 낳았다. 이들이 출판하는 논문들은 가장 많이 읽히고, 가장 많이 인용되는 논문이다. 그렇다보니 더 많이 읽힌다. 따라서 소수의 막강한 학술지는 점점 더 많은 권력을 얻는 반면, 나머지 학술지들은 명맥을 유지하기도 힘들어지게 되었다.

이것은 과학계 전체의 풍요로움을 심각하게 저해한다. 아무리 위대한 발견이 이루어졌다 한들 아무도 그 사실을 알지 못한다면 어떤 영향력도 갖지 못하기 때문이다. 사람들에게 인식된 연구만이 영향을 가질 수 있다. 따라서 논문들이 읽히지도 못하고 사라지는 것은 젊은 과학자의 경력이나 자존심에만 문제가 되는 것이 아니다. 이는 과학 공동체 전체를 궁핍하게 만든다.

과학계에서의 마태효과에 대해 물어봤을 때 그 현상이 과학계 전반에 널리 퍼져 유해하게 작용하고 있다는 사실에 바로 고개를 끄덕이지 않는 과학자를 단 한 사람도 만나보지 못했다. 젊은 과학자들은 상황이 어떻게 돌아가는지, 그들의 지식이 어떻게 낡아가는지 이해하고 있다. 그들에게 동료들은 모두 경쟁자이고, 협력은 위험을 감수해야 하는 일이다. 현대 과학의 냉혹한 현실에 직면한 연구자들은 모두 논문 발표계의 스타가 되기 위한 경주에 뛰어들 수밖에 없다.

벨연구소 스타 쇤의 몰락

2000년대로 접어들 무렵, 얀 헨드릭 쇤Jan Hendrik Schön도 그런 스타 중한 명이었다. 벨연구소Bell Laboratories(1925년에 설립된 민간 연구개발 기관으로 수많은 기술 혁신을 이끌었고 설립 이래 지금까지 3만3천 개가 넘는 특허와 13명의 노벨과학상 수상자를 배출했다-옮긴이)에서 연구하는 수줍음 많은 독일 물리학자인 그는 갓 30대가 되자마자 관심을 끌기 시작했다. 그도 미국에 도착한 후 첫 출발은 불안했다. 수많은 젊은 과학자들처럼 일자리가 불안정해 걱정해야 했고, 연구 자료도 뛰어나지 못했다. 그는 단기 인턴직을 하고 있었다. 하지만 머지않아 그의 연구 자료가 향상되기 시작했다. 비전도성인 플라스틱을 반도체로, 그리고 심지어는 초전도체로 바꾸는 방법을 연구한 쇤의 연구는 컴퓨터, 레이저 기술, 나노기술 분야에서 엄청난 가능성을 가지고 있었다. 프린스턴연구소의 한 과학자는 쇤의 연구가 화학을 굴복시켰다는 말까지 했다.[16]

쇤은 전형적인 부엉이 타입이었다. 그는 수줍음 많고, 내성적이고, 집단으로 어울려 연구하기보다는 혼자 연구하는 것을 더 좋아했다. 비자 문제 때문에 그는 자기가 박사학위를 받았던 독일의 연구소로 반복해서 돌아가야 했고 그곳에서 자신의 연구 중 일부를 계속 이어갔다. 그는 농구를 좋아하는 상냥한 스포츠맨이었지만 그의 연구는 대부분 혼자의 힘으로 이루어졌다. 혼자 연구한 것이 그의 명성을 손상시키지는 않았고, 오히려 혼자 연구한 덕분에 그의 연구결과도 더 좋아졌다. 사람들은 쇤이 '마법의 손'을 가지고 있다고 말했다. 그도 가끔씩 공동 연구자와 함께 연구하기도 했지만, 그가 보여준 행동은 대부분 똑똑하고 젊은 고독한 과학자의 신비로움을 강화시켜주는 것들이었다.

그가 벨연구소에서 일할 때는 특히나 스트레스가 심한 시기였다. 1950년대와 1970년대 사이 벨연구소는 그때까지 존재했던 모든 연구실 중에 가장 생산력이 높은 연구소로 명성이 자자했다. 일곱 명의 노벨상 수상자를 배출하고, 트랜지스터, 레이저, 정보이론, UNIX, 프로그래밍언어 C++ 등을 발명한 것으로도 유명했다. 하지만 쇤이 도착했을 즈음, 연구소는 루슨트 테크놀러지Lucent Technologies(1996년 미국 최대의 통신회사 AT&T가 분할되면서 독립된 세계 최대의 통신장비 회사. 2006년에 인수합병을 거쳐 '알카텔-루슨트Alcatel-Lucent'사로 변경되었다 - 옮긴이)의 소유였고, 주가는 추락하고 있었다. 벨연구소의 고위 간부들은 비용을 절감해야 한다는 압박과 함께 벨연구소 연구 활동의 타당성을 증명하고, 그 존재 이유를 정당화해야 한다는 중압감을 느끼고 있었다. 그런데 쇤의 연구가 거기에 딱 들어맞는 것이었다. 그의 연구는 즉각적인 기술적 적용이 가능한 뛰어난 과학이었다. 〈네이처〉와 〈사이언스〉에 발표된 쇤의 논문들은 하나하나가 모두 연구소의 지적 명성을 드높여주었다.

MIT에서 발표하는 '35세 이하 혁신가'에 선정된 쇤은 다음과 같이 공을 인정 받았다. "쇤이 전기적 성능은 최고의 실리콘 장비에 버금가지만, 크기는 수백 배나 작은 단일 분자 트랜지스터를 만들어냈다. 쇤의 뛰어난 설계 덕분에 벨연구소는 경주에서 선두로 나설 수 있게 되었다. 하지만 쇤은 단순히 트랜지스터를 재발명하는 일에만 관심을 둔 것이 아니다. 그는 전기로 구동되는 최초의 유기레이저를 고안하는 일도 돕고 있다. 이것이 가능해지면 광전자 소자optoelectric device를 더 저렴하게 생산할 수 있다. 조용한 어조로 쇤은 자신이 만든 분자 트랜지스터가 잘 작동하는 것을 보고 무척 놀랐다고 회상한다. 하지만 쇤이 마이크로전자공학의 변신을 돕고 있다는 사실은 놀랄 일이 아닐 것이다."[17]

쇤의 지도교수인 버트램 배트록Bertram Batlogg이 스위스로 자리를 옮기게 되자 쇤은 한 동료에게 자기도 따라가야 할지 물어보았다. 친구는 그대로 벨연구소에 남아 있으라고 말했다. 만약 그가 지도교수를 따라 움직이게 되면 배트록이 공을 너무 많이 차지하게 된다는 것이다. 그는 이렇게 말했다. "쇤, 너는 스타야."[18]

그 후로 2년 동안 쇤은 계속해서 논문을 발표했고, 과학계는 흥분했다. 벨연구소는 자기네 연구소의 슈퍼스타에게 흥분했다. 선도적인 과학 학술지들은 그의 새로운 연구를 출판하는 특전을 따내기 위해 치열하게 경쟁했기 때문에 아예 논문을 심사하는 데 소요되는 시간 자체를 줄여버렸다.[19]

유제니 사무엘 라이히Eugenie Samuel Reich가 《플라스틱 판타스틱Plastic Fantastic》에서 회상했듯이 쇤의 연구는 너무나 흥미진진했기 때문에 전 세계의 물리학자들은 그의 연구를 이해하기 위해 그가 얻었던 결과를 재현하려 했다. 재현에 실패하면 그들은 자기들의 기술이 부족하거나, 실험 재료가 수준 이하이거나, 장비에 문제가 있는 것이라 생각하며 자책했다. 버클리대학교의 조 오렌스테인Joe Orenstein도 시도해보았지만 결국 쇤이 내놓은 결과를 얻는 데 실패하자 완전히 바보가 된 기분이 들었다.[20]

미네소타대학교에서는 초전도에 관해서 세계적 권위자 중 한 사람인 앨런 골드만Allen Goldman과 그의 박사후 연구원인 아난드 바타차리야Anand Bhattacharya가 쇤의 발견을 뛰어넘겠다는 희망을 품고 연구에 들어갔다. 두 사람은 쇤의 실험 결과를 재현하기 위해 거의 1년을 노력했지만 아무런 성과도 없었다. 바타차리야는 쇤에게 도움을 요청하는 편지를 보냈다. 바타차리야가 말하길 쇤은 너무나 큰 스타였기 때문에 선뜻 편지를 쓸 수 없었다고 한다. 쇤이 답변을 보내주었지만 여전히 실험은 제대로 이루어지지 않았다. 2년이나 3년이면 되리라고 생각했던 실험이 5년이나 이어지자 바타차리야는 점점 실망이 커졌다.

델프트공과대학교에서도 뤼트 데 보어Ruth de Boer가 쇤의 발견을 바탕으로 박사학위 연구를 진행했지만 역시나 아무런 성과도 얻지 못하고 있었다. 그녀는 자책하며 그만둘까 생각도 했었다. 플로리다와 일본의 과학자들도 같은 경험을 하고 있었다. 아무도 논문을 발표하는 사람이 없었다.

부정적인 결과는 발견한 것으로 인정되지 않기 때문이다. 자기의 실패를 세상에 떠들고 다니기를 원하는 과학자는 없었다. 한 조사관은 이렇게 말했다. "그저 과학을 이해할 수 없다고 해서 그것이 틀렸다는 의미는 아니다."[21]

2001년 즈음 쇤은 미친듯이 논문을 발표하고 있었다. 그는 평균 8일마다 저자 목록에 이름을 올렸고,[22] 그가 노벨상을 타리라는 추측이 무성했다. 쇤의 연구에 대한 비판이 들어와도 그저 경쟁심 때문에 질투한다며 무시당하고 말았다. 쇤은 유명해질수록 더더욱 고립되어갔고, 밥도 혼자 먹고, 독일어로 말하고, 자기와는 다른 분야의 연구자들과 시간을 보내는 일이 많아졌다.

초전도와 나노기술은 과학 분야에서 뜨거운 주제였기 때문에 〈사이언스〉 지에서는 쇤의 연구 중 일부를 새로운 과학적 발견을 신속하게 알리기 위해 디자인된 웹사이트인 〈사이언스 익스프레스Science Express〉에 발표하기 시작했다. 하지만 발표된 논문이 축적되어갈수록 의문도 함께 쌓여갔다. 자료가 너무 매끈해 보였기 때문이다. 이런 자료에는 잡음이 섞여들기 마련인데 잡음이 충분히 보이지 않았다. 또한 쇤이 기술한 실험 결과 중 상당 부분은 그 자신도 설명하지 못했다.

2002년의 시작과 함께 쇤은 자신의 연구에서 촉발된 의문에 점점 더 많이 시달리게 된다. 동료들은 그에게 더 세세한 논문을 발표해서 다른 과학자들이 그의 발견 내용을 재현할 수 있게 해야 한다고 그를 설득하려 했다. 하지만 그는 그럴 수 없었다. 과학계의 일부 사람들은 그의 엄청난 다작에 의심을 품고 있었지만, 과학계의 새로운 유명인사에게 현혹된 사람들도 그만큼이나 많았다. 프린스턴 연구소에서 논의가 이루어지다가 물리학 교수인 리디아 손Lydia Sohm이 그에게 의문을 제기했었지만, 그녀는 회의실 안에서 자기에게 공감하는 사람이 아무도 없음을 느끼고는 곧 입을 다물어야 했다. 그녀가 떠나려는데 또 다른 교수가 그녀에게 대체 쇤근에 〈사이언스〉나 〈네이처〉에 발표한 논문 건수가 몇 편이나 되느냐고 따지듯 물었다. 코넬대학교의 폴 맥퀸Paul McEuen 교수는 쉰과 그 동료들에 대해 말하길 그들은 너무나 특별한 사람이라 그 앞에서는 입을 다물 수밖에 없다고 묘사했다.

하지만 쉰의 연구 분량이 너무나 방대해서 맥퀸도 의심이 들기 시작했다. 2002년 5월 9일, 그는 밤을 꼬박 새며 서로 다른 쉰의 논문에 나와 있는 자료들을 비교해보았다. 쉰이 서로 다른 재료를 사용했노라고 주장했음에도 불구하고 자료가 동일하다는 것이 거듭해서 확인됐다. 다음날 아침 맥퀸은 이렇게 결론 내렸다. "이 자료들은 다 가짜야." 너무 많은 그래프가 유사했다. 서로 다른 실험에서 각각 결론을 얻어냈다고 하기에는 잡음이 너무 적었다.

쉰은 적어도 4년 동안 과학에 역행해온 것이었다. 과학자들이 찾아내고 싶어 하는 것이 무엇인지를 확인한 후 마치 자신이 그것을 찾아낸 것처럼 보이도록 자료를 꾸민 것이다. 그의 연구를 조사한 결과 그는 한 실험에서 얻은 자료를 서로 다른 논문에서 반복적으로 사용했다. 실제 실험 결과로 그래프를 작성한 것이 아니라 수학 방정식에서 이끌어낸 것이 들통 났다. 쉰의 28편의 논문은 모두 취소되었다. 그의 박사 학위 역시 취소되었으며 그가 받았던 상도 모두 폐지되었다. 독일연구재단German Research Foundation에서는 그를 8년간 독일 과학계에서 추방할 것을 결의했다. 이제 이 추방기간은 만료된 상태다.[23]

과학적 사기가 늘어나는 이유

쉰이 자료를 조작한 것은 순수하게 그가 느낀 경쟁의 압박감 때문이었을까? 쉰의 이야기를 조사한 유제니 사무엘 라이히에 따르면 그는 남의 비위를 너무 맞추는 사람이라서 무엇을 설명하든 상대방이 듣고 싶어 하는 쪽으로 흘러갔다고 한다. 하지만 이 경우 쇤은 자신의 주변을 둘러싸고 있는, 큰 건수를 다량으로 만들어내야 한다는 경쟁적 압박을 충분히 이해하고 있었다. 그와 마찬가지로 벨연구소는 쇤이 그들에게 안겨준 찬사를 원했고, 또 필요로 했다. 과학계와 금융시장에서 자신의 입지를 강화시켜주었기 때문이다. 〈사이언스〉와 〈네이처〉는 쇤의 놀라운 논문을 먼저 발표하기 위해 치열하게 경쟁했다. 직접 실험을 시도해보고 그 실험이 재현될 수 없음을 알게 된 과학자들도 있었지만 그들은 자신의 실패를 그 누구에게도 알리려 하지 않았다. 쇤은 눈길을 두는 곳마다 경쟁을 목격했고, 거기에 굴복했다.

쇤은 과학 역사상 가장 대담하고 심각한 사기꾼 중 한 사람이었다. 하지만 쇤 만이 유일한 경우는 아니다. 매사추세츠 스프링필드의 베이스테이트 메디컬 센터Baystate Medical Center에서 마취과 의사로 일하는 스콧 루벤Scott S. Reuben은 1996년 이후로 21편의 논문에서 결과를 조작했다고 한다. 그의 연구는 통증 완화에 마약성 진통제opioid 대신 비스테로이드성 항염증제와 신경병성 통증 약물을 사용하는 다중모드 진통제multimodal analgesia에 대한 지지 근거를 마련해주는 듯 보였다. 현재 그의 논문은 모두 취소되었다. 자폐증과 MMR 백신(홍역, 볼거리, 풍진의 혼합백신)을 연관 지었던 앤드루 웨이크필드Andrew Wakefield의 연구는 오류가 입증되어 취소되었지만 이미 그때는 40퍼센트의 부모들이 아이에게 백신을 맞히지 않겠다고 설득당한 후였다. 그 바람에 2013년 봄, 스완지에서 홍역이 유행할 수 있는 무대가 마련되고 말았다. 웨이크필드의 연구 내용은 수많은 부모와 자폐증 활동가들의 머릿속에 여전히 남아 있고, 틀린 내용이라는 것을 설득하기는 거의 불가능한 상황이 되고 말았다. 하지만 이런 사기 중에서 가장 대담했던 것은 한국의 황우석 박사가 저질렀던 것이 아닐까 싶다. 그는 인간의 배아줄기세포를 복제했다고 주장했었다.

과학적 사기가 자연과학 분야에만 국한된 것은 아니다. 사회과학 분야에서도 역시 이런 스캔들이 있었다. 그중 가장 악명 높은 것은 네덜란드의 사회 심리학자 디더리크 스타펠Diederik Stapel과 관여된 것이었다. 그는 육식이 사람을 더욱 이기적으로 만들고, 백인이 지저분한 환경에서 흑인을 만났을 경우 흑인을 차별할 가능성이 더 많다는 것을 입증한 것으로 보여 세간의 이목을 끌었다. 과학계는 스타펠의 연구가 심오한 정치적 함의를 가지고 있다고 떠들썩하게 추켜세웠고, 그는 틸뷔르흐대학교의 사회과학 및 행동과학부 학과장에 임명되었다. 하지만 그가 자신의 연구에 학생들의 참여를 막고, 자신의 자료를 분석하는 것도 막자 의심이 제기되었다. 스타펠의 자료는 너무나 완벽했다. 알고 보니 그는 자신의 가설을 확인해주는 실험 결과만을 공유하는 습관이 있었던 것으로 밝혀졌다. 이것은 큰 그림을 완전히 왜곡시켜버리는 결과를 가져왔다. 결국 스타펠의 학술지 논문 55편은 모두 취소되기에 이른다. 스타펠은 자신이 한 일을 후회하며 경쟁을 그러한 행동의 원인으로 들었다. 변명이 아니었다. "자원은 빈약하기 그지없고, 보조금은 부족합니다. 돈이 필요하죠. 저는 세일즈맨이었습니다. 마치 서커스 같았죠."[24]

사기꾼들에게서 흔히 보이는 공통적인 성격 한 가지는 대부분 사람의 비위를 잘 맞추는 성격이라는 점이다. 그들은 사람들이 원하는 것을 눈치 채고 그것을 내놓는 데 능하다. 그들의 연구는 사람들의 고정관념과 기대에 부합하여 그것을 한층 더 강화한다. 독창적이거나 창의적인 것과는 거리가 먼 이들은 자신을 성공으로 이끌어줄 것이 무엇인지 알아차린 후 지름길을 이용해 성공에 도달한다. 이들은 독창적으로 생각할 필요가 없다. 경쟁이 가혹한 환경에서 이들이 번창하는 이유는 성공이 분명하게 정의되어 있고, 뜨거운 주제가 무엇인지도 분명하고, 스포츠에서와 마찬가지로 사람들이 경험이나 학습보다는 결과에만 초점을 맞추기 때문이다.

쉰, 루벤, 스타펠, 그리고 다른 과학계의 사기꾼들은 과학 분야에서 일어나는 커다란 경향을 말해주고 있다. 바로 사기성, 신뢰 불가, 불완전, 부정확 등의 이유로 연구 논문이 취소되는 비율이 깜짝 놀랄 정도로 증가하고 있다는 점이다. 2011년 10월에 〈네이처〉는 지난 10년간 발표된 논문의 수는 겨우 44퍼센트 증가한 반면, 논문 취소는 열 배로 증가했다고 보고했다.[25] 하지만 대부분의 과학자들은 결함이 있는 논문이나 성급하게 작성된 논문, 잘못된 결론을 내리는 논문까지 모두 따진다면 앞에 나온 논문 취소 비율은 그저 빙산의 일각에 불과할 것이라 믿고 있다.[26]

논문이 취소되는 이유는 오류가 확인되었거나(73퍼센트), 사기성이 있는 것으로 밝혀졌기 때문이다(26퍼센트). 표절도 문제가 되지만 자료 조작이 더 큰 문제인 것으로 밝혀졌다.[27] 온라인상에서는 취소된 논문을 빼버리거나 취소되었다는 사실을 알릴 수가 있다. 하지만 인쇄되어 나온 것은 불가능하다. 그래서 오류투성이 연구가 사망선고를 받은 이후에도 오래 살아남을 수 있다. 한 연구에 따르면 취소된 연구 내용이 24년 후에도 여전히 참고문헌으로 인용되고 있음이 밝혀진 바 있다.[28]

논문 취소 소동은 오늘날 모든 과학자들이 경험하는 격렬한 경쟁의 압박 때문에 생겨나는 증상이다. 과학자들은 급박한 시간 안에 많은 실적을 만들어야 한다는 압박에 늘 시달린다. 일자리가 적고 임금도 낮은 데다, 과학적 재능을 가진 사람들이 승자와 패자로 뚜렷하게 갈리기 때문에 과학 자체에 대한 사랑이 쉽게 버려진다. 한 연구에 따르면 박사후 연구원들 중 17퍼센트는 실험 결과를 향상시키기 위해 자료를 선별하거나 누락할 용의가 있다고 인정했다고 한다. 81퍼센트는 보조금을 따거나 논문을 발표하기 위해 자료를 선별, 누락, 조작할 용의가 있다고 인정했다.[29] 이것을 과학계의 골드만 효과Goldman effect라 부를 수도 있을 것이다. 보상이 충분히 크다면 위험을 감수할 가치도 그만큼 커보이기 마련이다.

논문 취소 비율이 늘어나면서 막대한 비용이 발생한다. 자원이 낭비되고, 시간과 기회가 낭비된다. 실험이 진행되고 박사후 연구원이 고용될 때마다 다른 실험이나 연구원들은 기회를 잃거나 아예 시도조차 할 수 없게 된다. 수많은 재능 있는 과학자들이 쇤의 연구를 재현하려다 날려버린 시간과 노력은 단순한 낭비에 그치지 않는다. 생산적인 연구로 입증받았을지도 모를 연구가 그런 시간과 노력을 활용하지 못한 것이기 때문이다.

무너져가는 과학계

워싱턴의대의 교수 페릭 팽Ferric Fang은 논문 취소와 사기가 점차 늘어나는 것은 과학 전반에서 경쟁이 제기능을 하지 못하고 있음을 보여주는 것이라 생각한다. 그의 주장은 그저 이론적인 얘기가 아니다. 학술지 〈감염과 면역Infection and Immunity〉의 편집자인 팽은 과학계의 부정행위를 직접 맞닥뜨린 경험이 있다. 그의 저자 중 한 사람인 나오키 모리Naoki Mori가 자료와 이미지를 조작한 것이 드러난 것이다. 팽은 이 경험으로 충격을 받아서 이 문제가 얼마나 확산되고 있는지를 확인하기 위해 자체적으로 연구 프로젝트를 가동했다.

그는 내게 이렇게 말했다. "우리는 중요한 학술지일수록 논문 취소 건수도 더 많아진다는 것을 발견했습니다. 하지만 논문 취소 말고도 다른 온갖 종류의 문제들이 도사리고 있습니다. 오래전의 연구가 새로운 연구로 둔갑하고, 긍정적인 결과를 얻기 위해서 왜곡이 이루어지는 경우도 흔하죠. 과학계에서는 긍정적인 결과를 얻은 사람에게만 보상을 주는데 잘못된 장려책입니다. 〈사이언스〉나 〈네이처〉에 논문이 실리면 막대한 현금을 보상금으로 주는 나라도 있어요. 그렇게 되면 스타 연예인 같은 지위를 얻게 됩니다! 만약 일자리가 더 많아져서 과학자들이 필사적이지 않아도 된다면 상황은 좋아질 것입니다. 경쟁의 정도가 문제의 심각성을 말해주고 있습니다."

팽에게 이런 것들은 추상적인 문제가 아니다. 그는 연구실에 사람을 새로 뽑을 때 어떤 유형의 사람인지 꼼꼼히 살핀다. 그리고 생산적인 과학을 하는 데 필수적이라 여겨지는 공동 연구의 모델을 만들어내기 위해 무던히도 노력했다.

"저는 함께 일할 사람을 뽑을 때 훨씬 더 민감해졌습니다. 저는 보통 실험이 끝나자마자 정보를 동료들에게 알려줍니다. 피드백을 받고 싶어 아직 공개되지 않은 자료를 공유하는 것이죠. 그럴 만한 가치가 있으니까요. 제 동료들은 제가 미처 보지 못한 점들을 지적해줍니다. 과학은 공동의 노력으로 이루어지는 것입니다. 공을 개인에게 돌리는 것은 미친 짓이죠."

팽은 자기 아이디어를 누가 빼돌려도 견뎌낼 수 있다고 흔쾌히 말한다(실제로 그런 경우를 당해보기도 했다). 이제는 기반이 잘 잡혀 있기 때문이다. 하지만 그는 젊은 세대에게는 과도한 경쟁이 도덕을 타락시키고, 파괴적이고, 비생산적일 수 있다고 말한다. 그는 미래에 대한 불안이 그 어느 때보다도 커졌다고 말한다.[30]

"한 세대의 과학자들을 통째로 잃어버릴 위험이 현실로 다가왔습니다. 은퇴 계획이 자기가 기대했던 수준에 미치지 못하자 나이 든 과학자들은 은퇴 시기를 점점 더 늦추고 있습니다. 젊은 사람들은 완전히 다른 분야를 기웃거리고 있죠. 장래에 대한 전망이 없는 젊은이들이 너무 많아요. 어딜 가려고 해도 마음에 드는 곳이 전혀 없죠. 우리가 과학계 인력을 더 큰 규모로 수용할 수 있겠지만, 그러려면 구조 자체가 달라져야 할 겁니다."

과학에서 벌어지는 토너먼트 경쟁은 비밀 유지, 고의적 방해, 마태효과, 사기, 조작, 표절, 논문 취소의 증가 등 여러 가지 그릇된 결과를 가져왔다. 모두 과학에 대한 대중의 믿음과 지지를 갉아먹는 일들이다. 나는 팽에게 물어보았다. 과학은 근본적으로 협력관계와 투명성에 의지하는데, 만약 자금은 모자란데 그것을 쫓는 과학자가 너무 많아서 협력관계와 투명성이 파괴되는 것이라면 과학자 수를 줄이면 되지 않을까요? 과학자가 과잉공급되는 상황이라면 대체 정부에서는 왜 과학 분야의 졸업생을 더 많이 요구하고 있는 것인가요?

"제 생각으로 과학은 좀 더 공격적이고 비즈니스 비슷한 활동으로 진화한 것 같습니다. 과학자들도 자신을 연구 실적과 자금을 따기 위한 제로섬 게임에서 경쟁하는 작은 사업체로 여기고 있고요. 과학은 단체 스포츠인데도 보상은 개인에게 돌아가지요. 이것은 아주 크나큰 단절이고, 진로를 가로막는 커다란 장애물입니다. 만약 자금을 개인이 아니라 단체에 지원한다면 상황을 바꿀 수 있을지도 모릅니다. 유망한 일자리도 확보되고 중간 수준의 과학자들도 둘 수 있죠. 하지만 먼저 나서고 싶어 하는 사람이 아무도 없어요. 모두가 서로 경쟁하고 있으니까요."

과학이 머리를 맞부딪히며 싸우는 경쟁으로 바뀌면서 치르게 된 가장 큰 대가는 바로 신뢰의 상실이다. 일자리와 자금을 위해 경쟁하는 젊은 연구자들은 동료들을 신뢰하지 못해 함께 공동 연구를 진행하지 못한다. 기반이 잡힌 과학자들이라고 해서 항상 서로의 동기를 신뢰하는 것은 아니다. 선취권을 확보하려는 욕망이 공동의 목표의식을 좀먹고 만다. 시간, 금전, 자존심 등의 압박이 연구의 진실성을 좀먹는다. 연구의 진실성을 더 이상 신뢰할 수 없게 되면 과학에 대한 대중의 존경과 이해가 제일 필요한 순간에 정작 얻을 수 없게 된다.

기후 변화, 항생제 내성균의 출현, 80억이 넘는 인구의 식량 해결 문제 등 오늘날 우리가 직면한 긴급하기 이를 데 없는 문제들 중 상당수는 전 세계가 힘을 합쳐서 과학적 해결책을 내놓아야 하는 것들이다. 하지만 과학 공동체에 스며든(심지어 조장되기까지 하는) 경쟁 분위기는 여기에 필요한 기술, 재능, 열정, 창의력을 근본적으로 무력화시켜 버린다.

팽은 이렇게 주장한다. "지금 우리는 과학으로 해결할 수 있는 커다란 문제들을 안고 있습니다. 사회가 필요로 하는 것은 많은데 수준 높은 과학을 하는 사람들의 숫자를 살펴보면 전체 인구 중 0.1퍼센트죠. 이 정도로는 충분하지 않습니다! 미국은 연구 개발에 투자하는 돈보다 맥주에 쓰는 돈이 두 배나 많습니다. 자금 지원은 1960년대 이후로 현재 최저 수준으로 떨어져 있어요."

우리는 과학이 제공해야 하는 학습, 발견, 치료법, 발명 등이 절실히 필요하다. 하지만 맹목적으로 경쟁만을 추구한 나머지 우리는 우리가 추구하는 창의력 자체를 갉아먹는 구조와 가치관, 그리고 장려책을 도입하고 말았다.

당신은 어쩌면 비즈니스 업계는 그렇게 어리석지 않으리라 생각할지도 모르겠다. 정책입안자들도 더 나은 관리나 구조 개혁을 위한 아이디어를 상업계에서 구할 때가 많으니 말이다. 하지만 과학에서 보이는 경쟁 중 상당 부분은 비즈니스 업계에서 들여온 것들이다. 비즈니스 업계의 간부들은 퍼듀대학교에서 있었던 암탉 실험 이야기도 알지 못하고, 자신을 사회적 다윈주의자라 생각하는 사람이 많다. 그들은 생존을 위한 투쟁만이 상업적 적자適者를 만들어내는 유일한 최고의 방법이라 확신한다.

'네, 그리고'의 창조적 능력

과학자들은 쉽게 포기하지 않는다. 어려운 문제와 씨름하는 것은 그들이 평생 하는 일이다. 이스라엘의 와이즈만 연구소Weizmann Institute of Science의 분자생물학자 유리 알론Uri Alon은 협력을 방해하는 과학적 문화 속에서 생산적인 연구실을 만들어내야 한다는 도전에 매일 힘겹게 매달리고 있다. 때때로 그는 과학 분야에서 하도 고약한 일들을 경험해서 아침에 면도도 못하고, 침대에서 일어날 수도 없었다. 연구에서 선수를 뺏겼을 때는 수치심에 휩싸였다. 프로젝트가 정체되면 심각한 손상을 입었다. 하지만 그는 과학을 사랑했기 때문에 분명 과학을 하는 더 좋은 방법이 있을 것이라 생각했다. '어떻게 하면 수준 높은 참여와 동기부여로 파괴적인 경쟁에 대응할 수 있을까? 그것이 훨씬 더 창조적일 텐데. 어떻게 동기를 부여하고, 어떤 과정을 진행해야 서로 잡아먹고 먹히는 문화를 바꿀 수 있을까?' 그는 해답의 일부를 즉흥 연극improvisational theatre에서 찾아냈다.

알론을 보면 타고난 연기자라는 생각은 들지 않는다. 직접 만나보면 그는 내성적이고 무척이나 진지한 사람이다. 하지만 즉흥 연극을 하는 과정에서 그는 과학을 생각하는 방식과 과학을 하는 방식 모두가 바뀌었다.

"과학과 달리 즉흥 연극에서는 당신이 무대에 섰을 때 무슨 일이 일어날지를 미리 말해줍니다. 처참하게 실패할 것이라고 말이죠. 하지만 실패했을 때 일어나는 일은 다릅니다. 우선 당신은 그런 일이 일어나리라는 것을 예상하고 있었죠. 모두들 그럴 거라고 했으니까요. 그 다음엔 당신에게 모두들 상당한 유대감을 보여줍니다. 그 사람들도 그런 상황에 처해봤으니까요. 당신은 실패자가 아닙니다. 그저 그들과 똑같은 한 사람일 뿐이에요. 저는 즉흥 연극을 통해서 새로운 아이디어를 낼 수 있는 대화를 어떻게 나누는지도 배웠습니다. 즉흥 연극의 핵심 원칙은 '네'라고 말하며 동의하고, '그리고'라고 말하면서 키워나가는 것입니다. 만약 한 배우가 '여기 물웅덩이가 있다'라고 말하는데, 다른 사람이 '아니지. 그건 그냥 무대일 뿐이야'라고 말해버리면 아이디어는 거기서 끝나고 말죠. 아이디어가 죽어 버리는 거예요. 이것을 차단blocking이라고 합니다. 하지만 그 대신에 '여기 물웅덩이가 있다!'라는 말에 '그렇군, 어디 뛰어 들어볼까! 저기 봐. 고래가 있다.' '고래 꼬리를 한번 잡아보자. 우리를 달로 데려다 줄 거야' 등으로 이어진다면 서로의 아이디어를 키우는 과정에서 숨겨져 있던 창의력이 풀려나오게 됩니다."

과학에서는 경쟁 때문에 차단이 촉진되지만 알론의 연구실에서는 '네, 그리고'라는 말이 쏟아져 나온다. 이것은 두 가지 결과를 가져온다. 우선 모두 생각이 넓어져서 서로에게 관심을 갖게 되고 새로운 아이디어가 가능해지는 것이다. 학생들은 든든한 지원을 받는 기분이 들고, 인내심을 가지고 꾸준히 연구할 기운이 난다. '네, 그리고'는 안전하다는 분위기도 조성해준다. 좀 위험하더라도 폭넓게 생각할 수 있다는 느낌을 부여해주는 것이다. 경쟁으로 인한 스트레스는 관심의 폭을 좁히고 상상력을 제한하지만 유대감과 격려는 인간의 창의력을 키워준다.

학생들이 실패해도 안전하다고 믿을 수 있는 환경을 조성함으로써 알론의 연구소는 창조적인 곳이 되었다. 그와 그의 학생들은 물리학과 생물학이 만나는 접점에서 놀랍고도 중요한 발견들을 이루어냈다. 신체와 같은 생물학적 시스템이 어떻게 설계되었는지에 관한 일반적 원칙에 대한 발견이다. 위험을 감수할 수 있고, 지지를 받고, 창의력이 넘치는 풍요로운 정서적 환경을 조성함으로써 연구실은 명성을 얻게 되었다.

알론은 연구에서 선수를 뺏기는 것으로부터 자기 자신이나 학생들을 보호할 수 없다. 하지만 그에 따르는 두려움과 수치심은 줄여줄 수 있다. 그는 그런 경험에 대해 노래까지 만들었다. 바로 'Scoop, scoop(scoop은 '경쟁자를 물리치고 특종기사를 내다' 등의 의미를 담고 있다. 여기서는 연구에서 선수를 쳐서 먼저 발표하는 의미로 해석할 수 있다-옮긴이)'이다.[31] 그는 연구실 일원 중 누군가가 연구에서 선수를 빼앗기면 동료들과 함께 이 노래를 불러준다. 나도 그가 무대에서 이 노래를 부르는 것을 본 적이 있는데 그 영향은 굉장했다. 알론은 뛰어난 가수도, 기타 연주자도 아니다. 하지만 오히려 그것이 중요한 부분이다. 그는 자기 주변 사람들을 지지하고, 격려하고, 그들에게 동기를 부여할 수만 있다면 기꺼이 사람들 앞에서 실수를 하고 자기의 약점도 노출시킨다. 사람들과 함께 공유함으로써 치러야 할 대가가 가끔 사람들 앞에서 조금 바보스러워 보이는 것이라면 그 정도는 문제가 되지 않는다. 정말 중요한 것은 창의적이 될 수 있다는 것, 다른 사람을 격려할 수 있다는 것이다.

알론은 발표한 논문도 많고, 평가도 좋은 과학자다. 하지만 그의 논문 중 제일 널리 인용되는 것은 생물학 관련 논문이 아니라 동기를 부여 받은 연구팀의 운영에 관한 논문이다. 〈셀〉지에 발표된 논문은 모든 사람에게 해당되는 내용을 담고 있다. 그는 세 가지 결론에 도달했다. 생산성은 자유, 책임감, 자부심을 느낄 수 있는 충분한 자율성이 확보될 때 나온다. 위협을 느끼면 자유롭다는 느낌이 줄어들고 모든 창조적인 사람이 필요로 하는 지지가 가로막힌다. 사회적 유대감은 그 자체로 동기를 부여해준다. 매주 두 시간씩 하는 연구실 회의에서 알론은 처음 30분 정도는 꼭 따로 떼어서 팀원의 생일, 뉴스, 휴가 등 과학 외적인 얘기들로 시간을 보낸다. 그리고 나서 연구팀 팀원 한 사람이 논문을 발표하면 나머지 사람들에게는 한 가지 역할이 주어진다. 가상의 심판, 혹은 브레인스톰 참가자가 되는 것이다. 그가 이렇게 하는 목적은 연구실의 모든 팀원이 서로를 위하고 있음을 가르치기 위한 것이라고 한다.

알론은 위대한 혁신이나 발견으로 가는 길에서 가장 중요한 것은 바로 실패라고 주장한다. 그는 이것을 '구름the cloud'이라고 부른다. 일이 잘못 틀어지고 길을 잃게 되는 과정의 일부라는 것이다. 일이 끝나고 난 다음에야 이러쿵저러쿵하는 사람들은 절대로 구름에 가까이 가지 못한다. 그들은 늘 안전하게 몸을 사리기 때문이다. 하지만 진정으로 창의적인 사람은 수시로 구름 속을 들락거린다. 이들은 새로운 영역을 탐험하고 있기 때문이다. 구름 속에 들어갔을 때 승리나 패배를 생각하다 보면 그 안에 갇히고 만다. 두려움은 상상력과 폭넓은 사고 능력을 닫아 버린다. 하지만 아론의 학생이 그에게 다가와서 "선생님, 저 지금 완전 구름 속이에요"라고 말하면 그는 이렇게 대답한다. "그거 잘됐네! 뭔가 중요한 것에 가까워졌다는 의미니까!" 이것이야말로 그가 학생에게 보여줄 수 있는 최고의 지지이자, 격려이자, 유대감이다.

경쟁이 창조적 연구에 해로울 수밖에 없는 이유는 서로 도와야 할 사람들 사이의 고리를 끊어버리기 때문이다. 그리고 모든 것을 성공 아니면 실패라는 틀로 바라보기 때문이기도 하다. 실패를 피해야 한다는 압박이 모험에 필요한 용기를 억눌러 버린다. 하지만 혁신과 창의, 성취로 가득 찬 삶을 삶았던 사람들과 얘기할 때마다 느끼는 것이 있었다. 그들의 능력은 실패에도 불구하고 찾아온 것이 아니라, 실패 덕분에 찾아온 것이었다. 트위터의 창립자들은 오디오블로그audioblog(주로 음악이나 음성 콘텐츠를 위주로 한 블로그)를 만들려다 실패하고 난 다음에야 마이크로블로그microblog(짧은 문구를 통해 소식을 전하는 블로그)의 아이디어를 떠올릴 수 있었다. 심지어는 스티븐 스필버그Steven Spielberg, 제임스 카메룬James Cameron, 로버트 저메키스Robert Zemeckis같은 특급 감독들도 실패작이 있었다.

과학에 큰 영향을 미치고 있는 알론의 생각은 사람들과 성공에 대해 생각하고 얘기를 나누어서가 아니라 막다른 골목에 가로막혀본 공통의 경험에 대해 얘기를 나누었기 때문에 생겨난 것이다. 만약 그가 얀 헨드릭 쉰의 실험 결과를 재현할 수 없었던 과학자들처럼 자신의 혼란스러운 감정을 숨기고 살았더라면 결코 자기 자신이나 주변 사람들에게 동기를 부여할 수 없었을 것이다.

알론이 말하는 모든 내용에서 가장 중요한 것은 신뢰다. 여기서 말하는 신뢰란 모험을 하고 실수를 해도 안전하다는 느낌을 말한다. 결국 우리는 실수를 통해서 배우기 때문이다. 걸음마를 배울 때도, 말을 배울 때도, 실험을 할 때도 우리는 효과적이지 못한 것이 무엇인지 가려내는 과정에서 효과적인 것이 무엇인지를 배워간다. 경쟁이 치열해지면 사람들은 실수하기를 두려워한다. 그리고 실수를 사람들에게 드러내기는 더더욱 망설여진다. 이것은 위험하다.

실수와 정보를 공유하는 자세

미국 최고의 정형외과 의사인 데이비드 링David Ring은 내게 이렇게 말했다. "실수에 대해 얘기하지 못하면 배우는 것이 없어요. 그것을 숨기다 보면 오히려 자기가 완벽하다는 착각에 빠지죠. 그게 정말로 위험한 거예요."

데이비드 링은 수술 실력으로도 유명하지만 자기의 실수를 솔직히 공개하는 것으로도 유명하다. 그는 손가락 하나가 한 위치에 딱딱하게 경직되어서 '방아쇠 손가락trigger finger' 치료가 필요한 여성 환자를 수술한 적이 있었다. 하지만 링은 수술에 실패했다. 실수로 수근관 증후군carpal tunnel syndrome 수술을 한 것이다.

그는 그 자리에서 바로 환자에게 무슨 일이 일어났는지를 설명하고 같은 날 제대로 된 수술에 들어갔다. 하지만 그가 동료들을 정말로 놀라게 만든 것은 어떻게 하다가 그런 실수가 일어나게 되었는지 설명하는 논문을 써서 발표한 것이었다. 아무도 알지 못하게 숨기는 대신 그는 잘못된 것을 모두 공개적으로 분석해서 보고했다. 당시 외과의사들은 늦게까지 일을 하고 있어서 스트레스가 많았다. 간호사는 팔은 맞게 표시했는데 절개부위는 제대로 표시하지 못했다. 그리고 수술실이 바뀌는 바람에 환자를 준비한 간호사들은 빠지고 중간에 간호사들이 바뀌었다. 이런 일련의 실수를 공개적으로 보고함으로써 수술 체계가 향상되었고, 다시는 같은 실수가 반복되지 않았다. 뛰어난 의사로 알려져 있었던 데이비드 링은 그 후로는 위인으로 불리게 되었다.

링은 병원을 더욱 안전한 곳으로 만드는 방법은 완벽해지기 위해 경쟁을 하는 것이 아니라 실수를 해도 공개적으로 인정하고 신속하게 고칠 수 있는 안전한 분위기를 만들어내는 것이라고 주장한다. 이제 그는 비난을 근절하고 향상을 축하해주자는 운동을 주도하고 있다. 자신의 실수를 솔직히 터놓는 사람이 많아질수록 실수를 더 신속하게 고칠 수 있다. 실수를 인정해도 되는 안전한 분위기가 조성된 병원에서는 실수도 그만큼 줄어들고 있다. 실수가 있을 때마다 그것을 학습의 기회라 여기면 조직 전체가 향상되기 때문이다.

링이 말하기를 의료 분야는 실수의 가치에 대해 많은 것을 항공 산업으로부터 배웠다고 한다. 항공 산업에서는 아무리 작은 실수가 있어도 직위에 상관없이 모두가 그 부분을 소리 높여 얘기하도록 권장하기 때문이다. 물론 그가 지적한 대로 비행기 안에서는 모든 사람이 한 비행기를 타고 있기 때문에 실수의 공유가 더욱 중요한 법이다.

우리가 사실은 서로를 얼마나 필요로 하는지를 인정한다면 창조적이고 더 나은 일을 할 수 있다. 알론의 연구실이 생산적일 수 있는 이유는 팀원들이 구름을 헤쳐나올 수 있도록 서로를 지지해주기 때문이다. 링의 병원이 더 안전할 수 있는 이유는 그가 자신이 완벽하지 않다고 생각하기 때문이다. 탁월한 업무는 그물처럼 얽히고설킨 지지와 향상의 네트워크에서 나온다. 그런 곳에서는 기여 하나하나가 모두 소중하다.

"한 사람, 한 사람 모두가 귀했습니다." 존 아벨레John Abele는 그가 보스턴사이언티픽Boston Scientific을 세계 제일의 의료장비 회사로 만드는 것을 도운 의사, 외과의사, 과학자들의 집단을 이렇게 묘사했다. 자리를 차지하기 위해 싸우는 과학자들이나 자신의 고독한 영웅 이야기를 꺼내는 최고경영책임자와 달리 아벨레는 대체적으로 다른 사람들의 이야기를 통해 자기 회사를 묘사한다. 회사가 돈을 벌게 된 것은 와해성 기술disruptive technology (기술, 업계를 완전히 재편성하고 시장을 대부분 점유하게 될 신제품이나 서비스 - 옮긴이) 덕분일 수도 있지만 아벨레는 회사가 성공을 거둔 것은 협력하는 재능이 남달랐기 때문이라 확신하고 있었고, 이런 내용을 긍정적으로 전파하고 싶어 했다.

아벨레는 내게 이렇게 말했다. "협력을 쉬운 거라고 생각하는 사람이 많습니다. 협력은 모순이죠. 통제권을 얻기 위해서는 통제권을 내려놓아야 해요. 때로는 내가 성공하는 꼴은 절대 못 봐주겠다는 사람도 뽑아야 합니다. 모순투성이죠. 이런 종류의 협력은 전혀 쉽지 않습니다. 아주 어렵죠."

보스턴사이언티픽의 초창기 성공에서 결정적이었던 것은 좁아지거나 막힌 동맥을 수술 없이 확대할 수 있게 만들어준 풍선 카테터balloon catheter의 개발이었다. 이 장치를 개척한 사람은 안드레아스 그루엔트지그Andreas Gruentzig라는 수련의였다. 그는 부엌에서 면도날, 튜브, 접착제를 이용해서 초기 시제품을 만들었다. 그루엔트지그는 열정적이고, 호기심 많고 똑똑한 사람이었지만 아마도 뜻하지 않았던 가장 큰 장점은 그가 개인적으로나 직업적으로 거의 권력이 없었다는 점이었다.

그루엔트지그는 오랫동안 개와 해부용 시신에 연습을 해오기는 했지만 결국에는 장치를 살아 있는 사람에게 시도해야 할 순간이 찾아왔다. 이를 위해서는 외과의사들의 도움과 지지가 필요했지만, 사실 그의 연구가 성공하면 이 외과의사들의 밥그릇이 위태로워질 상황이었다. 그루엔트지그의 성취를 축하하는 아벨레에 따르면 그가 협력자들의 마음을 얻을 수 있었던 것은 그의 겸손함과 호기심 때문이었다고 한다.

"안드레아스는 자기 아이디어를 의학을 바꿔놓을 혁명적 돌파구라고 주장하는 대신 점진적인 발전에 불과하다고 했습니다. 그는 자기가 개척한 도구에 부족한 점이 있으면 가장 먼저 나서서 지적했고, 도구에 무슨 결함이 없나 항상 지켜봤어요. 사람들이 그의 요청에 응답한 데는 안드레아스가 남들과 달리 성취가 있을 때마다 공을 다른 이들과 기꺼이 나누려 했던 점도 크게 작용했습니다."

1976년에 미국 심장 학회American Heart Association 연례 학술대회에서 그루엔트지그는 자신의 장비를 외과의사들에게 소개하기 시작했다. 외과의사들은 그의 아이디어에 무척 흥미를 느낀 나머지 모두들 직접 스위스로 가서 그의 연구를 지켜보고 싶어 했다. 요구가 빗발치자 그는 모든 사람을 수용하기 위해 영상 회의video conferencing라는 또 다른 새로운 기술을 이용해야만 했다. 그가 원한 것은 자기 장비를 남들에게 보여주고 자랑하는 것이 아니었다. 그가 그토록 많은 관심을 끌어모을 수 있었던 것은 전문가로 구성된 청중으로부터 아이디어를 얻고 싶어 하는 열정 때문이었다. 아벨레의 말에 따르면 이 과정에서 가장 결정적이었던 부분은 그루엔트지그가 장비를 자기 것이라 생각하지 않았고, 외과의사 집단을 이방인으로 여기지 않았다는 점이었다고 한다. 수술 없이 막힌 동맥을 여는 방법을 찾아내려는 프로젝트 속에서 그루엔트지그 자신을 비롯한 모든 사람이 평등했다. 한 사람, 한 사람이 모두 귀했던 것이다.

그의 장치에 대한 관심이 뜨거워지자 그루엔트지그는 혁신적인 카테터를 최초로 개발한 데 이어 세계 최초로 생방송 시연 코스live demonstration course를 개척해냈다. 그것은 현재 세계적인 의학계 표준으로 자리 잡았다. 그가 이렇게 한 이유는 자신의 기술을 아주 세세한 부분까지 빠짐없이 공유하기 위해서였다. 그는 외과의사들도 이 장치를 이해하고, 의심스러운 부분이나 염려되는 부분, 혹은 새로운 아이디어들을 함께 나누기를 원했기 때문이다. 그것이야말로 장치를 향상하는 최선의 방법임을 그는 깨닫고 있었다. 더군다나 이 두 가지 혁신적 아이디어만으로는 성에 차지 않았는지 그는 자발적인 임상 사례 등록소를 만들어서 그와 동료들이 치료했던 임상 사례를 등록소에 올렸다. 치료 결과를 추적하고 자료를 공유하기 위한 것이었다. 각자의 치료 결과를 모든 사람이 접근해서 볼 수 있다는 사실만으로도 의사들은 최선의 치료를 위해 분발해야겠다는 생각이 들었다.

아벨레는 나중에 이렇게 적었다. "등록소가 있어서 경험과 기술을 신속하게 공유하는 것이 가능해졌기 때문에 많은 생명을 살리고, 수없이 많은 합병증을 예방할 수 있었다는 말은 결코 과장이 아니다. 논문을 발표해야 할 때가 오자 안드레아스와 그의 가장 가까운 협력자들은 지적 재산을 반드시 널리 퍼뜨리리라 마음먹었다."[32]

그루엔트지그는 쿠크루의 연구실에 있던 과학자들과 정반대였다. 그는 자만하지도 않고 자리에도 연연하지 않음으로써 난관을 뚫고 나갔고, 자기가 가진 것들을 기꺼이 공유했다. 그가 개척한 제품은 비영리로 개발된 것이 아니라 사업 목적으로 개발된 것이다. 하지만 그것을 통해 돈을 벌어들이게 된다는 사실은 그가 지식, 통찰, 자료, 경험을 공유하는 데 아무런 장애가 되지 않았다. 이런 공유야말로 성공에서 가장 결정적인 부분이었다.

그루엔트지그의 협력자들은 사심이라고는 없는 성인 같은 사람들이 아니다. 아벨레의 묘사에 의하면 그들은 개성이 강하고, 자부심과 자신감으로 똘똘 뭉친 사람들이었다. 더군다나 이들은 모두 서로 경쟁자들이었고, 대부분은 발명가보다도 기반이 잘 잡히고 성공한 사람들이었다. 그루엔트지그에게는 그들의 관심을 끌고, 시간을 내어줄 것을 요구하고, 이래라저래라 명령할 수 있는 힘이 전혀 없었다. 하지만 그 사실이 바로 풍성한 결실로 이어진 협력의 핵심 요인이었다. 그루엔트지그는 권력도 없고, 또 추구하지도 않았기 때문에 권력거리의 문제가 생기지 않았던 것이다. 그가 한 일은 바로 혁신적 치료법의 개발 과정에 참여하도록 다른 사람들에게 영감을 불어넣은 것이었다. 그는 의사들의 고귀한 목표와 그들의 직업인으로서의 자부심에 호소했다. 자기가 모든 답을 알고 있는 척 행동하는 일이 없었다. 그의 가장 큰 기여는 모든 사람의 신뢰 수준을 높게 유지했다는 점에 있다.

아벨레가 비꼬듯 내게 이렇게 말했다. "주인공들은 다 자기가 잘해서 성공한 줄 알죠. 하지만 정말로 중요한 것은 기획자의 능력입니다. 자기를 무대 중앙에 세우는 것이 아니라 모든 사람을 그 안에 함께 서게 만드는 능력이죠. 협력이라고 하면 개인과 기관들이 공통의 목표를 위해 함께 일하는 것이라고 정의하는 사람이 많습니다. 그렇지 않습니다. 그것만으로는 부족해요. 협력을 이끌어내는 위대한 리더십이란 환경에 변화를 주어 기여하는 개인들의 합보다 전체가 더욱 커지게 만드는 능력입니다. 이것은 아주 다른 종류의 리더십이고 희생이 따를 수도 있습니다. 사람들은 협력이란 일하는 사람들만 기분 좋게 해주면 되는 것이 아니냐고 생각하죠. 미안하지만 그런 상황에서는 성취가 결코 부분의 합보다 커질 수 없습니다."

협력하는 재능을 찾아보기 힘든 것은 경우가 드물어서라기보다는 그런 부분을 가르치고 축하하는 경우가 드물어서가 아닌가 싶습니다. 우리의 교육제도는 그냥 혼자서 성취해내는 것만 가르치거든요. 1,824명의 대학생을 상대로 벌인 한 설문조사에서는 학생들에게 가상의 직무 분석표를 보여줬는데, 팀워크나 협력을 언급한 직무 분석표는 모두 거부당했어요. 학생들은 협력자가 되기를 원하지 않았습니다. 스타가 되고 싶어 했죠. 그래서 고용주들은 우등생을 끌어들이려면 구인 광고를 할 때 팀워크에 대한 얘기는 빼야겠다는 생각을 하게 되었죠."[33]

아델의 협력 스토리에서 배우다

스포츠계에서는 개별 선수들에게 높은 보수를 제공한다. 심지어 단체 스포츠에서도 개별 스타플레이어나 감독에게 승리의 공을 돌리는 경우가 허다하다. 연예사업계에서는 가장 쉬운 마케팅 전략으로 단독 행동가를 하나의 브랜드로 바꾸는 전략을 꼽는다. 직장 생활을 시작하는 젊은이들이 듣는 소리 역시, 나날로 끔찍해지는 구직 시장에서 자신을 효과적으로 팔기 위해서는 하나의 브랜드가 되어야 한다는 말이다.

유명 인사의 추종자들은 성과가 우수한 사람을 묘사할 때 한결같이 슈퍼스타 단독 행동가로 묘사한다. 그보다 더 안 좋은 것은 이기적이고 행실이 나쁜 단독 행동가에 대한 신화가 연예계에서 성행하고 있다는 점이다. 음악, 영화, 연극, 춤, 그림 등의 젊은 예술가에게 물어보면 그들은 자아 과잉 상태로 쓰레기 더미가 된 호텔 방에 들어가 있는 것이 성공이라도 되는 것처럼 대답할 것이다. 그들은 윌리엄 뮤어의 슈퍼 암탉들이 얼마나 비통한 최후를 맞았는지 모른다. 그리고 서로 소통하지 않는 하버드 대학교의 젊은 과학자들처럼 그들도 한 젊은 음악가가 주장했던 것을 믿게 되었다. "성공한 인간들은 다 쓰레기들이에요."

이런 태도는 오해의 소지가 크다. 그저 오늘날 이루어지는 작업들 대부분이 팀을 통해 이루어지고, 이것을 기술과 열정으로 해낼 수 있는 사람이 간절히 필요하기 때문만은 아니다. 연예산업계만 봐도 이런 태도는 틀렸음을 알 수 있다. 오디션 프로그램에서 양산해내는 '아이돌'들의 뚜렷한 특징은 그 영광이 놀라울 정도로 빨리 사그라진다는 점이다. 성공한 예술가가 되기 위해서는 실타래처럼 얽힌 협력적 관계가 필요하다. 이런 관계를 풍성하게 서로 엮어 꼼꼼히 유지해야 하는 것이다. 위대한 일을 혼자서 해낼 수 있는 사람은 없으며, 타인과 함께 일하는 데에 뛰어나지 않고서 오랫동안 살아남을 사람 역시 없다.

협력하여 좋은 결과물을 얻어내는 일이 음악산업처럼 분명하게 드러나는 곳은 없다. 2012년에 아델Adele의 앨범 〈21〉이 여섯 분야의 그래미상을 휩쓸며 네 번째 최다판매 앨범이 되었을 때 언론에서는 한 젊은 여성의 탁월한 능력에 놀라움과 기쁨을 표현하기 바빴다. 하지만 그 안에는 훨씬 흥미로운 점이 있었다. 이 앨범 하나에는 100명이 넘는 음악가, 제작자, 편곡자, 기술자의 노력이 들어갔다. 앨범 제작에 참여한 마케팅 인력과 경영 인력까지 포함시킨다면 그 수는 두 배가 넘을 수도 있다. 브랜드는 한 개인에 초점을 맞추지만 브랜드의 운영은 모든 참여자들이 어떻게 함께 일하도록 만들 것인가에 달려 있다.

"아델은 뛰어난 협력자입니다. 만약 그녀가 다른 사람들과 일하는 데 환상적으로 특출나지 않다면 자신이 지금 하는 일들을 충분히 해내지 못할 것입니다." 제작자 짐 애비스Jim Abbiss의 말이다.

애비스는 아델이 2008년 첫 앨범 〈19〉를 낼 때부터 그녀와 함께 작업해왔다. 그는 악틱 몽키스Arctic Monkeys, 비요크Björk, 매시브 어택Massive Attack, 쿡스Kooks 같은 다양한 예술가들과 작업하는 등 오랜 세월에 걸쳐 빼어난 경력을 가지고 있다. 기술자이면서 음악가인 그는 음악들이 어떻게 합쳐지는지 지켜보면서 레코드 스튜디오에서 많은 시간을 보낸다.

"오늘날 음악 기술을 보면 이론적으로는 자기 혼자서 모든 것을 처리할 수 있게 되었지만, 그렇게 하는 사람은 아무도 없어요! 협력을 통해 하는 것이 좋은 결과가 나오거든요. 여기에는 예외가 없어요. 〈21〉처럼 엄청나게 많은 인력이 함께 했든, 몇 사람이 같이 했든, 함께 하면 더 좋은 음악이 나와요."

음악산업은 말만 번드르르하고 자기 자신만 챙기는 사람들이 많은 것으로 악명이 높지만 애비스는 그런 이미지와는 맞지 않는다. 떡 벌어진 체격에 체크무늬 티셔츠 하나를 걸치고 있는 모습을 보면 그는 음악가라기보다는 건축업자처럼 보인다. 그는 주변 사람들에게 관심이 많고 새로운 장소나 아이디어에 대해서도 호기심이 많다. 열정적인 호기심, 겸손한 자신감, 약간의 강박증 등 많은 과학자들의 존경을 받는 존 아벨레의 특성을 그에게서도 볼 수 있다. 그는 자신의 일을 대단히 절제해서 표현하며, 자신의 예술가들을 위해 일한다. 그는 일종의 공명판sounding board(사람들이 자기의 아이디어를 가지고 찾아와 얘기를 나누고 싶어 하는 사람을 의미한다-옮긴이)이다. 그는 어떤 때는 엄하게 사랑하고, 어떤 때는 위로하는 등 제작에 꼭 필요한 부분만 기여한다.

"아델은 마음이 열려 있고, 퍼주기를 좋아하는 사람이라 좋아하지 않을 수 없어요. 물론 그녀는 환상적인 멜로디를 작곡할 수 있고, 대부분의 사람들보다 노래를 잘하죠. 그래서 관대해질 수 있는 여유가 있는 거죠. 하지만 그녀는 더 나은 작업을 가능하게 해주는 사람들을 진심으로 좋아해요. 그 점에 대해서는 조금도 교만하지 않고, 걱정하지 않아요."

애비스의 말에 따르면 아델을 뛰어난 협력자로 만들어주는 것은 노래에 대한 그녀의 헌신이라고 한다. 그녀는 더 나은 노래를 만들도록 하는 것은 받아들이고, 그렇지 않은 것은 거부한다. 여기에는 군림하는 자세가 끼어들 틈이 없다.

"우리는 아델의 첫 번째 앨범 〈19〉에서 한 곡을 함께 작업했어요. 밥 딜런Bob Dylan의 'Make You Feel My Love'를 커버곡으로 부른 것이었습니다. 나는 현악4중주를 제안했죠. 아델은 현악4중주 팀하고는 같이 일해본 적이 없어서 어떻게 활용해야 할지 난감해 하더군요. 그래서 제가 로지 댄버스Rosie Danvers를 불렀죠."

댄버스는 이렇게 회상했다. "전화를 한 통 받았어요. 애비스가 이렇게 말하더군요. '당신네 현악4중주를 데려다가 아델이라는 가수와 작업을 할 수 있을까요?' 나는 아델을 몰랐어요. 아무도 그녀를 몰랐죠. 애비스는 어떤 준비도 없이 그냥 4중주를 데려 오기만 하면 된다고 하더군요. '그냥 오기만 하라고?' 난 화가 났어요. 나는 프로젝트를 할 때마다 내 능력을 최대한으로 끌어올리고 싶거든요. 그저 될 대로 되라 식으로 일하고 싶지 않았어요. 정말 제대로 만들고 싶었죠!"

로지 댄버스는 고전음악을 전공한 첼로 연주가다. 그녀는 음악 세션의 연주가 만족스럽지 않자 다양한 음악가들과 풍부한 협력 관계를 구축하고자 하는 마음에 현악4중주 팀인 '와이어드 스트링스Wired Strings'를 결성했다. 그녀의 아이디어는 새로운 것이었고, 무명의 가수와 함께하는 이 뜻하지 않은 기회가 승리로 이어질지는 확실치 않았다. 하지만 그것은 문제가 되지 않았다. 아델은 정말 주목할 만한 좋은 목소리를 가지고 있었고, 그것만으로도 로지는 더 열심히 작업에 임할 수 있었다. 이틀 후 스튜디오에서 모두가 처음으로 함께 자리를 했다.

애비스는 이렇게 회상한다. "그렇게 해서 로지가 우리 앞에서 음악을 발췌한 부분을 연주했고, 아델은 이 부분은 맘에 들고, 이 부분은 맘에 안든다며 자기의 생각을 말했어요. 모두들 신속하게, 그리고 확신을 가지고 그런 부분들에 맞춰야 했어요. 그리고 모두 그렇게 했지요. 명심할 것이 있습니다. 이 시점에서는 아무런 돈도 없다는 것이죠. 이것은 시간이 없다는 의미였습니다. 하지만 세 시간 만에 모든 사람이 자기가 가지고 온 것을 상당 부분 바꾸었고, 모든 사람으로부터 훌륭한 연주를 끌어낼 수 있었어요. 전체적인 분위기는 이랬습니다. '최고의 아이디어가 승리한다.' 중요한 것은 당신도, 그녀도, 나도 아닙니다. 최고의 아이디어가 승리한다는 것이죠."

애비스와 댄버스에게 이 이야기를 따로따로 들었지만 두 사람 모두 얘기를 하면서 눈이 반짝거리고 미소가 끊이지 않았다. 분명 이것은 모든 사람에게 좋은 경험이었던 것 같다. 스튜디오 세션은 돈이 많이 들고 스트레스가 심할 때도 많지만 그들 각자에게 이 세 시간은 여유 있고, 생산적이고, 창조적인 시간이었다. 세션을 마치고 나오며 댄버스는 자기가 4중주를 결성할 때 바랐던 모든 것을 이루었다는 느낌을 받았다.

"우리는 모두 열의에 들뜬 상태로 세션을 마치고 나왔어요. 무언가를 함께 힘을 합쳐 창조해냈다는 느낌이었죠. 아주 큰 성취감이 들었어요. 지시만 따르는 것은 지겨워요. 하지만 이번에는 모든 사람이 기여했고, 모든 사람이 일을 좋아했어요!"

지시를 따르는 부분에 대해 언급한 것은 의미가 있다. 진정 성공적인 예술가들은 제멋대로 하는 일탈 행위와 아부하는 듯 순종하는 행위의 양극단 중 하나를 선택하지 않는다. 그들은 복잡한 협력에 요구되는 기술, 뉘앙스, 감정이입 능력, 지능을 개발하고 있다. 댄버스는 수동적으로 협력하지 않았다. 그녀는 쿠크루의 무뚝뚝한 과학자들처럼 혼자 영광을 누릴 순간을 기다리지도 않았고, 혹시나 성공하지 못했을 때를 대비해서 변명거리를 마련하지도 않았다. 성숙한 협력자였던 댄버스는 자기가 기여한 부분의 질적인 면에 대해서 책임을 졌다. 그녀가 아델의 라이브 공연이나 상을 수상한 앨범 〈21〉에서도 계속 작업을 이어간 것은 놀랄 일이 아니다. 아델의 노래 'Set Fire to the Rain'을 들어보면 댄버스와 그녀의 4중주가 그 노래에 입혀준 독특한 소리를 들어볼 수 있다. 댄버스는 또한 4중주와 함께 비욘세Beyoncé, 제이 지Jay-Z, 에밀리 산데Emeli Sandé, 카니예 웨스트Kanye West, 라나 델 레이Lana del Rey, 폴 웰러Paul Weller 등의 다양한 음악가들과 작업했다. 브리핑은 거의 항상 모호했고, 시간은 늘 쫓겼지만 그녀는 최선을 다했고 모든 사람들의 기여를 하나로 엮어내겠다는 의지를 단호히 했다.

"제 세션에서는 어떤 경쟁도 일어나기를 바라지 않아요. 전통적인 오케스트라에서는 리더들이 가장 앞에 자리 잡고, 그 뒤로는 뒤쪽 자리까지 우열순서대로 자리 잡죠. 그건 것은 잊어버려야 해요. 우리는 모두들 앉고 싶은 자리에 앉습니다. 우리는 모두 협력해야 합니다. 저는 모든 사람의 피드백이 필요해요. 사람들도 그것을 좋아하죠. 이것을 통해 모든 사람이 전체에 대한 책임감을 부여받습니다. 그냥 나타나서 자리를 지키기만 해서는 곤란해요. 나는 모든 사람이 최선을 다했다는 느낌을 받으며 자리를 떠나길 바랍니다. 사람들끼리 친해야 한다는 소리가 아닙니다. 무언가를 함께 창조해야 한다는 의미에요."

애비스가 말하길 과학계와 마찬가지로 여기서도 누구에게 공이 돌아갈 것이냐가 문제가 된다고 한다. 그것은 충성도에 영향을 미치기 때문에 자존심만 걸린 문제가 아니다. 하지만 최고의 예술가들은 자기의 작업을 훌륭한 것으로 만드는 데 기여한 사람들의 공을 인정할 줄 아는 경향이 있다.

애비스는 이렇게 설명한다. "공을 공평하게 인정해주는 일은 무척 중요합니다. 때로는 아주 작은 일이 커다란 차이를 만들어낼 수 있거든요. 나는 관대함이야말로 협력의 핵심이라고 생각합니다. 지구력이 좋은 예술가들은 협력을 잘하는 사람이라는 사실이 정말 놀랍습니다. 이런 사람들은 자기가 다른 사람들을 필요로 한다는 것을 알기 때문에 그들의 참여를 환영하고, 그들에게 공을 돌리는 데도 관대하죠."

잘 듣는 자와 듣지 않는 자의 차이

내가 만난 음악 분야의 사람들은 위대한 음악은 절대 혼자만의 힘으로 만들어지지 않는다는 점을 인정했다. 많은 제작자들이 재능은 있지만 자신이 주인공인 듯 행동하여 오래 버티지 못하고 사라져 버린 음악 밴드들을 잘 알고 있었다. 그들이 처음부터 그렇게 행동했던 것은 아니다. 미디어의 과잉 홍보와 유명 인사 브랜드화가 많은 예술가들을 주인공 자리에서 한물간 퇴물의 자리로 곤두박질치게 만들었다. 하지만 지속적으로 의미 있는 경력을 쌓아가는 예술가들은 동료 예술가들로부터 계속해서 자극과 영감을 받는다. 이들은 진공 속에서 창조를 이끌어내는 것이 아니다.

물론 이것은 전 세계적으로 이루어지고 있는 수많은 오디션 프로그램에서 전달하는 메시지가 아니다. 그런 프로그램에서는 한 명의 우승자에게만 모든 관심이 집중된다. 음반 회사 입장에서는 개인을 상품으로 내놓는 것이 나중에 다른 사람으로 대체하기도 편하기 때문이다. 평생 활동할 진정한 음악가들을 배출하는 음악 학교는 이런 토너먼트를 싫어하고 대부분의 음악가들 역시 마찬가지다. 이들은 사람의 성격이나 포장에 너무 많은 관심이 집중되면 음악은 사라져 버린다고 말한다.

클래식 음악가들과 얘기하다 보면 빠지지 않고 등장하는 이름이 있다. "랑랑Lang Lang 말이죠." 한 음악가도 그의 이름을 언급하며 투덜거렸다. 그들이 그를 불편해하는 이유는 똑같았다.

한 호른 연주자는 내게 이렇게 말했다. "그는 듣지를 않아요. 아마 이건 음악가에게 할 수 있는 최악의 얘기가 아닐까 싶군요. 하지만 그는 정말로 듣지를 않아요. 그는 최고가 되는 데만 관심이 있기 때문에 음악 안에서 다른 어떤 일이 일어나고 있는지 전혀 몰라요. 그가 우리를 무시하니 당연히 우리도 그를 무시하죠. 콘서트는 정말 끔찍합니다. 야유를 받지 않는 것이 놀라울 따름이죠."

피아노 연주자 포우 청Fou Ts'ong과 이야기를 나눌 때도 그가 직접 그 이름을 거론하지는 않았지만 랑랑은 대화 속에서 내내 맴돌았다. 오늘날 현존하는 세계 최고의 파이노 연주자 중 한 사람으로 폭넓은 인정을 받고 있는 포우 청은 70년의 음악 경력 동안 경쟁에서 승리할 만큼 승리해왔다. 하지만 그의 말로는 음악의 경쟁적 속성에 변화가 있었다고 한다.

"이런 경쟁적인 문화는 아주 해롭습니다. 이것이 기술적으로는 뛰어나지만 음악성은 형편없는 연주자들을 양산하기 때문이죠. 기술적으로만 보면 가장 어렵다는 연주도 척척할 수 있는 연주가가 수천 명은 될 겁니다. 그럼 이런 사람들은 자기만의 특별함을 만들기 위해 무언가 해야겠다고 느끼죠. 하지만 그럴 필요가 없거든요. 작곡 자체가 이미 충분히 특별합니다. 음악 연주에서 중요한 것은 음악이지 연주자가 아니니까요."

쇼팽에 초점을 맞추고 있는 포우 청은 많은 콘서트를 독주회로 열었다. 그럼 이것은 결국 그가 관심의 중심에 선다는 의미가 아닌가? 어떻게 단독 공연자가 협력할 수 있다는 말인가?

그는 이렇게 주장한다. "하지만 협력은 반드시 해야 하는 일입니다. 나는 언제나 작곡가과 함께 연주합니다. 중요한 사람은 작곡자죠. 제가 아닙니다. 음악이 중심이 되어야 해요. 작곡가는 나에게는 신입니다. 나는 작곡자가 소통하고 싶었던 것을 소통하기 위해 거기에 있는 것이죠. 따라서 작곡자를 위해 연주하고, 작곡자와 함께 연주하고 있는 것입니다."

피아노 콘서트처럼 대규모의 오케스트라 연주에서 포우 청은 늘 피아노 악보만이 아니라 전체 악보를 공부한다. 그는 다른 방식으로 할 생각은 해본 적도 없다고 한다.

"악보 전체에 대한 개념을 가지고 있어야 합니다. 그렇지 않으면 피아노가 무슨 일을 하고 있는지 내가 어떻게 알겠습니까? 진정한 음악가라면 자기가 맡은 부분만이 아니라 항상 전체를 머릿속에 두어야 합니다. 요즘에 보면 손가락 재주가 뛰어난 피아노 연주자는 대단히 많지만 피아노 부분에만 집중하는 경우가 많아요. 그렇게 해서는 음악을 제대로 연주할 수 없습니다. 나는 학생들을 가르칠 때 악보 공부하는 법과 좋은 질문을 던지는 법을 가르칩니다. 위대한 작곡가일수록 악보가 더 복잡하고 다채롭거든요. 저는 그것이 올바른 접근 방법이라고 생각합니다."

내가 단독 연주자와 오케스트라 사이의 긴장에 대해 오케스트라 연주자와 얘기할 때마다 포우 청은 그 모범적 사례로 단골 등장한다. 그는 연주자 한 사람 한 사람에 대해 완벽하게 잘 알고 있는 똑똑한 완벽주의자 음악인으로 칭송받는다. 그에게는 그 외의 다른 모든 접근 방식은 반음악적인 것이다. 다른 사람들과 함께 일하지 않는 연주자는 작곡가와도 협력하지 않기 때문에 어떤 독창적인 것도 만들어내지 못하기 때문이다.

포우 청은 이렇게 주장한다. "내가 아무리 잘 알고 있는 악보라고 해도 나는 거기서 항상 무언가 새로운 것을 찾아냅니다. 아주 미묘한 부분일 때가 많죠. 작곡자를 발견하고, 계속해서 좋은 질문을 던지려는 노력이야말로 가장 위대한 독창성입니다."

개인의 합보다 큰 능력

전문 예술가를 훈련시키는 로열연극아카데미 Royal Academy of Dramatic Art(1904년 세워진 영국의 명문 연극학교─옮긴이)는 수많은 명배우를 배출한

세계적으로 유명한 기관이다. 리처드 아텐보로Richard Attenborough, 피터 오
툴Peter O'Toole, 글렌다 잭슨Glenda Jackson, 앨런 베이츠Alan Bates, 안소니 홉킨
스Anthony Hopkins, 준 화이트필드June Whitfield, 알란 릭맨Alan Rickman, 피오나 쇼
우Fiona Shaw, 에드리안 레스터Adrian Lester, 이멜다 스턴톤Imelda Staunton, 벤 위
쇼Ben Whishaw, 소피 오코네도Sophie Okonedo 등이 모두 이곳 출신이다. 하지만
로열연극아카데미조차 학생들에게 개인적 탁월함을 훨씬 뛰어넘는 기술
과 재능을 기대한다.

에드워드 켐프Edward Kemp는 이렇게 말했다. "이곳에 지원하는 수많은 학
생들은 연기가 자기만 잘하면 되는 줄 생각하죠. 이것은 유명 인사만 인
정받는 문화 때문이기도 합니다. 하지만 우리는 그런 것을 기대하지 않습
니다. 우리는 오디션 참가자들을 며칠 동안 지켜봅니다. 그들이 다른 사
람들과 어떻게 일하는지, 자신의 배역에 어떻게 맞춰 가는지 보고 싶기
때문이죠. 저는 어떻게 해내느냐 만큼 어떻게 반응하는지도 중요하다고
생각합니다. 자기 배역만 열심히 하는 사람들이 많은데, 그렇게 하면 별
로 신통치 못해요. 사실 어딜 가도 마찬가지죠."

음악 제작자들이 협력을 잘하는 음악가가 더 긴 음악 인생을 즐긴다고
생각하듯이 로열연극아카데미의 교사들도 서로서로 잘 주고받는 배우가
더 풍성하고 알찬 기회를 갖게 된다고 생각한다. 내가 이 아카데미의 자
문위원으로 일하는 동안 우리는 외모만 받쳐주면 된다는 생각으로 문을
두드리는 수많은 학생들을 보며 걱정이 많았다. 하지만 전문가들이 원하
고 인정해주는 배우는 다른 사람들과 잘 조율할 줄 아는 배우들이다. 이
런 배우들은 인생 경험이 더 풍부하기 때문에 미묘한 의미를 제대로 읽
고, 해석하고, 전달할 수 있기 때문이다.

이곳의 오디션을 보니 스타일, 나이, 체격, 체형, 발음, 접근방식 등이
무척 다양한 사람들이 있었다. 하지만 강사들과 대화를 나눠보니 그들이
찾는 것이 무엇인지 알 수 있었다. 바로 경험과 민감성의 풍부한(때로는 신

비로운) 혼합이다. 즉, 내가 당신에게 제공하는 것은 내가 당신에게 얻는 것에 의해 완화되고 조정되는 것이다. 디노 켈잘릭Dino Keljalic이라는 한 지원자는 세르비아 난민으로 처음에는 네덜란드로 갔다가, 그 다음엔 노르웨이로 갔다. 의사를 준비하던 그는 그곳에서 연기의 꿈을 품는다. 큰 키의 근육질의 몸, 짙은 곱슬머리, 날카로운 검은 수염을 한 그는 신체 조건부터 존재감이 상당했지만 그를 진정 매력적으로 만드는 것은 이런 부분이 아니었다.

켐프는 이렇게 생각했다. "디노에게서 놀라웠던 점은 타인에 대한 이해를 자기와 무대를 함께 하는 배우들에게로 옮겨올 줄 안다는 것입니다. 그는 그들에게 온통 정신이 팔리고, 그들에게 흥미를 느껴요. 그게 중요한 점입니다. 사람들 사이에서 일어나는 일 말이죠."

그보다 앞서 켐프는 내게 말하기를 진정한 잠재력을 지닌 예술가를 알아보는 일은 언제나 힘들다고 했다. 특히 인생이 그들을 어떻게 바꾸어 놓을지 아무도 예측할 수 없기 때문이다. 그가 내게 이웃한 음악 학교에 다니던 오보에 연주자 이야기를 들려주었다. 그녀의 음악 실력은 교착 상태에 빠져 있었다고 한다. 그녀에게 전문 연주자로서 경력을 꾸려갈 만한 능력이 없다고 생각한 지도교사는 다른 선택을 고려해보도록 권했다. 그녀는 웹사이트 사업에 대한 아이디어가 있었기 때문에 음악 교육은 계속 받는 한편 자기 회사도 하나 차렸다. 사업은 번창했고 그녀도 무척 잘 지냈다. 하지만 그녀의 지도교사를 놀라고 기쁘게 한 것은 그녀의 음악이 극적으로 향상되었다는 점이다.

켐프는 이렇게 결론 내렸다. "이런 점 때문에 이 일이 그렇게 힘든 겁니다. 보통은 실력을 향상시키려면 몇 시간이고 열심히 노력하면 된다고 생각하죠. 하지만 그게 간단하지가 않아요. 위대한 작품을 만들고 싶어도 그 작품, 함께 일하는 사람들에게 불어넣을 활력이 없으면 불가능해요. 타인에게 어떻게 반응하느냐가 중요하거든요. 자기한테만 빠져 있으면 재미가 없어요."

최근에는 배우, 작가, 디자이너, 음악가, 인형 공연가 등의 예술가들이 함께 작품을 고안하는 협력 단체들을 새로 만들면서 현대 연극계에서 혁신의 원천이 되어주고 있다. 캐나다 감독 로베르 르파주Robert Lepage는 자신이 어떻게 연극을 만들어내는지를 공개적으로 얘기한다. 그는 말하기를 협력자들이 기여하는 부분에 자기는 그저 듣는 능력만 보탤 뿐이라고 한다.

안무가 트와일라 타프Twyla Tharp는 자기가 안무가로서 큰 성공을 거둔 것은 관객들과의 협력 덕분이라고 생각한다. 펀치드렁크Punchdrunk, 니하이Kneehigh, 핸드스프링Handspring, 컴플리시떼Complicite 등 많은 연극 단체들 중에서 누가 무엇을 했는지 알아내려고 시도해보면 중심점이 없는 미로의 한가운데 서 있는 것 같은 기분이 들 것이다. 그렇다고 모든 사람이 남의 일을 하고 있다는 얘기는 아니다. 각자는 자기만의 고유한 분야에서 전문 지식을 활용하고 있다. 하지만 교차 반응이 대단히 치밀하게 이루어지고 있기 때문에 누가 어떤 일을 하고 있는지 가려내기가 불가능하다. 만약 누군가가 승리하려고 애쓰고 있다면 이런 일들은 불가능하다.

이런 단체들은 뛰어난 파트너를 찾아서 발전시킴으로써 번창한다. 오래도록 함께 일하는 사람이 많은데 공동 작업이라는 도전을 받아들이는 사람들로 구성된 올바른 조합을 찾아내고 나면 큰 보람이 따르기 때문이다. 하지만 이것은 무척 어려운 일이기도 하다. 재능 있는 사람들을 어떻게 조합해야 하는지 이해하는 기획자와 제작자들은 자기가 의지하는 참가자들과 관계를 구축하고 그들을 육성한다. 최고경영자들에게 가장 큰 걱정거리가 무엇이냐고 물어보라. 모두 '사람'이라고 말할 것이다. 뛰어난 사람을 찾을 수 없어서가 아니다. 그들이 뽑는 사람들이 대부분 경쟁 의식을 가지고 있어서 뛰어난 구성원이 되기 어렵기 때문이다. 회사들도 더욱 뛰어난 창의력과 혁신을 이끌어내려면 팀워크가 필요하다는 것을 알고 있다. 하지만 대체 무엇이 뛰어난 팀을 만드는 것일까?

이 질문에 답하기 위해서도 마찬가지로 협력이 필요했다. 카네기멜론 대학교와 MIT 공대의 연구진으로 구성된 팀은 '일반적 인지능력'이 존재함을 보여주는 개별 지능 검사를 시작했다. 다른 말로 하면 한 가지 일에 뛰어난 사람은 다른 일에서도 뛰어날 가능성이 크다는 얘기다. 이런 일반적 인지능력은 일에서의 성공, 심지어는 기대 수명을 비롯한 다양한 결과를 예측할 수 있게 하는 믿을 만한 예측 변수다. 하지만 연구팀은 이런 의문이 들었다. 집단에도 이와 비슷한 예측 변수가 존재할까? 능력이 대단히 뛰어난 팀을 가려낼 수 있는 방법이 있을까? 만약 그렇다면 그것의 특성은 무엇인가?

연구팀은 63명의 참가자를 모아서 건축 설계 테스트를 치르게 했다. 실험참가자들이 이 프로젝트를 혼자 할 때는 일반적 지능으로 수행성과를 잘 예측할 수 있음이 드러났다. 그 다음에는 실험참가자들을 집단으로 나누어서 실험해보았다. 하지만 여기서는 집단 구성원들의 평균 지능도, 집단 내에서 가장 똑똑한 구성원의 지능도 수행성과를 말해주는 훌륭한 예측 변수가 되지 못함이 밝혀졌다. 지능 검사 결과를 수학적으로 계산한 것으로는 뛰어난 팀을 예측할 수 없었던 것이다. 더 나아가 집단응집성, 동기, 만족도 등의 요소들도 성과가 뛰어난 팀을 설명해주지 못하기는 마찬가지였다.

결정적인 차이를 만들어내는 것은 모두 세 가지였다. 첫째, 집단의 성취와 사회적 민감성 사이에는 강력한 상관관계가 있는 것 같았다. 이것은 '눈빛으로 마음 읽기 검사Reading the Mind in the Eyes' test(테스토스테론 실험에서 감정이입 능력 상실 정도를 측정한 것과 같은 검사다)'로 측정했다. 구성원들이 서로 얼굴 표정을 더 잘 알고, 서로에게 관심도 더 보이는 집단이 생산성도 더 뛰어난 것으로 밝혀졌다. 둘째, 성취가 떨어지는 집단은 소수의 구성원이 대화를 지배해 버렸다. 주인공, 단독 행동가, 부엉이들이 지배해 버린 것이다. 하지만 모든 구성원이 좀 더 평등하게 기여한 집단은 수행성과가 더 나았다. 여성 구성원이 많은 집단 역시 더 나은 성과를 보였다.

이 연구에서 내린 결론은 개인의 지능보다 집단의 지능을 올리는 것이 더 쉬울 수 있다는 것이다. 천재적인 두뇌의 소유자를 추가할 필요가 없다. 그렇게 해서는 퍼듀대학교의 슈퍼 암탉 꼴이 날 뿐이다. 그 대신 최선을 다해 기여하지만 지배하지 않고, 집단 내부의 모든 사람에게 관심을 쏟고, 그들이 하는 말에 열심히 귀를 기울이려 하는 구성원을 찾아야 한다. 그리고 집단 속에 여성도 충분히 포함시켜야 한다.

협력이 중요한 이유는 집단적으로 일할 때 작업도 더 잘되고, 아이디어도 더 많이 나오고, 해결방법도 더 쉽게 나온다는 사실을 우리가 알고 있기 때문이다. 이것이 쉽지는 않다. 우리 문화에서는 뛰어난 협력을 교육하지도, 보상하지도, 심지어는 인정하지도 않기 때문이다. 하지만 유리 알론, 데이비드 링, 아델, 포우 청, 보스턴사이언티픽과 펀치드렁크의 발명들, 그리고 이제 비제이 쿠크루의 연구실에서 조심스럽게 키워나가고 있는 생산성 등은 모두 우리가 함께 손을 잡고 경이로운 일을 해낼 수 있는 선천적 능력을 가지고 있음을 증언해주고 있다. 이런 재능은 언제나 우리 안에 선천적으로, 그리고 내재적으로 자리 잡고 있다. 우리가 해야 할 일은 그 재능을 이끌어내어 자라게 할 수 있는 구조와 과정, 습관과 인간관계를 구축하는 것이다.

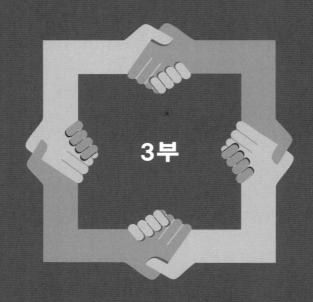

3부

A BIGGER PRIZE

협력은 어떻게 경쟁을 이기는가

혁신을 파괴하는 경쟁구조

오토튠이 빼앗아간 개성

젊은 기술자들이 마흔에 은퇴하기를 염원하는 동안 앤디 힐데브란트Andy Hildebrand는 자신의 소원을 이루었다. 그는 석유 산업계의 신호처리signal processing 분야에서 18년간 일했다. 지표면 아래로 음파를 보내면 반향이 생기는데, 이것의 상관관계를 적절히 찾아내면 음파가 어디서 무엇에 부딪혔는지 파악해서 지도를 작성할 수 있다. 엑손Exxon과 같은 회사에서는 매장된 석유를 찾아낼 때 이것이 결정적인 도구로 이용된다. 여기에 걸린 이해관계가 크다는 것 때문에 힐데브란트는 매우 소중한 교훈을 배웠다.

그는 내게 이렇게 말했다. "이 일은 내게 훌륭한 일을 한다는 느낌을 주지만 정말 부담스러운 면이 있습니다. 석유 산업에서 시추공을 뚫으려고 하면 3억 달러에서 6억 달러 정도의 돈이 들어갑니다. 그냥 파보고 여기가 아닌가보다 할 수는 없는 노릇이죠. 사정이 이렇다 보니 탐지에 실패하는 소프트웨어를 사용할 수는 없어요. 그래서 저는 소프트웨어가 절대로 실패해서는 안 된다는 사고방식을 가지게 됐죠."

마흔의 나이에 자신의 꿈을 자유롭게 좇을 수 있게 된 힐데브란트는 라이스대학교에서 음악 작곡을 공부하기 시작했다. 그는 심포니 오케스트라 음악을 작곡하고 싶었지만 초짜 학생이 작곡한 음악을 기꺼이 연주해주겠다는 오케스트라를 찾기는 하늘의 별 따기였다. 그래서 힐데브란트는 신디사이저로 연주하기 시작했다. 그의 소프트웨어 전문지식 덕도 봤다.

"그 당시 신디사이저 연주는 부담스러운 일이었죠. 메모리 용량이 제한되어 있어 순환 연주밖에 안 됐거든요. 그래서 신디사이저를 손 봐서 반복되는 부분이 들리지 않게 만들었죠. 한 친구가 그러는데 여러 사람이 필요로 했던 기능이라고 하더군요. 그것으로 돈을 벌 수 있을 거라고 말이죠. 하지만 나는 음악계에는 돈이 별로 없다는 것을 알고 있었습니다. 나는 음악 작곡을 재미로 하고 있었어요."

힐데브란트를 보면 재미에서 진지한 동기를 부여받는 사람이라는 인상이 든다. 수염을 기른 가식 없는 모습의 그는 무엇이든 이것저것 손대보는 재능이 있었다. 그리고 남의 말에 귀를 기울일 줄 아는 재능도.

"벌써 소프트웨어를 두 개 정도 팔았을 때였습니다. 어느 날 영업사원과 그의 아내와 함께 점심을 먹고 있는데, 느닷없이 영업사원이 제가 자신의 아내처럼 음을 맞추지 못해도 제대로 내는 것처럼 들리게 하는 소프트웨어를 만들면 좋겠다고 하더군요. 참 민망한 순간이었죠. 모두들 눈을 내리깔고 자기 발만 쳐다보고 있었어요. 나는 그 문제를 어떻게 해결해야 하는지 그 자리에서 바로 알 수 있었어요. 다만 아무도 관심이 없을 거라 생각했죠."

1997년, 힐데브란트는 무역 박람회에 출품할 신제품이 없자 그날 점심식사에서 나왔던 얘기를 떠올리고는 영업사원의 아내를 위한 소프트웨어를 만들기로 마음먹었다. 표적집단focus group(시장 조사나 여론 조사를 위해

각 계층을 대표하도록 뽑은 소수의 사람들로 이뤄진 그룹)도, 시장조사 같은 것도 없었다. 그냥 재미를 위해 한 일이었다.

그가 그때 일을 기억하며 웃었다. "사람들이 소프트웨어를 아예 내 손에서 빼앗아가다시피 하더군요. 나도 전시용 부스를 하나 열고 있었습니다. 음정이 틀린 목소리를 하나 틀어놓으니 제 소프트웨어가 실시간으로 음정을 맞춰서 내보내줬죠. 사람들 입이 딱 벌어지더군요. 처음 시도해서가 아니었습니다. 다른 사람들도 시도를 해봤는데 실패했던 거죠. 소프트웨어가 충분히 잘 작동하지 않았으니까요. 제 생각에는 음악산업계에서는 제대로 교육받은 신호처리 전문가가 별로 없었던 것 같습니다. 하지만 제가 만든 소프트웨어는 잘 작동했죠. 엄청나게 히트를 친 겁니다. 소프트웨어가 만들어내는 소리라는 것을 사람들이 눈치 채지 못할 정도였거든요. 너무 자연스러운 소리가 흘러나왔고 아무런 결함도 없었습니다."

이제 업계에서 '앤디 박사'로 통하는 그는 오토튠AutoTune을 만들었다. 이 소프트웨어는 세계적인 베스트셀러 오디오 플러그인으로 노래를 부르면 실시간으로 음높이를 보정해주는 프로그램이다. 오토튠을 사용하면 음악 제작자들은 틀린 음정, 망친 음정을 제거할 수 있다. 아예 목소리 전체를 바꿀 수도 있다. 가수들은 비용을 들이고 고생하면서 노래를 다시 부르지 않아도 음정이 완벽한 녹음을 할 수 있다. 우리는 좋아하는 가수의 노래를 들으며 전혀 흠잡을 것이 없는 기적 같은 목소리에 감탄하지만, 사실 앤디 박사의 소프트웨어 덕분이다.

라디오 전파를 타는, 40위권 안에 드는 싱글곡은 거의 모두가 오토튠을 이용하고 있다. 오토튠은 셰어Cher의 베스트셀러곡 'Believe'로 일약 명성을 얻게 된다. 오토튠은 카니예 웨스트Kanye West의 'Heartbreak'에 애잔한 음색을 불어넣었고, 블랙 아이드 피스Black Eyed Peas, 본 아이버Bon Iver, 마일리 사이러스Miley Cyrus, 에미넴Eminem, 제이미 폭스Jamie Foxx, 페이스 힐Faith Hill, 와이클리프 진Wyclef Jean, 키드 락Kid Rock, 빌리 조엘Billy Joel 등 다양한 음악가들이 이용했다. 많은 음악가들은 자신이 오토튠을 사용하는지 여부를 비밀에 붙이고 완벽함의 신화를 유지하는 쪽을 선택한다. 처음 등장한 이후로 지금까지 많은 음악 애호가들이 오토튠을 일종의 부정행위라 여기고 있기 때문이다.

정작 힐데브란트 자신은 이런 비난에 신경 쓰지 않는다. 틀린 음정을 수정하는 것이 가능해지면서 음반 녹음의 경제학이 근본적으로 바뀌었다. 이젠 예전처럼 노래가 완벽하지 않아도 되고, 더 적은 수의 테이크 녹음만으로 음반 제작이 가능해졌기 때문이다. 그는 오토튠을 이용하는 것은 자기 아내가 예뻐 보이려고 화장을 하는 것이나 사진에서 붉게 번진 눈동자를 포토샵을 이용해서 수정하는 것과 별반 다를 것이 없다고 말한다. 물론 일부 사람들은 거기서 한 발 더 나가서 턱 선을 깎고, 잔주름을 제거하고, 이중 턱을 지우기도 하지만, 그게 무슨 상관인가? 음악만 더 좋아질 수 있다면 그 자체로 좋은 일이다. 디지털 시대 음악 산업의 특징은 바로 기술의 활용이고, 오토튠은 거기서 사용하는 수많은 도구 중 하나일 뿐이다.

그럼에도 불구하고 오토튠은 곧 논란의 중심에 서게 되었다. 힐데브란트는 오히려 이 점을 즐거워했다. 제이 지의 노래 'Death of Auto-Tune'이라는 곡만큼 논평과 판매를 크게 촉발한 것도 없었다. 이 곡은 오토튠이 음악에서 심장을 도려냈으며 그 자리에 거짓되고 형편없는 온갖 것을 채워 넣었다고 주장했다.

인디 팝 4인조 그룹 '데스 캡 포 큐티Death Cab For Cutie'는 거기서 한 걸음 더 나아가 오토튠이 야기한 지루하고 천편일률적인 음악에 대한 항의의 표시로 그레미상 시상식에서 파란 리본을 달고 나가기도 했다. 그들은 인간의 목소리에 담긴 결점과 기벽이 목소리에 고유한 특성을 부여해주는 것이기 때문에 함부로 지워서는 안 된다고 주장했다. 하지만 이 플러그인에 대한 가장 뜻 깊은 주장은 알앤비 음악가 니요Ne-Yo의 입에서 나왔다.

그는 오토튠의 사용을 지지하면서도 잘못 사용되고 있다고 생각했다.

"오토튠은 안전망으로 사용되어야 합니다. 목이 다 터지도록 똑같은 노래를 수천 번씩 부르고, 부르고, 또 부르고 싶지는 않으니까요. 오토튠을 이용해 괜찮게 녹음이 되었다 싶으면 다음엔 불안한 음정을 오토튠이 알아서 잡아내게 하면 되죠. 하지만 오토튠을 날개로 사용해서는 안 됩니다. 오토튠을 등에 짊어지고 빌딩에서 뛰어내려서는 안 된다는 얘기죠. 자기는 노래를 아예 못하니까 처음부터 끝까지 오토튠에게 맡겨 버리고 마치 로봇 윌리 같은 소리가 나오게 해서는 안 된다는 겁니다. 그건 정말 아니거든요. 끔찍한 일입니다. 그렇게 하면 목소리에서 모든 개성이 사라져 버립니다. 그런 소리를 라디오에서 들으면 다음과 같은 얘기가 나옵니다. '이건 누가 부른 거지?' 알 수가 없죠. 모든 사람에게 다 똑같은 목소리로 들리니까요."[1]

이론적으로 볼 때 경쟁의 주요 미덕 중 하나는 사람들에게 동기를 부여하고 창의력을 북돋아주어 시장이 다양한 제품으로 가득 넘치게 되리라는 것이다. 이것은 모든 사람에게 해당되는 얘기다. 더 나아지고, 더 잘하고, 다른 사람을 이기고 싶은 욕망이 생기면 모든 사람이 소비자의 마음을 사로잡을 수 있는 값싸고 멋진 상품과 서비스를 발명하리라는 굳은 각오로 일에 뛰어들게 된다는 것이다. 그럼 결국 소비자도 혜택을 보게 된다. 가격은 더 저렴해지고 선택의 여지는 더 늘어나기 때문이다.

하지만 이 새로운 기술 덕에 누구든 사실상 구분이 불가능한 음악으로 방송 전파를 탈 수 있게 되었다. 음악을 더 나아지게 만든 것이 아니라 똑같이 만들어 버렸다. 킴 카다시안Kim Kardashian, 하이디 몬테크Heidi Montag, 미켈 살라히Michaele Salahi, 안젤리나 피발릭Angelina Pivarnick, 심지어는 절망적일 정도로 음악 감각이 없는 레베카 블랙Rebecca Black에 이르기까지 수많은 리얼리티 티비쇼 스타들이 자기도 음악을 해보겠다는 포부를 가질 수 있게 되었다. 이게 모두 오토튠 덕분이다. 케사Kesha, 에밀리아 릴리Amelia Lily, 셰릴 콜Cheryl Cole 같은 가수들은 아예 서로 차별화하려는 노력조차 하지 않는 것 같다. 자신의 플러그인을 열정적으로 방어하는 앤디 힐데브란트조차 오토튠이 음악의 정체성에 대한 사람들의 생각을 바꾸어 놓았음을 인정한다.

그는 이렇게 말한다. "사람들이 그 전에는 실수가 있어도 듣지 못했었습니다. 틀린 음정으로 노래하는 사람이 그렇게 많았는데도 말입니다. 마릴린 먼로Marilyn Monroe가 케네디에게 불러주었던 '생일 축하합니다Happy Birthday' 노래를 생각해보세요! 하지만 이제는 틀린 음정으로 노래할 수가 없습니다. 그렇게 부르고 어물쩍 넘어갈 수가 없을 테니까요. 그래서 결국 오토튠은 음악을 듣는 방식과 음악에 대한 기대를 바꾸어놓았다고 할 수 있습니다. 사람들은 흠집 하나 없는 균질한 음악에 익숙해졌습니다. 사람들이 접하는 것이 대부분 그런 음악이니까요. 문제는 각각의 가수들을 독특한 존재로 만들어주었던 것들이 이제는 점점 더 결벽증처럼 꼼꼼히 제거되고 있다는 점입니다. 오토튠을 이따금씩 오디오 보톡스audio botox라 부르는 것도 괜한 소리는 아니지요."

공식으로 먹고사는 영화계

소프트웨어 때문에 복제 문제가 더 악화되었을지는 몰라도 이는 본질적으로 기술 때문에 생긴 문제가 아니다. 이론은 경쟁이 창의력을 자극한다고 하지만 실제로는 복제만을 양산할 뿐이다. 창조와 혁신은 어렵기 때문이다. 그 어려운 것을 왜 굳이 해야 한단 말인가? 성공한 것을 하나 찍어서 그냥 복제하면 간단한데. 이것이 찰리 카프먼Charlie Kaufman의 멋진 영화 〈어뎁테이션〉의 주제 중 하나다. 이 영화에서 니콜라스 케이지Nicholas Cage가 연기한 주인공은 권위 있는 영화대본 작가 로버트 맥키Robert

McKee(배우 브라이언 콕스Brian Cox가 연기)에게 다가가 말을 건다. 맥키의 책 《이야기Story》, 그리고 그가 전 세계를 돌며 쉬지 않고 개최하는 세미나들은 모든 사람에게 할리우드 대본을 쓰는 방법을 가르쳐주기 위한 것이다. 영화의 대본을 쓰는 데는 공식이 있고(대부분 아리스토텔레스로부터 유래한 것들), 체계가 있고(모든 장면에는 비트가 있어야 한다), 그리고 일반적인 요령이 있다는 것이다. 영화에서 니콜라스 케이지가 연기한 등장인물은 맥키 시스템의 지긋지긋한 규칙을 그대로 따르는 대본을 썼을 때만 성공한다.

공식을 팔아먹고 사는 사람이 맥키만 있는 것은 아니다. 사이드 필드Syd Field는 매 쪽마다 펼쳐져야 할 내용들을 작가에게 알려준다. 한편 블레이크 스나이더의 책 《Save the Cat! – 흥행하는 영화 시나리오의 8가지 법칙》은 다른 이야기들과 비슷비슷한 자신의 이야기를 조금 달라 보이게 만드는 법을 알려준다. 작가를 꿈꾸는 사람들은 이런 내용들을 덥석 받아들인다.

〈어뎁테이션〉에서 이런 종류의 생각은 하나의 농담이다. 실제 생활에서 이런 이야기는 지루할 뿐이다. 케이트 레이스Kate Leys는 영국의 선도적인 스크립트 개발 편집자 중 한 사람이다. 그녀는 유명한 베테랑부터 이제 막 경력을 시작한 지망생에 이르기까지 다양한 작가 및 제작자와 함께 〈네 번의 결혼식과 한 번의 장례식〉, 〈트레인스포팅〉, 〈진주 귀걸이를 한 소녀〉 등 최근 들어 가장 성공적인 영국 영화 몇 편을 작업하기도 했다.

"성공은 복제를 낳기 마련입니다. 지금 일어나고 있는 일들이 바로 그것이죠. 사람들은 복제를 당연한 것으로 압니다. 그들은 복제인간을 원해요! 관객들도 이런 일이 일어나고 있는 것을 느낍니다. 마치 모든 사람이 다 똑같은 결정을 내리고 있는 것처럼 생각되죠."

심지어는 정치가들도 이런 덫에 빠진다. 데이비드 캐머론David Cameron(영국의 총리)은 영국의 영화제작자들에게 진지하게 〈킹스 스피치The King's Speech〉 같은 영화를 더 많이 만들어야 한다고 촉구하기도 했다. 사실 관객들은 똑같은 것을 더 많이 원하는 것이 아니라 자신의 기분, 시대, 뇌리를 사로잡는 신선하고 창조적인 작품을 원한다. 관객들의 생각은 끊임없이 변한다.

레이스는 이렇게 회상한다. "내가 'Film4'에서 일할 때 노동당이 압도적인 득표로 선거에서 이기고 난 다음 출근해서 우리 앞에 놓인 슬레이트를 보며, 다함께 이런 생각을 했던 것이 기억나네요. '세상이 변했어. 우리는 다시 생각해볼 필요가 있어. 어제 효과 있었던 것이 내일은 효과가 없을 거야. 사전에 미리 대처하는 방법은 그것을 위기로 보는 것밖에 없어. 안전을 추구하려 한다면 의사결정 과정이 보수적으로 변하고 결국 똑같은 결정이 복제되지. 하지만 그런 일이 일어나는 것을 보려면 상당히 먼 언덕 위에 올라 서야만 해."

영화산업계에서 의사결정에 관여하는 간부들 중 그런 관점을 얻을 수 있을 정도로 오래 자리를 지키는 사람은 드물다. 영화제작사의 촬영 스튜디오 장의 평균 임기는 18개월에 불과하다.[2] 따라서 똑똑하고, 상상력 넘치고, 창조적인 사람은 위험을 감수하기를 좋아하지만 이런 사람들이 기회를 잡는 경우는 드물다. 레이스의 말로는 너무 많은 돈이 걸려 있는 탓도 있다고 한다.

"영화 스튜디오 경영진들도 당신이나 나와 똑같은 것을 찾고 있습니다. 그들도 무언가 독창적이고, 색다르고, 기발한 것을 원하죠. 강력한 목소리, 훌륭한 스토리, 커다란 아이디어를요. 그래서 결국 그런 대본을 손에 넣었을 때부터 일이 틀어지고 맙니다. 창의력이란 결국 위험을 감수하는 것이거든요. 그런데 거기 걸린 막대한 돈은 위험을 감수하기 싫어해요. 따라서 영화 촬영에 들어가는 비용이 합의되는 순간 돈과 관련된 모든 사람은 공황 상태에 빠지죠. 많은 사람들이 이런 질문을 던지기 시작합니다. '이거 정말 먹힐까? 사람들이 정말 이것을 좋아하겠어? 이거 정말 좋은 대본 맞아? 조금 바꿔야 하는 거 아냐? 이 부분은 기이하니까 빼고, 이

부분은 너무 음란하니까 빼고, 결말도 암울하니까 바꿔야 하는 거 아냐?'
이렇게 몇 주만 지나면 대본 자체가 완전 밋밋해져 버리죠. 그럼 다시 공
식 짜맞추기로 돌아가는 겁니다."

하지만 물론 애초부터 아이디어 자체가 신선하지 않은 경우도 있다. 그
래서 〈앵커맨〉은 두 편, 〈스파이더맨〉은 세 편, 〈캐리비안의 해적〉은 다섯
편, 〈레지던트 이블〉은 여섯 편, 〈스타워즈〉는 일곱 편, 〈스타트렉〉은 열
한 편, 〈13일의 금요일〉은 열두 편이나 나왔고, 특이하게도 〈해피 피트〉
와 〈해피 피트 2〉, 〈파퍼씨네 펭귄들Mr. Popper's Penguins〉, 〈펭귄 – 위대한 모
험〉, 〈페블과 펭귄〉, 〈서핑 업Surf's up〉 등 펭귄 영화가 잇달아 쏟아져 나오
고 있다. 영화 업체들의 경쟁은 심할지 몰라도 24개의 상영관이 딸린 멀
티플렉스 영화관에 가서도 정작 보고 싶은 영화는 하나도 없는 경우가 허
다하다.

모두들 확실한 건수만을 쫓으려 하다 보니, 가장 안전한 선택은 아예
아무런 결정도 내리지 않는 것이라 설득당하는 간부들이 많다. 결정을 내
리는 대신 기존의 알고리즘을 이용하는 것이다. 이파고긱스Epagogix 소프
트웨어를 뒷받침하는 전제는 기존의 박스오피스 성공작에서 나온 자료가
충분히 있으면 그 다음 성공작을 예측할 수 있는 능력이 생긴다는 것이
다. 이 소프트웨어는 영화에서 등장하는 폭발, 폭력, 반전, 러브신, 자동차
추격전, 별난 등장인물 등을 평가할 수 있다. 이런 기술은 당연히 오토튠
이 일으켰던 것과 똑같은 문제가 뒤따른다. 똑같은 도구를 통해 검사하기
때문에 결국 영화들이 모두 충격적일 정도로 똑같이 만들어진다는 것이
다. 2013년에는 자기가 어느 블록버스터를 봤고, 어느 것을 못 봤는지 기
억 못하는 영화팬들이 많았다. 박스오피스의 수입은 줄어들었다. 이는 어
쩌면 한 편의 영화만 보면 나머지도 다 본 것 같은 기분이 들어서인지도
모른다.

반복되는 텔레비전 프로그램

그럼 상대적으로 적은 비용으로 제작되는 텔레비전 프로그램의 경우는 더 폭넓은 창의력을 활용하는 것이 가능하리라 기대할지도 모르겠다. 하지만 대단한 착각이다.

아치 테이트Archie Tait는 이렇게 묻는다. "왜 'BBC one' 채널에서는 의학 드라마 시리즈 세 편을 일 년 내내 방송할까요? 〈캐주얼티〉(일 년 52주 내내 방송), 〈홀비시티〉, 〈닥터스〉에 들어가는 제작비를 모두 합하면 드라마 예산의 상당 부분을 잡아먹습니다. 상황이 이렇다 보니 다른 것을 시도하거나 위험을 감수하는 데 필요한 여지도 없고 예산도 없어지죠."

경험 많은 텔레비전 방송국 간부인 테이트는 수십 편의 텔레비전 드라마와 드라마 시리즈물을 작업했다. 그는 프로그램 제작의 경제학 때문에 어떤 회사든 살아남으려면 회사의 간접비를 충당하기 위해 어떤 시리즈물(그의 경우는 〈모스 경감Inspector Morse〉이 여기에 해당했다)을 계속 반복해야만 한다고 주장했다. 일단 그것이 확보된 이후라야 무언가 다른 것을 시도해 볼 기회가 생긴다는 것이다. 테이트의 가장 기억에 남는 작품 중 하나인 〈키메라〉는 첫 회에서 등장인물이 하나도 남김없이 모두 죽는 것처럼 보여서 충격과 놀라움을 안겼다. 그는 이렇게 기존의 방송 포맷을 과감하게 벗어던진 드라마를 제작하는 일이 이제 불가능해졌다고 말한다.

"〈키메라〉를 방송으로 내보낸 그렉 다이크Greg Dyke는 드라마를 무척 좋아했어요! 하지만 요즘의 방송인들은 그것을 두고 시청자를 모욕하는 행위라고 말할 겁니다. 방송인은 시청자를 놀라게 하기보다는 그들의 환심을 사고 싶어 하니까요. 이런 현상이 일어나는 이유로는 모두 동일한 시청자 시장 조사 자료를 이용하고 있기 때문이기도 합니다. 시청자들이 그런 설문에 대답할 때는 자기가 기존에 봐서 알고 있는 내용들로 대답할 수밖에 없죠. 대부분의 시청자들은 자기가 바라는 것을 달리 정확하게 설명할 수 있는 방법이 없죠."

테이트가 '다운튼 효과Downton effect(영국드라마 〈다운튼애비Downton Abbey〉는 20세기 초 영국의 백작가문을 중심으로 벌어지는 인기 시대극이다 ─ 옮긴이)'라고 부르는 것으로 〈블렛츨리 서클〉과 〈바르샤바의 스파이〉에서 〈퍼레이즈 엔드〉와 〈블랜딩스〉에 이르기까지의 시대극들이 갑자기 천편일률적으로 변한 것을 설명할 수 있다. 그는 이것을 '노골적인 희극적 다운튼'이라고 부른다.

"〈매드맨〉을 예로 들어보죠. 그것을 보면서 방송인들은 상황을 1950년 대에 맞춰 설정하는 것도 재미있겠다고 생각했지만 고작 〈디 아워〉 같은 것을 만드는 데에 그쳤습니다. 그 드라마는 〈매드맨〉에 나오는 옷을 입고 찍은 신파극에 불과하거든요. 〈매드맨〉은 대단히 크고 심오한 심리학적 문제를 다루면서 사람들이 어떻게 생각하고 행동하는지에 대한 국가적 사상을 파헤쳐보겠다는 야심을 가지고 있었는데 〈디 아워〉에는 그런 것 이 전혀 없어요. 그냥 겉모습만 복제한 것이죠."

요리 방송, 빵굽기 프로그램, 리얼리티 쇼, 재능 경연대회 프로그램 등 방송 형식이 천편일률적으로 변한 것은 방송인들이 성공작을 점찍은 다음 그대로 복제하고 있다는 데 이유가 있다. 프로그램을 보는 사람이 있는 한 새로운 시청자를 끌어들이는 것보다는 기존의 시청자를 붙잡아두는 쪽이 훨씬 비용이 덜 든다. 재탕하는 것이 훨씬 경제적이다. 나는 1988년에 BBC에서 〈마스터셰프〉 첫 시리즈를 제작 의뢰하는 데 관여했다. 13년 뒤 다시 영국으로 돌아온 후에 그것이 아직도 텔레비전 스크린에서 방송되고 있는 것을 보고 정말 믿기지가 않았다.

방송 포맷이 끈질기게 지속되는 이유는 산업 자체의 구조 때문이기도 하다. 이런 쇼 프로그램의 독립 제작자들은 보통 만드는 데 들어간 비용만 지급받는 것이 일반적이다. 심지어는 그만큼도 건지지 못할 때도 있다. 이런 제작자들과 회사가 이윤을 남기고 사업을 유지하기 위해서는 포맷을 전 세계를 상대로 파는 수밖에 없다. 사이먼 코웰Simon Cowell의 제작사 사이코Syco는 쇼 프로그램 자체에서 벌어들이는 수익보다 재능 경연 프로그램 포맷을 팔아서 버는 수익이 더 많을 때도 있다. 〈리노베이션 게임〉 〈난 내 몸뚱이가 싫어I Hate My Body, Jeopardy〉 〈난 스타야I'm a Celebrity〉, 〈빅 브라더〉, 〈누가 백만장자가 되고 싶은가?Who Wants to Be a Millionaire?〉, 〈좀도둑의 비밀Secrets of Shoplifters〉 등도 모두 마찬가지다. 일단 쇼의 고정 시청자가 확보되면 전 세계적으로 무한반복 재탕하는 것이 스케줄러도 일이 편하고, 제작자도 돈이 적게 든다. 무언가 신선하고 독창적인 것이라도 끊임없이 새로 포장해서 내다팔 수 있는 것이 아니면 만들어봤자 경제적으로 이득 될 것이 없다. 하지만 내가 테이트에게 이런 상황에서 또 한 사람의 데니스 포터Dennis Potter(영국의 텔레비전 작가)가 나올 수 있겠느냐고 묻자, 그의 첫 반응은 먹먹한 침묵이었다. 아마도 그를 기억하는 사람이 있다는 사실에 놀랐을 것이다. 그리고 큰 웃음소리가 이어졌다.

"그 사람의 작품은 속편도 없고, 포맷도 없고, 방영권도 없어요. 지금 농담하세요? 학생들한테 〈노래하는 탐정〉이나 〈내 사랑 시카고〉 같은 영화를 보여줘보세요. 입이 떡 벌어져요. 그런 것은 한 번도 본 적이 없거든요!"

테이트도 공통의 시대정신 때문에 비슷한 프로그램이 동시에 등장할 수 있다는 점은 인정한다. 백화점에 대한 시리즈인 〈더 파라다이스〉와 〈미스터 셀프리지〉는 어느 한쪽이 복제했다고 보기에는 너무 비슷한 시기에 나왔다. 전 세계 과학자들이 어느 날 갑자기 특정 문제를 해결할 시기가 무르익었다고 느끼기도 하고, 알렉산더 그레이엄 벨Alexander Graham Bell과 엘리샤 그레이Elisha Gray가 같은 날에 전화기 특허를 신청했던 것처럼 텔레비전 제작자들도 사람들의 아픈 곳을 건드리겠다 싶은 프로젝트를 각자 독립적으로 찾아내서 밀고 나갈 수 있다. 하지만 배경이 같은 사람들이라면 아무래도 그런 우연이 생길 가능성이 훨씬 더 높아진다.

내가 BBC에서 일하던 1980년대에 마가렛 대처Margaret Thatcher 총리는 영국 텔레비전 방송국 규제를 철폐했다. 채널 4Channel 4는 독립 제작사들에게 돌아갔고, ITV와 BBC는 방송 출력의 25퍼센트를 독립 제작사들에게서 공급받아야 한다는 규정이 생겼다. 어색하고 일시적인 동맹관계가 이루어지는 가운데 자유주의 우파 진영에서는 프로그램 제작의 자유 시장을 만들어 BBC를 붕괴시키기를 꿈꾼 반면, 다문화 좌파 진영에서는 텔레비전 산업이 좀 더 개방됨에 따라 배경과 인종이 서로 다르고, 다양한 취향과 삶의 경험을 가진 사람들을 방송으로 끌어들일 수 있으리라 꿈꾸었다. 대부분 옥스브리지(옥스퍼드대학교와 케임브리지대학교를 합쳐서 일컫는 말-옮긴이) 출신이 장악하고 있는 BBC와 ITV가 편안하게 나눠 먹던 독점 구조가 산산조각나면서 온갖 종류의 재능을 가진 신인들이 열린 시장으로 쏟아져 들어올 것이라 기대했다.

하지만 그런 일은 일어나지 않았다. 잠깐 동안 작가, 예술가, 심리학자, 기자, 사회복지사들이 운영하는 소규모 제작사들이 천 개 정도 우후죽순처럼 솟아났지만, 시간이 흐르자 사업체들이 서로 통합되었고, 놀라울 정도로 균일한 취향을 가진 동일한 종류의 사람들이 윗자리로 올라왔다.

여기에 놀랄 필요는 없다. 우리의 뇌는 익숙한 것을 분명하게 선호하기 때문이다. 인간의 뇌는 게으르다. 매번 만날 때마다 정보를 새로 처리하기보다는 이미 알고 있어서 자세히 살펴볼 필요가 없는 비슷한 부분을 찾으려 한다. 이것은 대단히 효율적인 지름길이지만 그에 따르는 문제점이 있다. 우리에게 가장 익숙한 것은 바로 우리 자신이다. 우리는 자기와 닮은 사람, 자기가 이미 읽은 것과 비슷한 책, 이미 들어본 음악을 우선시하고, 거기에 기분이 더 좋아진다. 우리가 이미 알고 있는 것과 대략 비슷한 것을 마주치면 신경학적인 요구가 덜하기 때문이다. 이런 반응들은 우리로 하여금 더 안전하다는 느낌이 들게 해준다. 이것이 편견bias의 신경학적 토대다.[3]

애정과 관련된 부분에서도 호감 편향affinity bias은 왜 사람들이 키, 체형,

나이, 머리 색깔, 눈 색깔, 배경 등이 대략 비슷한 사람과 결혼하게 될 통계적 가능성이 압도적으로 높게 나오는 이유를 설명해준다. 우리가 자기와 비슷한 사람들이 사는 동네에 정착하고, 자기 아이에게 골라준 학교와 같은 학교에 다니는 아이를 둔 사람들이 사는 곳에 정착하는 이유와 같다. 우리가 모두 하나같이 일률적인 사람들은 아니지만 신경학적으로는 자기와 비슷한 사람을 좋아하려는 편견이 형성되어 있다. 따라서 비슷한 사람들로 구성된 영화 제작사나 텔레비전 방송국이 놀라울 정도로 유사한 선택을 내리더라도 크게 놀랄 필요가 없다. 창의력을 위해서는 발산적 사고가 필요하지만 표면적으로는 창의적인 산업계가 사실은 수렴적 사고를 맹렬히 받아들이고 있다.

경쟁 덕분에 시청자들은 공식에 충실하게 만든 형사물, 의학드라마, 게임 쇼, 재능 경연 프로그램, 리얼리티 쇼 프로그램을 수년씩 받아보게 되었다. 어쩌면 이것은 문제가 안 될지도 모른다. 그래봐야 오락 프로그램에 불과한 것이니까 말이다. 하지만 똑같은 패턴이 다른 경쟁 분야에서도 무한히 반복되고 있다는 것은 문제다. 정치운동도 똑같거나 유사한 시장 조사 결과를 바탕으로 이루어지기 때문에 동일한 유권자층을 목표로 이루어지고 나머지 유권자들은 무시당하고 만다. 무릇 민주주의란 모든 사람을 포용해야 하는 것인데도 말이다. 일단 애플사가 아이폰iPhone을 세상에 내놓자, 다른 휴대전화 제조업체들도 앞다투어 비슷한 제품을 내놓았다. 어떤 제품들은 너무나 비슷해서 소송을 당하기도 했다. 그리고 아이패드iPad가 세상에 나오자, 똑같은 패턴이 그대로 반복되어 흉내 낸 제품들이 줄을 이었다. HP의 터치패드TouchPad는 나온 지 얼마 안 되어 시장에서 철수했다. 추가된 기능이나 새롭고 나은 기능이 아무것도 없었기 때문이다.

왜 희귀 질환 약은 개발되지 않을까?

신약 개발 분야만큼 이런 복제의 충동이 값비싼 대가를 치르는 곳도 없다. 제약회사들은 신약 개발에 비용이 너무 많이 들어간다며 끝도 없이 불평을 늘어놓지만 사실은 1970년 이후로 연구와 신약 개발에 들어가는 돈은 매년 12.3퍼센트씩 증가하고 있다. 그럼에도 불구하고 이들 업체들의 혁신성은 현재 50년 전에도 미치지 못하고 있다.[4] 기업의 합병, 인수, 분할, 구조 조정이 일진광풍처럼 몰아치고 있는데도 신약 개발 비율은 놀라울 정도로 변화가 없다. 그래서 산업계와 과학계에 몸담고 있는 모든 사람은 지금의 상황을 혁신에 심각한 문제가 생긴 것으로 받아들이고 있다. 제약회사들이 유사 약품 개발에만 열을 올리기 때문에 일어난 현상이다.

유사 약품은 기존 약품의 작용 방식을 복제해 만든 것이지만 거기에 약간의 변화를 주었기 때문에 시장에 내놓을 때는 마치 완전히 새로운 치료법이 개발된 것처럼 홍보할 수 있다. 타가메트(시메티딘), 잔탁(라니티딘), 펩시드(파모티딘), 액시드(니자티딘)는 모두 히스타민 H2-수용기 길항제 histamine H2-receptor antagonists의 브랜드 이름이다. 결국 이 약품 모두가 근본적으로는 똑같은 방식으로 위궤양을 치료한다는 의미다. 새로운 약품이 세상에 나오면 FDA의 승인과 특허를 받고, 마치 완전히 새로운 치료법인 것처럼 홍보할 수 있을 정도의 차이를 가진 복제약품이 어김없이 뒤따라나온다(비아그라Viagra나 프로작Prozac을 생각해보라). 사실 이런 약물은 치료 효과의 개선이 사실상 없는 것이나 마찬가지다. 이런 약물은 특허 기간 만료를 우회하거나 경쟁사가 개척한 새로운 시장에 편승하려는 목적으로 개발되는 경우가 많다. 새로운 치료법이 기존의 것과 달라야 한다는 규정은 없다. 다만 위약 효과보다 뛰어나다는 것만 입증하면 끝이다.

오메프라졸Omeprazole은 아스트라제네카AstraZeneca에서 생산하는 속쓰림 치료제였다. 이 약은 2002년에 특허권을 잃게 될 처지였다. 연간 50억 달러의 수익을 안겨주는 상품을 잃을 상황이 되자 이것은 소위 혁신을 재촉하게 됐고, 2001년에는 미국과 영국 양쪽에서 베스트셀러 약품 중 하나가 된 에소메프라졸esomeprazole의 개발로 이어졌다. 이 두 약물은 기본적으로 똑같은 약이다. 한쪽을 거울상으로 똑같이 복제한 것이기 때문이다. 복잡한 분자는 왼손방향 형태와 오른손방향 형태로 존재할 수 있다. 아스트라제네카가 한 일이라고는 오른손방향 약을 왼손방향 약으로 바꿔치기한 것밖에 없었다. 하지만 여기에도 큰 차이가 있었다. 새로운 약물이 더 비쌌던 것이다. 무려 열 배나 더 비쌌다.[5]

고전 경제 이론에서는 경쟁이 더 많은 선택을 제공해줄 뿐 아니라 경쟁을 통해 가격도 내려간다고 주장한다. 하지만 유사 약품에서는 이런 이론이 해당사항이 없는 듯하다. 연구에 따르면 FDA에서 '치료 이득이 거의, 혹은 아예 없는 것'으로 묘사한 약물들이 미국에서는 기존의 약과 같은 가격에 시장에 들어가고, 일부 다른 시장에서는 두 배의 가격으로 들어간다고 한다. 항관절염 진통제anti-arthritic pain-relievers에 대한 다른 연구를 보면 일어나서는 안 될 일이 일어난 것을 알 수 있다. 약의 효능은 가격과 반비례한 반면, 독성은 가격과 비례한 것이다. 더 값비싼 복제약일수록 효과는 떨어지고 위험은 더 커졌다.[6] 위궤양 치료제 타가메트는 복제약인 잔탁이 시장에 들어오자 가격이 올라갔다. 두 약물의 가격은 펩시드, 액시드 등 더 많은 복제약이 시장에 들어오자 계속해서 올라갔다.[7]

가격만 문제가 아니다. 경쟁적인 환경에서는 늘 그렇듯이 공유와 신뢰가 희생될 수밖에 없음은 뻔한 일이다. 제약회사들이 아주 유사한 약물을 만들어낸다는 것은 임상실험을 통해 수집된 자료들을 맹렬하게 지키려 한다는 의미다. 이들이 연구자료를 발표하지 못하는 핑계로 드는 것은 늘 경쟁이다. 이들은 경쟁 상대에게 그 어떤 정보도 주고 싶어 하지 않는다. 물론 이들이 좁은 골목길에서 치열하게 경주를 벌이고 있지 않았다면 이런 핑계를 대지도 못했을 것이고, 자료 공개를 통해 환자의 안전이 크게 향상될 수 있었을 것이다. 그 대신 제약산업은 좋은 자료든 나쁜 자료든, 환자, 의사, 재정 지원 단체들에게 공유하길 꺼려하는 것으로 악명 높아졌다.

더군다나 이런 약물들은 서로 차이가 거의 없는데도 모두가 저마다 시간, 관심, 연구 자원을 빼앗겨가고 있다. 제약회사들은 자기네가 얼마나 많은 비용을 어디에 투자하고 있는지 자료 공개를 꺼리지만, 임상검사에서 동원된 피험자의 숫자가 공개된 자료를 보면 연구개발비 중 무려 80퍼센트 정도가 별다른 치료효과 개선이 없는 제품에 들어가고 있음을 추측할 수 있다.[8] 새로운 치료약물을 개발하는 대신 복제약품만 팔게 되면 커다란 기회를 희생하는 결과를 낳는다. 인류 건강 향상에 아무런 도움도 되지 않는 유사 약품을 개발하는 데 들어간 시간, 노력, 상상력, 창의력, 과학적 노하우가 모두 무의미해지는 것이다.[9] 그와 함께 새로운 항생제 개발이 지체되고 있는 것도 큰 문제다. 영국의 최고의료책임자인 샐리 데이비스Dame Sally Davies는 이 문제를 심각하게 보고 국가적 비상사태로 회의에 상정할 것을 요청하기도 했다. 그녀는 항생제 개발의 지체가 테러보다도 더 심각한 위협이라며 이렇게 주장했다. "행동에 나서지 않는다면 평범한 수술에도 감염으로 목숨을 잃었던 19세기 환경으로 되돌아가게 될 것입니다."

제약회사들은 전 세계가 필요로 하는 혁신을 게을리한 채 서로 약을 복제하는 데만 열을 올리면서 소위 '희귀 질환orphan disease'에 대한 연구는 의도적으로 회피하고 있다. 희귀 질환은 그 질환을 앓는 사람의 숫자가 너무 적어서 큰 시장이 형성되지 못한다. 각각의 희귀 질환에 걸린 사람이 소수라면 별로 문제가 아니지 않느냐고 생각할 수도 있다. 하지만 이런 질병들을 모두 모으면 질환자의 수는 열 명당 한 명꼴이 된다. 흉내쟁이 약들은 큰 시장과 작은 시장을 식별하지 못한다. 이 약은 두 시장 모두에 도움이 안 된다.

"이제 최우선 사항이라고 하면 시장에서 긴급히 해결해야 할 과제를 의미하는 것이 되어버렸습니다." 빌 게이츠Bill Gates는 순수한 자본주의적 접근에서 발생하는 결함을 발견하고는 영국 왕립공학협회Royal Academy of Engineering에서 이렇게 말했다. 인본주의적인 측면에서 보면 제일 필요한 약품은 말라리아 백신인데 그 분야는 사실상 아무런 자금 지원도 이루어지지 않고 있다.

의사의 관점에서 보면 이것은 두 가지 문제를 나타낸다. 일부 질병은 아예 치료약이 없어서 문제고, 어떤 질병은 치료약이 너무 많아서 그것들을 가려내는 데만 해도 믿기 어려울 정도로 많은 시간이 들어간다는 것이다. 환자들이 찾아와 텔레비전이나 잡지에서 본 새로운 복제약을 처방해 달라고 요구하면 의사는 그에 대해 해박한 정보를 제공해야 할 책임감을 느낀다. FDA에서 승인된 치료법과 승인되지 않은 치료법들이 난립한 시장을 이해하려고 애쓰다 보면 복잡하고 시간도 많이 잡아먹기 때문에 전체적인 의료비용을 상승시킨다.

똑같은 상품, 똑같은 부채

경쟁 대상을 복제하는 것은 단지 창조적이지 못하다는 것에서 끝나지 않는다. 이것은 부적절한 위안을 줄 수도 있다. 2008년에 은행들이 줄도산하기 전 모기지 시장mortgage market은 집을 사려는 사람들, 부동산업자, 대출기관 사람들로 북적거렸다. 이들은 모두 주변 사람들이 하는 행동을 똑같이 따라했다. 사회적 경쟁이란 소비자들이 혼자 뒤처지지 않으려 하는 현상을 말한다. 이웃 사람이 집을 샀다가 되팔아서 돈을 벌었는데 자기 혼자만 아무것도 하지 않고 우열순서 가장 밑바닥에 남고 싶지 않은 것이다. 시장 경쟁이란 모든 부동산중개업자와 대출기관들이 가열된 시장에 뛰어들어야 할 필요성을 느끼는 것을 말한다. 그렇게 하지 못한다는 것은 시장 점유율을 뺏긴다는 의미고, 어쩌면 주가가 떨어질 수도, 심지어는 귀족 신분을 상실할 수도 있음을 의미하기 때문이다. 혼자 뒤처지지 않으려는 경쟁적 욕망은 많은 금융업자들의 이성을 마비시키고 말았다.

마이클 사르노프Michael Sarnoff는 내게 이렇게 말했다. "2003년쯤에는 서브프라임 대출업자들이 크게 늘어나고 있었습니다. 대출이 어리석은 일이라는 것은 모두 알고 있었죠. 신용도도 끔찍하고, 수입도 없고, 온갖 사기를 저지른 사람들에게 돈을 빌려주는 것은 말이 안 되거든요. 모두 추가대출additional lending의 형태로 불 속에 장작을 던지기 시작했습니다. 그래서 아무한테나 막 대출을 해주었죠. 심지어는 죽은 사람한테까지요! 모기지 산업에서 일어난 범죄의 양은 정말 믿기 어려울 정도입니다."

사르노프는 정신이 온전하게 박혀 있는 성실한 미국 중서부 사람이다. 그는 미국 중서부의 대형 병원에서 여신총괄본부장으로 일했고, 지금도 계속 일하고 있다. 시간이 많이 흘렀음에도 불구하고 그는 자신이 몸담은 산업이 저지른 일에 아직도 화가 나 있다. 왜 아무도 그 일을 멈추지 않았는지 설명하기에는 그만큼 제격인 사람이 없다.

"서브프라임은 가난한 사람들한테 바가지를 씌우는 일이었습니다. 하지만 사정은 이랬죠. 회사가 제대로 기능하기 위해서는 영업 인력을 고용해야 합니다. 하지만 당시에는 영업사원을 뽑기가 힘들었죠. 뛰어난 영업사원을 뽑는 것은 고사하고 영업사원에게 서브프라임을 팔게 하지 않고는 그냥 붙잡아둘 수도 없었어요. 그들은 이 거래를 통해 큰 수수료를 챙겼어요. 그러니 물론 서브프라임 거래를 하고 싶어할 수밖에요! 그럼 우리는 어떻게 해야 했을까요? 그냥 원칙만 고수하면서 영업사원들이 그만두고 나가는 것을 지켜보고만 있어야 했을까요? 경쟁력을 유지하기 위해서는 영업사원들에게 서브프라임 판매를 허용할 수밖에 없었습니다."

사르노프는 영업사원들이 팔고 싶어 하는 것이 있으면 그것이 아무리

어리석은 것이라도 판매를 허용할 수밖에 없는 경쟁적 압박을 직접 체험했다. 그리고 이것은 먹이사슬을 통해 곧바로 복제되어 퍼져 나가기 시작했다.

컨트리와이드Countrywide(미국의 대형 융자업체)에서는 경쟁사에서 어떤 대출 상품을 내놓든 자기네 회사도 그것과 똑같은 대출 상품을 내놓겠다고 공식적으로 정책을 발표했다. 그 대출 상품이 아무리 무모하고 허황된 것이라 해도 상관없었다. 사업을 두고 경쟁하고 있던(그리고 모두 똑같은 소프트웨어를 사용하고 있다) 신용 평가 기구도 무엇 하나 거절하고 싶지 않았다. 경쟁자들에게 고객을 빼앗길 판이었기 때문이다. 부채담보부증권(회사채나 금융기관의 대출채권, 여러 개의 주택담보대출을 묶어 만든 신용파생상품의 일종)을 만들어 파는 투자은행도 너무 까다롭게 굴지 않으려 했다. 아니면 고객을 잃기 때문이다. 불이 붙어 가열된 시장 속에서 그 누구도 냉정한 이성을 유지하지 못했다.

경제 위기가 심각하게 터진 이유 중 하나는 똑같은 상품, 똑같은 부채가 똑같은 종류의 기관들 속에서 계속 복제되는 과정에서 큰 위험이 부풀려졌기 때문이다. 고전 경제 이론은 결국 틀린 것으로 밝혀졌다. 경쟁적인 시작이 위험을 분산하기보다는 오히려 집중시켜버린 것이다. 경쟁은 다양성을 만들어내지 않고 오히려 모든 사람이 똑같은 일을 하도록 부추겼다. 그러다가 결국 시장이 붕괴하자 피할 수 있는 도피처가 없었다.

시장이 점점 더 알고리즘에 지배되자 이런 종류의 증폭 현상이 일어날 가능성도 늘어만 가고 있다. 똑같지는 않아도 유사한 소프트웨어가 주식 매매에 이용되고 있을 뿐만 아니라 시장 분석 결과도 우리 생각보다 더 획일적이 되어가고 있다. 알고리즘 덕분에 미래의 뉴스매체는 더 이상 기자가 필요하지 않다. 시카고의 소프트웨어 회사 내러티브 사이언스Narrative Science는 시장 자료를 가져다가 분석하고 구성해서 화보와 그래프가 완벽하게 구비된 글을 만들어낸다. 이것은 진짜와 비슷해 보이기는 하지만 완전히 진짜처럼 느껴지지는 않는다. 최근에 시카고에서 나온 기사를 하나 읽었는데 기자 이름이 나와 있지 않았다면 아마도 사람이 아니라 기계가 쓴 기사일 가능성이 크다. 이런 모델의 내재적 위험은 이 모든 분석이 시장의 작동 방식에 대한 어떤 가정을 바탕으로 이루어진다는 사실이다. 결국 분석되어 나온 정보가 계속해서 증폭되는 피드백 루프를 만들어낸다. 사람들은 이 기사를 읽고 나름의 결론을 내린 후 거기에 따라 주식을 거래한다. 이 주식 거래는 똑같은 소프트웨어에 의해 분석되어 자료로 만들어지고, 결국 자료는 기사화되어 더 많은 주식 거래를 이끈다. 이런 과정이 이론적으로는 영원히 반복될 수 있다. 알고리즘에만 의존하면 다양한 스타일, 가정, 태도가 서로서로 균형을 맞춰주는 기능적인 시장을 만드는 대신 똑같은 낡은 믿음만을 계속 확대하면서 시스템에서 다양성을 제거해버리는 결과를 낳는다.

다양성의 중요함은 자연에서 쉽게 찾아볼 수 있다. 지금도 영국의 풍경은 물푸레나무 썩음병이 번지면서 계속 황폐화되고 있다. 덴마크에서는 곰팡이병이 이미 물푸레나무의 90퍼센트를 죽였고, 전문가들은 영국에서도 같은 결과가 나올 것으로 예측하고 있다. 이 질병이 이토록 큰 재앙으로 다가온 것은 생물다양성의 결여 때문이다. 영국의 물푸레나무는 거의가 같은 종이다. 안전성과 회복탄력성을 위해서는 다양성이 필요하다. 하지만 우리의 풍경과 비즈니스 환경은 이 다양성이 결여되어 있다.

새로운 거품이 이는 원자재 시장

우리는 리더가 되는 것보다는 리더를 따라가는 것이 덜 위험하다고 느낀다. 사실은 그렇지 않은데도 말이다. 발산보다는 수렴이 더 안전하게 느껴진다. 사람들은 숫자 속에 안전이 있다고 생각한다. 그래서 서브프라임 모기지와 신용부도스왑credit default swaps이 한참 잘 나가다가 2008년에 붕괴하면서 막을 내린 후, 많은 투자자들이 유령 도시처럼 황폐해진 시장 주변을 방황하는 신세가 되고 말았다. 파생시장의 어두운 면과 우연히 부딪히기 전까지 그들 대부분이 간과하고 있었던 것이 있다. 바로 원자재 선물시장이다.

이 시장은 식료품의 미래 가격에 투자한다. 1999년 이전에는 농산물 제품의 재배, 생산, 판매에 적극적으로 관여하는 사람들, 즉 농부, 제분업자, 크라프트Kraft(미국 식품 및 음료 가공업체)나 네슬레 같은 회사 등만 커피, 코코아, 밀, 대두, 소고기, 닭고기 등에 큰 투자를 할 수 있도록 법률로 허용되어 있었다. 골드만삭스Goldman Sachs에서는 24가지 원재료의 가격을 추적하는 파생상품(골드만삭스 원자재 가격지수Goldman Sachs Commodity Index)을 만들었지만 모기지 부채 상품이 투자 수단으로 훨씬 매력적이었기 때문에 원자재 가격은 상대적으로 안정적으로 유지되었다. 그런데 1999년에 법률이 바뀐다. 원자재 시장에서 누구든 대량으로 포지션을 보유할 수 있게 된 것이다. 그래서 2000년에 기술주 거품이 터지자, 갑자기 가상 회사보다는 실제 식료품이 훨씬 흥미로운 투자대상으로 부각됐고, 원자재 가격지수 펀드가 50배나 많은 투자를 끌어들이게 되었다.

그래도 2008년에 일어난 일에 비할 바는 아니다. 거의 모든 시장이 빈사상태에 빠지자 사람들에게 절대적으로 필요하고 수요가 늘어나며, 세계인류와 긴밀하게 엮인 실제 음식이 엄청나게 매력적으로 보이게 된 것이다. 기관투자자 마이클 마스터스Michael Masters의 의회 증언에 따르면 투기세력이 홍수처럼 밀려들어와 2008년 거래일 중 첫 52일 만에 원자재 시장에 550억 달러를 쏟아 부었다고 한다. 미결제 선물계약 액수가 달러 환산 가치로 하루에 10억 달러 이상 늘어났다는 말이다. 7월이 되자 이 액수는 3,180억 달러까지 치솟았다.

이 새로운 거품을 연구한 프레드 카우프만Fred Kaufman은 원자재 시장을

'거품이 이는 새로운 카지노'라고 묘사했고, 모두들 그 자리에 끼고 싶어 했다.[10] 학자들은 새로운 시장에 대한 논문을 발표하기 시작했고, 금융 관련 출판물들은 곧 바람의 방향을 냄새 맡았다. 〈파이낸셜 타임즈Financial Times〉, 〈글로벌 펜션스Global Pensions〉, 〈저널 오브 파이낸스the Journal of Finance〉, 〈저널 오브 포트폴리오 매니지먼트Journal of Portpolio management〉, 〈파생상품 저널the Journal of Derivatives〉 등은 모두 새로운 경향을 분석하고, 해부하고, 거기에 불을 붙였다. "사람들이 원자재가 어떤 것인지 감도 못잡으면서 갑자기 원자재를 사들이고 있습니다." 한 농무부 분석가가 카우프만에게 이렇게 말했지만, 중개인들에게는 중요하지 않았다. 모두들 새로운 유사 투자 대상에 발을 걸치고 싶어 했다.

이런 복제 과정은 가격을 낮춰주지 않았다. 카우프만은 이렇게 적었다. "식품원자재 가격이 올라갈수록 그 부문에는 더 많은 돈이 쏟아져 들어왔고, 가격은 결국 더 올라갔다." 그들은 모두 건축 붐이 일어 한참 잘 나가던 시절을 기억하고 있었고, 그 당시처럼 높은 수익을 올려줄 분야를 필사적으로 찾아나섰다. 결국 농업이나 식료품에 전혀 관심이 없는 투기세력들이 이 분야에 몰려들었고 그 숫자가 진짜 투자자보다 네 배나 더 많아졌다.

해설자들은 식료품 가격이 상승하는 것을 눈치 챘지만 이 현상의 원인을 단백질 수요가 높아진 중국의 탓으로 돌리거나, 늘어나는 세계인구 탓으로 돌렸다. 어떤 이는 밀 가격이 하늘을 뚫을 듯 치솟은 이유는 에탄올 생산에 투입되는 양이 너무 많기 때문이라고도 했다. 모두 틀린 말이었다. 가격이 오른 이유는 사람들이 더 많이 먹고 싶어 해서도 아니고, 더 자연친화적인 연료를 원했기 때문도 아니었다. 한 무리의 금융업자들이 똑같은 파생상품으로 몰려들고 있었기 때문이었다. 바클레이스Barclays, 도이치방크Deutsche Bank, 핌코Pimco(채권 투자펀드 업체), J.P. 모건체이스JPMorgan Chase, AIG 등이 모두 똑같은 상품, 똑같은 수익을 원했기 때문이다.

식료품 가격이 오르기 시작하자 뉴잉글랜드 복잡계 연구소New England Complex Systems Institute는 가격 상승과 전 세계적으로 늘어나는 사회정치적 불안 사이의 상관관계를 조사해보았다. 결과는 놀라웠다. 식료품 가격 상승으로 위기를 느낀 것이 영국과 미국의 가정들만은 아니었다.

"2011년에 북아프리카와 중동에서 일어난 폭력적 시위와 그보다 앞서 2008년에 일어났던 폭동을 보면, 여기에 기여했을 가능성이 있는 요소들은 많지만 그 발생 시기가 전 세계 식료품 가격 상승이 절정에 도달했던 때와 시기적으로 일치함을 알 수 있다. 이러한 사실은 시위가 단지 오랫동안 이어온 정부의 정치적 실패에 대한 분노를 반영하고 있을 뿐 아니라 취약 계층의 경제 상황이 갑자기 궁핍해진 상황도 함께 반영하고 있음을 암시하고 있다. 만약 식료품 가격이 계속 높은 상태로 유지된다면 전 세계적으로 사회 붕괴가 지속적으로 증가할 가능성이 있다."[11]

카우프만은 전 세계를 동분서주하면서 정부, 투자가, 분석가, 농부들에게 식료품 파생상품food derivatives의 폐해에 대해 얘기하고 있지만 점점 더 분노와 실망에 휩싸이고 있다.

"1936년 농업법은 해당 분야의 산업에 종사하지 않는 사람들이 거기에 투자할 수 있는 한도를 제한하고 있습니다. 하지만 원자재에 대한 규제 철폐가 이루어지자 식료품을 식료품 취급하지 않는 자들에게도 빗장이 열려 버렸습니다. 파생상품은 전형적인 가상의 존재입니다. 무언가 다른 것으로부터 파생된 상상 속의 구성물이죠. 따라서 실제 사람들의 형편으로 먹을 수 있는 것이 무엇인지에 실질적인 영향을 미칠 수 있는 식료품 파생상품이 투기의 대상이 되어버린 것입니다. 모기지 채권을 바탕으로 만든 유가증권이 사람들로 하여금 그것이 진짜 사람이 사는 집을 상징하고 있음을 잊어버리게 만들었듯이, 식료품 파생상품은 그것이 실제 식료품 가격에 영향을 미치고 있다는 것을 잊게 만들었어요. 하지만 식료품은 집보다도 훨씬 더 중요한 겁니다. 먹는 것은 죽느냐 사느냐의 문제니까요. 이것이 투자자들을 위한 투기 대상이 되어서는 안 됩니다. 그들은 식료품 파생상품이 무슨 가상 식품인 것처럼 생각하고 있습니다!"

카우프만은 우리 집이 그랬던 것처럼 음식도 금융상품화가 되어버렸음을 깨달았다. 더 많은 사람이 여기에 투자할수록 거품은 더욱 커질 것이고, 더 많은 사람이 끼어들고 싶어 할 것이다. 다만 이번에는 사람들을 결국 집에서 쫓아내는 것이 아니라, 굶주리게 만든다는 점이 다를 뿐이다.

"만약 월 스트리트가 계략을 꾸며 투자자들이 가격 상승을 통한 차액 수익을 목적으로 의학약품과 의료장비들을 대량 사들일 수 있게 만들고 이런 필수적인 항목들을 아픈 사람과 죽어가는 사람이 사용할 수 없게 만든다면 사회적으로 엄청난 분노를 촉발할 것입니다." 마이클 마스터스는 의회에서 이렇게 증언했다.

"자신의 가족을 먹여 살리는 데 들어가는 돈이 현저히 늘어난다는 사실에 왜 미국인들은 분노하지 않는 것입니까?"[12] 어쩌면 그는 이렇게 계속 말을 이어갈 수도 있었을 것이다. 미국인에게는 아픔으로 끝날 문제가 미국보다 가난한 국가에 살고 있는 사람들을 죽음으로 내몰 수도 있다는 사실을 왜 외면하는 것인가?

식료품 시장이 일촉즉발의 사안으로 전 세계를 위협하게 된 것은 투자가 원자재 파생상품에 집중하고 있기 때문이다. 그냥 한두 기관이나 중개인이 흥미를 가지고 있었다면 그들의 가치관을 조롱하면 끝이고, 그들의 선택으로 위협받을 이유가 없을 것이다. 하지만 연금기금을 포함한 모든 주요 금융기관이 먹을 것이 필요한 사람들과 농부들을 착취해서 이익을 챙길 생각만 한다면 이 수요 충격으로 인한 타격을 느끼지 않을 사람이 한 명도 없을 듯하다.

카우프만은 시장을 바로잡을 수 있을 것이라고는 믿지 않는다. 이것은 전형적인 거품이고, 거품은 모든 사람이 똑같은 일을 하며 경쟁할 때 생긴다. 경제위기에서 파생상품이 맡았던 역할에 혐오를 느꼈던 수많은 사람들과 마찬가지로 카우프만 역시 지금까지도 암시장으로 남아 있는 영역을 좀 더 투명하게 만들라는 요구에 목소리를 보태고 있다. 앨런 그린스펀Alan Greenspan 같은 경제학자들은 규제받지 않는 파생상품 시장은 통제로부터 비교적 자유로워서 더 안전하다고 주장한다. 하지만 그런 시장이 극단적으로 불투명하고 재앙을 불러일으키는 경향이 다분하다는 사실을 통해 경제학자들의 주장은 그저 이상적이고 둔감한 소리에 불과하다는 것이 입증되고 있다.

크라우드 소싱을 통한 신약 개발

2013년에 리보금리(런던 은행 간 거래 금리) 조작을 둘러싼 스캔들을 겪고 난 이후 자신의 명성을 회복하려는 시도의 일환으로 바클레이스은행은 더 이상 식료품 파생상품에 투자하지 않기로 결정했다. 이것이 잘못된 행위임을 암묵적으로 인정한 것인지, 아니면 시장이 이미 정점을 찍었다는 판단에서 전략적으로 이루어진 것인지는 아무도 알 수 없다. 프레드 카우프만은 바클레이스가 발을 뺀 것에 기뻤지만, 여전히 농업에 대한 투자 권한을 식품 생산에 1차적으로 관여하는 주체로 제한하는 원래의 법안을 원상태로 회복시키고 1990년대에 파괴된 포지션 보유한도(한 개인이나 회원이 비결제상태로 보유할 수 있는 선물계약고의 최대한도. 선물시장의 과열을 막기 위해 설정된다-옮긴이)도 회복시킬 필요가 있다고 주장한다. 다른 말로 하면 인간이 가진 모방의 욕구를 줄이는 방법은 옛날로 돌아가 다시 규제를 하는 것밖에 없다는 것이다.

제약회사에게 모방이란 막대한 이윤을 챙겨주지만 충격적일 정도로 비창의적인 것이다. 이런 제약회사의 경우에는 그 해독제를 찾아내기가 더욱 힘들다. 지난 50년 동안 이 회사들은 몸집을 더욱 불려왔고, 이제는 연구개발에 연간 700억 달러 이상을 투자하고 있는데도 혁신 능력은 좀처럼 향상되지 않고 있다. 이 산업에 오랫동안 몸담았던 사람들은 제약회사들이 너무 비대하고 경직된 데서 원인을 찾는다. 적어도 이것이 장 피에르 가르니에Jean Pierre Garnier의 변명이다. 글락소스미스클라인GlaxoSmithKline을 8년간 운영해왔으니 그도 알아야 할 것이다.

"제약회사를 비롯한 대기업들의 리더들은 연구개발이 자로 재듯 측정 가능하고, 산업화가 가능하며, 세세한 지표 설정과 자동화를 통해 추진할 수 있는 것이라 잘못 가정했습니다. 그 결과 개인의 책임의식이 사라지고, 투명성이 사라지고, 발견과 발전에 대한 과학자들의 열정이 사라져버렸습니다."

자신의 회사에서 가르니에는 연구활동을 더욱 생산적으로 만들기 위해 구조조정을 열심히 진행했지만 성과가 미심쩍었다. 그는 그룹을 더 작게 만들면 제약연구가 학술연구와 좀 더 비슷해지고, 그와 질적으로 같은 수준의 헌신을 불어넣을 수 있으리라 희망했다. 하지만 오늘날까지도 이 회사의 베스트셀러 약물은 여전히 운동선수들이 사랑하는 스테로이드인 당질코르티코이드glucocorticoid다. 가르니에가 지금 직면하고 있고, 앞으로 모든 제약회사들이 직면해야 할 것은 자신의 사업 안에 내포되어 있는 질문이다. 과연 제약회사는 주주들의 수익을 극대화하기 위해 존재하는가?(가르니에는 분명 이렇게 믿고 있다) 아니면 새로운 약품을 발견하고 개발하기 위해서 존재하는가? 의학 연구에 종사하는 사람들 중 다수는 제약회사가 투자자 소유의 사업체이면서 동시에 편견 없는 연구 및 교육 기관일 수 있다는 생각은 한낱 근거 없는 믿음에 불과하다고 일축해 버린다. 정말로 새로운 약은 실패 가능성이 매우 높고, 개발에 필요한 비용이 적어도 10억 달러 이상이고, 개발 기간도 평균 12년이나 걸린다는 점을 고려하면 이 두 가지 목표가 서로 양립할 수 없음은 당연해 보인다.

진정한 혁신을 준비하기 위해서는 거대한 규모의 도박이 필요한데, 이런 도박을 진지하게 고민해보는 최고경영책임자는 극소수일 것이다. 적어도 이들이 두 눈을 온통 주가에만 고정하고 있는 동안에는 분명 그렇다.

일부 화학자들은 말 그대로 문제를 직접 자기 손으로 해결하러 나섰다. 리 크로닌Lee Cronin은 3D 프린터를 이용해서 새로운 분자와 질병의 치료법을 만드는 방법을 개척하러 나섰다. 아직 현실이 되지는 못했지만 그의 꿈은 애플사가 음악에 한 일을 약 개발에서 해내는 것이다. 즉, 누구든 자신이 발견한 내용을 발표하고 공유할 수 있는 개방형 네트워크를 만들어내는 것이다.[13] 그는 이렇게 묻는다. 자신의 치료약을 다운로드 받아서 프린트하지 못할 이유가 무엇인가? 이것이 과연 멋진 이론적 질문일지, 아니면 유사 약품 개발에 심각한 지장을 주는 방해꾼이 될지는 두고 봐야할 일이다.

크로닌은 제약 회사들이 더 쉽고 싼 것을 찾느라 회피하는 혁신을 기술이 해내야 한다고 주장한다. 거의 모든 산업에서는 기술이 그 일을 해냈는데, 제약 산업에서만 안 될 이유가 무엇인가? 이런 아이디어가 나오게 된 맥락은 사업 사상가들이 기업 연구의 가능한 대안으로 오픈소스 개발에 의지하기 시작했다는 점이다. 파이어폭스Firefox 웹브라우저, 썬더버드 이메일 클라이언트, 팝콘 온라인 동영상 편집기 등의 소프트웨어 제품들은 모두 온라인에서 돈을 받지 않고 공동 작업한 개발자들에 의해 만들어진 것들이다. 인터넷의 상당 부분도 이런 식으로 구축된 것이고, 그중 일부는 계속해서 구축되는 중이다. 여기에 참가하는 사람들이 받는 보상은 동료들의 인정과 존경, 최첨단 소프트웨어를 개발한다는 흥분과 무언가 위대한 일에 기여했다는 자부심이다. 많은 기술자들이 여가 시간을 활용해 이런 일에 기여하고 있고, 고용주들이 직접 권장하는 경우도 있다. 뛰어난 도구 개발에 참여함으로써 직원들이 전문기술을 발전시킬 수 있기 때문이다.

뇌종양 진단을 받은 이탈리아의 예술가 살바토레 이아카네시Salvatore

Iacanesi는 자신의 치료방법을 크라우드 소싱하기를 바라는 마음에서 자신의 의료기록을 해킹해서 온라인에 공개하며 이방인들에게 도움과 조언을 구했다. 50만 건이 넘는 반응을 받은 그는 정말 압도적인 경험이었다고 했다. 그는 이 내용들을 정리하고 태그를 붙이기 위해서 응답자들에게 다시 도움을 요청해야 했다. 그는 이런 식으로 문제에 접근하는 것은 반의학적anti-medicine이지도, 반의사적anti-doctor이지도 않다고 주장했다. 그의 뇌종양을 제거해준 사람은 외과의사였다. 하지만 그는 이것이야말로 폭넓은 지식을 수면으로 떠오르게 해줄 최고의 방법이며, 또한 더욱 인간미를 느낄 수 있는 방법이라고 믿었다.

오픈소스 개발의 가장 큰 이점은 대단히 폭넓은 사람과 사고방식이 결합된다는 것이다. 오픈소스 개발은 전 세계적 규모로 진행되는 경우가 많다. 자신의 즐거움을 위해 아낌없이 일한다는 사실 때문에 더 열심히 참여하게 되고 상상력도 더욱 풍부해진다. 기업의 연구진과는 달리 오픈소스 개발자들은 출근 카드를 찍을 일도 없고, 명령을 따를 일도 없고, 정치적으로 행동할 일도 없다. 이들은 자기가 존경하는 동료들을 기쁘게 하기 위해 자기가 좋아하는 일을 하고 있는 것이다. 거대한 조직의 특징인 가파른 계층구조 아래 묻혀 있는 경우가 많았던 그들은 이런 일에 기여함으로써 자신의 전문지식과 인간애를 표출한다.

새로운 의약품 개발에 대한 추구는 결국 오픈소스 소프트웨어 개발을 모델로 해서 특별한 민관협력사업 개척으로 이어졌다. 그 한 사례가 MMV Medicines for Malaria Venture(말라리아 퇴치제 개발을 위한 벤처사업)다. MMV에서는 도전 과제를 제시한 후, 제출된 프로젝트를 검토해 어느 프로젝트에 자금을 지원할 것인지 선별한다. 연구는 40개 기관에 속한 300명 정도의 과학자 네트워크에 아웃소싱되는데, 이들 기관 중에는 대학도 있지만 제약회사나 연구기관도 포함될 수 있다. 각각의 진행 단계마다 발견한 내용들을 검토한 후에 연구를 계속해서 진행할지 거기서 종결할지 결정한다. 협력사업에서 결정적인 부분은 치료에서 소외된 질병에 집중하겠다는 단호한 의지다. 협력사업은 또 다른 유사 약품을 개발하기 위한 것이 아니라 전 세계적으로 가장 큰 의학적 문제에 맞서기 위해 존재하는 것이기 때문이다. 빠듯한 예산에도 이들은 참가자들과 자금원을 풍성하게 끌어모으며 지금까지 훌륭하게 활동할 수 있었다.

이 협력사업은 대형 제약회사들보다 더 민첩하고, 창의적이며, 더 큰 위험을 감수할 의지를 갖고 있는 것으로 보인다. 이들은 또한 더 신속하게 움직일 수 있고, 질병을 임상에서 직접 접하며 얻은 지식으로 무장한 의사부터 순수하게 학문적으로 연구한 사람에 이르기까지 훨씬 폭넓은 유형의 사람들을 끌어들이고 있다. 이런 다양성만으로도 훨씬 높은 수준의 창조적 사고가 가능해진다. 하지만 약물개발의 새로운 생태계가 제약회사들이 치부를 숨길 수 있는 핑곗거리 이상의 가치를 입증할 수 있다고 말하기에는 아직 시기가 이르다. 하지만 적어도 모두가 최면에 걸리기라도 한듯 모방에만 치중하는 현 상황에서 벗어나기 위한 창조적 시도라는 것만큼은 분명하다.

혁신을 추구하는 회사들

소프트웨어 개발자들이 더 많은 소프트웨어를 개발하기 위해 소프트웨어에 의존한다는 말이 지나친 과장은 아닌 듯하다. 1998년에 모질라Mozilla는 사용자들에게 더 많은 선택권과 혁신을 안겨주자는 취지 아래 소프트웨어 개발을 위한 오픈 플랫폼open flatform으로 시작되었다. 모질라의 웹브라우저 파이어폭스는 1만 명의 기여자의 작업을 하나로 모은 것으로 30억 회 이상 다운로드되었고, 지구상의 모든 대륙에서 사용되고 있다. 심지어 남극대륙에서도 사용된다.

이 브라우저는 사용자들에게 자료에 대한 통제권을 더 많이 부여해주는 것을 목적으로 하는 특성들을 개척했다(예를 들면 추적 방지 기능 'Do Not Track'). 모질라는 모바일폰 운영체제를 개시하면서 이것이 그저 또 하나의 유사 제품이어서는 안 된다는 것을 기본 원칙으로 삼았다. 최고경영책임자 개리 코백스Gary Kovacs는 이렇게 주장했다. "우리의 목표는 운영체제를 둘러싼 싸움에 끼어드는 것이 아닙니다. 우리의 목표는 개방형 웹open web 주변으로 더 많은 개발을 촉진하는 촉매가 되려는 것입니다."

기존의 폰 시스템은 사용자가 플랫폼을 변경하는 것을 허용하지 않는다. 애플사에서 앱을 구입했다면, 기기를 안드로이드폰으로 바꿀 때 이 앱을 가지고 갈 수 없다. 하지만 모질라의 새로운 파이어폭스 OSFirefox OS는 가능하게 만들었다. 코백스는 파이어폭스의 목적은 시장점유율을 훔쳐오는 것이 아니라, 다른 회사들로 하여금 사용자들에게 그들이 원하는 자유를 더 많이 부여하도록 자극하기 위한 것이라고 말한다.[14]

모질라의 제품들은 브라질 빈민지역에 사는 사람부터 대저택에 사는 사람에 이르기까지 전 세계 도처에서 일하는 개발자들에 의해 구축되었다. 하지만 사람들 간의 상호작용이 여전히 가장 중요하다. 모질라는 매년 자기네 스타 개발자들을 모즈페스트MozFest에서 한자리에 모은다. 새로운 기술 덕분에 사람들끼리 직접 얼굴을 보지 않아도 일하는 것이 가능해졌지만, 우리의 욕구가 지워진 것은 아니다. 세계에서 가장 혁신적이라는 기업들 중 상당수가 아직도 옛날 방식으로 일하고 있다. 사람들을 한 건물에 모아 놓고 불꽃이 튀는 것을 지켜보는 것이다.

애덤 라우리Adam Lowry와 에릭 라이언Eric Ryan에게 있어서 혁신의 중심에는 언제나 사람이 있었다.

"자기 영혼까지 아웃소싱하고 싶지는 않을 것 아닙니까! 혁신은 우리가 하는 모든 일의 심장이자 영혼입니다. 우리는 그렇게 합니다. 함께하는 것이죠. 일이 제대로 돌아가게 하려면 우리는 모두 서로가 필요해요."

라우리는 아무리 봐도 세제 전문가로 보이는 사람은 아니다. 키가 크고 잘생긴 그는 학교 친구 라이언과 '메소드Method'를 설립했다. 늘 함께 일하고 싶어 했기 때문이다. 이 둘은 일찍이 모든 사람이 그 어느 때보다도 집에 투자하는 시간과 돈이 많아지고 있음을 깨달았다. 그런데 사람들은 집을 청소할 때 독성이 강하고, 냄새도 고약하며, 모양도 흉해 벽장 속에 감추어 놓을 법한 제품을 사용하고 있었다. 이것은 말이 안 되었다. 사람들에게 보여주고 싶을 정도로 예쁘고 냄새도 좋은, 환경과 인테리어를 모두 존중하는 제품을 발명하지 않을 이유가 무엇이란 말인가? 라우리와 라이언은 일을 빨리 추진해야겠다고 마음먹었다. 추진 근거는 경쟁상대가 없어서가 아니었다. 오히려 그 반대였다. 어느 슈퍼마켓에 들어가 봐도 만만치 않은 장애물이 그들의 앞을 가로막고 있었다. 하지만 이들의 혁신적인 새 회사는 사람, 가치관, 생활방식의 변화에 대한 자각을 바탕으로 만들어진 것이었다.

막상 가정용 세척제를 만들려고 하니 넘어야 할 것이 한두 가지가 아니었다. 비단 프록터앤드갬블Procter & Gamble(미국의 대표적인 비누, 세제, 기타 가정용품 제조업체)과 유니레버Unilever(유지 제품을 주력으로 생산하는 다국적 기업)나 다른 다국적 거대기업만이 문제가 아니었다. 사람들이 모두 팻츠닷컴Pets.com(웹사이트를 통해 애견용품을 판매하던 회사였으나 결국 도산했다)과 구글Google 같은 가상 기업에 푹 빠져 있는 시장에서 이들은 오프라인 매장에서 팔리는 실물 제품을 팔겠다고 나선 것이다.

두 사람이 가진 돈은 각각 4만5천 달러가 전부였고, 제품 생산에 대한 배경도 연줄도 거의 없었다. 그들이 갖고 있는 것이라고는 불타는 사명감, 직장은 사람들에게 그저 봉급 이상의 것을 제공해야 한다는 믿음밖에 없었다. 이들은 경쟁으로 사람들에게 동기를 부여하는 일에는 관심이 없었다. 경쟁보다 인간의 이타심에 호소하는 것이 더 창의적이고 오래갈 것이라고 생각했다.

"대부분의 사람들은 자신의 일이 세상에 무언가 긍정적인 역할을 하길 바랍니다. 사업에 몸을 담으면 그저 월세 내는 것 이상의 무언가를 하고 있다는 느낌을 받고 싶어 하죠. 우리는 새로운 제품을 만드는 회사를 이루고 싶었습니다. 이타심은 강한 동기를 부여해주죠."

라우리는 이렇게 말했다. "그렇다고 내가 경쟁적이지 않다는 얘기는 아닙니다. 2000년에는 미국 요트 국가대표 대체 선수로 올림픽에 참가하기도 했어요! 하지만 나는 내가 해야 할 일을 경쟁에게 물어봐서는 안 된다고 믿는 사람입니다. 저는 지속가능성에 집중하고 있습니다. 라이언은 아름다운 디자인에 완전히 꽂혀 있어요. 강박적이다 싶을 정도죠. 아름답게 디자인된 최고의 지속가능한 제품이 아니면 여기에서 성공하지 못할 겁니다. 그리고 아름답기는 무척 아름다운데 독성이 들어 있는 제품은 한마디로 천박한 제품이죠."

회사를 창업한 후 두 사람은 사업 운영을 주로 맡을 최고경영책임자를 한 명 고용했다. 높은 자리를 차지하려고 다투기가 싫었고, 두 사람 모두 자기의 핵심 전문 분야에서 멀어지고 싶지 않았기 때문이다. 권력을 원하지 않았고, 권력을 얻음으로써 생기는 거리감도 싫었던 그들은 자신이 협력하러 나서지 않으면서 다른 누군가에게 협력을 설득할 수 있다고는 믿지 않았다. 또한 그들은 회사 내부에서 일어나는 일만큼이나 회사 외부에서 일어나는 일도 중요하다고 믿었다.

"우리는 경쟁자들로부터 무언가를 훔쳐오지 않습니다. 우리는 그들이 만드는 것을 만들려고 하는 것이 아니니까요. 그들은 언제나 옛날 것만을 하고 있고, 우리는 결국 그들과 똑같은 존재가 되고 싶지 않아요. 저는 차라리 미술이나 건축 분야를 참고하거나, 길을 걷거나 사람들과 대화를 나누면서 영감을 얻습니다. 그게 훨씬 보람 있고, 흥미진진하고, 영감을 불어넣어 주거든요. 게임을 새로 정의하는 방법은 이것밖에 없습니다. 모든 것을 새로운 방식으로 합치는 것이죠."

이것은 그냥 하는 말이 아니다. 메소드의 첫 제품은 두 사람이 얼마나 대담하고 진지한지를 여지없이 보여준다. 바로 농축 세탁용 세제다.

라이언은 당시 상황을 이렇게 회상한다. "제품의 크기를 줄여서 만드는 것이 환경에 더 이롭다는 것을 알고 있었죠. 상품을 실어 나르는 트럭의 숫자도 줄어들고, 왕복회수도 줄어들 테니까요. 그래서 우리는 작으면서도 큰 아이디어를 내놓았죠. 세제를 세 배로 농축한 것입니다. 이러면 다루기도 쉽고 집으로 가져갈 때도 훨씬 덜 거추장스럽죠. 이 제품은 크게 히트를 쳤습니다. 그래서 그 다음엔 유니레버가 사용 승인을 받아가서 '스몰 앤 마이티Small & Might'라는 제품을 내놓았죠. 다음엔 월마트WalMart, P&G 등 모두들 제품을 따라했어요. 그렇게 해서 물류비용이 낮아졌죠. 요즘에는 어디를 가든 세제가 다 농축세제로 나옵니다. 우리가 산업 기준을 바꾸어놓은 것이죠. 그래서 우리의 다음 목표는 그것을 또다시 바꾸는 것입니다."

경쟁 회사들이 메소드가 이룬 첫 번째 혁신을 즉각적으로 따라했기 때문에 메소드는 또 다른 혁신을 내놓아야 했다. 라우리는 작은 회사라고 해서 혁신이 덜 위험한 것이 아니라 오히려 더 위험하다는 사실을 지적했다. 메소드에게는 훨씬 큰 것이 걸려 있었다. 바로 회사의 존립 자체였다.

"P&G를 보면 타이드Tide 세제는 브랜드 가치만 20억 달러이고 천만 달러를 법니다. 우리는 꿈도 못 꿀 액수이죠! 요점은 이렇습니다. 혁신은 P&G보다 우리에게 더 위험하다는 것이죠. 그런데도 우리는 위험을 감수하고, 그들은 그렇지 않아요. 우리가 그렇게 하는 것은 매일 아침 우리를 침대에서 일으켜 세우는 철학 때문입니다. 마음 깊숙이 믿고 있는 무엇 때문이죠. 바로 급진적인 큰 변화에 의한 혁신말입니다."

내가 그들에게 물어보았다. "하지만 그런 창의력을 그렇게 뻔뻔스럽게 바로 따라하는 것을 보면 짜증나지 않아요?"

"그게 바로 세상을 바꾸는 방법이죠. 우리가 옳았음을 말해주는 것이니까요! 항상 우리를 따라하는 사람들이 있습니다. 우리가 새로운 아이디어를 생각해내는 데 정말 뛰어나야 한다는 의미죠."

공유가 가져오는 성공

회사 전체를 혁신이라는 도박에 내맡기려니 라우리와 라이언은 혁신을 어떻게 촉발시켜 유지할 것이냐에 대해 생각에 생각을 거듭해야만 했다. 이들은 회사 본부를 샌프란시스코 중심지에 세웠다. 사업본부가 세상으로부터 고립되지 않기를 원했기 때문이다. 그곳은 토지사용제한법이 있어서 하수구를 통해 배출할 수 있는 성분을 엄격하게 규제하고 있었지만 상관없었다. 어차피 이들은 독성이 없는 물질에 전념하고 있었기 때문이다. 이들은 청결 유지를 대단히 중요하게 여겼기 때문에 사무실은 눈이 부신 흰색이었고, 최고의 디자인으로 건축되어 어디서나 눈에 확 들어왔다. 이들이 만나는 회의실 벽에는 영화 〈아메리칸 뷰티〉에서 인용한 문장이 장식되어 있다. "난 평범한 것만큼 나쁜 것은 없다고 생각해요."

"우리는 일부러 대량 생산 단계 말고는 아무것도 아웃소싱하지 않기로 결정을 내렸습니다. 따라서 우리는 제품 개발의 모든 측면을 수직적으로 통합했다고 할 수 있죠. 우리는 이곳에 화학 기술자, 포장 디자이너, 광고 디자이너 등 모든 사람을 두고 있습니다. 이런 사업을 할 때 전통적인 방식에서는 상당 부분을 외부 대리업자들에게 맡기죠. 우리는 그렇지 않습니다. 우리에게는 우리가 필요로 하는 모든 사람과 모든 것이 바로 이곳에 있는 것이 무척이나 중요합니다. 그래야 혁신적인 제품을 예상한 대로 만들어낼 수 있으니까요.

메소드의 직원들이 자리 잡은 모습만 봐도 이곳에는 계층구조가 거의 없다는 것을 알 수 있죠. 라이언은 고객지원부 옆에 자리를 잡았습니다.

그는 소비자들이 전화해서 얘기하는 질문이나 불평들을 흡수하고 싶어 하거든요. 메소드에서는 정보의 흐름이 빠릅니다. 그것이 아이디어를 번뜩이게 해주니까요. 벽은 모두 화이트보드로 덮여 있습니다. 복도와 업무 현장을 빙 두르고 있는 이 '위키 월wiki wall(인터넷 사용자들이 내용을 수정, 편집할 수 있는 웹사이트인 위키피디아에 벽을 비유한 말-옮긴이)'은 신제품의 개발 과정이나 개발 단계에서 막힌 부분을 보여줍니다. 누구든 여기에 자기 생각이나 의견을 덧붙이거나 영감을 불어넣을 수 있습니다. 회사에서 필요로 하는 수준의 협력을 이끌어내는 데 핵심이 되는 몇몇 기본 원칙이 있습니다. 호의를 보여라. 질문을 던져라. 직접 소통하라(이메일로는 그 어떤 새로운 것도 할 수 없다). 그리고 유리 아론의 연구실에서처럼 서로를 지지하라. '네, 그리고'가 '네, 하지만'을 대체한다."

여기저기서 물비누 통, 식기세척기 타블렛dishwasher tablets(식기세척기에 사용하는 알약 형태의 세제-옮긴이), 목재 광택제 병 등의 시제품을 볼 수 있다. 결국 제품으로 나온 것도 있지만, 그렇지 못한 것이 더 많다. 구석에서는 3D 프린터가 윙윙 소리를 내며 아기용 세척제 용기 플라스틱 모델을 천천히 쌓아올리고 있었다. 이것은 그저 한낱 유행에 불과한 것이 아니다. 디자인은 회사의 전략적 거점 확보에서 핵심적인 역할을 한다. 타켓Target과 웨이트로즈Waitrose가 선반 위에서 공간을 확보할 수 있었던 것도 용기가 예뻐서였다. 하지만 디자인 사고design thinking는 이 회사가 일하고 성공하는 방식에서 가장 핵심적인 부분이었다.

라이언은 이렇게 설명한다. "디자인 사고는 기존에 존재하지 않았던 새로운 선택을 창조하는 것입니다. 전체론적이죠. 생산 라인 확대나 시장조사, 혹은 다른 회사를 복제하는 것과는 관련이 없는 일입니다. 대부분의 회사는 대리업체를 이용합니다. 자기들에게 필요한 창의력을 갖고 있지 않거나 원하지 않기 때문이죠. 하지만 그것이 바로 우리가 가장 중요하게 생각하는 것입니다. 이곳에서는 어디를 가든 사람들이 무엇에 대해 일하고 있는지 보입니다. 그럼 그것에 대해 생각하고, 무언가를 덧붙이죠. 우리 모두가 실패하고, 거기서 배우고, 그를 바탕으로 더 나아지는 디자인의 순환 고리에 들어가 있어야만 합니다."

메소드에서는 연구개발부가 건물 한 구석이나 한 층에 혼자만 동떨어져 있지 않다. 연구개발부는 활동의 중심이기 때문에 무슨 작업이 이루어지는지 모든 사람들이 볼 수 있는 곳에 위치해 있다. 시제품들을 모두 전시하는 목적은 아이디어를 자극하고 서로를 비옥하게 만들기 위함이다. W. L. 고어에서와 마찬가지로 이곳에서도 아이디어를 경쟁 없이 공개적으로 공유하는 것이 발전의 원동력이다.

라우리는 내게 이렇게 말한다. "모든 사람이 '자기 아이디어'에 대해서가 아니라 대상에 대해 얘기하는 것이 중요합니다. 우리는 물건들을 벽에 진열해서 사람들이 디자인에 대해 얘기할 수 있게 하죠. 그리고 모든 곳에 화이트보드를 설치해서 정치적 고려나 영역에 대한 눈치 보기 없이 작업을 모두가 눈으로 확인할 수 있게 합니다. 디자인 분야에서는 아이디어가 곧 통화라는 것을 알고 있지만 손에 쥔 것을 재빨리 내려놓아야만 디자인이 성장할 수 있습니다. 디자인 사상가들은 복제하지 않습니다. 창조하지요."

모든 것을 내부에 갖추고 있는 데에 따르는 이점은 회사가 빨리 움직일 수 있게 해준다는 것이다. 좋은 아이디어가 나오면 재빨리 시제품으로 만들어서 들어보고, 만져보고, 여러 사람에게 돌려보고, 냄새 맡아보고, 찔러보고, 부어보고, 꼬집어볼 수 있다. 지구 반 바퀴를 돌아 제품을 수송할 수 있는 가장 효율적이고 친환경적인 방법을 고안하는 것만큼이나 향기 디자인에도 많은 에너지가 들어간다. 메소드에서는 디자인 사고가 빠지는 분야가 없다. 모두가 사업을 하는 더 새롭고 나은 방법을 찾는 일에 열심이기 때문이다. 라이언과 라우리 두 사람은 모두 자동차 산업에서 일했던 가족에서 태어났다. 자라는 동안 두 사람은 자동차 산업이 혁신에 실패해서 꼬꾸라지는 모습을 지켜보았고, 이 일은 두 사람으로 하여금 창조적인 회사를 만들어내겠다는 열정을 심어주었다. 라이언은 이런 회사를 '하나의 거대하고 지속적인 브레인스토밍'이라고 부른다.

"우리는 친환경 유기화학에서 환상적일 정도로 혁신적인 회사를 만들어냈습니다. 병 디자인으로 상도 받았어요. 사람들은 우리 세제가 너무 좋다며 편지도 보내줍니다! 우리는 게임을 새로 정의했습니다. 하지만 여전히 상품군 관리category management(소비자 욕구를 충족시키기 위해 상호 대체할 수 있다고 뚜렷이 확인되는 상품 및 서비스를 한 그룹으로 묶어 관리하는 기법 –옮긴이)가 일어나고 있어요."

메소드의 골칫거리는 바로 '상품군 담당자category captain'다. 대부분의 대형 슈퍼마켓은 자기가 파는 모든 종류의 상품에 대해 따로따로 바이어를 두지 않고, 그러기를 원하지도 않는다. 대신 상품군(이를테면 '세제')마다 그 부분을 담당할 대리인을 선정한다. 대리인들은 보통 유니레버나 P&G 같은 대형 공급업자 출신의 간부들이다. 이런 회사들은 슈퍼마켓에 어떤 물품을 재고로 확보할지 권장하는데, 당연히 자기 회사 제품을 더 앞에 내세우기 마련이다.

라우리는 이렇게 설명한다. "따라서 상품군 자체는 혁신과 멀어지도록 열심히 장려되고 있는 셈이죠. 우리는 뒷문으로 들어가는 경우가 많습니다. 특가 상품으로 나오거든요. 사람들은 그냥 우리 제품을 사고 싶어서 가게에 와요. 그래서 소매점과 직접 관계를 맺죠. 소매점들과 환상적인 관계를 맺고 유지해야 하며, 그들을 잘 섬겨야 해요. 우리는 우리의 고객들을 다른 방식으로 생각해야만 합니다."

몇 년 전에는 메소드 제품의 인기가 많아지면서 일부 상품군을 뺏기게 된 대형 제조업체들이 반격에 나섰다. 일부 회사는 '메소드 죽이기'의 임무를 띤 팀을 내부적으로 만들기까지 했다. 하지만 라우리와 라이언은 기죽지 않았다.

"모두들 다양한 친환경 제품을 쏟아냈죠. 수백만 가지는 나왔을 겁니다. 이들은 매장에 들어가서 이렇게 말했죠. '여기 진열대에 메소드 제품이 올라와 있는데, 제안을 하나 하겠습니다. 메소드는 광고에 백만 달러도 쓰지 않지만, 우리는 수억 달러를 쏟아 부을 예정입니다. 그러니 이 진열대 공간은 우리한테 주시는 게 어떻겠습니까?' 아주 지저분했죠. 하지만 우리는 우리가 창조하고 싶은 제품과 우리와 함께 일하고 싶은 회사에 집중해야만 합니다. 그래야 우리가 성공적이라고 말할 수 있습니다. 모두들 여전히 우리를 따라하려고 애쓰고 있으니까요!"

혁신의 원동력

학파 중에서 절대적인 혁신 따위는 존재하지 않는다고 주장하는 곳이 있다. 모든 새로운 것은 낡은 것을 조합한 것에 불과하다는 것이다. '약한 예술가는 빌려오고 위대한 예술가는 훔쳐온다'라는 말을 누군가는 T. S. 엘리엇이 했다 하고 파블로 피카소나 스티브 잡스가 한 말이라고도 한다. 최근에는 영화제작자 커비 퍼거슨Kirby Ferguson이 '모든 것은 리믹스다'라고 주장했다. 그리고 우리 모두가 정말 독창적이라고 생각하는 작품이 수많은 기이하고 놀라운 음악, 이미지, 언어를 빌려와 만든 사례인 경우가 많다.[15] 레드 제플린Led Zeppelin의 'Stairway to Heaven'은 레드 제플린과 일찍이 투어를 다닌 그룹 '스피릿Spirit'의 노래인 'Taurus'를 깜짝 놀랄 정도로 변형 없이 부른 것이다. 최초의 애플 컴퓨터는 제록스 파크Xerox PARC에서 개척한 기술을 리믹스한 것으로 유명하다(그리고 나중에 마이크로소프트에서 이것을 재해석했다). 헨리 포드Henry Ford(미국의 자동차 회사 '포드'의 창설자-옮긴이)는 생산 라인이나 자동차를 발명하지 않았고, 구텐베르크Gutenberg는 가동 활자를 발명하지 않았다. 이 모든 발명품들은 기존에는 서로 떨어져 있던 요소들을 한데 모아서 만들어낸 것들이다. 이런 종류의 혁신은 경쟁에 의해 이루어지는 것이 아니다. 이런 혁신은 창의력에 의해, 이제 때가 되었다고 말하는 세상에 참여함으로써 이루어진다.

라우리와 라이언 또한 고개를 끄덕이며 자신들이 내놓은 혁신 중 상당수도 그저 서로 다른 것들을 합쳐서 만든 것에 불과하다고 주장한다. 그들의 회사가 가정 청소 분야의 허만 밀러Herman Miller(현대적인 인테리어 가구를 만든 미국의 세계적인 디자인 가구 브랜드)나 아베다Aveda(식물성 성분을 이용해서 화장품을 만드는 화장품 브랜드)로 다양하게 묘사되고 있다는 사실 자체가 이들이 다른 사업계의 가치관과 사고방식에 빚을 지고 있음을 말해준다. 하지만 이런 도발적 문제 제기에도 불구하고 새로운 제조기술과 아이디어를 계속해서 내놓겠다는 이들의 단호한 의지는 복제와 진정한 혁신이 어디까지가 선택의 문제인지를 잘 보여주고 있다. 개인과 회사가 꼭 복제를 해야하는 것은 아니다. 그들에게 꼭 흉내를 내야 한다거나 남들을 따라해야 한다고 압력을 가하는 사람들도 없다. 이들은 분명 더 잘할 수 있었고, 지금도 더 잘할 수 있다.

혁신을 둘러싼 지나치게 낭만적인 신화들을 조금이라도 깨겠다는 열정으로 퍼거슨은 독창성이 흔히 말하듯 그렇게 좋은 것만은 아니라고 주장한다. 재치 있게 법의학적으로 이끌어낸 그의 주장은 설득력 있는 포스트모던주의적인 주장이다. 우리가 누리고 있는 것들 중 상당수가 다른 원천으로부터 (때론 심할 정도로) 빌려온 것이라는 그의 주장은 분명 옳다. 하지만 우리가 모방을 통해 배우는 것이 사실일지라도, 모방이 우리가 할 수 있는 전부는 아니다. 알려진 모든 항생제에 내성이 생겨버린 폐결핵 환자나 자신의 가족을 먹여 살리기 위해 애쓰는 소말리족 농부는 시장 점유율 따위에 감명받지도 않고, 오래된 사업 분야에서 아주 작은 퍼센티지라도 차지해보려고 몇 백만 달러씩 쏟아 붓는 마케팅에 현혹되지도 않는다. 폴리오바이러스(소아마비의 병원체)의 발견에서 세탁용 세제의 재발명에 이르기까지 진정한 혁신가들은 창의력과 인내력이라는 인간의 엄청난 재능은 경쟁이 아니라 순수한 신념에 의해 타오른다는 것을 증명해 보이고 있다. 복제는 책임 회피의 구실일 뿐이며 문제를 해결하고 사람을 돕는 것이야말로 인간적인 일이라는 신념 말이다.

크기로 측정될 수 없는 가치

높이가 의미하는 것

1928년 9월 19일, 뉴욕에서 크라이슬러 빌딩Chrysler Building의 건설이 시작되었다. 자기 이름과 같은 이름의 자동차 회사를 창립한 월터 크라이슬러Walter Chrysler는 아들들이 뉴욕에 정착하게 될 거라는 생각에 그들이 책임져야 할 무언가가 필요하다고 판단했다. 미국 최고 부자의 아들인 만큼 그들의 요구는 꽤나 특별했다.

크라이슬러는 나중에 이렇게 회상했다. "아들들은 일을 하길 원했고, 그래서 건물을 지어올리자는 아이디어가 탄생했다. 내가 파리에서 보았던 것이 떠올랐다. 그래서 건축가에게 말했다. '이 건물을 에펠탑보다 높게 만들어주시오.'"[1]

건축이 시작되고 1년 후에 월 스트리트가 주식 대폭락으로 붕괴되었다. 하지만 크라이슬러는 굴하지 않았다. 그의 건물은 커야만 했다. 그냥 크기만 해서도 안 됐다. 가장 커야 했다. 월 스트리트에서 맨해튼 은행Bank of Manhattan이 건설 중인 가운데 세계에서 제일 높은 고층 건물을 짓기 위한 경주가 시작되었다. 그의 경쟁 상대가 927피트(282.5미터)의 건물을 지어 올리자 크라이슬러가 딱 2피트(60센티미터)를 뒤진 것처럼 보였다. 하지만 그의 건축가 윌리엄 밴 앨런William Van Alen은 비밀리에 소방 통로에 올림 첨탑을 조립해 놓았다. 불과 몇 주 후에 27톤짜리 첨탑이 세워지자 타워의 높이는 무려 1,048피트(319.4미터)나 되었다. 따라서 뉴욕에 올라간 다른 경쟁 건물과 에펠탑을 모두 제치게 되었다.

하지만 크라이슬러의 승리는 오래 가지 못했다. 1929년 주식 대폭락이 있고 석 달 후에 경제학과 중력에 저항한다는 의미에서 존 제이콥 래스콥John Jakob Raskob과 피에르 듀폰Pierre du Pont이 엠파이어 스테이트 빌딩Empire State Building의 건축을 시작한 것이다. 두 사람은 듀폰사DuPont와 제너럴모터스로 재산을 끌어 모았고, 무엇이든 하면 끝을 보는 성격이었다. 불과 1년하고 45일 만에 올라간 이 건물은 예산보다 적은 비용으로 제 날짜에 마무리되었다. 대공황으로 노동 임금이 낮아진 덕분이었다. 이후 1,250피트(381미터)의 세계에서 가장 높은 건물이라는 기록은 40년이나 지속되었다.

크기에 대한 열정을 그저 정신 나간 거물들의 자기만족적 기벽이라 치부하고 넘어가기 쉽다. 하지만 거대한 것을 지으려는 욕망은 아주 오래된 것이다. 거대한 계단을 쌓아올린 아즈텍 문명, 인도 남부의 사원, 유럽의 대성당 등은 모두 육중한 존재감을 통해 건축물을 쌓아올린 자들과 그들의 문명에 대해 말해주고 있다. 고층 건물은 고대의 느낌이 현대적으로 발현된 것에 불과하다. 건축가 필립 존슨Philip Johnson은 이렇게 적었다. "고층 건물은 권력을 나타낸다. 그것은 권력과 지배다. 이제 우리는 이 단어를 사용하지 않지만 느낌은 여전히 인간의 가슴 속에 남아 있다. 그리고 이 느낌들은 자신을 표출할 방법을 찾아야 했다."

존슨은 고층 건물을 설계했다는 것에 무척이나 만족하고 있지만(그가 설계한 건물 중 주목할 만한 것으로는 뉴욕의 ATT 빌딩, 휴스턴의 윌리엄스 타워, 마드리드의 '푸에르토 데 유로파Puerta de Europa' 등이 있다) 이런 건물이 실질적으로 경제적인 도움은 되지 않는다는 것을 그는 알고 있다.

"상업적인 고층 건물들은 경쟁적인 상업계가 밀어부치고 떠밀어서 나온 결과입니다. 건물의 크기, 건축 비용, 활용도 사이에는 아무런 상관관계도 없어요. 상업계에서 고층 건물이 탄생하게 된 이유는 표출해야 할 그 어떤 종교도 없기 때문이었습니다. 하지만 고층 건물은 경제적 필요에 의한 결과가 아니라 하나의 표출이었어요. 고층 건물은 그들이 천국에 도달하고 싶어 하는 마음을 표출한 것입니다."[2] 크기가 바로 그 메시지였던 것이다.

하지만 존슨의 주장처럼 권력과 지배가 아무런 소용이 없다 하더라도 거기에는 언제나 비용이 발생하기 마련이다. 생물학에서는 그 비용이 고통스러울 정도로 뚜렷한 경우가 있다. 구애를 하는 동안 청란argus(공작새를 닮은 꿩과의 새) 수컷은 커다란 날개깃털secondary wing feather을 힘껏 펼쳐 보인다. 이 깃털은 눈처럼 생긴 아름다운 점이 장식되어 있는데, 이것이 클수록 암컷을 더욱 자극하게 된다. 깃털이 길수록 수컷은 더 많은 새끼를 얻게 되고, 따라서 아름다운 수컷일수록 후손을 많이 남기게 된다.

크기는 분명 경쟁상의 이점을 가져온다. 하지만 청란의 진화는 스스로를 막다른 골목으로 내몰고 말았다. 가장 아름다운 수컷은 엄청나게 크고 거추장스러운 깃털을 가지고 있기 때문에 포식자에게 잡아먹히기 쉽다. 빨리 날아오르지 못하기 때문이다. 콘라트 로렌츠Konrad Lorenz(1973년에 동물 비교 행동학으로 노벨 생리의학상을 수상한 생물학자)의 스승이었던 오스카 하인로트Oskar Heinroth는 이렇게 말했다. "서구 문명사회의 정신없이 바쁜 삶이야말로 청란의 날개 다음으로 종내 경쟁이 만들어낸 가장 어리석은 산물이지!"

거대 자본주의의 건물들

1995년과 2005년 사이 스타 건축가들이 등장하여 거대한 건축물로 명성을 얻기 시작하면서 건물의 크기에 대한 유혹이 막다른 골목을 향해 질주했다. 건축가들이 브랜드화되면서 경쟁은 더 이상 건축 회사들의 경쟁이 아니라 유명 디자이너들의 경쟁으로 변질되었다. 새로운 상들이 우후죽순 생겨나서 그들의 경력을 뒤흔들었고 더 크고 번쩍거리는 트로피 같은 건물을 짓도록 압박을 가했다. 미국의 프리츠커 건축상Pritzker Prize(필립 존슨이 이 상을 제일 먼저 수상했다)은 오래전부터 건축계의 노벨상이라 여겨져 왔다. 이 상에 걸린 10만 달러의 상금은 건축계 최고의 천재를 의미하는 상징이 되었다. 유럽의 기관들도 게임에 참여해 이미지를 업데이트하길 열망하고 있었다. 스털링 상The Stirling Prize, 아가칸 상Aga Khan Award, 미스 반데로에 상Mies van der Rohe Award, 프랑스의 그랑프리 국가건축상Grand Prix national de l'architecture, 독일건축대상Deutsche Architekturpreis 등은 모두 숨 막히는 새로운 미사여구들을 부채질했다.

빌바오에 구겐하임 미술관을 지은 후 스타 건축가 프랭크 게리Frank Gehry에게는 그의 건물을 갖고 싶어 하는 개인과 기관들로부터 설계 요청이 쇄도했다. 그들은 크게 다른 건물을 원하지 않았다. 자신들도 같은 지위에 도달했음을 보여주는 복제품, 그저 관광객 유치와 명성을 위한 크고 현란한 건물을 원했을 뿐이다. 렌조 피아노Renzo Piano, 다니엘 리베스킨트Daniel Libeskind, 노먼 포스터Norman Foster, 자하 하디드Zaha Hadid 등의 스타 건축가들에게는 그저 인간이나 사회의 필요를 충족시켜주는 건물이 아니라, 누가 그 건물을 지었고, 거기에 돈을 냈는지를 큰소리로 외쳐줄 상징적인 구조물을 설계해달라는 간곡한 요청이 들어왔다. 건축 비평가 마일즈 글렌다이닝Miles Glendinning은 이것이 거대 자본과 거대 건축물 간의 완벽한 결혼이라고 말했다.

"건축의 자본주의적 혁명에 대해 미사여구를 잔뜩 늘어놓는 사람들은 이런 건축물들이 브랜드 이미지를 구축하고 광고의 역할까지 해준다며 들떠 얘기한다. 그들에게 있어서 건축이란 세상을 더 좋은 곳으로 만드는 일이 아니라, 끊임없이 시장에서의 우위를 추구하려는 '과도한 합리성'에서 나온 '권모술수에 능하고 냉정한 마키아벨리식 사업가'가 되는 방편에 불과하다."[3]

건축계에서 가장 영향력 있는 비평가인 찰스 젠크스Charles Jencks는 건축계가 이제는 서로가 서로를 잡아먹는 경쟁으로 변질되어, 일자리를 얻고 유지하는 법에 대해 자본주의적 경쟁을 훈련해야 하는 상황이 되어 버렸다고 적었다. 언제 둘러보아도 건축계에는 항상 네 가지의 '주의ism', 다섯 가지의 '추세trend', 세계적 수준을 놓고 경쟁하는 백 명의 건축가가 있다. 그는 이제 건축가들이 하는 일은 무엇이 뛰어난 상징적인 건물을 만드는지, 그 이유가 무엇인지를 찾아내는 것이 되었다고 했다. 머지않아 건축에 대한 글을 쓰는 사람들은 너 나 할 것 없이 모두 하워드 로크Howard Roark를 인용했다. 하워드 로크는 영웅적인 주인공이자 아인 랜드의《마천루The Fountainhead》에 나오는 극단적 개인주의의 상징과도 같은 존재다. 로크처럼 이제 모든 건축가들은 영웅적인 이야기를 말해야 하고, 자기 스스로를 크게 내세울 수 있는 독특하고 급진적인 개인주의적 스타일을 분명하게 표현해야 한다. 작고, 섬세한 건물로는 승리할 수 없다. 이제 건축에서 가장 중요한 것은 승리가 되어버렸다.

이 소용돌이에 휘말린 수많은 건축가 중 하나가 바로 리처드 마이어Richard Meier였다. 그는 로스엔젤레스에 새로운 게티 미술관Getty museum의 설계를 따내는 경쟁에서 승리했다. 이 프로젝트는 무엇 하나 규모가 작은 것이 없었다. 비용만 약 10억 달러에 달했고, 하얀 돌바닥을 깔 완벽한 미술관 부지를 조성하기 위해서는 산 정상을 깎아내야만 했다. 110만 제곱미터의 건물을 올리기 위해 이탈리아에서 1만6천 톤의 대리석을 운송해

왔다. 구조물의 모델 자체도 워낙에 거대해서 미술관의 자체적인 승강기에는 들어가지도 않았다.

건축이 마무리 단계에 들어가자 건축을 의뢰했던 이사회조차 사람을 주눅 들게 만드는 아리스토텔레스 식 절대주의 앞에서 멈칫거리기 시작했다. 미술관 이사회의 한 위원은 이렇게 언급했다. "한마디로 압도적이다." 그것이 바로 이 건축물의 핵심이었다. 마이어는 관람객을 움츠려들게 만들 압도적인 건물을 짓는 데 높이는 필요 없음을 입증해보였다. 이사회는 자신들이 요청한 것을 얻게 되었지만 많은 사람에게 이 건물은 하나의 충격이었다. 뒤늦게 이사회에서는 마이어의 머리 위로 또 다른 예술가 로버트 어윈Robert Irwin을 들어 앉혀 건물 주변으로 정원을 디자인하게 만들었다. 건물의 가장자리를 부드럽게 만들고 인간적인 색조를 불어넣기 위함이었다. 마이어는 이 정원을 자기의 고유한 디자인으로부터 관심과 영향력을 빼앗아가는 경쟁자로 여겼다. 그는 매 단계마다 어윈과 싸웠다. 마침내 미술관이 문을 열자 건물과 정원 중 어느 것이 더 뛰어나느냐를 두고 거대한 논쟁이 붙었다. 애초에 그 미술관을 지은 이유였던 미술작품에 대해 얘기하는 사람은 아무도 없었다.

건축가가 되는 데 드는 교육비는 전 세계적으로 가장 비싼 반면 건축가의 초봉은 아주 적다. 건축을 전공한 졸업생이 과잉공급 되는 현실에서 건축가들은 경쟁에서 이기려면 대중의 관심을 불러일으킬 거대하고 화려한 빌딩을 설계해야 한다는 다급함이 생겼다. 하지만 마일즈 글렌다이닝은 스타 건축가들조차도 거대하고 떠들썩한 것을 추구하는 이러한 열정에 피로감을 느끼기 시작했다고 주장한다.

그는 내게 이렇게 말했다. "거대하고 화려한 건물을 만들어달라는 압력이 있었던 것은 분명합니다. 하지만 건축가들은 원래 대단히 섬세한 사람들이라서 2005년 정도부터는 이런 것들에 불편함을 느끼기 시작했어요. 과장된 건물을 설계하는 것은 부도덕한 일이고, 고약한 취향이라는 느낌을 받았죠. 큰 건물에 더 이상은 흥미를 느끼지 못한 거예요. 컴퓨터로 만들어낸 저 거대한 곡선과 티타늄 덩어리에 싫증이 난 거죠. 영향력 있는 건축가들은 그런 부분과 거리를 두려고 몹시 신경을 씁니다. 예를 들어 렘 콜하스Rem Koolhaas 같은 사람은 감수성이 대단히 뛰어나죠. 렌조 피아노 Renzo Piano는 생태 지향적이긴 하지만 그의 '더 샤드The Shard(런던 타워 브리지 옆에 올라간 72층짜리 초고층 건물. 유럽연합에서 가장 높은 건물이다—옮긴이)' 빌딩이 마음에 걸립니다. 건축계에서는 아무리 유행을 따른 건물이라고 해도 건축이 진행되는 동안 이미 유행에서 밀려나버리는 상황을 늘 마주하게 되죠. 건물을 뒤로 남겨두고 시간은 앞만 보며 달려가기 때문입니다."

스타 건축가들의 문제는 그들의 거대하고 화려한 빌딩이 불행한 부작용을 나타낸다는 데서 그치지 않는다. 런던의 워키토키Walkie-Talkie 건물에서 반사된 빛은 차들을 녹여 버렸고, 로스엔젤레스의 디즈니 콘서트홀은 자동차 운전자들의 눈을 멀게 했다. 바다라 호텔Vdara Hotel의 수영장 데크는 머리카락을 지글지글 태우고 플라스틱을 녹였다.

글렌다이닝은 궁핍의 시대가 정작 궁핍의 미학은 만들어내지 못했다고 말한다. 서구에서는 건축가들이 큰 혼란 상태에 빠져 있다. 그들은 경쟁을 하도록 배웠지만 경쟁을 하기 위해 창조해낸 크기의 시각적 언어들은 갈 길을 잃어버렸다. 경제가 붕괴되고 보니 갑자기 이 거대하고 값비싼 건축물들이 불평등의 상징이 되어버린 자신의 존재도 의식하지 못하는 어리석은 존재로 보이게 되었다. 렌조 피아노의 더 샤드 빌딩은 서부 유럽에서 제일 높은 건물일지는 모르나 런던의 풍경을 위해서는 형편 없는 일을 하고 있다. 크기로 유명한 건물들은 결국 크기만 할 뿐, 건물이 원래 만들어진 목적, 건물의 환경, 자신을 보러온 사람들을 압도해버리는 경우가 많았다.

크기만을 추구하는 것은 마법 같은 매혹의 효과를 발휘한다. 클수록 더 좋다는 생각이 드는 것이다. 슈퍼사이즈 빅맥 세트, 빅걸프 슬러시, 장갑

을 두른 허머(미국의 사륜 구동 지프 차량-옮긴이), 고카페인 에너지 음료 등
은 평범한 경쟁 상품에 비해 더 뛰어날 것이라는 기대를 갖게 한다. 더 많
은 것을 추구하다보면 결국 크기가 우리를 천하무적으로 만들어주기 때
문에 성장은 그 자체로 보상이 된다는 환상을 낳는다. 하지만 크기에 대
한 집착은 언제나 비용과 부작용을 발생시킨다. 때문에 희생된 것들은 그
거창함에 가려지고 만다.

규모를 탐하는 교회

교회에서 더 크다는 것이 우월함을 의미하게 된 지는 이미 오래됐다.
캘리포니아 가든그로브 근처에는 만 장의 유리판으로 뒤덮인 필립 존
슨Philip Johnson의 수정교회Crystal Cathedral가 대형 박스 스토어와 주유소들 사
이에서 혼자 고립된 채 서 있다. 이곳은 수많은 군중을 수용할 수 있도록
주차장도 넓게 설계되어 있었다. 교회에 사람이 너무 많아 들어갈 자리가
없으면 자동차에 앉아서 나무에 달린 스피커로 중계되는 설교를 들으면
된다. 하지만 이런 공간을 유지하는 데 들어가는 비용이 너무 많아서
2010년에 수정교회 목사들은 파산을 신청하고 건물은 가톨릭교회에 매
각되었다. 이 사건을 통해 모든 독립 교회는 특별한 교훈을 얻었다. 교회
의 크기보다 신도의 숫자를 세는 것이 더욱 중요하다는 것이다.
사람들의 영적 갈증을 해결해주기 위해 치열한 경쟁이 이루어지고 있
다. 영적 갈증은 현대 미국인들의 삶을 한마디로 대변하는 단어다. 사이
언톨로지Scientology(신과 같은 초월적 존재를 부인하고 과학기술이 인간의 정신을 확
장시키며 인류의 제반 문제를 해결할 수 있다고 주장하는 미국의 신흥종교), 이슬람
교, 불교, 펜테코스트파Pentecostal Churches(성령의 힘을 강조하는 기독교 교파)에
서는 누가 가장 빨리 성장하고 있는 종교인지를 두고 논란을 벌이지만,

이들 모두가 급속한 속도로 세력을 확장하고 있다는 사실에는 누구 하나 의문을 제기하지 않는다.

세계 최대 영문설교 사이트 서먼센트럴닷컴Sermoncentral.com에서는 참석자의 숫자로 미국 교회의 순위를 매긴다. 텍사스 휴스턴의 조엘 오스틴Joel Osteen 목사의 레이크우드 교회Lakewood Church가 주말마다 4만3천 명이 넘는 신도를 끌어모아 목록의 가장 위에 올라가 있다. 이런 숫자가 중요하다. 모두들 탐욕스러운 눈으로 이 숫자를 감시하고 있다.

"1999년 후반에 우리 교회는 매주 일요일마다 찾아오는 핵심 참가자 수가 6,000명이었습니다." 스티브 오스틴Steve Austin이 내게 말했다. 그는 전직 유언장 공증 변호사로 지금은 레이크우드 교회에서 목회 활동과 기독교 교육을 담당하는 수석 관리인으로 있다. 인조목재 가구로 둘러싸인 그의 사무실에 앉아 대화를 나누는 동안, 그는 어느 사업에서나 나올 법한 지표들을 암송하듯 들려주었다.

"우리 교회의 텔레비전 시청자 수는 매주 천만에 육박하고 아직도 그 수가 늘어나고 있습니다. 우리가 방송을 내보내는 국가가 150개국이 넘기 때문에 얼마나 많은 사람이 우리의 메시지를 듣고 있는지 정량화하기는 거의 불가능합니다. 매달 우리 웹사이트를 찾는 사람만 해도 100만 명입니다. 조엘 목사는 페이스북 팔로어가 120만 명, 트위터 팔로어가 80만 명 정도입니다."

내가 오스틴Austin을 만나고 돌아온 6개월 후에는 그 수치가 두 배로 늘었다. 오스틴Austin은 참석자 수가 늘어난 것에는 기뻐했지만 교회의 웹사이트 콘텐츠가 온라인 경쟁자인 조이스 마이어Joyce Meyer가 제공하는 것만큼 성공적이지 못하다는 점에 대해서는 여전히 우려하고 있었다.

"우리에겐 아직도 온라인으로 제공되는 콘텐츠와 온라인 기반시설을 향상시킬 방법이 있습니다. 하지만 조엘 목사가 얼마나 많은 사람을 감화하고 있는지 정확히 알아낼 방법이 있을까요? 사람들은 그의 책을 읽고,

설교 테이프를 듣고, 그의 텔레비전 프로그램을 시청합니다. 오늘날 그는 길 잃은 자들을 신의 왕국으로 이끌고 있는 세계 제일의 전도사입니다."

오스틴Austin은 내가 대화를 나눠본 많은 사람들 중에서 처음으로 레이크우드 교회의 목사 조엘 오스틴Joel Osteen을 월마트의 창립자 샘 월튼Sam Walton과 비교했다. 그가 말하길 두 사람 모두 자기를 내세우지 않는 사람들이었지만 자기가 어디서 왔고, 또 어디로 가고 있는지를 잘 알고 있었다고 했다. 그런 사명감이 괄목할 만한 성장을 가져온 것이라고 했다.

오스틴Austin은 열정과 향수를 느끼며 말했다. "정말 로켓처럼 폭발적이었죠! 짐 콜린스의 책《좋은 기업을 넘어 위대한 기업으로Good to Great》를 보고 추진력을 많이 얻었습니다. 가장 스트레스가 심했던 일은 이곳으로 이사를 하는 것이었습니다. 이곳으로 옮겨 온 후 폭발적인 성장에 대처할 수 있도록 자원봉사자와 인력의 기반 시설을 보강하고 시스템을 가동하는 것이 제일 힘든 작업이었습니다. 그래야 사람들이 이곳에 발을 들이는 순간부터 긍정적인 경험을 할 수 있으니까요. 그러려면 기반 시설이 갖춰져 있어야 합니다."

레이크우드 교회는 그런 기반 시설을 갖출 수 있는 형편이 됐다. 오스틴Osteen 목사의 베스트셀러 서적과 설교 테이프는 교회에 큰 수입을 올려주고 있었고(그의 첫 책《긍정의 힘Your Best Life Now》은 400만 권 이상 팔려나갔다), 신도들은 십일조 헌금(자기 수입의 10퍼센트를 교회에 내는 것)을 교회에 냈다. 참석자 수와 수입은 함께 늘어났으며 일 년 총수입이 7천7백만 달러에서 1억 달러 사이에 이르렀다. 이런 수입을 확보하기 위한 경쟁이 이루어졌고, 레이크우드 교회는 약삭빠르게 그 수입을 확보하고 유지하고 있었다.

내가 방문한 날에 보니 기반 시설은 웅장하게 가동되고 있었다. 59번 고속도로를 따라 달려가며 나는 교회도 크고, 모이는 사람들도 많으니 위치를 쉽게 찾을 줄 알았다. 하지만 보기 좋게 그곳을 그냥 지나치고 말았다. 스포츠 경기장이었던 그 건물은 미국 경제계의 거울 달린 타워들과 대리석 돌기둥 속에 가려 잘 보이지 않았다. 그곳이 미국 최대의 교회임을 말해주는 것은 불꽃 모양의 로고밖에 없었다. 첨탑도, 뾰족 지붕도, 십자가도 없이 그저 미국 국기들만 길게 늘어서 있었다. 길이 막힐 줄 알았는데 수많은 경찰들이 나와 운전자들을 안내하고 있어서 교통 정체 기미도 보이지 않았다. 주중에는 주변 사무실 사람들이 이용하던 주차 건물이 주말에는 교회 신도들을 위해 완전히 개방된다. 신도들은 수천 명씩 차를 타고 나타나 이곳에 주차한 후에 걷거나 버스를 타고 본 행사에 참가한다.

일단 안으로 들어가면 맹렬하게 돌아가는 에어컨 소리가 귀를 괴롭힌다. 이곳은 익숙한 지역이다. 완만하게 곡선을 그리는 외곽 복도는 원형의 경기장을 두르고 있다. 이 경기장은 런던의 웸블리 경기장이 될 수도, 런던의 체육시설인 O2 아레나(오스틴Osteen 목사는 이곳에서도 설교를 했었다)가 될 수도 있었다. 한 무리의 집사들이 빈자리를 안내해준다. 거기까지 가는 길도 꽤 먼 길이다. 중간에 아이들을 위한 예배당, 탁아소, 매점, 화장실, 에스컬레이터, 세미나실 등의 표지판이 보인다.

휴스턴 관광안내소에서 듣기를 레이크우드 교회는 이 도시에서 방문객이 제일 많은 곳이라고 했다. 엄청난 규모만으로도 더욱더 많은 사람들을 끌어당긴다. 레이크우드 교회는 너무 어려서, 혹은 너무 나이가 들어서 오지 못하는 사람이 없다. 예배는 주로 성인들을 대상으로 이루어지지만 아이들도 자기 또래들과 어울려 전직 디즈니 디자이너들이 장식해놓은 시설에서 놀이 공간이나 주일학교에 참가하면 된다. 듣자하니 이런 곳을 운영하는 주된 목적은 아이들이 부모들을 데리고 다시 이곳으로 돌아오고 싶게 만드는 것이라고 한다.

한 집사가 문을 열어 나를 경기장으로 안내해준다. 가파른 계단 옆으로는 사람들이 일어서서 손바닥을 하늘 높이 치켜들고 기도를 하고 있고, 나는 그 사이를 지나 계단 제일 위쪽으로 안내를 받아 갔다. 무대 양쪽으로는 두 개의 거대한 바위 정원과 인공폭포가 있었다. 그 옆으로는 각각

열두 줄의 보라색 좌석이 놓인 한 쌍의 성가대석이 무대 양쪽에 마련되어 있었다. 무대 중앙에서는 거대한 황금색 지구의가 천천히 돌고 있었다. 다만 어떤 종교적 상징물도 보이지 않았다. 십자가도, 하나님이나 예수의 그림도 보이지 않았다. 거대한 스크린에서는 음악인들과 예배에 참석한 사람들의 모습이 투사되고 있었고, 사람들이 성가를 함께 따라 부를 수 있도록 '불가능은 없네Nothing is impossible'의 가사도 흘러 나오고 있었다.

신도들은 흑인, 백인, 히스패닉계, 아시아인, 아메리카 원주민 등 놀라울 정도로 문화권이 다양했다. 대부분 중년이었고, 모두 잘 차려 입고 부유해 보였다. 내가 자리를 찾아가는 동안 그 누구도 나에게 아는 척하거나 말을 걸지 않았다. 많은 사람들이 성서를 들고 있었고, 마치 황홀경에 빠져 있는 것처럼 보이는 상태에서 일어서 있었다. 하지만 정말로 황홀경에 빠진 것처럼 느껴지지는 않았다. 객석은 이상할 정도로 인간미가 느껴지지 않았다. 목사와 신도들 사이에 진정한 유대감이 형성되기에는 너무나 거대해 보였다. 행여 교회를 가득 채운 감정과 언어에 휩쓸리면 어떡하나 걱정하며 이곳에 도착한 사람이라면 그런 걱정은 안 해도 될 것 같았다.

제작가치production values(영화나 다른 작품에 깊이, 풍부함, 소구력을 덧붙여주는, 때로는 사소하기까지 한 아이디어와 아이템-옮긴이)와 마찬가지로 음악적 기교 또한 기술적으로 완벽하다. 그레미상을 네 개나 수상한 이스라엘 휴튼Israel Houghton은 자기 이름으로 낸 골드 앨범을 두 장이나 가지고 있다. 스티브 크로퍼드Steve Crawford와 다드라 크로퍼드 그레이트하우스Da'dra Crawford Greathouse는 가스펠 음악 세계를 선도하는 주요 인물이다. 예배가 한 시간 이루어질 때마다 40분 정도는 음악으로 구성된다. 음악이 끝나면 그 무대가 아래로 내려가 시야에서 사라지고 조엘 오스틴이나 빅토리아 오스틴Victoria Osteen(조엘 오스틴 목사의 아내-옮긴이)의 설교로 나머지 20분이 채워진다.

설교가 시작되기 전마다 신도들은 자리에서 일어나 성서를 높이 들고 함께 이렇게 반복해 외친다. "이것은 나의 성경이니, 성경이 나라고 말씀하신 것이 곧 나이며, 성경이 내가 가지고 있다 말씀하신 것이 곧 내가 가진 것이며, 성경이 내가 할 수 있다 말씀하신 것이 곧 내가 할 수 있는 것입니다. 나는 오늘 신의 말씀을 배우러 이곳에 왔나니, 감히 고백하건대 내 머리는 민활하며, 내 마음은 받아들일 준비가 되어 있어 나는 이전의 나와 결코 같지 않을 것입니다. 예수의 이름으로 그대에게 축복이 있기를." 그리고 나서 사람들은 자리에 앉아 설교에 귀를 기울인다.

달변에 능한 조웰 오스틴 목사

신체적 조건만 놓고 보면 조엘 오스틴은 좀처럼 목사처럼 보이지 않는다. 커다란 하얀 치아와 여윈 몸집을 가진 그는 자신이 7,000명의 군중 앞에서 무대에 올라가 있다는 사실에 스스로도 놀라는 것처럼 보인다. 전해지는 바에 의하면 아버지가 사망하기 전까지 그는 대중 앞에서 설교를 해본 적이 단 한 번도 없었고, 자기가 연설에 재능이 있으리라고는 상상조차 해보지 않았다고 한다. 하지만 아버지가 심장마비에 걸린 이후로 어쩔 수 없이 그 자리를 채워야 했던 그는 엄청난 재능을 발견했다. 그는 티끌 하나 없는 정장에 빛나는 넥타이를 하고, 갈색의 곱슬머리를 완벽하게 매만지고, 작은 눈을 밝게 뜨고 연단에 선다. 길고, 좁고, 살짝 한쪽이 처진 얼굴을 한 오스틴은 청중과 유대감을 형성하기 위해 노력한다. 긴 크레인 끝에 달린 카메라가 클로즈업 장면을 찍기 위해 안으로 움직여 들어온다. 전 세계의 동기부여 연설가motivational speaker들처럼 그도 농담과 함께 설교를 시작하는 것을 좋아한다.

"재미있는 이야기 하나를 하면서 시작하죠. 85세 되신 할아버지의 이야기를 들었습니다. 이 할아버지가 어느 날 낚시를 하고 있는데 웬 목소리가 들렸습니다. '나를 들어 올려주세요.' 주위를 둘러 보았지만 아무것도 보이지 않자, 할아버지는 자기가 꿈을 꾸고 있다고 생각했습니다. 다시 그 목소리가 들려서 아래를 보니 개구리가 한 마리 있었습니다. 할아버지는 놀라서 말했습니다. '지금 네가 나한테 말을 했니?' 개구리가 말했습니다. '네, 저를 들어 올려서 키스해주세요. 그럼 저는 아름다운 신부로 변할 거예요.' 할아버지는 재빨리 개구리를 들어 올려서 앞주머니에 집어 넣었습니다. 개구리가 말했습니다. '이 봐요, 지금 뭐 하는 거예요? 내가 말했잖아요. 나한테 키스하면 아름다운 신부로 변한다니까요!' 할아버지가 말했습니다. '됐어. 내 나이쯤 되면 예쁜 신부보다는 말하는 개구리가 더 좋아지거든.'"

오스틴 목사는 일주일 중 가장 중요한 일이 바로 설교문을 작성하는 것이라고 말한다. 그는 모든 사람이 알아들을 수 있는 간단한 언어를 이용해 다양한 문화적 배경을 가진 수많은 청중과 소통하는 기술을 완성했다. 그는 커다란 무대 위를 걸으며 기쁨에 넘치는 얼굴로, 프롬프터나 노트도 없이 설교한다.

"여러분은 틀이 지워져 있습니다. 신께서 여러분의 삶 주변으로 경계를 쳐놓으셨어요. 그 무엇도 이 틀을 뚫고 들어갈 수 없습니다. 신께서 허락하지 않으세요. 골칫거리, 질병, 사고, 이런 것들이 그냥 우연히 일어났을 리가 없습니다. 틀이 잡혀 있으니까요. 여러분은 미래를 걱정할 필요가 없습니다. 여러분의 건강도 틀이 잡혀 있고, 여러분의 아이들도 틀이 잡혀 있습니다. 여러분의 경제적 능력에도 틀이 잡혀 있죠. 그것이 바로 우주의 창조주께서 설정해 놓으신 경계입니다."

청중은 그를 사랑한다. 양쪽 옆에 앉은 사람들을 보니 성서를 무릎 위에 펼쳐 놓고, 밀물처럼 차오르는 반복 문구에 완전히 몰입해 있었다.

"여러분은 원하는 대로 마음껏 달릴 수 있겠지만, 좋은 소식을 말씀드리자면 여러분은 절대로 여러분의 틀 밖으로 벗어날 수 없습니다. 또다시 그 틀에 가서 계속 부딪힐 뿐입니다. 그 틀은 언제나 여러분을 자신의 신성한 운명을 향해 밀어냅니다. 여러분은 패배한 인생, 별 볼일 없는 인생, 남부끄러운 인생을 살며 엉망이 되고 말았습니다. 신의 부르심이 여러분 위에 있을 것입니다. 여러분은 자기만의 길로 걸어갈 수 있지만 신께서는 여러분을 다시 제자리로 돌아오게 만드는 법을 알고 계십니다. 신께서는 여러분이 뚫고 나갈 수 없는 틀을 지어놓으셨습니다. 그 어떤 적도 그 틀을 뚫을 수는 없습니다. 마약도 뚫을 수 없고, 나쁜 사람들도 뚫을 수 없습니다.

여러분 중에서는 너무 멀리 와버렸다고 생각하는 분도 있겠지요. 너무 많은 실수를 저지르고 말았다고 말입니다. 사람들은 제게 이렇게 말합니다. '목사님, 저는 전혀 종교적인 사람이 아닙니다.' 제 말을 들어보세요. 그것은 전혀 중요하지 않습니다. 중요 한 것은 단 하나! 창조주께서 여러분의 인생에 틀을 지어놓으셨다는 것입니다."

자동차와 아이들에 대한 일화를 실컷 얘기하던 오스틴은 성서 이야기와 그보다 세속적인 일상의 교훈들을 오가며 설교를 이어간다. 그는 앞줄에 앉아 있는 자기 어머니에 대해서, 그리고 그만큼이나 기량이 뛰어난 연자인 아내 빅토리아Victoria에 대해서 열정적으로 말을 이어간다. 두 사람은 마치 드라마 〈달라스Dallas〉(달라스의 석유부호집안인 어윙가의 이야기를 그린 텔레비전 시리즈—옮긴이)의 등장인물처럼 보인다. 우아하고, 잘 차려 입고, 건강미가 넘쳐흐른다. 볼품없던 한 소년이 아름다운 아내와 훌륭한 자녀, 커다란 집을 가진 전 세계적으로 유명한 부자 목사가 되었다는 이야기는 자연스럽게 이런 암시를 내보낸다. 바로 오스틴 부부가 아메리칸 드림을 이루었다면 그들의 이야기에 귀를 기울이는 모든 사람이 아메리칸 드림을 이룰 수 있다는 암시 말이다. 하루에 여러 번 이어지는 이 예배는 모든 면에서 기술적으로 능수능란하고 효율적이다. 그래야만 한다. 이렇게 많은 사람들을 매료시켜 늘 만족스러운 기분으로 떠나게 하려면 최고의 제작가치가 필요하다.

"판에 박힌 생활에 붙들려 있지 말고 계속 성장하십시오. 우리에겐 성장의 비전이 있습니다. 우리는 신께서 자신을 믿는 자에게 상을 내리신다는 것을 압니다. 신께서는 여러분의 자녀가 누더기를 걸치고 있는 모습을 보기 원하지 않으십니다. 신께서는 여러분이 고통받기를 원하는 것이 아니라 여러분이 성공하기를 바라십니다."

오스틴은 일부러 고집스럽게 평범한 언어를 사용한다. 세련된 언어도, 어려운 사상도, 복잡함도 없고, 사람을 불안하게 만들지도, 난처하게 만들지도 않는다. 그의 메시지는 더할 나위 없이 긍정적이다. 당신은 좋은 사람이며, 신이 당신을 돌볼 것이며, 모든 것이 잘될 것이다. 신을 믿기만 한다면.

예배는 기도 비슷한 구석이 별로 없고 오스틴의 주제는 종교적 색채도 희미하다. 그는 성서를 인용하거나 성서에 나온 이야기를 꺼내기도 하지만 골수 기독교는 그의 스타일도 아니고 그의 사명도 아니다. 그는 전통적인 가족관에 대해 설교하지만 가족이 온갖 형태와 규모로 존재한다는 것을 받아들인다. 그리고 모든 사람이 죄를 짓지만 용서 받는다고 설교한다.

친구들과 비평가들이 하나같이 그에게 동성연애라는 주제에 대해서 공식적인 입장을 밝힐 것을 압박하자 그는 한동안 피해 다니다가 동성애는 죄악이라는 공식적인 입장을 들고 나왔다. 오스틴에 따르면 성경에서 그렇게 얘기했기 때문이다. 하지만 그는 우리는 모두 죄인이며 용서를 구할 수 있다고 말한다. 미국에서 한쪽은 동성 결혼을 허용하라는 운동을 벌이고, 다른 한쪽에서는 동성연애자들을 규탄해야 한다는 얘기를 하고 있을 때 오스틴은 영악하게도 애매한 입장을 취했다.

"저는 동성애가 신께서 우리의 인생을 위해 마련해준 최선의 것이라 믿지 않습니다. 그러니까 제 말은 죄악이란 과녁을 벗어나는 것을 의미한

다는 것이죠."⁴

CNN에서 피어스 모건Piers Morgan(영국 출신의 언론인)이 악의 문제에 대해 설명해달라고 압박하자, 그는 그 질문에 대답하기에는 히틀러의 어린 시절의 배경에 대해 충분히 알지 못한다고 말했다. 또한 그의 고향은 미국 어느 주보다 범죄자에 대한 사형이 많이 이루어지는 곳임에도 불구하고 그는 사형에 대해서는 아무런 견해도 없었다. 스무 명 어린이의 목숨을 앗아간 뉴타운 스쿨Newtown school 총기 사건 이후에도 그는 자기에게 총기 규제를 찬성할지 반성할지 입장을 밝혀야 할 책임은 없다고 생각했다.

"저에게 그런 책임이 있다고는 생각하지 않습니다. 정치적 문제는 우리를 분열시키기 때문입니다. 저는 가능한 한 많은 사람에게 닿으려고 노력하고 있습니다. 양쪽 진영 모두 좋은 사람들이 있습니다. 그리고 저는 어떤 것이 최선의 해답인지도 모르겠습니다. 하지만 그저 그들이 어려워하는 지금 이 순간에 그들을 인도하고 그들에게 희망을 주려 애쓸 뿐입니다."⁵

계속 성장하기 위해서 오스틴은 능숙하게 애매모호한 입장으로 남아 있어야 한다. 그는 총기 규제를 찬성할 수도, 반대할 수도 없다. 그는 가브리엘 기퍼즈Gabrielle Giffords(민주당 소속 연방하원의원이다. 그녀의 진보적인 정치 성향에 적개심을 가진 보수진영 남성에게 심각한 총상을 입었다 ─ 옮긴이)를 저격한 사람을 편들 수도 없고, 반대할 수도 없다. 그리고 동성애자의 권리를 옹호할 수도, 반대할 수도 없다. 이 모든 일에 입을 다무는 것이 오스틴이 미국 최대의 교회를 이끌면서 치러야 할 대가인 셈이다. 오스틴 언어가 전체주의적Orwellian이라 말하는 것은 옳지 않다. 그는 단어를 정반대의 의미로 사용하지 않는다. 대신 의미를 쏙 빼고 말하는 데는 달인이 되었다. 미국의 동반자 관계에서 일어난 불에 기름을 끼얹지 않으려고 조심하는 그는 마찬가지로 그 불을 끄려 하지도 않는다.

오스틴은 십일조 헌금을 내라는 말 말고는 자신의 추종자들에게 무엇을 하라고 말하는 것이 없다. 어떤 입장을 취했다가는 결국 누군가와는 멀어지게 되기 때문이다. 계속해서 교회를 키워야 한다면 그가 할 수 있는 것이라고는 추종자들의 비위를 맞추는 일밖에 없다. 그리고 그는 이 일을 아주 열심히 하고 있다. 만약 오스틴이 믿는 것이 있다면 수백만 명에 이르는 그의 추종자들이 훌륭하다는 것뿐이다. 그가 목표로 하는 일은 그저 그의 방송 슬로건에서 말하고 있는 것밖에 없다. '당신 내면의 투사를 발견하십시오.'

"여러분은 존중받아 마땅한 사람입니다. 여러분은 재능이 있고, 똑똑하고, 매력적입니다. 당신에게는 분명 위대함이 있습니다. 제 말을 들어보세요. 신께서는 자신의 생명을 여러분에게 불어넣으셨습니다. 여러분의 피 속에는 왕족의 피가 흐르고 있는 것입니다. 신께서는 명예와 사랑으로 여러분의 머리 위에 왕관을 씌울 것입니다. 어깨를 펴세요. 머리를 치켜드세요. 자신감 있게 걸으세요. 자신감 있게 말하고, 자신감 있게 생각하세요. 행동도 자신감이 넘쳐야 합니다. 여러분이 남들에게 보여주는 모습 그대로 사람들은 여러분을 대할 것입니다."[6]

자부심 프로젝트의 착각

오스틴이 전하는 메시지는 딱 하나다. 자기 자신을 믿으면 꿈이 현실이 된다는 것. 그렇게나 간단하다. 하지만 이 메시지의 문제점은 그것이 진실이 아닐 때가 많다는 것이다. 높은 자긍심은 각고의 노력과 결단력, 성공에 뒤따르는 결과일지는 모르나, 원인은 아니기 때문이다. 자부심 갖기 운동은 자부심이 높으면 성취도 높아진다고 오랫동안 주장해왔지만, 사회과학자 로이 바우마이스터Roy Baumeister가 과학문헌들을 검토한 끝에 찾아낸 결론은 그와 달랐다. 연구 결과는 자부심을 높이려는 노력이 수행성과 향상으로 이어진다는 것을 밝혀주지 못했다. 특별히 학업 성적을 조사해본 결과 성적이 좋은 학생들은 자신에 대해서 좋게 생각하지만, 그 반대는 성립하지 않는다는 것이 분명하게 드러났다. 그저 학생들에게 자신감을 가지라고 격려하는 것만으로는 시험에서 전혀 나은 성과가 나오지 않았다. 아인 랜드의 헤어진 연인 나다니엘 브랜든이 시작한 자부심 갖기 운동은 이것저것 약속만 많이 했지 아무것도 한 것이 없다.

이런 발견은 캐롤 드웩Carol Dweck의 연구를 통해 다시 한 번 확인되었다. 그는 아이들에게 '너는 정말 똑똑하고 재능도 많구나'라는 칭찬을 했다. 이것은 아이들에게 열심히 공부하도록 동기를 부여하기보다는 자신은 원래부터 똑똑하기 때문에 아예 공부를 할 필요가 없다고 믿게 만드는 칭찬이었다.[7] 자부심보다 더 효과적인 것은 자기통제, 자기 수양, 인내력이다. 반면 자신감은 자칫 그런 것들을 아예 할 필요가 없다는 암시를 줄 수 있다. 당신은 이미 '존중받아 마땅한 사람'이기 때문이다.

하지만 자부심을 부추겨서 큰 효과를 보는 부분도 있다. 바로 자기도취를 키우는 일이다. 자신을 근본적으로 대단히 특별한 자격이 있고 독특한 존재로 바라보는 사람이 되는 것이다. 심리학자 장 트웬지Jean Twenge에 따르면 우리는 자기도취가 유행병처럼 번진 시대를 살고 있다. 긍정적인 생각을 하는 것만으로도 좋은 일이 일어나리라 상상하는 아이들 세대가 이를 잘 대변하고 있다. 대학생들을 대상으로 이루어진 수많은 연구를 언급하며 그녀는 자기도취적 특성이 1980년대 이후로 오늘날까지 비만처럼 빠른 속도로 증가하고 있음을 보여주었다.

"미국이 자기예찬에 초점을 맞추어온 덕분에 미국인들의 자부심을 높이는 데 성공했다는 것은 분명하다. 대부분의 집단에서 그 어느 때보다도 자부심이 높고, 요즘의 대학생들 중 80퍼센트 이상이 전반적인 자부심 분야에서 1960년대의 대학생 평균보다 높은 점수를 기록하고 있다. 자부심을 고양하려는 노력의 초점이 되는 경우가 많았던 중학생들의 경우

2000년대 후반에 태어난 학생들 가운데 93퍼센트가 1980년대의 11세 이상 13세 이하 학생들의 평균 점수보다 더 높은 점수가 나왔다."[8]

전 세계적으로 경쟁이 심해졌기 때문에 경쟁을 하고 싶으면 자기 자신을 대단하게 여기거나 적어도 그런 척 행동해야 한다고 주장하는 사람이 많다. 즉 자신감 있게 걷고, 자신감 있게 말하라는 소리다. 하지만 이런 행동의 문제점은 이것이 잘할 것 같은 기분과 실제로 잘하는 것을 분리시켜버린다는 점이다. 트웬지는 자기예찬이 미국을 거짓 나라로 만들어버렸다고 주장한다.

"우리에겐 거짓 부자들이 있고(무원금 모기지 대출과 빚더미), 거짓 미인들이 있고(성형 수술과 미용 시술), 거짓 운동선수들이 있고(경기력 향상 불법 약물 사용), 거짓 연예인들이 있고(리얼리티 쇼와 유튜브), 거짓 천재학생들(학점 인플레이션)이 있고, 거짓 국가경제가 있고(정부 빚만 11조 달러), 자기가 특별하다는 거짓 느낌이 있고(부모들의 양육과 자부심 고양에만 초점을 맞춘 교육), 거짓 친구가 있다(소셜 네트워크의 폭발적 증가).[9]

조엘 오스틴이 진행하는 자부심 고양은 그의 교회는 성장시켜줄지 모르지만 그의 추종자들을 더 나아지고 똑똑하게 만들어주지는 못한다. 심리학자 돈 포사이스Don Forsyth와 리치몬드대학교에 있는 그의 연구팀은 대학생을 두 집단으로 나누어 한 집단에는 이메일로 매주 문제지를 보냈다. 두 번째 집단에게도 매주 문제지를 보냈지만 자신감의 중요성을 상기시키는 다음의 메시지를 첨부해서 그들에게 자신감을 유지하도록 격려했다. "결론: 고개를 치켜들고 자부심을 가지세요."[10]

그 결과 자부심을 가지도록 격려를 받았던 학생들은 학점이 상당히 떨어지고 말았다. 연구자들은 이렇게 결론 내렸다. '비현실적인 낙관주의는 상황에 대한 능동적 대응 대신 현실 안주로 이어질 수 있다. 실제로 의지가 약한 학생들은 노력을 중단하고 자부심을 이용해 성적에 따라 휘둘리는 정도를 최소화함으로써 자부심을 제일 잘 유지할 수 있을지도 모른다.'

오스틴 목사가 자기 신도들에게 팔고 있는 자부심은 효과가 없을 것이다. 기분이 좋아지는 것만으로도 어떤 문제든 해결할 수 있다는 생각은 진리true도 아니며 사실truth 또한 아닌 것으로 드러났다. 하지만 청중들의 비위를 맞추는 것은 레이크우드 교회의 참석자를 늘리고 수입을 올리는 효과적인 방법이다. 이것은 레이크우드를 대형교회로 만들어준 원인인 동시에 대형교회이기 때문에 생기는 결과이기도 하다. 자부심은 금방 사그라지기 때문에 사람들은 중독이라도 걸린 듯 다시 그것을 찾아 돌아가야만 한다.

레이크우드 교회가 밀물처럼 차오르는 자기도취의 파도에 편승하고 있는 것이든, 거기에 기여하고 있는 것이든, 성장에 대한 교회의 탐욕은 필연적으로 그 메시지를 타락시키고 만다. 예배가 끝나면 조엘 목사와 그 아내 빅토리아는 로비에 서서 방문자들과 악수를 한다. 난 무대 뒤로 가서 레이크우드 교회의 수석전략가인 도날드 일로프Donald Iloff를 만나보았다. 그는 거인의 거실 같은 곳에 앉아 있었다. 거대한 의자와 소파, 빈 탁자와 가짜 책들이 꽂혀 있는 모습을 보니 실제로는 마치 회사 접견실에 와 있는 것 같은 기분이 들었다.

레이크우드 교회가 말하는 영향력

일로프는 노련한 활동가다. 그는 워싱턴에서 로비스트로 활동하기도 했었다. 그가 내게 말하기를 한때는 엔론Enron(2001년 파산한 미국의 에너지회사)를 고객으로 두기도 했다고 한다. 리 앳워터Lee Atwater(조지 부시 대통령의 선거참모)의 친구인 그는 텍사스의 정치에도 깊숙이 관여되어 있었고, 1992년에는 부시-퀘일의 대선 선거운동에도 참여했지만, 무엇보다 그가 가장 뿌듯하게 생각하는 것은 레이크우드 교회가 이룬 성취였다.

일로프는 이렇게 말했다. "미국의 역사에서 이렇게 큰 교회는 없었습니다! 하지만 아시다시피 교회 규모가 다는 아니죠. 우리는 우리 교회의 텔레비전 시청자 수를 알고 있습니다. 우리는 1등 팟캐스터고 전 세계적으로도 10위권 안에 늘 들어갑니다. 트위터에서도 세 번째로 영향력이 높아요. 레이디 가가Lady Gaga도 우리한테는 두 손 들었죠. 우리 쪽이 리트윗이나 댓글이 더 많거든요."

내 귀에는 일로프의 말 역시 앞에서 만나 보았던 스티브 오스틴처럼 분기실적 보고서를 읽어주는 회사 간부처럼 들렸다. 그도 언론에 대해 잘 알고 관련 수치를 감시하는 데도 무척 익숙한 사람이었다.

"하지만 우리는 교회의 크기를 어디까지 끌어올리겠다는 목표는 없습니다. 우리는 그냥 앉아서 올해의 목표 수치는 여기까지라는 둥, 이런 얘기는 하지 않아요. 우리가 정말 원하는 것은 그와는 다른 것입니다. 기업 간부들도 자기네가 하는 일을 영향력의 확산으로 보려고 하면, 자기네 모델을 다른 식으로 생각하지 않습니까? 인텔사가 영향력이 있나요? 그렇죠. 애플사가 영향력이 있나요? 물론입니다. 우리도 성장을 그런 측면에서 생각합니다. 우리가 지역공동체에 영향을 미치고 있는가? 어떻게 하면 우리가 더 큰 영향력을 가질 수 있을까? 그것이 바로 조엘 목사의 목표입니다."

그래서 영향력이 커지고 있다는 것을 어떻게 확인할 수 있다는 것인지 물었다.

"어디서나 성장을 볼 수 있습니다. 경제적인 성장은 중요하지 않습니다. 우리는 계속 성장하고 있어요. 전 세계적으로 성장하고 있죠."

하지만 일종의 도덕적 리더십을 제공한다고 주장하는 조직에서 일로프가 레이크우드 교회의 영향력이 성장하고 있음을 보여주는 증거라며 제시한 사례는 무척 당혹스러운 것이었다.

"몇 년 전에 우리는 라이베리아(아프리카 서부에 위치한 나라로, 19세기 미국에서 해방된 노예들이 1847년 건국한 아프리카 최초 흑인공화국)의 대통령과 얘기가 오갔습니다. 다른 사람도 아니고 대통령이요! 그가 말하길 조엘 목사가 라이베리아로 꼭 한 번 와주었으면 좋겠다고 하더군요. 우리 텔레비전 쇼를 보고 있지만 대통령은 우리가 직접 방문해주기를 바란 겁니다. 열렬한 팬이라더군요. 그쪽에서 우리를 초대하려고 무척 애를 많이 썼습니다. 우리의 영향력이 계속 커지고 있음을 알 수 있죠."

그가 이 이야기를 자랑스럽게 얘기하고 있는 동안 나는 라이베리아의 현재 대통령은 여성인 엘렌 존슨 설리프Ellen Johnson Sirleaf이므로 일로프가 말하는 남성 대통령은 전직 대통령인 찰스 테일러Charles Taylor(라이베리아의 독재자였던 테일러 전 대통령은 1991~2001년 이웃 나라 시에라리온의 내전이 진행될 당시 반군단체인 혁명연합전선이 저지른 민간인 학살을 지원, 교사하는 등 11가지 반인류 범죄와 전쟁범죄 혐의로 기소되었다. 10년 내전 기간 동안 12만 명이 목숨을 잃었으며 반군단체는 민간인의 팔다리를 자르는 등 잔혹하게 학살해 국제적 공분을 샀다-옮긴이)를 말하는 것임을 알 수 있었다. 레이크우드 교회가 인간의 역사상 가장 악랄하고 잔혹한 범죄로 유죄 판결을 받은 전범자의 사랑을 받는 것을 두고 미국 최대의 교회가 행사하는 영향력의 사례라 주장하다니 참으로 이상해 보였다.

레이크우드처럼 거대한 교회를 거느리고 있으면 경쟁 상대로부터 수많은 비평에 시달릴 수밖에 없다. 오스틴Osteen 목사는 너무 관대하다고 비판받고, 너무 관대하지 못하다고 비판받는다. 기독 신앙이 지나치다고 비판받고, 기독 신앙이 충분하지 못하다고 비판받고, 너무 독단적이라 비판받고, 독단적인 면이 부족하다고 비판받는다. 미국 최대의 교회라는 지위를 유지하려면 교회는 진실된 메시지를 전달하는 것이 불가능하다. 교회가 할 수 있는 것이라고는 자신을 내다 파는 것밖에 없다. 화려한 분위기 속에서 조직의 윤리적 기준은 특별히 강할 것이 없지만, 규모를 유지하려면 그것 말고는 달리 방법이 없다.

레이크우드 교회를 종교와의 관계가 정신분열증처럼 변한 미국의 괴짜 사례에 불과하다고 무시하기 쉽다. 하지만 영국 사람들도 오스틴 목사를 좋아한다. 주중 오후에 개최되었고 일인당 130파운드였음에도 런던 O2 아레나 체육관의 2만석 객석이 그를 보러온 사람들로 만석이 되었다. 여기서도 그는 세련되게 다듬어진 완벽한 말잔치를 벌였고, 청중들은 기꺼이 일어나 팔을 치켜들고 노래를 불렀다. 일로프는 영국도 오스틴 목사를 받아들일 준비가 되어 있다고 확신했다. 사람들이 선택에 굶주려 있기 때문이다.

"나머지 유럽보다 영국에서 먼저 일어날 겁니다. 제 생각에는 영국이 준비가 되어 있어요. 감이 옵니다."

나는 레이크우드 교회의 규모, 에너지, 소음, 그 진부함에 망연자실한 채 그곳을 나섰다. 나는 그들이 하는 활동, 그들이 추구하는 것 속에서 의미를 발견하기 위해 이곳에 왔었다. 하지만 어떤 의미도 찾을 수 없었다. 종교적 경험으로 보자면 이곳은 대규모의 국제적인 호텔 체인점에 머무는 것처럼 감동적이었다. 종교 기관으로 보면, 내가 접해본 모든 종교 기관 중에 도덕적으로 가장 공허한 곳이었다. 하루 종일 내가 들은 것이라고는 자신감을 가지고, 행복해지고, 운명을 받아들이라는 메시지밖에 없었다. 눈과 귀는 즐거웠으나 깨달음은 없었고, 대화를 나누었으나 진정한 대화는 없었다. 계속해서 좋은 기분을 느끼라고 하면서 좋은 일을 하라는 소리는 절대로 나오지 않는다는 사실에 나는 이상하게 심난한 기분이 들었다.

나는 교회의 성장이 계획하지도 않았는데 저절로 일어났다거나 신의 뜻으로 이루어지는 것이라고는 믿지 않는다. 전략의 중요성을 믿지도 않으면서 수석전략가를 고용할 리는 없다. 그리고 그곳 사람들 모두 수치는 중요하지 않다고 고개를 저으면서도 한 목소리로 자랑스럽게 수치를 들먹였다. 이들의 입에서는 성서보다는 《좋은 기업을 넘어 위대한 기업으로》얘기가 더 많이 언급되었다. 이 영향력 많은 비즈니스 서적은 소위 '크고 어렵고 대담한 목표Big Hairy Audacious Goals, BHAGs를 칭송하고 있다. 하지만 이런 목표들의 문제점은 목표 자체가 그 안에 담긴 뉘앙스나 미묘하고 세세한 부분들을 모두 압도한다는 것이다. 소중한 것에 계속 주의를 기울이는 것이 그런 목표에서 추구하는 것이지만 여기에는 그에 따르는 대가가 존재한다.

비용 절감이 불러온 사고

규모가 보장해주는 가장 큰 부분은 바로 무적의 상태로 만들어준다는 것이다. 조직들은 덩치가 커지면 경쟁자를 제거해서 소위 자유 시장에서 아무런 제재 없이 마음대로 움직일 수 있으리라는 바람을 가지고 있다. 규모가 크면 적어도 존중은 받게 되리라 기대한다. 기업들 사이의 합병과 인수가 50퍼센트에서 80퍼센트 정도 실패하고 있다는 자료가 나와 있는데도 시도가 계속 이루어지고 있는 데는 그런 기대가 밑바탕에 깔려 있기 때문이다.

존 브라운John Browne은 1995년도에 BP의 최고경영책임자가 되면서 이렇게 주장했다. "회사의 규모가 커지면 시추공들은 작은 회사들보다 더 많이 뚫을 수 있고, 훌륭한 경험을 통해 배울 수 있는 것도 훨씬 더 많아지게 됩니다. 규모가 커질수록 지식과 경험을 강화할 수 있고, 따라서 똑같은 일도 더 잘할 수 있게 되는 것입니다. 이런 측면만 봐도 규모와 범위는 가치가 충분한 미덕으로 보입니다. 하지만 거기서 끝이 아닙니다. 우리는 석유 생산국의 정부들이 점점 더 크고 영향력 있는 석유회사와 일하는 쪽을 선호할 것이라 믿습니다. 그들은 더욱 규모 있는 대차대조표를 원하고, 전 세계적인 정치적 영향력과 기술을 원합니다. 그리고 우리가 그들과 오랫동안 함께하기를 원하죠."[11]

　BP를 슈퍼 메이저 기업으로 변화시키는 것을 목표로 브라운은 기업 사냥에 나선다. 1996년에는 모빌Mobil을 사려다가 실패했으나 1998년에는 아모코Amoco, 1999년에는 애틀랜틱 리치필드Atlantic Richfield, 2000년에는 캐스트롤Castrol을 사들이는 데 각각 성공했다. 이 거래들은 모두 크고 돈이 많이 들어갔고, 덕분에 브라운은 신문 표제기사에 이름을 여러 번 올렸다. 하지만 변호사들을 고용하는 데 막대한 비용이 들었고, 결국 BP는 엄청난 빚더미에 오르게 된다. BP로서는 필연적으로 대대적인 비용 절감에 착수할 수밖에 없었다. 아모코를 인수한 이후 새로 합병된 회사는 모든 정유공장에게 고정 한계비용fixed cash cost을 25퍼센트 줄일 것을 지시한다. 삭감은 그 후로 3년간 계속되었다. 사람들 말로는 볼펜 숫자에 이르기까지 모든 부분에서 삭감이 이루어졌다고 한다.

　2005년에 BP의 텍사스 시티 정유공장에서 일어난 사고는 15명의 사망자와 180명 이상의 부상자를 냈다. 이 사고는 미국에서 20년 동안 일어났던 작업 현장의 사고들 중 가장 심각한 것이었다. 미국 화학물질사고조사위원회US Chemical Safety and Hazard Investigation Board가 찾아와 사고를 조사해 보니 결국은 비용 절감이 그 주범이었다.[12]

　위원회는 이렇게 적었다. "비용 절감과 아모코(1998년에 BP와 합병)의 1990년대 투자 실패, 그리고 BP 때문에 텍사스 시티 정유공장은 재앙에 취약한 상태가 되고 말았다. 정유공장의 기반 시설과 장비들이 상당 부분 파손된 상태였음에도 불구하고 BP는 1999년에 예산의 25퍼센트 삭감을 목표로 했고, 2005년에 다시 한 번 25퍼센트 삭감을 목표로 했다. 장비 운영 인력들을 위한 교육과 직원 수도 감소했다."

　1년 후에 BP는 또 한 번의 대규모 산업재해를 맞는다. 이번에는 알라스카의 프루도만에서 일어났다. 파이프라인에서 212,252갤런의 기름이 연약한 툰트라의 생태계로 쏟아져 나온 것이다. 이것은 알라스카 노스슬로프North Slope(미국 알라스카 북부 해안의 유전 지역)에서 기록된 것 중 최악의 기름 유출 사건이다. 기름이 유출되고 있는 것을 5일이나 모른 채 방치해 두었으며 분석 결과 파이프라인의 유지와 점검이 빈약했던 것으로 드러났다.[13] 2010년에는 BP의 딥워터 호라이즌 굴착기에서 역사상 최대 규모의 해양 기름 유출사고가 일어났다. 여기에서도 비용 절감이 다시 한 번 그 주범으로 지목되었다.

"의도적인 것이었든, 아니었든 간에 기름 유출 사건의 위험을 증가시키는 데 일조했던 BP, 핼리버턴Halliburton(미국의 자원개발 지원업체), 트랜스오션Transocean(미국 천연가스, 석유 공급업체)의 많은 결정들이 시간과 돈을 절약하는 데에 목적이 있었다는 것은 분명한 사실이다."[14]

BP사의 비용 절감과 텍사스 시티 정유공장에 대해 처음 글을 썼을 때 나는 사고 이후 회사 측에서 규모와 범위의 미덕과 관련된 관점을 조금이라도 변경했을지 궁금해졌다. 나는 최고책임자인 토니 헤이워드Tony Hayward와 인터뷰를 하려고 협상을 시작했다. 그리고 이런 답변을 들었다. 브라운이 맡고 있는 동안 BP는 엉망이 되고 말았지만 오랜 기간 반성과 회의, 토론을 진행했고 지금은 철저한 구조조정을 통해 마침내 회사가 제 자리를 찾았다고 말이다. 아마도 나와 대화를 나누는 것이 이 좋은 소식을 전파할 수 있는 좋은 출발점이라 생각했을 것이다. 하지만 그로부터 며칠 후 딥워터 호라이즌이 폭발했고, 그 뒤로는 BP사로부터 어떤 소식도 듣지 못했다. BP사라는 조직은 복잡한 조직이다. 이런 복잡성을 회사 내부의 수많은 사람들은 자신의 경쟁력이자 전략방어라 여겼겠지만, 그런 복잡성으로 인해 회사는 스스로를 고쳐나갈 수 없는 상태에 빠지고 말았다.

규모가 일으키는 불안

브라운은 BP사가 커지면 그만큼 더 강해질 것이라 생각했다. 존 브라운은 회고록《사업을 넘어Beyond Business》에서 자신이 BP를 슈퍼 메이저 기업으로 만들어낸 것을 칭송했다. "이제 BP 아코모는 더욱 크고 강력한 기업이 되었다. BP 아코모가 자신의 활동을 본질적인 부분만 남기고 안전하게 가지치기를 해서 규모의 경제에서 약속하는 것보다 더 많은 부분을 실현한다면 군살을 뺀 더욱 건강한 기업이 될 것이다."[15]

텍사스 시티 사고와 푸루도만 사고를 겪었음에도 불구하고 규모에 대한 브라운의 집착은 비용 절감과 불가분의 관계이며, 결국 그로 인해 인간의 목숨과 자연환경이 위태롭게 되었음을 알아차리지 못한 것 같다. 그는 규모의 의미를 너무 단순하고 불완전하게 이해해서 그로 인해 찾아올 수밖에 없는 근본적이고도 필연적인 귀결을 간과하고 있다. 바로 규모가 커지면 그 실패 또한 크다는 위험성이다.

그럼에도 불구하고 인수, 합병을 통해 크기를 추구하는 행태는 계속되고 있다. 2013년도에는 몇몇 인수, 합병으로 시작되었다. 아메리칸 항공 American Airlines이 US 에어웨이US Airways와 합병하고, 글렌코어Glencore(스위스 통합 생산 및 마케팅 업체)가 엑스트라타Xstrata와 합병하고, 리버티글로벌Liberty Global(미국 대형 케이블사)이 버진 미디어Virgin Media(영국의 케이블 사업자)를 인수했다. 경제 언론에서는 좋은 시절이 다시 왔다며 이를 긍정적으로 반겼다. 그런 거래들이 주로 자기도취가 심한 최고경영책임자에 의해 이루어졌다고 말하는 연구 결과 따위는 신경 쓰지 않는다. 그런 거래로 가치를 만들어낸 경우가 드물다는 것을 보여주는 수치가 나와 있어도 신경 쓰지 않는다. 기업의 인수합병이 맹렬한 기세로 다시 시작되자, 어느 최고경영책임자도 뒤처지려 하지 않았다. 하인즈의 한 고문은 이렇게 말하며 황홀해했다.[16] "거래는 더 많은 거래를 낳기 마련이다." 그러나 이렇게 덧붙였으면 더 정확하지 않았을까 싶다. "그리고 실패는 더 많은 실패를 낳는다."

전략의 일환이라 포장되어 있지만 크기 그 자체를 위해 추구되는 기업 합병 활동이 많다. UPS(세계적인 소포 배달 서비스 기업)의 한 전직 최고경영책임자는 이렇게 말했다. "일단 300억 달러 기업이 된 그 다음 해에 15퍼센트의 성장을 이루려면 45억 달러의 사업을 처음부터 새로 만들어내야 합니다."[17]

크기에 대한 집착은 필연적으로 사회적 지위와 연결될 수밖에 없다. 가장 큰 집, 가장 큰 자동차, 가장 큰 은행 잔고가 한 사람의 사회적 우열순위를 나타내듯이 산업계의 우열순위에서 자신의 지위에 열의가 높은 최고경영책임자가 이끄는 회사들도 마찬가지다. 이런 것들은 포춘지가 선정하는 100대 기업, 500대 기업, 1000대 기업과 그와 상응하는 FTSE 지수 등에서 최고로 여기는 것들이다. 회사가 커질수록 회사 최고경영책임자의 사회적 지위도 올라가는 것이다. 오늘날까지도 존 브라운은(이제는 브라운 경이라는 칭호를 얻었다) 작은 석유 회사를 슈퍼 메이저 기업으로 키워냈다는 평가와 함께 여러 집단에서 인정과 존경을 받고 있다. 그 과정에서 수많은 사람이 죽어갔다는 사실은 그가 만들어낸 기업의 압도적 규모에 가려 잊혀 버렸다.

아담 스미스Adam Smith는 크기와 지배에 대한 추구를 필연적인 것으로 보았다. 이것이 그가 합자회사의 성장을 두려워한 한 가지 이유였다. 기업의 크기에 제한을 두지 않는다면 결국 한 기업이 시장을 완전히 장악하려 들지 않을까? 결국에는 모든 회사가 독점을 추구하지 않을까? 물론 이것이 바로 독과점 방지 법안을 만들어 막강한 시장 지배력을 터무니없이 남용하지 못하도록 막으려 했던 이유다. 하지만 스미스가 내다보지 못한 부분이 있다. 이러한 본능이 결국 회사의 자기 관리 능력을 압도할 수도 있다는 점이다.

대형 제약회사가 왜 중요한 신약 개발에 실패하고 있느냐는 질문이 떨어질 때 의심 받는 것 중 하나가 내부 경직이다. 이 회사들 사이에서는 경쟁사나 신규 업체를 사들인 후에 BP사처럼 몇 번에 걸쳐 구조조정을 하며 비용을 절감해 나가는 것이 유행이 되어왔다. 하지만 이것으로는 신약 개발 부분이 개선되는 것이 없다. 이들 회사들의 규모가 커지면서 실험용 약물이 실패할 경우의 타격도 그만큼 커져왔다. 하지만 그보다 더 중요하고도 슬픈 진실은 이런 거래가 이루어질 때마다 그곳에서 일하는 인력들은 정신적인 외상을 입고 언제 해고되거나 구조조정의 대상이 될지 모른다는 두려움에 시달리게 된다는 것이다.

한 내부자는 내게 이렇게 털어놓았다. "구조조정에 들어갈 때마다 2년 치의 생산성을 잃고 맙니다. 난방 장치에 공기 방울이 차면 난방 효율이 떨어지죠. 이런 현상이 생산 파이프라인에서도 일어납니다. 기업의 인수, 합병, 구조조정이 바로 그 공기 방울이죠. 시스템에서 열이 새어나가고, 그 시스템을 다시 추슬러서 제대로 기능하게 만드는 데는 시간이 오래 걸리죠. 그동안 그 안에서 일하는 모든 사람들이 의문에 휩싸입니다. 이제 몸집이 더 커졌는데 왜 생산량은 그만큼 늘지 않는 거지? 그것은 그 안에 있는 모든 사람이 고통스러워하고 있기 때문이죠."

"저는 이 회사에서 거의 15년을 살아남았습니다. 그동안 끝까지 버티며 잘해오기는 했어도 이제 조직이 너무 복잡해져서 우리가 자신의 길을 스스로 막고 있다는 점도 잘 알고 있습니다. 모두들 너무 냉소적으로 변해 버렸어요. 사람들이 믿기 어려울 정도로 방어적으로 변했습니다. 다음 구조조정에서 잘릴지 모른다고 다들 겁먹고 있거든요."

인수, 합병에 의해 야기되는 불안은 새로 탄생한 거대한 조직 안에 서로가 서로를 잡아먹는 행동을 촉발하거나 더욱 악화시킨다. 최고경영책임자의 경쟁심이나 승부욕이 터무니없이 커지게 되면 이런 상황은 더욱 심해진다.

서로를 프레드하는 사람들

RBS(스코틀랜드왕립은행, Royal Bank of Scotland)에 다니는 말콤 우즈Malcom Woods는 내게 이렇게 말했다.[18] "프레드 굿윈Fred Goodwin은 이겨야만 했습니다. 늘 이겨야만 했죠. 그는 자기 직하의 부하들을 괴롭혔고, 그럼 그 부하들은 다른 사람을 자기가 당한 방식 그대로 괴롭혔죠. 오죽하면 '프레드 하다'라는 말까지 만들어졌겠습니까? 사람들은 항상 서로를 프레드했습니다. 그는 모든 만남에서 반드시 승리해야만 했어요. 크든, 작든 상관하지 않았습니다. 그는 모든 것을 지배해야만 했어요. RBS는 괴롭힘의 문화가 아주 강했습니다. 그 은행에서는 모든 것이 경쟁이었어요."

우즈는 금융서비스 분야에서 20년을 근무하고 난 다음에 RBS로 왔다. 초심자도 아니고, 이쪽 분야의 사정을 모르는 사람도 아니었지만 우즈는 RBS처럼 무자비하게 경쟁이 이루어지는 기업 문화는 만나본 적이 없었다. 이제 그는 이곳 인사과에서 고참 사원으로 활동하고 있다. 그가 내게 말해준 바에 따르면 이런 문화는 가장 위에서부터 흘러내려온 것이라고 한다. 이 은행이 업계에서 상대적으로 크기가 작다는 것을 분명하게 인식하던 최고경영책임자 프레드 굿윈으로부터 유래된 문화였다. 굿윈은 주변의 모든 사람들을 괴롭히고 싶어 했을 뿐만 아니라 시장, 궁극적으로는 정부까지도 괴롭힐 수 있는 은행을 구축하고 싶어 했다.

2000년에 그는 자신의 은행보다 세 배나 규모가 큰 기업인 넷웨스트 은행NatWest Bank을 사들이기 위해 적대적 기업 인수에 들어갔다. 210억 파운드에 이루어진 이 거래는 영국의 은행 역사 중 최대규모의 기업 인수였다. 스코틀랜드의 작은 은행이 크고 오래된 영국 기업을 사들이자 굿윈은 신문 표제기사를 장식하고, 상을 받고(최고 은행 최고경영책임자Best Bank CEO 상, 올해의 글로벌 사업가Global Businessman of the Year 상), 최고의 일자리를 얻었다. 예상대로 하버드경영대학원은 니틴 노리아Nitin Nohria(지금은 하버드경영대학원의 학장이다)를 통해 사례 연구를 진행하여 RBS를 '기업 인수의 귀재'라 칭송함으로써 굿윈을 기쁘게 했다. 굿윈 자신도 자기가 얻은 '인간 파쇄기 프레드Fred the Shred(비용 절감을 이유로 가혹할 정도로 직원 감축을 밀어붙여 얻은 별명이다-옮긴이)'라는 별명을 즐겼다. 그는 사람들에게 크게 칭찬받은 기술을 발휘하여 1만8천 개의 일자리를 없앴다.

이제 RBS는 무시할 수 없는 존재가 되어 있었다. 굿윈이 막무가내식 기업인수를 계속했기 때문이다. 은행 일에 뛰어든 기간이 상대적으로 짧았고, 투자은행, 보험, 기차, 자동차 등의 업계에 경력이 전혀 없었음에도 불구하고 그는 아일랜드의 모기지 대출 업체, 퍼스트 액티브First Active(아일랜드 계열의 은행), 처칠 보험사Churchill Insurance, 딕슨 자동차Dixon Motors, 엔젤 트레인Angel Trains 등 세계 최대의 거래소를 가지고 있는 미국의 투자기업을 사들였다. 2004년에 그는 기사작위도 받았으며, 벽돌과 유리로 장식된 거대한 본사사무실을 가졌다. 그 전과 이후에 있었던 괴롭히기 좋아했던 리더들처럼 굿윈도 자신의 거대한 은행을 일촉즉발의 불안정한 곳으로 만들었다.

2005년에 하버드경영대학원의 니틴 노리아는 이렇게 적어 굿윈을 부추겼다. "굿윈은 RBS에게는 성장을 위한 여러 가지 옵션이 계속해서 남아 있다고 믿었다. 그는 조직 전체가 이런 도전과 맞설 준비가 되어 있다고 느꼈다."[19] RBS에서 일하는 모든 사람은 하버드경영대학원의 사례 연구를 읽었고, 일부는 그것이 분명 사실일 것이라 믿었다. 그런 가능성에 부응하는 삶을 살고 싶었던 굿윈은 83억 파운드에 아메리칸 은행American bank과 차터 원Charter One을 인수한다. 하지만 그를 칭송하는 합창 가운데서 날카로운 비평의 음이 들려오기 시작했다.

클라인워트 벤슨Kleinwort Benson(투자 은행)의 제임스 이든James Eden은 이렇게 의문을 제기했다. "우리 투자자들 중 일부 사람들은 굿윈이 주주 가치보다는 크기에 더 신경 쓰는 과대망상증 환자라고 생각했습니다."

돌이켜 생각해본 말콤 우즈도 웃으며 이렇게 말했다. "아, 맞아요. 은행 안에서 일어나는 모든 일이 가장 큰 은행이 되는 데에 초점이 맞춰져 있었죠. 그렇게 생각하지 않고는 설명할 수 없는 거래들이 있었거든요. 우리 은행이 얼마나 큰가, 또 얼마나 커질 것인가, 이것만 중요했어요!" 은행의 전략이 다른 특별한 이유 없이 오직 크기에 대한 탐욕에 의해 이끌리고 있음을 조직 내의 모든 구성원이 파악하고 있었던 것이다.

"우리가 기차에 대해서 뭘 압니까? 자동차 회사에 대해서는요?" 존 베리John Berry는 이렇게 물었다. 일단 거래가 성사되고 나면 모든 시스템이 빈틈없이 함께 돌아가도록 통합하는 프로젝트 임무가 그에게 떨어지는 경우가 많았다. 여기에는 그 어떤 전략 적합성도 없었고 기업실사도 거의 이루어진 것이 없었기 때문에 그의 일은 더욱 힘들어졌다.

"아직 넷웨스트 은행을 통합하는 일도 마무리하지 못했는데 난데없이 자동차 회사를 인수한다고 합니다. 거기다가 엔젤 트레인까지요! 차터 원에 대해서는 기업실사가 이루어진 것이 거의 없는 것이나 마찬가지였어요. 우리는 어떻게 해야 국제은행이 될 수 있는지 알지 못했습니다. 나는 그전에 진짜 국제은행에서 일해본 적 있었는데, 이것만큼은 분명히 말할 수 있어요. RBS는 국제은행이 될 준비가 되어 있지 않았습니다. 그저 회사의 크기를 키운다는 것 말고는 아무런 의미도 없었어요."

RBS 이사회가 굿윈에게 더 이상의 기업인수를 금지하자, 그는 눈에 띌 정도로 애를 태웠다. 결국 다른 성장 방법을 찾아냈다. RBS의 투자 부분은 구조화금융에 뛰어들었고 CDOcollateralized debt obligation(부채담보부증권) 시장의 선도적 주자 중 하나가 되었다. 거기에도 역시 기업 별로 순위가 매겨졌는데 RBS는 이 사업 분야에서 비교적 초보자였음에도 불구하고 승승장구해 리먼 브라더스, 베어스턴스Bear Stearns와 함께 5위 안에 들어갔다. 그리고 2006년 한 해만 CDO의 규모는 134퍼센트 증가하기에 이른다.[20]

수익이 늘자 굿윈이 깜짝 놀랄 새로운 제안을 들고 왔을 때 이사회에서도 차마 거부하지 못한다. 그가 국제적으로 은행 컨소시엄을 만들어 네덜란드의 은행 ABN AMRO를 사들여 분할하기를 원한 것이다.

ABN AMRO도 오랫동안 자기 안에 들어 있는 악마, 그리고 지나친 야심에 사로잡힌 최고경영책임자 레이크만 후루닝크Rijkman Groenink 때문에 고통을 받아온 상태였다. 복잡하고 거추장스러운 경영 구조를 가진 거대 글로벌 은행이었던 ABN AMRO는 이미 바클레이스은행과 매각 얘기가 오가는 상황이었다. 바클레이스에서는 ABN AMRO를 즉각 인수해 양쪽의 기업을 완전히 병합하겠다는 제안을 내놓았다. 굿윈으로서는 또 다른 적대적 기업인수의 도전을 그냥 보고만 있을 수가 없었다. 하지만 RBS로서는 이 은행 전체를 사들일 수 있는 형편이 되지 않았기 때문에 스페인의 산탄데르Santander와 벨기에의 포티스 은행Fortis bank과 컨소시엄을 구성했다. 이 은행들은 함께 ABN AMRO를 사들인 다음에 전리품을 함께 나눌 생각을 했다. 산탄데르는 이탈리아와 브라질을 갖고, 포티스는 네덜란드 은행을 갖고, RBS는 그 나머지를 갖는 것이다. 이 거래는 가장 복잡한 거래일 뿐 아니라 710억 유로라는 막대한 돈이 들어가는 사상 최대의 은행 거래가 될 것이었다.

밥 웨스톤Bob Weston은 이렇게 회상한다. "조금 지나친 도약이 아니냐고 생각하는 사람도 많았지만 이 거래를 해야 할 좋은 이유들이 있었습니다." 웨스톤은 이 은행에 이제 막 들어온 상태였고, 풍부한 국제적 경험을 가지고 있었다. 그는 RBS가 영국 경제에 지나치게 의존적이라 생각했고, 은행의 규모가 커지면 그 위험을 분산하는 데 도움이 될 것이라 생각했다. 하지만 그도 이런 사업적 이유로 굿윈이 일을 추진한 것이라 믿지는 않았다. 회사의 크기에 따라오는 사회적 지위 때문에 일을 추진하고 있음을 그도 알고 있었다.

사상 최대 인수합병의 종말

ABN AMRO의 직원들은 자신들이 RBS와 바클레이스 사이에서 국제적으로 벌어진 공개적 싸움의 한가운데 서게 된 것을 보고 혼돈과 경악에 휩싸였다. 훨씬 차분한 스타일의 사업 방식에 익숙했던 그들은 자신의 운명이 결정되는 과정을 놀라움 속에 지켜보았다.

서니 우베라이Sunny Uberaii는 이렇게 기억한다. "바클레이스의 인수 가능성이 발표되자 사람들의 입이 쩍 벌어지고 말았습니다! 그런데 그 다음에는 RBS에서 컨소시엄을 결성해서 경쟁에 뛰어든다고 하니 입이 두 배로 더 벌어졌죠! 아무도 이런 일을 겪어본 적이 없었고, 사람들은 완전 마비 상태에 빠지고 말았죠."

네덜란드 은행은 노동자평의회가 있어서 어떤 형태로 매각하든 이 평의회와 논의를 거쳐야만 했다. 한스 베스테르하위스Hans Westerhuis는 이 평의회의 일원이었다. 평의회는 충격으로 생각을 압도당하지 않으려고 무척 애쓰고 있었다. 베스테르하위스를 처음 만나던 날 그는 내게 네덜란드 은행의 역사를 기념하는 책을 한 권 가지고 왔다. 요즘도 그는 마치 가족의 비극을 회상하듯 그 합병을 떠올린다. 그는 합병이 이루어진 것을 아직도 애석하게 생각하고 있다.

"우리는 합병에 관여한 모든 주체들과 대화를 나누었습니다. 우리는 전략을 이해하고 싶었습니다. 그래야 그것을 어떻게 실행에 옮길지 알 수 있으니까요. RBS 쪽과는 이사회 전체와 회의를 했습니다. 그들은 우리를 강성 노동조합이라 예상하고 정리 해고 문제를 들고 나오리라고 생각한 거 같더군요. 우리는 그저 통합하는 문제에 대해서 묻고 싶었을 뿐이고요. 하지만 RBS는 아무것도 아는 것이 없었습니다. 운영상의 위험이 크게 따르는 문제인데도 그 부분에 대해서 전혀 이해하는 바가 없었습니다.

ABN AMRO에서는 우리의 의견을 제출할 것을 요구했고 우리는 양쪽

은행에서 제시한 내용을 비교하는 장문의 문건을 준비했죠. 분석 내용이 뛰어났기 때문에 우리는 이것을 투자자(연금 기금)에도 보냈습니다. 문건은 두 시나리오의 상대적인 위험에 초점을 맞추어 분석을 하고 있었죠. 일부 연금 기금은 그 문건을 실제로 읽어보았죠. 하지만 누구도 프레드 굿윈을 막을 수는 없었습니다."

웨스톤은 기업 인수를 많이 겪어본 사람이라 눈앞에 펼쳐지는 재앙에 대해서는 아무래도 감정적 반응을 덜 보였다. 그러나 그 인수를 몰아붙이는 힘에 대해서는 여전히 크게 회의적인 입장이었다.

"당시에는 규제기관이나 정치인들도 모두 규모를 키워서 여러 국가로 분산시키면 위험을 낮출 수 있다고 믿고 있었죠. 하지만 어느 새인가 그런 논의는 꼬리를 감추고 쫓고 쫓기는 추격전의 아드레날린이 무대를 장악해 버리더군요. 너무나 큰 거인들이 경쟁에 뛰어들어 속도를 붙이고 있었기 때문에 누구도 그것을 막을 길이 없었어요."

존 베리John Berry는 이렇게 얘기했다. "그것은 경주였어요. 그때나 지금이나 그 회사에는 승부욕이 넘치는 사람들이 포진해 있어서 경주를 꼭 이겨야만 했어요. 기업실사요? 농담 마세요. 그런 것을 할 시간이 어디 있었겠습니까? 이 일에 의문이라도 제기했다가는 겁쟁이 취급을 받았어요."

모든 사람이 경주를 싫어한 것은 아니었다. 그것을 보며 짜릿함을 느끼는 사람도 많았다. 쫓고 쫓기는 추격전의 긴장감, 경주에 뒤따르는 엄청난 크기의 보상에 흥분한 사람들도 있었다.

서니 우베라이는 이렇게 수긍했다. "솔직히 저는 아드레날린 중독자입니다. 그리고 그때는 정말 흥미진진했죠. 역사상 최대의 금융서비스 회사 거래가 아닙니까! 그렇게만 된다면 우리는 랭킹 10위 안에 드는 최대의 은행 중 하나가 되니까요. 한때 ABN AMRO도 10위 권 안에 드는 은행이었죠. 마침내 우리가 세계무대로 돌아간다는 생각이 들었어요. 우리가 있어야 할 곳은 바로 그곳이라고 말이죠."

밥 웨스톤도 인정한다. "이런 일을 막기는 대단히 힘듭니다. 큰 체면이 달린 문제가 되어 버리거든요. 마치 무도회에 가서 여자를 하나 만났는데 그 여자가 두 번 다시는 나를 만나고 싶지 않다는 얘기를 듣는 것과 비슷해요. 남자로서의 체면이 걸린 문제인 것이죠. 남성의 심리에 잠재해 있는 무언가가 여기에 관여되어 있습니다. 거래가 거의 마무리 될 즈음에 시장이 아니라고 말해 버리면 그대로 실패로 끝나고 영원히 실패자로 알려지게 되죠. 여기서 발을 빼고도 영웅이 된 기분을 느낄 수는 없습니다. 금융 시장에서 발을 빼는 것은 결코 승리로 대접받을 수 없거든요."

2007년 가을에 신용경색이 일어나면서 굿윈은 자신의 전리품을 궁지로 몰아넣게 된다. 노던록Northern Rock(2007년에 서브프라임 사태의 여파로 파산 위기에 몰리고 결국 국유화의 절차를 밟게 되었다 – 옮긴이)이 무너진 것도, 세계 경제 상태에 대한 국제적인 공포도 RBS를 세계 최대의 은행으로 만들려는 그의 야심을 꺾지는 못했다. 대부분의 도매은행wholesale bank은 인수에 필요한 기금을 그에게 빌려주려 하지 않았고, 미국 연방준비은행US federal Reserve(미국의 중앙은행)과 잉글랜드은행Bank of England(영국의 중앙은행)이 1억 파운드를 내놓았다.

굿윈의 대형 거래는 국경을 넘어 이루어진 은행 인수 중 역사적으로 가장 규모가 큰 것이었다. 이 거래를 통해 굿윈은 세계 최대의 은행을 만들겠다는 자신의 꿈을 이루었다. 하지만 예상대로 악영향 또한 막대했다. 벨기에 은행 포티스가 무너졌고 포티스가 소유하고 있던 ABN AMRO 지분은 네덜란드 정부에 의해 국유화되어야만 했다. 그래도 산탄데르는 처신을 잘했다. 그들은 ABN AMRO의 남미 지역의 지분은 유지하고 이탈리아 지분은 세계에서 가장 오래된 은행인 몬테 데이 파시 디 시에나Monte dei Paschi di Siena에 매각해서 이익을 남겼다(이 은행 역시 2013년에 긴급 구제를 받게 될 운명이었다). 그리고 영국에서는 2008년 2월에 RBS가 240억 파운드의 손실을 입었다고 발표한다. 이는 영국의 기업 역사상 가장 큰 연간 손실액으로 영국 정부의 구제를 받아야만 했다.

10월에 굿윈이 사임을 발표하고 한 달 후에는 스티븐 헤스터Stephen Hester가 RBS의 운영을 맡게 된다. 그가 처음으로 나서서 한 일은 많은 은행 경영진들을 해고한 것이었다. 그는 해고된 경영진들에게 그들은 리더가 아니라 남이 하는 대로 따라할 줄밖에 모르는 양에 불과했다고 비난했다. 결국 이 은행은 기업 인수의 귀재가 아니었던 것이다. 존 베리는 이 뒤죽박죽 엉망이 된 상황을 제대로 돌아가게 만들기 위해 고생할 생각을 하니 넋이 나갈 지경이었다.

"5년이나 지났건만, ABN AMRO에는 아직도 제대로 통합되지 못한 부분들이 많이 남아 있습니다. 그 부분은 계속 통합되지 못한 채로 남아 있게 될 겁니다. 양쪽 은행 모두와 거래하는 기업 고객은 여전히 고객지원이 필요하면 서로 다른 두 곳에 전화를 해야 해요! 우리는 IT 자원을 이용해서 아예 처음부터 새로 완전한 은행을 구축해야 했습니다. 그리고 어느 정도 그 부분은 해냈죠. 하지만 지금까지 축적된 자료들을 통합하는 일은 고스란히 남아 있습니다. 아무도 거기에는 손을 대려고 하지 않아요. 전 세계를 돌며 사무실 색깔을 녹색과 노란색 바탕에서 파란색과 하얀색 바탕으로 변경하는 프로그램을 실시하기도 했습니다. 그런데 어떤 경우는 그게 한 일의 전부였어요! 직원들에게 파티를 열어주고, 신호체계와 가구를 바꾸고, 그게 끝나면 스코틀랜드 백파이프 연주자를 불러다가 다시 파티를 열어 건물 전체에 연주 소리가 울리게 했죠. 이제는 스코틀랜드 소속이라 이거죠. 정말 말도 안 되는 일이었죠."

스티븐 헤스터는 '고객 헌장'과 '도움이 되는 은행업무'라는 정책을 통해 은행과 고객 사이에서 어떤 유대감을 회복시키려고 열심히 노력했다. 하지만 오랜 기간 그저 크기에만 집착해온 조직에 어떤 사회적 목적에 대한 감각을 일깨우는 일은 결코 쉽지 않았다. 자신이 무엇을 위해 그곳에서 일하는 것인지를 기억하는 사람이 아무도 없었다. 고객은 단 한 번도 굿윈의 안건에 올라가 본 적이 없었다. 정신적 상처를 입은 14만 명의 개인에게 자기가 어떤 일에 종사하고, 왜 종사하고 있는지를 다시 일깨워주는 일이 헤스터에게는 마치 시지프스의 돌을 굴리는 일 같았다.

그가 맡은 임무에는 심각한 모순이 있었다. 한편으로 그는 악성 채무의 규모를 줄여서 은행의 대차대조표를 안정시켜야 할 필요가 있었다. 하지만 대차대조표를 안정시키는 한 가지 방법은 돈을 더 많이 벌어들이는 것이다. 이 부분은 투자은행 업무를 담당하는 쪽에서 계속 진행해온 부분이다. 그 결과 은행은 아직도 작아지지 못했다. 2012년에 RBS의 대차대조표는 영국 경제 전체의 크기였다.[21] 만약 굿윈이 원했던 것이 규모라면 그는 소원을 성취한 셈이다.

크기가 커질수록 높아지는 위험

물론 크기에 대한 욕망으로 따지면 굿윈만 그랬던 것이 아니다. 경쟁이 정말로 재미있어지려면 적어도 두 명의 경쟁자가 맞붙어야 한다. 바클레이스은행 역시 대형 은행이 되어 세계무대에서 중요한 위치를 차지하려던 결의가 컸고 이는 경주를 부채질하는 결과를 낳았다. 이 은행 역시 그저 크기를 키우는 것이 전략이었던 것으로 보인다. 잘츠 보고서는 이렇게 보고했다. "바클레이스 그룹의 단일 비전이라 할 수는 없지만 그래도 거기에 제일 가까운 것이 있다면 바로 그룹 총수인 존 발리John Varley가 취한 전략이었다. 그는 은행의 목표가 5위권 안의 은행이 되는 것이라 분명하게 말했다. 이것은 그룹에 활기를 불어넣는 힘이 되어주기도 했지만, 여기서 규정하는 목적은 성장 및 경쟁 입지의 강화였다. 승리는 산업계 실적 일람표에서 바클레이스가 어떤 위치를 차지하느냐에 대한 관심으로도 연장되었다. 하지만 '승리'를 어떻게 해석하고 실행할 것이냐 하는 문제가 특히나 투자은행에서는(하지만 소액 거래 은행의 판매 인력에서도) 그저 경쟁력을 갖자는 것 이상의 의미를 가지게 되었다. 때로는 '수단과 방법을 가리지 않는다'는 태도가 뒷받침되기도 한 것이다."

크기 자체만을 추구하는 행태는 은행의 문화를 황폐화시켰다. 세부사항, 뉘앙스, 윤리 등은 쓸데없는 것이 되어버렸고, 세계 금융을 지배하겠다는 거창한 계획과 비교하면 사소하게 여겨졌다.

크기를 추구하면서 치르는 한 가지 대가는 바로 통찰을 잃어버리는 것이다. 모든 조직에 내재되어 있고, 가파른 위계질서에 의해 악화되는 조직침묵이 거대한 조직에서는 더욱 악화될 뿐이다. 누군가가 과감하게 목소리를 높여 보아도 거대한 군중 속에서 묻혀 버리는 경우가 많기 때문이다. 기관의 리더들은 자기가 듣고 싶어하는 말만 골라서 하는 사람들에 둘러싸여 있다. 연구에 따르면 고용인의 85퍼센트는 직장에서 문젯거리나 염려되는 부분이 있지만 비난받을지 모른다는 두려움이나 그래 봤자 달라질 것이 없다는 생각 때문에 겉으로 표현하지 않는다고 한다.

내가 수많은 최고경영책임자들에게 들었듯이 기관이 더 크게 성장할수록 통찰의 문제는 더욱 극심해지고, 결국에는 수치에만 연연하게 된다. 이런 수치들은 상당히 많은 양의 정보를 담고 있는 것이 사실이지만 또한 위험한 착시 현상을 불러올 수도 있다. 겉으로 보면 세세한 부분까지 모두 한 눈에 포착할 수 있게 해주는 듯싶지만 사실 이런 수치가 전달할 수 있는 정보는 간단한 묘사밖에 없기 때문이다. 거대한 기관에서는 제일 윗줄에 나오는 수치 하나로 수백, 수천 개의 자료 수치와 방정식 그리고 가정들을 요약하는데, 파고들어 보면 이런 것들 역시 그 내부에 더욱 많은 의미를 담고 있다. 의미들이 꼬리에 꼬리를 물고 복잡하게 뒤엉켜 있어서는 리더들이 자기가 보는 자료들의 의미를 제대로 파악하기가 불가능하다.

크기와 지배에 대한 유혹, 산업계를 지배할 수만 있다면 기업이 좀 더 효과적으로 발전할 수 있으리라는 믿음은 결국 허황되고 치명적인 생각임이 드러났다. 건물이나 교회, 석유회사, 금융기관의 크기를 키우면 거기에는 언제나 대가가 따른다. 예술, 도덕, 사회, 환경, 금융 부분에서 역기능이 발생하는 것이다. 경쟁 본능은 실패하기 전에는 멈출 줄 모르기 때문에 대가를 치를 수밖에 없다. 따라서 경쟁 본능을 멈추려면 실패를 하는 수밖에 없다.

투명성에 대한 공개선언도 이런 체계적인 문제를 다루는 데까지는 나가지 못하고 있다. 규모가 작고 좀 더 보수적인 미국의 은행 중 하나인 웰스 파고Wells Fargo에 대한 놀라운 법정 분석에서 프랭크 파트노이Frank Partnoy는 이렇게 결론 내렸다. "오늘날의 은행들은 그 어느 때보다도 크고 불투명하다. 그리고 금융위기 이전과 여러 면에서 여전히 같은 방식으로 행동하고 있다."[22] 미국에서는 은행에서 보관하는 공공회계를 재무회계 기준심의회Financial Accounting Standards Board,, FASB에서 통제한다. 2005년에서 2008년까지 FASB의 이사로 있었던 돈 영Don Young은 이제 이렇게 말한다. "그곳에서 이사로 일하고 나니 이제는 은행 회계를 더 이상 신뢰할 수가 없습니다." 최고의 사정인에게조차 회계와 위험도를 이해하는 일이 그 어느 때보다 난처해진 것이다. 다른 이사들도 마찬가지로 이런 회계를 더 이상 믿지 않는다고 단호하게 말한다.

파트노이는 대차대조표에 대해서는 훤한 사람이다. 월 스트리트에서 오랫동안 일한 후에 그는 혐오감을 느끼며 그곳을 떠나왔고 충격적일 정도로 솔직한(그리고 재미있는) 책《피아스코F.I.A.S.C.O》를 썼다. 이 책에는 그가 목격하고, 또 때로는 참여하기도 했던 광기들이 소개되어 있다. 엔론이 붕괴한 후에 그는 미국 상원이 파생상품에 대해 이해할 수 있도록 도왔고, 2005년 이후로는 자신의 말에 귀를 기울이는 사람들에게 규제철폐와 사랑에 빠진 앨런 그린스펀의 이념적 맹점에 대해 경고하려 애쓰고 있다. 이제는 법률 및 금융학 교수인 파트노이는 금융과 관련된 미사여구와 실제의 현실을 가려내기 위해 부단히 노력하고 있다.

그는 웰스 파고의 위험 수준을 '단테의 지옥Dante's Inferno'에 나오는 지옥의 원circle에 비유하며 각각의 단계들이 위험과 혼미함으로 가득하다고 주장했다. 2011년에 웰스 파고는 810억 달러의 수입을 벌어들여 160억 달러의 이윤을 냈다. 하지만 웰스 파고는 2조8천억 달러의 돈을 파생상품에 투자하고 있었고 대차대조표에는 나타나지 않는 기관에 노출된 1조5천억 달러가 있었다. 파트노이는 이렇게 결론 내린다. "이렇게 폭로된 내용을 보면 겉으로는 아주 단순한 은행으로 보이는 웰스 파고조차 이해하기가 실질적으로 불가능하다는 걸 알 수 있다. 모든 메이저 은행의 재무제표는 이런 문제를 일부 혹은 모두 지니고 있다. 이보다 훨씬 상황이 나쁜 은행도 많다."

　최고경영책임자들도 이런 재무제표를 믿지 못하기는 마찬가지다. 가장 똑똑하고 신뢰받는 은행의 최고경영책임자로 폭넓게 인정받는 모건스탠리Morgan Stanley의 제이미 다이먼Jamie Dimon은 2012년, 불시에 60억 달러의 손실을 보았다. 이런 맥락을 놓고 보면 영국 정부가 영국의 경제 규모만큼이나 큰 RBS(J. P. 모건과 크기는 대략 비슷하지만 제이미 다이먼보다 훨씬 경험이 부족한 최고경영책임자가 운영하고 있다)를 관리하려 애쓰고 있다는 사실이 영 마음 놓이지가 않는다.

　성장과 규모 자체만을 좇는 상황에서 전 세계 도처의 기관들은 리더들이 불완전판매, 이율에 대한 조작과 사기가 널리 퍼져 있음을 모르는 척 잡아뗄 수 있을 만한 속도와 규모로 확장되어왔다. 이런 재앙들이 모두 탐욕스러운 사이코패스에 의해 세심하게 꾸며진 음모라고 의심하고픈 마음도 들지만, 핵심 기관들 중 상당수가 관리가 불가능한 상태에 빠져 있고 실제로 관리도 제대로 이루어지지 않는다고 하는 것이 좀 더 현실적인 설명일 것이다. 거창함만을 좇다 보면 은행은 점점 복잡하고 거만해져서 소매 고객은 '플랑크톤'으로, 투자은행의 고객은 '멍청이'로 보이게 만든다. 수익이 여러 국가의 수익보다도 커지고, 시장에서 자신의 힘이 정부의 힘보다 강해지면 모든 사람이 작아 보이기 시작한다.

전체적으로 보면 미국에서 제일 큰 은행 아홉 곳이 거의 2만 개의 자회사를 거느리고 있다. J. P. 모건체이스는 3,391개의 자회사를, 골드만삭스는 3,115개, 모건스탠리는 2,884개, 뱅크오브아메리카는 2,019개의 자회사를 거느리고 있다. 과연 이런 방대한 조직을 운영할 수 있는 사람이 있을까? 대체 그 어떤 이사회가 이런 자회사들 모두에 대해 진지하고 예리한 통찰을 발휘할 수 있다는 말인가? 이 모든 은행들이 적어도 40개국에서 운영되고 있음을 생각하면, 의도는 그렇지 않았다 해도 크기 키우기는 결국 관리는 고사하고 정기적인 감시감독조차 불가능하게 만드는 결과를 낳았다.

미국의 쉴라 베어Sheila Bair, 영국의 비커스 위원회Vickers Commission, 유럽 연합의 에르키 리카넨Erkki Liikanen 등 전 세계의 입법자들이 은행들을 분리할 것을 요구하고 있지만, 그 이후로 찾아온 정치적 마비상태는 개혁가들을 위협하고 변화를 방해하려는 이들 거대 기관의 힘이 얼마나 막강한지 보여주었다. 정부보다 더 큰 은행은 그 어떤 입법 기관의 규제 능력보다도 더 막강한 권력을 휘두르고 있다.

이것이 그저 은행업무에서 발생하는 문제점이라면 다행이겠지만 실상은 그렇지가 못하다. 이것은 크기의 문제다. 건물이든 제약회사든 더욱 더 크게 성장하고자 하는 경쟁적 욕구는 항상 위험을 집중시키게 되고 조직들은 무엇이든 안전하게 잘해내기가 더 어려워진다. 자기네는 그렇지 않을 것이라 생각하는 것은 자만에 불과하다. 규모의 경제는 설사 달성이 가능하다 하더라고 결국에는 오히려 비생산적이 되는 시점에 도달하게 된다. 조직이 복잡해지고 내적으로나 외적으로 알력이 커지기 때문에 누구도 어떻게 이들을 제대로 돌아가게 만들 수 있는지 알 수 없게 된다. 집중된 권력이 점점 커진다는 것은 누구도 감히 간섭해 들어오지 못한다는 의미지만, 또한 이제 더 이상 누구도 도울 수 없다는 의미이기도 하다.

소유주가 된 고용인

은행 위기는 경제 위기로 변했고, 앞으로는 민주주의의 위기로 발전할지도 모른다. 이 경험을 통해 우리는 가장 핵심적인 기관들을 규모의 위험에 내맡겨서는 안 된다는 것을 배워야 했다. 그리고 그 어떤 조직도 실패를 감당할 수 없을 정도의 규모로 커져서는 안 된다는 교훈을 배워야 했다. 그러한 통찰에 따르는 당연한 귀결로서 그런 기관들을 실패를 어렵지 않게 감당할 수 있을 작은 규모로 유지해야 한다는 교훈도 배워야 했다. 그리고 성장에 대해서도 더욱 현명하게 생각하는 법을 배워야 했다. 대차대조표에 올라가는 숫자가 커지고, 주가가 올라간다고 해서 무조건 좋기만 한 것은 아니라는 사실도.

로버트베어드앤컴퍼니Robert W. Baird & Company(이하 '베어드')의 최고경영책임자인 폴 퍼셀Paul Purcell은 이렇게 주장한다. "크기가 크다는 것만으로는 그 누구도 보호해주지 못합니다. 크다는 것이 하는 일이라고는 규모를 창조하는 것밖에 없습니다. 그것만으로 잘하고 있다는 의미가 될 수는 없어요. 잘하려면 자기가 하는 일을 잘해야 합니다. 중요한 것은 고객을 위해 좋은 일을 하고 있고, 가치를 보태고 있느냐 하는 부분이죠. 당장에 HSBC와 바클레이스를 보세요. 덩치가 커진 것이 도움이 되었던가요? 이런 기관들을 모두 쪼개야 합니다."

퍼셀은 '월가를 점령하라' 운동에 참여하지도 않았고 급진주의하고도 한참 거리가 있다. 하지만 로버트베어드앤컴퍼니의 최고경영책임자인 그는 자기가 무슨 말을 하고 있는 것인지 안다. 평생 금융서비스업에 몸담았던 그는 자기의 동료들과는 조금 다른 결론에 도달했다.

"모델 전체가 공격을 받고 있습니다. 그리고 공격받아 마땅하고요. 이 거대한 유니버설은행universal bank(예금, 대출 등 은행 본연의 업무뿐 아니라 신탁, 리스, 팩토링, 보험, 할부금융, 투자신탁까지 한마디로 모든 금융업무를 할 수 있는 은행)은 관리가 불가능할 정도로 너무나 커졌습니다. 사람들은 위험해졌죠. 그것이 사람들이 가치를 잃고 있는 이유이고, 정부가 개입해야 하는 이유입니다. 그들은 항상 말하죠. 글로벌해야 한다고, 몸집을 키워야 한다고 말이죠. 하지만 아닙니다. 그렇지 않아요. 효과 없는 짓이에요."

위스콘신 밀워키에 자리 잡은 퍼셀의 회사는 정신없이 돌아가는 월 스트리트의 북적거림에서 벗어나 있고, 퍼셀은 지금의 상태를 좋아한다. 그는 다른 투자 기관이 무엇을 하고 있는지에 대해서는 계속 파악하고 있지만, 그들을 따라하거나 그들과 경쟁해야겠다는 충동은 느끼지 않는다.

"지금의 상황에서는 가장 큰 기관 10퍼센트가 전체 자산의 75퍼센트를 소유하고 있습니다. 이들은 그 실패를 감당할 수 없을 정도로 몸집이 커져 있어요. 은행가 중에서도 최고라는 제이미 다이먼 같은 사람조차도 자기네 기관에서 일이 어떻게 돌아가고 있는지 제대로 파악하지 못했어요. 60억 달러 손실이 생겼는데 이유를 모른다는 것이 말이나 됩니까? 이것은 천하의 제이미 다이먼조차도 이런 것들을 제대로 관리할 수 없다는 증거죠."

베어드의 다른 점은 최고경영책임자의 언사가 거침없다는 점 말고도 또 있다. 투자은행, 자산관리, 자본시장, 비공개 기업투자, 자산관리팀 등을 미국, 유럽, 아시아에 두고 있다는 점에서는 다른 금융기관과 별 차이가 없어 보이지만, 고용인이 회사의 소유주라는 점이 다르다. 퍼셀은 이런 점이 회사의 우선 사항, 속도, 규모, 문화를 바꾸어 놓는다고 말한다.

"우리 모델의 장점은 우리가 내리는 모든 결정이 장기적 안목에서 이루어진다는 것입니다. 우리가 내다보는 기간은 적어도 3년에서 5년 단위입니다. 기본적으로 고객을 중심에 두어야 한다는 것이 기본 원칙이죠. 우리는 고객에게 불리한 거래는 하지 않고, 앞으로도 하지 않을 것입니다."

고객에게 상품을 파는 동시에 고객에게 불리한 쪽으로 베팅을 거는 것으로 맹비난을 받는 골드만삭스 등의 대형 금융 기관과는 대조적으로 베어드와 고용인 주주들은 고객들이야말로 자기들의 유일한 수입원이라고 생각한다. 따라서 고객들의 이해관계와 자신의 이해관계를 나란히 맞춰야 한다는 것을 인식하고 있다. 이 회사는 사실상 동업관계처럼 운영된다. 월 스트리트의 회사들도 대중장세public market(일반투자자가 주식매입에 참가함으로써 주식시장이 활기를 띠고 있는 장세)에 진입하기 전에는 다수가 이랬었다.

퍼셀의 회사에 대한 열정과 소유구조는 그가 키더 피바디Kidder Peabody(월 스트리트의 투자은행)에서 일찍이 경력을 쌓았던 것에 크게 영향을 받았다. 그가 키더 피바디에 들어갔을 때는 고용인들이 회사를 소유하고 있었다. 하지만 제너럴일렉트릭사에 매각되어 공개회사의 일부가 되자 키더 피바디는 극적으로 바뀌었고, 파생상품 거래에 뛰어들면서 급속도로 파괴되었다.

"나는 위대한 회사가 구축되는 것을 보았고, 또 그 회사가 무너지는 모습도 지켜보았습니다. 제 열정은 거기서 온 것이죠. 그 과정에서 저는 고용인들이 소유하는 비공개회사가 내가 가야 할 길이라는 관점을 얻었습니다. 매일매일 자기 돈을 걸고 일하는 것이죠. 올해 우리의 자기자본이익률ROE, return on equity은 11퍼센트에서 12퍼센트 정도 나올 것입니다. 반면 대부분의 회사들은 6퍼센트 내놓기도 빠듯한 상태죠. 우리는 성과지표에 입각해서 경영합니다. 생산성에 크게 신경 쓰기도 하고 우리 사람들에게 두둑한 보수를 지급할 수 있기를 바라니까요. 하지만 여기서 중요한 것은 크기가 아닙니다. 많은 은행들이 커지는 것에 집착했어요. 우리는 커지기를 바라지 않습니다. 잘하기를 바라죠. 단지 규모만 크다고 잘하게 되는 것은 아닙니다."

퍼셀이 밝힌 원칙이 더욱 놀라웠던 것은 그 원칙들이 조직 전체로 대단히 일관성 있게 울려 퍼졌다는 점이다. 수 벨르휴머Sue Bellehumeur는 치과위생사 일을 그만두고 베어드에 접수 담당자로 왔다. 하지만 그녀는 자기 주변에서 일어나는 일들을 바라보며 흥미를 느꼈고, 상사가 부추기지도 않았는데 독학으로 공부해서 재정관리자가 되었다. 그녀에게는 조직 침묵 따위는 문제가 되지 않았다. 그녀는 문제를 제기하거나 상품의 장점이 무엇이냐고 따지는 일에 전혀 거침이 없었다. 은행이 자기 상품을 파는 것이 아니기 때문에 이해관계에서 갈등이 일어날 일이 없다. 베어드에서는 그 누구도 리먼 브라더스처럼 개인별 일일 수입액을 벽에다 게시할 생각 따위는 하지 않는다. 벨르휴머는 베어드에서 원하는 것은 어떤 상황에서도 고객을 위해 옳은 일을 하는 것이라고 말한다.

금발의 그녀는 자기 일에 대해 얘기할 때면 열정과 에너지가 넘친다. 그녀가 웃으며 말하기를 자기는 해야 할 말은 늘 한다고 한다. 그녀는 늘 당당하게 할 말을 하며 살아왔다.

"자기가 소유주가 되면 매달 집으로 벌어가는 돈 이상의 것에 신경을 쓰게 되죠. 저는 제기할 문젯거리가 생기면 퍼셀에게 이메일을 보낼 수 있어요. 그럼 24시간 안으로 답장을 받아볼 수 있죠. 내가 사람들한테 이 얘기를 하면 안 믿어요. 하지만 진짜예요. 여기서는 그래요. 이건 내 회사다, 하는 분위기가 강해서 우리는 늘 올바른 일을 하려고 노력해요. 언제나 의도가 중요한 것이니까요. 실수를 할 수도 있죠. 사람은 실수의 동물이니까요. 하지만 중요한 것은 어떤 의도로 했느냐, 하는 것이죠. 회사는 모두의 것이에요. 크고 작은 생산자들은 실패냐 성공이냐에 관심이 많죠. 자신의 일을 잘할 필요는 있어요. 하지만 규모가 크다는 것은 도움이 되지 않아요."

다른 면에서는 별로 대단할 것이 없는 밀워키 본부에서 가장 뜻밖인 부분은 미시간 호수가 한눈에 내려다보이는 전망이다. 뉴욕에서 익숙했던 광란과 과대선전이 이곳에서는 보이지 않았다. 그 대신에 회사가 얼마나 신중한지를 보여주고 싶어 하는 보기 드문 열의가 그 자리를 채웠다.

베어드의 어시스턴트 컨트롤러assistant controller 더스틴 후터Dustin Hutter가 내게 못 박아 말했다. "우리는 위험을 싫어합니다. 우리가 우리 돈을 가지고 일한다는 사실을 아는 것이 이곳에서 사업을 배우면서 내게 큰 도움이 됐습니다. 이 회사는 우리 것이기 때문에 전략적 사고에 영향을 줍니다. 비공개기업이라는 사실 때문에 좀 더 사업가적인 마음가짐을 가질 수 있었죠. 하지만 우리는 새로운 벤처사업에 접근할 때는 대단히 보수적으로 접근합니다. 만사 제치고 제일 먼저 달려가는 일은 없습니다. 한 발은 항상 빼고 있죠. 우리의 자본을 위험에 밀어 넣고 있는 것이니까요."

내가 후터에게 혹시 동료들에게 경쟁심을 느껴본 적이 있느냐고 물으니 그는 당황한 표정을 지었다. 질문의 의도를 모르겠다는 표정이었다. 그래서 나는 일부 은행이 직원들의 일일 수입을 벽에 게시하기도 하고, 헤지펀드 매니저들은 서로 말을 걸지 않기도 한다고 이야기하자, 그는 마치 내가 다른 세상 얘기를 하고 있다는 듯 쳐다보았다. 어쩌면 정말 그랬던 것인지도 모르겠다.

"공유하지 않으면 배우는 것도 없습니다. 내가 여기로 온 이유는 배우고 싶어서였고 그게 바로 제가 할 수 있는 것이었어요. 우리를 성공으로 이끌어주는 것은 소통입니다. 퍼셀은 모든 것을 함께 나눕니다. 이곳에서는 모든 것이 활짝 열려 있고, 덕분에 모든 사람이 대단히 성공적일 수 있죠. 이곳에서는 정보를 그저 소비하는 것이 아니라 공유합니다. 공유하는 것이 많아질수록 저도 배우는 것이 많아지죠."

개방성과 공유가 베어드 사업방식의 전형적 특징이라면, 회사 입장에서는 누구를 고용할지에 대해서 신중해야 한다는 의미가 아닐까? 퍼셀의 말처럼 은행업무에서 가장 큰 위험이 사람이라면 분명 사람들을 잘 가려서 뽑아야 할 것이다.

후터가 외쳤다. "당연한 얘기죠! 우리도 사람을 뽑지만 제 생각에는 지원한 사람 여덟 명 중에서 우리가 고려해보는 사람은 두 명 정도밖에 안 되는 것 같아요. '재수 없는 놈은 안 된다No asshole'라는 퍼셀의 유명한 규칙이 있죠. 고객보다 자기를 먼저 생각하는 사람이 여기 입사하는 일은 꿈도 꾸지 못합니다. 입사한 다음에도 행실이 영 아니다 싶으면 아무리 돈을 많이 벌어오는 사람이라고 해도 가차 없이 잘라버려요. GE 헬스케어GE healthcare 출신의 사람을 몇 명 고용한 적이 있었습니다. 처음에 그들은 불신이 가득하더군요. 제 생각에 그들은 우리 말을 듣고 말만 저렇지 진짜로 그렇지는 않을 거라 생각했던 것 같아요. 자기들 주변으로 쌓아올린 마음의 벽을 과감하게 깨고 나오는 것이 힘들었던 것이죠. 하지만 이제 그들은 자기 입으로 그래요. 다시는 예전으로 돌아가지 못하겠다고 말이죠."

사람을 신중하게 뽑고, 고객을 중심에 두고, 전매상품을 개발하지 않고, 고용인들에게 모든 부분에서 투자에 함께 발을 담글 기회를 줌으로써 베어드는 탄력 회복성이 더욱 강해지고, 수익성도 좋아지고, 더욱 안정적이 되었다. 2007년 이후로 월 스트리트는 인력을 15~18퍼센트가량 잃었다. 같은 기간 베어드는 오히려 인력이 12퍼센트 늘어났다. 퍼셀은 자기 은행을 아코디언처럼 경영하고 싶지는 않다고 말한다. 그는 채권, 주식, 회사, 그리고 사람에 장기적으로 투자하기를 바란다.

베어드에서 가장 많이 하는 이야기

베어드는 부채담보부증권에 투자하지도 않았고 서브프라임 모기지 대출도 하지 않았다. 대규모 매매의 스트레스 아래서 회사의 가치관을 가장 설득력 있고 정확하게 말해주는 것은 베어드가 들려주는 자신의 이야기들이다. 그중에는 투자은행 그룹이 대형 고객서비스 사업체 판매에 나섰던 이야기가 있다. 협상이 두 업체 간의 경쟁으로 좁혀지자 베어드 팀은 한쪽 입찰자는 지게 되어 있다는 사실이 점점 염려되었다. 협상에서 밀리는 입찰자에게 계속 거래에 시간과 자원을 투자하도록 부추겨야 하는 것일까? 그것이 모두 낭비라는 것을 알고 있는데도? 경매시장에서 내려오는 고약한 전통에 따르면 언제나 모든 참가자를 게임 안에 묶어 두는 것이 정석이다. 비용 같은 것이야 어찌 되었든 경쟁을 계속 유지시켜야 한다. 하지만 베어드 팀은 다른 편의 시간과 노력과 신뢰를 낭비한다는 것이 영 불편하게 느껴졌다. 이들은 거래가 마무리 단계에 와 있음을 상대방에게 알렸다. 그 덕에 베어드는 자기가 솔직하게 대했던 회사와 사고파는 거래가 더 늘어나게 되었다.

베어드에서 일하는 사람들은 이런 이야기를 들려주기를 좋아한다. 그리고 이런 이야기들은 이것 말고도 무척 많다. 이들은 이야기들을 자랑스러워하고 이야기를 말하는 과정에서 교훈들을 다시금 되새길 수 있음을 알고 있다. 만약 이것이 베어드가 계속 몸집이 작은 회사로 남아 있어야 한다는 의미라 해도 퍼셀에게는 아무런 문제가 되지 않는다. 모든 것은 다 개인적인 문제이기 때문에 자기가 무엇을 하느냐가 중요하다는 것이다. 그리고 이런 태도는 퍼셀에게서 우편실로 내려가 퍼져나간다.

"난 그저 내 일을 잘하고 싶어요." 티끌 하나 없이 빳빳한 셔츠를 입고 있는 잘생긴 중년의 아프리카계 미국인 스테이시 윌리엄스Stacey Williams는 베어드에서 보낸 자신의 16년 생활에 대해 침을 튀겨가며 말한다.

"나는 임시직으로 왔습니다. 근무 기간이 끝나고 이곳을 나가려니 슬펐지만 베어드가 그때는 사람을 새로 뽑지 않았어요. 그리고 2년 후에 다시 면접을 보러 왔죠. 면접실로 들어가자 상관이었던 마티Marty가 자리에서 벌떡 일어나더니 이렇게 말하더군요. '그동안 어디 있었어? 찾고 있었는데! 우리 모두 자네를 기억하지. 일을 참 잘했잖아. 언제부터 출근할 수 있나?'"

스테이시는 비영업 서비스 부분을 상당 부분 운영하고 있다. 상사의 추천으로 그는 자주 승진했으며 지금은 자신의 그룹을 직접 운영하고 있다.

그가 소유주가 된 지는 9년이 지났다.

"소유주가 되고 나니 무언가 위대한 것의 일부가 된 기분이 들었습니다. 다른 회사에서도 모두가 중요하다고 말은 하지만 그게 진심은 아니거든요. 나는 다른 회사에서도 무척 열심히 일했습니다. 하지만 상사를 직접 볼 일이 없었어요. 그들도 나를 알지 못했죠. 하지만 퍼셀 씨는 나를 알아요. 내가 깍듯하게 존칭으로 부르면 퍼셀 씨는 깜짝 놀라요. 주위를 둘러보며 내가 대체 누구한테 말하고 있는 것인지 의아해 하죠. 이런 회사에서 일하는 것은 정말 축복이에요. 언제나 완벽하다는 것은 아니죠. 어쩌다 나쁜 날도 있고, 속상한 일들도 생기죠. 하지만 할 수 있는 최선을 다하고 있는 한 그건 상관없어요."

베어드처럼 운영되는 은행은 몇 곳 되지 않는다. 시카고의 윌리엄 블레어William Blair, 유럽의 트리오드스 은행Triodos Bank 등이 그 예다. 이 정도로는 충분하지 않다. 베어드 팀 사람 몇몇과 점심을 먹으러 갔는데 팀원들 모두 식사를 빨리 마치고 돌아와 해야 할 일이 있었다. 나는 이 회사가 그토록 인상적인 이유는 그저 이런 사람들 때문만이 아니라 조직의 구조 자체가 암묵적으로 사람들에게 올바른 일을 하도록 격려하고 있다는 사실 때문이라는 생각이 들었다. 이들에게는 자신이 봉사하는 사람들과 맺어야 할 관계를 일깨워줄 '고객 헌장' 따위가 필요하지 않았다. 소유주로서 서로에 대해 가지는 도의적 의무가 그들의 상호의존성을 더욱 두드러지게 만드는 동시에 그것을 현실화시켰다. 이런 관계는 경영 팜플렛에 의해 명령으로 내려오는 것이 아니라 조직의 구조 자체에 녹아들었다. 수많은 거대 은행에서는 무모한 베팅과 허황된 제안이 난무하고 있지만, 그 돈이 자기 돈이고, 자기 이웃의 돈인 경우에는 그런 일이 일어나기 어렵고, 현실적인 눈으로 그것을 바라보게 된다. 자기 스스로가 거대하지 않으니 거대한 손실을 입기도 더 어렵다.

은행의 대안으로 부상한 피어 투 피어 네트워크peer-to-peer network(전용 서버가 없는 네트워크. 접속 자격을 가진 모든 컴퓨터가 네트워크로 연결된 다른 모든 컴퓨터들과 파일과 주변 기기를 공유한다-옮긴이)에서 이와 같은 역할을 여럿 관찰할 수 있다. 조파Zopa, Zone of Possible Agreement(돈을 가진 개인과 돈이 필요한 개인과의 대출을 연결해주는 사이트-옮긴이), 렌딩클럽Lending Club(개인 간 금융거래 방식으로 돈을 빌리는 사람과 빌려주는 사람이 소셜 네트워크를 통해 금융거래를 한다. 전문 대부업자가 아닌 경우에만 참여할 수 있고 일대일 방식이 아닌 일대 다수로 거래를 해서 위험을 낮춘다-옮긴이), 펀딩서클Funding Circle(중소기업의 대출 중개를 전문으로 하는 온라인 시장-옮긴이) 같은 곳에서 베어드가 하는 모든 일을 다 처리할 수는 없겠지만 그와 똑같은 특성에 의존하고 있다. 즉 공유, 신뢰, 유대하려는 욕망 등이다. 이와 유사하게 자동차 나눔car sharing(시티 카 클럽City Car Club, 그린휠즈Greenwheels), 집 나눔house sharing(이지룸메이트Easyroommate, 에어비앤비Airbnb), 심지어는 애완동물 나눔pet sharing(펫츠투셰어Petstoshare)에 이르기까지 이런 나눔 네트워크들은 군림하려 드는 기관과는 일하고 싶지 않지만 사람과 사람 사이의 상호작용과 인간적 만남을 갈망하는 사람들을 기술을 통해 한데 모으고 있다. 레딧Reddit 같은 웹사이트는 사람들이 도움을 요청하기 쉽게 만들어준다. 신장 이식 환자였던 잭 Jack (레딧 사용자 'Chewy1234')은 눈으로 뒤덮인 뉴욕시에서 꼼짝 못하게 되자 도움의 손길을 호소했고, 웹사이트를 통해 여유분의 약을 가지고 있던 레딧 사용자 'Rockstarames'를 찾아냈다. 'Rockstarames'에게는 약보다 더 중요한 것이 있었다. 차고 안에 들어 있던 작동 가능한 차와 평생을 눈길에서 운전해온 경험, 그리고 돕고자 하는 열망이 있었던 것이다. 이런 모든 기술이 이루어낸 일들은 크기의 힘이 아닌, 신뢰를 구축하고 유대를 위한 플랫폼을 제공해주는 개인적, 사회적 접촉의 효과를 보여주고 있다.[23]

중요한 것은 크기가 아니다. 우리는 활기가 넘치는 조직, 정치적, 사회적, 경제적 변화의 우여곡절 속에서도 살아남을 수 있는 조직이 필요하다. 거대한 조직이 전혀 실수하지 않기를 기대하는 것은 광기, 아니면 종교다. 따라서 우리가 원하는 것은 기능적이면서도 실패를 안전하게 감당할 수 있는 조직이다.

사회집단형성의 최적 크기

이들이 제대로 기능하기 위해서는 크기를 작게 유지해야 할 필요가 있을지도 모른다. 로빈 던바는 오랜 세월 인간의 뇌 진화를 연구하면서 그것이 사회집단형성social grouping의 최적 크기에 어떻게 영향을 미치는지 알아내고자 했다. 이것을 '사회적 뇌 가설social brain hypothesis'이라고 한다. 작은 규모의 사회와 큰 규모의 사회 사이의 수학적 관계를 분석하여 그는 인간이 긴밀한 관계를 유지할 수 있는 인지적 한계는 대략 150명 정도라는 결론을 내렸다. 이 수치가 시대, 지리나 활동에 상관없이 대략 같은 값으로 일정하게 유지되었다는 사실은 신피질neocortex의 물리적 크기와 직접 연관이 있다고 던바는 주장한다. 신피질은 의식적 사고, 추론, 언어 등의 고등기능을 담당하는 뇌 영역이다. 뇌의 크기가 우리가 마음속에 유지할 수 있는 인간관계의 숫자를 제한하고, 그 크기는 우리의 진화적 배경이 되었던 집단의 크기에 의해 결정된 부분이다. 그는 이렇게 적었다. "신피질 크기의 진화는 집단의 크기를 위해 선택된 생태학적 요인에 의해 결정되지만 우리는 이런 관계를 역으로 이용해서 살아 있는 종의 집단의 크기를 예측할 수도 있다."

던바는 이것으로 군대의 편성을 설명할 수 있다고 주장한다. 군대는 대체적으로 이렇게 편성된다. 10명에서 15명 사이의 병사로 이루어진 소대, 세 개나 네 개 정도의 소대로 이루어진 중대, 세 개나 네 개 정도의 중대로 이루어진 대대. 그는 이렇게 되묻는다. "군대의 편성은 일상의 사회적 구조에서 나타나는 자연적인 계층구조적 집단을 흉내 내도록 진화한 것이 아닐까? 집단 내부의 상호작용에 대한 인지적 처리 과정을 최적화할 수 있도록 말이다."[24]

던바의 연구가 폭넓게 인정받고 있기는 하지만 반론도 없지 않다. 진화생물학 자체가 그렇듯이 상당히 많은 부분이 증명이 불가능한 상태로 남아 있다. 하지만 던바가 지리와 시간을 넘나들며 제시한 증거들은 무척 매력적이다. 단순히 문화만 작용하고 있는 것이 아님을 암시하고 있기 때문이다. 복잡한 작동을 관리하기 위해 우리가 얼마나 정교한 시스템과 기술을 창조하든 간에 거기에는 조만간 인간이 관여하게 된다. 따라서 우리가 아무리 부정하더라도 조직의 크기와 기능성 또한 깨뜨리기 힘든 인지적 한계가 있을지 모른다. 그렇다고 해서 단위 조직의 크기가 150명을 넘길 수 없다는 의미는 아니다. 군대에서는 분명 그렇게 하고 있다. 하지만 조직 단위가 안정되기 위해서는 최소 조직 단위의 규모가 대략 150명을 넘지 않게 계층구조를 만드는 것이 안전하다.

이런 숫자들은 '던바 수Dunbar numbers'로 알려지게 되었고, 수많은 조직에서 이것을 지침 삼아 최고의 효율을 가진 팀, 그룹, 부서들을 구성하고 있다. 토마토 가공 공장인 모닝스타에서는 이 숫자를 회사가 얼마나 커져야 하는지를 판단하는 지침으로 사용하고 있다. 그보다 조금이라도 커지면 다른 독립체나 구조가 요구된다. W. L. 고어에서는 어떤 사업 단위도 크기가 150명을 넘어갈 수 없다. 이런 결정은 던바의 연구 이전에 이미 내려진 것이었지만 이 회사의 성장 과정에서 어떤 부분도 이 연구 내용과 상반되는 것이 없었다. 그리고 독일에서 은행 위기가 다른 곳만큼 비참하지 않았던 한 가지 이유는 은행 부문의 70퍼센트가 소형 은행이거나 지역 은행이었기 때문이다. 이는 영국과 크게 대조되는 부분이다. 영국에서는 단 5개의 은행이 모기지 대출의 80퍼센트, 회사 계좌의 90퍼센트를 장악하고 있었다.[25]

회사의 규모가 꼭 작아야만 한다는 의미는 아니다. 회사가 기능적으로 돌아가기 위해서는 인간이 효과적으로 관리할 수 있는 인간관계가 얼마나 되는지를 고려하는 것이 가치 있다는 의미이다. 페이스북의 친구나 트위터의 팔로어를 수백, 수천 명 둘 수는 있지만 나는 이런 관계가 기능적인 인간관계가 아니라는 것을 안다. 그리고 이런 관계가 기능적 관계인 척 살아가려 하다가는 자신의 삶이 그저 허튼소리에 불과한 것으로 금방 움츠러들고 만다는 것도 알고 있다. 수많은 기업에서 효율적이고 창조적으로 거듭나기 위한 필사적인 시도 속에서 설계하는 거칠고 복잡한 구조들을 보면서 나는 '던바 수'를 더더욱 존경스러운 마음으로 바라보게 되었다. 우리의 뇌가 가진 인지적 능력보다 더 큰 것을 요구하는 조직을 만들려고 하는 것은 자만이 아닐 수 없다.

'진화적으로 지속가능한 시스템'이라는 개념을 탐구하는 유전학자들도 비슷한 결론에 도달했다. 다시 말해, 한 시스템이 진화할 수 있기 위해서는 튼튼해야 하고, 그러한 특성은 부분적으로는 약하게만 연결된 여러 개의 작은 부분으로부터 유래한다는 것이다. 이런 경우에는 한 부분이 돌연변이를 일으켜도 전체는 죽지 않는다. 이것이 렌딩클럽, 프로스퍼Prosper (미국 금융 P2P 전문업체), 조파, 펀딩서클처럼 급부상하고 있는 피어 투 피어 대출 네트워크peer-to-peer lending network들의 전제 조건이다. 이런 네트워크는 개인이 개인에게 대출하는 것을 가능하게 해준다. 전체적으로 보면 이 네트워크는 거대하지만 사실은 개인적으로 이루어지는 소규모의 거래가 하루에 수천, 혹은 수백만 건씩 합쳐진 것일 뿐이다. 언론에서는 이를 미사여구로 과장하면서 전통적 은행에게는 치명적인 라이벌이 될 새로운 대출 조직의 중요성을 강조하지만, 이들의 가장 큰 기여는 이 조직들이 개인들 사이에서 만들어내는 연결고리들에 있다. 하지만 전체 시스템은 연결고리 한두 개에 좌지우지되지 않는다.

이것을 다르게도 생각해볼 수 있다. 비행기 디자인을 살펴보자. 요즘에는 비행기를 설계할 때 자동 항공 제어 시스템으로 설계한다. 이 시스템은 보통 세 모듈로 구성되는데 각각의 모듈은 기능은 똑같지만 설계 방식은 다르게 되어 있다. 여기에는 한 모듈이 고장 나더라도 다른 모듈을 작동시키면 된다는 여분의 장치라는 개념도 적용되고 있지만, 비행기 전체가 한 가지 기술적 방식에만 의존해서는 안 된다는 개념도 같이 적용되고 있다. 복잡한 생물학이든 공학이든 원칙은 똑같다. 약하게 연결된 여러 개의 작은 부분들로 구성하는 것이 더 안전하다는 의미다. 이렇게 하면 그중 하나가 고장 나더라도 전체 시스템이 치명적으로 약해지지는 않기 때문이다. 이들은 작아서 튼튼하다. 안전장치가 장착되어 있는 것이다.

빅데이터의 허점

성장을 향한 열정이 기술 탓이라 할 수는 없겠지만, 기술 덕분에 성장이 더욱 가능해진 것만큼은 사실이다. 우리는 빅데이터 big data 의 잠재력을 이제 막 깨닫기 시작했다. 개개인의 요구에 특별히 맞춰진 콘텐츠와 제품을 생산하고, 인간의 행동까지 예측할 수 있는 능력에 대해서 말이다. 구글, 아마존, 애플, 정부에 축적된 방대한 양의 개인정보는 자동화된 맞춤형 의료에서 예방적 법률 강화에 이르기까지 모든 것을 약속해주고 있다. 하지만 손에 잡힐 듯 말 듯한 이런 권력이 실현되면 필연적으로 큰 위험이 함께 따르기 마련이다. 애플 컴퓨터가 바이러스로부터 더욱 안전했던 이유는 수량이 상대적으로 적었기 때문이다. 수량이 많지 않으니 공격할 가치도 별로 없었다. 하지만 그와 달리 개인정보가 방대하게 축적되다 보면 해커나 악성코드로서는 군침이 흐르는 매혹적인 목표물이 되고 만다. 정부와 규제기관에서는 구글이 개인 정보를 저장해두었다가 부당하게 이용할까 봐 걱정하고 있지만, 구글의 서버가 그토록 매혹적인 목표물이 된 이유는 바로 그 규모 때문이다.

구글의 창립자 래리 페이지Larry Page는 자신의 고객들이 모두 구글을 뇌에 의식한다는 생각에 대해 신이 나서 떠들지도 모르겠지만 굳이 시민권 운동가가 아니라도 이것이 과도한 수렴을 낳을 위험을 안고 있다는 것을 어렵지 않게 알 수 있을 것이다. 사람들마다 아는 것이 똑같고, 생각하는 내용마저 똑같아진다면 지금까지 존재하지 않았던 대규모의 순응-conformity 현상이 일어날 것이다. 빅데이터는 오늘날 특성을 공유하는 개인들의 행동과 판단을 바탕으로 행동을 예측할 수 있을 것이라 약속하고 있지만, 데이터가 크다는 이유만으로 그것의 옳음이 보장되지는 않는다. 실수가 일어날 경우 더 치명적인 결과를 낳을 것이라는 점만 확실해질 뿐이다.

2004년에 사우디아라비아의 자선가인 솔라파 바테르지Solafa Batterjee의 아버지가 UN 안전보장이사회에 의해 테러리스트 감시 명단에 올랐다. 그에게는 아프가니스탄, 체첸 공화국 같은 위험한 장소에 여행하는 습관이 있었는데 이것이 알카에다 테러리스트들의 프로파일과 맞아떨어졌기 때문이다. 그의 아버지는 10년 동안 아무것도 할 수 없었다. 일을 할 수도, 기금과 접촉할 수도 없었다. 가족들은 그저 앉아서 아버지가 꼼짝도 못하고 무기력해지는 모습을 지켜보고만 있어야 했다. 끊임없이 수사가 진행되다 보니 그는 그 어디도 여행할 수 없었다. 2013년 1월, UN은 그를 명단에서 제외했다. 그의 혐의를 입증할 만한 어떤 실질적 정보도 발견하지 못했기 때문이다. 그는 그의 말대로 그저 사람을 돕고 싶어 하는 기술자일 뿐이었다. 데이터가 커질수록 사람을 더 작게 만들고 있는 것은 아닐까?

우리에 대한 자료를 수집하는 회사들도 서로 경쟁하고 있다. 이것은 우리의 위험을 가중시킬 뿐이다. 서로 경쟁자 관계이다 보니 이들은 자기네 고객들에 대해 저지른 실수나 사이버 공격에 대한 정보를 규제기관이나 회사들끼리 공유하기를 극도로 싫어할 수밖에 없었다. 의사들과 달리 우리는 실수의 가치를 배우기 시작했다. 자료를 수집하는 회사들은 자신의 약점을 드러내려 하지 않는다. 하지만 실수는 곧 배움을 의미하는 것이기 때문에 공유를 거부하는 이들의 행태는 모든 사람을 더욱 취약하게 만들 뿐이다.[26] 데이터가 커질수록 그에 따르는 보상에 대한 유혹도 커지고, 비밀의 장벽은 더욱 높아진다. 결국 위험이 그만큼 더 커진다. 이런 회사들은 크기가 자신의 상업적 이득을 보호해주기를 바란다. 하지만 크기가 커질수록 그들의 위험과 우리의 위험 역시 함께 커진다는 사실은 애써 외면하고 있다.

실패하기에는 자신이 너무나 크다고 생각하는 것이 은행들만은 아니다. 자료의 보안에 대한 책임은 정부에서 지리라는 추측과 바람으로 대부분의 대형 기업들은 실패의 비용을 아웃소싱하길 희망한다. 아니면 한 컴퓨터 보안 분석가의 말처럼, "누구도 자신의 대공방어를 책임지려 하지 않는다. 우리에게는 육상공격을 물리칠 육군이 있다. 하지만 사이버 공격으로부터 우리를 보호하는 일은 누가 책임진단 말인가?"[27]

우리는 왜 클수록 좋다고 생각하는가? 왜 크기가 무조건적인 승리를 가져다준다고 믿는가? 우리는 큰 조직일수록 민첩해지고, 적응하고, 혁신하기 위해 몸부림친다는 것을 알고 있다. 권력이란 그 자체로도 위험하며 규모와 범위가 커질수록 부패하고 심지어는 더욱 파괴적이 되어간다는 것도 잘 알고 있다. 우리는 걸프만의 해안가에 퍼진 기름과 런던 시티의 금융가 이사회실로부터 대기업들이 기존에는 상상도 할 수 없었던 막대한 피해를 입힐 가능성을 키워냈다는 생생한 증거를 목격했다. 그리고 이제는 대기업들의 고삐를 쥘 수 있을 만큼의 자원과 통찰, 정치적 의지를 가진 정부도 별로 없다는 것을 알고 있다.

나는 작은 것이 과연 아름다운 것인지는 확신이 서지 않지만 큰 것이 위험하다는 것만큼은 확신을 갖게 되었다. 크기는 조직을 천하무적으로 만들어주지 않는다. 오히려 그들을 취약하게 만든다. 하지만 크기는 그들에게 처벌을 받지 않고 넘어갈 수 있는 일종의 면책 특권을 제공해준다.

일이 잘못 틀어졌을 때 개입할 수 있는 존재는 정부밖에 없다는 자신감을 얻는 것이다. 상황이 이렇다 보니 대기업들은 근본적으로 자신의 위험을 우리 모두에게 아웃소싱으로 떠넘기고 있는 셈이다. 이것이 바로 크기가 그들에게 부여해주는 큰 보상이다.

더 싸질수록 무너지는 인간 존엄

잔혹한 바닥치기 경쟁

1911년 3월 15일에 뉴욕의 한 공장에서 불이 나자 대부분 여성이었던 146명의 의류 공장 노동자들이 건물에서 뛰어내려 사망하거나 질식해 죽었다. 그중 제일 나이가 많은 사람은 43세의 프로비덴자 파노Providenza Panno였고, 제일 어린 사람은 14세의 두 소녀 케이트 리온Kate Leone과 로사리아 몰타Rosaria Maltese였다. 불이 과열된 기계에서 시작되었는지, 아니면 부주의하게 버려진 담배 때문에 시작되었는지는 아무도 모른다. 하지만 불은 빠른 속도로 번져나갔다. 바닥에 어질러져 있던 수백 킬로그램의 옷감 조각들 때문이었다. 여성 노동자들이 쉬지 못하게 막고, 일을 마치고 집으로 가기 전 감독관들이 노동자들의 지갑을 확인하기 위해 문은 잠겨 있었다. 화재 비상구로 빠져나갈 길이 막혀버린 상태에서 수많은 노동자들은 죽을 것을 뻔히 알면서도 건물에서 뛰어내리는 것 말고는 달리 선택할 길이 없었다. 미국의 시인 로버트 핀스키Robert Pinsky는 자신의 시 〈셔츠Shirt)에서 여자들이 창문으로 빠져나오는 것을 돕던 한 남성 동료를 '그는 그 여자들을 전차에 들어가게 돕고 있었지, 저승으로 들어가게 돕고 있지는 않았다'라고 묘사했다.

그로부터 100년이 조금 더 지난 2013년 4월 24일에는 방글라데시의 한 공장이 머리 위로 무너져 내리면서 대부분 여성이었던 1,127명의 의류 공장 노동자가 사망했다. 사고가 있기 하루 전에 건물에서 균열이 나타났고 기술자 압둘 라자크 칸Abdur Razzak Khan은 공장을 폐쇄해야 한다고 권고했다. 하지만 회사는 급하게 맞춰야 할 생산 마감 일정이 임박해 있었다. 시간에 맞춰서 생산을 마무리하지 못하면 돈을 지급받지 못할 것이고 만약 생산한 물건을 다른 곳에 팔려고 했다가는 의뢰했던 제조업체에 고발당할 것이라고 계약되어 있었던 것이다. 잔해 속에서 사진작가 샤히둘 알람Shahidul Alam은 한 커플의 상체가 콘크리트 더미에 잠긴 채 서로를 부둥켜 앉은 모습을 발견했다. 그의 말로는 남자의 두 눈에서 눈물처럼 피가 흐르고 있었다고 한다.[1]

20세기의 트라이앵글 셔츠웨이스트 공장Triangle Shirtwaist Factory의 화재 사건과 21세기의 라나 플라자Rana Plaza 붕괴 사건은 모두 무자비한 경쟁의 논리에서 일어난 사건이다. 바로 '네가 아무리 싸게 만든다 해도, 나는 그보다 더 싸게 만들 수 있다'라는 논리다. 방글라데시는 세계에서 노동 임금이 제일 싼 곳이다. 의류 공장 노동자의 최저 임금이 대략 한 달에 37달러 정도로 맞춰져 있다. 소비자가 H&M(의류업체)이나 월마트에서 4.99달러에 비키니를 구입하려면 그 생산 비용이 매우 낮아야 할 것이다. 그러려면 결국 임금을 낮출 수밖에 없고, 안전에 대한 고려는 사라져 버린다. 경제학자들은 이것을 '바닥치기 경쟁race to the bottom'이라고 부른다.

리앤펑Li & Fung 같은 회사들이 이 경주를 가속화했다. 저임금 공장과 그런 공장을 이용하려는 회사들 사이에서 브로커처럼 활동하는 리앤펑은 더 저렴한 노동시장을 끊임없이 찾아 나선다. 요즘에는 사하라사막 남쪽의 아프리카 지역이 관심을 끌기 시작했다. 저렴한 노동력 공급처를 찾아 내는 일은 푼돈이 오가는 사업이 아니다. 리앤펑은 작년에만 200억 달러를 벌어들였다.[2] 그리고 이론적으로는 이런 브로커들이 노동 조건도 함께 감시해야 한다. 하지만 이것이 실상은 불가능한 이해관계의 충돌을 야기한다. 2012년에 리앤펑은 타즈린 패션Tazreen Fashions에서 만들어지는 의류를 책임졌다. 이곳에서 화재 경고음이 난 이후에도 계속 일을 하라는 얘기를 듣고 작업하다가 112명의 노동자가 불길에 휩싸여 사망했다. 하지만 비용을 단돈 한 푼이라도 줄일수록 공장은 더욱 매력적인 거래 상대가 되고, 큰 계약을 따낼 가능성도 그만큼 커진다.

이 경주의 문제점은 그 비용이 그냥 사라지지도 않고, 사라질 수도 없다는 점이다. 비용은 누군가에게로 고스란히 흘러들어가고 있다. 대부분은 권력과 돈을 가진 자에게서 아무것도 없는 자에게로 흘러들어간다. 비키니 수영복을 구입하는 소비자가 지불하는 비용은 4.99달러에 불과할지도 모르나 만드는 사람이 치르는 비용은 비좁고 위험한 노동환경 속에서 일주일에 7일을 하루에 14~16시간씩 매일 노동에 시달리는 것이다. 화재가 흔히 일어나고, 비상 탈출구가 잠겨 있어서 피해가 더 커지는 경우가 많다. 안전은 쉽게 삭감할 수 있는 보이지 않는 것이다. 문제만 일어나지 않으면 되기 때문이다. 하지만 문제가 터졌을 때는 이미 너무 늦다.

저렴한 제조 과정에 따르는 위험은 기업에서 지역 도급업자에게로 떠넘겨지고, 다시 개별 노동자들에게 떠넘겨진다. 의류가 그렇게 쌀 수 있는 이유는 만드는 노동자들과 그들이 사는 사회가 그 제조비용을 흡수했기 때문이다. 경제학자들은 이것을 외재화externalization라고 부른다. 비용을 사업 외부로 떠넘기는 현상을 말한다.

앞의 사례보다 극적인 면은 덜하지만 라이언에어Ryanair 같은 저가항공사를 봐도 이런 현상을 목격할 수 있다. 회계사 마이클 오래리Michael O'Leary는 라이언에어의 경영을 넘겨받은 후 제일 먼저 비용을 철저히 조사해서 줄이는 일을 했다. 음식, 수화물, 탑승권, 여행사 관련 비용들이 모두 발 빠르게 회사에서 소비자에게로 떠넘겨졌다. 실제로는 비용이 사라지는 것이 아니다. 다만 옮겨가고 있을 뿐이다. 비용을 떠넘기는 가장 비양심적인 방법은 마치 소비자에게 선택권을 주는 것처럼 광고하는 것이다. '수화물을 직접 가지고 탑승할지는 고객님께서 자유롭게 선택하실 수 있습니다', '예약을 전화로 할지, 인터넷으로 할지 고객님께서 자유롭게 선택하실 수 있습니다' 등. 사실 여기에 드는 모든 비용은 우리가 대고 있다.

이론적으로는 방글라데시의 의료 공장 노동자들도 일하러 나올지 말지 선택할 수 있는 선택권이 있었다. 하지만 실상은 그렇지 않았다. 문이 잠겨 있는 상황에서 그들에게는 달아날 수 있는 선택권이 존재하지 않았다.

비용을 절감하기 위한 경쟁은 모든 산업계에서 고질적인 병폐로 자리 잡고 있지만, 의료보건 분야만큼 걱정스럽고, 그에 따르는 대가가 분명한 곳도 없을 것이다. 경쟁이 품질과 가치를 높여준다는 믿음 아래 수많은 NHS National Health Service (영국의 보건의료제도) 계약이 입찰에 붙여졌다. 이것은 본질적으로 제일 낮은 가격을 부른 사람이 계약을 따내는 역경매다. NHS의 다이렉트 헬프라인 서비스(전화 상담 서비스)가 입찰에 부쳐졌을 때 성공적인 입찰자들은 경험이 없는 상담원을 이용함으로써 가격을 낮게 유지할 수 있었다. 하지만 상담원들은 의학적 노하우가 없는 사람들이었기 때문에 할 수 있는 일이라고는 질문화 대답의 대본을 그대로 읽어주는 것밖에 없었다. 만약 명확한 대답을 찾지 못하는 경우에는 환자에게 응급실로 가거나 구급차를 부르라고 안내했다. 계약자에게는 이것이 아주 신속하고 저렴한 방법이었지만 NHS에게는 깜짝 놀랄 정도로 비싼 옵션임이 드러났다. 그리고 2013년 8월에는 서비스 제공업자들이 제대로 된 서비스를 제공하기에는 자기들이 너무 낮은 가격에 입찰했음을 깨닫고 사업에서 철수했고, 이 서비스는 더 이상 신뢰하고 의지할 수 없는 서비스로 전락하고 말았다.

고통스러울 정도로 유사한 시나리오가 있다. 보안 전문 업체 G4S가 자기가 올림픽에 투입하기로 약속했던 경비 요원들을 제공할 수 없다는 것을 뒤늦게 알아차리자 그 비용은 고스란히 납세자들에게 외재화되었다. 막판에는 결국 납세자들이 돈을 대는 군대 병력이 보안 인력으로 차출된 것이다. 중요한 서비스를 제공하면서 가격을 두고 경쟁을 벌이게 되면 필연적으로 실패할 수 밖에 없는 시스템이 만들어지게 된다. 모든 불필요한 중복 투자, 실수나 변화를 대비하기 위한 여지, 다른 말로 하면 그 모든 위험이 타인에게 넘어간 것이다.

　　경쟁 때문에 이런 경솔한 약속이 양산된다는 사실은 경쟁입찰에서 분명하게 드러난다. 하지만 임금을 낮춰 그 수준으로 유지하려는 경쟁은 모든 나라에서 일어나는 현상이다. 2013년에는 미국 전역의 저임금 노동자들이 자신의 근무 조건에 저항하는 뜻에서 일일 파업에 들어갔다. 맥도날드, 서브웨이Subway, 타코벨Taco Bell, 메이시Macy's 백화점, 빅토리아 시크릿Victoria's Secret의 고용인들은 생계를 유지하기에는 턱없이 부족한 150달러에서 350달러의 주급에 항의하며 가두시위를 했다. 시위자들은 '시급 15달러를 위해 싸우자Fight for 15'라는 피켓을 들고 다니며 봉급을 두 배로 올려줄 것을 주장했다. 조셉 바레라Joseph Barrera는 타코 벨에서 7년이나 일했지만 아직도 새 옷 하나 사 입을 형편이 안 된다고 했다. 그에게는 결혼을 해서 가족을 꾸리는 일은 요원하게 느껴졌다. 뉴욕시의 패스트푸드 매장에서 일하는 노동자들의 평균 연간 수입은 1만1천 달러이다. 중간 가계 소득median household income인 4만8천631달러의 4분의 1도 안 된다.

　　저임금을 지지하는 논리는 늘 똑같다. 회사가 경쟁력을 유지해야 한다는 것이다. 이는 식품이나 옷을 저렴한 가격으로 유지하기 위해서는 임금이 낮게 유지되어야 한다는 의미다. 메이시 백화점의 부회장은 이것을 이렇게 표현했다. "우리는 경쟁력 있는 임금과 혜택을 제공하려고 한다." 맥도날드는 이렇게 주장한다. "직원들은 경쟁력 있는 임금을 받고 있으며 유연하게 일정을 조절할 수 있다."

미국 레스토랑 협회National Restaurant Association에서는 패스트푸드 산업이 아메리칸 드림을 이룰 수 있는 최고의 방법 중 하나라고 주장했다.[3] 대부분의 패스트푸드 노동자들이 부모가 제공하는 집에서 사는 10대였던 시절에는 맞는 말이었을지도 모른다. 하지만 노동자들의 나이가 많아지고, 교육 수준이 높아지고, 가족을 부양하는 경우도 많아진 지금의 상황에서 그런 주장은 잔인한 환상에 불과하다.[4] 이 회사들이 임금을 낮추는 것 말고는 자기네 사업을 유지할 다른 방법을 찾지 못하고 있다는 사실은 그들이 창의력을 잃어버렸음을 말해주는 증거에 불과하다.

임시직 노동자의 비애

'유연하게 일정을 조절할 수 있다'라는 말이 시사하는 바가 있다. 라이언에어의 수화물 정책과 마찬가지로 이것은 선택권을 가지고 있다는 의미로 들리지만 사실은 그 반대다. 경제위기 동안에 비용을 절감하는 가장 인기 있는 방법은 바로 근무 시간을 줄이는 것이었다. 이제 영국의 주요 고용주들 중 거의 4분의 1이 '제로 근로 계약zero hours contract'이라고 완곡하게 부르는 조건으로 직원을 고용한다. 이 계약 조건은 일자리를 얻을 수도, 얻지 못할 수도 있다는 의미다. 맥도날드, 웨더스푼Wetherspoon(영국의 대표 펍 체인), 서브웨이, 부츠Boots(영국의 대표적인 프렌차이즈 약국), 시네월드Cineworld, 스포츠 다이렉트Sports Direct, 국회에서 발행하는 의회 의사록 잡지 〈핸서드Hansard〉, 심지어는 버킹엄 궁전까지도 이런 계약조건으로 사람을 뽑고 있고, 이런 계약조건을 사용하는 경우가 2012년에만 32퍼센트나 증가했다.[5] 계약에 따르면 소위 고용인은 고용주가 원하면 언제라도 일을 하겠다고 약속하는 것 말고는 다른 선택의 여지가 없다. 하지만 고용주는 이 고용인에게 일을 조금 줄지, 많이 줄지, 아니면 아예 주지 않을지를 마음대로 선택할 수 있다. 고용인들 입장에서는 예산을 짜는 것 자체가 불가능해지고 구직활동도 위험해진다. 정규직 일자리를 알아보려 해도 입사 면접을 보러 갈 수 없다. 겨우 몇 시간짜리 유급 일자리가 생겨 언제 불려나갈지 모르기 때문이다.

아마존이 영국 잉글랜드 시티퍼드셔의 류젤리에 축구 경기장 아홉 개 규모의 창고를 건설할 때 고용은 주로 임시 인력 센터를 통해 이루어졌다. 임시 인력 센터는 스스로를 '오로지 각각의 고객이 인력을 최적화하여 비용 효율을 높일 수 있게 설계된 유연한 워크 솔루션work solution'이라고 표현했다. 이 말의 실제 의미는 노동인력이 두 종류로 나뉘어 있다는 뜻이다. 운이 좋은 정규직 노동자들은 파란 배지를 착용하고 나중에 연금을 받을 수 있고 지분을 받을 권리를 갖는 반면, 임시직 노동자들은 초록색 배지를 착용하고 고용 안정을 전혀 보장 받을 수 없다. 양쪽 노동자 모두 자신의 생산성을 항상 감시할 수 있는 장치를 가지고 다닌다.

자기 회사의 문화를 설명해 달라는 요청을 받자 아마존의 최고경영책임자 제프 베조스Jeff Bezos는 이렇게 말했다. "우리 회사의 문화는 우호적이면서도 치열합니다. 하지만 다른 대안이 없는 경우에는 치열함 쪽으로 기울게 되죠."[6]

미국의 경우 경기 회복 기간 중 일어난 일자리 창출은 임시직의 증가에 따른 것이었다. 그 결과 미국은 지금 임시직 노동자의 수가 그 어느 때보다도 많은 2천7백만 명이다. 사실상 정규직이 아예 없는 것이나 마찬가지인 일부 '임시직 도시temp town'에서는 정규직 직원이 전혀 없는 물류 창고도 드물지 않게 있다. 〈워터프론트On the Waterfront(1954년 작)〉라는 영화를 본 사람이라면 모든 사람이 그날 하루만큼은 작업에 선택받은 소수의 행운아 중 한 사람이 되기를 바라며 직장에 나타날 수밖에 없었던 고용 관례를 기억할 것이다. 임시직 노동자들은 저축을 하거나 연금 수령을 기대하기 어렵고, 미국의 경우는 의료 보장도 바라기 어렵다. 게다가 작업 도중 부상을 당한 확률이 정규직 고용인보다 두 배나 높다.[7]

미국에서는 소매업체들이 그날 하루의 특정 시점에서 정확히 얼마나 많은 직원이 필요할지를 15분 단위로 예측해주는 일정 관리 소프트웨어를 사용한다. 그래서 고용인들은 일주일에 겨우 12시간이나 15시간의 근무 시간을 제안받기도 하고, 어떨 때는 일주일 내내 한 시간도 일을 못하는 경우도 있다. 이래서는 생계유지에 필요한 돈을 충분히 벌 수 없는데도 아베크롬비앤피치Abercrombie & Fitch, 잠바주스Jamba Juice, 나인웨스트Nine West에서는 인건비를 줄이기 위해 같은 방법을 유지하고 있다.

잠바주스에서는 이런 방법으로 일 년에 수백만 달러를 절감했다고 주장한다. 미국 노동통계국의 발표에 따르면 이러한 고용 관행 때문에 전체적으로 백만 개의 일자리가 사라졌다고 한다. 시간제 노동자가 주로 경력을 쌓으려는 학생이라는 사실 때문에 이들은 쉬운 먹잇감이 되고 있다. 이들은 일자리가 너무나도 절실하기 때문에 불리한 조건임에도 차마 일자리를 거부하지 못한다. 하지만 이런 일자리들이 아메리칸 드림을 이루는 길에 첫 발을 내딛는 것이라는 주장은 통계만 봐도 허위임이 드러난다. 통계에 따르면 임시직의 30퍼센트만이 정규직으로 이어진다고 나와 있기 때문이다.

만약 고용인들이 자기네 현장근무 인력들을 보면서 창의력, 헌신, 혁신을 기대하고 있다면 딱 실망하기 좋은 조건을 스스로 만들어내고 있는 셈이다. 인건비를 줄이기 위한 경주가 치열해지다 보면 고용주들은 자기네 회사들을 더욱 훌륭하고 역동적으로 만들어주었을지도 모를 사람들의 신뢰와 참여 의욕을 소진시키고 무참히 깨버린다.

회사들은 회사 운영에 들어가는 비용을 이 시스템에서 가장 취약한 계층인 개별 고용인들에게 외재화함으로써 가격을 낮추고 있다. 고용인들이 이 소득만으로 생계를 유지할 수 없게 되면 결국은 국가의 복지 예산에 손을 벌릴 수밖에 없고, 저렴한 가격의 상품을 만들어내는 데 필요한 비용은 사회 전반으로 외재화된다. 그와 동시에 회사들은 세금을 최소화하기 위한 전략을 공격적으로 구사한다. 이들은 할 수 있는 한은 자기가 치러야 할 비용 부담을 적게 지려고 한다.

언론사에서 벌어지는 일들

급료 삭감에 따르는 영향은 그것을 야기한 회사와 산업계의 테두리를 훨씬 벗어난 영역까지 퍼진다. 이것이 신문 산업보다 더 분명하게 드러난 곳도 없을 것이다. 약 5년 전까지만 해도 신문은 이윤이 많이 남는 사업이었다. 하지만 인터넷이 독자를 빨아들이기 시작하면서 일자리 삭감의 압박이 쌓여만 갔다. 이 바닥치기 경주는 비용으로 시작했지만 결국에는 신문의 편집 기준에도 영향을 미치지 않을 수 없었다.

미셸 스태니스트릿Michelle Stanistreet은 내게 이렇게 말했다. "신문사들은 마지막 동전 한푼과 수익까지 모두 탈탈 털렸습니다. 5년 전까지만 해도 신문사들은 20퍼센트 정도의 수익을 냈어요. 하지만 그들은 그 돈을 다시 투자하지 않았고 경제 구조가 바뀌자 그냥 예산을 삭감하기 시작했죠. 소유 구조가 진짜 문제입니다. 만약 소유 구조가 달랐더라면 적당한 수익을 냈을 것이고 민주주의적 기능을 수행했겠죠. 하지만 현재로서는 대부분의 경우 그런 일은 일어나지 않고 있습니다."

스태니스트릿은 영국언론노조의 총서기다. 자기 자신도 전직 기자인 그녀는 〈옵서버Observer〉, 〈더 타임즈The Times〉, 〈스코틀랜드 온 선데이Scotland on Sunday〉에서 일을 한 후에 〈데일리 익스프레스Daily Express〉에서 일했다. 그곳에서 그녀는 경쟁 압박이 자신의 동료들과 그들이 만들어내는 신문에 미친 영향을 보며 두려움에 휩싸였다. "직원 수와 프리랜서 예산을 무지

막지하게 쥐어짜더군요. 예산을 삭감하고 사람들을 쫓아내면 거기서 나오는 결과물도 당연히 문제가 생길 수밖에요. 그것이 바로 우리가 지금 목격하고 있는 것입니다. 이제 진짜 바닥치기 경주죠."

이 경주가 얼마나 밑바닥까지 내려가고 있는지를 보려면 그냥 미국으로만 눈을 돌려보면 된다. "미국에서는 한때는 존경받던 〈시카고트리뷴Chicago Tribune〉과 〈휴스톤 크로니클Houston Chronicle〉을 비롯한 일부 신문들이 보도 활동 중 일부를 필리핀에 아웃소싱했어요. 지역에서 일어나는 사건이나 유명인들의 이야기를 돈 몇 푼씩 쥐어주고 쓰게 해서, 기자 이름란에는 미국 사람처럼 들리는 가짜 이름을 적고 마치 기사가 자기들 고향에서 나온 것처럼 인쇄했습니다."

저너틱Journatic이 이 일을 담당했다는 사실이 노출되자 상당수가 그곳과의 계약을 철회했다. 하지만 그 다음에는 패서디나Pasadena(미국 캘리포니아 주에 있는 도시)의 한 출판업자인 제임스 맥퍼슨James Macpherson이 경쟁회사인 '전텐트Journtent'를 창업했다. 이곳에서는 멕시코와 필리핀의 프리랜서들에게 쥐꼬리 만한 돈을 주면서 인터넷으로 생방송되는 지역 모임에서 오가는 얘기들을 필사하게 했다. 맥퍼슨은 이렇게 말했다. "나는 시간의 문제를 해결했습니다. 나는 사실상 모든 것을 아웃소싱합니다. 적은 급료를 주고도 많은 일을 시킬 수 있는 사람을 주로 찾죠."[8]

스태니스트릿이 레베슨 조사Leveson inquiry(영국의 폰 해킹 스캔들에서 언론과 경찰이 어떤 역할을 했는지 밝히기 위해 시작된 조사 - 옮긴이)에 증거로 제출한 가명의 증언들을 보면 프리랜스와 인턴들이 일자리를 위해 경쟁하고 있었고, 이런 경쟁 관계를 상사들이 착취하는 경우가 많았음을 알 수 있었다. 자신의 자리가 불안정했기 때문에 의문스러운 편집장의 결정이 내려져도 누구 하나 따지거나 문제를 제기하는 사람이 없었다. 침묵과 순응은 겁을 먹은 인력들 사이에서 필연적으로 나타날 수밖에 없는 표식이었다.

한 베테랑 리포터가 스태니스트릿에게 이렇게 말했다. "분위기가 정말 독처럼 끔찍했습니다. 아무런 제재도 없이 괴롭힘이 이루어졌죠. 상사가 위로 뛰라고 하면 뛰느냐 마느냐가 문제가 아니라, 대체 어디서 얼마나 높이 뛰어야 하느냐의 문제였어요. 저만 그런 꼴을 당한 것이 아닙니다. 사무실 '회전식 의자' 얘기도 있었죠."

활자 매체 언론에서 25년 동안 일한 또 다른 베테랑은 〈뉴스 오브 더 월드News of the World〉에서 일하던 당시를 이렇게 묘사했다. "신문사 운영이 전혀 제대로 이루어지지 않았어요. 뉴스팀의 가장 큰 라이벌은 우리 회사의 특집부였어요! 뉴스팀에서 이야깃거리를 하나 제시하면 특집부에서 다른 이야깃거리로 그것을 눌러버렸죠. 뉴스팀에게 특집부 다음으로 큰 라이벌은 〈썬Sun〉이었어요. 이곳은 머독Murdoch(미디어 재벌 루퍼트 머독)이 창조해낸 방식이었죠. 서로가 서로를 잡아먹는 구조였으니까요. 그들은 동료들 사이에서 싸움이 일어나는 것을 즐겼습니다. 우리를 마치 들개처럼 서로 싸움 붙였죠. 그들은 이것이 모든 사람을 정신 바짝 차리게 만드는 게임이라고 생각했습니다. 그들은 점화용 종이에 불을 붙인 다음에는 편안하게 뒤로 기대 앉아 우리가 서로 죽고 죽이는 모습을 지켜보았죠. 정말 무자비했어요. 그런 곳에서는 절대로 못 견딥니다."

같은 조건 아래서 일하는 한 기자는 내게 이렇게 말했다. "사람들이 폰 해킹에 대해서 대수롭지 않다는 듯 공공연히 얘기해요(영국 폰 해킹 사건은 세계 최대 발행부수를 자랑하는 〈뉴스 오브 더 월드〉지가 특종을 캐기 위해 4천여 명 개인의 사생활을 무차별적으로 해킹하여 수년간 보도한 스캔들이었다 - 옮긴이). 더러운 일이 아니었다는 듯이요. 아무도 그것을 나쁜 짓이라 생각하지 않아요. 그냥 가벼운 부정행위 정도로 여기죠. 압력이 가해지면 사람들은 그냥 굴복해버립니다. 무슨 짓을 해서든 특종을 캐고 싶은 유혹이 솟구치죠. 특히나 기사의 숫자나 칼럼의 길이로 능력을 평가받는, 사느냐 죽느냐 하는 장소에서는 유혹이 커질 수밖에 없어요. 부양할 가족이 있고, 갚아야 할 모기지 대출이 있고, 쓸 만한 이야기를 물고오지 않는다며 쪼아

대는 상사가 있는 상황에서는 더더욱 그렇죠."

스태니스트릿이 보기에 이런 과잉경쟁 환경은 그 누구도 폰 해킹이나, 그녀가 '어둠의 기술'이라 부르는 것에 대한 유혹을 거부할 수 없는 환경이었다. "이건 납품과 비슷합니다. 1등으로 도착해야 하죠. 경쟁자에게 당해서는 안 되죠. 압박이 쌓이다 보면 사람들은 물불 안 가리고 무엇이든 할 준비가 됩니다. 자기가 하지 않으면 다른 누군가가 할 테니까요."[9]

스태니스트릿이 제시한 증거는 독자들을 만족시켜야 한다는 심한 압박을 받는 편집자들이 자신의 스트레스를 기자들에게 떠넘기고 있음을 보여준다. 기자들은 예산은 줄어드는데 이곳에 와서 돈도 안 받고 일하겠다는 인턴 지원자들은 넘쳐나고 있음을 잘 알고 있다. 그럼 자원과 시간이 부족한 상태에서 더욱 많은 일을 하기 위해 기자들끼리 서로 경쟁하게 된다. 상황이 이렇다 보면 폰 해킹에 손을 대고 편집 기준이 땅바닥으로 곤두박질칠 수밖에 없다.

리처드 펩피아트Richard Peppiatt는 이렇게 말했다. "현장에 나가 있을 때 책임을 지는 권력이라는 언론의 이상은 이제 공허한 말이 되고 말았습니다. 어떤 사람은 허리띠를 졸라매고 일을 계속 하죠. 어떤 사람은 떠나고, 어떤 사람은 그런 상황을 받아들여 경쟁을 즐깁니다. 어떤 사람은 수단과 방법을 가리지 않고 이기기를 좋아하죠. 1면에 기사만 실을 수 있다면 설사 그것이 사실을 조작하고 거짓말을 해야 하는 것이라 해도 신경 쓰지 않는 사람들이 있어요."

펩피아트는 단지 이론적인 이야기만 하는 것이 아니다. 그는 기자로 활동하면서 자기에게 자주 떨어지는 요구에 대해 무척 신경이 쓰였다. 〈메일 온 선데이Mail on Sunday〉에서 일을 시작했을 때 그는 특별히 이상주의적인 사람은 아니었지만 그래도 타블로이드 저널리즘이 아닌 무언가 좀 더 진지한 저널리즘으로 옮겨갈 수 있을 거라 기대했다. 하지만 착각이었다. 몇 년 동안 그는 이런 상황을 그냥 고수하기로 마음먹었다.

"그냥 다 포기하고 그들에게 동조하기로 했습니다. 그렇게 사는 것이 더 편했기 때문에 그들의 말을 믿었죠. 나는 어쩌면 그들의 말이 맞을지도 모른다고, 원래 세상이란 것이 다 이런 것일 거라고 생각했어요. 정체성을 잃고 말았던 것이죠."

〈데일리 스타Daily Star〉와 〈익스프레스 뉴스페이퍼Express Newspaper〉의 소유주인 리처드 데스먼드Richard Desmond 밑에서 일하며 그는 보도에 투자되는 돈이 만성적으로 부족한 상황에서 문화가 부패하고 곪아 터지는 모습을 지켜보았다.

"한 번은 그곳에서 근무교대를 했는데 나와 다른 리포터 두 사람이 국내 신문 전체의 기사를 모두 써야만 했습니다. 정말 끔찍한 일이었고 우리는 더 많은 사람이 기사를 쓴 것처럼 보이게 하려고 가명을 이용해야 했죠."[10] '네가 안 쓰면 그거 쓰겠다는 다른 사람 데려오면 되지.' 이런 조롱이 만연했고, 내 눈은 자연스레 산더미처럼 쌓여 있는 입사지원서로 향하더군요. 당신도 어쩌면 제가 쓴 깜짝 놀랄 특종들을 읽어 봤을지도 모르겠네요. '마이클 잭슨, 제이드 구디의 장례식에 참석"(실제로는 참석하지 않음), "로비, 히어로즈 콘서트에서 약물 상습 복용"(이 역시 사실이 아니다), "맷 루카스, 교도소에서 자살 위험 감시 대상자가 되다"(그렇지 않았다), "조던, 불교로 개종하다"(그랬을지도 모르지만, 사실 의심스럽다).[11]

펩피아트는 연예인 파티와 공짜 샴페인을 좋아한다고 솔직하게 인정한다. 그는 부르카(무슬림 여자들이 얼굴을 비롯해 온몸을 휘감는 데 쓰는 천)를 입거나 수잔 보일Susan Boyle에게 청혼하는 등 신문사에서 하는 멍청한 짓거리에도 기꺼이 따라 나섰었다. 하지만 정작 그를 괴롭힌 것은 외국인에 대한 혐오 보도였다.

"납세자들의 돈으로 만든 이슬람교도 전용 화장실에 대해 〈데일리 스타〉가 흥분하는 것을 보고 나는 여름을 거의 파업하다시피 했어요. 우리 신문사는 진실에 담긴 골치 아픈 문제들에 구애받지 않고 몇 가지 사실은 누락시키고, 인용문 몇 개는 빼버렸죠. 그랬더니 갑자기 기사만 보면 로치데일(영국 잉글랜드 북부 그레이터 맨체스터 주 북부의 도시)의 쇼핑센터에 오사마 빈 라덴Osama bin Laden을 고용해서 수돗가 옆에 세워놓고 종이 수건을 건네주게 만들기라도 한 것 같은 상황처럼 되어버렸죠."[12]

"이런 결정을 내리는 곳은 편집실이 아니라 광고부서와 회계부서였습니다. 반 이민자 기사와 반 이슬람 기사를 내면 늘 돈을 쉽게 벌 수 있었거든요. 자극적인 표제기사를 실어 놓고는 이런 질문과 함께 ARS 전화번호를 적어 놓죠. '이민자들이 우리 일자리를 모두 빼앗아가는 것을 지켜보고만 있어야 할까요?' 그럼 5천 명 정도의 독자들이 전화를 겁니다. 한 통에 2파운드씩 떨어집니다. 정말 수지맞는 장사죠."[13]

펩피아트는 자신이 목격한 이 바닥치기 경쟁에 불안을 느꼈다. 뉴스실이 노동력 착취 현장처럼 암울하게 보이거나, 심각한 신체적 위험을 가하는 것은 아니었지만 그만큼이나 나쁜 무언가를 자행하고 있음을 알 수 있었다. 그는 그곳을 떠나기 위해 돈을 모으기 시작했다. 하지만 어느 날 폭발하고 말았다.

"영국지키기연맹English Defence League(영국에서 이슬람교와 이슬람 율법이 퍼지는 것에 반대하는 극우단체)이 정당을 만든다는 이야기가 있었습니다. 신문 1면에요. 내가 뉴스실에 앉아 있는데 이런 기사를 꾸며내더군요. 그것은 사실이 아니었습니다. 하지만 독자들은 영국지키기연맹의 팬이니까 그들에게 원하는 것을 주자는 말이 나오더군요. 그래서 저는 생각했죠. 1930년대 독일의 뉴스실에서도 분명 이런 일이 일어났을 거라고 말이죠. 그때 누군가는 이렇게 따져야 했어요. '우리가 왜 매부리코를 한 유태인의 사진을 올려야 하는 거지?' 당시 저는 이슬람에 반대하는 정서가 커지고 있는데 우리가 거기에 기름을 붓고 있다는 생각이 들었어요. 그러다가 언젠가 이것이 곪아 터져 나오는 날에는 폭력과 폭동이 난무하고 사람들이 죽어가겠죠. 그럼 죄책감을 피할 길이 없어요. 저도 그런 분위기를 자극하는 데 한몫을 한 것이니까요. 혐오와 편견을 자극해서 돈을 버는 것처럼 사악하고 음흉한 일은 없습니다. 그런 방식으로 생계를 유지하고 싶지는 않았어요. 그 순간 돈이고 뭐고 당장 이곳을 떠나야겠다고 마음먹었죠."

펩피아트는 데스먼드 앞으로 분노가 담긴 장문의 사직서를 쓴 후에 건물을 나왔다.

레베슨 조사에서 그는 이렇게 말했다. "내가 〈데일리 스타〉를 그만둔 것은 그곳이 이슬람 혐오증을 갖고 있다고 믿기 때문이기도 하지만 내 양심을 괴롭히는 또 다른 부분이 있었습니다. 훨씬 더 불길한 깨달음 때문이었죠. 미움을 퍼뜨리는 그들의 행동은 자신의 진심에서 나오는 행동이 아니었습니다. 수익을 추구하기 위해 두려움의 정치를 이용하는 조잡하고, 도덕적으로도 개탄스러운 행위였습니다 … 이런 행위는 소수의 주머니를 두둑하게 만들기 위해 대중과 기자들을 착취함으로써 수많은 이들을 희생자로 만드는 행위입니다."[14]

펩피아트가 털어놓은 경험담은 그저 한 사람의 희망이 꺾이고 직장을 잃게 된 이야기로 그치는 것도, 자신의 사명을 망각한 한 신문사의 이야기로 그치는 것도 아니다. 그는 언론산업 전체에 걸쳐 가속화되는 현상을 설명한 것이다. 한 신문사가 도덕적 금기를 무너뜨리며 치고 나가자, 다른 신문사들도 앞다투어 따라가며 새로운 바닥을 쳤다. 그러나 결국 더 이상은 모두들 자신이 어디에 있으며 무엇을 위해 존재하는 것인지도 망각하는 상황에 처하게 되었다. 인종차별주의 저널리즘과 폰 해킹 사건은 바닥치기 경쟁이 그것을 저지른 기자들이나 그 신문을 사서 보는 독자들에게만 해를 끼친 것이 아니라 산업 전체를 위험에 빠뜨렸고, 이들에게서 믿을 만한 정보를 얻으리라 기대했던 사회적 신뢰를 배신하고 남용했음을 보여주었다. 타블로이드 기자들의 스트레스에 대해 연민을 느끼는 사람은 소수더라도 뉴스보도 기관이 이토록 연약하고 불신을 받는 상태가 되었다는 사실은 민주주의 옹호자들을 불확실하고 두려운 기분으로 내몰았다.

공장식 사육 시설의 현장

　신문 산업의 부패는 자신만의 부패로 끝나지 않고 경찰, 방송인, 의회로까지 퍼져나갔다. 바닥치기 경쟁에 직접 관련이 없는 사람들도 어느샌가 그 안에 휩쓸려 들어갔고, 주자들이 속도를 내어 곁을 지나가는 동안 이용당하고, 그들에게 짓밟히고 말았다. 산업은 혼자만 단독으로 돌아가는 것이 아니라 사회 안에서 돌아가기 때문에 그들이 벌이는 경주의 영향은 훨씬 넓게 퍼져나간다. 가장 눈에 띄게 드러나는 분야가 바로 육류산업이다.

　"이곳이 바로 제가 살고 있는 미국이란 곳입니다!" 돈 웨브Don Webb는 역겨움과 분노에 휩싸여 말한다. 육중한 몸으로 느릿느릿 움직이는 70대의 그가 내뱉은 격렬한 말과 눈빛은 그가 믿었던 모든 것에 의문을 제기하고 있었다. 미국이라니 대체 어떤 미국? 누구의 미국? 대체 미국에 무슨 일이 벌어진 것인가?

　우리는 한때 담배 잎을 말리는 데 사용되었던 목재 지붕의 낡은 집 안에 앉아 있었다. 바깥에는 구름이 껴 있고, 8월 오후의 공기 속에는 습기가 가득했다. 웨브가 내게 해준 이야기는 그가 전에도 다른 사람들에게 얘기했던 것들이다. 아마도 그는 앞으로도 이 이야기를 계속해서 하고 다닐 것이다. 미국이 무언가 달라졌다고 스스로 설득되거나, 아니면 죽는 날까지. 그는 매력적이고 인자한 사람이었지만 화가 잔뜩 나 있는 것이 생생하게 느껴졌다. 그는 평생 공화당을 지지해온 사람인데도 불구하고 이상하게도 린든 존슨Lyndon Johnson(미국의 민주당 정치인. 미국 36대 대통령)을 떠올리게 만들었다. 린든 존슨 역시 전형적인 미국 남부의 백인 남성 같은 느리고 거친 말투로 얘기했다.

　190센티미터나 되는 키에 체중이 90킬로그램을 넘는 그의 탄탄한 체격을 보면 그가 예전에 체육 교사로 활동하고, 고등학교 풋볼 팀 감독도 했었다는 말이 이해가 되었다. 하지만 교사직은 보수가 시원치 않았는데, 킨스턴Kinston(미국 노스캐롤라이나 주 르누아르카운티에 있는 도시)에 있던 어느 날, 그는 어떤 부자들이 자기네가 조금만 더 젊었더라면 돼지 농장을 했을 거라고 말하는 소리를 들었다. 이 얘기를 듣고 옳다구나 싶었던 웨브는 돼지를 12마리 샀다. 그는 이 돼지를 잘 키워서 더 많은 돼지를 사들였고, 결국에는 4,000마리의 돼지를 키우게 됐다.

"그런데 어느 날은 루이스Lewis 씨라는 한 흑인 노인 신사가 나를 손짓해서 부르더니 이렇게 말했습니다. '바람이 우리 쪽으로 불면 도저히 현관 앞에 나와 앉아 있지를 못하겠어요. 환풍기도 사용 못하고, 우리 집엔 에어컨도 없어 더위 때문에 잠을 설치는 날도 있어요. 우리 집에는 아픈 여자아이도 하나 있는데, 그 애도 잠을 못 자기는 마찬가지고. 이 냄새 좀 어떻게 해줄 수 없어요?'"

돼지 한 마리당 배설물은 사람보다 서너 배는 많다. 주변 농부들과 마찬가지로 웨브도 돼지의 똥과 오줌을 개방된 오물 구덩이에 버렸다. 웨브의 돼지들은 거의 한 마을에서 나오는 것과 비슷한 양의 오물을 배출했다. 여기에 불만을 호소하는 이웃이 루이스만은 아니었고, 이들의 불만에 웨브는 신경이 많이 쓰였다고 한다.

그가 말을 계속 이었다. "나는 윈턴Winton(미국 노스캐롤라이나 주 하트퍼드 카운티에 있는 마을)의 공무원들하고 얘기를 해보았어요. 그들이 말하기를 오물 구덩이에 효모균을 집어넣고 10마력짜리 보트로 휘저으라고 하더군요. 그렇게 했죠. 효모균을 넣은 다음 보트로 오물 구덩이 두 곳을 잘 저어놨어요. 다음에는 보트를 잘 씻어 놓은 다음 집으로 갔죠."

웨브가 흑인 이웃들을 다시 만났을 때는 정중했지만 여전히 불만에 찬 모습이었다.

그들이 이렇게 부탁했다. "한 가지만 더 부탁할게요. 뭘 했는지는 모르겠지만 제발 두 번 다시는 하지 마세요. 악취가 더 심해졌어요."

웨브는 그날 밤 집으로 돌아가 자기의 돼지들과 이웃들에 대해서 심각하게 고민해보았다.

"우리 집은 악취에서 벗어나 있었습니다. 배수로가 잘 정비된 깔끔한 거리에 자리 잡고 있었죠. 우리 집은 모든 면에서 문제가 없었어요. 그리고 떠올렸죠. 나도 어릴 때는 환풍기가 달린 집에서 살았다는 것을요. 그리고 그 환풍기로는 시원한 공기를 충분히 집안으로 끌어들이기가 어렵다는 것을요. 내가 지금 이 사람들에게 하고 있는 짓을 누군가 다른 사람이 우리 어머니한테 하고 있다고 생각하면 어떻겠어요?"

"그날은 내 자신이 그리 자랑스럽게 느껴지지 않더군요. 이게 다 내 욕심 때문에 한 장소에 돼지를 너무 많이 키워서 생긴 일이거든요. 12마리로 시작해서 결국 4,000마리로 불어났으니까요. 다른 사람들을 힘들게 하면서 말이죠. 번듯한 미국 시민인 내가 이런 상황을 그냥 보고만 있을 수는 없더군요. 그래서 돼지 농장의 문을 닫았습니다."

하지만 이웃을 걱정한 사람은 돈 웨브뿐이었다. 집약적인 돼지 사육에서 나오는 환경 오물을 버리는 대신 대기업들은 오히려 오물을 더 많이 가져다 부었다. 1992년과 1998년 사이에 노스캐롤라이나의 돼지 사육 개체 수는 200만 마리에서 천만 마리로 늘었고, 이 때문에 한 주에서 발생하는 오물이 캐나다 전체 인구가 배출하는 오물과 맞먹을 정도가 되었다.

대형 육류 가공업체 중 상당수가 노스캐롤라이나로 옮겨 왔다. 이곳의 땅은 대부분 경제적으로 형편이 어려운 아프리카계 흑인 소농의 소유였기 때문에 값이 쌌다. 담배 농사는 규모가 축소됐고, 대두 농사는 수익이 별로 남지 않았고, 소규모 자작농들은 육류회사가 통제하는 도살장을 이용할 수 없었다. 그래서 결국 이들은 자기 농장을 기업에 싸게 넘기고 소작농이 될 수밖에 없었다. 그럼 기업에서는 재배할 수 있는 농작물의 종류와 가격을 소작농들에게 결정해준다.

마틴Martin은 블룸버그 공중보건대학의 수석정책고문으로 공장식 사육에 대한 퓨 위원회Pew Commission 조사를 이끌었다. 그는 내게 육류가공업체의 전략을 설명했다.

"몸집을 계속 키워서 비용을 낮추겠다는 전략입니다. 농장을 모두 사들여서 자기네 도살 시설에 안정적인 공급을 확보하려는 것이죠. 효율을 높이기 위해서 도살 시설은 더 커져왔고요. 가축을 개별적으로 도살하면 해체과정에 비용이 많이 드니까 절대적인 표준화를 적용했죠. 이들은 가축의 특정한 유전적 혈통을 완성하기 위한 연구에도 투자했어요. 모든 것이 규모의 경제를 위한 것이죠. 모든 것을 표준화해서 최대한으로 비용을 낮추겠다는 것입니다."

합병이 극단적으로 이루어졌다. 1950년에는 미국의 돼지 농장이 300만 개였다. 하지만 2007년에는 6만5천640개로 줄었다. 표준화된 제품을 생산하는 대기업은 결국 동물 밀집 사육 시설CAFO, concentrated animal feeding operation을 만들어냈다. 흔히 공장식 사육 시설이라고 부른다. 돼지, 닭, 칠면조, 소를 키우는 동물 밀집 사육 시설을 미국 전역에서 만날 수 있다. 유럽에서는 집약농업이 폴란드와 루마니아에 도입되었고, 오늘날 전 세계 돼지고기의 50퍼센트, 소고기의 43퍼센트, 가금류 고기의 74퍼센트, 계란의 68퍼센트가 동물 밀집 사육 시설에서 나온다.[15] 돈 웨브는 미국에서 공장식 축산을 받아들였다는 사실에 흥분했지만, 이는 미국만의 사례가 아니라 전 세계적인 현상이다.

동물 밀집 사육 시설을 뒷받침하는 경제적 전제는 아주 간단하다. 비용 절감이다. 제한된 공간 아래 충분히 많은 동물을 집어넣을 수 있다면 기술이 별로 없는 소수의 인원으로도 관리가 가능해진다. 항생제를 주사하고 가끔씩 호르몬도 주사해주면 동물을 빨리 살찌울 수 있고 5, 6개월 후에는 도살장으로 내보낸 다음, 다시 처음부터 시작하면 된다.[16]

대형 육류 포장업체나 생산업체의 경우 겉으로 보기에는 바닥치기 경쟁이 환상적인 성공을 가져온 것으로 보인다. 미국은 세계 최대의 육류 소비 국가이고, 이들은 그 어느 때보다 많이, 싼 가격으로 고기를 먹어치우고 있다. 1970년에 미국인은 매년 평균 88킬로그램의 육류를 소비하는 데 수입의 4.2퍼센트 정도를 지출했다. 2005년 육류 소비는 100킬로그램으로 증가한 반면 거기에 드는 비용은 절반으로 줄었다.

세계 최대의 돼지고기 생산업체이자 돼지고기 가공업체인 스미스필드 푸드Smithfield Foods의 경우 이것은 대단히 수익성이 좋은 사업이었다. 시장의 75퍼센트 정도를 주무르는 이 회사는 국내에서 그 뒤를 잇는 나머지 다섯 생산업체가 생산하는 양을 모두 합친 것보다도 많은 돼지고기를 생산한다. 주식 시장에서도 좋은 성과를 내고 있다.[17] 퍼듀 팜스Perdue Farms(미국의 닭고기 가공업체), 타이슨 푸드Tyson Foods(미국의 쇠고기, 돼지고기, 닭고기 가공업체), 카길Cargill(미국 육류 유통업체) 등의 다른 육류 생산업체들은 비공개 회사이기 때문에 공장식 축산이 이들에게 얼마나 많은 수익을 올려주었는지 가늠하기가 힘들지만, 이들은 모두 비용을 절감해 저렴한 육류를 생산함으로써 부를 끌어모아 번창하는 대기업들이다.

하지만 그 비용은 다 어디로 간 것일까? 돈 웨브를 만나기 전에 그의 친구 겸 동료인 릭 도브Rick Dove가 나를 세스나 비행기에 태우고 노스캐롤라이나의 뉴스강Neuse River 분지에서 돼지 사육이 가장 집중적으로 이루어지는 지역을 하늘에서 보여주었다. 조종사 조 코비Joe Corby와 함께 우리는 그저 관광을 하고 있었던 것이 아니라 미국 환경보호청이 인력도, 돈도, 시간도 부족해서 조사하지 못하고 있는 이 지역을 조사하고 있었다. 퇴역한 해군인 도브는 한때 뉴스강의 수질관리인을 한 적도 있었기 때문에 이 지역을 손바닥처럼 훤히 알고 있었다.

처음 보기에는 강과 그 주변의 범람원이 마치 남부의 전원지역처럼 보였다. 눈이 닿는 끝까지 초록의 풍경이 펼쳐져 있고, 마을은 거의 없고, 교통량도 거의 보이지 않았다. 뉴번New Bern(미국 노스캐롤라이나 주 동부에 있는 도시)을 떠나면서 우리는 비싼 요트와 호화로운 해안가 주택으로 가득한 우아한 요트 정박지 위를 날았다. 우거진 신록 사이로 수로가 느슨한 실타래처럼 퍼져 있었다. 이곳이 돼지 농장 지역이라는 말이 믿기지 않았다.

하지만 내륙으로 이동하자 가정집들은 긴 철제 헛간에 자리를 내주었다. 이 헛간은 벽돌 위에 올라가 있고, 환풍기가 군데군데 설치되어 있었다. 각각의 헛간 안에는 최고 1만 마리의 돼지, 닭, 칠면조가 살고 있었다. 이 가축들은 여러 마리가 좁은 금속 상자 속에 빽빽하게 갇힌 상태로 살며 바깥세상을 한 번도 구경하지 못한다. 댑분의 동물은 목을 틀 공간도, 누울 공간도 없다. 이들의 사료에는 페니실린, 테트라사이클린, 매크로라이드, 스트렙토그라민 등의 항생제가 들어 있다. 이것은 성장을 가속하고 감염으로부터 보호해주는 역할을 한다. 이런 극단적인 환경 조건에서는 감염이 급속도로 퍼질 수 있기 때문이다. 닭에서는 비소가 비슷한 용도로 사용된다. 이 성분은 닭고기 살을 맛있어 보이는 분홍색으로 만들어주는 효과도 있다.[18]

헛간 옆에는 축구경기장 두세 개 정도 길이의 구조물이 있다. 얼핏 봤을 때는 수영장처럼 보인다. 다만 그 안을 채운 물의 색은 파란색이 아니라 탁한 적갈색이었다. 돈 웨브가 말한 오물 구덩이다. 진흙이 발린 이곳에는 동물의 오줌, 똥, 피, 점액, 헛간 바닥에서 파이프를 통해 야외로 흘러나온 폐수가 가득 고여 있었다. 오물 구덩이 곁에서는 콩들이 회전식 분무기에서 뿜어져 나오는 물을 맞고 있었다. 오물 구덩이에서 나온 배설물을 빨아들여 잘게 부순 후 그것을 비료로 사용하는 장치다. 미국농무부에서는 공장식 농장에서 이런 거름이 매년 5억 톤 정도 만들어지고 있는 것으로 추산하고 있다. 이는 미국 전체 인구가 만들어내는 위생 폐기물sanitary waste의 세 배나 되는 양이다.[19] 그런데도 폐기물에 대한 처리는 전혀 이루어지지 않고 있다. 인간이 만들어내는 하수보다 75배나 농축되어 있고, 지방자치제의 하수처리 시설에서 나오는 폐수보다 500배나 농축된 폐수가 농작물 위에 그대로 뿌려지고 있는데도 말이다.[20]

이곳은 범람원 지역이다. 지하수면의 높이가 높고, 육지에서 강물로 흘러드는 작은 개울과 지류가 많다는 의미다. 아직 8월 초이고, 허리케인의 계절이 시작되지도 않았는데도 수면의 높이가 벌써부터 상당히 높아서 분무기에서 뿜어져 나온 물방울들이 진흙 위에 고여 있다 개울로 흘러들어가는 것이 보인다. 우리가 지금 가로지르며 날고 있는 공기도 눈에 보이는 것처럼 깨끗하지 못할 것이다. 돼지 오물 구덩이에 들어 있는 질소 성분은 암모니아의 형태로 최고 80퍼센트까지 공기 중에 방출될 수 있다. 그리고 이것은 결국 빗물을 타고 농작물, 수로, 강 유역으로 떨어진다.[21]

동물의 폐기물이 항생제, 비소, 중금속 등과 함께 상수도로 스며들면 심각한 환경 위험을 야기한다. 물고기들이 죽는 '데드 존dead zone(물속에 산소가 충분치 않아 생물이 살 수 없는 지역)'이 생길 뿐 아니라 아세트산, 부티르산, 발레르산, 황화수소 등 과학자들이 '불쾌한 화합물objectionable compound'이라고 부르는 것이 가축시설에서 뿜어져 나올 수 있다. 거름이 분해되면서 나오는 기체는 최소 160종류가 넘고, 그중 암모니아, 황화수소, 메탄가스가 제일 침투성이 강하다. 만성적인 황화수소 노출에 대한 한 연구를 보면 이것이 균형 감각 손상, 청각 장애, 시각 장애. 기억 상실 등의 기능 이상으로 이어질 수 있다. 농장 근처에 사는 아동은 천식이나 다른 호흡기 질환에 걸린 위험이 더 높다.

더군다나 육류업체들은 거대한 가금류 사육시설을 돼지 사육건물에서 몇 킬로미터밖에 떨어지지 않은 곳에 짓기 시작했다. 밥 마틴Bob Martin은 교차감염의 위험이 가장 커졌다고 생각한다.

그는 이렇게 외쳤다. "닭 25만 마리가 돼지 2만5천 마리하고 똑같은 땅을 함께 쓴다는데 아무도 신경을 쓰지 않는 것이 말이 되나요? 이것은 조류와 인간을 동시에 감염시키는 새로운 독감 바이러스를 길러내는 완벽한 배양 시설이나 마찬가집니다!"

하지만 건강을 위협하는 가장 큰 환경적 요인은 성장을 촉진하고 질병을 예방하기 위해 항생제가 대량으로 사용되고 있다는 점이다. 미국 식품 의약국의 전직 의원인 데이비드 케슬러David Kessler에 따르면 2011년에 팔려 나간 항생제 중 80퍼센트가 가축 산업으로 흘러들어갔다고 한다.[22] 하지만 항생제를 다량으로 사용하다가는 항생제에 대한 내성을 대규모로 야기할 수 있다. MRSAmethicillin resistant staphylococcus aureus(페니실린이나 세팔로스포린 등 거의 모든 항생제에 강한 내성을 지닌 악성 세균-옮긴이)가 출몰하는 것이 특히나 염려스럽다. 이 세균은 흔히 사용되는 모든 항생제에 내성이 있기 때문이다. 포도상구균의 일종인 이 세균은 요리할 때 가열하면 죽지만 피부에서 살 수 있어서, 만약 이 균 때문에 피부에 농양이 잡히면 위험하고 치료도 어렵다. 한 연구에 따르면 공장식 돼지 사육농은 몸에 세균이 자랄 가능성이 일반인들보다 760배나 더 높다고 한다. 캐나다에서는 검사한 모든 돼지 중 24.9퍼센트, 그 돼지를 사용하는 사육농 중 4분의 1에서 MRSA가 검출되었다고 한다.

2012년 보고서에 따르면 슈퍼마켓에서 판매되는 육류에서 항생제 내성을 가진 병원균의 숫자가 증가했다. 닭가슴살의 38.2퍼센트, 갈은 칠면조 고기의 51퍼센트에서 3종 이상의 항생제 계열에 내성이 있는 살모넬라균이 들어 있었다.[23] 전 세계 보건당국에서는 이제 항생제 내성균이 오늘날 우리가 직면하고 있는 최대의 문제임을 인식하고 있다. 우리가 질병과 싸워 이길 수 있는 능력이 줄어들면 질병에 걸릴 위험이 그만큼 커지기 때문이다.

밥 마틴은 이렇게 말한다. "식료품 가게에서 파는 육류에서 항생제 내성균을 검사하는 일은 무척 쉽습니다. 그리고 그 결과는 언제나 충격적이죠. 하지만 이런 현상이 우리의 환경으로 확대되었을 때 무슨 일이 벌어질지는 그 누구도 섣불리 예측할 수 없습니다. 세균이 아주 번식력이 강하고 이 특성이 항생제를 접해본 적이 없는 다른 세균에게도 전달될 수 있다는 것은 잘 알려져 있지요. 세균은 지하수 속에서도 놀라울 정도로 잘 살아남고, 비행기나 폭풍우를 타고 엄청난 거리를 이동할 수도 있어요. 이런 점을 시험해보기는 정말 어렵죠."

결국 육류를 전혀 먹지 않더라도 육류 생산 방식에 따르는 영향은 그 누구도 피할 수 없다는 의미다.

사육 시설 안의 사람들

물론 동물 밀집 사육 시설 때문에 제일 직접적으로 위험에 노출되는 사람들은 그 안에서 일하는 사람들이다. 이런 농장의 일자리는 숫자도 몇 개 되지 않고, 비기능직이라 급료도 작기 때문에 이곳으로 오는 사람들은 주로 이민자들이나 밀입국 노동자들이다. 이들도 속으로는 구역질 나게 만드는 냄새에 대해 불평하지만 보호장비도 제대로 갖추지 않고 의료 관리를 받는 사람도 극소수다. 도살업은 위험하다. 신경 손상도 잦고, 반복 사용스트레스증후군repetitive stress injury이나 사고도 흔하다. 전혀 보살핌을 받지 못하고 잔혹하게 학대당하는 동물에 둘러싸여 있는 이들 역시 동물과 똑같은 입장에 처해 있다. 고기 가격을 싸게 유지하기 위한 또 하나의 수단에 불과한 존재인 것이다.

이것은 아론 코플랜드Aaron Copland(현대 미국을 대표하는 작곡가의 한 사람)나 앤드루 와이어스Andrew Wyeth(미국을 대표하는 극사실주의 화가)가 그렸던 목가적인 미국의 모습이 아니다. 노스캐롤라이나에서는 성인 인구의 17퍼센트, 아동 중 4분의 1이 가난 속에 살고 있다.[24] 공장식 농장은 일자리를 창출하지 않는다. 오히려 지역 경제의 기반을 약화시킨다. 사료와 항생제의 구입을 집중화하면 비용은 낮출 수 있지만 해당 지역에 수입을 가져다 주지는 않는다. 돼지 농장에서는 저렴한 음식을 생산해내고 있지만 그 근처에 사는 사람들은 대부분 식량 배급표를 받지 못하면 먹고살기 힘든 사람

들이다.[25]

비행기를 타고 하늘에서 농장을 둘러본 다음에 릭 도브와 나는 차를 타고 그 주위를 달려 보았다. 기다란 철제 헛간 바깥쪽에는 픽업 트럭이 서 있는 경우가 많았다. 기껏해야 두 대. 일꾼들은 보통 현장에서 생활하는데다 농장에는 인력이 많이 필요하지 않기 때문이다. 우리는 차를 타고 농장 가장 자리에 집들이 모여 있는 곳인 브라운 타운-Brown Town을 가로질러 보았다. 바깥 쪽 풀밭에 냉장고와 녹슨 농장 기구들을 팔려고 내다 놓은 것이 보였다. 아프리카계 미국인 남성 몇 명이 현관에 앉아 있는 것이 보인다. 아이들은 무기력한 모습으로 풀밭에 서 있거나 앉아 있었다. 차를 타고 지나가는 동안 여성은 보이지 않았다. 이 고요함이 왠지 섬뜩하게 느껴졌다. 급한 것도 없어 보였고, 에너지도 없어 보였다. 하긴 있어 봐야 어쩌겠는가? 할 일이 아무것도 없다. 갈 곳도 없다. 공기 중에는 어디로 움직일 줄 모르는 더위와 악취만 가득했다.

우아한 흑인 여성 엘시 헤링Elsie Herring이 현관에 앉아 내게 자기네 집에 대해 이야기해주었다. 어머니에게 물려받은 집이라고 한다. 어머니는 아버지가 한때 소속되어 있던 농장주에게서 받았다고 한다. 가끔씩 농부들이 밤에 분무를 할 때도 있다고 하는데 박무와 냄새를 집 바깥으로 몰아낼 수가 없다고 한다.

이 도로에서는 노예 시절이 손에 잡힐 듯 가깝게 느껴진다. 마치 어제의 일 같다. 과거는 마치 오늘처럼 느껴지지만 미래는 상상하기가 어렵다. 한때는 담배를 키웠지만 지금은 싼 고기를 생산하는 이 지역은 첨단 직종을 끌어들이기가 어렵다. 지역이 청결하지도 않고 기능인들도 부족하기 때문이다. 이곳에 새로 들어오고 싶어 하는 산업은 배터리나 폐기물 재활용 산업처럼 모두 지저분한 일자리밖에 없다. 이것들 역시 또 다른 형태의 산업 폐기물이다.

"이곳의 사람들은 아무 말 못하고 고통을 겪는 일에 익숙해져 있어요.

이 회사들이 이 지역에서 이용해 먹는 부분도 바로 그것이죠." 나중에 게리 그랜트Gary Grant가 내게 말해주었다. 전직 교사인 그랜트는 이제 노스캐롤라이나 환경 정의 네트워크North Carolina Environmental Justice Network를 운영하고 있다. 1991년에 대형 돼지 농장들이 시작된 이후로 그는 이 농장들이 가난한 사람들에게 특히 더 해를 입히고 있다고 주장하며 그들에 반대하는 운동을 격렬하게 진행해왔다.

"사람들은 목소리를 높였다가는 일자리를 놓치고, 식량 배급표를 놓치고, 매를 맞게 될까 봐 겁먹고 있어요. 이것은 인종 차별적 환경 보호 정책environmental racism입니다. 짐 크로우Jim Crow의 마지막 흔적이죠(남북전쟁 후 남부인은 노예 해방을 사실상 무효화하기 위한 일련의 인종차별법을 제정하였는데 이 법들을 짐 크로우 법이라고 불렀다 – 옮긴이).

거침없이 말을 쏟아내는 활동가임에도 불구하고 그랜트는 말투가 부드럽고 온순한 사람이다. 과연 교사를 했던 사람이 맞구나 싶은 인내심과 주의력을 갖고 있다. 그는 돼지 농장과 그로 인한 부작용을 두고 오랜 기간 싸워왔고, 자신의 자치주인 핼리팩스Halifax(캐나다 노바스코샤주의 주도 – 옮긴이)에서는 어느 정도 성공을 거두었다. 하지만 성공은 결국 대형 농장들이 좀 더 수동적이고 겁이 많은 사람들이 사는 자치주로 이동하게 만드는 결과를 낳았을 뿐이다.

그는 말했다. "한 자치주에 가서 내가 사람들한테 물었죠. 왜 아무런 행동에 나서지 않느냐고 말이죠. 사람들이 뭐라는지 아세요? '자기네 땅에서 하는 일인데 우리가 이래라 저래라 할 수 있나요?' 이러더군요. 그래서 제가 그랬죠. '하지만 공기는 여러분 것이잖아요!'"

이것이 바로 돈 웨브가 분노하게 된 이유였다. 농장이 자신의 이웃, 그들의 집, 그의 지역 공동체, 그리고 미국에 대한 자신의 신뢰에 저질러 놓은 일 말이다. 그는 사람들이 농장을 상대로 싸우는 것을 도우려 했다. 헛간으로 몰래 들어가서 자기가 목격한 것을 동영상으로 담아오기도 하고,

받아주는 곳만 있으면 어디든 탄원서를 내고 농장의 행태에 항의하는 사설을 실었다. 위협도 받아봤고, 침묵의 대가로 돈을 주겠다는 제안도 받아보았다. 하지만 그는 결코 입을 다물지 않았다. 지금도 그럴 생각이 전혀 없다.

"나는 이제 우리 세상이 얼마나 장사꾼들의 손에 물들었나 걱정이 됩니다. 만약 우리가 지금 한 사람의 미국인을 외면해버린다면, 그 사람이 부당한 대접을 받는 것을 알고도 눈 감아버린다면 이 나라의 모든 남자와 여자, 아이와 어른이 위험에 처하는 것이나 마찬가지에요. 저는 내가 평생을 바쳐 위해 왔던 것이 파괴되는 모습을 슬픈 마음으로 지켜보고 있습니다."

돈 웨브가 잃어버렸다며 애석해 하고 있는 것을 사회학자들이 정의할 때 쓰는 용어가 바로 사회자본social capital이다. 이것은 상호 신뢰, 상호주의, 공통 규범 등 질이 높은 삶을 창조하고, 사회가 스트레스를 받는 시기에도 탄력 회복성을 가질 수 있게 만들어주는 것들을 학술적인 용어로 부른 것이다. 퓨 위원회에서는 집약적 농업에 대해 이렇게 적었다. "사회자본의 수준이 높은 공동체는 빈곤률이 낮고, 폭력적 범죄의 빈도가 낮고, 민주제도가 더욱 강하다." 퓨 위원회에서는 공장식 농장이 사회자본을 위협하고 있다고 결론 내렸다.

바닥치기 경주가 일어나는 곳에서 사람들이 목소리를 높이기를 두려워하고 자신을 지켜내지 못할 때 사회자본은 파괴되고 만다. 경쟁적 압박이 지역공동체의 건강보다 더 우선시 될 때 사회자본은 파괴되고 만다. 브라운 타운의 거주자들이 더 이상 사람들 눈에 들어오지 않고, 무기력해졌을 때 사회자본은 파괴되고 만다.

"우리는 싼 돼지고기를 갖게 되었습니다. 싼 닭고기도 필요하죠. 하지만 그로 인해 혜택을 보는 사람들은 그 냄새를 맡을 필요가 없습니다. 거기서 생기는 파리로 고생할 필요도 없고요." 돈 웨브는 이렇게 표현했다.

그에게는 권력거리 관계에 대해 굳이 말해줄 필요가 없다. 그 거리를 실제로 체험하며 살고 있기 때문이다. 이사 갈 여력이 안 되는 그의 이웃들과 그런 결정을 내리는 사람들은 무척이나 멀리 떨어져 있다. 수십 년을 싸워온 끝에 그는 미국이 모든 사람을 소중히 여기고, 모든 사람의 얘기에 귀를 기울이는 국가라는 자신의 이상이 그저 환상에 불과한 것이었음에 상심하고 말았다.

"그들은 우리를 신경 쓰지 않습니다. 그들은 나도 신경 쓰지 않고 이 똥통 공장과 함께 살기를 바라지 않는 시골 사람들도 신경 쓰지 않죠. 신께서 모든 사람에게 자유와 정의를 내린 내 위대한 국가는 나를 보살피지도 않고, 내 가족, 제일 고생하는 흑인들도 보살피지 않습니다. 이곳이 바로 제가 살고 있는 미국이란 곳입니다!"

2013년에 중국 회사 쌍후이Shuanghui(중국 최대 육가공업체)가 스미스필드 푸드를 71억 달러에 사기로 합의했다. 중국이 미국 기업을 인수한 사례 중 가장 큰 액수였다. 이 거래는 많은 의문을 불러일으켰다. 돼지에서 만들어지는 헤파린heparin과 클렌부테롤Clenbuterol, 이 중요한 두 가지 약물 공급의 안정성에 관한 의문이었다. 두 약물의 오염을 뒤쫓은 결과 중국 공장들로 추적되었지만 지금은 사실상 이 문제가 새로운 중국인 소유주에게 외재화된 상태다.

집약화의 문제점

이사를 갈 수도 없고 자기 목소리를 낼 수도 없으며 정치적 영향력도 없는 가난한 사람들에게 비용을 떠넘기는 일은 언제나 쉽다. 미국에서 규제와 감독이 강화되는 것에 위협을 느낀 육류업체들은 자신의 사업체를 유럽과 남미로 확장했다. 폴란드와 루마니아에서 이들은 침묵의 역사를 가지고 있고, 자기 목소리 높이기를 두려워하고, 인권이라는 개념에 익숙하지 않은 인구 집단을 다시 찾아냈다. 1999년에 스미스필드는 폴란드 최대의 돼지고기 생산업체인 아미넥스Aminex를 사들였다. 그 결과 2008년까지 60만 명의 폴란드 돼지사육농이 생계수단을 잃고 말았다. 고기 값을 싸게 유지할 수 있는 규모의 경제를 내세운 합병의 움직임은 루마니아까지 손을 뻗었고, 결국 독립 농장의 90퍼센트가 사라지고 말았다. 2010년에는 유럽연합에서 보조금을 지원받는 냉동 돼지 내장 꾸러미 상품들이 아프리카 시장에 나타나기 시작했다. 이 상품들의 값이 너무 쌌기 때문에 지역 농부들은 자기네 생산품을 내다 팔기가 어려워졌다.

그래도 영국에서는 동물 복지와 환경 복지 관련 규범이 조금 더 엄격한 편이다. 유럽연합 법률 덕분에 영국에서의 항생제 사용이 미국보다는 덜하다. 하지만 항생제의 30퍼센트가 농장 가축에 사용되고 있고, 그중 80퍼센트는 질병을 예방하거나 성장을 촉진하기 위한 용도다. 2013년 8월에 더비셔 자치주 위원회는 포스톤Foston 근처에 2만5천 마리의 돼지를 사육하는 실내 돼지농장을 승인할 것인지 결정하기로 했다(이 결정은 시민단체들의 반대에 부딪히고 환경청의 환경평가도 늦어지면서 지연되고 있다-옮긴이). 따라서 육류생산을 증대하고 집약적인 돼지축사를 만들어야 한다는 경쟁적 압박이 이곳도 여느 곳 못지않게 강력하다는 것을 알 수 있다.[26] 영국 슈퍼마켓에서 팔리는 육류는 대부분 공장식 농장에서 생산된 것이지만 슈퍼마켓에서 자가 상표를 붙여 팔기 때문에 소비자들 입장에서는 어디서 생산되었는지 확인할 수 없다.

영국에서 활동하는 식품 관련 활동가들은 환경 기준보다는 동물 복지에 초점을 더 맞추는 경향이 있다. 이런 활동이 여전히 미국의 대형 육류 생산업체에게는 골칫거리가 되고 있다. 이 업체들이 대체적으로 영국에서는 생산 활동과 거리를 두어왔는데도 그렇다. 스미스필드 푸드의 최고 지속가능성책임자Chief Sustainability Officer인 데니스 리어리Dennis Leary와 인터뷰를 해보니 그는 자기네 회사가 영국에서 사업을 하기가 너무 힘들다는 입장을 분명하게 나타냈다. 식품 공급과 관련해서 영국이 까다롭게 구는 부분에 대해서는 노골적으로 경멸하는 태도를 보였다.

"영국의 활동가들로부터 많은 이야기를 듣습니다. 그들은 이렇게 말하죠. '우리의 육류 제품은 세계 최고고, 모두 우리처럼 해야 한다. 따라서 수준이 낮은 미국의 육류를 수입하는 것은 나쁜 일이다.' 하지만 그게 아니거든요. 사실은 그 반대예요! 미국 사람들은 품질은 높고 가격은 저렴한 식료품을 즐기며 살지만 영국 사람들은 그렇지 못하거든요. 우리는 제일 저렴한 가격으로 최고 품질의 제품을 생산하고 있습니다. 시스템의 속성과 우리 사업에 몸담고 있는 사람들의 창의성 덕분이죠. 이곳에서 우리의 도전 과제는 가격을 낮게 유지해서 전 세계적으로 경쟁력을 유지하는 것입니다."[27]

리어리는 스미스필드 푸드의 대변인으로 나오는 경우가 많다. 전직 환경규제 담당자인 그는 지금은 이곳의 부사장이며 회사의 정치 활동 위원회 회계 담당자로도 활동하고 있다.[28] 우리는 노스캐롤라이나가 아니라 정치 로비의 중심지인 워싱턴 DC에서 만났다. 세계에 싼 육류를 선택할 수 있는 권리를 주자는 것이 이 회사의 전략적 의제였다.

리어리는 이렇게 주장한다. "전 세계 인구를 먹여 살리려면 현대적인 집약적 농업 말고는 답이 없습니다. 우리가 해야 할 일은 지속가능한 생산품을 만들어서 모든 사람이 똑같은 것을 누릴 수 있게 하는 것입니다. 어떻게 하면 사람들을 먹여 살릴 수 있을까요? 낮은 가격이 필수적입니다. 따라서 지속가능한 집약화에 대해 생각하기 시작해야 합니다. 그것이 시대사상입니다. 우리가 나아가야 할 방향이죠."

리어리는 최고지속가능성책임자이니 '지속가능한 집약화'란 얘기를 기분좋게 꺼낼 수 있을지 모르겠으나 그에게 지속가능성을 정의 내려 보라고 하면 그는 할 수도, 할 의지도 없을 것이다. 그리고 자기네 직원들에게는 그런 시도조차 권하지 않을 것이다.[29] 회사의 연례 보고서에서는 스스로를 자랑스럽게 "책임감을 가지고 좋은 식품을 생산하여 지속가능성에 헌신하는 선도적 브랜드"라고 묘사하겠지만,[30] 지속가능성이 '가치 창조'의 일부로 추구되어야 한다는 것을 애써 강조한다. 다른 말로 하면 지속가능성이 돈벌이를 방해해서는 안 된다는 소리다. 2011년과 2012년은 회사의 수익이 사상 최대를 기록했지만 이들이 연례 보고서에서 자랑했던 지속가능성 계획안의 성과는 미미해 보인다. 일부 공장에서는 포장재 사용을 줄였고, 종이로 만든 쓰레기통을 접을 수 있는 플라스틱 쓰레기통으로 교체했고, 유방암연구소와 적십자에 기부를 했다.[31]

미주리 주의 일부 농장에서는 새로운 폐기물 관리 기술이 적용되었고 (이곳은 회사가 여러 건의 법적 소송에 휘말린 곳이다), 한 가축 품평회에 후원을 했다. 이 회사에서는 철제 우리gestation crates(가임기의 암퇘지를 임신 전과 임신 기간 동안 가두어두는 철제 우리)를 단계적으로 폐기하고 암퇘지 각각의 가용 공간을 두 배로 늘리는 '집단 수용 시설'로 대체하도록 최근에 제정된 법안에 충실히 따랐다는 점도 자랑하고 있다. 노스캐롤라이나에서는 이제 오물 구덩이를 새로 만들 수 없지만 옛날 것들은 그대로 남아 있다. 항생제의 사용은 늘었지만 식품 기부는 줄었다. 그 어느 곳에서도 리어리는 기업과 그 기업을 뒷받침하는 사회 사이의 연관성에 대해 분명하게 언급하지 않는다.

리어리는 이렇게 썼다. "최근에 더해진 사회적 염려를 고려하지 않더라도 이미 기업을 운영하기는 충분히 힘들어졌다."[32]

'지속가능한 집약화'라는 말은 조지 오웰George Owell이 즐겨 사용했을 법한 일종의 모순어법이다. 퓨 위원회를 비롯해서 많은 사람들이 집약화intensification는 오염, 건강 문제, 잔학 행위를 불러일으키기 때문에 본질적으로 지속불가능하다고 주장하고 있기 때문이다. 하지만 오랜 시간 똑같은 주장만 해왔을 리어리에게는 그 외의 다른 접근방식은 그저 낭만적인 생각에 불과하다.

"이상적인 농장이라는 낭만적 개념에 대해서는 저도 알고 있습니다. 저 자신도 농장에 살고 있고 가끔씩은 농산물 직판장에서 사다 먹기도 하니까요. 그건 우리의 선택이죠. 하지만 이런 작은 사업체에서 나오는 것만으로는 우리 모두가 제대로 먹기 힘들어요. 그런 낭만적인 농장을 믿는 사람들을 보면 다 돈 많은 사람들이죠. 스미스필드가 해야 할 일은 까다로운 사람들의 기대를 충족시키는 것입니다. 우리의 계획도 거기서 시작되는 것이죠. 그리고 사람들은 저렴한 고기를 원해요."

값싼 고기의 대가

스미스필드 푸드는 바닥치기 경주의 수많은 참가자 중 하나에 불과하다. 타이슨, 카길, JBS(세계 최대 규모의 브라질 식료품 가공 회사─옮긴이) 등 다른 비공개기업들과 함께 이들은 모두 치열한 가격 경쟁을 벌인다. 리어리는 자기네 회사가 이 경쟁에 집착하는 것은 아니지만 소비자의 요구에 저항하는 것은 아무런 의미가 없다고 주장한다. 누군가는 그 자리를 채울 것이니까 그럴 바엔 차라리 자기네가 채우는 것이 낫다는 것이다.

값싼 고기를 얻는 데 따르는 진짜 대가는 빈곤(우리 모두가 치르는 대가다), 환경 파괴(이것 역시 우리 모두가 치르는 대가다), 건강 위험(우리 모두가 이 위험에 노출된다), 그리고 우리 모두가 의존하고 있는 사회 구조의 파괴다. 당신이 고기를 먹지 않는다고 해도 당신은 고기의 생산에 드는 비용으로 분열되고 스트레스를 받는 사회에서 살아야 한다. 이런 회사들은 자신의 비용을 사회로 외재화하여 떠넘기고 거기서 생기는 이익은 자신과 주주들끼리 독차지해 경주에서 승리하려고 한다. 그렇게 하기 위해서 이들은 회사가 속해 있는 세상과의 관계를 근본적으로 단절해버린다. 회사가 충분히 거대해진 경우에는 한 개인이 이것에 대해 할 수 있는 것이 없어지고, 의지 또한 꺾이고 만다. 회사와 리더들은 자기가 원하는 것을 위해서는 환경에 무엇이든 저질러도 상관없다는 생각을 하게 된다.

"내게 있어서 생태계란 원재료를 구할 원천이자, 우리의 폐기물을 (합법적으로) 흘려보낼 수 있는 장소에 불과했습니다."

이것이 레이 앤더슨Ray Anderson이 세계 최대의 카펫 제조업체 중 하나를 거느리게 된 후 한때 가지고 있던 관점이었다. 그는 자기가 자기만족을 느끼지 않을 이유가 없다고 생각했다.

"내가 거느린 공장들이 한 곳에서만 매일 6톤의 카펫 쪼가리가 나와서 그 지역 매립지로 들어간다 한들 그게 저하고 무슨 상관입니까? 그건 다른 누군가의 문제일 뿐, 내 문제가 아니었습니다. 매립지란 것이 그러라고 있는 것이니까요."[33]

레이 앤더슨의 부드러운 억양과 좋은 스타일만 봐서는 깜박 넘어가기 쉽다. 그는 스스로를 투지가 강하고 냉정한 사업가라고 표현한다. 대학에서 축구선수를 하다가 부상으로 선수 생활을 마감한 후에 그는 산업공학을 공부해서 1973년에는 카펫 타일 사업체인 '인터페이스Interface'를 창업한다. 회사들이 매주 새로 들어오고 나가며 바뀌는 새로운 경제구조 안에서 카펫 타일은 완벽한 해결책이었다. 그래서 인터페이스는 자기네 제품을 즐겨 사용하는 건축가, 인테리어 디자이너들과 동맹관계를 구축한다. 그런데 어느 순간 그 건축가와 인테리어 디자이너들이 이렇게 묻기 시작했다. '당신네 회사에서는 환경에 대해 어떤 일을 하고 있습니까?' 당시 앤더슨의 대답은 오늘날 스미스필드 푸드가 하는 대답과 다를 것이 없었다. '법규정을 잘 지키고 있습니다.'

그는 이렇게 회상했다.[34] "당시에 우리는 그걸 당연하게 생각했습니다. 다들 그렇게 하고 있었으니까요. 에너지는 모두 화석 연료에서 나오는 것이었죠. 생산 과정은 대단히 에너지 집약적이고 일부 경우는 환경에 상당히 큰 해를 끼치기도 했죠. 그러니까 폐수가 제대로 된 처리 없이 수계로 흘러들어갔다는 말입니다. 염색약이나 계면활성제처럼 생산 과정에서 사용되는 화학약품도 어마어마했죠."

고객과 고용인들은 앤더슨에게 환경에 대한 비전이 뭐냐고 귀찮게 계속 물어보았다. 하지만 그에게는 그런 비전이 없었다. 그냥 법을 지키고 있다는 말이 아닌 좀 더 동기 부여가 될 무언가를 생각해내야 한다는 판단에 그는 《비즈니스 생태학The Ecology of Commerce》이라는 책을 집어 들었다. 또 다른 성공적 사업가인 폴 호켄Paul Hawken이 쓴 책이었으니 적어도 실용적인 측면이 들어 있으리라는 생각에서였다. 하지만 이 책은 그에게 엄청난 충격으로 다가왔다.

앤더슨은 나중에 이렇게 적었다. "그 책에 따르면 나는 약탈자, 지구의 파괴자, 내 손자의 미래를 훔치는 도둑이었다. 나는 이렇게 생각했다. '맙소사, 언젠가는 내가 하는 일이 불법이 되겠구나. 언젠가는 나 같은 사람은 감옥에 들어가겠어.'"

앤더슨의 직원들은 그가 미쳤다고 생각했지만 그의 깨달음은 회사에 새로운 의제 설정으로 이어졌다. 지금까지 그의 회사는 엄청난 양의 화석 연료를 소비했고, 매립지에 묻는 카펫 폐기물을 비롯한 막대한 양의 폐기물을 만들어냈다. 하지만 앤더슨은 쉽게 재활용할 수 없는 것이라면 그 무엇도 지구에서 빼앗아 오지 않기로 결심한다. 스미스필드의 데니스 리어리와는 달리 앤더슨은 지속가능성을 정의할 수 있었다.

앤더슨은 이렇게 적었다. "지속가능성이란 결국 내일 필요하게 될 것을 충족시킬 다른 이들의 능력을 약화시키지 않으면서 우리가 오늘 필요로 하는 것(원하는 것이 아니라)을 충족시키는 방법을 찾아내는 것이다." 자기 회사를 위해 그는 훨씬 더 간단하게 표현했다. "아무것도 빼앗지 말고, 해를 입히지도 말자."[35]

미션 제로 프로젝트

앤더슨은 대부분의 회사들이 기계를 외재화하고 있음을 깨달았다. 전통적인 사업체에서는 비용이 절감되면 그 비용은 고스란히 힘없는 사람과 장소에게 넘어갔다. 앤더슨은 이것을 고쳐야겠다고 마음먹었다. 기업은 자기의 비용을 모두 확인한 다음, 그 비용을 다른 데로 떠넘길 것이 아니라 영구적으로 완전히 제거할 수 있는 방법을 찾거나 발명해내야 한다.

앤더슨은 바닥치기 경주 대신 '지속가능성이라는 산을 오르기'에 대해 얘기했다. 그리고 지속가능성이 대체 무엇인지를 사람, 생산 공정, 제품, 장소, 수익 등 모든 차원에서 전체 산업계에 실천으로 보여주는 최초의 회사를 만들어내자고 사람들을 설득했다. 앤더슨의 회사는 2020년까지 환경에 미치는 모든 부정적 영향을 제거할 것을 목표로 하는 '미션 제로Mission Zero' 사명을 세웠다.

당시만 해도 앤더슨은 자신의 비전을 완수하는 것이 얼마나 어려운 일인지 전혀 생각하지 못하고 있었다. 하지만 그는 결코 흔들리지 않았다. 그의 사명을 이루기 위해서는 회사가 환경과 그 환경 속에서 사는 사람들에게 미치는 모든 영향을 완전히 다른 방식으로 생각해야 했다. 다른 말로 하면 앤더슨은 더 이상 그 무엇도 외재화하지 않겠다고 맹세한 것이다. 그리고 그는 행동으로 옮겼다.

"오해하지 마세요. 미션 제로는 정말로 어려운 일입니다. 그저 '이달의 프로그램' 같은 것이 아니란 말이죠. 누가 시켜서 하는 일도 아닙니다. 경쟁자들로부터 지속가능성을 달성해야 한다는 압력을 받고 있는 것도 아니란 말입니다."

앤더슨을 움직이게 만든 것은 가격을 낮추겠다는 열정이 아니라 자기 회사 때문에 발생하는 모든 것에 대한 책임을 회사가 짊어지겠다는 결심이었다. 인터페이스를 사회와 동떨어진 존재로 보는 것이 아니라 세상 전체와 불가분하게 연결된 존재로 바라보게 된 것이다.

인터페이스는 110개국에 걸쳐 운영되는 십억 달러 규모의 공개기업이다. 이런 규모의 회사를 변화시킨다는 것이 그저 지속가능성책임자 자리를 하나 만든다거나, 특수한 팀을 하나 만들어낸다고 될 일이 아님을 앤더슨도 잘 알고 있었다. 회사 사람들이 하나도 빠짐없이 여기에 참여하고 기여를 해야만 가능한 일이었다. 그의 사명은 혁신의 돌풍을 일으켰고, 결국 회사는 새로운 생산과정과 기술을 발명하기에 이르렀다. 목표를 낮게 잡지 않고 높게 잡았더니 창의력이 자극되었다. 이 사명은 모든 회사 사람들을 협력자로 끌어들였다. 서로가 서로를 잡아먹는 정치학이 난무하고 부서별로 자기 먹고살 길만 챙기기 급급한 곳에서는 앤더슨의 말처럼 대립이 협력으로 대치된 기업 생태계corporate ecosystem 없이는 회사 전체의 변화를 이끌어낼 수 없다. 회사가 그 과정에서 무언가를 배울 때마다 앤더슨은 함께 공유할 새로운 교훈, 아이디어, 과정을 발견했다.

그는 자기가 발견한 것을 혼자만 알고 있기보다는 앤호이저부시Anheuser-Busch, 펩시코PepsiCo, 구글, 엡손Epson, 도요타Toyota, 바이엘Bayer, 시스코Cisco 등 귀를 기울이는 모두와 폭넓게 공유했고, 결국 그들로 하여금 새로운 기준을 설정하도록 자극했다. 결국 자유 시장은 모든 이가 외재화를 멈추고 자신의 활동에 따르는 비용을 모두 흡수할 때 진정한 의미의 자유 시장이 될 수 있다.

인터페이스가 성공할 수 있었던 핵심적인 이유는 책임을 아웃소싱하지 않고 스스로 짊어지겠다는 결심 때문이었다. 독성 물질 제거를 공급자들에게 맡기는 대신 인터페이스의 화학자와 기술자들이 자기네 회사에서 사용하는 모든 물질을 분석했다. 물질의 안정성과 부작용을 열거한 정부 목록을 그대로 이용하기보다는 독자적인 화학 선별검사 원칙을 개발하여 적용했다. 인터페이스는 매 단계마다 책임을 공급자에게 떠넘기기보다는 스스로 지려 했고, 자기만의 고유한 기준을 확립해나갔다. 앤더슨은 이것

을 다음과 같이 요약했다. '위탁하되 직접 검증하라.'

그럼 비용이 더 들지 않았을까? 그렇지 않았다. 그 덕에 회사가 좀 더 효율적이고 창의적으로 돌아갔던 것이다. 기업을 성공으로 이끌기 위해서는 사람과 지구에 해를 입힐 수밖에 없다는 생각을 앤더슨은 거듭해서 반박했고, 결국 그것이 틀렸음을 증명하는 데 성공했다.

앤더슨은 이렇게 적었다. "우리가 살고 있는 이 유일한 세상에 심각한 손상을 입히는 것이 더 저렴하고 비용 효율이 좋다고 결론내리는 것은 전혀 논리적이지 않다. 일종의 외재화가 자신이 마치 진정한 경제학인 척 가장하고 있는 것이다."

그는 자신이 공상가가 아님을 계속해서 증명해 보였다. 온실가스 방출이 99퍼센트나 줄었고, 물 사용량은 74퍼센트 감소했다. 유럽에서는 중금속 사용이 완전히 사라졌다. 2003년 이후로 이 회사는 '쿨 카펫Cool Carpet'이라는 단일 품목만 6천900만 제곱미터를 팔았다. 이 제품은 지구에 미치는 순 지구온난화효과net global warming effect가 0이다. 제품은 순식간에 베스트셀러의 자리에 올랐다.

앤더슨의 환경에 대한 급진적인 접근은 기업을 더욱 성공적이고 영향력 있게 만들어주는 것에서 그치지 않았다. 회사도 회복 탄력성이 더욱 좋아졌다. 인터페이스를 위해 일하는 모든 사람이 더욱 헌신적으로 일을 하게 되었기 때문이다.

그는 이렇게 말했다. "그것은 조직의 응집력에 심오한 영향을 미쳤습니다. 함께 숭고한 목적을 공유하도록 가능하게 해주었죠."[36]

인터페이스의 미션 제로에는 이런 창의력이 가득했다. 무엇은 경제적이고 무엇은 경제적이지 않다는 고정관념 깨기, 모두가 그냥 받아들여야 한다고 생각하는 문제를 해결할 새로운 기술을 찾아내거나 발명하기 등. 그리고 회사가 혁신을 많이 할수록 귀를 기울이는 이들에게 가르쳐야 할 교훈도 많아졌고, 또 기꺼이 가르쳐주려 했다.

슬프게도 앤더슨은 자신의 회사가 지속가능성이라는 산 정상에 오르는 모습을 보지 못하고 2011년 8월 8일에 세상을 떠났다. 하지만 인터페이스는 앤더슨이 세운 2020년의 목표를 달성하기 위한 도전을 계속하고 있다. 그리고 외재화를 과거의 것으로 만들 수 있고, 그렇게 해야만 한다는 것을 세상에 증명해 보이기 위한 노력도 계속 이어가고 있다. 앤더슨은 바닥치기 경주에서 승리하려 하지 않았다. 그는 그 경주에서 물러났다.

앤더슨은 이렇게 적었다. "새로운 비즈니스 모델, 즉 새로운 사고, 새로운 제품, 새로운 수익 창출을 특징으로 하는 진정 지속가능한 미래에 투자하는 비즈니스 모델이 우리가 경기침체를 극복할 수 있게 도와줄 수 있을까? 나는 그렇다고 말하고 싶다. 나는 실천으로 보여주려 한다. 내가 그것을 해낼 수 있다면 누구든 할 수 있을 것이다. 그리고 누구든 할 수 있다면, 모두가 할 수 있을 것이다."

노동력 착취 공장을 거부하는 스웻샵 프리

그의 리더십이 독창적인 영감을 불어넣은 것은 사실이지만 비용을 줄이는 방법밖에 없다는 개념에 열렬히 반박한 비즈니스 리더가 그만 있는 것은 아니다. 아메리칸어패럴American Apparel의 창립자 도브 차니Dov Charney는 옷을 만들려면 노동력 착취 공장을 만드는 수밖에 없다는 생각에 격하게 고개를 젓는다.

차니는 이렇게 주장한다. "패스트패션fast fashion(패스트푸드처럼 유행하는 옷을 저렴하고 빠르게 소비하는 방식)은 아주 형편없는 싸구려이고 다른 사람을 등쳐먹는 행위예요. 보기에는 섹시해 보일지 모르지만 기본적으로 그런 옷들은 훔친 물건이나 마찬가지입니다. 시급 20센트 주고 일을 시키는 것은 노예를 부리는 것과 다름없어요."[37]

아메리칸어패럴은 자기네 상품에 자랑스럽게 '스웻샵 프리Sweatshop Free(스웻샵은 열악한 근무조건 아래서 저임금으로 노동력을 착취하는 작업장을 말한다)'라는 라벨을 붙였다. 이 회사는 아웃소싱을 되도록 피하고 미국에서 가장 큰 의류 공장을 운영하고 있다. 공장에서는 최저임금의 거의 두 배에 가까운 임금을 주고 있다.[38] 고용인들은 보조금이 지원되는 대중교통과 식사, 저렴한 건강 보험을 제공받고, 자전거 대여 제도도 이용할 수 있다. 이 모든 것은 더욱 뛰어나고 헌신적인 직원들을 유지하고, 품질관리를 더욱 잘하기 위한 것이다.

"나는 무조건 낮은 임금을 추구하는 것이 아니라 직원들이 회사에 애정을 가지고, 그들과 알고 지내는 것이 중요하다고 믿습니다. 누군가를 쥐어짜지 않고서는 4.99달러짜리 비키니 수영복이 존재할 수 없습니다. 가격을 낮추는 것보다는 더 나은 제품을 만드는 데 초점을 맞추어야죠!"

차니는 분명 분야를 가리지 않고 논란을 일으키는 능력이 있는 것 같다. 그는 스스로를 '난해한 괴짜complicated freak'라고 부른다. 그는 분명 한계를 뛰어넘는 것을 즐긴다. 하지만 그가 소비자들에게 노동력 착취 공장을 거부하라고 촉구하는 것은 진심에서 나온 말이다. 그는 값싼 옷을 아웃스판 오렌지Outspan orange(아웃스판은 남아프리카, 잠바브웨 등에서 생산된 오렌지, 포도 등에 사용되는 이름이다)에 비교한다. 그의 어머니였더라면 이 오렌지를 절대로 그에게 먹이지 않았을 것이다. 이것은 아파르트헤이트apartheid(예전 남아프리카공화국의 인종 차별 정책—옮긴이)를 상징하는 것이기 때문이다. 아웃소싱을 거부함으로써 차니는 사업에 관여하는 모든 사람을 한 지붕 아래 묶고, 그 아래서 사람들은 아이디어를 공유하고, 착취에 의존하지 않는 지속가능한 사업 모델을 만들어낼 수 있게 됐다.

하지만 노동력 착취 공장에 대한 그의 반대는 그저 그것을 싫어하는 데서 그치지 않는다. 그것은 일종의 노예 제도를 상징하고 있기 때문이다. 그는 바닥치기 경주는 언젠가 막다른 길에 이를 수밖에 없다고 생각한다. 단순히 저임금이 불쾌한 일이라서가 아니다. 차니는 이런 회사들이 재정적으로 지속가능하지 않다고 생각한다. 방글라데시 같은 오늘날의 저임금 국가들이 내일은 중산층 사회가 될 것이다. 운송비용도 늘어날 것이다. 그럼 머지않아 가격도 오를 수밖에 없다. 어떤 기업이든 더 싼 물건을 만드는 것을 고민하는 것보다는 고객들이 진정으로 원하는 것이 무엇인지 알아내 그것을 잘 만들어내는 데 힘을 쓰는 것이 장기적으로는 이득이 된다. 기술이 없는 사람들의 임금을 깎는 데 혈안이 될 것이 아니라, 기술이 뛰어난 사람들을 압박해서 창의력을 이끌어내야 한다.

차니는 아메리칸어패럴을 '스웻샵 프리'로 홍보하는 것이 고객들에게는 1퍼센트 이상의 차이를 만들어내지 못한다고 믿는다. 하지만 패션이 꼭 저렴해야 하는 것은 아니며, 노동력 착취 공장도 경쟁력에 필수적인 것이 아님을 입증해 보이고 있다. 그는 자신의 회사를 통해 기업들이 바닥치기 경주를 할 필요도, 아웃소싱을 할 필요도, 환경을 파괴할 필요도 없다는 것을 보여주려 한다. 매장 벽에 화려하게 진열된 나비넥타이들은 이 회사의 '창조적 재사용' 전략을 잘 보여주고 있다. 남은 자투리 천들을 그냥 버리거나 바닥에 늘어놓아 화재 위험을 키우는 대신 탱크 탑, 넥타이, 머리띠 같은 더 작은 물품을 만드는 데 활용하자는 것이다. 그의 공장은 태양열 발전으로 가동되고, 옷들은 모두 유기농 목화로 만들어진다. 그는 '윈-윈 사업win-win business'이라 부르는 것을 믿고, 그것이 실제로 가능함을 입증해 보이겠다는 결심에 가득 차 있다.

인력 고용의 즐거움

엠마 브리지워터Emma Bridgewater는 차니보다 훨씬 조용한 스타일이지만 열정은 두 사람 모두 컸다. 그녀는 1985년에 어머니께 드릴 생일 선물로 머그잔을 만들기 시작했다. 처음에는 취미로 시작한 것이 곧 사업이 되었지만 그녀는 대부분의 사업가가 하는 일(집에서 일을 시작했다가 결국 사업이 커지면서 근처의 산업공단으로 사업을 확장하는 일)을 하는 대신 자리에 앉아서 어떤 종류의 사업체를 만들 것인지에 대해 생각했다.

그녀는 이 사업의 역사를 알고 있었다. 스톡온트렌트Stoke-on-Trent(영국 잉글랜드 스태퍼드셔 자치주의 도자기마을)는 한때 고급 도자기 제품이나 가정용 도자기 제품 생산에서 세계를 주름잡던 곳이었기 때문에 그녀가 새로 회사를 차리기에는 최적의 장소로 보였다. 하지만 당시의 스톡온트렌트는 절망적인 사업이 되어버린 도자기 산업에 대한 경고로 가득했다. 스톡온트렌트는 버려진 창고와 텅 빈 거리, 빈집만 넘쳐났다. 도자기계의 디트로이트(한때는 자동차 산업을 중심으로 미국 최대 공업도시로 명성을 날렸지만 결국 자동차 산업의 쇠퇴와 함께 디트로이트 시는 파산하고 말았다-옮긴이)라고 해도 과언이 아니었다.

한때는 전 세계적으로 유명했던 브랜드가 지금은 그저 명맥만 유지하고 있었다. 민튼Minton, 로얄덜튼Royal Doulton, 웨지우드Wedgwood 등 대부분의 브랜드는 자신의 명성을 갉아먹는 짓인 줄 알면서도 값싼 노동력 때문에 중국에 아웃소싱했다. 그녀는 처음 스톡온트렌트를 방문해보고는 주눅이 들고 말았다.

"가보고는 정말 놀랐어요. 산업화 시기 이후에 남은 황무지나 다름없더군요. 황량하기 그지없었어요. 우리에게 필요한 종류의 점토를 공급해줄 수 있는 업체는 두 곳밖에 없었어요. 과연 이 업체가 곁에 오랫동안 남아있을지도 확신할 수 없더군요. 게다가 우리에게 필요한 유약을 공급해주는 회사도 하나밖에 없었는데 그 회사도 위태위태해 보이더군요. 이런 것들을 모두 외국을 통해서 들여오면 더 싸게 할 수 있다는 것은 알고 있었어요. 하지만 아무리 그래도 그렇지, 이곳은 그 모든 게 시작되었던 곳이잖아요! 저는 사업을 뿌리부터 시작해서 키울 수 있을 거라는 생각이 들었어요. 비용이 늘어난다면 어쩔 수 없죠, 뭐. 그런 점은 브랜드가 감당해야 할 부분이에요. 그럼 우리는 사람들에게 그만한 가치가 있는 것을 만들어야 했어요. 아름다운 디자인과 남다른 특징을 지닌 제품을요."

브리지워터도 장님은 아니었다. 그녀의 주위로는 온통 죽은 회사들의 사체만 잔뜩 쌓여 있었다. 그녀는 그 모습에서 바닥치기 경주는 결국 막다른 구석에 몰릴 수밖에 없는 운명이라는 교훈을 배웠다. 이 회사들은 비용을 줄이고 일들을 아웃소싱했다. 그리고 결국 제대로 풀리지 않았다. 고객들은 말레이시아에서 만든 영국 도자기를 사고 싶어 하지 않았다.

"노동력의 문제를 외부로 내보낸다는 건 정말 말이 안 되는 얘기에요. 그것은 부끄러운 짓 아닌가요? 우리가 발명해낸 사업인데 그런 사업 하나 제대로 운영 못한다면 당연히 부끄러워해야지요. 우리는 새로 시작한 회사라서 비용을 축소할 수 없었어요. 지금까지도 그래 보지 않았고요! 우리는 고객과 호흡을 맞출 필요가 있었어요. 고객들은 디자인이 예쁘면서도 현대적인 감각이 느껴지는 제품, 옛날 제조업체들이 만들었던 것보다는 격식을 덜 차린 제품을 원했어요. 우리는 어떻게 하면 고객들의 욕구를 따라갈 수 있을지 열심히 생각하고, 또 창조적으로 생각해야만 했어요."

스톡온트렌트에 있는 엠마 브리지 공장을 걸어보면 눈이 휘둥그레지는 경험을 하게 된다. 깜찍하게 장식된 밝은 색의 머그잔은 아직도 수작업으로 그림을 그려 넣는다. 돌림판도 기계를 이용하지 않고 사람이 직접 돌린다. 이곳에는 사람들이 즐거운 마음으로 일에 집중하는 분위기가 느껴진다. 걷다가 멈춰 서서 물방울무늬를 그려 넣고 있는 여자나, 가마에서 그릇을 꺼내고 있는 남자에게 말을 걸면 무엇이든 즐겁게 대답해준다. 하지만 절대로 일을 멈추는 법은 없다.

공장은 티끌 하나 없이 깨끗했다. 방문객들은 이곳을 둘러본 후 점심을 먹거나 가게에서 도자기 제품을 쇼핑할 수도 있다. 음산한 겨울 날씨에

평일이었음에도 불구하고 이곳은 방문객들이 웅성거리는 소리와 가마에 불을 때는 소리로 활기가 넘쳤다. 많은 방문객들이 자기가 좋아하는 머그 잔이나 식기가 기계를 사용하지 않고 사람이 직접 일일이 작업해서 생산된다는 사실에 충격을 받는다. 바닥치기 경주에 끼어들지 않겠다고 결심하고, 스톡온트렌트에 정착해 꼭 해내고 말겠다고 마음먹은 이후로 브리지워터는 절대로 이 부분에서는 타협하지 않았다.

"가격을 낮추는 것은 전략이 아닙니다. 그것은 도리에도 어긋나죠. 무언가 싼 물건을 사거나 팔 때는 다른 누군가가 그 대가를 대신 치르고 있는 거예요. 어디선가 착취당하고 있는 것이죠. 당신이 어디선가 2파운드를 주고 접시를 하나 산다면, 누군가가 당신을 대신해서 나머지 값을 치르고 있다고 생각해야 해요. 바닥치기 경주는 한마디로 다같이 죽자는 소리나 마찬가지예요."

브리지워터는 회사를 남편 매튜 라이스Matthew Rice와 함께 운영한다. 그는 재능 있는 가구 디자이너 겸 나염 디자이너다. 두 사람은 지난 5년 사이에 회사의 수익을 두 배로 키워놓았다. 불경기임에도 불구하고 일궈낸 성과다. 하지만 이런 수치들도 회사가 지역에 미친 영향력만큼 이 두 사람을 흥분시키지는 못하는 것 같다. 공장 주방에 함께 앉아 얘기를 나누는 동안 라이스는 회사가 번창하는 것을 지켜보면서 느꼈던 흥분에 대해 얘기했다.

"이제 회사들이 다시 스톡온트렌트로 돌아오기 시작했어요. 정말 끝내줍니다. 마치 저희가 그들에게 용기를 준 것 같은 기분이 들어요. 물론 이곳에 있는 것만으로도 공급 업체들이 계속 사업을 할 수 있는 여건을 마련해준 것은 맞지요. 그렇게 해서 이런 산업에 필요한 기술이나 인력을 잃지 않을 수 있었으니까요. 한 사람이 맥을 계속 유지하고 있으면 모든 사람이 함께 맥을 유지할 수 있는 것이죠."

라이스와 브리지워터는 꽤 호화로운 사교계 사람들과 어울리게 되었다. 가구 사업을 할 때 라이스의 협력자가 비스카운트 린리Viscount Linley(할아버지가 영국의 왕 조지 6세다)였던 덕분이다. 하지만 스톡온트렌트에서 그가 제일 중요하게 여기는 것은 화려하게 이어지는 사교 모임이 아닌 듯싶었다.

라이스가 물었다. "나를 제일 행복하게 하는 것이 뭔지 아세요? 우리가 잘할수록 그만큼 일자리가 늘어난다는 것이에요. 우리는 사람을 고용하는 것이 좋아요. 그게 제일 중요한 일이니까요."

스톡온트렌트를 떠나면서 생각해보니 사업가들 중에서 사람을 고용하는 것이 좋다고 말하는 사람은 그때까지 한 번도 없었던 것 같았다. 그런 소리를 들어본 적이 있던가? 미국와 영국에서 수십 년 동안 일을 하면서 내가 주변에서 듣는 소리라고는 온통 비용을 삭감하고, 인력을 삭감한다는 소리밖에 없었다. 바닥치기 경주가 곳곳에서 펼쳐지고 있고, 그 신조가 어디든 스며들지 않은 곳이 없었다. 누구 하나 거기에 의문을 제기하지도 않기 때문에 대부분의 비즈니스 리더들은 회사가 무엇을 위해 존재하는 것인지도 잊어버리고 말았다.

트리클 업

레이 앤더슨과 도브 차니, 엠마 브리지워터는 사업 영역도 서로 다르고, 성격도 제각각이지만 모두 헨리 포드의 발자취를 착실하게 따르고 있다. 포드는 모든 회사는 다른 사람들에게 봉사하기 위해 존재하고, 이를 위해서는 원칙을 지켜야 한다고 주장했다. 바로 '대담무쌍할 것', '경쟁을 무시할 것', '이윤 추구보다 서비스를 앞에 놓을 것'.

그는 제조업은 싸게 사서 비싸게 파는 것도, 투기도, 도박도, 약삭빠른 거래도 아니라고 주장했다. 그리고 자본가들을 대놓고 업신여겼다. 포드가 사람들을 가장 실망시킨 일은 공장 노동자들의 임금을 두 배로 올린 일이었다. 그가 이렇게 했던 이유는 직원 이직률을 줄이기 위한 것이었다. 그에게 노동 유연성 labour flexibility이란 효율이 아니라 낭비에 불과했다. 그는 모든 직원을 동업자로 생각했다('사장은 직원들의 동업자이고, 직원들은 사장의 동업자다'). 그리고 훌륭한 회사라면 좋은 직원들을 유지하고 그들을 훈련 시켜, 더 많은 돈을 주고 싶다는 포부가 있어야 마땅하다고 주장했다.

"고용주는 리더로서 마땅히 다른 회사보다 보수를 더 넉넉히 주고 싶다는 포부가 있어야 하고, 직원들은 이것을 가능하게 만들겠다는 포부가 있어야 한다. 제대로 운영이 안 되서 관련된 모든 사람에게 생계를 꾸릴 돈도 마련해주지 못한다면 산업이 대체 뭐 하러 있는 것인가?"

포드가 열정적인 원칙을 고집했던 이유는 인간의 노동력이 지닌 가치를 절대적으로 믿었기 때문이다. 그는 노동자들에게 더 많은 임금을 주면 그들이 차를 살 능력이 생긴다는 것도 이해하고 있었다. 어찌 보면 포드는 '트리클 업 trickle-up(정부 투자의 효과 등이 아래로 흘러들어가서 서민층이 혜택을 본다는 것이 티리클 다운 이론인데, 이것을 거꾸로 뒤집어 생각한 말이다-옮긴이)' 경제를 처음으로 전도한 사람이라고도 할 수 있을 것이다. 즉, 시장의 밑바닥에 돈을 풀면 경제 전체가 확대된다는 주장이다.

"우리가 임금을 올리면, 그만큼 소비가 늘어날 것이고, 그럼 가게 주인과 유통업자, 다른 분야의 제조업자나 노동자들이 더 잘 살게 될 것이다. 그럼 잘 살게 된 효과가 결국 우리의 판매에도 반영될 것이다. 나라 전체의 임금이 올라가면 나라 전체가 번영한다."[39]

'트리클 다운' 효과가 허구임을 알게 된 지금, 오히려 '트리클 업'이 깜짝 놀랄 정도로 더욱 성공적일지 모른다는 것도 흥미로운 생각이다. 경제 전체를 바닥으로 가라앉히는 대신, 모든 사람의 보트를 끌어올리는 것이 더 좋을지도 모른다. 전 세계의 가난한 사람들이 눈에 보이지 않는 장소에서 터무니 없이 긴 시간 동안 일을 하느라 우리의 시야에서 사라지지 않고, 부자들은 리무진과 전용 제트 비행기를 타고 스스로를 세상과 단절하고 있지만, 결국 우리 모두의 안전과 건강한 삶을 위해서는 사회의 안정과 지구의 건강이 절대적으로 필요한 부분이다.

앤더슨, 차니, 브리지워터, 헬리 포드가 모두 함께 공유하고 있는 것은 그 누구도 소외되어서는 안 된다는 비즈니스의 비전이다. 이런 비전 아래서는 모든 사람이 소중하며, 성공의 비결은 사람들과 지구를 착취하는 데 전문가가 되는 것이 아니라 사람들을 창조적으로 함께 일하게 만드는 데 더욱 현명해지는 것이다. 죽기 얼마 전에 레이 앤더슨은 회사 사람들에게 남기는 영상메시지를 녹화했다. 카펫 공장 창립 38주년을 기념하는 메시지였다. 그는 자신의 회사가 스스로를 성공적이고 유명해지게 만든 대담한 목표를 달성하는 모습을 볼 수 있을지 알지 못했다. 하지만 자신이 뒤로 남기고 떠나게 될 세상에서 자신이 원하는 것이 무엇인지는 알고 있었다.

"제가 과연 지속가능성이라는 산 정상에 서서 경치를 바라볼 수 있을지는 모르겠습니다. 비록 저는 보지 못할지라도, 여러분은 꼭 그 경치를 바라볼 수 있었으면 좋겠습니다. 그리고 인터페이스의 모델이 세상에서 가장 성공적인 회사의 비즈니스 모델로 인정받는 날을 여러분이 꼭 보기를 바랍니다. 저는 여러분이 전 세계 산업시스템의 변화를 주도하는 기쁨을 느껴보기를 바랍니다. 그리고 저는 올바른 일을 하는 것이 곧 잘하는 것이라는 지혜를 이해하고, 우리를 이 여정으로 이끌었던 사고방식의 변화가 어떤 것이었는지를 여러분이 올바로 이해해주기를 바랍니다."

세계가 함께 풀어가야 할 과제

살람 샤바브가 알려준 것

2009년에 브렛 피어스Brett Pierce는 이라크 정기 여행을 떠나서 가족을 당황하게 만들었다. 그는 스파이도 아니었고, 군복무를 하는 것도 아니었다. 자신의 경력 대부분을 세서미스트리트Seseame Street(미국에서 1969년부터 방영이 시작된 유아용 텔레비전 프로그램)의 제작자로 보낸 피어스는 텔레비전을 이용해서 이라크 10대들에게 소통, 협력, 평화구축에 대해 교육하겠다는 사명을 가지고 있었다. 그가 선택한 포맷은 바로 게임 쇼였다.

〈살람 샤바브Salam Shabab(평화, 젊음을 의미)〉에서는 여섯 지역에서 각각 세 명의 아이로 구성된 네 개의 팀을 내보내면 이 팀들이 경쟁을 통해 전국 결승에 진출한다. 스포츠 도전, 퀴즈, 영화 제작, 운동수행 능력 등으로 구성된 일련의 활동을 디자인해서 경쟁을 통해 협력을 배울 수 있도록 제작되었다. 피어스는 너무 가르치려 드는 내용은 배제했다. 그는 오랫동안 아이들을 위한 텔레비전 쇼를 만들어보니 아이들은 어른들이 뭔가 가르치려는 낌새만 보여도 채널을 딴 데로 돌려버린다는 것을 알게 되었다고 했다. 이 프로그램은 여자아이와 남자아이들이 함께 일한다는 사실만으로도 대단히 급진적인 것이었다.

"이 부분은 명심해야 합니다. 남자아이와 여자아이가 무릎이 닿도록 나란히 앉는다는 생각만으로도 이들에게는 엄청난 충격입니다! 우리는 아이들이 어떻게 반응할지 알 수 없었어요. 아이들은 이런 자유를 한 번도 경험해본 적이 없었거든요. 아이들에게는 큰 자유를 경험하고, 자유롭게 생각하고, 자신의 목소리를 찾는다는 것이 큰 사건이었죠."

자전거 부품으로 세발자전거 만들기, 물풍선 게임, 추억을 소재로 그림 그리기 등, 이 모든 도전과제는 협력적 상호작용을 통해 이루어지도록 디자인된 것들이다. 단독 행동가는 팀을 실패로 이끈다. 그리고 첫 번째 지역 예선에서 아이들은 무척 잘해냈다. 이 아이들은 미디어에 정통한 아이들도 아니고, 〈더 엑스 팩터The X Factor〉(텔레비전 음악 경연 프로그램)가 배출한 세련된 아이들도 아니다. 다만, 여기에 참가할 수 있어서 행운이라 여기는 열성적이고, 수줍음 많고, 들뜬 10대들이었다. 쇼를 보다 보면 모든 참가자가 뚜렷한 개성을 드러내고, 에너지와 유머감각을 보여준다. 모두들 잘하려고 열심이다. 아이들이 즐거워하는 것이 생생하게 느껴진다. 상은 일부러 과하지 않은 것으로 선택했다. 팀 전체에 노트북이나 비디오카메라를 하나 주는 정도다. 이 프로그램의 핵심은 상이 아니었기 때문이다.

피어스는 이렇게 말했다. "상 따위가 중요하지 않다는 사실이 핵심이었습니다. 여기에는 큰 이해관계가 걸려 있지 않았거든요. 일부러 그렇게 만든 겁니다. 아이들에게는 이 쇼 프로그램의 일부가 된다는 것만으로도 충분했거든요. 그래서 아이들은 기운이 넘쳤지만, 비열하게 굴지는 않았어요. 더러운 행동을 하지도 않았고, 경쟁의식도 없었습니다. 모두 함께 특별한 여행을 하고 있는 것이었으니까요."

모든 도전과제는 놀이면서 일이었다. 아이들의 경험은 즐거운 것이어야 했다. 그리고 그 모습을 지켜보는 것도 분명 즐거웠다. 영화제작과 운동수행 능력 순서에는 제일 큰 점수가 걸려 있었고, 여기서는 청중의 투표로 점수를 매겼다. 10대들이 자기 투표용지를 투표함에 집어넣는 것은 왠지 이상한 기분이 드는 감동적인 장면이었다. 많은 아이들에게 이것은 민주주의의 첫 경험이었다.

하지만 결승전에서 피어스는 '스위치'라는 새로운 규칙을 게임에 도입했다. 이 시점에서는 지금까지 함께 해온 지역 팀들을 쪼개서 새로운 팀을 구성한다. 흑팀, 백팀, 적팀, 녹팀, 즉 이라크 깃발에 나오는 색깔 별로 쪼개진다. 각각의 팀은 이제 서로 다른 지역 출신의 멤버들로 구성되었다. 쇼의 첫 시리즈에서는 이것이 극적인 결과를 불러왔다. 많은 아이들이 시무룩해지고, 반항적으로 변했다. 지금까지는 재미있었던 일들이 어려운 일이 되어버리고, 시아파(이슬람 세계에서 수니파 다음으로 큰 분파), 수니파(이슬람의 가장 큰 종파이자 정통파), 쿠르드족(터키, 이라크, 이란에 걸친 쿠르디스탄 지역을 주요 거주지로 하는 종족) 등 이라크 다른 지역에서 온 아이들과 함께 협력하게 만든 것에 화가 난 모습이 눈에 확 띄었다.

첫 번째 시리즈는 2011년에 이라크 텔레비전에 방영되었다. 2012년에 방영된 세 번째 시즌에서는 스위치가 있을 것임을 모두 알고 있었기 때문에 충격이 그리 크지 않았다. 대부분의 아이들은 별 문제 없이 받아들였다. 새로운 팀 동료들에 대해 긴장하고 있는 모습이 역력했지만, 호기심도 느끼고 있었고, 한번 잘 해봐야겠다는 마음의 준비도 되어 있었다. 어떤 아이들은 새로운 친구들에게 수줍은 미소를 지으며 상당히 들뜬 모습을 보이기도 했다.

"우리 팀이 강하다고 확신해요. 나머지는 신과 우리가 결정할 부분이죠."

하지만 백팀에서는 사정이 달랐다. 백팀에서는 티그리스Tigris에서 온 바라Baraa라는 젊은 여성이 있었는데 나자프Najaf(이라크 중부의 도시로서 시아파 신도들의 성도)에서 온 팀원인 파트마Fatma와는 함께할 수 없다고 버텼다.

이 반응이 특히 이상했던 점은 바라가 지역팀에 속해 있을 때는 팀에 헌신적으로 기여하는 멤버였다는 점이다. 그녀의 팀은 물풍선 게임에서 혼자만 점수를 땄는데 이는 그녀가 팀원들을 잘 지지해주고 좋은 충고를 해준 덕분이었다. 지푸라기와 속이 빈 계란으로 보트 만들기를 했을 때 그녀는 실패의 원인이 자기 탓이었고, 다음에는 다른 팀원들의 말에 귀를 기울이겠다고도 말했다. 파트마 역시 지역팀에서는 무척 잘했다. 특히 운동수행 능력에서 뛰어나 큰 점수를 따오기도 했다.

하지만 바라는 파트마와는 함께 할 수 없다며 요지부동이었다. 티그리스에서 온 이 소녀는 아예 말도 꺼내지 않아서 팀에 문제를 일으킬 수밖에 없을 것 같았다. 바라는 나자프에서 온 여자아이가 자기 팀을 지게 만들 것이 뻔하다며 파트마가 보는 앞에서 울며 말했다.

팀들에게 자전거 잡동사니 부품을 준 다음에 세 사람이 함께 탈 수 있는 탈것을 만들라는 도전 과제가 주어졌다. 백팀은 어떤 디자인으로 만들어야 할지 결정을 내리지 못했고, 바라는 다른 팀들도 다 못하기만을 바랐다. 각 팀이 만들어낸 작품은 다 어설프고 우스꽝스럽기는 했지만 그래도 대부분 작동했다. 하지만 백팀에서 만든 탈것은 그냥 끈으로만 느슨하게 묶어 놓아서 부품들이 함께 붙어 있지를 못했다. 이는 모래알처럼 흩어진 그들의 팀워크를 단적으로 보여주는 상징이었다. 이 탈것은 제대로된 조종이 불가능했고 세 사람은 뒤뚱거리며 꼴찌로 결승선을 통과했다. 준결승까지 오는 동안 도전 과제 사이에 휴식 시간이 생길 때마다 파트마와 바라는 둘 다 재빨리 자기네 지역의 친구들을 찾아가 그들과 어울렸다.

다음으로는 아홉 개의 이미지로 구성된 격자를 본 후에 그것을 기억해서 그림으로 그리는 과제가 주어졌다. 이번에도 역시 불화가 끝이 않는 백팀은 힘겨워할 수밖에 없었다.

바라가 이렇게 불평했다. "그 애한테 산을 그리라고 했더니 달랑 삼각형 하나만 그려 놨어요." 바라가 파트마를 질책할수록 파트마는 점점 더 내성적이고 뚱해졌다. 무언가에서 바라가 책임을 맡게 되면 파트마는 거기에 함께 기여해야 할 책임을 방기하고 말았다. 경연이 진행될수록 팀이 제대로 기능할 능력이 부족하다는 점과, 평생에 한 번밖에 없는 경험을 즐기지 못하고 실패하리라는 점이 점점 더 분명하게 드러났다.

음악 도전 과제에서는 세 사람이 냄비 뚜껑, 병, 막대기라는 조잡한 조합을 가지고 음악을 작곡해서 연주하는 과제가 주어졌다. 다른 팀은 받은 소도구만 이용할 것이 아니라 자기네 목소리도 함께 이용할 수 있다는 사실을 재빨리 생각해냈다. 그래서 결국 우스꽝스러우면서도 매력적인 불협화음이 탄생했다. 하지만 백팀은 자기 목소리를 악기로 사용할 생각을 아예 하지 못했다. 멜로디가 음악에서 빠져 있으니 백팀은 그저 소도구를 두드려 구조도 없고, 활력도 없고, 기교도 없는 심심한 리듬만 만들어냈다.

가장 잘한 팀은 자신의 개별적 어려움들을 신속하게 풀어나갔다. 일부는 다른 지역에서 온 아이들을 만날 기회를 즐겼고, 쿠르드족의 말을 몇 마디 배우기도 하고, 서로 다른 음식과 옷 스타일에 대해 들어보기도 했다. 하지만 백팀은 좀처럼 이런 부분을 생각하지 못했다. 바라가 지배적으로 변하자 파트마는 내성적으로 변했고, 나머지 팀원인 부라크Buraq는 이런 상황을 보며 당혹스러워할 뿐 별다른 능력을 발휘해보지도 못했다.

〈살람 샤바브〉는 협력과 갈등 해소의 기술을 가르치는 데 기여한 공로를 인정받아 2012년 국제 청소년상Prix Jeunesse에서 유네스코 특별상을 수상했다. 그 이유는 어렵지 않게 이해할 수 있다. 큰 이해관계가 걸려 있지도 않고, 감독도 최소화한 상태에서 작은 규모로 진행되다 보니 협력의 어려움과 잠재력이 마치 실생활의 축소판처럼 펼쳐졌기 때문이다. 공통점이 많은 사람들과 함께 일하는 것은 무척 쉽고 자연스럽게 느껴질 수 있다. 하지만 똑같은 일이라도 지역별, 나라별 차이가 끼어들기 시작하면 더 어렵게 느껴지고, 갈등도 많아지고, 비이성적으로 변하게 된다. 사람은 텃세를 부리는 동물이라서 비이성적이고 비생산적인 방어본능이 일어나면 복잡한 작업인 협력이 훨씬 더 어려워진다. 어느 한 사람이 지배하려 드는 팀은 실패할 수밖에 없다.

GDP와 GNP의 적정성

경쟁을 하려면 당연히 점수를 매길 방법이 필요하다. 〈살람 샤바브〉에서는 점수와 투표로 최종 점수를 매겼다. 학교, 대학, 병원은 순위가 매겨지고, 실적 일람표가 나온다. 운동선수들은 시간 기록을 이용하고, 회사들은 주가와 시장점유율을 비교한다. 국가 간 경쟁에서는 GDP Gross Domestic Product(국내총생산)를 통해 한 국가의 경제 규모가 얼마나 크고, 성장률이 얼마나 높은지를 따진다. 경쟁에 사용되는 다른 측정 방식과 마찬가지로 GDP 역시 그것이 측정하는 것은 무엇이고, 측정하지 않는 것은 무엇인지를 통해 게임의 성격을 정의하게 된다. 복잡한 활동의 가치를 한 가지 도구만을 가지고 측정하려고 드는 경우처럼, GDP 역시 많은 부분을 배제해버린다. 이것을 로버트 케네디 Robert Kennedy만큼 잘 요약해서 표현한 사람도 없다. 1968년, 그가 사망하기 7주 전에 한 이야기다.

"GNP Gross National Product(국민총생산)로 미국을 평가하면, 공기가 오염되고, 담배를 광고하고, 고속도로에서 대량 사망 사고가 일어나 구급차를 동원하는 데 드는 돈이 모두 GNP에 포함된다. 문을 지키기 위해 만드는 특별한 자물쇠 장치와 그것을 부수고 들어가는 사람을 가두는 데 필요한 감옥을 만드는 돈도 GNP에 포함된다. 미국삼나무가 파괴되고, 아름다운 자연 환경이 훼손되고, 마구잡이로 도시가 개발되어도 그 돈은 모두 GNP에 포함된다. 네이팜탄을 만드는 돈도, 핵탄두를 만드는 돈도, 도시의 폭동을 진압하기 위한 경찰 차량을 만드는 돈도 GNP에 포함된다. 휘트먼 Whitman의 총과 스펙 Speck의 칼을 만든 돈(1966년에 찰스 휘트먼은 텍사스 오스틴에서 열여섯 명을 죽이고, 서른두 명에게 부상을 입혔다. 같은 해에 리처드 스펙은 여덟 명의 간호실습생을 강간하고 죽였다), 우리 아이들에게 장난감을 팔기 위해 폭력을 미화하는 텔레비전 프로그램을 만드는 돈도 모두 GNP에 포함된다.

하지만 GNP에는 아이들의 건강, 교육의 질, 아이들이 놀면서 느끼는 즐거움은 포함되지 않는다. GNP에는 우리 시詩가 보여주는 아름다움도, 결혼의 장점도, 공개토론회에서 나타나는 지성도, 공무원들의 청렴도도 포함되지 않는다. GNP에는 우리의 재치나 용기도, 지혜도, 배움도, 열정도, 애국심도 포함되지 않는다. 한마디로 GNP는 모든 것을 포함시키지만, 삶을 가치 있게 만들어주는 것은 포함시키지 않는다. GNP는 모든 것을 말해주지만, 우리가 미국인이라서 자랑스러워하는 이유는 말해주지 않는다."

케네디가 오늘날 영국에 있었더라면, 현재의 GDP에는 아프가니스탄의 전쟁 비용, 홍수재해 복구 비용, 부상당한 선수들의 의료 비용, 스테로이드와 항우울제에 들어가는 비용, 기업의 인수합병, 소송, 이혼 수속에 들어가는 법률 비용, 시골에서 급증하는 푸드 뱅크에 들어가는 비용이 포함되어 있다는 얘기를 덧붙였을 것이다. GDP는 총지출을 나타내는 것이기 때문에 재난이 휩쓸고 간 이후에는 복구 비용 때문에 GDP가 상승한다. 하지만 셰일가스를 시추하다가 지하수면이 오염되고, 돼지 오물 구덩이에서 가스가 증발해 나오고, 운동선수가 부상으로 선수생활을 마친다고 해서 GDP가 떨어지지는 않는다. GDP를 올린다는 관점에서 보면 튜크스베리Tewkesbury(영국 잉글랜드 서부에 있는 마을)나 서머셋Sumerset(잉글랜드 남서부의 주)이 매해 홍수가 나는 것이 배수 시설을 잘 갖추어 홍수를 예방하는 것보다 더 유리하다. GDP에는 아이가 교육을 포기하거나, 교육에 버림받아서 능력을 상실하는 부분이 반영되지 않는다. 강제해고순위나 회사의 내부 경쟁에 의해 빼앗기는 창조적 에너지도 반영되지 않는다.

GDP에는 부모가 아이들에게 투자하는 노력이나, 자신의 부모나 이웃을 돌보는 노력도 반영되지 않는다. 자원봉사나 지역 활동에 참가하는 데 들이는 시간도 반영되지 않는다. 다른 점수 제도와 마찬가지로 GDP도 딱 한 가지, 지출에만 관심을 쏟고 나머지는 지워버린다.

GDP를 개발한 사람도 이런 부분을 인식했다. 1930년대 이전에는 정부가 가지고 있는 자료가 주가지수, 화물열차 적재량 등의 잡다한 것밖에 없었다. 그래서 경제계획을 세우는 것 자체가 불가능했고, 계획이 정치적 조작이나 희망 섞인 관측에 휘둘릴 때도 많았다. 그러다 대공황의 발발과 함께 만성적인 문제였던 것들이 발등에 떨어진 불이 됐고, 미국 상무부에서는 러시아인 계량경제학자인 사이먼 쿠즈네츠Simon Kuznets에게 경제적 생산량economic output을 측정할 수 있는 방법을 디자인해줄 것을 의뢰했다. 그리고 이 계량방법은 제2차 세계대전 동안 전시 생산량을 계획하고 재정을 지원하는 데 진가를 발휘했다. 1944년에 브레턴우즈 회의Bretton Woods Conference(1944년에 미국의 브레턴우즈에서 개최된 국제 통화 금융 정책 회의. 이 회의에서 IMF와 국제 부흥 개발 은행IBRD이 설립되었다)에서는 전 세계적으로 새로운 통화 질서를 만들어내려는 시도가 이루어졌고, GDP가 국가의 경제를 평가하는 표준 측정 방식으로 도입되었다.

하지만 정작 쿠즈네츠 자신은 자신의 연구 내용이 수정 없이 그대로 도입되는 것이 좋지만은 않았다. 무척 꼼꼼한 계량경제학자였던 그는 한 국가의 경제적 생산량을 제대로 측정하기 위해서는 가사일 같은 무보수 노동도 포함되어야 한다고 믿었다. 엄마가 가족을 위해 준비한 식사는 경제에 원료비만 기여하는데, 기업체 간부가 혼자 하는 식사가 그보다 경제에 기여하는 바가 더 크다는 것은 말이 되지 않았다. 상무부에서는 이런 구분을 별로 진지하게 여기지 않았고, 무보수 노동의 가치를 그 안에 포함시키기를 거부했다. 쿠즈네츠는 불평등에 대한 연구로 넘어갔다. 하지만 그 전에 의회에 한 국가의 복지를 국민 소득을 측정해서 추론하기는 불가능하다는 경고를 남겼다.

GDP 평가방법은 5년마다 수정된다. 2013년에 미국 상무부에서는 영화, 텔레비전 쇼, 책 같은 지적 자산의 가중치를 높이기로 결정했다. 하지만 GDP에 대한 불만은 여전히 남아 있다. GDP는 외부효과externalities, 신체적 정신적 건강을 포착하지 못한다. 교육적 성취, 경제적 불평등, 사회적 안정, 환경 파괴 등도 반영되지 않는다. 그런데도 1999년에 상무부에서는 GDP의 발명을 세기의 업적이라 축하하는 기념 파티를 열었다. 당시 연방준비제도이사회 의장이었던 앨런 그린스펀은 이렇게 떠들었다. "저는 개인적으로 이렇게 말하고 싶습니다. 우리의 기본적 데이터 시스템이 갖고 있는 정확성이나 개념적 엄격함이 흔히들 이해하고 있는 것보다 더 강력하고 중요한 것이라고 말입니다."

국가 경쟁이 필요한가

가끔 다른 국가에서 다른 개념을 모색하는 움직임을 보였다. 일찍이 1972년에 부탄에서는 '국민총행복gross national happiness'을 측정할 것을 제안했다. 30년 후에는 프랑스와 영국도 비슷한 것을 제안했다.

행복은 조금 복잡한 문제라는 것이 밝혀졌다. 문화가 다르면 행복에 대한 질문을 해석하는 방식 자체가 완전히 달라지는 것도 그 이유지만 조사에서 아주 골치 아픈 이례적인 결과가 나왔기 때문이다. 예를 들면, 남녀평등이 증가하는 것과 행복 간에는 상관관계가 나타나지 않았다. 반면 미국에서의 폭력 범죄와 행복 사이에는 양의 상관관계가 나타났다. 하지만 이런 결과만 보고 정책을 입안하는 사람들이 남녀불평등을 키우고, 살인을 부추겨야 한다는 운동을 벌일 리는 없을 것이다.[1] 그 결과 행복 지수는 사회적 복지를 이끌어내는 동인에 대한 통찰을 그다지 제공해주지 못하는 것으로 판명이 났다. 2006년에 중국에서는 '그린 GDPgreen GDP'라는 개념을 도입했다. 이것을 2004년 중국 경제에 적용해보니 성장률이 3퍼센트 낮게 나왔다. 하지만 여전히 GDP는 평가방법으로 굳건히 자리를 잡고 있다. 그리고 모든 나라가 이 평가방법을 사용하기 때문에 국가들도 개인이나 기업이 하고 있는 일을 할 수 있게 되었다. 바로 '비교'와 '경쟁'이다.

GDP가 우리가 모르는 사이 미친 악영향은 실로 막대하다. 매년, 매 분기, 심지어는 매주마다 마치 주식시장에서 회사들이 하는 것처럼 국가들도 누가 이기고 있는지 확인하려고 서로의 GDP 수치와 성장률을 비교한다. 최근 몇 년 동안에는 이런 수치가 공황에 가까운 반응을 불러일으켰다. 중국의 GDP가 차츰 미국의 GDP에 근접한 것이다. 미국이 GDP로 군림하던 시절이 역사의 뒤안길로 사라져가고 있다는 기사가 쏟아지는 가운데 2012년 미국 대선에서는 사람들의 히스테리를 조장하고 글로벌 경쟁에서 대담한 행동을 취할 것을 약속하는 후보자들의 목소리가 메아리쳤다.

공화당 상원위원 릭 샌토럼Rick Santorum은 이렇게 말했다. "중국을 이기고 싶습니다. 나는 중국과 전쟁을 해서 미국을 사업하기에 가장 매력적인 곳으로 만들고 싶습니다."

미트 롬니Mitt Romney는 이렇게 주장했다. "그냥 뒷짐 지고 앉아서 중국이 우리를 뛰어넘는 모습을 지켜보고만 있을 수는 없습니다. 사람들이 이렇게 말하더군요. 무역 전쟁을 시작할 셈이냐고요! 모르는 말씀, 이미 전쟁은 시작됐습니다. 중국은 우리 일자리를 훔쳐가고 있습니다. 우리는 중국에 맞서 일어설 것입니다."

심지어는 대통령까지 나서서 평소처럼 스포츠에 비유하며 이렇게 주장했다. "미국은 1등 자리를 위해 싸워야 합니다."

전문가들이 중국의 GDP가 미국의 GDP를 추월할 정확한 연도를 알아맞히는 데 내기를 걸고 있는 동안, 대중은 이미 그들을 앞서 있었다. 2011년 이후로 이루어진 갤럽 조사에서는 대부분의 미국인들이 중국을 세계 제일의 경제력을 가진 곳으로 폭넓게 인식하고 있었다.[2]

갤럽은 이렇게 논평했다. "중국이 급속하게 경제 성장을 이루고 있다고 해도 미국의 글로벌 경제 리더십을 당장에 흔들어 놓으리라고 주장하는 사람은 거의 없을 것이다. 하지만 미국인 대다수는 이미 미국이 이 도전에서 패배했다고 믿고 있다. 이런 상황이 20년 내로 역전될 수 있으리라 자신하는 사람들도 비교적 소수다."[3]

하지만 대체 무슨 도전이란 말인가? 미국이 전쟁을 치르지 않고 있을 때는 방위비 지출이 줄기 때문에 GDP가 내려간다. 하지만 이것이 미국인들이 더 가난해지고, 중국 사람들이 더 잘 살게 되었다는 의미는 아니다. 멕시코만에서 기름 유출이 더 이상 일어나지 않아 GDP가 내려간다고 이것을 국가적 재앙이라 볼 수는 없다. 더군다나 미국의 고용증가로 일자리를 얻은 사람들이 살림이 나아져 아이폰과 아이패드를 사면, 그것을 만드는 폭스콘Foxconn(중국의 컴퓨터 부품 전문 제조업체로 애플사의 위탁 생산업체다) 공장에 일자리가 늘어나는데 그렇다고 미국 경제가 약해지는 것은 아니다. 국가의 경제는 누군가가 얻으면 누군가가 잃어야 하는 제로섬 게임이 아니다. 사실 우리는 경제위기를 통해 정반대 현상을 목격했다. 어느 한 국가의 실패가 다른 여러 국가의 실패로 이어진 것이다.

그런데도 세계의 리더들은 끊임없이 국가들 사이의 경쟁에 대해서만 얘기하고 있다. 대선 후보 토론회에서 오바마 대통령은 교육 부분에서 중국과 경쟁해야 한다는 주장을 펼쳤다. 마치 잘 교육받은 중국 학생들이 미국의 학생들을 내몰기라도 할 듯 말이다. 영국 보수당에서는 적어도 한 시즌 동안은 '글로벌 경주'라는 문구가 온갖 정치적 수사를 도배하다시피 했고, 이 문구는 데이비드 캐머론의 2013년 신년 메시지, 보수당 정치 방송, 사전 준비 연설이나 비공식적인 언급에서도 등장했다.[4] 경쟁에 대한 이런 수사들은 편견과 선입견을 만들어 공포와 불신만을 부채질할 뿐, 교육 당사자인 아이들을 위해 교육을 향상시켜야 할 이유와 방법에 대해서는 아무런 통찰도 제공해주지 못한다. 학교나 보건의료, 혹은 교통안전을 향상시키는 이유는 중국을 바보스럽거나 역겹거나 위험한 존재로 만들기 위함이 아니다. 이것들은 그 자체로 올바른 일이기 때문이고, 사회를 사회적으로도, 환경적으로도 지속가능하게 만들어주기 때문이다. '기술, 교육, 과학 분야에서의 탁월함을 의미 있게 증진시킬 기회를 창조하는 미국 법안The America Creating Opportunities to Meaningfully Promote Excellence in Technology, Education, and Science Act'은 이름이 촌스럽기는 하지만 그래도 타당한 말이다. 다만 이것이 겉으로만 그럴싸해 보일 뿐인 이유는 이 법안을 약자로 하면 'America COMPETES(미국경쟁력강화법)'이기 때문이다.

경제 전쟁에서 승리한다는 것이 대체 어떤 것인지 상상하려니 참 힘들다. 롬니의 말대로 이미 전쟁이 시작되었다면 대체 '승리'는 어떤 모습일까? 미국인들은 중국이 가난, 빚더미, 사회 불안에 시달리는 모습을 보며 정말 짜릿해 할까? 인도의 빈곤이 더 커지고, 알제리와 이집트의 젊은이들이 교육을 덜 받으면 미국인들은 더 안전하다고 느낄 수 있을까? 도대체 글로벌 경쟁을 전도하는 사람들은 대체 어떤 종류의 승리를 염두에 두고 있는 것일까?

경쟁은 그 극적인 면모 때문에 사람들의 관심과 참여를 이끌어낸다. 실제로는 대단히 복잡하고 섬세한 관계를 단순화시켜 보여주기 때문이다. 스스로를 발전시키는 것보다는 상대방을 악마 취급하는 편이 훨씬 쉽다. 정치인들은 조잡한 정치적 수사들을 동원하여 대답하기 곤란한 질문을 가로막고, 통찰을 억누르고 있다. 그리고 승리 아니면 패배라는 비유가 만연하고 오래 지속되다 보니 우리는 뭔가 있으니까 그런 소리가 나오겠거니 생각하게 되었다.

세계경쟁력보고서의 허점

GDP는 국가의 복지를 제대로 알려주기에는 부족한 지표다. 하지만 GDP만 잘못된 것은 아니다. 글로벌 지표들은 복잡하기만 할 뿐 지위를 나타내거나, 부여하는 우열순서나 마찬가지다. 하지만 이것들은 모두 안건들을 포함하고 있다. 1979년 이후로 세계경제포럼World Economic Forum('다보스포럼'이라고도 하며 저명한 기업인, 경제학자, 저널리스트, 정치인 등이 모여 세계경제에 대해 토론하고 연구하는 국제민간회의다. 고액의 회비를 낸 회원이나 초청된 인사만 참석할 수 있는 배타성 때문에 비판을 받기도 한다-옮긴이)에서는 세계경쟁력보고서Global Competitiveness Report를 정리해 발표해왔다.

세계경제포럼은 다보스에서 정부 지도자들과 기업인 등이 모여 연례회의를 하는 것으로 잘 알려진 조직이다. 세계경쟁력보고서는 객관적 자료(정부 부채, 적자 같은 수치)와 '최고의 경영 리더'들로부터 입수된 다양한 의견이 풍성하게 뒤섞여 있다. 세계경제포럼에 있는 그 누구도 대체 이 리더가 누구고, 어느 기업 사람인지 말해주지는 않았다. 그저 모두 민간 부분에서 일하는 사람이라는 대답만 들을 수 있다. 하지만 누구든 간에 '경쟁력의 열두 기둥twelve pillars of competitiveness'과 관련된 자료를 쥐락펴락하는 것은 바로 이들의 의견이다. 이 열두 기둥에는 특히 기반시설, 금융시장의 발달, 교육, 보건의료, 노동능률 등이 있다. 하지만 이 기둥들을 파고들어가기 시작하면 객관적 자료처럼 보이던 것이 아니라는 느낌이 들기 시작한다.

예를 들어 노동시장 효율성에 대해 언급하는 최고의 경영 리더들에게는 고용인들을 고용하고 해고하는 것이 얼마나 쉽고 어려운지, 정리 해고에 따르는 비용은 어떤지, 그리고 보수가 어느 정도까지 생산성과 연관되는지 물어본다. 고용과 해고가 고용주에 의해 유연하게 결정될 수 있는 국가가 명단에서 윗자리를 차지한다. 그리고 정리 해고에 따르는 비용이 전혀 들지 않는 국가와 보수가 생산성과 연결되는 국가가 윗자리에 오른다. 다른 말로 하면 고용주가 사람을 마음대로 고용하거나 해고할 수 있고, 수행성과에 따라 보수를 지불하는 노동 시장이야말로 효율적이라는 평가를 받는다. 하지만 수행성과에 따른 보수 지불이 효과적이라는 증거는 어디에도 없다. 그것이 생산성, 창의력, 참여, 혁신을 높여준다는 증거도 없다. 사실, 반대의 증거가 오히려 더 많다.

더군다나 우리는 사람을 마음대로 고용하고 해고할 수 있다는 사실이 오히려 기업의 수행성과와는 부정적인 상관관계를 가지고 있음을 알고 있다. 사람을 새로 들이거나 내쫓는 데는 상당한 비용이 따른다. 적당한 사람을 찾아 고용하고 훈련시켜야 하기 때문이다. 이것은 기업의 명성에 손상을 입히고 막대한 현장 지식과 헌신, 효율성을 잃는 행위다.[5] 새로운 사람을 고용하면 회사에 영감을 불어넣고 자극을 줄 수도 있지만, 이직률이 지나치게 높아지면 헨리 포드가 지적했듯이 교육에 많은 돈이 들어갈 뿐만 아니라, 강제 해고로 기업의 평판에 해를 입히고, 일을 창의적이고, 효율적이고, 매력적인 것으로 만들어주는 인간관계가 약화되기 때문이다.[6] 제로 근로 계약은 효율적이라는 착시를 만들 뿐이다. 그런 계약을 한 노동자가 점심 한 끼 사먹기 힘든 상황에서 경제 성장을 기대하기는 무리다.

따라서 경쟁력 지수에서 상위에 오르기 위해서는 한 나라와 그 안에 속한 대기업들이 논란의 여지가 많은 특별한 종류의 비즈니스 모델을 따라야 한다. 이 지수들을 다각도로 조사해본 호주의 학자 하랄드 베르그스타이너Harald Bergsteiner는 세계경쟁력보고서가 객관적 자료라는 가면을 쓴 이데올로기에 불과하다고 결론 내렸다.

베르그스타이너는 이렇게 말했다. "몇 년 전에 세계경쟁력보고서를 읽은 기억이 납니다. 그리고 생각했죠. 이건 말이 안 된다고 말이죠. 효과적으로 기업을 운영하는 방식은 하나만 있는 것이 아닌데 이 보고서에서는 한 가지 모델만 추구하고, 마치 그것이 유일한 방법이라는 듯 전면에 내세우고 있어요. 저는 자리에 앉아 그들이 제시하는 지표들을 살펴보았죠. 그리고 지표들이 대부분 이데올로기적으로 편향되어 있다는 것을 발견했어요. 설문지에서 그런 질문들을 빼고 당연히 있었어야 할 질문들을 추가하면 결과가 크게 달라질 겁니다. 이건 정말 아니죠. 이것을 제대로 된 과학이라 할 수는 없어요. 누군가는 그게 틀렸다고 말해야 합니다."

베르그스타이너는 세계경쟁력보고서에 대해 편향된 피드백 루프라는 진단을 내렸다. 이것은 지배적인 영향력을 가진 국가들이 가치 있게 여기는 정책을 과도하게 강조하고, 영향력이 적은 국가들이 실천하는 대안에 대해서는 묻지 않는다는 것이다. 그는 이것이 전 세계적인 마태효과를 일으킨다고 말한다. 우세를 떨치는 '효율적인 노동시장'은 높은 순위로 보상받는 반면, 그런 사고방식으로부터 과감하게 탈피한 노동시장은 비난을 받으며 우열순위에서 한참 뒤로 밀려나는 것이다. 따라서 이 지수들은 경제적 성공에 대한 어떤 객관적인 정의를 따르기보다는 특정한 의제를 한 국가가 얼마나 충실히 따르고 있는가를 측정하고 있을 뿐이다. 세계경제포럼은 세계적으로 큰 잡음을 만들어내고 있고, 이곳에 참가하는 리더들은 다보스에서 자기네 경제의 규모와 성공 여하에 따라 인정을 받는다. 세계경쟁력보고서는 정치인들과 그들의 경제가 얼마나 잘하고 있는지 점수를 매기는 권위 있는 성적표나 다름없다.

세계경쟁력보고서의 구성 중 상당 부분이 많은 논란을 일으킨다. 어쩌면 당연한 일이다. 모든 국민이, 심지어는 모든 경제학자가 기업을 외국인이 소유하는 것이 무한적 이롭다고 주장하는 것은 옳지 않기 때문이다. 경제를 외부인들이 지배하다보면 언젠가는 민주주의적으로나 사회적으로 심각한 도전을 야기하는 시점이 올 수밖에 없다. 하지만 외국인 투자를 개방한 국가들은 실적 일람표에 이름이 오르게 된다. 세계경쟁력지수Global Competitiveness Index에서는 이런 문제와 관련된 질문이 제시되지도, 분석되지도 않는다. 온갖 정교한 통계 분석을 동원하고 있지만 정작 거기서 등장하는 것은 이름도 밝히지 않는 경영 사상가가 '번영하는 국가의 성공적인 경제란 이런 것이다' 하고 결정해놓은 교조적인 그림밖에 없다. 하지만 이렇게 매겨진 점수가 정치적 수사와 정책의 밑바탕을 형성한다.

세계경제보고서의 수사 속에 경제는 사회와 다르다는 개념이 이제 갓 등장하기 시작했다. 세계경제포럼에서 제시하는 성공의 함축적 의미에 대한 불만이 커지자 결국 2013년에는 지속가능성 순위라는 것이 도입되었다. 하지만 사회적, 환경적 지속가능성에서 의미 있는 진전을 보이지 못하는 국가들이 이 순위를 보며 사기가 꺾이긴 했어도 전체적인 순위에 가져오는 변화는 미미했다. 추가된 실적 일람표는 복잡하기 그지없는 사회적 공동체를 경직된 사고방식에 억지로 끼워 맞추고 있음을 말해줄 뿐이다.

국가 수입과 국민 복지의 거리

비공개기업 자문회사 보스턴컨설팅그룹Boston Consulting Group에서는 더 나은 기준을 만들어보겠다는 시도를 통해 SEDASustainable Economic Development Assessment(지속가능 경제발전 평가)를 만들어냈다. 여기서는 성장의 종류를 구분한다. 모든 사람의 복지를 향상시키는 성장과 소수에게만 혜택이 돌아가는 성장이다. 이것을 만든 이들은 이렇게 주장한다. "중요한 것은 증가하는 국가 수입을 더 훌륭한 복지로 옮기는 일입니다. GDP가 높은 국가라고 해서 그 부를 국민의 복지로 전환하는 데도 제일 뛰어나다는 의미는 아니거든요. 알바니아나 루마니아 같은 몇몇 동유럽 국가, 그리고 인도네시아, 필리핀, 베트남 같은 동남아시아는 부를 복지로 전환하는 부분에서 특히나 높은 점수를 받았습니다."

SEDA는 가난한 사람에게 호의적인 성장 접근 방법은 GDP의 성장이 따라주지 못한다 해도 긍정적인 영향을 미칠 수 있다는 점을 보여주고 있다. 이는 다른 지표에서는 보여주지 못하는 부분이다.

"이 점에서 브라질의 기록은 특히나 인상적입니다. 지난 5년간 브라질의 GDP 성장률은 평균 5.1퍼센트였지만, 생활수준의 향상을 보면 평균 연간 경제 성장률이 13퍼센트 이상이라야 기대할 수 있을 만한 수준이었거든요. 최근에 복지 향상이 GDP 성장률보다 더 컸던 나라를 보면 뉴질랜드, 폴란드 등이 있습니다."

보스턴컨설팅그룹이 하지 않은 한 가지는 자료를 가지고 실적 일람표를 만들지 않은 것이다. 이들이 자신의 발견 내용을 구성하는 방식 자체가 표로 나타나기에는 그리 단순하지 않았기 때문이기도 하다. 좀 더 신랄한 평론가들은 이 회사가 그저 잠재적인 정부 고객들의 심기를 긁어놓으려 하지 않았던 것뿐이라고 추측한다(결국 이 보고서를 누군가는 사주어야 하니까 말이다). 하지만 SEDA가 주는 가장 큰 교훈은 모든 성장이 동등한 것은 아니며, 따라서 성장 그 자체만으로는 유용한 평가 방법이 될 수 없다는 것이다.

GDP는 의미가 없으며, 세계경쟁력보고서는 자기 자신만의 의제에 빠져 있다는 사실을 모두가 알고 있다. 사실 반세기 넘도록 모두가 이미 알고 있던 부분이기도 하다. 그럼 대체 왜 GDP가 정치인, 경제학자, 정책입안자들의 입에서 아직도 흘러나오고 있는 것일까? 이것이 일종의 치킨게임인 탓도 있다. 그 누구도 먼저 꽁무니를 빼고 싶지 않은 것이다. 어떻게 해서든 기존의 시스템으로 게임을 지속할 수 있고, 우위를 차지한 국가들이 계속 정상 자리에 머물 수만 있다면 어느 누가 위험하게 다른 평가방법을 도입하려 하겠는가?

미사여구로 치장된 경쟁에 관한 수사와 승리에 대한 매혹적인 판타지는 우리의 생각을 흐리게 만들어 진정 의미 있는 발전이 어떤 것이어야 하는지를 잊게 만들었다. 경쟁적인 비유를 이용해서는 효과적인 정책을 규정하기가 한마디로 불가능하다. 우리는 어느 한 국가의 복지가 다른 국가들의 안정성과 복지에 달려 있음을 잘 알고 있다. 하지만 경쟁의 언어에는 이런 상호의존적인 측면이 누락되어 있고, 마치 승자는 패자와 동떨어진 세상에 살고 있는 것처럼 그리고 있다. 심지어는 그것이 사실이기를 바라는 사람조차 사실이 아님을 안다.

게다가 경쟁적인 마음가짐은 관심을 완전히 GDP에만 집중시켜버리기 때문에 관심을 절실하게 필요로 하는 다른 문제들을 보지 못하게 만든다. 우리는 지금 지속가능한 에너지와 식품공급원에 대해 고민하고 있어야 마땅한데도 GDP는 우리가 그쪽으로 신경을 쓰게 놔두지 않는다. 최근에는 태양열 에너지 생산 비용이 곤두박질치기 시작했는데 이것을 통해서 화석 연료에 대한 의존도를 줄여나갈 수 있다면 부정적인 영향이라 여길 필요가 없다. 지속가능 기술의 장기적인 혜택과 추출 산업의 단기적 혜택 사이에서 균형을 잡으려면 승자 혹은 패자라는 사고방식이 아닌 좀 더 세련된 사고방식이 필요하다.

협력을 잘하는 국가들

새로운 기술의 등장으로 전체 산업이 쓰러지고 제거되어가는 상황에서 우리는 그 뒤를 쫓아 떠오르는 불평등을 과연 편안하게 받아들일 수 있을지 생각해볼 필요가 있다. 재론 래니어Jaron Lanier가 《미래는 누가 소유하는가?Who Owns the Future?》라는 책에서 설득력 있게 묘사했듯이, 기술의 발전은 보건의료부터 운송에 이르기까지 모든 산업 분야를 더 저렴하고 쉽게 자동화시킬 것이고 결국 일자리가 없는 사람이 점점 많아질 것이다. 하지만 그와 동시에 인구는 12년마다 10억 명씩 늘어나고 있기 때문에 GDP도 늘어날 것이다. 하지만 인구는 늘어나는 반면 일자리는 점점 줄어든다고 생각하면 누구든 멈춰 서서 고개를 갸웃거리게 된다. 경쟁적인 마음가짐으로 GDP를 생각하는 한, 이런 문제점들은 수면 위로 떠오르지도 않고, 당연히 제때에 대처할 수도 없다.

승리하는 국가라 해도 결국 다른 모든 국가와 함께 공존해야 한다는 사실을 인식하고 나면 진짜 과제는 결코 경쟁이 될 수 없음이 분명해진다. 승리하는 국가는 언제나 있기 마련이다. 1880년경에 미국에게 추월당하기 전까지 영국이 그랬던 것처럼 말이다. 하지만 한 국가가 우위를 점한다고 해서 나머지 국가들이 사라져버리는 것은 아니다. 심지어는 나머지 국가가 무기력하고 가난한 상태로 남아 있는 것도 아니다. 가장 크거나, 가장 부유하거나, 가장 공격적이거나, 위협적인 것으로 세계 속에서 자신의 위치를 정의내릴 수 없는 사회들은 다른 형태로 정체성을 찾으려한다. 형제관계에서처럼 이들은 자신의 적소適所, niche를 찾아내야 하고, 생산적인 국가가 되고 싶다면 다른 국가들과 잘 지내는 법을 배워야 한다. 협력이라는 과제는 결국 지배보다 좀 더 어렵고 미묘한 과제인지도 모른다.

데이비드 스킬링David Skilling은 대체적으로 작은 국가들이 이런 문제들을 더 잘 다룬다고 주장한다. 그들은 그래야만 하기 때문이다. 미국이나 중국 같은 막대한 경제적 우위가 없기 때문에 순전히 크기만으로는 안도감이나 안전을 느낄 수 없기 때문이다. 설사 클수록 더 좋은 것이라 해도 이들에게는 선택의 여지가 없다. 그는 주장하기를 핀란드, 스위스, 싱가포르, 북유럽 국가들은 더 노출되어 있는 국가이고, 그런 노출이 그들을 기민하게 만든다고 한다.

스킬링은 내게 이렇게 말했다. "작은 국가들은 무언가를 제대로 해내지 못했을 때 실수를 감당할 수 있는 여력이 많지 않습니다. 작은 실수 하나로도 낭떠러지로 떨어져 버리죠. 미국처럼 덩치가 크면 경제 규모가 있기 때문에 꽤 오랫동안 실수를 해도 버틸 수 있습니다. 크기 자체가 보호 역할을 해주니까요. 하지만 작은 국가들에게는 사치죠. 그래서 정책결정이 훨씬 빈틈없이 이루어집니다. 벼랑 끝에 몰려 있으니까요."

멀쑥한 뉴질랜드 사람인 스킬링은 자기가 하는 말의 의미를 잘 알고 있다. 그의 조국은 크기도 작을 뿐만 아니라 지리적으로 외딴 곳에 있어 이중으로 불리한 입장이기 때문이다. 요즘 그는 많은 시간을 싱가포르에서 보낸다. 이곳에서 그는 작은 땅과 인구를 최대한 활용하려 애쓰는 정책입안자들에게 조언을 하고 있다. 그는 작은 크기 덕분에 번영하는 전 세계의 작은 국가들이 서로 비슷한 점이 많은 것을 보며 감명을 받는다.

"그들은 자신이 협상 테이블에서 제일 큰 목소리를 낼 수 없다는 것을 압니다. 그래서 그들은 동맹을 맺고 파트너가 되어야 하죠. 이들은 스스로 굉장히 중요한 존재라는 착각에 빠져 있지 않기 때문에 서로 관계를 구축해야 했습니다. 다른 국가들과도 구축하고, 아세안ASEAN(동남아시아국가연합)이나 WTO World Trade Organization,(세계무역기구) 같은 지역 조직, 글로벌 조직과도 관계를 구축해야 했지요. 이런 관계는 그들에게 통찰을 주고 영향력을 부여해주죠. 이 나라들은 기관들이 자기에게 유리한 일을 하게 하려고 많은 시간과 노력을 투자합니다."

따라서 미국처럼 거대한 국가에서는 국가 단위보다는 주 단위에서 뛰어난 창의력을 만나게 될 가능성이 크다. 처리가 곤란하던 총기 관련 법안이 신속하게 통과된 것도 주였고, 탄소 배출과 에너지 소비를 줄이기 위한 가장 중요한 단계들을 밟아나간 것도 주였으니까 말이다.

"미국에서는 이런 모습이 미국 전체적 규모보다는 개별 주나 도시 수준에서 보이기 시작합니다." 스킬링의 말이다. 진정 창의적인 혁신과 서로 협력할 수 있는 능력이 보이기 시작하는 수준은 연방 전체가 아니라 도시 수준이다. 혁신과 개혁을 보려면 국가가 아닌 작은 주나 지역 경제 수준으로 눈을 돌려야 하는 것이다.

소국가들의 경제적 강점

스킬링은 작은 경제와 큰 경제 사이의 역학을 클레이튼 크리스텐슨Clayton Christensen이 말한 '혁신가의 딜레마innovator's dilemma'와 비슷한 것으로 본다. 고전이 된 비즈니스 서적《혁신기업의 딜레마The Innovator's Dilemma》에서 크리스텐슨은 코닥Kodak 같은 대기업은 디지털 사진같이 자신의 사업에 지장을 주는 기술에 반응하지 않았다고 주장했다. 이런 것이 처음 시장에 나타났을 때는 사소한 도전에 불과했기 때문이다. 전략적인 반응을 보이기에는 도전 자체가 너무 사소해 보였고, 그냥 저절로 사라져버릴 기술일지도 몰랐기 때문이다. 하지만 도전이 코앞에 들이닥쳤을 때는 변화를 시도하기에는 너무 늦고, 그에 따르는 비용도 감당하기 어려운 수준이 되고 말았다. 메소드 같은 작은 회사들은 프록터앤드갬블 같은 대형의 기득권 회사에 도전장을 내밀 수 있다. 애초에 이들이 세상에 이름을 낼 수 있었던 것도 영리함과 창의성 덕분이었기 때문이다.

이런 비유를 따르자면 작은 국가들 역시 영리하게 한 발 앞서서 생각해야 한다. 크기가 제공해주는 안락함이나 경제적 완충 기능이 그들에게는 없기 때문이다. 선경지명을 보여준 사례가 바로 노르웨이다. 노르웨이는 막대한 석유를 엉덩이에 깔고 앉아 있으면서도 99퍼센트의 에너지를 수력발전으로 얻는다. 분명 석유가 부족해서가 아니다. 작은 국가들은 순전히 크기나 시장 영향력만으로는 자신을 보호할 수 없음을 알고, 미래를 내다보는 법을 배우기 때문이다.[7]

"작은 국가들은 어떻게 하면 최고의 실천이 되고 빨리 학습할 수 있는지에 대해 날카로운 이해력을 키웠습니다. 그들은 항상 새로운 아이디어를 찾아다니고 가능할 때마다 그런 아이디어를 끌어들이죠. 갑자기 비약적으로 발전한 작은 국가 싱가포르는 교육, 보건의료, 기술 분야에서 끊임없이 혁신을 추구하고 있습니다. 물론 규모가 작으면 혁신을 도입하기가 더 쉽죠. 하지만 작아서 생기는 특이점은 자기의 바깥 세상과 교류해야만 한다는 부분입니다."

스킬링은 여권을 가지고 있는 사람이나 외국어를 말하는 사람의 숫자를 보면 이런 부분을 알 수 있다고 말한다. 세계 전체와의 교류가 가장 극명하게 드러나는 부분이 바로 수출이다.

"미국의 수출 비중은 15퍼센트를 간신히 넘깁니다. 하지만 작은 국가들의 평균 수출 비중은 55퍼센트예요. 영국은 꽤 잘하고 있기는 하지만 그래도 아직 20퍼센트 범위예요. 이 정도로는 노르웨이나 덴마크에는 많이 뒤처지죠. 이런 국가들은 자기 주변의 경제주체들과의 관계에 크게 의존하고 있고, 또 스스로도 잘 알고 있습니다. 이들에게 세상은 이분법적일 수 없습니다. 이런 국가들은 자기 주변의 압력에 더 많이 노출됩니다. 자기가 뛰어난 협력자가 될 능력을 내부적으로 발전시켜야 한다는 사실을 알고 있죠. 자기들이 지배적인 힘을 발휘할 수 없음을 알기에 이들은 민첩하고 영리해질 수밖에 없습니다."

영국이 대영제국 이후에 자신의 정체성을 정의하고 적응하는 과정에서 경험해온 문화적, 심리적 어려움은 이런 도전을 증명해 보이고 있다. 영국은 외국의 정책 분석가들이 '부관 전략lieutenant strategy'이라고 부르는 것을 도입하는 쪽을 선택했다. 미국과 형성하는 소위 특별한 관계에서 반사되어 나오는 권력을 자기에게로 끌어내려는 전략이다. 이것은 점차 대리 정체성proxy identity 비슷한 것이 되어가고 있다. 자기 자신의 권리에 대해서 어떤 영감을 불어넣어 주지도 못하고, 의미 있는 상호작용이 이루어지는 것도 아니다. 대니 보일Danny Boyl의 런던올림픽 개막식에서 가장 충격적인 특징은 영국 사회가 공유하는 가치관을 제2차 세계대전 이후의 어느 정부나 정당 지도자도 통달하지 못한 방법으로 정확히 표현해낸 그의 능력이었다. 그런데 나머지 세계인들이 대체적으로 이해하지 못하고 있다는 점이 그 핵심을 짚어내고 있다. 영국은 그 누구의 하인도 아니고, 또한 주인도 아닌 채 그저 혼자의 자리만을 지키고 있는 것이다.

하지만 정치적으로 보면 한 세기 동안 세계를 지배하다가 그 후로 다시 반세기를 훌륭한 부관 역할을 하며 지내다보니 영국은 이상하게 고립된 상태가 되어버렸다. 자신의 경제적 존재감을 내세우지도 못하고, 다른 국가들과 협력하는 능력에서의 노련함도 보여주지 못하고 있는 것이다. 스킬링은 이것을 영국의 정책 안에서 볼 수 있다고 한다. 재무부 장관 조지 오스본George Osborne은 마치 영국이 작은 국가인 것처럼 경제를 운영하고 있는 반면, 국무총리인 데이비드 캐머론은 마치 영국이 여전히 강대국이라는 듯 수사를 구사한다. 이런 부조화로는 일관된 정책과 인내심 있는 협력관계가 불가능하다. 영국과 EU와의 관계가 제대로 이루어지지 않는 이유도 이것으로 설명할 수 있다.

〈살람 샤바브〉의 바라처럼 영국은 EU에 대한 정신분열적 태도 때문에 그 안에서 영향력을 키우지도 못하고, 성공적인 팀에서 가치를 인정받는 일원이 되지도 못하고 있다. 하지만 작은 국가들은 이런 부분에 적응하는 수밖에 없다. 제국의 막강한 힘도 없고, 경제적인 힘도 없는 이들은 뛰어난 협력자가 되는 것 말고는 선택의 여지가 없다. 그리고 많은 경우 이것은 이들에게 크게 도움이 되었다. 하지만 오해는 없기 바란다. 개인적으로도 협력이란 쉬운 일이 아니고, 사무실 내부에서 돌아가는 정치나 연구실에서의 우열순위 등 모든 것이 그런 사실을 입증해 보이고 있지만, 글로벌한 협력은 그보다도 훨씬 더 어렵다.

인간 게놈 프로젝트

존 설스턴John Sulston은 내게 이렇게 말했다. "인간 게놈 프로젝트The Human Genome Project가 국제적 협력을 통해 이루어져야 할 이유를 대라면 끝도 없었죠. 일단 모든 사람이 참여하고 싶어 했어요. 그것만으로도 훌륭한 이유죠. 지적 재산권 문제를 극복하려면 대규모의 공개 프로젝트가 제일 좋다는 사실을 모르는 사람은 없었어요. 그것 역시 훌륭한 이유였죠. 그리고 어떤 사람들은 미국이 성과를 혼자 다 독차지 못하게 해야 한다고 생각했어요."

설스턴에 대한 사람들의 평가는 한결같다. 그는 자기를 내세우지도 않고, 신사답고, 다른 사람의 감정을 상하게 만들지 않으려고 신경 쓰는 사람이다. 그는 예쁜꼬마선충의 게놈 서열 분석에서 참여한 공로를 인정받아 노벨상을 수상했다. 하지만 그는 인간 게놈 프로젝트에서 맡았던 역할로 제일 유명하다.

린다 파트리지Linda Partridge의 말이다. "그는 윤리적이고 이타적인 과학자의 전형이에요. 그가 프로젝트에서 한 일은 정말 이타적인 행동이었어요. 대단히 어렵고, 끔찍할 정도로 노동집약적인 일이었고, 또 과학자의 입장에서 보면 보람이 없는 일이기도 했거든요. 그가 해결해야 했던 일은 과학과는 상관없는 문제였으니까요. 사람들을 어떻게 함께 일하게 만들 것이냐가 문제였어요."

수염이 덥수룩한 다정한 얼굴에 이해하기 쉬운 언어를 구사하고, 관심 분야도 다양하며, 친구도 폭넓게 사귀는 설스턴은 자기가 좋아하는 일을 하며 살 수 있다는 사실에 놀랍고 기뻐하는 사람이라는 인상을 준다. 그에게는 커다란 인생 계획도 없고, 꼬집어 말할 만한 야망도 없다. 다만 무엇을 새로 발견할 수 있을까 하는 끝없는 호기심만 있을 뿐이다. 그는 자서전에서 자신은 기관의 운영자나 정치가로서의 삶을 단 한 번도 꿈꿔 본 적이 없다고 분명하게 밝히고 있다. 하지만 그는 결국 이런 일을 짊어지게 되었다. 공개적으로 자금을 받아 인간 게놈 서열을 밝혀내는 프로젝트를 하려면 집과 지도자, 기금모금자가 필요했다. 결국 설스턴은 이 모든 영역에 재능이 있음이 밝혀졌다. 그는 사람들이 훌륭한 일을 해내고 싶은 마음이 들게 만드는 재주가 있었다. 생각이 깊고, 참을성도 뛰어나(무한정 참기만 한 것은 아니었지만) 웬만한 일로는 흥분하지도 않았다.

인간 게놈 프로젝트는 미국국립보건원NIH의 자금 지원을 받는 설스턴을 비롯한 미국 과학자들과 의학연구위원회Medical Research Council와 세계 최대의 의학자선단체인 웰컴트러스트Wellcome Trust가 자금을 지원하는 국제 컨소시엄 간의 공동연구로 1990년에 시작되었다. 프로젝트의 가장 중요한 목표는 인간 게놈 전체의 지도를 만드는 것이었지만, 대부분의 과학자들은 이 연구를 느슨한 협력관계를 통해 진행하는 쪽을 선호했다. 한 사람의 지휘 아래 이루어지는 하나의 거대한 과학 프로젝트로 진행하기보다는 전 세계에 퍼져 있는 그룹들이 데이터를 기여하는 수준으로 협력하기를 바란 것이다. 성격이 서로 달라 충돌도 많고 방법론을 둘러싼 갈등도 많았지만, 모든 데이터가 작성되는 즉시 공유되어야 한다는 신념에는 국제 그룹 모두 한마음이었다. 자료 공개에 대한 이들의 헌신이 공동연구에 필요한 신뢰의 밑바탕이 되어주었다. 자료 공유로 프로젝트가 혼란스럽고 느려 보일 때도 있었지만, 규모와 다양성이 확보되는 장점도 있었다.

1994년에 설스턴은 공동연구자 밥 워터스톤Bob Waterston으로부터 '부적절한 제안An Indecent Proposal'이라는 제목이 붙은 이메일을 받았다. 사실 이 이메일에는 전체 게놈 서열의 해독을 2001년까지 마무리 지을 수 있도록 합심해서 노력하자는 제안이 들어 있었다. 계획은 깜짝 놀랄 정도로 야심 찬 것이었다. 소위 '정크 DNAjunk DNA'를 비롯한 모든 서열을 해독하자고 해서 그런 것만은 아니었다. 설스턴은 정크 DNA가 중요한 것으로 밝혀지리라 믿었기 때문이었다(그리고 이 믿음은 결국 옳았다). 대담한 지적 목표였던 만큼 프로젝트에 붙은 가격표 역시 어마어마해서 약 30억 달러가 필요했다. 어느 한 조직이나 국가가 부담할 수는 없는 비용이었고, 프로젝트가 살아남으려면 국제적으로 자금을 조성할 필요가 있었다. 설스턴은 영국으로부터 막대한 자금을 끌어들이는 능력을 발휘했고, 미국도 가

만히 있을 수 없게 만들었다.

그러던 1998년 이 모든 노력이 위기에 빠졌다. 동료 과학자 중 한 사람인 크레이그 벤터Craig Venter가 상업 자금을 지원받은 자신의 벤처기업(결국에는 '셀레라Celera'라고 이름이 붙여졌다)이 대중에게 비용을 전가하지 않고도 인간 게놈을 더 빠르고 정확하게 해독할 수 있으며, 실행하겠다고 선언한 것이다. 벤터가 제시한 방법론은 인간 게놈 프로젝트에서 제안한 것처럼 철두철미한 방법은 아니었지만, 그 정도면 충분하다고 주장했다. 이렇게 경쟁을 위한 무대가 설정되었다. 언론에서 좋아할 부류의 경쟁이었다. 공개 프로젝트는 낡고, 지루하고, 탁상공론적이고 비실용적인 것으로 묘사됐고, 셀레라는 자신만만하고 무자비하고 실용적인 것만 따지는 시건방진 젊은이처럼 묘사됐다.

국가에 대한 선입견도 이런 대조를 두드러지게 만들었다. 공개 프로젝트에 대해서는 구태의연함을 상징하는 영국의 과학자들에 대한 얘기가 주로 나왔고, 미국의 혁신가들은 모두 무신경하게 돈만 밝히는 사람인 것처럼 표현되었다. 이 모든 것이 인터넷 붐이 한참이던 시절에 이루어지다 보니 극적인 면모가 더 부각될 수밖에 없었다. 혁신적 기술이 하룻밤 사이에 백만장자들을 만들어내는 역사적인 순간이 오자 세계의 이목이 주식 시장으로 집중되었고, 결국 관습을 부순 젊은이들은 영웅으로, 그리고 기관에서 일하는 인물들은 그들의 길을 가로막는 산송장처럼 여겨졌다. 전체적인 상황이 이렇다 보니 마치 설스턴은 시대에 뒤처진 골리앗이고, 벤터는 싸우기 좋아하는 다윗이 되어버린 듯한 입장이 되고 말았다.

모두들 돈이 된다는 소리에 솔깃했지만, 여기에는 더 중요하고 오래갈 문제가 달려 있었다. 벤터는 수천 종의 유전자를 특허 내서 그 자료를 연구자와 제약회사에 대여할 수 있는 사업체를 만들고자 하는 투자자들을 끌어모았다. 이렇게 되면 셀레라는 마이크로소프트와 비슷한 위치에 서게 된다. 셀레라가 유전자 연구의 운영체제OS나 마찬가지가 되기 때문에 그 어느 연구자 그룹도 기능을 할 수 없게 되는 것이다. 설스턴은 이런 점을 두려워했고, 이를 막기 위해 싸웠다. 그는 유전자는 '발견'되는 것이지 '발명'되는 것이 아니기 때문에 본질적으로 특허를 낼 수 있는 성질의 것이 아니라고 믿었다. 그리고 이런 정보에 접근하기 위해 돈을 지불해야 한다면 이후의 연구들은 속도가 느려지고 더 많은 돈이 들게 될 것이라고 염려했다. 더군다나 서로 다른 회사들이 서로 다른 유전자를 '소유'하게 된다면 연구 자체도 갈기갈기 찢어져 분열되기 때문에 지식, 통찰, 연구 내용을 서로 결합하는 일이 더욱 어려워질 것이 뻔했다. 하지만 이것과 관련된 법률은 무엇 하나 명확한 것이 없었다. 한마디로 갓 태어난 신생 분야였기 때문이다.

그리하여 공개 프로젝트 그룹과 사립 프로젝트 사이의 열띤 경쟁에는 언론에서 떠들어댄 성격적인 충돌과 문화적 충돌보다 훨씬 더 큰 의미가 담기게 되었다. 단순히 막대한 지식이 개인의 소유가 될 것이냐, 대중의 공동 재산이 될 것이냐도 중요했지만, 전 세계적으로 흩어져 있는 국제적인 대형 공동연구가 한 사람의 우월한(심지어는 군림하려 드는) 참가자보다 더 효과적임을 증명해 보일 수 있을 것인가의 문제로 커진 것이다.

설스턴은 이렇게 말했다. "인간 게놈은 하나밖에 없습니다. 단 하나의 기본적인 인간 표준 유전체human reference genome밖에 없는 것이죠. 그것을 두고 왜 경쟁을 해야 합니까? 미친 짓이죠! 공동으로 이용할 자원을 확보하는 것인데 말입니다. 이것은 그저 일을 마치느냐 못 마치느냐의 문제가 아닙니다. 컨소시엄을 조직하는 일은 무척 어렵습니다. 모두들 잘 알죠. 여기서 중요한 것은 과학적으로든, 심리적으로든, 그리고 소유의 문제로든 간에 모든 사람을 한 지붕 안에 끌어모아 데이터를 공유하는 것이 훨씬 낫다는 점입니다. 이것이 마치 경주인 것처럼 비춰지고 있습니다만 중요한 것은 딱 한 가지밖에 없습니다. 바로 데이터 배포data release의 문제죠."

점점 과열되는 전 세계적 경쟁

　데이터 공유를 둘러싼 열기가 폭발하듯 높아졌다. DNA와 유전체학genomics이라는 신흥 분야와 가장 깊게 관여된 인물인 제임스 왓슨James Watson(DNA 이중나선 구조를 밝혀낸 생물학자-옮긴이)은 이 싸움을 제2차 세계대전에 비유하기도 했다. 게놈 서열 해독을 자기 것으로 만들려는 벤터의 시도는 히틀러가 폴란드를 점령한 것과 비슷했고, 이제 과학공동체는 체임벌린Chamberlain(1937년부터 1940년까지 영국 총리를 지냈으며 히틀러에 대해서 유화정책을 펼쳤으나 결국 실패하여 국민의 신뢰를 잃고 말았다-옮긴이)이 아닌 처칠Churchil을 열렬히 원하는 형국이 된 것이다.[8]

　글로벌 프로젝트와 미국 프로젝트 사이의 경쟁이 이루어지는 가운데 결국 셀레라가 데이터를 공유하기는 하되 한 달 후에 공유하기로 합의가 이루어진다. 한편 공개 프로젝트에서는 자신의 데이터를 매일 셀레라를 비롯한 모두에게 지속적으로 배포하기로 했다. 공개 데이터와 자신의 데이터를 결합하면 셀레라는 모든 데이터를 확보할 수 있었다. 하지만 이 회사에서는 그에 상응하는 조치를 하지 않았다. 셀레라의 자료 전체에 접근하고 싶은 사람은 비용을 지불해야 했고, 또 그 자료를 재배포하는 것은 금지되어 있었다. 어쨌거나 결국 모든 정보는 공유 부분으로 넘어오게 되었지만 셀레라는 자신의 데이터에 접근하는 부분에는 요금을 부과할 수 있었다. 소유권을 가지고 있는 분석과 포맷 때문이었다. 더군다나 한 달의 지연 기간은 그들이 지적 재산권을 확보할 수 있는 결정적인 시간을 제공해주었다. 셀레라(이 회사의 모토는 '속도가 중요하다. 발견은 우리를 기다려주지 않는다'이다)는 아침에 유전자 서열 판독 능력을 재빨리 완벽하게 다듬은 다음, 오후면 벌써 법률 사무소에 특허 출원을 했다.

　그의 방법은 컨소시엄 쪽보다 더 신속하고 매끈했기 때문에 사실상 벤터는 세부사항의 상당 부분을 외재화하고 있었다. 그는 이런 방법으로 승리하고자 했던 것이다. 하지만 설스턴은 벤터의 수탈 방식을 따라하지 않았다. 그는 정보의 공적 소유를 강화하고 보호할 수 있는 최선의 희망은 최대한 많은 그룹을 정보의 생산과 자금 지원에 끌어들이는 것임을 깨달았다. 국제 컨소시엄은 자금 지원 증가와 소유권 확대라는 혜택을 제공했고, 미국, 영국, 프랑스, 독일, 일본의 연구실들은 자기 혼자 뒤처지기를 원하지 않았다. 하지만 이것 때문에 프로젝트가 다루기 힘들어진 점도 많았다. 전 세계의 과학자, 정부, 변호사, 정치인들이 마치 금광을 발견하고 몰려드는 사람들처럼 덤벼들고 있었기 때문이다. 만약 공공 연구가 제대로 관리되지 못하면 일이 쓸데없이 중복되고 낭비가 이만저만이 아닐 것이었다. 그리고 공공 프로젝트는 몸집만 크고, 연구가 중복되는 일이 많아 낭비가 크다는 벤터의 주장이 정당성을 얻게 될 것이었다.

"물론 이 프로젝트가 국제적 공동연구라는 점이 더 어려웠습니다. 당연한 얘기였죠. 하지만 그렇게 해야만 했습니다. 이것은 어느 한 사람, 한 회사, 한 국가가 독점하기에는 너무나 크고 중요한 데이터였습니다. 그리고 이 프로젝트의 정신은 바로 '공유'가 되어야 했어요. 게놈이라는 것 자체가 우리 모두가 공유하고 있는 것이니까요. 네 것도, 내 것도 아닌 우리 것이 되어야 했습니다."

두 혁신가를 둘러싼 온갖 수사들은 이것을 경주로 묘사했다. 과연 누가 인간 게놈을 최초로 완성할 것인가? 설스턴은 속으로 이 경주가 우습기 짝이 없다고 생각했다. 결국 인간 게놈이 어디 가서 사라질 것도 아니고, 새로운 기술 개발에 속도가 붙으면서 작업을 더 단순하게 만들어주고 있었기 때문이다. 하지만 그는 그 후로 자신의 삶에서 6년이라는 세월 동안 공개 프로젝트를 완성하고, 가장 중요한 발표 단계까지 이끄는 안내자 역할을 했다. 이 기간 동안 정말로 놀라웠던 점은 저명한 과학자와 전 세계의 수많은 그의 동료들이 과학이 아니라 언론 관리에 그토록 많은 시간을 할애했다는 점이다. 이들은 과학 논문보다 언론 보도자료를 신중하게 작성하고 꼼꼼히 검토했다. 공개 출연할 때는 무대 연출을 신중하게 하고 리허설도 꼼꼼하게 해야 했다. 벤터가 언론의 관심을 이끌어내는 데 재주가 많다는 부분도 경쟁관계를 악화시키는 역할을 했다. 기자들은 셀레라의 본부에 테이블 축구 게임판, 장난감 총, 플라스틱 바이킹 헬멧이 많다는 사실에 좋아했다. 바그너의 '발퀴레의 비행The Ride of the Valkyries'이 스피커에서 터져 나오는 것도 혼자 힘으로 과학 기득권층과 인간 게놈 프로젝트와 맞붙어 싸운다는 그의 영웅적 단독 행동가의 이미지를 강화시켰다. 그리고 미국의 주간잡지 〈뉴요커The New Yorker〉에 "크레이그 벤터는 멍청이다 Craig Venter is an asshole"라는 제목의 기사가 실리자 그의 명성은 보장되었다.[9]

이런 분위기 속에서 학술적인 내용만 들먹였다가는 숨가쁜 관심을 얻을 수 없을 것이 뻔했다. 인간 게놈 프로젝트는 한 명의 슈퍼맨이 아니라 수천 명의 과학자, 기술자, 소프트웨어 공학자, 행정가들이 매일매일 정교하고, 때로는 지겹기까지한 반복적 작업을 해서 이루어지는 것이다. 여기에는 영웅적인 리더가 아니라 여러 명의 조언자, 전도사, 그리고 묵묵히 협조하는 파트너들이 있을 뿐이었다. 영국과 미국 사이를 부지런히 오가며 서로 간의 오해를 불식시키고 사람들의 헌신과 집중을 이끌어내다 보니 설스턴은 놀랍게도 어느새 자신이 정치의 세계로 들어와 있음을 깨닫게 되었다.

"BBC 라디오의 투데이 프로그램에서 인터뷰를 한 적이 있습니다. 거기서 셀레라가 자기들만의 데이터를 모으고 있을 뿐만 아니라 우리의 데이터까지 모두 다 쓸어갈 것이라고 지적했습니다. 이것은 당연히 대중에게 공개된 정보인데도 그것을 자기 것이라 부르며 다른 사람들에게 사용료를 지불하게 만들 것이라는 것이죠. '너무 무례한 단어가 아닐까 걱정스럽습니다만, 그렇게 한다면 그것은 일종의 사기죠.' 제가 이렇게 덧붙였습니다. BBC 온라인에서는 '사기'라는 단어를 부리나케 기사로 올렸죠. 기자들이 이 내용을 놓칠리 없고요. 사람들의 반응이 어땠을까요? 고개를 끄덕이는 사람도 있었습니다. 하지만 많은 사람들이 저더러 자기 기득권을 지키려고 질투심에 인신공격을 한다고 비난했습니다. 그런 얘기는 그 전부터 들어왔던 것입니다만 세계 전체가 노선을 따라 나뉘어 버린 것이죠."[10]

두 노선을 대략 나눠보면, 벤터로 대표되는 민간의 경쟁적인 상업활동을 믿는 사람들과 설스턴, 왓슨, 미국국립보건원으로 대표되는 공개적, 국제적인 협력을 믿는 사람들이다. 정부기관이 관여하는 데 반감을 품는 온갖 편견이 수면으로 튀어나왔다. 기업의 지배에 대한 두려움도 마찬가지로 폭발했다.

벤터는 자신의 뛰어난 쇼맨십을 입증해 보이기는 했지만 셀레라에서의 그의 삶이 순조로웠던 것만은 아니었다. 회사가 추구하는 목표들끼리도 서로 경쟁이 일어났다. 투자자들과 경영자들이 추구하는 것은 주가 상승과 수익성 좋은 생물정보학이었던 반면, 과학자들은 학문적으로 이 일을 추구하고 있는 동료들과 똑같이 어려운 연구를 하면서도 시간은 더 부족하고, 압박은 더 심하고, 쇼비즈니스까지 해야 하는 상황이었다. 과학적 사명과 상업적 사명 사이의 갈등에 발목을 잡히고, 회사 경영진과의 적대적인 관계까지 겹치자 벤터는 까칠하고, 호전적으로 변했고, 때로는 편집증적인 면모까지 튀어나왔다.

그의 연구팀은 개인적으로 엄청난 충성심을 보였지만, 연구자들이 그들의 순자산이 몇 백만 달러에 도달한 것을 보며 깜짝 놀라 침묵에 휩싸인 동안에는 며칠 동안 연구가 멈추기도 했다. 벤터는 자신이 아웃사이더가 되어버렸음을 뼈저리게 느꼈다. 그는 이런 상황을 이용해 대중을 자극하고, 그들의 지지를 이끌어내기도 했지만 그 자신과 언론이 선동한 개인적 반감 때문에 의미 있는 공동 작업을 하기는 불가능해져 버렸다.

이것으로 인간 게놈 프로젝트에도 더 많은 압박을 가하리라는 것이 벤터의 의도였지만 설스턴은 인내했다. 전 세계의 과학자들이 봉급에만 신경을 쓰고 있는 동안(설스턴은 과학자가 청소부보다 월급을 많이 받아야 할 이유를 모르겠다고 말한 적도 있다) 설스턴은 미국국립보건원에 있는 프란시스 콜린스Francis Collins와 함께 프로젝트의 기금을 마련하고 프로젝트를 지키는 일에 매진했다. 하지만 경쟁의 정치학이 점점 지장을 초래하고 있었다.

설스턴은 내게 이렇게 말했다. "부정적인 측면은 이랬습니다. 우리가 잘못된 목표를 향하기 시작했다는 점이죠. 우리는 영국 총리 토니 블레어와 미국 대통령 빌 클린턴에게 과장된 발표를 해야 했습니다. 마치 달에 사람을 보내기라도 하는 것처럼 인간 게놈 프로젝트가 얼마나 놀라운 일이냐고 떠들어대야 했죠. 그 시점에서는 연구가 끝나지도 않았었는데 말입니다! 그렇게 한 이유는 미국에서 확실하게 일종의 평화적인 합의가 이루어지게 하기 위함이었어요. 그 해는 클린턴 대통령의 대선이 있는 해였죠. 우리는 지적 재산권을 확보하기 위해 매스컴의 주목을 확실하게 받아놓고 싶었습니다. 하지만 조금은 거짓된 목표였고, 엄청난 시간 낭비였죠."

주변이 시끄러웠음에도 불구하고 설스턴과 콜린스는 정치적 공격과 맞서 싸웠고, 그동안 유전자 서열 분석 기술이 지속적으로 향상되면서 연구는 점점 빠른 속도로 진척되고 있었다. 하지만 누군가 대체 공개 프로젝트를 이끄는 사람이 누구냐고 묻는다면 답을 내놓기가 어려웠을 것이다. 벤터는 이들을 '라이어스 클럽Liar's Club(미국의 게임 쇼로, 거짓말쟁이들의 클럽이라는 의미다—옮긴이)'이라 부르며 노골적으로 공격하고, 그들은 제대로 조직되지도 않은 학자 무리에 지나지 않으며 자기네 셀레라야말로 제대로 조직된 회사라고 주장했다. 하지만 공개 프로젝트에 참가한 협력자들은 생각이 달랐다. 한 사람은 이렇게 말했다. "어느 한쪽에서 이래라 저래라 지시하려고 들었다가는 분명 실패하고 말았을 겁니다."[11]

설스턴과 벤터의 그 이후

결국 셀레라는 자신의 데이터에 구독료를 부과하는 비즈니스 모델을 만들어내지 못했고, 벤터는 경영진에 의해 해고되었다. 그가 함께 일을 할 수 없을 정도로 적대적이었기 때문이다. 유명한 기자회견이 있고 1년 후에 공개 프로젝트에서는 자신의 모든 데이터를 〈네이처〉에 발표했고, 셀레라도 어쩔 수 없이 자기네 데이터를 〈사이언스〉에 공개할 수밖에 없었다. 인간 게놈의 지도는 완성이 됐다. 벤터는 수백만 달러를 벌어서 자금을 빵빵하게 지원받는 생물공학 회사를 운영하기 시작했고, 셀레라(지금은 퀘스트 다이아그노스틱Quest Diagnostics의 일부다)는 아직도 6,500건의 유전자 특허를 가지고 있다. 설스턴은 돈을 한 푼도 벌지 못했지만 드디어 슈퍼협력자로서의 역할에서 은퇴할 수 있었다. 2004년에 그는 시드니 브레너Sydney Brenner, 로버트 호비츠Robert Horvitz와 함께 예쁜꼬마선충의 유전자 지도 연구에 대한 공로를 인정받아 노벨상을 수상했다. 수많은 그의 동료들은 그가 노벨 평화상 분야에 나갔어도 강력한 후보가 되었을 것이라고 말했다. 그 후로 10년이 지났고 경쟁이 과연 과학을 더 좋게 만들었는지 그에게 물어보았다.

"그렇게 생각하지 않습니다. 경쟁 덕분에 빨라진 것도 없고, 비용이 저렴해진 것도 없어요. 상황을 더 좋게 만들 수도 없습니다. 달라질 것이 없으니까요. 걱정스러운 점은 지금의 상황에서는 유전자 몇 천 개가 이미 특허를 땄다는 점입니다. 예를 들면 '미리어드Myriad'는 BRCA1과 BRCA2를 특허낸 회사입니다. 이것은 작은 유방암 유전자죠. 가족 위험요인family risk을 검사할 때 아주 중요한 유전자입니다. 이것을 검사하고 싶으면 미리어드로 찾아가야 해요. 비용은 3천 달러입니다. 유전자 특허는 보건의료 비용을 상승시킵니다. 미국 말고 다른 나라는 이 부분에 아예 손을 놨어요. 우리가 인간 게놈 프로젝트를 국제적으로 운영해 데이터를 무료로 공개하기를 원했던 이유가 바로 이것입니다. 전 세계 모든 사람이 몸 안에 지니고 있는 것에 대해서 한 국가가 특허를 가진다는 것은 어떻게 봐도 옳은 일이 아닌 것 같거든요."

2009년에 미국시민자유연맹American Civil Liberties Union은 극단적인 수준의 특허 보호를 주장하는 것에 대해 미리어드를 법정에 불러냈다. 4년 동안 다른 많은 법정 사례들이 있고 난 후에 대법원은 이 특허가 무효라는 판결을 내렸다. 하지만 인간 게놈 중 20퍼센트 정도가 현재 특허가 나 있고, 우리가 아는 것이라고는 이런 특허가 유지되는 한, 연구비용은 더욱 늘어나고 유전의학의 발전은 더디어질 것이라는 점이다. 인간 게놈 프로젝트에 대한 시비가 없었더라면 문제는 결코 떠오르지 않았을 것이다.

"우리가 애초에 원했던 것은 인간 게놈 전체를 공용데이터베이스에 집어 넣어서 누구든 추가하거나 주석을 달 수 있게 하려는 것이었습니다. 그렇게 하면 위키피디아처럼 곳곳의 연구자들이 발견해내는 지식들로 계속 풍성해질 수 있을 테니까요. 하지만 일단 유전자가 특허를 받게 되면 여러 유전자를 포함하는 검사가 아주 어려워지거든요. 진짜 장벽특허roadblock patent가 되어버리는 거죠. 그리고 앞으로의 공동연구도 정말 어려워집니다. 데이터를 공유할 수 없으면 신뢰 또한 구축할 수가 없습니다."

인간 게놈 프로젝트는 국제적 협력을 통해 이룰 수 있는 것이 무엇인지 보여주었다. 하지만 이런 협력이 얼마나 어려운 것인지, 거기에 얼마나 많은 재능이 필요한지도 분명하게 보여주었다. 설스턴은 협력이 경쟁에 자리를 내주었을 때 무슨 일이 일어나는지 알고 있다. 지속되는 법적다툼도 마찬가지이다. 공개적이고, 꾸준히 발전하며 다듬어지는 지식적기반이 있어야 할 곳에서 지금은 계약, 협상, 소송만 난무하고 있다.

사람과 지구 프로젝트

설스턴과 함께 일했던 사람들은 한결같이 그의 공정성과 인내심에 대해 이야기하고, 개인적, 정치적, 국가적, 과학적 관심사 등 광범위한 관심사를 포괄하는 능력에 대해서도 칭찬이 이어진다. 노벨상보다도 손자들의 성적을 더 자랑하고 싶어 하는 그는 겸손, 인내심, 호기심 등 존 아벨레가 뛰어난 협력자들에게서 관찰했던 가치관의 전형을 여러 면에서 보여주고 있다. 그가 영국 왕립학회가 의뢰하는 최근의 프로젝트를 맡아줄 것을 요청받아 수락하게 된 이유를 이것으로 설명할 수 있을 것 같다. 그가 맡은 프로젝트는 '사람과 지구People and the Planet'라는 프로젝트다.

"이 프로젝트의 아이디어는 12년마다 10억의 인구가 늘어나는 이 지구라는 행성에서 우리 모두가 어떻게 살아가야 할지를 알아보자는 것입니다. 우리는 어떻게 함께 일하고, 자원을 공유하게 될까요? 그동안, 특히 지난 10년 동안에는 사람들이 점점 경쟁적으로 변한 것 같습니다. 경기불황 때문에 더 심해졌죠. 하지만 경기 불황 자체가 경쟁의 결과물이었습니다. 정부에서 하는 얘기라고는 성장을 위해서는 경쟁해야 한다는 말밖에 없어요. 하지만 이것은 점점 어리석은 얘기가 되어가고 있습니다. 계속해서 성장 속도를 높일 수는 없는 노릇이거든요. 자원에는 한계가 있으니까요. 그래서 영국 왕립학회 보고서의 아이디어는 이런 파괴적인 경쟁에 대해 돌아보고 어떻게 하면 바꿀 수 있을지 생각해보자는 것이죠."

지금쯤이면 독자들도 설스턴 역시 파괴적인 경쟁을 실컷 벌여온 것이 아니냐는 생각이 들지도 모르겠다. 하지만 인간 게놈 프로젝트에 대한 경험은 그로 하여금 나날이 커져만 가는 문제와 위협에 대처하려면 전 세계가 손을 잡고 함께 일할 더 나은 방법을 찾아낼 필요가 크다는 사실을 새삼 다시 느끼게 해주었다. 역시나 그답게 설스턴은 중국, 인도, 이집트, 브라질, 이디오피아, 카메룬, 말라위, 영국, 미국 등 전 세계 국가에서 과학자, 경제학자, 사회학자, 인구 통계학자, 신학자, 사상가 등 다양한 분야의 사람들을 한데 모았다. 이들이 만들어낸 보고서는 여러 지성이 함께 만들어낸 결과물임에도 불구하고 자세하고 깊은 생각이 담겨 있다. 15년 동안 전속력으로 적나라하게 펼쳐지던 경쟁을 뚫고 살아남았던 설스턴의 경험이 그 위에 어리고 있다.

이 보고서는 선진국에서는 소비를 줄여야 한다고 주장한다. 사치와 과시의 우열순위에 대한 불안 때문에 무시당하지 않으려고 막대한 비용이 발생하고 있다. 과도한 소비 때문에 생긴 부작용인 비만은 이제 심각한 사망 위험으로 대두되고 있다. 교육과 보건의료에서의 커다란 불평등은 인간의 잠재력과 재능을 낭비하게 만든다. 낙수효과는 효과를 보지 못하고 있다. 이 보고서에서 논의하는 보건의료 문제들은 수준 낮은 기술이나 약물로 충분히 해결할 수 있는 부분들이다. 하지만 이런 도전 과제들은 경쟁적인 사업체들이 현재 기피하고 있는 부분이다. 오염 외재화에 의해 자행되는 환경파괴는 점점 대처 비용이 증가하고, 복구하기도 어려워지고 있다. 지구의 수용력이 얼마나 되는지는 정확히 모르지만 한계가 있다는 것은 알고 있다. 그리고 이것은 우리에게, 우리의 기관들에게 부를 공유할 수 있는 건설적인 방안을 고안해야 한다는 과제를 부여해주고 있다. 경쟁은 이런 문제들을 해결해주지 못한다. 오히려 더 빠른 속도로 악화시키고 있을 뿐이다.

어쨌든 '사람과 지구'에서 등장하는 핵심적인 문제들은 모두 자원 배분 문제와 관련되어 있다. 우리가 가진 것을 어떻게 공유할 것이며, 우리가 발생시키고 있는 외부효과에 어떻게 대처할 것인가의 문제다. 이 보고서에서는 우리가 이 문제들을 해결할 가능성에 대해서 꽤 암울한 전망을 내놓고 있으며, 그 각각의 문제들이 '공유지의 비극tragedy of the commons'을 단적으로 보여주는 사례라 생각하고 있다. 생태학자 가렛 하딘Garrett Hardin이 처음 기술한 이 우화는 공유지에서 마음껏 소를 방목할 수 있는 자유를 주면 목동들이 경쟁적으로 소를 많이 끌고 나와 결국은 목초지를 다 파괴해 버리게 된다는 경고를 담고 있다. 전 세계적인 공유지의 비극에 직면하여 설스턴의 보고서는 정치인, 입법자, 대중에게 경쟁에 대한 관심 너머의 것을 생각할 것을 호소하고 있다. 보고서는 이렇게 결론 내리고 있다. "국가들 간의 과도한 경쟁이 지속되는 한 인류의 미래는 불확실하다."

하딘이 1968년에 자신의 논문 '공유지의 비극'을 발표했을 때 기술적으로는 자원 배분의 문제를 해결할 수 없다는 그의 결론이 즉각적으로 논란을 불러일으켰다.[12] 이것을 해결할 수 있는 유일한 방법은 '도덕성의 근본적인 확장'밖에 없다고 하자 사람들은 격분했다. 주장을 믿기 어렵기도 했지만, 철저히 객관적이어야 할 과학 학술지에 철학적인 입장이 올라온다는 것은 맞지 않는 듯 싶었기 때문이다. 하지만 대부분의 경우 공유지의 비극은 불가피한 일로 받아들여지게 되었다.

게임 이론과 함께 생각해보면 이 획기적인 두 가지 개념은 경쟁적인 사리사욕 추구가 얼마나 파괴적인 것인지를 잘 요약해서 보여주고 있다. 개인이 공익보다 개인의 이익을 앞에 놓고 경쟁할 때는 전체에게 파괴적으로 작용한다는 것이 입증되었다. 공익보다 개인의 이익이 중요하다고 생각하게 되면 사람들은 1등을 하거나 힘을 기르는 수밖에 없다고 생각한다. 서로가 서로를 잡아먹는 세상에서는 더 크고, 빠르고, 싸야 한다. 기본적으로 이것이 자유시장 옹호자들이 지난 50년간 전 세계에 설교하고 전파한 내용이었다.

협력적 다원주의

하지만 이론이 아니라 실질적 관찰을 통해 주장해야 한다고 고집하는 경제학자들이 등장했다. 엘리노어 오스트롬Elinor Ostrom은 하딘이 말한 비극이 실제로 존재하는지, 그것이 정말 불가피한 결론인지, 아니면 피할 수 있는 결론인지 궁금해졌다. 그녀는 이런 비극을 모면했던 사례를 찾아낼 수 있었을까? 만약 그렇다면 대체 어떻게 모면할 수 있었을까? 오늘날까지도 경제학자들이 경험적 접근법을 취하는 경우는 깜짝 놀랄 정도로 드물다. 하지만 그것이 바로 그녀가 취한 방법이었다.

엘리노어 오스트롬이 어렸을 때는 아무도 그녀를 승자라 생각하지 않았을 것이다. 로스엔젤레스의 가난한 집안에서 태어난 그녀는 양쪽 부모 모두 대학을 나오지 않았고, 여자라는 이유로 수학 공부를 멀리하도록 교육받았다. 정치학 공부는 더더욱 만류되었다. 그녀가 좋은 대학교 자리에 들어갈 가능성은 거의 전무했기 때문이다. 졸업할 때가 되니 그녀에게 들어온 일자리는 비서직밖에 없었다. 그리고 마침내 그녀에게 들어온 대학 자리는 아침 7시 반부터 학생들을 가르쳐야 하는 자리였다(이 시간에 배정받기를 원하는 사람은 아무도 없었다). 하지만 그녀는 그 도전을 받아들였고, 결코 뒤돌아보지 않았다.

오스트롬은 부엉이 같은 면이 정말 없는 연구자였다. 그녀와 그녀의 남편 빈센트Vincent는 하버드대학교나 옥스퍼드대학교처럼 웅장한 궁전과 같은 곳이 아니라 인디애나대학교에서 연구했다. 대단히 뛰어난 협력자였던 그녀는 공공부문과 민간부문, 국가와 시장, 정치와 경제 사이의 대립이 불필요하게 분열되고 논쟁에 휩싸인 빈약한 논의 때문에 생기는 것이라 보았다.[13] 이론가들은 공유지에 대한 주장을 낡은 것이라며 무시하기를 좋아한다. 이제 모든 재산은 사유재산이 되었기 때문이다. 하지만 오스트롬은 아파트의 관리, 인터넷, 학교 이사회, 사업체 등 우리 삶에서 나타나는 미묘한 협력의 영역으로 관심을 끌어들였다.

그녀의 초기 연구 중 하나는 다음과 같은 대담한 질문을 던졌다. '위계질서와 규모의 경제를 갖춘 큰 조직은 비용이 저렴하기 때문에 더 나은 서비스를 제공하고 있는가'라는 질문이었다. 그녀는 인디애나 안쪽과 그 주변에서 이루어지는 두 가지 서로 다른 형태의 치안 유지 활동을 비교해 보았다. 한쪽은 집중화된 큰 조직을 운영했고, 다른 한쪽에서는 자율적인 작은 단위로 운영되고 있었다. 여기서 발견한 내용에 그녀는 깜짝 놀랐으며, 이 내용은 이후로 이루어질 그녀의 연구에 발판이 되어주었다. 25명의 경찰관으로 구성된 인력이 100명 이상의 거대한 팀으로 구성된 대도시 인력보다 모든 면에서 더 효과적이었던 것이다. 시민들은 소규모 팀과 함께할 때 상호작용도 더 많고 범죄신고도 더 많았다. 그리고 소규모 팀은 보호를 필요로 하는 시민들의 요구를 더 잘 충족시켰다. 크다고 좋은 것은 아니었다. 위계질서 역시 도움이 되지 않았다.

쾌활하면서도 엄격한 인습 타파주의자인 오스트롬은 자기 영역에만 매몰되는 사고방식을 깨부수고, 서로 다른 분야가 협력할 수 있는 워크샵이나 조직을 꾸려 협력에 대해 연구하기를 좋아한다. 그녀가 분석했던 수많은 사례 중에는 브라질의 가난한 지역을 대상으로 이루어진 위생 시설 보급 사례가 있다. 그 전에 10년에 걸쳐 벌어졌던 대규모의 공공사업은 결국 실패로 끝난 상태였고, 그 결과 적절한 위생 시설을 갖추지 못하고 사는 거주민들의 숫자가 7천만 명에 이르렀다. 대규모 공공사업을 민간 도급업자들에게 맡겨 놓으니 뇌물과 부패가 생겨날 기회만 늘어났을 뿐, 결국 브라질의 도시 인구 중 63퍼센트는 하수도 서비스를 받을 수 없었다.

오스트롬은 시장 경제학의 가차 없는 단순화를 거부하고, 지역주민 공청회로 시작되는 브라질의 위생 개혁 계획을 분석해 들어갔다. 해당 구역의 전체 세대 중 절반 이상이 참석하지 않으면 공청회는 취소되었다. 거주민들은 자신들이 원하는 레이아웃을 결정했다. 이것은 시스템의 비용과 자신들이 마지막에 지불해야 할 비용에도 영향을 미치는 부분이었기 때문이다. 건설이 시작되려면 거주민들은 자신들이 스스로 선택한 시스템을 정식으로 요구하고, 비용 지불을 약속하는 청원서에 공식적으로 서명을 해야 했다. 과정은 느리게 진행되었고, 필요한 합의를 이루려면 넉

달에서 여섯 달이 걸리기도 했다. 하지만 일단 한 구역에서 합의가 마무리되면 그 다음 구역에서는 그것을 보고 배운 것이 있었기 때문에 점차 가속도가 붙었다. 이 과정에서 중요했던 부분은 계획 입안자들이 이 과정을 자신들이 생각하기에 안건에 해당한다고 생각하는 문제들로만 국한할 수 없음을 배웠다는 점이다. 거주민들은 자신들에게 필요한 것이 무엇인지를 그 누구보다 잘 알고 있었고, 협상 과정에서 밀고 당기면서 계획의 설계가 점차 향상되었다.

일단 설계가 마무리되어도 하수도 시설의 건설은 국가 지도자들과 정치적으로 얽혀 있었다. 지역공동체에 대해서는 아무런 장기적인 책무가 없는 다국적 도급업체에게 맡기지 않았다. 그 대신 중간 크기의 지역 도급업자들에게 맡겼다. 이들은 자신의 건설 품질에 대한 지역의 평판을 신경 쓰지 않을 수 없고, 자기들이 건설하는 시설의 이용자들을 그 후로도 계속해서 만나야 할 입장이었기 때문에 더욱 성능이 좋은 시스템을 건설했다.

오스트롬은 매 단계마다 어려움과 마주쳤다. 어떤 동네는 다른 동네보다 더 협조적이었다. 도급업자들의 수행성과를 감시하는 것이 늘 쉽지만은 않았다. 하지만 이 과정은 브라질 도시의 가난한 동네들이 저렴한 서비스를 이용할 기회를 극적으로 늘려 주었고, 케냐, 파라과이, 인도네시아 등에서도 따라하기 시작했다. 이 성공에서 가장 결정적이었던 부분은 자기의 약속을 지킬 줄 아는 시민들의 기여, 훌륭한 소통 그리고 시민과 지방자치단체들 사이의 협력이었다. 지식 공유, 상호호혜, 기준의 공유, 자율성은 모두 막대한 사회적 자본을 필요로 하는 것이었지만, 그 과정에서 사회적 자본을 키워주는 역할도 했다.

그와 유사하게 오스트롬이 연구한 네팔의 관개 조직irrigation system에서도 농부들이 직접 건설해서 관리하는 관개 조직이 기부자들에 의해 자금이 지원되고 전문 엔지니어링 회사에서 건축한 현대적이고 상업적인 영구

시스템보다 수리도 빠르고 더 많은 물을 공급해주고, 농업 생산력도 더 높은 것으로 나타났다. 상당수의 이런 프로젝트에서 농부들은 삐뚤어진 동기와 마주할 수밖에 없다. 기여는 별로 하지 않으면서 소비만 많이 하고 싶은 유혹에 빠지는 것이다. 하지만 농부들이 시스템 설계에서 중요한 역할을 했던 경우에는 제재와 보상, 인센티브, 동기, 이해 등이 모두 조화되었다.

오스트롬의 연구는 협력적 다원주의collaborative pluralism가 개인적으로 밀접한 이해관계가 있는 사람들이 지역 단위로 고안해서 적용하는 서로 다른 수많은 해결책임을 입증해주었다. 자기가 직접 해결책을 고안해야 하는 입장이 되면 사람들은 외부의 권위자나 대리인이 만들어내는 것보다 훨씬 우월한 해결책을 함께 만들어낼 수 있다. 인디애나폴리스의 치안 업무, 스페인의 관개 시설, 스위스와 일본의 산악 마을, 메인주와 인도네시아의 어업, 미국의 아파트 문제 등의 다양한 지역공동체 프로젝트를 연구하며 그녀는 제한된 공유 자원을 관리함에 있어서 사람들은 효과적으로 협력할 수 있고, 이미 그렇게 해 왔음을 알게 되었다. 그리고 여기에는 비극적인 결과가 뒤따르지도 않았다. 그녀는 공유지의 비극은 필연적인 것이 아니라고 주장했다. 공유지는 오히려 기회를 제시해준다.

그녀는 이것을 '다중심주의polycentrism'라고 불렀다. 이는 제한된 자원을 창의적으로 관리해야 한다는 난제를 해결하기 위해서는 사회적 규범과 잘 맞고, 또 그것을 명확하게 규정하는 방식으로 밑바닥에서부터 조직되는 것이 최선이라는 의미다. 지역공동체는 스스로를 조직하는 데 아주 뛰어난 것으로 밝혀졌지만 여기서도 디자인의 원칙이 적용된다. 논의는 얼굴을 맞대고 이루어져야 했다. 만남은 신뢰가 밑바탕이 되어야 했고, 이런 만남을 통해서 신뢰가 더욱 깊어졌기 때문이다. 작은 단위가 큰 단위보다 더 효과적이었다. 우리가 직면하는 거대한 생태적, 환경적 문제들에 대한 해법은 하나의 중요한 합의를 통해서 해결되기보다는 도시, 지역,

국가, 국제적 단위에서 이루어지는 수천 개의 개별 노력에 의해서 해결될 수 있다. 다양한 수준을 넘나들며 운영되는 것이 좀 더 지속가능성을 높이고, 활력이 넘쳤다. "정책에 대해 그렇게 진화적으로 접근함으로써 하나나 그 이상의 정책이 실패하더라도 본질적인 안정망을 확보할 수 있습니다."

모든 수준에서 협력이 핵심이었지만 아무리 정교한 협력관계라 해도 만약 개별적 참가자가 집단을 지배하려 들거나 엘리트 그룹을 형성하기 시작하면 와해되고 만다. 공동체는 자기 자신을 감시해야 하고, 자기만의 제재 방법을 설계해야만 한다. 갈등은 필연적으로 일어나기 마련이다. 결국 그녀가 묘사하는 것은 이론이 아니라 현실이니까 말이다. 하지만 저비용의 갈등 해결 메커니즘으로 그런 문제를 해결할 수 있다.[14]

더 좋은 미래를 위해

그녀가 전 세계에서 이루어지는 효과적인 협력을 관찰하며 파악한 원칙들의 윤곽을 설명하는 동안 어쩌면 이 책에서 묘사된 많은 조직들도 함께 묘사되고 있었는지 모르겠다. 모든 성공적인 협력관계는 개인적 인간관계, 자기 관리, 절대적인 신뢰, 자원의 공유, 우위dominance의 부정 등을 강조함으로써 이루어진다. 이들이 성공할 수 있는 것은 경쟁을 추구해서가 아니라, 근본적으로 사회적인 목표를 정의하고 발전시키기 때문이다. 이들은 기업이 사회에 봉사해야 하느냐, 아니면 사회가 기업에 봉사해야 하느냐를 두고 선택을 내리기를 거부한다. 대신 그들은 이 두 가지가 조화를 이루어야 한다고 주장한다. 반사회적인 기업이 성공할 수는 없다. 그리고 일을 제대로 해내지 못하는 사회가 성공할 수도 없다.

오스트롬은 간단한 해답이란 결코 존재하지 않는다는 사실을 가장 강조한다. 성공적인 사회적 프로젝트의 사례를 연구한 후에 그녀는 다양한 분야의 연구자들이 지식을 함께 나누며 공통의 해결책을 찾을 수 있는 워크숍과 기관을 만들어냈다. 그녀가 내건 만트라mantra는 '만병통치약은 없다'였다. 어쩌면 이것이 바로 그녀가 최초의 여성 노벨 경제학상 수상자임은 축하하면서도 그 이후 그녀의 연구에 대해 대중의 관심이 그토록 적었던 한 가지 이유인지도 모르겠다. 그녀는 협력이 무척 힘든 것임을 꾸준히 주장해왔다. 하지만 협력이 그 어떤 방법보다도 문제 해결에 뛰어나다는 사실도 주장해왔다. 그녀는 모든 효과적인 작업의 밑바탕에는 신뢰가 깔려 있음을 주장해왔다. 이것은 모든 사람이 서로 경쟁할 필요는 없다는 의미이기도 했다. 그녀는 함께 일하면 집단이 최적의 성과를 이룰 수 있다고 계속 주장해왔다. 하지만 이것은 승자도, 패자도 있을 수 없다는 의미였다. 그녀는 우리가 상호의존적임을 인정할 때 번영할 수 있음을 깨달았다. 이는 우리 모두가 자기 임무를 다해야 하며, 사회적 관계를 돈으로 해결하려 해서는 안 된다는 의미이기도 하다.

2011년에 엘리노어 오스트롬은 세계가 거대한 문제에 직면하는 현 상황에서 아직도 낙관적인 전망을 가지고 있느냐는 질문을 받았다.

그녀는 이렇게 대답했다. "우리의 지금 이론을 고집한다면, 제 대답은 '아니오'입니다. 만약 우리가 이런 문제들에 대한 사고방식을 느리더라도 확실하게 변화시킬 수 있다면, 다양한 수준에서 더 현명하게 생각할 수 있는 방법이 있고, 다양성과 복잡성을 이해하고 거부하지 않을 방법이 있습니다. 그래서 저는 가능성은 충분하다고 생각합니다. 하지만 우리가 세계에 대해서 지금의 편협한 사고방식을 고수한다면 사정이 달라집니다. 그럼 저는 무척 실망할 수밖에 없겠죠."[15]

2012년에 사망하던 날, 엘리노어 오스트롬은 자신의 마지막 기사를 발표했다. '풀뿌리에서 녹색으로Green from the Grassroots'에서 그녀는 협력 프로젝트에 대한 자신의 신념을 다시 한 번 되풀이해서 강조했다. 하지만 이렇게도 주장했다. "협력 프로젝트를 수립할 때는 국가, 주, 도시, 조직, 회사, 모든 사람들에 이르기까지 모든 주체에 이해관계가 얽혀 있어야 한다. 성공은 목표 달성을 위한 정책들을 서로 겹치게 많이 개발해낼 수 있느냐에 달려 있다." 그리고 자원 배분에 대해 평생 큰 관심을 보인 사람답게 마지막 말을 남겼다.

"시간이야말로 우리에게 가장 부족한 천연 자원이다."

우리가 누릴 수 있는 더 큰 보상

중재의 능력

2001년의 9·11 테러 이후 케네스 파인버그Kenneth Feinberg는 희생자 보상기금Victim Compensation Fund의 특별 책임자special master에 임명되었다. 이 기금의 설립 법령은 그 전에 제정되었던 어떤 법령과도 달랐다. 9·11 테러에서 사망하거나 부상당한 사람들의 가족에게 비과세 보상을 제공하는 것을 골자로 하고 있었기 때문이다. 기금에는 두 가지 목적이 암시되어 있었다. 미국 전체가 정부를 대변인으로 하여 테러 희생자들을 돕고, 위로하고, 지지하기를 기원하고 있음을 알리고자 하는 목적이 있었다. 하지만 여기에는 다른 속사정이 있었다. 연방이 보상에 나서지 않는다면 뒤를 잇는 소송으로 항공사들이 파산할 것이라는 판단이 선 것이다. 가족과 사별하거나 불구가 된 희생자들이 몇 년에 걸쳐 법정을 가득 채울지도 모른다는 전망은 재정적으로도, 정치적으로도, 문화적으로도 도저히 받아들이기 힘든 것이었다. 이런 상황에서 법정이 판결을 두고 정면으로 충돌하며 경쟁을 벌인다는 것은 누가 생각하더라도 터무니없는 일이었다. 개인의 삶을 존중하면서 국가의 운송체계를 보존하는 두 마리 토끼를 둘 다 잡을 치료법은 중재밖에 없었다. 예의를 갖추어 세심하게 문제에 대처해야 할 필요성이 급박했기 때문에 파인버그가 제공할 수 있는 액수에는 아무런 제한이 붙지 않았다.[1]

극단적인 압박 아래서 그 누구도 경쟁이 효과가 있을 것이라 믿지 않았다는 사실은 시사하는 바가 크다. 끔찍한 사고에 따른 슬픔과 연민이 너무나 생생하게 남아 있었기 때문에 목숨의 값을 두고 공개적으로 경쟁이 이루어진다는 것이 가당찮게 느껴졌다. 재원이 풍부한 부자들이 그렇지 못한 사람들보다 경쟁에서 더 좋은 결과를 얻을 수밖에 없음을 알고 있었기 때문에 이것은 비극을 더 악화시킬 위험이 있었다. 하지만 결국 경쟁보다는 중재가 더 나은 과정으로 받아들여졌다는 사실은 법률 기관들이 검투사들의 마지막 결전처럼 벌여오던 다툼이 점점 더 시간만 잡아먹고, 비용만 많이 들고, 비인간적으로 정의를 조롱하는 듯 보이던 수십 년 세월에 정점을 찍은 것이었다.

파인버그는 법정 다툼보다는 중재가 효과적이고, 빠르고, 인간적인 대안임을 오랫동안 주장해온 인물이다. 베트남 참전군인, 에이전트 오렌지Agent Orange(베트남전쟁 당시 베트콩 게릴라가 숨어 있는 정글을 파괴하기 위해 미군이 뿌렸던 고엽제-옮긴이), 석면, 사기, 그리고 다양한 산업재해와 관련된 문제들을 해결하는 과정에서 그는 중재가 사건 해결에 얼마나 더 신속하며 인간적인지를 잘 보여주었다. 그를 희생자 보상기금을 이끌 사람으로 임명했다는 것은 그가 중재를 법정 다툼의 진정한 대안으로 자리매김하게 만든 공로를 인정한다는 의미였다.

1990년에 중재의 성장에 감명을 받은 런던의 변호사 에일린 캐롤Eileen Carroll은 중재인 자격을 따기 위해 미국으로 떠났다. 중재의 가치관을 신봉하는 전향자가 된 그녀는 영국 법조계의 심장부에 '효과적 분쟁 중재 센터Centre for Effective Dispute Resolution'를 연다. 그 후로 센터는 성장을 거듭해왔다.

"사람들은 자신의 위치를 찾는데 일생의 많은 시간을 투자합니다. 우열 순위에서 자신이 어디에 서 있는지, 남들이 자기에게 주목하고 있는지, 자기가 충분히 중요한 사람인지 끝없이 확인하려 하죠. 이것은 우리가 다른 이들을 사람으로 보지 않고 있다는 말입니다! 갈등이 일어나면 우리는 자기가 누구와 상대하고 있는지 알지 못하죠. 우리는 이기는 데 너무 열중해서 그것이 무엇을 의미하는지조차 생각하지 않게 됩니다. 가족들에게서 항상 볼 수 있는 모습이죠. 모든 사람이 이기는 것만 신경을 쓰지 그 결과에 대해서는 생각하지 않아요."

캐롤은 아버지가 죽자 그 회사를 물려받은 형제들의 사건에 대해 설명했다. 이 형제들은 통제권과 유지운용에 대한 문제를 해결하지 못해 감정이 격해져서 모두들 대화도 멈춰버린 상태였다. 형제들의 80세 노모는 자기가 죽기 전에 빨리 문제를 해결할 수 있기를 간절히 바라고 있었다. 다시 한 번 손자들과 함께 시간을 보내고 싶었기 때문이다. 하지만 일반적인 법정 다툼은 자신이 기다리기에 시간이 너무 오래 걸린다는 것을 이 노모도 알고 있었다. 그녀는 회사가 미래에 대비해서 잘 관리되는 성공한 회사로 남아 있기를 바랐다. 하지만 소송으로는 이 부분을 장담할 수 없었다. 그녀는 중재로 관심을 돌렸다. 캐롤의 말에 따르면 감정이 격앙되어 있어서 방 안에 엄청난 긴장감이 흘렀다고 한다.

"기본 원칙이 있어요. 말을 자르지 말 것. 자신의 이야기를 꺼낼 준비를 할 것. 이들은 서로의 이야기를 들어야 했고, 자기가 들은 얘기에 대해 생각해야만 했죠. 놀라울 정도로 강력한 시간이었어요. 사람들은 말을 자르고 끼어들고 싶어 해요! 귀담아 듣고 싶어 하지도 않죠! 따라서 중재가가 무척 중요합니다. 우리는 오후에 이런 시간을 가졌고, 한밤중에야 합의를 내릴 수 있었죠. 4년 만에 처음으로 회사가 확고한 발판을 딛고 서게 된 것이죠. 노모는 손자 몇 명의 얼굴을 처음으로 볼 수 있게 되었습니다. 그것만 봐도 이 갈등이 얼마나 심했고, 모두들 얼마나 소원했었는지 알 수 있죠."

캐롤은 이들이 서로의 이야기를 듣고 함께 시간을 보내고 나자 서로 몰랐던 부분을 알게 되고, 새로 이해하는 부분이 생겨나고, 관점이 달라졌다고 한다. 이들은 소원해진 관계 때문에 자신들이 얼마나 큰 희생을 하고 있는지 이해하기 시작했다. 그리고 자신들이 공동으로 가지고 있는 모든 것의 가치를 이해하기 시작했다. 갈등을 해소하자 경쟁으로 갈가리 찢어졌던 가족이 다시 하나로 뭉쳐졌다. 캐롤은 그들의 인간성과 그들이 서로에게 지니고 있던 가치를 회복시켜준 것이다.

"또 한 가지 중요한 것이 있습니다. 갈등을 불편해 하지 않고 그것을 회피하지 않을 수 있어야 해요. 중재라는 것이 갈등이 없는 상황은 아니거든요. 중재는 갈등을 해소하기 위한 창조적 접근방법입니다. 따라서 다른 사람들도 공감할 수 있는 아이디어를 내놓겠다는 의지가 있어야 합니다. 자신만을 위한 것이 아니라 다른 사람들도 함께 위하는 해결책을 목표로 하는 것이니까요. 여기서는 승리를 원하는 것이 아니라 성공을 위해 노력하는 것입니다."

우리는 그동안 경쟁에만 지독하게 매달려 캐롤이 스스로 실천하고, 자기 고객들에게 회복시켜주려 노력하는 것들을 잊어버리고 살았다. 경쟁을 포기한다는 것은 갈등을 회피하는 것이 아니라 갈등을 잘하는 법을 배우는 것이다. 이는 함께 격렬하게 머리를 맞대고 생각해 새로운 아이디어를 찾아내려는 노력이다. 사회적 유대감과 상호의존성이 이것을 가능하게 해주며, 또한 필요로 한다. 하지만 대화가 승자와 패자가 갈려야만 하는 경쟁으로 틀 지워지면 상호소통이라는 특성이 도려내어지고 만다. 소통은 자리 차지하기 경쟁이 되어버리고, 대화는 점수 따기 경쟁으로 변해버린다. 그리고 아무도 서로에게 귀 기울이지 않는다.

정치판만큼 소통의 빈곤화가 비싼 대가를 치루는 곳도 없을 것이다. 남학생들이 벌이는 우스꽝스러운 난타전 같은 '총리의 질의응답 시간Prime Minister's Questions(영국에서 매주 수요일 총리에게 질문하고 답변을 듣는 시간으로 총리와 야당 당수 간에 격렬한 토론이 오고가며 텔레비전으로 중계도 된다—옮긴이)'은 준비하는 데만 며칠이 걸리는 의식이고, 정계에서는 열과 성을 다해서 이 의식을 충실히 따르지만 외부에서 볼 때는 자기도취적이고 민망한 모습일 뿐이다. 복잡한 문제에 대한 해결책을 판단하는 데 있어서 탁자를 사이에 두고 소란스러운 추종자들의 응원을 받으며 서로 고함만 질러대는 것만큼 무의미한 방법이 또 있을까 싶다.

경쟁이 어리석은 의식이라는 것만으로도 충분히 안 좋은 일이다. 경쟁이 중요한 문제의 해결을 위한 창조적인 사고를 방해한다는 것이야말로 경쟁의 가장 큰 피해 중 하나다. 경쟁적인 위치는 필연적으로 제한된 사고를 낳는다. 이것은 창의력을 위해 필요한 발산적 사고와는 정반대되는 것이다. 정치가 정체된 이유는 우리의 문제는 대단히 복잡한데 거기에 대처하기 위한 우리의 방법은 조잡하고 경직되어 있기 때문이다. 모든 정당의 연립정부와 내각이 자기네 일원을 중상모략하고, 소위 동료라는 사람들을 편들거나 반대하는 브리핑을 하는 특징을 보였던 것을 보면 정부가 우리의 문제 해결을 위해 필요한 경청하는 태도와 창의력 부분에서 얼마나 준비가 안 되어 있는지 알 수 있다. 기업, 정부, 사회 사이의 대결이 다가오는 상황에서 경쟁적인 마음가짐으로 그 경쟁을 틀 지울 수 있다. 그렇게 하는 것은 우리에게 문제 해결의 길을 보여줄 정신적 지도를 모두 파괴하는 결과를 낳는다. 이 문제는 상상력의 실패가 아니라 용기의 실패다. 함께 성취하고 발전해 더욱 큰 보상을 획득하는 승리의 환상을 기꺼이 포기하고 마는 것이다.

더 큰 보상이 있다

　전 세계적으로 중재가 급부상하고 있다는 것은 상전벽해가 다가왔음을 의미한다. 우리 기관들을 지치게 만들어왔던 경쟁의 부담이 오랜 세월 숨죽이며 기다려온 협조적이고 협력적인 재능에 자리를 내어주는 순간인 것이다.

　경쟁은 우리에게 실망을 안겨주었다. 일부 경우에서는 효과적이기도 했지만 모든 조건에서 효과적인 것은 아니었기 때문이다. 1912년 연설에서 루스벨트 대통령은 '경쟁은 어느 선까지는 유용하지만 그 이상은 그렇지 못하다는 점이 입증되었다'라고 주장했다. 경쟁은 단기적인 문제에 집중하거나 지루하고 반복적인 일에 활기를 넣으려 할 때는 훌륭한 방법이다. 너무 심해지지만 않으면 경쟁은 지루하고 따분할 수도 있는 일에 흥미를 불어넣어 주는 역할도 한다. 이해관계가 크지 않을 경우에는 일에 시동을 걸고, 참여를 유도하고, 상상력을 자극하는 영감을 불어넣어 줄 수도 있다.

　하지만 이해관계가 크게 갈리고, 경쟁이 지배적인 동기로 자리 잡고 나면, 막대한 역효과를 낸다. 자신이 구축하려 했던 것을 약화시켜버리는 것이다. 벤치마킹, 성적표, 비교 등으로 한계 지워진 경쟁적 사고는 새로운 영역을 탐험하지 못하고 그저 낡은 아이디어와 모델에 속박될 뿐이다. 경쟁적 마음가짐과 승리의 덧없는 쾌락의 포로가 된 사회에서는 부정행위, 부패, 전복, 침묵, 환멸, 사회 구조의 해체 등이 필연적인 결과로 뒤따라온다.

　경쟁이 우리의 유일한 영감의 원천은 아니다. 지지와 격려를 받으며 자란 아이는 자기 형제들과의 차이를 존중하고, 즐기고, 또 거기서 배울 줄 안다. 학교에서는 졸업과 함께 끝나버리는 것이 아닌, 세상의 변화에 적응하고, 그 변화와 함께 자라나는 학습에 대한 사랑을 일깨우고 키워줄 수 있다. 친구와 연인들은 서로에게서 자기 자신에 대한 이해를 발견할 수 있고, 이것은 사회적 유대를 풍부하게 하고, 이어주고, 또 새로이 만들어준다. 게임과 스포츠를 재미로 즐길 경우에는 공정성, 도덕성, 지구력, 자제력, 공동체 의식 등을 가르쳐줄 수 있다. 이것들이야말로 누구에게나 평생 열려 있는 더 큰 보상이다.

혁신적인 기관과 조직들이 번창하는 이유는 슈퍼스타를 뽑아서 키웠기 때문이 아니라 진정한 창의력이 필요로 하는 다양한 재능과 성격, 기술들을 소중히 여기고 가꾸고 지지하기 때문이다. 협력은 일상에 의해 단단하게 굳어지고, 개방성, 관대함, 엄격함, 인내심 등에 기초를 두는 정신적 습관이다. 여기에는 서열, 두려움, 위협 등이 없는 정확하고도 용감한 소통이 필요하다. 여기서는 하는 일 없는 방관자가 허용되지 않기 때문에 쉽지 않다. 모든 사람이 자신의 최선을 다해야 한다. 그리고 실패 또한 일의 일부다. 실수를 하고, 시제품이 실패하고, 막다른 골목에 빠지는 것 등은 이런 과정에서 불가피하게 일어날 수밖에 없고, 또 필수적인 것이다. 이런 것들을 모두 지지와 격려, 믿음으로 반겨주어야 한다. 세상에서 가장 안전한 병원은 실수를 쉽게 인정할 수 있는 병원이다. 이런 것들을 나눌수록 보상은 더욱 커진다.

갈등은 피할 수 없는 부분이다. 새로운 아이디어는 갈등을 통해 나오기 때문이다. 그래서 뛰어난 협력자들은 갈등에 대단히 능하다. 라이트 형제가 '논쟁scrapping'이라고 불렀던 것은 우리가 새로운 아이디어와 가능성을 확대하고, 시험하고, 발전시켜나갈 수 있는 방법이다. 갈등을 회피하는 사람은 논쟁을 제대로 하지 못한다. 싸움을 좋아하는 사람 역시 마찬가지다. 하지만 중재하는 사람, 타인의 말에 귀 기울이는 사람, 논쟁을 좋아하는 사람scrapper은 제한 없이 이루어지는 탐험을 즐긴다. 지적인 위험과 실험이야말로 새로운 아이디어가 탄생하는 방법임을 확실하게 알고 있기 때문이다.

창의력이 있는 기획자들은 주변 사람들의 천재성과 에너지를 지지하고 일깨울 줄 알기 때문에 위대한 혁신을 이룬다. 피아노 연주자 포우 청처럼 이들은, 최고의 독창성은 타인의 필요와 탁월함을 돕는 데서 생겨난다는 것을 잘 알고 있다. 이것은 과거를 미래와 통합시켜주는 보상이다.

큰 위험을 느끼며 사는 시대에 안전한 분위기를 만들어내기는 참으로 힘들다. 하지만 협력하는 습관을 심어주는 데 실패했다는 것이 우리가 오늘날 직면하는 가장 큰 조직적, 사회적, 정치적 위험인지도 모른다. 이것이 바로 회사들이 똑똑한 사람들을 잔뜩 뽑아놓고도 그들이 이룬 것에 실망할 수밖에 없는 이유다. 이것이 바로 공격할 때는 실컷 공격하지만 함께 일하라는 요청에는 꿀 먹은 벙어리가 되어버리는 정치인들을 보며 시민들이 환멸을 느끼는 이유다. 정직과 공유에 따르는 대가가 너무 높은 상태로 유지된다면 조직의 침묵organizational silence과 정체는 지속될 수밖에 없다.

슈퍼협력자가 되는 길

협력의 완벽한 청사진으로 이 책을 마무리할 수 있다면 정말 좋을 것이다. 하지만 튼튼한 시스템이란 무엇인가에 대한 기술적 개념engineering concept은 우리에게 한 가지 경고를 전해준다. 하나의 모델이 지배하는 시스템은 위험하다. 안전성이란 바로 다원성plurality 안에 있다. 협력적인 마음가짐이 자리 잡기 위해서는 크기, 모양, 야심, 목표 등이 서로 다른 다중의 시스템이 필요하다. 이들은 서로 다른 형태의 위계질서를 가지고 있지만 두드러진 특성들을 공유하고 있다. 극단적인 힘의 쏠림이나 거리가 발생하는 것은 신중하게, 그리고 체계적으로 회피한다. 비밀보다는 신뢰가 더 가치 있게 여겨진다. 아이디어를 공개하는 것이야말로 이들을 번영하게 만들어주는 것이기 때문이다. 성공은 두 세대, 세 세대, 네 세대의 긴 시간에 걸쳐 아이, 손자, 손손자들에게 미친 영향과 유산을 통해 평가된다. 성공을 추구할 때는 퍼듀의 암탉들처럼 슈퍼스타들을 골라서 누가 최후까지 살아남는지를 지켜보는 식으로 추구하지 않는다. 대신 진정한 챔피언은 그 누구도 뒤처지게 해서도 안 되고, 성공의 대가를 다른 사람이 치르게 해서도 안 된다는 원칙을 엄격하게 지키는 사람이다. 핀란드의 학교처럼 이들은 성공이란 모든 사람이 함께 성공을 누릴 때만 의미가 있다는 원칙에서 시작하여 끝을 맺는다. 협력자들은 소수를 위한 트로피가 아닌 더 큰 보상을 추구한다.

고용인소유제employee ownership가 중요하고, 또 강력한 이유는 상호원조와 지지, 개방성, 정직성을 자극하고 보상해주기 때문이다. 기업의 리더들은 저마다 사람이야말로 회사의 가장 소중한 자산이라고 말하지만, 상호이익으로부터 신뢰가 비롯되고, 성공이 공유되는 고용인소유제야말로 이것을 구조적으로 현실화시켜주는 제도다. 협동조합도 마찬가지 역할을 한다. 경제침체기에도 협동조합들이 잘 버티어냈다는 사실은 우리가 서로 의존할 수밖에 없음을 받아들이는 것이 약점이 아니라 강점이라는 것을 보여주고 있다. 기술에서 뛰어난 혁신을 이루는 사람들도 우리가 협력에 따르는 비용을 크게 줄여 어떤 문제든 더 쉽게 해결할 수 있고, 아무도 다치지 않게 만들 수 있음을 보여주고 있다. 우리가 선택한 목표의 정의가 협력이라면 말이다.

우리도 과학적 근거를 가지고 있다. 한 과학자 연구팀이 최근에 게임이론을 다시 꺼내 결국에는 항상 이기심이 팽배할 수밖에 없다고 했던 존 내쉬John Nash의 결론에 의문을 제기했다. 만약 내쉬의 결론이 옳다면 왜 동물의 세계나 미생물의 세계, 인간 사회에 이르기까지 협력이 이렇게 만연하고 있는 것인가? 내쉬가 방정식에서 빠뜨렸던 것이 그 해답이었음이 드러났다. 해답은 바로 '소통'이다. 서로 대화가 가능해져 다양한 의견과

전문 지식을 논쟁과 협상의 대상으로 삼을 수 있게 된 것이 게임을 바꾸어 놓은 것이다.[2]

이것이 바로 슈퍼협력자들의 뛰어난 부분이다. 이들은 귀 기울여 듣고, 유대하고, 공유한다. 이들은 가족 구성원들이 서로 접촉을 유지하게 만들고, 지역을 안전하고 기능적인 곳으로 만들고, 조직을 잘 반응하고 똑똑한 곳으로 만드는 사람이다. 이들에게는 다른 사람들과 접촉할 수 있는 도구가 그 어느 때보다도 많다. 어떤 사람은 본능을 바탕으로 행동하고, 어떤 사람은 사회적 접촉을 좋아해서 행동하지만, 알아주는 사람이 없고 사람들 눈에 띄지 않아도 이들은 세상을 움직이고 변화를 이끌어낸다.

모닝스타, 고어, 에일린 피셔, 인터페이스, 보스턴사이언티픽 같은 조직이 창조적일 수 있는 것은 서로에게 시간을 투자하고, 서로를 존중하는 사람들이 있기 때문이다. 유리 알론에게 배움을 주는 즉흥 연극, 마이크 노스에게 교훈을 주는 코미디, 진정한 스포츠를 되찾기 위한 트래비스 타이거트의 노력, 마르티 헬스트롬의 학교가 모두 중요한 이유도 마찬가지다. 세상에 고 티암 셍, 뷰 로토 같은 스승이 더 많아지고, 그리플, 아렵, 테크샵, 렌딩클럽, 모질라, 펀치드렁크 같은 조직이 더 많아진다면 우리 아이들은 부정행위를 하지 않아도, 제도의 허점을 교묘히 이용하지 않아도, 친구를 짓밟고 일어서지 않아도 성공할 수 있음을 스스로 깨우치게 될 것이다.

이 책을 마무리 지을 무렵 나는 매사추세츠 주 보스턴에 있었다. 그곳은 내가 한때 살면서 기술 회사를 운영했던 곳이다. 내가 이곳을 방문하기 바로 몇 달 전에 폭탄이 터져 3명이 죽고, 264명이 부상을 당했다 (2013년 4월 15일 미국 매사추세츠 주 보스턴에서 개최된 2013 보스턴 마라톤에서 결승선 직전에 두 개의 폭탄이 터져 관중들과 참가자 및 일반 시민들을 다치게 한 사건이 있었다-옮긴이). 공황으로 아수라장이 되었을 그 익숙한 거리를 걸으며 나는 현장에 있었을 내 친구와 동료들을 생각했다. 그들이 전해준 이야기 속에는 한 가지 이상한 감정이 가득 자리 잡고 있었다. 그렇다. 그날은 분명 비극적이고 무서운 날이었다. 그리고 모든 사람이 분노에 휩싸였던 날이었다. 하지만 그들이 내게 들려준 얘기는 그런 것이 아니었다. 그 속에는 자부심이 담겨 있었다. 그들의 이야기 속에는 사람들을 돕기 위해 했던 일들, 머물 곳이 없는 사람들을 하룻밤 혹은 일주일 동안 자기 집에서 묵게 해주었던 일, 사람들이 보여준 넉넉한 인심, 이방인들이 보여준 친절 등의 이야기로 가득했다. 마치 재앙의 순간에 모든 사람이 경쟁을 멈추고 그 대신 인간이 정말 잘하는 일, 즉 남을 돕는 일을 할 수 있도록 허가가 떨어지기라도 했던 것처럼 보였다. 내가 들은 이야기는 바로 자유였다.

그런 느낌은 오래 지속되지 못했다. 하지만 꼭 그런 비극이 있어야만 우리 안에 잠들어 있는 관대함이 풀려나올 수 있는 것은 아니다. 내가 이 이야기 속에서 찾은 희망의 조짐은 사람들이 느낀 유대하고, 소통하고, 협력하고자 하는 억눌려 있던 갈망이었다. 사람들은 승리보다 더 기분 좋은 방식으로 살고, 일할 수 있는 허가가 떨어지기를 기다리고 있다. 그것이야말로 가장 큰 보상이 되어줄 것이다.

아마도 문민정부 시절부터였던 것 같다. 텔레비전이나 신문 등 모든 언론매체에서 연일 '경쟁력'이란 말이 흘러나오기 시작했다. 이후로는 '경쟁력 강화'라는 말만 붙이면 모든 것이 그럴듯하게 포장되고 정당성이 부여됐다. 그런데 이 경쟁이 우리를 행복하게 만들고 있을까? 고개를 끄덕이기가 힘들다.

경쟁만을 강조하는 사회를 보며 무언가 이것은 아닌데 싶었지만, 속 시원하게 이런 부분을 짚어줄 지침 같은 것이 없어 안타깝던 차에 이 책을 만나게 되었다. 저자는 이론적인 측면에서 접근하기보다는 실질적이고 구체적인 사례로 접근한다. 수많은 사람들을 만나 인터뷰하고 사례들을 조사한 저자의 노력이 실로 놀랍다. 실증적인 자세 덕분에 이 책은 알맹이 없이 공허한 탁상공론으로 그치지 않고 그 가치가 더욱 빛난다.

이 책에서 다루는 사례들과 비슷한 사례들을 우리 사회에서도 찾아보기 어렵지 않다. 사실 외국에서 일어난 사례를 읽고 있으면서도 마치 우리나라 얘기가 아닌가 싶은 느낌이 들 정도였으니(실제로 몇 곳에서는 우리

나라의 이야기들도 등장한다), 이는 경쟁의 폐해가 이미 전 세계적으로 보편화되어 있다는 의미일 것이다. 그리고 그 폐해가 특정 국가의 독특한 문화나 사회구조 등에서 기인한 것이 아니라 인간과 사회의 본성과 관련하여 경쟁이 내재적으로 품고 있는 어떤 메커니즘이 보편적으로 작용하고 있다는 의미이기도 하다. 그렇다면 기본적으로 경쟁 구도에 바탕을 둔 자본주의 체제 자체도 그 보편적 폐해로부터 벗어날 수 없음은 당연하다. 과거에 공산주의가 인간의 본능인 이기심과 경쟁심을 무시하고 억누르려 함으로써 오히려 부패와 몰락을 자초했다면, 경쟁에 바탕을 둔 자본주의는 이기심과 경쟁심에 과도하게 의존함으로써 몰락을 자초하고 있다고 한다면 과한 표현일까?

저자는 새로운 희망을 제시해주는 사례들도 함께 실었다. 새로운 지혜라기보다는 경쟁에 대한 맹목적 찬양 때문에 잊고 있었던 오랜 지혜라고 해야 옳겠다. 여기저기서 경쟁이 키워온 사회적 병폐가 전 세계적으로 더욱 가속화되고 있지만, 동트기 전이 가장 어둡다는 말처럼 이는 곧 인류가 새로운 사회구조와 문화를 꽃피울 때가 멀지 않았다는 의미일 것이다.

하지만 지금은 그 여느 때와 다른 상황에 처해 있는 것도 사실이다. 인류는 스스로를 파멸시킬 수 있을 정도로 환경에 미치는 영향력이 막강해졌다. 크고 작은 갈등과 전쟁, 산업화와 지구온난화에 따르는 환경 변화 등 인류가 스스로의 목을 죄는 상황을 이끌어낸 것도 경쟁이 그 주범임을 부정하기는 힘들다. 지구를 위협하는 외계인이 경쟁 상대로 등장한다면 모를까, 이런 범지구적인 문제는 누군가와의 경쟁을 통해 해결할 수 있는 문제가 결코 아니다. 지금 우리에게는 경쟁 상대가 나타나지 않아도 서로 힘을 모아 협력할 수 있는 지혜가 그 어느 때보다도 절실하다. 그 씨앗이 세계 곳곳에서, 그리고 분명 우리 사회 안에서도 싹을 틔워 열심히 뿌리를 내리고 있다고 믿는다. 이 책도 그 씨앗 중 하나가 되기를 바란다.

1장

1   http://www.childhoodpoverty.org/

2   Hart, S. and H. Carrington (2002) 'Jealousy in 6-month-old infants', *Infancy* Vol. 3, Issue 3

3   Finkelhor, D., H. Turner, R. Ormrod (2006) 'Kid's Stuff: the nature and impact of peer and sibling violence on younger and older children', *Journal of Child Abuse and Neglect 30*, 1401-21 http://www.unh.edu/ccrc/pdf/CV133.pdf

4   Kluger, Jeffrey, *The Sibling Effect: What the Bonds Among Brothers and Sisters Reveal About Us*, Riverhead Books, 2011

5   Wiehe, V. R. (2000) 'Sibling abuse' in H. Henderson (ed.) *Domestic violence and child abuse sourcebook*, pp. 409-92. Detroit, MI: Omnigraphics.

6   National Crime Prevention Council (1995) *Helping Kids Handle Conflict.* A guide for students ages 5-12 on how to handle conflict

7   Ryckman, Richard M., Cary R. Libby, Bart van den Borne, Joel A. Gold and Marc A. Lindner (1997) 'Values of Hypercompetitive and Personal Development Competitive Individuals', *Journal of Personality Assessment* 69(2), 271-83

8   Bing, Mark N. (1999) 'Hypercompetitiveness in Academia: Achieving Criterion-Related Validity from Item Context Specificity', *Journal of Personality Assessment* Vol. 73 (1), p. 80

9   Mazur, Allan and Alan Booth (1998) 'Testosterone and dominance in men', *Behavioral and Brain Sciences* 21, 353-637

10 Van Honk, Jack, Dennis J. Schutter, Peter A. Bos, Anne-Wil Kruijt, Eef G. Lentjes and Simon Baron-Cohen (2011) 'Testosterone administration impairs cognitive empathy in women depending on second-to-fourth digit ratio' PNAS, Vol. 8, No. 8, 3448-52

11   Wright, Nicholas D., Bahador Bahrami, Emily Johnson, Gina Di Malta, Geraint
      Rees, Christopher D. Frith and Raymond J. Dolan(2011) 'Testosterone disrupts
      human collaboration by increasing egocentric choices' *Proceedings of the
      Royal Society of Biological Sciences,* Vol. 279, No. 1736, 2275-80

12   Yildirim, Baris O., and Jan J. L.Derksen (2012) 'A review on the relationship
      between testosterone and life-course persistent antisocial behavior',
      Psychiatry Research

13   Perner, Josef and Ted Ruffman (1994) 'Theory of Mind is Contagious: You
      Catch It From Your Sibs', Child Development Vol. 65 (4)

14   Sulloway, Frank J., Born to Rebel, Little, Brown & Co., New York, 1996, p. 594.
      《종의 기원On the Origin of Species》도 참고할 것. 이 책에서 다윈은 자기 이론의 핵
      심 중 하나인 '분기의 원리principle of divergence'를 탐구하고 있다. '분기의 원리 때
      문에 처음에는 간신히 알아볼 수 있을 정도였던 차이가 천천히 커져나가 결국 서로
      간에도 다르고, 공통의 조상으로부터도 다른 특성을 가진 품종들이 분기되어 나오게
      된다. 구조의 다양화가 가장 많은 생명을 뒷받침할 수 있다는 이 원리가 진리라는 것
      은 수많은 자연적 상황에서 목격할 수 있다.'

15   http://www.nytimes.com/2007/06/22/science/22sibling.html? pagewanted=all
      Kristensen, Petter and Tor Bjerkedal, 'Explaining the Relation Between Birth
      Order and Intelligence', Science 22 June 2007: Vol. 316, no. 5832, p. 1717

16   과학 연구 대부분에서 출생 순서와 같은 커다란 주제에 관해 내리는 결론은 집단에
      적용할 때는 의미가 있을지 모르지만 개인에게 적용하려고 하면 무의미하다. 그리고
      형제들에 대한 연구는 집단의 규모가 작고, 일부 드문 사례를 제외하면 연기 기간이
      인간의 수명에 비해 짧다는 사실 때문에 어려운 면이 있다.

17   Hertwig, Ralph, Jennifer Nerissa Davis and Frank J. Sulloway (2002) Parental
      Investment: How an Equity Motive Can Produce Inequality, *Psychological
      Bulletin* 128, No. 5, pp. 728-45

18   Ibid.

19   Sulloway, Frank and R. L. Zweigenhaft (2010) 'Birth Order and Risk Taking in
      Athletics: A Meta-Analysis and Study of Major League Baseball', *Personality
      and Social Psychology Review,* 14(4) 402-16

20   Sulloway, Frank, 《타고난 모반자Born to Rebel》이 출생 순서 가설을 인정하지 않는
      사람이 많다는 것을 지적할 필요가 있다. 이런 차이가 생기는 이유가 주로 부모 때문
      인지, 아니면 형제들 자신 때문인지는 확실하게 밝혀진 바가 없으며, 물론 큰 패턴이
      확인된다고 해서 그것이 개별 사례에도 꼭 그대로 적용되는 것은 아니다. 하지만 모
      든 역사적, 심리적 자료가 이런 경쟁이 뜨겁게 지속되어왔음을 말해주고 있다. 형제
      들 사이에서의 갈등만이 아니라, 사랑과 미움 사이의 갈등에 대해서도 말이다.

2장

1 'Young adults falling behind rest of the world on the 3Rs', *Guardian*, 9 October, 2013, p. 1

2 Alon, Uri, 'How to Build a Motivated Research Group', *Molecular Cell*, 29 January 2010, DOI: 10.1016/j.molcel.2010.01.011

3 Fasko, Daniel Jr. (2000–1) 'Education and Creativity', *Creativity Research Journal*, Vol. 13, Nos. 3 & 4, pp. 317–27

4 Ibid. See also their other papers

5 http://www.standard.co.uk/news/education/michael-govepassing-exams-make-children-happy-and-satisfied-8315529.html accessed 26 February 2013

6 Xu, K., M. Ernst, D. Goldman (2006) 'Imaging genomics applied to anxiety, stress response, and resiliency', Neuroinformatics 4, pp. 51–64. See also: http://mbldownloads.com/1006CNS_Stein.pdf: Warriors Versus Worriers: The Role of COMT Gene Variants by Dan J. Stein, Timothy K. Newman, Jonathan Savitz, and Rajkumar Ramesar ©MBL Communications Inc. October 2006

7 Cohen, Roger, 'The competition drug', *New York Times*, 4 March 2013

8 http://www.nytimes.com/2012/09/26/education/stuyvesant-highschool-students-describe-rationale-for-cheating.html?pagewanted=all

9 Paton, Graeme, 'Schools bribing pupils to cheat Ofsted inspections', *Daily Telegraph*, 6 January 2012

10 http://www.telegraph.co.uk/education/educationnews/7840969/Half-of-university-students-willing-to-cheat-study-finds.html

11 OECD Pisa 2010 Singapore report

12 이 프로젝트의 모든 세부사항과 발표된 과학 논문들은 다음의 사이트를 참고하기 바란다. http://www.lottolab.org/articles/blackawtonbees.asp. 뷰 로토의 연구에 대한 자세한 내용도 이 웹사이트에 실려 있다.

13 PISA 검사의 샘플은 이곳에서 찾아볼 수 있다. http://pisa-sq.acer.edu.au/

14 Quoted from Charles Moore's biography of Margaret Thatcher in '1979 and All That' by John Lanchester, New Yorker, 5 August 2013

15 http://www.theatlanticcities.com/technology/2011/10/worldsleading-nations-innovation-and-technology/224/

1   2005년 1월에 하버드대학교 총장인 래리 서머스는 남자와 여자의 선천적인 차이가 과학과 수학 분야에서 성공하는 여성의 숫자가 더 적은 한 가지 이유인지를 물었다. 그 후폭풍으로 그는 불신임투표를 통해 대학을 떠나야 했다.

2   Pearson, M., and B. C. Schipper, 'Menstrual Cycle and Competitive Bidding', (2009), Working Papers, University of California, Department of Economics, No. 11, 10 http://www.econstor.eu/bitstream/10419/58389/1/717283119.pdf

3   Zethraeus, N., L. Kocoska-Maras, T. Ellingsen, B. von Schoultz, A. L. Hirschberg and M. Johannesson, 'A randomized trial of the effect of estrogen and testosterone on economic behavior', PNAS, 21 April 2009, 106(16): 6535–8

4   Cotton, Christopher, Frank McIntyre, Joseph Price, 'Gender differerences in repeated competition: Evidence from school math contests', *Journal of Economic Behaviour and Organization*, available online 3 January 2013

5   Croson, R., and Gneezy, U. (2009) 'Gender Differences in Preferences', *Journal of Economic Literature* 47: 2 1–27. Niederle, M. and L. Vesterlund, 'Do women shy away from competition? Do men compete too much?' *Quarterly Journal of Economics*, August 2007, 1067–101. Dreber, A., E. von Essen and E. Ranehill, 'Outrunning the Gender Gap – Boys and Girls Compete Equally', *Institute for Financial Research*, March 2010

6   Gneezy, U., K. L. Leonard and J. A. List (2009) 'Gender Differences in Competition: Evidence from a Matrilineal and a Patriarchal Society', *Econometrica* 77(5): 1637–64

7   http://stanley-siegel.com/2012/02/13/penis-envy/

8   Ibid.

9   Ryan, Christopher and Cacilda Jetha, *Sex at Dawn: How We Mate, Why We Stray and What It Means for Modern Relationships*, Harper Perennial, 2010

10   *Economist*, 'Married to the Mortgage', 13 July 2013, p. 49

11   *Why Women Have Sex*

12   Buss, David M. and David P. Schmitt (2001) 'Human Mate Poaching: Tactics and Temptations for Infiltrating Existing Mateships', Journal of Personality and Social Psychology, Vol. 80, No. 6, 894–917

13   저자 인터뷰. 하지만 다음의 책도 참고할 것. 나다니엘 브랜든의《아인 랜드와의 나날들My Years with Ayn Rand》과 바바라 브랜든의《아인 랜드의 열정The Passion of Ayn Rand》도 참고할 것.

14   http://www.ft.com/cms/s/0/7a185746-c869-11e2-acc6-00144feab7de.html

15   Klinenberg, Eric, *Going Solo*, Kindle edition, Duckworth Overlook, 2013

1   Price, John (1995) 'A Remembrance of Thorleif Schjeldereup-Ebbe', *Human Ethology Bulletin*, 10(1)

2   'Contributions to the Social Psychology of the Domestic Chicken' translated by Monika Schleidt and Wolfgang M. Schleidt

3   이런 결론은 Thorvald Schjelderup-Ebbe의 'Further biological observations of *Gallus domesticus*'에서도 이끌어져 나온다.

4   Zink, C. F., Yunxia Tong, Qiang Chen, D. S. Bassett, J. L. Stein and A. Meyer-Lindenberg (2008) 'Know your place: neural processing of social hierarchy in humans' Neuron, 58(2) 273–83

5   Bales, Robert Freed (1955) 'How People Interact in Conferences', *Scientific American* Vol. 192, No. 3, refs 841 and 842

6   Kalma, Akko (1991) 'Hierarchisation and dominance assessment at first glance', *European Journal of Social Psychology* Vol. 21, pp. 165–81

7   http://www.ted.com/talks/amy_cuddy_your_body_language_shapes_who_you_are.html

8   Ibid.

9   Gregory, Stanford W. and Stephen Webster (1996) 'A Nonverbal Signal in Voices of Interview Partners Effectively Predicts Communication Accommodation and Social Status Perceptions', *Journal of Personality and Social Psychology* Vol. 70, No. 6, 1231–40

10 Gregory, Stanford W. and Timothy J. Gallagher (2002) 'Spectral Analysis of Candidates' Nonverbal Vocal Communication: Predicting US Presidential Election Outcomes', *Social Psychology Quarterly* Vol. 65, No. 3, 298–308

11 Michell, Lynn and Amanda Amos (1997) 'Girls, Pecking Order and Smoking', *Social Science and Medicine* 44(12) 1861–9

12 Ibid.

13 저자 인터뷰

14 http://www.cityweekend.com.cn/beijing/articles/blogs-beijing/expat-life/eating-disorders-on-the-rise-in-china/

15 http://www.guardian.co.uk/technology/2011/aug/29/world-ofwarcraft-video-game-addict

16 Curtis, Polly, 'Why has executive pay increased so drastically?', *Guardian* 22 November 2011

17 http://www.culturegps.com/

18 Zink, op. cit.

19   Sapolsky, R. M. (2004) 'Social status and health in humans and other animals' *Annual Review of Anthropology* 33, 393–418

20   Mudrack, Peter E., James M. Bloodgood and W. H. Turnley (2011) 'Some Ethical Implications of Individual Competitiveness', *Journal of Business Ethics*, DOI: 10.1007/s10551-011-1094-4

21   Keltner, Dacher D. H. Gruenfeld, C. Anderson (2003) 'Power, Approach and Inhibition' *Psychological Review*, 110(2) 265–84

22   Hofstede, Geert, *Culture's Consequences: Comparing Values, Behaviors, Institutions and Organizations Across Nations*, Sage Publications, 2001, p. 135

23   Hofstede, Geert, Gert Jan Hofstede and Michael Minkov, *Cultures and Organizations*, McGraw Hill, 2010, p. 87

24   Smith, Adam, The Theory of Moral Sentiments, Oxford University Press, 1979, pp. 308–13

25   Piketty, Thomas, Emmanuel Saez, and Stefanie Stantcheva, 'Optimal Taxation of Top Labor Incomes: A Tale of Three Elasticities', NBER Working Paper No. 17616, November 2011, revised March 2013, JEL No. H21

26   The Valve staff handbook can be found at http://newcdn.flamehaus. com/ Valve_Handbook_LowRes.pdf

5장

1   Hopkins, Keith and Mary Beard, *The Colosseum*, Profile Books (London) 2011

2   다음에서 인용. http://gulfnews.com/gntv/sport/interview-with-daigreene-olympic-captain-of-great-britain-s-athletics-team-1.1047740

3   http://trackandfieldathletesassociation.org/blog/how-much-moneydo-track-and-field-athletes-make/

4   http://fs.ncaa.org/Docs/eligibility_center/Athletics_Information/Probability_of_Competing_Past_High_School.pdf

5   http://chronicle.com/article/Need-3-Quick-Credits-to-Play/135690/

6   Desert Island Discs, BBC Radio 4, first broadcast 10 February 2012

7   Agassi, Andre, *Open*, (2010) Vintage Books, p. 214

8   http://www.unc.edu/depts/nccsi/2011Allsport.pdf

9   Mueller, Frederick O. and Bob Colgate (2012) 'Annual Survey of Football Injury Research, American Football Coaches Association

10   *Science Daily*, 5 September 2012

11 http://thinkprogress.org/alyssa/2013/01/04/1395771/how-jadeveonclowneys-smashing-hit-demonstrates-footballs-existential-crisis/accessed 23 February 2013

12 http://www.concussiontreatment.com/concussionfacts.html

13 http://www.escardio.org/about/press/press-releases/pr-11/Pages/endurance-exercise-right-ventricle.aspx European Society of Cardiology 7 December 2011

14 Tinley, Scott, *Racing the Sunset*, Lyons Press, 2003

15 http://espn.go.com/nfl/story/_/id/8316638/anonymous-nfl-playersshare-secrets-player-safety-concussions-scandals-espn-magazine accessed 23 February 2013

16 Goldman, Bob, *Death in the Locker Room*, Icarus Press, 1984

17 Gibson, Owen, 'Doping: Now worse than it's ever been', *Guardian*,

16 February 2013

18 Connor, J. M. and J. Mazanov (2009) 'Would You Dope? A general population test of the Goldman dilemma', *British Journal of Sports Medicine* 43: 871-2

19 http://www.huffingtonpost.co.uk/will-carling/cheating-insport_b_2439325.html accessed 25 March 2013

20 World Economic Forum http://www.euractiv.com/sports/davosunderlines-economic-value-news-221098

21 Interviewed by Martin Bashir on 20/20. Available on YouTube

22 "야구, 축구, 그리고 기타 스포츠에서 스테로이드 같은 경기력 향상 불법 약물을 사용하는 것은 위험합니다. 이것은 성취를 이루는 지름길이 있으며, 인격보다 성과가 더 중요하다는 잘못된 메시지를 전달하고 있습니다. 그래서 오늘밤 저는 구단주, 선수조합 대표, 감독, 선수들에게 좀 더 엄격해질 것을, 올바른 메시지를 전달하는 일에 앞장설 것을, 지금 당장 스테로이드 사용을 몰아낼 것을 요청하는 바입니다. http://edition.cnn.com/2004/SPORT/01/21/bush.doping/

23 http://www.bbc.co.uk/news/education-22126301 published 14 April 2013; accessed 24 July 2013

24 Haynes, Jill 'Socio-economic impact of the Sydney 2000 Olympic Games', paper given to the 2001 seminar of the International Chair in Olympism. http://olympicstudies.uab.es/pdf/OD013_eng.pdf

1   Chatterjee, A. and Donald Hambrick (2006) 'It's All About Me' http://www.bus.umich.edu/Academics/Departments/Strategy/pdf/F06Hambrick.pdf

2   Rattner, Steve, *Overhaul: An Insider's Account of the Obama Administration's Emergency Rescue of the Auto Industry*, Mariner Books, 2011

3   http://www.forbes.com/sites/boblutz/2013/02/28/how-edwhitacre-saved-gm-in-just-10-months-and-other-fables/

4   피로의 과학에 관심이 있는 독자라면 더욱 자세한 내용과 참고문헌은 내가 쓴 책《의도적 눈감기Wilful Blindness》를 함께 참고하기 바란다.

5   Virtanen, M., S. A. Stansfeld, R. Fuhrer, J. E. Ferrie, M. Kivimäki (2012) 'Overtime Work as a Predictor of Major Depressive Episode: A 5-Year Follow-Up of the Whitehall II Study'. PLoS ONE 7(1): e30719, DOI: 10.1371/journal.pone.0030719 and 'Long Working Hours and Cognitive Function The Whitehall II Study', DOI: 10.1093/aje/kwn382
    Marianna Virtanen, Archana Singh-Manoux, Jane E. Ferrie, David Gimeno, Michael G. Marmot, Marko Elovainio, Markus Jokela, Jussi Vahtera and Mika Kivimäki, initially submitted 5 June 2008; accepted for publication 3 November 2008

6   Stout, Lynn (2013) 'The Toxic Side Effects of Shareholder Primacy', *University of Pennsylvania Law Review*, 161: 2003

7   Foster, Richard, Sarah Kaplan, *Creative Destruction: Why companies that are built to last under-perform the market – and how to successfully transform them*, Crown Business, 2001

8   Stout, Lynn, *The Shareholder Value Myth*, Berrett-Koehler, San Francisco, 2012

9   *Martin, Roger, Fixing the Game: Bubbles, Crashes, and What Capitalism Can Learn from the NFL*, Harvard Business Review Press, 2011

10 *Guerrera, Francesco,* 'Welch Condemns Share Price Focus', *Financial Times, 12 March* 2009

11 Erdal, David, *Beyond the Corporation: Humanity Working*, Bodley Head, London, 2011

12 루더만의 윤리적 여정에 대해서는《의도적 눈감기》에서 더 길게 다루었다.

13 인지적 한계와 그것을 설명하는 실험에 대해서는《의도적 눈감기》4장에서 더 자세히 다루고 있다.

14 Terpstra, David E., M. G. C. Reyes and D. W. Bokor, 'Predictors of Ethical Decisions regarding Insider Trading', *Journal of Business Ethics*, 10(9): 699–710

15 See Bronson, Po and Ashley Merryman, *Top Dog*, p. 207

7장

1   Djerassi, Carl, The Pill, Pygmy Chimps and Degas' Horse, pp. 33 – 4

2   Ibid.

3   Ibid., p. 43

4   Ibid., p. 44

5   Sloan Wilson, *David Evolution for Everyone, Random House*, New York, 2007, p. 33

6   Goodstein, D. (2002) 'Scientific misconduct', Academe 88, 28 – 31

7   Rajan, T. V. 'Biomedical Scientists are engaged in a pyramid scheme', *The Chronicle of Higher Education*, 3 June 2005

8   Anderson, Melissa S., E. A. Ronning, R. de Vries and B. C. Martinson (2007) 'The Perverse Effects of Competition on Scientists' Work and Relationships', *Science and Engineering Ethics*, 13: 437 – 61

9   Walsh, John P. Wei Hong, 'Secrecy is increasing in step with competition', *Nature* Vol. 422, 24 April 2003

10 de Vries, Raymond, Melissa S. Anderson and Brian C. Martinson, published in final edited form as 'Normal Misbehavior: Scientists Talk About the Ethics of Research', *J Empir Res Hum Res Ethics*, March 2006; 1(1): 43 – 50

11 Anderson et al., op. cit.

12 Matthew 25: 29

13 Mullis, Kary, 'The Unusual Origin of the Polymerase Chain Reaction', *Scientific American*, April 1990

14 Fang, F. C. (2011) 'Reforming Science: Structural reforms', *Infection and Immunity* 80(3): 897 – 901

15 Reich, Eugenie Samuel, *Plastic Fantastic*, Palgrave Macmillan, 2009, p. 109

16 http://www.salon.com/2002/09/16/physics/

17 http://www2.technologyreview.com/tr35/profile.aspx?TRID=395

18 *Plastic Fantastic*, p. 150

19 Ibid., p. 117

20 Ibid., p. 131

21 Ibid., p.176

22 http://www.ukrio.org/ukR10htre/misconduct-in-research-whois-responsible.pdf

23 http://www.dfg.de/download/pdf/dfg_im_profil/reden_stellungnahmen/2004/ha_jhschoen_1004_en.pdf

24 Bhattacharjee, Yudhijit, 'The Mind of a Con Man', New York Times, 26 April 2013

25 http://www.nature.com/news/2011/111005/full/478026a.html

26 Steen, R. Grant, A. Casadevall and F. C. Fang, (2013) 'Why has the Number of Scientific Retractions Increased?' http://www.plosone. org/article/ info%3Adoi%2F10.1371%2Fjournal.pone.0068397

27 Ibid.

28 Korpela, K. M. (2010) 'How long does it take for the scientific literature to purge itself of fraudulent material? The Breuning case revisited', *Current Medical Research and Opinion*, 26(4): 843−7

29 Kalichman, M. W. and P. J. Friedman (1992) 'A pilot study of biomedical trainees' perceptions concerning research ethics', *Academic Medicine* 67: 769−75, DOI: 10.1097/00001888-199211000-00015

30 Fang, op. cit.

31 알론이 'scoop' 노래를 부르는 모습은 다음의 사이트에 올라와 있다. http://www. youtube. com/watch?v=RVoz_pEeV8I

32 Abele, John, Bringing Minds Together, *Harvard Business Review*, July − August 2011

8장

1 http://thatgrapejuice.net/2011/02/neyo-slams-autotune-singerstraining-wheels/

2 http://thepoweroffilm.com/pages/contradictions-in-the-system/

3 이 부분에 대해 더 자세한 내용은《의도적 눈감기》의 1장을 참고하기 바란다.

4 Munos, Bernard, 'Lessons from 60 years of pharmaceutical innovation', *Nature Reviews Drug Discovery*, Vol. 8, December 2009, p. 959

5 Goldacre, Ben, *Bad Pharma*, Fourth Estate, 2012, pp. 146−8

6 Cockburn, I., A. H. Anis (1998) 'Hedonic Analysis of Arthritis Drugs', NBER Working Paper 6574

7 Azoulay, P. (2002) 'Do Pharmaceutical Sales Respond to Scientific Evidence?' *Journal of Economics & Management Strategy* 11(4): 551−94

8 Love, James (2003) 'Evidence Regarding Research and Development Investments in Innovative and Non-Innovative Medicines', http://www. cptech.org/ip/health/rnd/evidenceregardingrnd.pdf accessed 5 February 2013

9 Clarke, Tom, 'Drug companies snub antibiotics as pipeline threatensto run dry', *Nature* Vol. 425, 18 September 2003, p. 225

10 Kaufman, Fred, 'How Goldman Sachs Created the Food Crisis', *Foreign Policy*, 27 April 2011. See also his book Bet the Farm, published in 2012

11 http://necsi.edu/research/social/foodcrises.html

12 http://www.hsgac.senate.gov//imo/media/doc/052008Masters. pdf?attempt=2

13 http://www.ted.com/talks/lee_cronin_print_your_own_medicine. html

14 자신의 아이디어를 공개하는 것이 시장에 영향을 미치는 방법이라는 아이디어는 새로운 것이 아니다. 안드레아 팔라이도Andrea Palladio가 세계에서 가장 영향력 있는 건축가가 될 수 있었던 것은 자신의 모든 아이디어와 디자인을 자신의 책《건축 4서 Quattro Libri dell architettura》에 공개했기 때문이다. 그렇게 하지 않았다면 그의 생각은 계속 애매모호한 상태로 남았을 것이다. 그의 건축물 중에 큰 공공장소에 있는 것은 거의 없기 때문이다. 그의 건물 대부분은 오늘날까지도 사람들의 발길이 거의 닿지 않는 베네토의 외진 곳에 남아 있다. 하지만 이 책이 남아 있었던 덕에 그는 서구의 건축 방식을 영원히 바꿔놓았다.

15 그의 멋진 비디오 시리즈는 www.allremix.ru에서 볼 수 있다.

9장

1 Dupre, Judith, Skyscrapers, with an introductory interview with Philip Johnson, Black Dog and Leventhall Publishers, New York, 1996, p. 36

2 Ibid., p. 7

3 Glendinning, Miles, *Architecture's Evil Empire*, 2012

4 http://www.christianpost.com/news/joel-osteen-finally-gets-tothe-truth-of-sin-with-piers-morgan-48685/#EetpxqSIaiiP91rj.99

5 http://www.christianpost.com/news/pastor-joel-osteen-addressesgun-control-after-conn-school-shooting-86807/

6 http://www.youtube.com/watch?v=rXktvy4Uv5Y

7 Baumeister, R. F., J. D. Campbell, J. I. Krueger and K. D. Vohs, 'Does High Self-Esteem Cause Better Performance, Interpersonal Success, Happiness or Healthier Lifestyles?' *Psychological Science in the Public Interest*. http://www.irc.csom.umn.edu/Assets/53495.pdf See also Carol Dweck's *Mindset*: The New Psychology of Success, Ballantine Books, 2007

8 Twenge, Jean and W. Keith Campbell, The *Narcissism Epidemic*, Free Press, New York, 2009, loc 229 in e-book

9 Ibid., loc 114

10 Forsyth, Donelson R., Natalie K. Lawrence, Jeni L. Burnette, Roy F. Baumeister

(2007) 'Attempting to Improve the Academic Performance of Struggling College Students by Bolstering Their Self-Esteem: An Intervention That Backfired', *Journal of Social and Clinical Psychology*, Vol. 26, No. 4, pp. 447–59

11 Browne, John, Beyond Business, Weidenfeld & Nicolson, London, 2010, pp. 68–9

12 http://www.csb.gov/assets/document/CSBFinalReportBP.pdf

13 딥워터 호라이즌 굴착기에 대한 백악관 석유위원회(White House Oil Commission) 보고서

14 Ibid.

15 Browne, op. cit., p. 74

16 Lattman, Peter, 'Confidence on Upswing, Mergers Make Comeback', *New York Times*, 14 February 2013

17 Meyer, Christopher with Julia Kirby, *Standing on the Sun*, Harvard Business School Press, 2012, p. 136

18 스코틀랜드왕립은행에 대한 인터뷰에 응답해준 사람 중 일부는 신원 보호를 위해 가명을 사용했다.

19 Nohria, Nitin and James Weber, *The Royal Bank of Scotland: Masters of Integration*, Harvard Business School Press, 2005

20 Fraser, Ian, 'Loss of Trust', *Signet Magazine*, July 2012

21 http://www.guardian.co.uk/business/blog/2012/jan/12/rbs-balancesheet-uk-economy accessed 12 October 2012

22 Partnoy, Frank and Jesse Eisinger, 'What's Inside America's Banks', *Atlantic*, February 2013

23 이 이야기와 디지털 이타주의에 대한 자세한 내용은 다음을 참고하기 바란다. Aleks Krotowski's Radio 4 *series, Digital Human*: http://www.bbc.co.uk/programmes/b01n7094

24 Zhou, W.-X., D. Sornette, R. A. Hill and R. I. M. Dunbar (2005) 'Discrete hierarchical organization of social groups sizes', *Proceedings of the Royal Society*, 272, 439–44 and Dunbar, R. I. M. (1993) 'Coevolution of neocortical size, group size and language in humans', *Behavioral and Brain Sciences* 16, 681–694

25 Simms, Andrew, 'Let's play fantasy economics', *Observer*, 17 February 2013, Business p. 53

26 Adams, Tim, 'I Still Haven't Found What I'm Looking For', *Observer*, 20 January 2013, p. 8

27 'War on Terabytes', *Economist*, 2 February 2013, p. 64

1   http://lightbox.time.com/2013/05/08/a-final-embrace-the-mosthaunting-photograph-from-bangladesh/#1 accessed 31 July 2013

2   Urbina, Ian and Keith Bradsher, 'Linking Factories to the Malls, Middleman Pushes Low Costs', *New York Times*, 8 August 2013, p. A1

3   https://www.commondreams.org/view/2013/04/11-1

4   http://www.cepr.net/documents/publications/min-wage3-2012-04.pdf

5   http://www.ft.com/intl/cms/s/0/46b6c682-fa94-11e2-a7aa-00144feabdc0.html#axzz2apTfkDFw

6   O'Connor, Sarah, 'Amazon Unpacked', *Financial Times*, 8 February 2013 http://www.ft.com/intl/cms/s/2/ed6a985c-70bd-11e2-85d0-00144feab49a.html#slide0 accessed 15 March 2013

7   http://www.propublica.org/article/the-expendables-how-thetemps-who-power-corporate-giants-are-getting-crushed

8   Sheffield, Hazel, 'Pasadena publisher launches a system for outsourcing local news', *Columbia Journalism Review*, 27 August 2012 http://www.cjr.org/behind_the_news/pasadena_publisher_launches_a.php. accessed 30 March 2013

9   다음 사이트에서 축적된 증거들을 찾아볼 수 있다. http://www. levesoninquiry.org.uk/wp-content/uploads/2012/02/MS-Exhibit-11.pdf

10   레베슨 조사에서 리처드 펩피아트의 증언, Seminar 1: 'The Competitive Pressures on the Press and the Impact on Journalism', 6 October 2011

11   2011년 3월 4일에 〈가디언Guardian〉에 재판된 리처드 펩피아트의 사직서를 여기 가면 볼 수 있다. http://www.guardian.co.uk/ media/2011/mar/04/daily-star-reporter-letter-full

12   Ibid.

13   저자 인터뷰

14   레베슨 조사에서 리처드 펩피아트의 증언. 앞서 언급한 책에서.

15   http://www.worldwatch.org/towards-happier-meals-globalizedworld

16   EU에서 2006년에 성장 촉진을 목적으로 하는 약물 투여를 금지하자 인간과 동물에서 항생제 내성의 수준이 감소했다.

17   http://www.forbes.com/lists/2006/12/UQDU.html

18   http://www.nytimes.com/2012/04/05/opinion/kristof-arsenic-inour-chicken.html?_r=0. 퓨 위원회가 산업형 농장 동물 생산(Industrial Farm Animal Production)에 대해 작성한 보고서인 'Putting Meat on the Table'도 참고하기 바란다. 이것은 퓨 자선기금Pew Charitable Trust과 블룸버그 공중보건대학Johns Hopkins

Bloomberg School of Public Health의 2008년 프로젝트였다. http://www. ncifap. org/about/

가금류 배설물에서 유래한 고농도의 비소가 쌀에서 발견된 이후로 2013년 10월에 FDA는 동물 사료에 사용되던 네 가지 비소 기반 약물 중 세 가지에 대한 승인을 철회했다.

19   Environmental Protection Agency (2007b). US EPA 2008 Compliance and Enforcement: Clean Water Act, pp. 1–3, quoted in Pew, p. 23

20   Pew, p. 25

21   *Animal Factory*, p. 84

22   Kessler, David A., 'Antibiotics and the Meat We Eat', *New York Times*, 28 March 2013, p. A25.

23   http://www.fda.gov/downloads/AnimalVeterinary/SafetyHealth/ AntimicrobialResistance/NationalAntimicrobialResistanceMonitoringSystem/ UCM237120.pdf

24   http://www.ers.usda.gov/data-products/county-level-data-sets/poverty.aspx

25   Pew, p. 41

26   Pretty, J. N., C. Brett, D. Gee, R. E. Hine, C. F. Mason, J. I. L. Morison, H. Raven, M. D. Rayment, G. van der Bijl (2000) 'An assessment of the total external costs of UK agriculture', *Agricultural Systems* 65, 113–36

27   2004년에 스미스필드 푸드는 Ridpath Pek과 Norwich Food Company를 인수하여 영국시장에 입성했다. Ridpath Pek은 주요 슈퍼마켓에 다진 돼지고기와 폴란드 가공포장육을 공급하는 회사다. Norwich Food Company는 칠면조, 닭, 사냥감을 수입하는 회사다. 지금은 스미스필드 영국 지부로 합병이 되어 있기 때문에 이들이 정확히 어디서 어떤 제품을 판매하고 있는지에 대한 정보를 슈퍼마켓이나 회사 당사자로부터 전혀 입수할 수 없었다. 스미스필드의 폴란드 사업체와의 공급관계를 강조하면서도 당시에 회사에서 공개한 보도자료에는 그저 이런 말만 올라와 있었다. '주식회사 스미스필드 푸드는 영국의 소매상과 외식산업 종사 고객들에게 신선한 육류와 가공된 냉장 육류제품 및 영국 시장을 위해 개발된 캔 육류제품을 공급할 것입니다.' 영국 총리 데이비드 캐머론은 공식적으로 주장하기를 배기가스 배출기준에 미달하는 차량과 마찬가지로 국내에 적용하고 있는 동물복지 기준에 미달되게 생산된 식품은 수입하지 않을 것이라 말하고 있지만, 사실상 우리는 우리가 구입하는 육류의 상당 부분이 어떻게 유통된 것인지 알 길이 없다.

28   http://www.opensecrets.org/pacs/lookup2.php?strID=C00359075

29   Smithfield Foods annual report, 2012, p. 4

30   Ibid., cover

31   Ibid., p. 47

32   Ibid.

33 Anderson, Ray C., Confessions of a Radical Industrialist, p. 8

34 http://www.youtube.com/watch?v=HRkHJxQKM8A

35 Confessions of a Radical Industrialist

36 http://www.youtube.com/watch?v=oedz4E9vlDU

37 http://www.youtube.com/watch?v=CG_T1fY3KTk

38 http://www.nytimes.com/2006/04/23/magazine/23apparel.html accessed 1 August 2013

39 All Ford quotes come from his book Henry Ford? My Life and Work published online: http://www.gutenberg.org/cache/epub/7213/pg7213.html

11장

1 Johns, Helen and Paul Ormerod, Happiness, Economics and Public Policy, Institute of Economic Affairs, 1 August 2007

2 http://www.gallup.com/poll/160724/majority-names-china-topeconomic-power.aspx accessed 18 March 2013

3 http://politicalticker.blogs.cnn.com/2011/02/14/china-the-topworld-economy-americans-say/ accessed 15 March 2013

4 Beckett, Andy, 'What is the "global race"?' Guardian, 22 September 2013

5 Michie, Jonathan and M. Sheehan-Quinn (2001), 'Labour market flexibility, human resource management and corporate performance', British Journal of Management 12(4), 287–306

6 Glebbeek, A. C. and E. H. Bax (2004) 'Is high employee turnover really harmful? An empirical test using company records', Academy of Management Journal, 47(2), 277–86. Hillmer, S., B. Hillmer and G. McRoberts (2004) 'The real costs of turnover: Lessons from a call center', Human Resource Planning 27(3), 34–41

7 Norwegian Ministry of Petroleum and Energy http://www. regjeringen.no/en/dep/oed/Subject/energy-in-norway. html?id=86981

8 Sulston, John, The Common Thread, Transworld, 2002, p. 154

9 Preston, Richard, 'The Genome Warrior', New Yorker, 12 June 2000

10 Sulston, The Common Thread, pp. 218–19

11 McElheny, Victor K., Drawing the Map of Life: Inside the Human Genome Project, Basic Books, 2010, p. 153

12 이 논문의 전문은 이곳에서 찾아볼 수 있다. http://www.sciencemag.org/

content/162/3859/1243.full

13 엘리노어 오스트롬과의 인터뷰. http://www.mercatus.org/ uploadedFiles/ Mercatus/Publications/Rethinking%20Institutional% 20Analysis%20-%20 Interviews%20with%20Vincent%20and% 20Elinor%20Ostrom.pdf

14 Ostrom, Elinor, *Governing The Commons: The Evolution of Institutions for Collective Action*, Cambridge University Press, 1990

15 http://oecdinsights.org/2011/07/01/a-lesson-in-resourcesmanagement-from-elinor-ostrom/ accessed 30 March 2013

12장

1 파인버그의 책《가치 있는 삶이란 무엇인가?What is Life Worth?》에는 기금 운영에 대해 굉장한 이야기가 담겨 있다.

2 Adami, Christoph and Arend Hintze, 'Evolutionary instability of zero-determinant strategies demonstrates that winning is not everything', *Nature Communications,* 1 August 2013, 4, Article number: 2193, DOI: 10.1038/ ncomms3193

Adams, Tim. 'When Politics Is in the Blood', Observer, 2010

Adewunmi, Bim, and Patrick Kingsley. 'A Whole New Ball Game', Guardian, 2011

Adler, Nancy. 'The Arts and Leadership: Now That We Can Do Anything, What Will We Do?', Academy of Management Learning and Education Vol. 5, No. 4, 486–99, 2006

Adner, Ron. The Wide Lens: A New Strategy for Innovation, Portfolio, 2012

Agassi, Andre. Open: An Autobiography, Harper Collins, 2009

Ahmadi, Sanaz Saeed, Mohammad Ali Besharat, Korosh Azizi, and Roja Larijani. 'The Relationship between Dimensions of Anger and Aggression in Contact and Noncontact Sports', Procedia – Social and Behavioral Sciences Vol. 30, 247–51, 2011

Ailing, Abigail, and Mark Nelson. Life under Glass: The inside Story of Biosphere 2, Biosphere Press, 1993

Akerlof, George, and Rachel Kranton. 'It Is Time to Treat Wall Street Like Main Street', Financial Times, 24 February 2010

Almas, Ingvild, A. W. Cappelen, K. G. Salvanes, E. O. Sorensen, B. Tungodden. 'Explaining Gender Differences in Competitiveness', (2011) www.aeaweb. org/aea/2012conference/program/retrieve.php? pdfid=51

Alon, Uri. 'How to Build a Motivated Research Group', Molecular Cell Vol. 37, 2010

Anderson, Melissa S., Emily A. Ronning, Raymond De Vries, and Brian C. Martinson. 'The Perverse Effects of Competition on Scientists' Work and Relationships', Science and Engineering Ethics Vol. 13, 437–61, 2006

Anderson, Ray. Confessions of a Radical Industrialist, Cornerstone Digital, 2010

Anderson, Stephen, Erwin Bulte, Uri Gneezy, and John A. List. 'Do Women Supply More Public Goods Than Men? Preliminary Experimental Evidence from Matrilineal and Patriarchal Societies', American Economic Review: Papers & Proceedings Vol. 98, No. 2, 376–81, 2008

Andeweg, Rudy B., and Steef B. Van Den Berg. 'Linking Birth Order to Political Leadership: The Impact of Parents or Sibling Interaction?', Political Psychology Vol. 24, No. 3, 605–23, 2003

Anon. 'The Secret Teacher Writes an Honest Letter Home', Guardian, 2012

Armstrong, Lance. It's Not About the Bike, Yellow Jersey Press, 2001

Asthana, Anushka. 'The Secret of a Happy Child: No Irritating Siblings to Get in the Way', Observer, 2010

Auger, Pat, and Timothy M. Devinney. 'Do What Consumers Say Matter? The Misalignment of Preferences with Unconstrained Ethical Intentions', Journal of Business Ethics Vol. 76, No. 4, 361–83, 2007

Austin, Elizabeth J., Daniel Farrelly, Carolyn Black, and Helen Moore. 'Emotional Intelligence, Machiavellianism and Emotional Manipulation: Does EI Have a Dark Side?', Personality and Individual Differences Vol. 43, No. 1, 179–89, 2007

Baden-Fuller, Charles, and Mary S. Morgan. 'Business Models as Models', Long Range Planning Vol. 43, No. 2–3, 156–71, 2010

Baird, Benjamin, Jonathan Smallwood, Michael D. Mrazek, Julia W. Y. Kam, Michael S. Franklin, and Jonathan W. Schooler. 'Inspired by Distraction: Mind Wandering Facilitates Creative Incubation', Psychological Science Vol. 23, No. 10, 1117-22, 2012

Baker, Mike. 'Should We Rank Pupils Instead of Grading Them?', Guardian, 2012

Bales, Robert F. 'A Set of Categories for the Analysis of Small Group Interaction', American Sociological Review Vol. 15, No. 2, 257–63, 1950

——, 'How People Interact in Conferences', Scientific American Vol. 192, No. 3, 31–5, 1955

Ball, Philip. 'The H-Index, Also Known as the Stag's Antlers', Guardian, 2012

Barrett, David. 'The Cheating Epidemic at Britain's Universities', Daily Telegraph, http://www.telegraph.co.uk/education/educationnews/8363345/The-cheating-epidemic-at-Britains-universities.html

Basu, Paroma. 'Where Are They Now?', Nature Medicine Vol. 12, 492–3

Bedford, Victoria Hilkevitch. 'Sibling Relationship Troubles and Well-Being in Middle and Old Age', Family Relations Vol. 47, No. 4, 369–76, 1998

Beenstock, Michael. 'Deconstructing the Sibling Correlation: How Families Increase Inequality', Journal of Family and Economic Issues Vol. 29, No. 3, 325–45, 2008

Beggan, James K., David M. Messick, and Scott T. Allison. 'Social Values and Egocentric Bias: Two Tests of the Might over Morality Hypothesis', Journal of

Personality and Social Psychology Vol. 55, No. 4, 606–11, 1988

Bell, Jarrett. 'Vilma, Others Silent as NFL Makes Its Case', USA Today, 2012, http://usatoday30.usatoday.com/sports/usaedition/2012-06-19-saintshearing_st_u.htm

Bellafante, Ginia. 'Forget the Downturn; Punish the Lazybones', New York Times, 2010, http://www.nytimes.com/2010/10/17/arts/television/17bellafante.html?pagewanted=all&_r=0

Benenson, Joyce F., Timothy J. Antonellis, Benjamin J. Cotton, Kathleen E. Noddin, and Kristin A. Campbell. 'Sex Differences in Children's Formation of Exclusionary Alliances under Scarce Resource Conditions', Animal Behaviour Vol. 76, No. 2, 497–505, 2008

Benjamin, Alison. 'A Wider View of the Welfare State', Guardian, 2012

Bennet, Catherine. 'Games Mothers Make Tiger Moms Look Like Pussycats', Observer, 2012

Bensinger, Greg. 'Sprint Abandons Blackberry Tablet', Wall Street Journal, 2011

Berns, Gregory. 'The Biology of Cultural Conflict', Philosophical Transactions of the Royal Society B: Biological Sciences, No. 367, 633–9

Bernstein, Richard. 'The Chinese Are Coming!', New York Review of Books, 2012

Bidgood, Jess. 'Chicken Chain Says Stop, but T-Shirt Maker Balks', New York Times, 2011

Bing, Mark N. 'Hypercompetiveness in Academia: Achieving Criterion-Related Validity from Item Context Specificicity', Journal of Personality Assessment, 1999

Birkinshaw, Julian. 'Strategies for Managing Internal Competition', California Management Review Vol. 44, No. 1, 21–38, 2001

Blitz, Roger. 'Clubs with Contrasting Resources Fight to Stay Up', Financial Times, 2012

Blow, Charles M. 'For Jobs, It's War', New York Times, 2011, http://www.nytimes.com/2011/09/17/opinion/blow-for-jobsits-war.html

Blythe, Anne. 'Hog Farm Fine to Clean River', News & Observer (Raleigh), 2012, http://www.newsobserver.com/2012/07/25/2221356/1-million-from-hog-farm-case-to.html

Boksem, Maarten A. S., Evelien Kostermans, and David De Cremer. 'Failing Where Others Have Succeeded: Medial Frontal Negativity Tracks Failure in a Social Context', Psychophysiology Vol. 48, No. 7, 973–9, 2011

——, Evelien Kostermans, Branka Milivojevic, and David De Cremer. 'Social Status Determines How We Monitor and Evaluate Our Performance', Social

Cognitive and Affective Neuroscience Vol. 7, No.3, 304–13, 2012

Booth, Alan, Douglas A. Granger, Allan Mazur, and Katie T. Kivlighan. 'Testosterone and Social Behavior', Social Forces Vol. 85, No. 1, 167–91, 2006

Boothman, Richard C. Journal of Health and Life Sciences Law Vol. 2, No. 2, 2009

Borgatta, Edgar F., and Robert F. Bales. 'Sociometric Status Patterns and Characteristics of Interaction', Journal of Social Psychology Vol. 43, No. 2, 289–97, 1956

Borger, Julian. 'Who Creates Harmony the World Over? Women. Who Signs Peace Deals? Men', Guardian, 2012

Bos, Peter A., David Terburg, Jack van Honk, and Bruce S. McEwen. 'Testosterone Decreases Trust in Socially Naïve Humans', Proceedings of the National Academy of Sciences of the United States of America Vol. 107, No. 22, 9991–5, 2010

Boseley, Sarah. 'NHS Director to Review Cosmetic Surgery Safety', Guardian, 2012

——, 'Eye Doctor Resigns from US University after Research Fraud', Guardian, 2012

Boshoff, Alison. 'The Other Winslet Girls', Daily Mail, 2009

Bowers, Simon. 'Glencore X-Strata Deal Threatened by Unimpressed Shareholders', Guardian, 2012

Bowles, Hannah Riley, Linda Babcock, and Lei Lai. 'Social Incentives for Gender Differences in the Propensity to Initiate Negotiations: Sometimes It Does Hurt to Ask', Organizational Behavior and Human Decision Processes Vol. 103, No. 1, 84-103, 2007 Bowles, Samuel. 'Group Competition, Reproductive Leveling and the Evolution of Human Altruism', Science Vol. 314, 1569–72, 2006

——, 'Genetically Capitalist?', Science Vol. 318, 394–5, 2007

——, 'Policies Designed for Self-Interested Citizens May Undermine "The Moral Sentiments": Evidence from Economic Experiments', Science Vol. 320, No. 5883, 1605–9, 2008

——, 'Did Warfare among Ancestral Hunter-Gatherers Affect the Evolution of Human Social Behaviors?', Science Vol. 324, 1293–8, 2009

——, and Herbert Gintis. 'Cooperation', The New Palgrave Dictionary of Economics, 2007

——, and Yongjin Park. 'Emulation, Inequality and Work Hours: Was Thorsten Veblen Right?', Economic Journal Vol. 115, No. 507, November, 397–412, 2005

Bradbury, Jane. 'Social Opportunity Produces Brain Changes in Fish', PLOS, 2005

Branden, Barbara. The Passion of Ayn Rand, Anchor Books, 1986

Branden, Nathaniel. My Years with Ayn Rand, Jossey-Bass, 1999

Bray, Elizabeth. 'Behind Every Female Superstar …', Independent, 2012

Brickman, Barbara Jane. 'Brothers, Sisters, and Chainsaws: The Slasher Film as Locus for Sibling Rivalry', Quarterly Review of Film and Video Vol. 28, No. 2, 135–54, 2011

Broad, William J. 'North Korea's Performance Anxiety', New York Times, 2012

Brody, Gene H. 'Sibling Relationship Quality: Its Causes and Consequences', Annual Review of Psychology Vol. 49, 1–24, 1998

Bronson, Po, and Ashley Merryman. Top Dog: The Science of Winning and Losing, Twelve, 2013

Brooks, David. 'Testing the Teachers', New York Times, 2012

Brown, D. J., D. L. Ferris, D. Heller, and L. M. Keeping. 'Antecedents and Consequences of the Frequency of Upward and Downward Social Comparisons at Work', Organizational Behavior and Human Decision Processes Vol. 102, No. 1, 59–75, 2007

Brown, Helen Gurley. Sex and the Single Girl, Open Road Media Iconic Ebooks, 2012

Browne, John. Beyond Business: An Inspirational Memoir from a Visionary Leader, Weidenfeld & Nicolson, 2010

Bruck, Connie. 'The Art of the Billionaire', New Yorker, 2010

Buettner, Russ. 'State Panel to Review Pay of Leaders of Nonprofits', New York Times, 2011

Buhrmester, Duane and Wyndol Furman. 'Perceptions of Sibling Relationships During Middle Childhood and Adolescence', Child Development Vol. 61, No. 5, 1387–98, 1990

Bull, Andy. 'Greene's Gold Silences the Critics', Guardian, 2011

———, 'Bolt Knows He Can Be Beaten – but Only by Himself ', Guardian, 2011

———, 'Fast Learner', Observer, 2011

Burckle, Michelle A., Richard M. Ryckman, Joel A. Gold, Bill Thornton, and Roberta J. Audesse. 'Forms of Competitive Attitude and Achievement Orientation in Relation to Disordered Eating', Sex Roles Vol. 40, No. 11–12, 853–70, 1999

Buser, Thomas, Muriel Niederle. 'Gender, Competitiveness and Career Choices', 2012, http://www.nber.org/papers/w18576

Bussey, John. 'Subsidy Nation: Can Firms in U.S. Compete with China', Wall Street Journal, 2011

Butler, Patrick. 'Making an Impact', Guardian, 2011

Buunk, Abraham P., and Frederick X. Gibbons. 'Social Comparison: The End of a

Theory and the Emergence of a Field', Organizational
Behavior and Human Decision Processes Vol. 102, No. 1, 3–21, 2007

Byrne, John A. 'B-Schools with the Most Competitive Students', http://
poetsandquants.com/2012/03/01/b-schools-with-themost-competitive-
students/

Cadwalladr, Carole. 'Have an Idea as Good as Jamie Oliver's and Win 1m to Make
It Happen', Guardian, 2012

Calapinto, John. 'Looking Good', New Yorker, 2012

Callahan, David. The Cheating Culture: Why More Americans Are Doing Wrong to
Get Ahead, Harcourt Inc., 2004

Cambers, Simon. 'Why Does the Women's Game Seem a Shadow of Its Former
Self?', Guardian, 2011

——, 'Pushy Parents Have Not Gone Away', Guardian, 2011

Cardenas, Juan-Camilo, Anna Dreber, Emma von Essen, and Eva Ranehill. 'Gender
Differences in Competitiveness and Risk Taking:

Comparing Children in Colombia and Sweden', Research Papers in Economics,
No. 18, 2010

Cashdan, Elizabeth. 'Hormones and Competitive Aggression in Women',
Aggressive Behavior Vol. 29, No. 2, 107–15, 2003

Cassidy, John. 'After the Blow-Up', New Yorker, 22 January 2010

——, 'Mastering the Machine', New Yorker, 25 July 2011

Centre for Effective Dispute Resolution. 'Tough Times, Tough Talk', 2011

Chang, Yang-Ming. 'Transfers and Bequests: A Portfolio Analysis in a Nash Game',
Annals of Finance Vol. 3, No. 2, 277–295, 2007

——, 'Strategic Altruistic Transfers and Rent Seeking within the Family', Journal
of Population Economics Vol. 22, No. 4, 1081–98, 2009

Cheshire Fair. 'Brochure', 2011

Cho, Adrian. 'Particle Physicists' New Extreme Teams', Science Vol. 333, 2011

Choi, Jung-Kyoo, and Samuel Bowles. 'The Coevolution of Parochial Altruism and
War', Science Vol. 318, 636–9, 2007

Cicirelli, Victor G. 'Feelings of Attachment to Siblings and Well-Being in Later Life',
Psychology and Aging Vol. 4, No. 2, 211, 1989

Citigroup. 'Revisiting Plutonomy: The Rich Get Richer', 25 March 2006

Clark, Alex, and Peter Stanford. 'Should Charities Use Shock Tactics', Observer,
2012

Colapinto, John. 'Meet Trevor Neilson', Observer, 29 July 2012

Cole, Daniel. 'Elinor Ostrom', Guardian, 15 June 2012

Coll, Steve. 'Gusher', New Yorker, 9 April 2012

Collier, Paul. 'Don't Look to China for Economic Salvation', Observer, 11 March 2012

Collins, Laura. 'England, Their England', New Yorker, 4 July 2011, 28–34

Colt, George Howe. Brothers, Scribner, 2012

Coman, Julian. 'The King and I', Observer, 25 March 2012

Conerly, Rachel. 'The Collaborative Organization', 2011

Conley, Dalton. The Pecking Order: Which Siblings Survive and Why, Pantheon Books, 2004

Conn, David. 'Inspire a Generation?', Guardian, 2012

Connor, J. M. 'Would You Dope? A General Population Test of the Goldman Dilemma', British Journal of Sports Medicine Vol. 43, No. 11, 871–2, 2009

Cook, Chris. 'Oaksey House: The Service Station That Helps Bruised and Battered Jockeys Back in the Saddle', Guardian, 2011

Cookson, Clive. 'Synthetic Life: The Revolution Begins', Financial Times magazine, 28/29 July 2012

Cooper, Chris. 'What If We Tested Athletes for Genes Instead of Drugs?', Observer, 6 May 2012

Corbett, J., Barwood, Ouzounoglou, Thelwell, Dicks. 'Influence of Competition on Performance and Pacing During Cycling Excercise', University of Portsmouth, 2012

Coy, Peter. 'You're So Bain', Bloomberg Business Week, 16 January 2012

Crawford, Leslie. 'Does Homework Really Work?', Great Schools

Crocker, Jennifer, and Lora E. Park. 'The Costly Pursuit of Self-Esteem', Psychological Bulletin Vol. 130, No. 3, 392–414, 2004

Croson, Rachel, and Uri Gneezy. 'Gender Differences in Preferences', Journal of Economic Literature Vol. 47, No. 2, 1–27, 2009

Curtis, Guy J. 'An Examination of Factors Related to Plagiarism and a Five-Year Follow-up of Plagiarism at an Australian University', International Journal for Educational Integrity Vol. 7, No. 1, 30–42

Cyranoski, David. 'Your Cheatin' Heart', Nature Medicine Vol. 12, No. 5, 490, 2006

Dalisay, Francis, Jay D. Hmielowski, Matthew James Kushin, Masahiro Yamamoto. 'Social Capital and the Spiral of Silence', International Journal of Public Opinion, 2012

Daly, M., Margo Wilson, Catherine A. Salmon, M. Hiraiwa-Hasegawa, and T. Hasegawa. 'Siblicide and Seniority', Homicide Studies Vol. 5, 30–45, 2001

Darwin, Charles. The Origin of Species, John Murray, 1859

————, The Descent of Man and Selection in Relation to Sex, John Murray, 1922

Das, Andrew. 'Less Is More: Less Practice Equals More Medals', New York Times, 5 August 2012

Davies, William. 'All of Our Business: Why Britain Needs More Private Sector Employee Ownership', Employee Ownership Association, 2012

Davis, Anna, and Pippa Crerar. 'Gold Club of Elite Schools to Put London Pupils on Top', Evening Standard, 18 October 2012

Davis, Jennifer. 'Birth Order, Sibship Size, and Status in Modern Canada', Human Nature Vol. 8, No. 3, 205–30, 1997

Dawkins, Richard. The Selfish Gene: 30th Anniversary Edition – with a New Introduction by the Author, Oxford University Press, 2006

de Botton, Alain. Status Anxiety, Hamish Hamilton, 2004

de Dreu, Carsten K. W., Lindred L. Greer, Michel J. J. Handgraaf, Shaul Shalvi, Gerben Van Kleef, Matthijs Baas, Femke S. Ten Velden, Eric Van Dijk, and Sander W. W. Feith. 'The Neuropeptide Oxytocin Regulates Parochial Altruism in Intergroup Conflict among Humans', Science Vol. 328, 1408–11, 2010

de Waal, Frans. Chimpanzee Politics: Power and Sex among Apes, Jonathan Cape, 1982

————, Our Inner Ape: The Best and Worst of Human Nature, Granta Books, 2005

Decety, Jean, Philip L. Jackson, Jessica A. Sommerville, Thierry Chaminade, and Andrew N. Meltzoff. 'The Neural Bases of Cooperation and Competition: An fMRI Investigation', Neuro - Image Vol. 23, No. 2, 744–51, 2004

Dehart, Tracy, Brett Pelham, Luke Fiedorowicz, Mauricio Carvallo, and Shira Gabriel. 'Including Others in the Implicit Self: Implicit Evaluation of Significant Others', Self and Identity Vol. 10, No. 1, 127–35, 2011

Delaney, Kevin. 'In the Outgoing and the Introverted, Yin and Yang', New York Times, 11 March 2012

————, 'Change the World? Game On', New York Times, 8 July 2012

Delios, Andrew. 'How Can Organizations Be Competitive but Dare to Care?', Academy of Management Perspectives, 24–35, 2010

Denrell, Jerker, and Chengwei Liu. 'Top Performers Are Not the Most Impressive When Extreme Performance Indicates Unreliability', PNAS Vol. 109, No. 24, 9331-6

Depner, Charlene E., and Berit Ingersoll-Dayton. 'Supportive Relationships in Later Life', Psychology and Aging Vol. 3, No. 4, 348–57, 1988

Devine, Cathy. 'We Should Not Fetishise Competitive School Sport', Guardian, 10 December 2010

Djerassi, Carl. Cantor's Dilemma, Penguin Books, 1989

———, The Pill, Pygmy Chimps and Degas' Horse, Basic Books, 1992

———, This Man's Pill, Oxford University Press, 2001

Do Young Choi, Kun Chang Lee, and Seong Wook Chae. 'The Effect of Individual Psychological Characteristics on Creativity Revelation: Emphasis with Psychological Empowerment and Intrinsic Motivation', Brain Informatics, Springer Berlin Heidelberg, 2012

Doorn, G. Sander Van, Geerten M. Hengeveld, and Franz J. Weissing. 'The Evolution of Social Dominance I: Two-Player Models', Behaviour Vol. 140, No. 10, 1305–32, 2003

Dreber, Anna, Emma von Essen, and Eva Ranehill. 'Outrunning the Gender Gap - Boys and Girls Compete Equally', Institute for Financial Research, 2010

Dunn, Judy. Siblings: Love, Envy and Understanding, McIntyre, 1982

———, Sisters and Brothers, Fontana, 1984

———, The Beginnings of Social Understanding, Athenaeum Press, 1997

———, 'Sibling Relationships: Theory and Issues for Practice, Children & Society Vol. 19, No. 4, 339–40, 2005

Dwyer, Jim. 'A Billionaire Philanthropist Struggles to Go Broke', New York Times, 8 August 2012

Dysvik, Anders, and Bård Kuvaas. 'Intrinsic and Extrinsic Motivation as Predictors of Work Effort: The Moderating Role of Achievement Goals', British Journal of Social Psychology Vol. 52, 2012

Economist. 'Move over, Dalton', 1 September 2012

———, 'Class Acts', 15 September 2012

———, 'Working the System', 29 September 2012

———, 'Body Politic', 6 October 2012

———, 'Who's Shrugging Now?', 20 October 2012

Edmondson, Amy C. 'Learning from Mistakes Is Easier Said Than Done: Group and Organizational Influences on the Detection and Correction of Human Error', Journal of Applied Behavioral Science Vol. 32, No. 1, 5–28, 1996

Edsall, Thomas B. 'The Reinvention of Political Morality', New York Times, 5 December 2011

———, 'Is This the End of Market Democracy?', New York Times, 19 February 2012, http://campaignstops.blogs.nytimes.com/2012/02/19/is-this-the-end-of-market-democracy/

Edward, Joyce. 'Sibling Discord: A Force for Growth and Conflict', Clinical Social Work Journal Vol. 41, March 2013, 77

Eichenwald, Kurt. 'Microsoft's Lost Decade', Vanity Fair, August 2012

eLearners. 'Student Dropout Rates Linked to High Stress over Finances', eLearners. com

Employee Ownership Association. 'Case Study: Gripple', www.gripple.com, 2011

Enrich, David and David Gauthier-Villars. 'Struggling French Banks Fought to Avoid Oversight', Wall Street Journal, 2011

Erat, Sanjiv, and Uri Gneezy. 'White Lies', University of California, 2011

Erdal, David. Beyond the Corporation: Humanity Working, Bodley Head, 2011

Evans, Rhonda. 'Is the Canadian Model Right for UK Schools?', Guardian, 4 January 2011

Falbo, Toni, and Dudley L. Poston, Jr. 'The Academic, Personality, and Physical Outcomes of Only Children in China', Child Development Vol. 64, No. 1, 18-35, 1993

Farrer, Martin. 'Olympics Effect on Economy May Be Short Lived, Says King', Guardian, 13 August 2012

Feinberg, Kenneth. What Is Life Worth? The Unprecedented Effort to Compensate the Victims of 9/11, Public Affairs, 2005

Feinberg, Mark E., Susan M. McHale, Ann C. Crouter, and Patricio Cumsille. 'Sibling Differentiation: Sibling and Parent Relationship Trajectories in Adolescence', Child Development Vol. 74, No. 5, 1261-74, 2003

——, Anna Solmeyer, and Susan M. McHale. 'The Third Rail of Family Systems: Sibling Relationships, Mental and Behavioral Health, and Preventive Intervention in Childhood and Adolescence', Clinical Child and Family Psychology Review Vol. 15, March 2012 Felson, Richard, B. 'Aggression and Violence between Siblings', Social Psychology Quarterly Vol. 46, No. 4, 271-85, 1983

Fernandez-Araoz. 'The Coming Fight for Executive Talent', Bloomberg Business Week, 7 December 2009

Festinger, Leon. 'A Theory of Social Comparison Processes', Human Relations Vol. 7, No. 2, 117-40, 1954

Finkelhor, David, Heather Turner, and Richard Ormrod. 'Kid's Stuff: The Nature and Impact of Peer and Sibling Violence on Younger and Older Children', Child Abuse & Neglect Vol. 30, No. 12, 1401-21, 2006

Finnegan, William. 'The Storm', New Yorker, 5 March 2012

Fowden, A. L., and T. Moore. 'Maternal-Fetal Resource Allocation: Co-Operation and Conflict', Placenta, 2012. 10.1016/j.placenta. 2012.05.002

Frank, Robert H., The Darwin Economy: Liberty, Competition and the Common

Good, Princeton University Press, 2011

———, 'Will the Skillful Win?', New York Times, 5 August 2012

———, and Philip J. Cook. The Winner-Takes-All Society: How More and More Americans Compete for Ever Fewer and Bigger Prizes, Encouraging Economic Waste, Income Inequality and an Improverished Cultural Life, Free Press, 1995

———, Thomas Gilovich, and Dennis T. Regan. 'Does Studying Economics Inhibit Cooperation?', The Journal of Economic Perspectives Vol. 7, No. 2, 159-171, 1993

Franken, R. E., Ross Hill, and James Kierstead. 'Sport Interest as Predicted by the Personality Measures of Competitiveness, Mastery, Instrumentality, Expressivity, and Sensation Seeking', Personality and Individual Differences Vol. 17, No. 4, 467–476, 1994

Fraser, Giles. 'Loose Canon', Guardian, 21 July 2012

Frazier, Ian. 'Out of the Bronx', New Yorker, 6 February 2012

Freedland, Jonathan. 'The Markets Distrust Democracy', Guardian, 16 November 2011.

Freeman, Richard, Eric Weinstein, Elizabeth Marincola, Janet Rosenbaum, and Frank Solomon. 'Competition and Careers in Biosciences', Science Vol. 294, No. 5550, 2293–4, 2001

Frere-Jones, Sasha. 'The Gerbil's Revenge', New Yorker, 9 June 2008

Frick, Bernd. 'Gender Differences in Competitiveness: Empirical Evidence from Professional Distance Running', Labour Economics Vol. 18, No. 3, 389–98, 2011

———, 'Gender Differences in Competitive Orientations: Empirical Evidence from Ultramarathon Running', Journal of Sports Economics Vol. 12, No. 3, 317–40, 2011

Friedman, George. 'The Rise of Britain', Geopolitical Weekly, 2012

Friedman Stewart, D. 'Sibling Relationships and Intergenerational Succession in Family Firms', Family Business Review Vol. 4, No. 1, 3–20, 1991

Friedman, Thomas L., and Michael Mandelbaum. That Used to Be Us: What Went Wrong with America – and How It Can Come Back, Little, Brown & Co., 2011

Furnham, Adrian, D. Kirkcaldy Bruce, and Richard Lynn. 'National Attitudes to Competitiveness, Money, and Work among Young People: First, Second, and Third World Differences', Human Relations Vol. 47, No. 1, 119–32, 1994

Gagne J. J., Choudhry N. K. 'How Many "Me-Too" Drugs Is Too Many?', JAMA Vol. 305, No. 7, 711–12, 2011

Garcia, S. M., and A. Tor. 'Rankings, Standards, and Competition: Task Vs. Scale Comparisons', Organizational Behavior and Human Decision Processes Vol. 102, No. 1, 95–108, 2007

Garcia-Martinez, Jose Antonio. 'Competitiveness, Cooperation and Strategic Interaction: A Classroom Experiment on Oligopoly', Revista Internacional de Sociologia Vol. 70, 168–87, 2012

Gay, Jason. 'A Long, Amazing Ride to the Olympics', Wall Street Journal, 2012

Gefter, Amanda. 'The Blessing of Great Enemies', New Scientist, 2009, http://www.newscientist.com/article/dn17771-wilson-vs-watsonthe-blessing-of-great-enemies.html

Gibbons, Frederick X. 'Social Comparison and Depression: Company's Effect on Misery', Journal of Personality and Social Psychology Vol. 51, No. 1, 140–8, 1986

Gibson, Owen. 'Fewer Young People Playing Sport, Research Reveals', Guardian, 23 June 2012

——, 'The Host Country Has Claimed Gold in Even More Sports Than the US Has', 9 August 2012

——, and Patrick Wintour. 'This Generation of Parents May Be Fitter Than Their Children, Says Coe', Guardian, 11 August 2012

Gilbert, Paul, John Price, and Steven Allan. 'Social Comparison, Social Attractiveness and Evolution: How Might They Be Related?', New Ideas in Psychology Vol. 13, No. 2, 149–65, 1995

Glendinning, Miles. Architecture's Evil Empire: The Triumph and Tragedy of Global Modernism, Reaktion Books, 2012

Glucksberg, S. A. M. 'Problem Solving: Response Competition and the Influence of Drive', Psychological Reports Vol. 15, No. 3, 939–42, 1964

Gneezy, Ayelet, and Daniel M. T. Fessler. 'Combat and Cooperation', Royal Society 2012

——, Alex Imas, Amber Brown, Leif D. Nelson, and Michael Norton. 'Paying to Be Nice: Consistency and Costly Prosocial Behaviour', Harvard Business School, 2011

Gneezy, Uri, Kenneth L. Leonard, and John A. List. 'Gender Differences in Competition: Evidence from a Matrilineal and a Patriarchal Society', Econometrica Vol. 77, No. 5, 1637–64, 2009

——, Muriel Niederle, and Aldo Rustichini. 'Performance in Competitive Environments: Gender Differences', Quarterly Journal of Economics, 2003

——, and Aldo Rustichini. 'Gender and Competition at a Young Age', American

Economic Review Vol. 94, No. 2, 2004

Gogarty, Paul and Ian Williamson. Winning at All Costs: Sporting Gods and Their Demons, J.R. Books, 2009

Goldacre, Ben. Bad Pharma: How Drug Companies Mislead Doctors and Harm Patients, Fourth Estate, 2012

Gonzalez-Bono, E., A. Salvador, J. Ricarte, M. A. Serrano, and M. Arnedo. 'Testosterone and Attribution of Successful Competition', Aggressive Behavior Vol. 26, No. 3, 235–40, 2000

Goodley, Simon. 'Meltdown in the City', Guardian, 10 September 2011

Goodman, P. S., and E. Haisley. 'Social Comparison Processes in an Organizational Context: New Directions', Organizational Behavior and Human Decision Processes Vol. 102, No. 1, 109–25, 2007

Gopnik, Alison, and Adam Gopnik. 'Mom Always Liked You Best', New York Times Book Review, 23 September 2011

Graf, Lorenz, Andreas König, Albrecht Enders, and Harald Hungenberg. 'Debiasing Competitive Irrationality: How Managers Can Be Prevented from Trading Off Absolute for Relative Profit', European Management Journal Vol. 30, No. 4, 386–403, 2012

Grafton, Anthony. 'Our Universities: Why Are They Failing?', New York Review of Books 24 November 2011

Grandjean, Guy, Matthew Taylor and Paul Lewis. 'Deportation Contractor Faces Litany of Abuse Claims against Staff ', Guardian, 14 April 2012

Grant, Adam M. Give and Take: A Revolutionary Approach to Success, Viking, 2013
——, and Sabine Sonnentag. 'Doing Good Buffers against Feeling Bad: Prosocial Impact Compensates for Negative Task and Self-Evaluations', Organizational Behavior and Human Decision Processes Vol. 111, 13–22, 2010

Gray, Peter. 'As Children's Freedom Has Declined, So Has Their Creativity', Psychology Today, 2012

Graziano, William G., Elizabeth C. Hair, and John F. Finch. 'Competitiveness Mediates the Link between Personality and

Group Performance', Journal of Personality and Social Psychology Vol. 73, No. 6, 1394–408, 1997

Greenbaum, L. 'Sibling Rivalry', Lancet (British edition) Vol. 354, No. 9186, 1312, 1999

Gregory, S. W. Jr., and Timothy J. Gallagher. 'Spectral Analysis of Candidates' Nonverbal Vocal Communication: Predicting U.S. Presidential Election Outcomes', Social Psychology Quarterly Vol. 65, No. 3, 298–308, 2002

Guala, Francesco. 'Reciprocity: Weak or Strong? What Punishment Experiments

Do (and Do Not) Demonstrate', Behavioral and Brain Sciences, 2012

Hacker, Andrew 'We're More Unequal Than You Think', New York Review of Books, 23 April 2012

Hacker, Jacob S., and Paul Pierson. Winner-Take-All Politics, Harper Paperbacks, 2010

Hahn, Avital Louria. 'Baird Revels in Its Independence', Investment Dealers Digest, 2005

Hamedani, MarYam G., Hazel Rose Markus, and Alyssa S. Fu. 'My Nation, My Self: Divergent Framings of America Influence American Selves', Personality and Social Psychology Bulletin Vol. 37, No. 3, 350–64, 2011

Hamel, Gary. 'First, Let's Fire All the Managers', Harvard Business Review, 2011

Hamilton, W. D. 'The Genetical Evolution of Social Behaviour', Journal of Theoretical Biology Vol. 7, 1964

Hamlin, J. Kiley, Karen Wynn, and Paul Bloom. 'Social Evaluation by Preverbal Infants', Science Vol. 450, No. 22, 557–8, 2007

Harris, Judith Rich. The Nurture Assumption: Why Children Turn out the Way They Do, Bloomsbury, 1998

Hasan, Mehdi. 'The Schools Exam System Is No Longer Fit for Purpose', Guardian, 17 December 2011

Hatemi, Peter K., and Rose McDermott. 'The Genetics of Politics: Discovery, Challenges, and Progress', Trends in Genetics Vol. 28, No.10, 525–33, 2012

Hayes, Christopher. The Twilight of the Elites: America after Meritocracy, Crown, 2012

Heffernan, Margaret. Wilful Blindess: Why we ignore the obvious at our peril, Simon & Schuster, 2011

Heller, Nathan. 'The Disconnect', New Yorker, 16 April 2012

Hemming, Henry. Together: How Small Groups Achieve Big Things, John Murray, 2011

Hertwig, Ralph, Jennifer Nerissa Davis, and Frank J. Sulloway. 'Parental Investment: How an Equity Motive Can Produce Inequality', Psychological Bulletin Vol. 128, No. 5, 728–45, 2002

Hibbard, David R., and Duane Buhrmester. 'Competitiveness, Gender, and Adjustment among Adolescents', Sex Roles Vol. 63, No. 5, 412–24, 2010

Ho, Violet. 'Interpersonal Counterproductive Work Behaviors: Distinguishing between Person-Focused Versus Task-Focused Behaviors and Their Antecedents', Journal of Business and Psychology, 1-16, 1 December 2012

Hoare, Stephen. 'In the Market for MAS', Guardian, 27 March 2012

Hochschild, Arlie Russell. 'The Outsourced Life', New York Times, 6 May 2012

Hofstede, Geert. Culture's Consequences (Second Edition), Sage Publications, 2001

——, Gert Jan Hofstede, and Michael Minkov. Cultures and Organizations: Software of the Mind: Intercultural Cooperation and Its Importance for Survival, McGraw Hill, 2010

Hopkins, Keith, and Mary Beard. The Colosseum, Profile Books, 2011

Hopkins, Nick. 'G4S Using Untrained Staff to Screen Visitors', 7 August 2012

Hornbacher, Marya. Wasted: Coming Back From an Addiction to Starvation, Fourth Estate, 2010

Houston, John M., Sandra A. Mcintire, Judy Kinnie, and Christeine Terry. 'A Factorial Analysis of Scales Measuring Competitiveness', Educational and Psychological Measurement Vol. 62, No. 2, 284-98, 2002

Hughes, Claire, Alexandra L. Cutting, and Judy Dunn. 'Acting Nasty in the Face of Failure? Longitudinal Observations of "Hard-to-Manage" Children Playing a Rigged Competitive Game with a Friend', Journal of Abnormal Child Psychology Vol. 29, No. 5, 403–16, 2001

Inman, Philip. 'Brazil Passes UK to Become World's 6th Largest Economy', Guardian, 26 December 2011

——, 'Skyscraper Craze Shows Chinese May Be Heading for a Fall', Guardian, 12 January 2012

Insley, Jill. 'Farmers Fear Supermarket Offers Threaten British Food', Guardian, 12 August 2012

Iryin, Nancy, Carol Leonard, Ronald Clyman, Roberta A. Ballard. '60 Follow up of Siblings Present at Birth in an Alternative Birth Center', Pediatric Research, 1981

Jackson, Nate. 'The NFLs Concussion Culture', Nation, 2011

Jacobs, Andrew. 'Heavy Burden on Athletes Takes Joy Away from China's Olympic Success', New York Times, 7 August 2012

Jacques, Martin 'Why Do We Continue to Ignore China's Rise', Observer, 24 March 2012

Jamshidi, Akbar, Talebi Hossien, Seed Saeed Sajadi, Khalil Safari, and Ghasem Zare. 'The Relationship between Sport Orientation and Competitive Anxiety in Elite Athletes', Procedia – Social and Behavioral Sciences Vol. 30, 1161–5, 2011

Janssen, Marco A. 'Elinor Ostrom', Nature Vol. 487, 2012

Jayson, Sharon. 'From Brain to Mouth: The Psychology of Obesity', USA Today, 2012

Jena, Anupam B., John E. Calfee, Edward C. Mansley, and Tomas

J. Philipson. '"Me-Too" Innovation in Pharmaceutical Markets', Forum for Health Economics & Policy Vol. 12, No. 1, 1–19, 2009

Jha, Alok. 'Being Social "Gave Humans Larger Brains"', Guardian, 22 June 2011

——, 'Research Fraud Forces Psychology to Take a Hard Look at Itself ', Guardian, 13 September 2012

Johnson, Diane. 'Finish That Homework!', New York Review of Books, 18 August 2011

Judson, Horace Freeland. The Great Betrayal: Fraud in Science, Harcourt Inc., 2004

Kahn, Jennifer. 'The Perfect Stride', New Yorker, 8 November 2010

Kalma, Akko. 'Hierarchisation and Dominance Assessment at First Glance', European Journal of Social Psychology Vol. 21, No. 2, 165–81, 1991

Kapner, Suzanne. 'After Grueling Woes, CompUSA's Revival Efforts Fail to Spark Faith', The Street, 30 December 1999

Karavasilis Karos, Leigh, Nina Howe, and Jasmin Aquan-Assee. 'Reciprocal and Complementary Sibling Interactions, Relationship Quality and Socio-Emotional Problem Solving', Infant and Child Development Vol. 16, No. 6, 577–96, 2007

Kaufman, Frederick. Bet the Farm: How Food Stopped Being Food, John Wiley & Sons, 2012

Kaufman, Scott Barry. Ungifted: Intelligence Redefined, Basic Books, 2013

Keltner, Dacher, Deborah H. Gruenfeld, and Cameron Anderson. 'Power, Approach, and Inhibition', Psychological Review Vol. 110, No. 2, 265–84, 2003

Kennedy, Maev. 'Why Cross the South Pole in Winter? It's Just What I Do', Guardian, 18 September 2012

Kessel, Anna. 'Athletics Is All I Ever Think About – It's Like Being Young and Falling in Love', Guardian, 1 May 2012

Kessler, David A., Janet L. Rose, Robert J. Temple, Renie Schapiro, and Joseph P. Griffin. 'Therapeutic-Class Wars – Drug Promotion in a Competitive Marketplace', New England Journal of Medicine Vol. 331, No. 20, 1350–3, 1994

Khoja, Faiza. 'Is Sibling Rivalry Good or Bad for High Technology Organizations?', Journal of High Technology Management Research Vol. 19, No. 1, 11–20, 2008

Kidder, Rushworth. 'Ask Not for Whom the Students Cheat: They Cheat for Thee', 2011 Institute for Global Ethics King, Ronnel B., Dennis M. McInerney, and

David A. Watkins. 'Competitiveness Is Not That Bad ... at Least in the East: Testing the Hierarchical Model of Achievement Motivation in the Asian Setting', International Journal of Intercultural Relations Vol. 36, No. 3, 446–57, 2012

Kirby, David. Animal Factory: The Looming Threat of Industrial Pig, Dairy, and Poultry Farms to Humans and the Environment, St Martin's Press, 2010

Kirkpatrick, Doug. 'Does Power Corrupt? Science Says Yes', Morning Star Self-Management Institute, 2012

Korelitz, Jean Hanff. Admission: A Novel, Grand Central Publishing, 2009

Koretz, Gene. 'Are Women Less Competitive?', Business Week, 9 December 2002

Korpela, K. M. 'How Long Does It Take for the Scientific Literature to Purge Itself of Fraudulent Material? The Breuning Case Revisited', Current Medical Research & Opinion Vol. 26, No. 4, 843–7, 2010

Koster, Raph. A Theory of Fun for Game Design, Paraglyph Press, 2005

KPMG. 'Profile of a Fraudster', 2011

Kraus, Michael W., Paul K. Piff, and Dacher Keltner. 'Social Class as Culture: The Convergence of Resources and Rank in the Social Realm', Current Directions in Psychological Science Vol. 20, No. 4, 246–50, 2011

Kushner, David. 'Machine Politics', New Yorker, 7 May 2012 Lafsky, Melissa. 'Are Men Really More Competitive Than Women?', New York Times, 6 February 2008

Lanier, Jaron. Who Owns the Future?, Simon & Schuster, 2013

Larrick, Richard P., Katherine A. Burson, and Jack B. Soll. 'Social Comparison and Confidence: When Thinking You're Better Than Average Predicts Overconfidence (and When It Does Not)', Organizational Behavior and Human Decision Processes Vol. 102, No. 1, 76–94, 2007

Lashewicz, Bonnie, and Norah Keating. 'Tensions among Siblings in Parent Care', European Journal of Ageing Vol. 6, No. 2, 127–35, 2009

Lawrence, Peter, A. 'The Politics of Publication', Nature Vol. 422, No. 6929, 259–61, 2003

Lehmann, Laurent, and François Rousset. 'How Life History and Demography Promote or Inhibit the Evolution of Helping Behaviours', Philosophical Transactions of the Royal Society B: Biological Sciences Vol. 365, No. 1553, 2599–617, 2010

Lepper, Mark R., David Greene, and Richard E. Nisbett. 'Undermining Children's Intrinsic Interest with Extrinsic Reward: A Test of the "Overjustification" Hypothesis', Journal of Personality and Social Psychology Vol. 28, No. 1,

129–37, 1973

Levine, George. Darwin Loves You, Princeton University Press, 2008

Levy, David M. 'The Hostile Act', Psychological Review Vol. 48, No. 4, 356–61, 1941

———, and A. Ruckmick Christian. 'Studies in Sibling Rivalry', American Journal of Psychology Vol. 49, No. 4, 691, 1937

Lewis, Anthony. 'The Shame of America', New York Review of Books, 12 January 2012

Lewontin, Richard. 'It's Even Less in Your Genes', New York Review of Books, 26 May 2011

Lindquist, Gabriella Sjorgen, Jenny Save-Soderbergh. '"Girls Will Be Girls" – Especially among Boys: Competitive Behavior in the "Daily Double" On Jeopardy' Economics Letters, August 2011

Littlemore, Sue. 'Universities "Need to Explain What Plagiarism Is"', Guardian, 12 June 2012

Longman, Jere. 'For Female Athletes, A.C.L. Injuries Take a Toll', New York Times, 27 March 2011

Lott, Tim. 'As a Child, I Always Sought My Older Brother's Approval', Observer, 24 March 2012

———, 'Did We Damage Each Other?', Guardian, 30 March 2012

———, 'Get over It Guys', Observer, 18 August 2012

———, Under the Same Stars, Simon and Schuster, 2012

Ludwig, Sandra and Thoma, Carmen. 'Do Women Have More Shame Than Men? An Experiment on Self-Assessment and the Shame of Overestimating Oneself ', Discussion Paper No. 2012–15, Department of Economics, University of Munich, 2012

Lunn, Peter. Basic Instincts: Human Nature and the New Economics, Marshall Cavendish, 2008 Machi, Ethel. 'Improving U.S. Competitiveness with K-12 Education and Training', Heritage Foundation, 2008

Macilwain, Colin. 'What Science Is Really Worth', Nature, 9 June 2010

Magagna, Jeanne. 'Transformation: From Twin to Individual', Journal of Child Psychotherapy Vol. 33, No. 1, 51–69, 2007

Majendie, Matt. 'The Brains Behind Our Mind Games', Evening Standard, 17 November 2011

Martens, Rainer, Robin S. Vealey, and Damon Burton. Competitive Anxiety in Sport, Human Kinetics, 1990

Martin, Roger L. Fixing the Game: Bubbles, Crashes and What Capitalism Can

Learn from the NFL, Harvard Business Review Press, 2011

Mathiason, Nick. 'Square Mile in Spotlight as Tax Avoidance Trade "Cheats" Europe', Observer, 18 December 2011

Matthews, Karen A., and Julio Angula. 'Measurement of the Type A Behavior Pattern in Children: Assessment of Children's Competitiveness, Impatience-Anger, and Aggression', Child Development Vol. 51, No. 2, 1980

Mayr, Ulrich, Dave Wozniak, Casey Davidson, David Kuhns, and William T. Harbaugh. 'Competitiveness across the Life Span: The Feisty Fifties', Psychology and Aging Vol. 27, No. 2, 278–85, 2012

Mazur, Allan. 'Sex Difference in Testosterone Response to a Video Game Contest', Evolution and Human Behavior Vol. 18, No. 5, 317–26, 1997

———, and Alan Booth. 'Testosterone and Dominance in Men', Behavioral and Brain Sciences Vol. 21, No. 3, 353–63, 1998

McCormick, Neil. 'I Love My Brother ... I Just Can't Stand to Be with Him', Evening Standard, 13 October 2011

McElheny, Victor K. Drawing the Map of Life: Inside the Human Genome Project, Basic Books, 2010

McGrath, Ben. 'Queen of the D-League', New Yorker, 25 April 2011

McIntyre, Matthew H. 'The Use of Digit Ratios as Markers for Perinatal Androgen Action', Reproductive Biology and Endocrinology Vol. 4, No. 10, 2006

McKie. 'Why We Are All in This Together', Observer, 11 March 2012

McWilliams, James E. 'The Myth of Sustainable Meat', New York Times, 12 April 2012

Meggyesy, David and Dave Zirin. 'How Players Won the NFL Lockout', Nation, 20–1, 2011

Mehta, Pranjal H., Amanda C. Jones, and Robert A. Josephs. 'The Social Endocrinology of Dominance: Basal Testosterone Predicts Cortisol Changes and Behavior Following Victory and Defeat', Journal of Personality and Social Psychology Vol. 94, No. 6, 1078–93, 2008

Meikle, James. 'Cricketer Admits Being Bribed to Give Away Runs', Guardian 13 January 2012

Melis, Alicia P., and Dirk Semmann. 'How Is Human Cooperation Different?', Philosophical Transactions of the Royal Society B: Biological Sciences Vol. 365, No. 1553, 2663–74, 2010

Meston, Cindy, and David M. Buss. Why Women Have Sex: Understanding Sexual Motivation from Adventure to Revenge, Vintage Digital, 2010

Meyer, Christopher, and Julia Kirby. 'Runaway Capitalism', Harvard Business

Review, January 2012

Michell, Lynn, and Amanda Amos. 'Girls, Pecking Order and Smoking', Social
Science & Medicine Vol. 44, No. 12, 1861-9, 1997

Midgley, Mary. The Solitary Self: Darwin and the Selfish Gene, Acumen, 2010

———, 'No Gain without Pain', London Business School Alumni News, No. 127,
34–5, 2012

Millar, David. Racing through the Dark: The Fall and Rise of David Millar, Orion
Books, 2011

Miller, Geoffrey. The Mating Game: How Sexual Choice Shaped the Evolution of
Human Nature, Vintage, 2001

Miller, Greg. 'The Prickly Side of Oxytocin', Science Vol. 328, 1343, 2010

———, 'Social Savvy Boosts the Collective Intelligence of Groups', Science Vol.
330, 22, 2010

Mitchell, Heidi. 'Competing for Scholarships on the Field and Online', Wall Street
Journal, 7 August 2012

Mock, D. W., and G. A. Parker. 'Siblicide, Family Conflict and the Evolutionary
Limits of Selfishness', Animal Behaviour Vol. 56, No.1, 1–10, 1998

Moore, D. A. 'Not So above Average after All: When People Believe They Are
Worse Than Average and Its Implications for Theories of Bias in Social
Comparison', Organizational Behavior and Human Decision Processes Vol.
102, No. 1, 42-58, 2007

Morgan, Mary, S. 'Economic Man as Model Man: Ideal Types, Idealization and
Caricatures', Journal of the History of Economic Thought Vol. 28, No. 1,
1–27, 2006

Morning Star Self-Management Institute. 'Newsletter', 2011

Mowen, John C. 'Exploring the Trait of Competitiveness and Its Consumer
Behavior Consequences', Journal of Consumer Psychology Vol. 14, No. 1/2,
52–63, 2004

Mudrack, Peter E., James M. Bloodgood, and William H. Turnley. 'Some Ethical
Implications of Individual Competitiveness', Journal of Business Ethics Vol.
108, No. 3, 2011

Mueller, Frederick O. 'Annual Survey of Football Injury Research', American
Football Coaches Association, 2011

Muir, William M. 'Incorporation of Competitive Effects in Forest Tree or Animal
Breeding Programs', Genetics Vol. 170, No. 3, 1247–59, 2005

Murayama, Kou, and Andrew J. Elliot. 'The Competition–Performance Relation: A
Meta-Analytic Review and Test of the Opposing Processes Model of

Competition and Performance', Psychological Bulletin Vol. 138, No. 6, 1035, 2012

Narain, Jaya. 'Three Teachers at Award-Winning School Suspended "for Helping Students Cheat in GCSEs"', Mail Online, http://www. dailymail.co.uk/news/ article-1205521/Three-teachers-awardwinning-school-suspended-helping-students-cheat-GCSEs.html

Neville, Lukas. 'Do Economic Equality and Generalized Trust Inhibit Academic Dishonesty? Evidence from State-Level Search-Engine Queries', Psychological Science Vol. 23, No. 4, 339–45, 2012

Niederle, Muriel, and Lise Vesterland. 'Do Women Shy Away from Competition: Do Men Compete Too Much?', Quarterly Journal of Economics, 2007

Niman, Nicolette Hahn. Righteous Porkchop: Finding a Life and Good Food Beyond Factory Farms, Harper, 2009

Nowak, Martin. Super-Cooperators, Canongate, 2011

Okasha, Samir. 'Altruism Rsearchers Must Cooperate', Nature Vol. 467, 2010

Orr, H. Allen. 'Is Goodness in Your Genes?', New York Review of Books, 14 October 2010

──, 'The Science of Right and Wrong', New York Review of Books, 12 May 2011

Osnos, Evan. 'The Han Dynasty', New Yorker, 4 July 2011

──, 'Meet Dr. Freud', New Yorker, 10 January 2011

──, 'Boss Rail', New Yorker, 22 October 2012

Paserman, M. Daniele. 'Gender-Linked Performance Differences in Competitive Environments: Evidence from Pro Tennis', VOX, 2007

Patil, Anita. 'Don't Fight It, Crowd-Source It', New York Times, 4 March 2012

──, 'Status Anxiety Vs Status Updates', New York Times, 4 December 2011

Paton, Graeme. 'Schools "Bribing Pupils" to Cheat Ofsted Inspections', Daily Telegraph, 17 January 2012

Pearson, Matthew, and Burkhard C. Schipper. 'Menstrual Cycle and Competitive Bidding', SSRN eLibrary, 2009. http://ssrn.com/paper=1441665

Peng, Wei, and Gary Hsieh. 'The Influence of Competition, Cooperation, and Player Relationship in a Motor Performance Centered Computer Game', Computers in Human Behavior, http://www. sciencedirect.com/science/article/pii/S0747563212001641

Pepitone, Emmy A. Children in Cooperation and Competition, Lexington Books, 1980

Perlman, Michal, and Hildy, S. Ross. 'The Benefits of Parent Intervention in Children's Disputes: An Examination of Concurrent Changes in Children's

Fighting Styles', Child Development Vol. 68, No. 4, 690–700, 1997

Perner, Josef, Ted Ruffman, and Susan R. Leekam. 'Theory of Mind Is Contagious: You Catch It from Your Sibs', Child Development Vol. 65, No. 4, 1228–38, 1994

Petrecca, Laura. 'Bullying by the Boss is Common but Hard to Fix', USA Today, 2010

Pettit, Nathan C. 'The Eyes and Ears of Status: How Status Colors Perceptual Judgment', Personality and Social Psychology Bulletin, 2012

Pfeiffer, Thomas, Lily Tran, Coco Krumme, and David Rand. 'The Value of Reputation', Royal Society Interface, 2012

Piff, Paul K., Daniel M. Stancato, Stephane Cote, Rodolfo Mendoza-Denton, and Dacher Keltner. 'Higher Social Class Predicts Increased Unethical Behavior', PNAS Vol. 109, No. 11, 2012

Pinto-Gouveia, José, Cláudia Ferreira, and Cristiana Duarte. 'Thinness in the Pursuit for Social Safeness: An Integrative Model of Social

Rank Mentality to Explain Eating Psychopathology', Clinical Psychology & Psychotherapy, 2012

Porter, Michael E. Competitive Strategy, Free Press, 1998

——, 'Clusters and the New Economics of Competition', Harvard Business Review, 1998

——, and Mark R. Kramer. 'Shared Value: How to Reinvent Capitalism – and Unleash a Wave of Innovation and Growth', Harvard Business Review, 2011

Price, J., L. Sloman, R. Gardner, P. Gilbert, and P. Rohde. 'The Social Competition Hypothesis of Depression', British Journal of Psychiatry Vol. 164, No. 3, 309–15, 1994

Price, John S. 'A Remembrance of Thorleif Schjelderup-Ebbe', Human Ethology Bulletin Vol. 10, No. 1

——, and Leon Sloman. 'Depression as Yielding Behavior: An Animal Model Based on Schjelderup-Ebbe's Pecking Order', Ethology and Sociobiology Vol. 8, Supplement 1, 85–98, 1987

Puffer, Sheila M. 'CompUSA's CEO James Halpin on Technology, Rewards and Commitment', Academy of Management Executive Vol. 13, No. 2, 29, 1999

Quasem, Himaya. 'Small Nations Can Also Be Tech Giants', Straits Times, 2011

Rajan, T. V. 'Biomedical Scientists Are Engaged in a Pyramid Scheme', Chronicle of Higher Education, 2005

Ramesh, Randeep. 'Britain Risks Catching the "US Disease"', Guardian, 7

December 2011

Rand, David. 'The Value of Reputation', Interface: Journal of the Royal Society, 2012

──, 'Slow to Anger and Fast to Forgive', American Economic Review Vol. 102, No. 2, 720-49, 2012

Recchia, Holly E., Hildy S. Ross, and Marcia Vickar. 'Power and Conflict Resolution in Sibling, Parent–Child, and Spousal Negotiations', Journal of Family Psychology Vol. 24, No. 5, 605–15, 2010

Reginato, James. 'The World's Most Expensive House', Vanity Fair Vol. 622, 2012

Reich, Eugenie Samuel. Plastic Fantastic: How the Biggest Fraud in Physics Shook the Scientific World, Palgrave Macmillan, 2009

Reidy, Tess, and Conal Urquhart. 'Sixth-Formers Pay up to ⌧in Bid to Cheat University Admissions System', Observer, 13 October 2012

Repak, Nick. 'Emotional Fatigue: Coping with Economic Pressure' Grad Resources

Reynolds, Gretchen. 'Phys Ed: Will Olympic Athletes Dope If They Know It Might Kill Them?', New York Times, 2010

Ricarte, J., A. Salvador, R. Costa, M. J. Torres, and M. Subirats. 'Heart Rate and Blood Pressure Responses to a Competitive Role-Playing Game', Aggressive Behavior Vol. 27, No. 5, 351–9, 2001

Richmond, Riva. 'Web Site Ranks Hacks and Bestows Bragging Rights', New York Times, 21 August 2011

Ridley, Matt. The Red Queen: Sex and the Evolution of Human Nature, Harper Perennial, 2003

Rifkin, Jeremy. The Empathic Civilization, Polity Press, 2009

Robbins, Alexandra. The Over-Achievers: The Secret Lives of Driven Kids, Hyperion, 2006

Robertson, Ian. The Winner Effect: How Power Affects Your Brain, Bloomsbury, 2012

Ronay, Barney. 'Wheldon's Death in Las Vegas Leaves an English Village Grieving over a Favourite Son', Guardian, 17 October 2011

Ronay, Richard, and Dana R. Carney. 'Testosterone's Negative Relationship with Empathic Accuracy and Perceived Leadership Ability', Social Psychological and Personality Science Vol. 4, No. 1, 92–9, 2013

Rosenthal, Elizabeth. 'Troubled Marriage? Sibling Relations May Be at Fault', New York Times, 19 August 1992

Rothstein, Jesse. 'Does Competition among Public Schools Benefit Students and Taxpayers? A Comment on Hoxley', American Economic Review Vol. 97, No.

5, 2026–37, 2007

Rowe, Dorothy. My Dearest Enemy, My Dangerous Friend: Making and Breaking Sibling Bonds, Routledge, 2007

Rustin, Margaret. 'Taking Account of Siblings – a View from Child Psychotherapy', Journal of Child Psychotherapy Vol. 33, No. 1, 21-35, 2007

Royal Society. Theme Issue: Cooperation and Deception, 2010

Ryan, Richard M., and Edward L. Deci. 'Intrinsic and Extrinsic Motivations: Classic Definitions and New Directions', Contemporary Educational Psychology Vol. 25, 56-67, 2000

Ryckman, Richard M., Cary R. Libby, Bart van den Borne, Joel A. Gold, and Marc A. Lindner. 'Values of Hypercompetitive and Personal Development Competitive Individuals', Journal of Personality Assessment Vol. 69, No. 2, 271, 1997

——, Bill Thornton, and J. Corey Butler. 'Personality Correlates of the Hypercompetitive Attitude Scale: Validity Tests of Horney's Theory of Neurosis', Journal of Personality Assessment Vol. 62, No. 1, 84, 1994

Saavedra, Serguei, Kathleen Hagerty, and Brian Uzzi. 'Synchronicity, Instant Messaging, and Performance among Financial Traders', Proceedings of the National Academy of Sciences Vol. 108, No. 13, 5296–301, 2011

Sahlberg, Pasi. 'Education Reform for Raising Economic Competitiveness', Journal of Educational Change, 2006

——, Finnish Lessons: What Can the World Learn from Educational Change in Finland?, Teachers College Press, 2010

Salmon, Catherine A. 'Birth Order and Relationships', Human Nature Vol. 14, No. 1, 73–88, 2003

——, and M. Daly. 'Birth Order and Familial Sentiment – Birth Order, Family Dynamics, and Creative Lives', Evolution and Human Behavior Vol. 19, No. 5, 299–312, 1998

Santora, Marc. 'Amid Inquiry into Cheating, Stuyvesant Principal Will Retire', New York Times, 4 August 2012

Savikhin, Anya C. 'Is There a Gender Gap in Preschoolers' Competitiveness? An Experiment in the U.S.', 2011, http://www.sciencedirect.com/science/article/pii/S0167268113001091

Schachter, Frances F., Ellen Shore, Susan Feldman-Rotman, Ruth E. Marquis, and Susan Campbell. 'Sibling Deidentification', Developmental Psychology Vol. 12, No. 5, 418–27, 1976

Schjelderup-Ebbe, Thorleif. 'Fortgesetzte Biologische Beobachtungen Des Gallus

Domesticus', Psychological Research Vol. 5, No. 1, 343–55, 1924

Schleien, Sara, Hildy Ross, and Michael Ross. 'Young Children's Apologies to Their Siblings', Social Development Vol. 19, No. 1, 170–86, 2010

Schneier, Bruce. Liars & Outliers, John Wiley & Sons, 2012

Schroth, Raymond A. 'The Plagiarism Plague', America: National Catholic Weekly, 2012

Schwartzapfel, Beth. 'The Brothers Moynihan', Brown Alumni Magazine, 2010

Schwarz, Alan. 'From Big Leagues, Hints at Sibling Behaviour', New York Times, 24 May 2010

——, 'Risky Rise of the Good-Grade Pill', New York Times, 24 June 2012

Segal, David. 'They Win Gold, but a Pot of It Rarely Follows', New York Times, 4 August 2012

Segal, Nancy L., and Scott L. Hershberger. 'Cooperation and Competition between Twins: Findings from a Prisoner's Dilemma Game' Evolution and Human Behaviour Vol. 20, 29–51, 1999

——, Shirley A. McGuire, Steven A. Miller, and June Havlena. 'Tacit Coordination in Monozygotic Twins, Dizygotic Twins and Virtual Twins: Effects and Implications of Genetic Relatedness', Personality and Individual Differences Vol. 45, No. 7, 607–12, 2008

Sennett, Richard. Together: The Rituals, Pleasures and Politics of Cooperation, Allen Lane, 2012

Sequino, Stephanie and Thomas Stevens, Mark A. Lutz. 'Gender and Cooperative Behavior: Economic Man Rides Alone', Feminist Economics Vol. 2, No. 1, 1–21, 1996

Shreeve, James. The Genome War, Alfred A. Knopf, 2004

Sides-Moore, Lauren, Karin Tochkov. 'The Thinner the Better? Competiveness, Depression and Body Image Among College Student Women', College Student Journal Publisher Vol. 45

Silverman, Rachel Emma and Leslie Kwoh. 'Performance Review Facebook Style', Wall Street Journal, 2012

Skilling, David. Observer newsletter, http://landfallstrategy.com/about/david-skilling/

Smit, Jeroen. The Perfect Prey: The Fall of ABN Amro, or What Went Wrong in the Banking Industry, Quercus, 2009

Smith, Julie, and Hildy Ross. 'Training Parents to Mediate Sibling Disputes Affects Children's Negotiation and Conflict Understanding', Child Development Vol. 78, No. 3, 790–805, 2007

Smither, Robert D., and John M. Houston. 'The Nature of Competitiveness: The Development and Validation of the Competitiveness Index', Educational and Psychological Measurement Vol. 52, No. 2, 407–18, 1992

Solomon, Yvette, Jo Warin, and Charlie Lewis. 'Helping with Homework? Homework as a Site of Tension for Parents and Teenagers', British Educational Research Journal Vol. 28, No. 4, 603–22, 2002

Son Hing, Leanne S., D. Ramona Bobocel, Mark P. Zanna, and Maxine V. McBride. 'Authoritarian Dynamics and Unethical Decision Making: High Social Dominance Orientation Leaders and High Right-Wing Authoritarianism Followers', Journal of Personality and Social Psychology Vol. 92, No. 1, 67–81, 2007

Stadler, Christian. 'The Four Principles of Enduring Success', Harvard Business Review, 2007

Stapel, Diederik A., and Willem Koomen. 'Competition, Cooperation, and the Effects of Others on Me, Journal of Personality and Social Psychology, vol. 88, 2005

Steen, R. Grant. 'Retractions in the Scientific Litrature: Do Authors Deliberately Commit Research Fraud?', 2010

———, 'Retractions in the Scientific Literature: Is the Incidence of Research Fraud Increasing?', Journal of Medical Ethics Vol. 37, No. 4, 249–53, 2011

Steinberg, Jacques. 'Feeling Anxious, and Applying Now', New York Times, 2010

Steinberg, Julie, Aaron Lucchetti, and Mike Spector. 'At MF Global: Rush to Move Cash', Wall Street Journal, 23 February 2012

Stevenson, Joan C. 'The Evolution of Sibling Rivalry', American Journal of Human Biology Vol. 12, No. 5, 720, 2000

Stewart, James B. Tangled Webs: How False Statements Are Undermining America: From Martha Stewart to Bernie Madoff, Penguin Books, 2011

Stillwell, Robin, and Judy Dunn. 'Continuities in Sibling Relationships: Patterns of Aggression and Friendliness', Journal of Child Psychology and Psychiatry Vol. 26, No. 4, 627–37, 1985

Stocker, Clare M., and Lise Youngblade. 'Marital Conflict and Parental Hostility: Links with Children's Sibling and Peer Relationships', Journal of Family Psychology Vol. 13, No. 4, 598, 1999

Stout, Lynn. The Shareholder Value Myth: How Putting Shareholders First Harms Investors, Corporations and the Public, Berrett-Koehler Publishers, 2012

Stross, Randall. 'The Algorithm Didn't Like My Essay', New York Times, 9 June 2012

Stuart, Keith. 'Game Changers', Guardian, 9 December 2011

Sulloway, Frank J. Born to Rebel: Birth Order, Family Dynamics, and Creative Lives, Little, Brown & Company, 1996

——, 'Birth Order and Intelligence', 2007, http://www.sulloway. org/ BirthOrder&Intelligence-Science2007.pdf

——, 'Why Siblings Are Like Darwin's Finches: Birth Order, Sibling Competition and Adaptive Divergence within Family', in David M. Buss and Patricia H. Hawley (eds), The Evolution of Personality and Individual Differences, OUP, 2010

Sulston, John, and Georgina Ferry. The Common Threat: A Story of Science, Politics, Ethics and the Human Genome, Bantam Press, 2002

Sutton, Bob. 'Self Awareness, Competitiveness and Cooperation', Psychology Today website, 2010

Tauer, John M., and Judith M. Harackiewicz. 'Winning Isn't Everything: Competition, Achievement Orientation, and Intrinsic Motivation', Journal of Experimental Social Psychology Vol. 35, No. 3, 209–38, 1999

Terpstra, David E., Mario G. C. Reyes, and Donald W. Bokor. 'Predictors of Ethical Decisions Regarding Insider Trading', Journal of Business Ethics Vol. 10, No. 9, 699–710, 1991

Tharp, Twyla. The Collaborative Habit: Life Lessons for Working Together, Simon & Schuster, 2009

Thamotheram, Raj, and Maxime Le Floc'h. 'The BP Crisis as a "Preventable Surprise": Lessons for Institutional Investors', Rotman International Journal of Pension Management, Vol. 5, 2012

Thornton, Bill, Richard M. Ryckman, Joel A. Gold. 'Competitive Orientations and the Type A Behavior Type', Psychology Vol. 2, No. 5, 411–15, 2011

Tietz, Jeff. 'Boss Hog', Rolling Stone, 2006

Tignor, Stephen. High Strung: Bjorn Borg, John McEnroe and the Untold Story of Tennis's Fiercest Rivalry, Harper Collins, 2011

Tilton, Sarah and Juliet Chung. 'Mogulopoly', Wall Street Journal, 2011

Tinley, Scott. Racing the Sun: An Athlete's Quest for Life after Sport, Lyon's Press, 2003

Trilling, Bernie, and Charles Fadel. 21st Century Skills: Learning for Life in Our Times, Jossey-Bass, 2009

Tsai, Terence, Michael Young, and Bor-shiuan Cheng. 'Confucian Business Practices and Firm Competitiveness: The Case of Sinyi Real Estate', Frontiers of Business Research in China Vol. 5, No. 3, 317–43, 2011

Tucker, Corinna, Genevieve Cox, Erin Sharp, Karen Van Gundy, Cesar Rebellon, and Nena Stracuzzi. 'Sibling Proactive and Reactive Aggression in Adolescence', Journal of Family Violence, 1-12

Tugend, Alina. 'Experts' Advice to the Goal-Oriented: Don't Overdo It', New York Times, 5 October 2012

Ungrady, Dave. 'From 10,000 Meters to 26.2 Miles in New York', New York Times, 14 October 2010

Vaillancourt, Tracy, Denys deCatanzaro, Eric Duku, and Cameron Muir. 'Androgen Dynamics in the Context of Children's Peer Relations: An Examination of the Links between Testosterone and Peer Victimization', Aggressive Behavior Vol. 35, No. 1, 103-13, 2009

van Beest, Ilja, and Kipling D. Williams. 'When Inclusion Costs and Ostracism Pays, Ostracism Still Hurts', Journal of Personality and Social Psychology Vol. 91, No. 5, 918–28, 2006

Venter, J. Craig. A Life Decoded: My Genome: My Life, Allen Lane, 2007

Vidal, Catherine. 'Brain, Sex and Ideology', Diogenes Vol. 52, No. 4, 127–33, 2005

——, 'The Sexed Brain: Between Science and Ideology', Neuroethics, 1 December 2012

Virtanen, Marianna, Archana Singh-Manoux, Jane E. Ferrie, David Gimeno, Michael G. Marmot, Marko Elovainio, Markus Jokela, Jussi Vahtera, and Mika Kivimäki. 'Long Working Hours and Cognitive Function: The Whitehall II Study', American Journal of Epidemiology, 2009

Vivian, Dent. 'Reply to Commentary by Juliet Mitchell: Siblings in Clinical Work', Psychoanalytic Dialogues: The International Journal of Relational Perspectives Vol. 19, No. 2, 171–4, 2009

Vivona, Jeanine M. 'Sibling Differentiation, Identity Development, and the Lateral Dimension of Psychic Life', Journal of the American Psychoanalytic Association Vol. 55, No. 4, 1191–215, 2007

Walker, Stuart H. Winning: The Psychology of Competition, W.W. Norton & Co., 1980

Warneken, Felix, Frances Chen, and Michael Tomasello. 'Cooperative Activities in Young Children and Chimpanzees', Child Development Vol. 77, No. 3, 640–63, 2006

——, and Michael Tomasello. 'Varieties of Altruism in Children and Chimpanzees', Trends in Cognitive Sciences Vol. 13, No. 9, 397–402, 2009

——, 'The Roots of Human Altruism', British Journal of Psychology Vol. 100, No. 3, 455–71, 2009

Watson, Michael. 'The Secret World of Male Anorexia', Guardian, 9 September 2012

Wei, David. 'The Long Game', Insights (Alumni magazine of London Business School), No. 123, 2010

Weiner, Jonathan. The Beak of the Finch: A Story of Evolution in Our Time, Jonathan Cape, 1994

Whittemore, Irving C. 'The Influence of Competition on Performance: An Experimental Study', Journal of Abnormal and Social Psychology Vol. 19, No. 3, 236-53, 1924

——, 'The Influence of Competition on Performance', Journal of Abnormal and Social Psychology Vol. 20, 17–33, 1925

Wiehe, V. R. Sibling Abuse, Sage Publications, 1991

Wilkinson, Richard, and Kate Pickett. The Spirit Level: Why Equality Is Better for Everyone, Penguin Books, 2010

Williams, Martin and John Plunkett. 'X Factor Takes 15 Places in Top 100 Ofcom Complaints', Guardian, 2011

Wills, Garry. 'Verdi & Boito: The Great Collaboration', New York Review of Books, 24 March 2011

Wilson, David Sloan. Evolution for Everyone: How Darwin's Theory Can Change the Way We Think About Our Lives, Delacorte Press, Random House, 2007

Windschitl, Paul D., Justin Kruger, and Ericka Nus Simms. 'The Influence of Egocentrism and Focalism on People's Optimism in Competitions: When What Affects Us Equally Affects Me More', http://www.ncbi.nlm.nih.gov/pubmed/14498778

Winerip, Michael. 'When a Hazing Goes Very Wrong', New York Times, 12 April 2012

Wingfield, Nick. 'Why Microsoft Chose to Make a Tablet PC', New York Times, 8 July 2012

Winnicott, D.W. The Child, the Family and the Outside World, Penguin Books, 1964

Wood, Greg. 'Gillespie Determined That Whip Rules Row Will Not Overshadow Cheltenham Festival', Guardian, 2012

Wozniak, David. 'Gender Differences in a Market with Relative Performance Feedback: Professional Tennis Players', Journal of Economic Behavior & Organization, Vol. 83, 158–71, 2012

Wright, Nicholas D., Bahador Bahrami, Emily Johnson, Gina Di Malta, Geraint Rees, Christopher D. Frith, and Raymond J. Dolan. 'Testosterone Disrupts

Human Collaboration by Increasing Egocentric Choices', Proceedings of the Royal Society B: Biological Sciences Vol. 279, No. 1736, 2275-80, 2012

Wright, Robert. The Moral Animal: Evolutionary Psychology and Everyday Life, Little, Brown & Co., 1995

Wylie, Ian. 'Schools Have the Final Word on Plagiarism', Financial Times, 2012, http://www.ft.com/intl/cms/s/2/97a2c816-57ca-11e1-ae89-00144feabdc0.html

Yildirim, Baris O., and Jan J. L. Derksen. 'A Review on the Relationship between Testosterone and the Interpersonal/Affective Facet of Psychopathy', Psychiatry Research Vol. 197, No. 3, 181–198, 2012

Young, Ed. 'Girls Are as Competitive as Boys – Just More Subtle', New Scientist, 2008

Yücel, Murat, Alex Fornito, George Youssef, Dominic Dwyer, Sarah Whittle, Stephen J. Wood, Dan I. Lubman, Julian Simmons, Christos Pantelis, and Nicholas B. Allen. 'Inhibitory Control in Young Adolescents: The Role of Sex, Intelligence, and Temperament', Neuropsychology Vol. 26, No. 3, 347-56, 2012

Zaimov, Stoyan. 'Joel Osteen Asked by Interviewer: Was Jesus Poor?', Christian Today, 2012

Zethraeus, Niklas, Ljiljana Kocoska-Maras, Tore Ellingsen, Bo von Schoultz, Angelica Lindén Hirschberg, and Magnus Johannesson. 'A Randomized Trial of the Effect of Estrogen and Testosterone on Economic Behavior', Proceedings of the National Academy of Sciences Vol. 106, No. 16, 6535–8, 2009

Zimmer, Carl. 'A Sharp Rise in Retractions Prompts Calls for Reform', New York Times, 16 April 2012

Zimmerman, Jenn, Tara Malone, and Jennifer Delgado. 'More Top High Schools Eliminate Class Rank', Chicago Tribune, 2011

Zink, Caroline F., Yunxia Tong, Qiang Chen, Danielle S. Bassett, Jason L. Stein, and Andreas Meyer-Lindenberg. 'Know Your Place: Neural Processing of Social Hierarchy in Humans', Neuron Vol. 58, No. 2, 273–83, 2008

Zitek, Emily M., and Benoît Monin. '"That's the One I Wanted": When Do Competitors Copy Their Opponents' Choices?', Journal of Applied Social Psychology, 2013

Zoltners, Andris A., P. K. Sinha, and Sally E. Lorimer. 'How to Manage Forced Sales Rankings', Harvard Business Review, July 2011

ㄱ

가렛 하딘 524
간단 평점(GPA) 74
간통 127, 128, 212
갈라파고스 군도 44
〈감염과 면역〉 312
강제해고순위 259-264, 495
개리 코백스 373
게임이론 12, 110, 541
게티 미술관 388
게흐트 호프스테드 160
경기력 향상 약물 226
고 티암 셍 84, 542
고용인소유제 541
고임금 위원회 157
골드만 딜레마 221-225
골드만 효과 311
골드만삭스 426, 428
공유지의 비극 524, 525, 529
공장식 사육 458-461
《과로하는 미국인들》 259
구겐하임 미술관 387
구글 374, 439, 440, 478
국내총생산(GDP) 494-501, 504-507
국민총생산(GNP) 494, 495
국제투명성기구 165

권력거리지수 160-163, 165, 167, 169, 175, 184
그랑프리 국가건축상 387
그리플 269-273, 542
글락소스미스클라인 260
글렌코어 411
《기브앤테이크》 83
기초 수학능력 평가 68

ㄴ

나오키 모리 312
나이트위원회 206
나인웨스트 460
낙수효과 168, 233, 524
《내 삶을 달린다》 212
내러티브 사이언스 362
내부고발자 165
네슬레 364
〈네이처〉 59, 286, 305, 308, 309, 311, 312, 521
넥스트 247
넷웨스트 은행 414, 416

노던록 420
노동 임금 385, 444
노르에치스테론 283
노먼 슈워츠코프 146
노먼 트리플렛 10
노먼 포스터 387
누코토이즈 170
〈뉴스 오브 더 월드〉 453
뉴잉글랜드 복잡계 연구소 366
니요 346
니콜라스 틴베르헌 143
니틴 노리아 414, 415
닉 비켓 49
닉 클레그 73

ㄷ

다니엘 리베스킨트 387
다니엘 윌링엄 67
다드라 크로퍼드 그레이트하우스 395
다이 그린 198-203, 213, 218, 230, 232
다이애나 황세자비 121
다중모드 진통제 309
다중심주의 529
〈닥터 후〉 61
〈닥터스〉 352
대니 보일 510
더 리미티드 257
〈더 배철러〉 121
〈더 배철러레트〉 121
더 샤드 390
〈더 파라다이스〉 354
데니스 포터 354
데스 캡 포 큐티 346
데이브 더슨 215

데이비드 레비 25
데이비드 링 320, 321, 338
데이비드 밀리밴드 26
데이비드 버스 116
데이비드 슬론 윌슨 294
데이비드 에르달 273
데이비드 캐머론 349, 499, 511
데이비드 헤어 49
〈데일리 스타〉 455, 457
〈데일리 익스프레스〉 451
도날드 일로프 404
도미니크 스트로스칸 166
도브 차니 480, 486
도파민 68
독일건축대상 387
독일연구재단 308
돈 영 424
돈 캐틀린 222, 226
돔 디매지오 47
동물 밀집 사육 시설 461, 466
동성결혼 122
〈디 아워〉 353
디즈니 콘서트홀 390
딥워터 호라이즌 410

ㄹ

라나 델 레이 330
라이언 긱스 199
라이언에어 445, 448
〈라이프〉 282
람 임마누엘 43
랑랑 331, 332
래리 서머스 107, 108, 265
래리 킹 146

래리 페이지 440
래플스 중고등학교 87
랜스 암스트롱 224, 229
레드 제플린 381
레딧 435
레베카 블랙 347
레이 앤더슨 475
레이크만 후루닌크 417
레이크우드 교회 392-394, 404-408
렌딩클럽 435, 438, 542
렌딩트리 260
렌조 피아노 387, 390
로드호그 269-270
로렌스 왕 88
로마의 게임 196
로버트 골드만 221
로버트 맥키 348
로버트 버턴 51
로버트 번스 우드워드 280
로버트 어윈 389
로버트 여키스 163
로버트 저메키스 319
로버트 케네디 494
로버트 프리드 베일스 144
로버트 핀스키 443
로버트 호비츠 521
로버트베어드앤컴퍼니 427-434
로빈 던바 436
로열연극아카데미 333-334
로이 바우마이스터 401
로저 마틴 253
루슨트 테크놀러지 305
루카스필름 게임즈 152
뤼트 데 보어 306
리 크로넌 370
리들리 스콧 197
리먼 브라더스 416, 430

리버티글로벌 411
리보금리 368
리앤펑 444, 445
《리어왕》 26
리얼로케이트 170-173, 176
리처드 라이언 65
리처드 마이어 388
리처드 아텐보로 334
리처드 윌킨스 168
리처드 펩피아트 454
리타 얼킨윤티 100, 101
린 스타우트 249
린다 밥콕 109

■

마가렛 대처 94, 147, 354
마르티 헬스트롬 96, 542
마리아 호른바허 148
마리아나 비르타넨 248
마사이족 111
〈마스터셰프〉 353
마이마이크로크레딧 190
마이크 노스 170, 176, 542
마이크 브리어리 237
마이크로소프트 253, 260, 261, 381, 514
마이클 고브 67
마이클 마못 161
마이클 마스터스 364
마이클 버리 268
마이클 젠센 249, 250
마이클 카프 154, 158
마이클 펠프스 204, 232
마일리 사이러스 345
마일즈 글렌다이닝 387, 389

《마천루》 388
마크 스피츠 223
마크 트웨인 197
마태효과 267, 299-303, 313, 503
막스 플랑크 연구소 290
만성 외상성 뇌병증 215
《말괄량이 길들이기》 26
〈매드맨〉 353
매리언 존스 226
매슬로 262
〈매트릭스〉 48
맥도날드 447, 448
메리어트 형제 48
메소드 374-381, 509
〈메일 온 선데이〉 454
명예 작위제도 158
모건스탠리 425, 426
모닝스타 180-183, 185, 188, 190, 272, 437, 542
모빌 409
〈모스 경감〉 352
모질라 372, 373, 542
몬테 데이 파시 디 시에나 420
미국 국가범죄예방위원회 29
미국 미식축구리그(NFL) 214-216, 220, 221
미국 심장 학회 322
미국 육상 선수 협회 203
미국반도핑기구 224, 227, 233-235
〈미국화학회지〉 279, 282
미라클피트 170, 171
《미래는 누가 소유하는가?》 506
미리어드 521, 522
미스반데로에 상 387
〈미스터 셀프리지〉 354
미켈 살라히 347
밀턴 프리드먼 249

ㅂ

바다라 호텔 390
〈바르샤바의 스파이〉 353
바스대학교 선수촌 198-200, 207, 230, 231
바이런 197
바클레이스은행 368, 417, 422
발코(BALCO) 226, 227
밥 루츠 247
배리 본즈 226
밸브 게임즈 186
뱅크오브아메리카 426
버진 미디어 411
버킹엄 궁전 448
베스 헤네시 66
베이스테이트 메디컬 센터 309
벤 위쇼 334
벨연구소 305-306, 309
보스턴사이언티픽 321, 322, 328, 542
보스턴컨설팅그룹 504, 505
본 아이버 345
《부르바키 갬빗》 283
부정행위 79-84, 165, 166, 223-228, 296-298, 230
부패 인식 지수 165
뷰 로토 89, 542
브래드 루더만 256
브레턴우즈 회의 496
브렛 피어스 489
〈블렛츨리 서클〉 353
비아그라 114, 357
비욘세 330
비제이 쿠크루 284, 298, 338
비즈니스 476
〈비즈니스위크〉 246
비커스 위원회 426
빅터 콘티 225

빅토리아 시크릿 447
빅토리아 오스틴 395
빌 게이츠 360
빌 고어 176, 178, 179
빌 클린턴 146, 520
빌리 립켄 47

ㅅ

사람과 지구 프로젝트 523
〈사랑 그리고 독신녀〉 120
《사업을 넘어》 411
사이드 필드 349
사이먼 바론 코헨 39
사이먼 코웰 354
사이먼 쿠즈네츠 496
〈사이언스 익스프레스〉 307
〈사이언스〉 286, 303, 305, 307-309, 312, 521
사장의 회사 vs 사원의 회사》 273
사회적 다원주의자 315
사회적 지위 14, 144, 145, 146, 158, 159, 412, 417
산자이 샤르마 217
산탄데르 417, 420
〈살람 샤바브〉 489, 494, 495, 511
살바토레 이아카네시 370
샌디 코팩스 220
샘 월튼 393
〈생물학 통신〉 90
샤히둘 알람 444
서브웨이 447, 448
서브프라임 모기지 268, 432
성 요셉 학원 84-88
세계경쟁력보고서 501-505
세계경쟁력지수 503

세계경제포럼 501, 503, 504
세계반도핑기구 224
세계윤리연구소 79
세바스찬 코 212
섹스 113, 115, 116, 120-122, 283
〈섹스 앤 더 시티〉 120
〈셀〉 303, 318
셀레라 514-521
셔나 바로우 175
셰르스틴 라게르스트룀 287
셰어 345
소련 12, 14, 291
솔 벨로 26
솔라파 바테르지 440
쇵후이 470
《쇠약》 148
쉴라 베어 426
스미스필드 푸드 462, 470-475
스캇 틴리 220
스콧 루벤 309
스타이브센트 고등학교 78
스탠퍼드 그레고리 146
스털링 상 387
스테파니 스탄체바 168
스티브 래트너 246
스티브 워즈니악 247
스티브 잡스 247, 381
스티븐 배들리 230
스티븐 스필버그 319
스티븐 헤스터 421
스파이크 리 146
스펜서 스튜어트 156
스포트 잉글랜드 232
스피릿 381
시드니 브레너 521
〈시카고트리뷴〉 452
신디 메스턴 116

신디사이저 344
신텍스 279, 282
〈썬〉 453

ㅇ

아가칸 상 387
아난드 바타차리야 306
아담 스미스 412
아델 325-330, 338
아럽 273-277
아마존 439, 449
아메리칸 항공 411
아메리칸어패럴 480-482
아모코 409
아미넥스 471
아베크롬비앤피치 450
아스트라제네카 357, 358
아이패드 356, 499
아이폰 356, 499
아인 랜드 128-130
《아인 랜드와의 나날들》 130
《아틀라스》 129
아티반 77
안드레 애거시 211, 272, 278
안드레아 슐라이허 92, 103
안드레아스 그루엔트지그 322
안소니 홉킨스 334
안토니 잘츠 257
알렌 쇼어 42
알버트 터커 11
압둘 라자크 칸 444
애더럴 77
애덤 그랜트 84
애덤 라우리 373-382

애틀랜틱 리치필드 409
애플 247, 264, 356, 370, 373, 381, 405, 439
앤 브론테 26
앤드루 웨이크필드 309
앤디 힐데브란트 343, 344, 346
앨런 골드만 306
앨런 그린스펀 368, 424, 497
앨런 베이츠 334
앨리스 워커 29
앵그리 버드 95, 96
얀 헨드릭 쇤 304-308, 319
〈어뎁테이션〉 348, 349
《어려운 시절》 70
〈어프렌티스〉 241
업존 282
에드 밀리밴드 27
에드워드 데시 65
에드워드 휘태커 246
에르키 리카넨 426
에리트로포이에틴 224
에릭 라이언 373-382
에릭 클리넨버그 135
에미넴 345
에밀리 브론테 26
에밀리 산데 330
에밀리아 릴리 347
에스겔 임마누엘 42
에일린 피셔 185, 188, 190, 276, 542
엑손 343
엑스트라타 411
엔론 261, 404
엘리노어 오스트롬 525-529, 531
엘리자베스 스펠크 108
엘리자베스 테일러 146
엘릭서 기타줄 177
엠파이어 스테이트 빌딩 385
여키스-도슨 법칙 163

영국 왕립학회 523
〈영국의학저널〉 233
오브제 171, 172
오스카 하인로트 386
오토데스크 171, 172
오토튠 345-348, 351
《오픈》 211
오픈소스 370, 371
올림픽 경기 195, 197, 203, 204, 223, 232, 234
옵션스 154, 156
와이어드 스트링스 328
와이즈만 연구소 315
와이클리프 진 345
와일라 타프 336
와튼비즈니스스쿨 84
우사인 볼트 221
우열반 편성 62, 87, 95, 103
우열순위 143, 412, 503, 511, 524, 535
워쇼스키 남매 48, 52
워키토키 390
〈워터프론트〉 449
원자재 시장 363-367
월가를 점령하라 266, 427
〈월스트리트 저널〉 155
월터 크라이슬러 384
월터리드 미육군 의료센터 222
웨더스푼 448
웰스 스포츠 재단 203
웰스 파고 424, 425
《위대한 승리》 244
윌 로저스 168
윌리엄 맥클링 249, 250
윌리엄 뮤어 293, 326
윌리엄 밴 앨런 385
윌리엄 왕자 121
유리 그니지 109

유리 알론 315-319, 321
유제니 사무엘 라이히 306, 308
이곤젠더 156
《이기적인 유전자》 09
이반 체라이 55
이스라엘 휴튼 395
《이야기》 349
이파고긱스 351
인간 게놈 프로젝트 511-523
인내의 케이티 121
인터페이스 475-480, 488, 542
인텔 262, 263, 405
임마누엘 사에즈 168

ㅈ

자기경영 연구소 183
자기중심성 편향 40
자선 기부 157, 158
자하 하디드 387
잘츠 보고서 422
잠바주스 450
장 마리 메시에 245, 272
장 트웬지 402
장 피에르 가르니에 369
재론 래니어 506
잭 웰치 245, 246, 248, 253
저임금 444, 447, 481, 482
전텐트 452
정신측정법 66
제너럴모터스 246, 247, 252, 260, 264, 385
제너럴일렉트릭 244, 248, 429
제로 근로 계약 448, 502
제이 지 330, 346
제이미 다이먼 425, 428

제이미 폭스 345
제이슨 지암비 226
제인 오스틴 26, 115, 137
제임스 왓슨 516
제임스 크로스비 159
제프 베조스 449
조 디매지오 47
조 오렌스테인 306
조나단 아이브 247
조너선 프랜즌 26
조엘 오스틴 392, 393, 396-401, 403
조이 폴 길포드 66
조이스 마이어 392
조지 부시 146, 404
조지 오스본 511
조지프 케네디 38
조파 435, 438
존 도슨 163
존 라세터 247
존 발리 422
존 설스턴 511-525
존 아벨레 321, 327, 523
존 제이콥 래스콥 385
존 테인 245
《좋은 기업을 넘어 위대한 기업으로》 254,
393
죄수의 딜레마 11
주디 던 28
주의력결핍 과잉행동장애 77
《주주 가치의 신화》 250
주주가치 249-253, 415
줄리엣 쇼어 259
중재 43, 52, 264, 533-539
중합 효소 연쇄반응(PCR) 300-302
짐 애비스 327-330
짐 콜린스 254, 393
집약농업 461

ㅊ

차이스 273
차터 원 415, 416
찰리 카프먼 348
찰스 다윈 09
찰스 디킨스 70
찰스 배비지 299
찰스 슈버트 54-59, 66
찰스 젠크스 388
찰스 테일러 406
찾아보기
채널 4 355
치어리딩 216, 217

ㅋ

카를 폰 프리슈 143
카시족 110, 111
카인 콤플렉스 44
《칸토어의 딜레마》 283
칼 립켄 47
칼 제라시 279-283, 296, 298, 302
캐롤 드웩 402
캐리 멀리스 300
캐스트롤 409
캐시 오닐 264-266
〈캐주얼티〉 352
커비 퍼거슨 381
커트 아이켄월드 260
컨트리와이드 362
케네스 파인버그 533, 534
케이트 피킷 168
케일럽 팔로윌 47
케임브리지 성학 연구소 108

코닥 509
코르티손 146, 272, 278-282
콘라트 로렌츠 386
콜렛 코트 스쿨 71
쿼터 174
크라우드 소싱 174, 368, 371
크라이슬러 빌딩 384
크라프트 364
크레이그 벤터 514-521
크리스 루퍼 180
크리스 아카부시 242
크리스 후너 166
크리스토퍼 히친스 26
크리스티네 보네비 141, 142
크리켓 237, 268
〈클라우드 아틀라스〉 48
클레멘트 프로이트 26
클레이튼 크리스텐슨 509
키더 피바디 429
키드 락 345
〈키메라〉 352
키스 스타노비치 299
킹스 오브 리온 47

테크샵 171, 172, 174, 188, 190, 542
토니 블레어 520
토니 비킷 48
토니 헤이워드 410
토를레이프 셸데루프 에베 139-147, 160
토마스 피케티 168
툴리스러셀 273
트라이아누스 196
트래비스 타이거트 227-230, 233-235, 542
트위터 319, 392, 405, 438
팀 몽고메리 226

ㅍ

파블로 피카소나 381
파이어폭스 370, 372, 373
퍼듀대학교 293, 315, 338
〈퍼레이즈 엔드〉 353
퍼스트랜드 뱅크 186, 187
펀딩서클 435, 438
펀치드렁크 50, 336, 338, 542
페릭 팽 312
페이스 힐 345
페이스북 79, 392, 438
페이튼 매닝 221
《평등이 답이다》 168
포우 청 332, 333, 338
포티스 은행 417
《폭풍우》 26
폰 해킹 452-454, 457
폴 맥퀸 308
폴 퍼셀 427
폴 해리스 186-188
폴 호켄 476
퓨 위원회 461, 469, 473

ㅌ

타이코 244, 245
타즈린 패션 445
타코벨 447
탈정체화 44, 50
터치패드 356
턴잇인 81
테라락 271
테레사 아마빌 66
테스토스테론 38-40, 53, 107, 114, 145

프란스 드 발 51
프란시스 샤흐터 44
프란시스 콜린스 520
프랑스 혁명 47
프랭크 게리 54, 387
프랭크 설로웨이 44-47
프랭크 파트노이 424
프랭클린 루스벨트 538
프레더릭 뮬러 213
프레드 굿윈 414-422
프레드 카우프만 364-368
프로스퍼 438
프리츠커 건축상 387
《플라스틱 판타스틱》 306
피셔 블랙 251
《피아스코》 424
피어스 모건 400
피에르 듀폰 385
픽사 247
필립 존슨 385, 387, 391

ㅎ

하랄드 베르그스타이너 502, 503
하버드대학교 79, 80, 84, 107, 108, 144, 145,
264, 265, 280-282, 284, 288, 302, 326, 526
〈하퍼즈 매거진〉 278
핸드스프링 336
〈핸서드〉 448
허버트 스펜서 09
헤지펀드 154, 155, 264, 267, 268, 431
헨리 포드 486, 502
헬렌 걸리 브라운 120
《혁신기업의 딜레마》 509
형제간 경쟁 25-29, 48, 52, 264, 290

호주범죄위원회 224
호토토 56
〈홀비시티〉 352
〈화학 리뷰〉 303
황우석 309
효과적 분쟁 중재 센터 534
후미히코 마키 54
휴 페이시 268
〈휴스톤 크로니클〉 452
희귀 질환 357-359
희생자 보상기금 533, 534

기타

11-플러스 시험 63, 68, 73
3D 프린터 70, 171, 370
9·11 테러 533
ABN AMRO 417-421
AIG 260, 365
ATT 빌딩 386
BBC 37, 60, 164, 352-355, 518
BP사 245, 248, 252, 410, 411, 413
CERN(유럽원자핵공동연구소) 70
CMGI 253, 254
COMT 유전자 68
DNA 44 301, 513, 516
eBuck 187
HBOS 257
ITV 355
J.P. 모건체이스 365, 426
MIT 공대 54-59
MMR 백신 309
MMV(말라리아 퇴치제 개발을 위한 벤
처사업) 371
NHS 446

NHS 다이렉트 헬프라인 서비스 446

PISA 검사 91-93, 103

PTFE 177

RBS(스코틀랜드왕립은행) 414-418, 420-
422, 425

Save the Cat! – 흥행하는 영화 시나리오
의 8가지 법칙》 349

SEDA(지속가능 경제발전 평가) 504, 505

T. S. 엘리엇 381

US 에어웨이 411

W. L. 고어 379, 437

A
BIGGER
PRIZE

경쟁의 배신

1판 1쇄 발행 2014년 11월 7일
1판 3쇄 발행 2017년 10월 20일

지은이 마거릿 헤퍼넌
옮긴이 김성훈

발행인 양원석
본부장 김순미
편집장 최두은
교정교열 최문희
해외저작권 황지현
제작 문태일
영업마케팅 최창규, 김용환, 이영인, 정주호, 양정길, 이선미,
        신우섭, 이규진, 김보영, 임도진

펴낸 곳 ㈜알에이치코리아
주소 서울시 금천구 가산디지털2로 53, 20층 (가산동, 한라시그마밸리)
편집문의 02-6443-8844 구입문의 02-6443-8838
홈페이지 http://rhk.co.kr
등록 2004년 1월 15일 제2-3726호

ISBN 978-89-255-5449-5 (03330)

※ 이 책은 ㈜알에이치코리아가 저작권자와의 계약에 따라 발행한 것이므로
  본사의 서면 허락 없이는 어떠한 형태나 수단으로도 이 책의 내용을 이용하지 못합니다.

※ 잘못된 책은 구입하신 서점에서 바꾸어 드립니다.

※ 책값은 뒤표지에 있습니다.